Frank Keuper/René Hans

Multimedia-Management

Frank Keuper/René Hans

Multimedia-Management

Strategien und Konzepte für Zeitungs- und Zeitschriftenverlage im digitalen Informationszeitalter

GABLER

Bibliografische Information Der Deutschen Bibliothek
Die Deutsche Bibliothek verzeichnet diese Publikation in der Deutschen Nationalbibliografie; detaillierte bibliografische Daten sind im Internet über <http://dnb.ddb.de> abrufbar.

Dr. Frank Keuper vertritt den Lehrstuhl für Risikomanagement oder Controlling an der Johannes Gutenberg-Universität Mainz.

René Hans ist Research Analyst bei PricewaterhouseCoopers, mit dem Schwerpunkt Medien- und Telekommunikationsunternehmen.

1. Auflage Januar 2003

Lektorat: Barbara Roscher / Jutta Hinrichsen

Der Gabler Verlag ist ein Unternehmen der Fachverlagsgruppe BertelsmannSpringer.
www.gabler.de

Umschlaggestaltung: Ulrike Weigel, www.CorporateDesignGroup.de
Druck und buchbinderische Verarbeitung: Lengericher Handelsdruckerei, Lengerich
Gedruckt auf säurefreiem und chlorfrei gebleichtem Papier
Printed in Germany

ISBN 3-409-11926-4

Geleitwort

Nach Jahren kontinuierlichen Wachstums steckt die gesamte Verlagsbranche derzeit in einer Krise, die bisher Verlagsmanagern nur vom Hörensagen aus anderen Branchen bekannt war. Die Krise ist dabei sowohl auf die wirtschaftliche Stagnation und das eingetrübte Werbeklima zurückzuführen als auch auf ein strukturelles Problem, das sich mit fortschreitender Digitalisierung verstärkt. Die negativen Erfahrungen der zahlreichen von Verlagshäusern initiierten und wenig später gescheiterten Internet-Projekte sollten nicht das Blickfeld der Verlagsmanager auf eine „Back-to-the-roots"-Strategie und eine bloße Konzentration auf Print-Produkte verengen. Gefragt ist Flexibilität gegenüber den Medienpräferenzen der Leser, so daß Crossmedia zur alles entscheidenden Handlungsmaxime der nächsten Jahre für einen Verlag werden sollte.

Die zahlreichen überaus erfolgreichen crossmedialen Aktivitäten der Financial Times Deutschland haben hierbei bewiesen, daß das Internet keine Bedrohung für Verlage darstellt, sofern es gelingt, Print und Online geschickt miteinander zu verzahnen, und sofern auch verlagsintern die dazu notwendigen organisatorischen Voraussetzungen geschaffen werden. Das integrierte Geschäftsmodell der Financial Times Deutschland wirft daher gar nicht mehr die Frage auf, ob multimediale Angebote realisiert werden sollen, sondern vielmehr die, auf welchen Plattformen der Kunde zukünftig seine Informationen erhalten möchte. Das verfolgte Motto „one brand, all media" führt dann auch nicht mehr zu einer separaten Betrachtung der wirtschaftlichen Tragfähigkeit von Print- und Multimedia-Angeboten. Online-Angebote sind eher fester Bestandteil der gesamten medialen Dienstleistung und darüber hinaus eine wertvolle Marketing-Plattform zum Markenaufbau des Titels. Auch wenn die derzeitige Stimmung am Markt zum Erfolg mobiler Informationsdienste schlecht ist, bietet die UMTS-Technik gerade für einen Inhalte-Anbieter enorme Chancen zur Erschließung neuer Erlösquellen, so daß die zunehmend verfolgten Pay-per-Content-Strategien von Verlagen gerade für hochwertige und aktuelle Inhalte Marktakzeptanz finden werden. Während andere Verlagshäuser und Redaktionen sich noch in umfangreichen Restrukturierungsmaßnahmen befinden, ist die Financial Times Deutschland in diesem dynamischen Umfeld heute schon bestens aufgestellt.

Den Autoren gelingt es im vorliegenden Buch, betriebswirtschaftlich fundiert die wesentlichen Konsequenzen der aus der Konvergenz resultierenden Veränderungen für einen Zeitungs- und Publikumszeitschriftenverlag darzustellen. Darauf aufbauend werden Handlungsoptionen, Reorganisationsmaßnahmen und Controlling-Instrumentarien aufgezeigt, ohne dabei den Blick für die Unternehmenspraxis zu verlieren. Damit stellt das Buch nicht nur einen wertvollen Beitrag für interessierte Praktiker und Wissenschaftler, sondern vielmehr auch für Studenten der Medien- und Betriebswirtschaft – den Verlagsmanagern von morgen – dar.

Hamburg, im November 2002,

Dr. Christoph Weger,
Managing Director Electronic Media
Financial Times Deutschland

Vorwort

„Internet – lohnt sich das überhaupt noch?“ So lautete eine Frage eines Studenten im Rahmen der Vorlesung „Strategisches Management“ im Sommersemester 2002 an der Universität Hamburg. Die Frage ist dabei auf den ersten Blick mit Sicherheit nicht unberechtigt, sind doch seit dem Jahr 2000, dem Jahr der Superlative für die Telekommunikations-, Informationstechnologie- und Medienbranche (TIME-Branche), neben einer massiven Verschlechterung makroökonomischer Rahmenbedingungen viele Multimedia-Geschäftsmodelle wie Seifenblasen zerplatzt. Allerdings ist dem entgegenzuhalten, daß das Internet kontinuierlich zu einem der wichtigsten Informations- und Kommunikationsmittel des Menschen geworden ist. Die hohe Penetration von Mobilfunkanschlüssen sowie die sehr erfolgreichen ersten SMS-basierten Datendienste sprechen dafür, daß der Erfolg des stationären Internet-Anschlusses in einer nunmehr mobilen M-Business-Erlebniswelt sogar noch übertroffen werden kann. Letztlich zeigt die hohe Marktakzeptanz interaktiver Fernsehdienste in Großbritannien, daß sich potentiell auch in Deutschland in etwas weiterer Zukunft damit eine dritte Wachstumssäule für die TIME-Branche herausbilden könnte.

Nachdem die Internet-Pioniere und Visionäre der New Economy mittlerweile weitestgehend den kühlen Rechnern der Old Economy gewichen sind, stellt sich insbesondere für ein etabliertes Unternehmen der TIME-Branche die Frage, wie mit der Herausforderung „Multimedia“ kundengerecht und wirtschaftlich umzugehen ist. Insbesondere Zeitungs- und Publikumszeitschriftenverlage, die im Zentrum der Ausführungen des vorliegenden Buches stehen, gehen nach teilweise schmerzhaften ersten finanziellen Erfahrungen in Form gescheiterter Internet-Projekte derzeit dazu über, Multimedia-Angebote in bestehende Geschäftsmodelle zu integrieren, um so komplementäre Medienangebote auf traditionellen und innovativen Plattformen zu schaffen. Insofern stellen digitale Erlebniswelten nicht nur eine informations- und kommunikationstechnologische Ergänzung auf der Angebotsseite dar, sondern bilden gleichzeitig die Fundamente für langfristig bestandsfähige konvergente Geschäftsmodelle im Zeitungs- und Publikumszeitschriftenmarkt.

Das vorliegende Lehrbuch versteht sich als Beitrag zur akademischen Ausbildung im Bereich Allgemeine Betriebswirtschaftslehre und Medienwirtschaft. Darüber hinaus erhalten auch Wissenschaftler und Praktiker einen Überblick über wichtige Entwicklungen des Zeitungs- und Publikumszeitschriftenmarktes im digitalen Informationszeitalter und darauf aufbauenden Handlungsalternativen. Dies schließt auch neuentwickelte Planungsinstrumente und Management-Konzepte für die konvergierende Medienbranche mit ein. Dank gebührt in diesem Zusammenhang den zahlreichen, wertvollen Hinweisen aus der Praxis, die dem Buch die erwünschte Anwendungsorientierung verliehen haben. Insbesondere möchten wir hierbei Herrn *Dr. Christoph Weger* – Managing Director Electronic Media der *Financial Times Deutschland* – danken, der uns bei der Erstellung des Buches stets hilfreich zur Seite stand. Ferner danken die Autoren Frau Heike Heijnk für die Übernahme des Lektorats, die das Buchprojekt mit großem Engagement begleitet hat. Darüber hinaus gilt unser Dank Herrn *Andreas Brakonier*, Group Leader der *Olympus Optical Co. GmbH*, der durch eine Anzeigenschaltung einen gerade für studentische Budgets erschwinglichen Verkaufspreis des Buches ermöglichte. Last but not least gilt unser Dank Frau *Barbara Roscher* und Frau *Jutta Hinrichsen* vom Gabler-Verlag in Wiesbaden für die sehr gute Zusammenarbeit bei der Publikation der Monographie.

Frank Keuper und *René Hans*

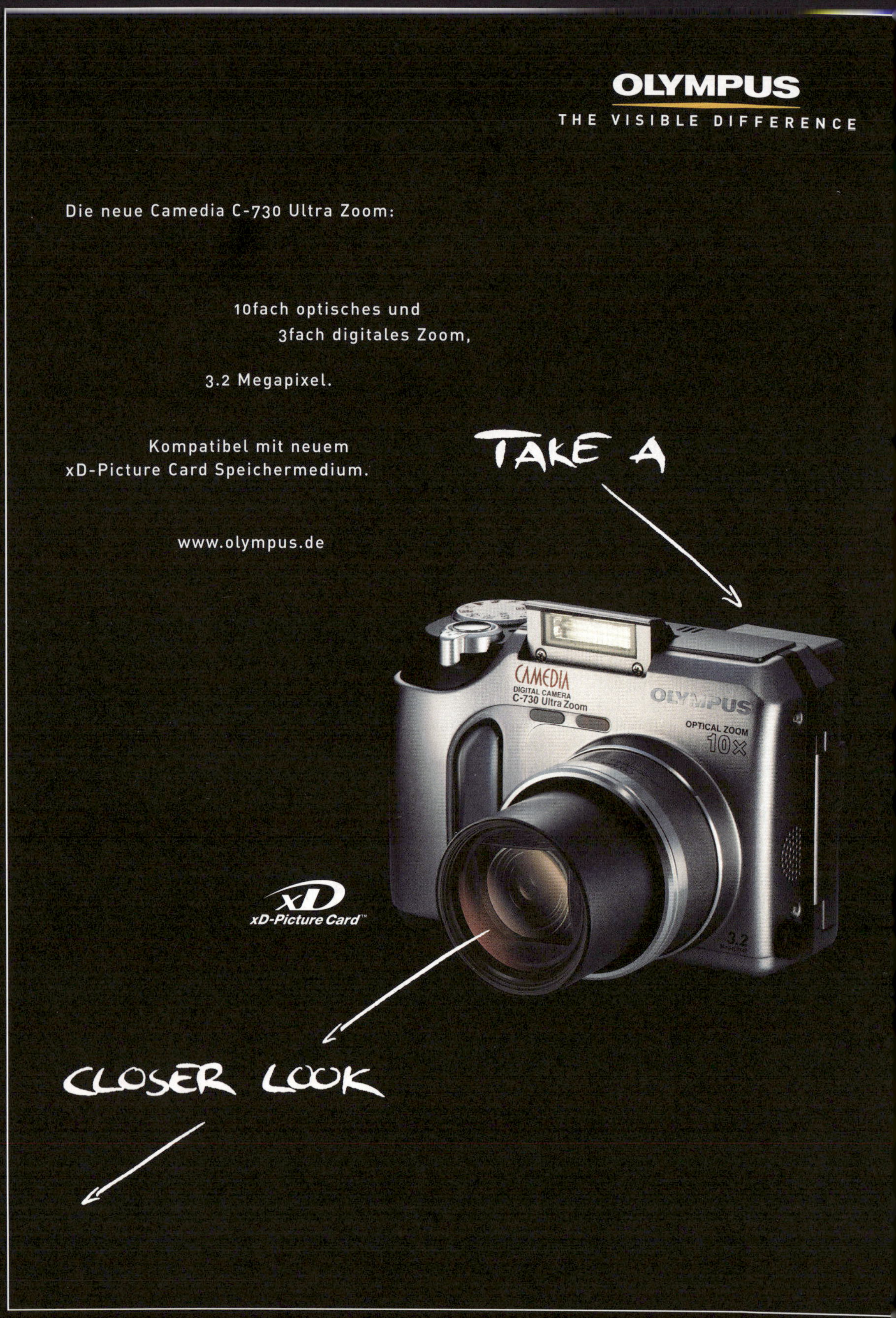
OLYMPUS
THE VISIBLE DIFFERENCE
Die neue Camedia C-730 Ultra Zoom:
10fach optisches und
3fach digitales Zoom,
3.2 Megapixel.
Kompatibel mit neuem
xD-Picture Card Speichermedium.
www.olympus.de
TAKE A
CLOSER LOOK
CAMEDIA
DIGITAL CAMERA
C-730 Ultra Zoom
OLYMPUS
OPTICAL ZOOM
10x
xD
xD-Picture Card™

Inhaltsverzeichnis

Abbildungsverzeichnis

Tabellenverzeichnis

1 Problemstellung und Aufbau des Lehrbuches

„Wenn Sie heute auf dem Klo sitzen und reißen das letzte Blatt ab, sind Sie doch irgendwie enttäuscht, wenn da nicht eine Internet-Adresse draufsteht und Sie zum Klopapier vertiefende Informationen anfordern können.“[1]

FRIEDRICH KÜPPERSBUSCH, Journalist und TV-Moderator

Der gesellschaftliche Wandel von der Industrie- zur Informationsgesellschaft ist auch nach dem Ende der Goldgräberstimmung in der New Economy in vollem Gange. Das angeführte kabarettistische Zitat des Journalisten *KÜPPERSBUSCH* skizziert letztlich nur, daß das Internet mittlerweile keine Modeerscheinung mehr ist, sondern zu einem weiteren, wenn nicht gar „dem“ bestimmenden Informations- und Kommunikationsmedium von Berufs- und Privatleben geworden ist. Durch die zunehmende Vernetzung und Ubiquität von Informationen verändert sich das Kommunikationsverhalten des Menschen vom passiven Rezipienten medialer Angebote zum interaktiven „User“, der scheinbar überall und zu jeder Zeit mit neuen Informationsangeboten konfrontiert wird.

Die Digitalisierung tangiert jedoch auch und insbesondere Unternehmens-, Markt- und Wirtschaftsstrukturen.[2] Als Folge der Digitalisierung werden dabei unter dem Begriff *Konvergenz* Integrationstendenzen verschiedener Technologien und der betreffenden Branchen und Märkte subsumiert.[3] Diese Integration stellt gerade Zeitungs- und Zeitschriftenverlage als Untergruppe[4] klassischer Medienunternehmen, deren Kernkompetenz in der kreativen Erstellung, Zusammenstellung und Vermarktung von Medieninhalten liegt, vor besondere Herausforderungen. So bietet vor dem Hintergrund des vielzitierten Satzes „Content is king“[5] die Digitalisierung einerseits erfolgversprechende Chancen zur Erweiterung der traditionellen Geschäftstätigkeit, sind doch Medieninhalte der bestimmende Rohstoff der Internetökonomie.[6] Andererseits bedeutet Konvergenz aber auch eine veränderte Komplexität des Marktagierens, da in einer aus Medienindustrie, Computer- und Unterhaltungselektronik sowie der Telekommunikationsbranche hervorgegangenen Multimedia-Branche eine Vielzahl unterschiedlicher Unternehmen mit sich teilweise grundlegend unterscheidenden strategischen Zielsetzungen sowie Kapitalausstattungen vorhanden ist. Darüber hinaus stellt sich insbesondere für einen Verlag die Frage, ob Multimedia-Angebote langfristig komplementär zum originären Produkt – der Zeitung oder Zeitschrift – sind oder ob diese – je nach dargebotenem Content – teilweise oder gänzlich die Zeitung oder Zeitschrift substituieren. Selbst wenn der komplementäre Charakter multimedialer Angebote mit großer Wahrscheinlichkeit bei den meisten Zeitungen und Zeitschriften überwiegen wird, so stellt sich dennoch die Frage nach der effektiven und effizienten crossmedialen Vernetzung von Print und Multimedia, um so bestehende Kunden binden, aber auch neue und bisher nicht erreichte Zielgruppen ansprechen zu können. Insofern sollte Multimedia für einen Zeitungs- und Zeitschriftenverlag keinesfalls nur als zusätzliche Aufgabe einer betrieblichen Funktion, beispielsweise eines im Internet stattfindenden Marketings für das Print-Produkt,

---

1 Online *KÜPPERSBUSCH* (o. J.).

2 Vgl. *PICOT/NEUBURGER* (2001), S. 24.

3 Vgl. *THIELMANN* (2000), S. 1.

4 Vgl. Abschnitt 2, S. 4 ff.

5 Vgl. online *GATES* (1996). Allerdings wird die hohe Bedeutung von Content auch teilweise in Frage gestellt. So ist für *ODLYZKO* Konnektivität viel entscheidender als Content, vgl. online *ODLYZKO* (2001).

6 Vgl. *ZERDICK ET AL.* (2001), S. 48.

angesehen werden. Vielmehr muß das *strategische Management der Konvergenz* die alles entscheidende Determinante der Verlagsführung sein.

Mit dem vorliegenden Lehrbuch wird ein Beitrag zum Multimedia-Management aus Sicht eines Zeitungs- und Zeitschriftenverlages geleistet.[7] Hierbei steht die betriebswirtschaftliche Sichtweise im Vordergrund, wobei stets zu berücksichtigen ist, daß Medien und Medienangebote grundsätzlich nicht nur als Wirtschafts-, sondern auch als Kulturgut oder quasi-öffentliches Gut im Sinne einer pluralistischen Meinungsbildung der Gesellschaft anzusehen sind.[8] Dies impliziert gerade für einen traditionellen Zeitungs- und Zeitschriftenverlag ein weiteres Spannungsfeld, das es beim Multimedia-Management zu berücksichtigen gilt. Multimedia-Management heißt somit nicht nur die Abstimmung und Integration des originären Print-Produktes mit zu entwickelnden innovativen Multimedia-Produkten, sondern zugleich eine Ausbalancierung von ökonomischem und publizistischem Erfolg.[9]

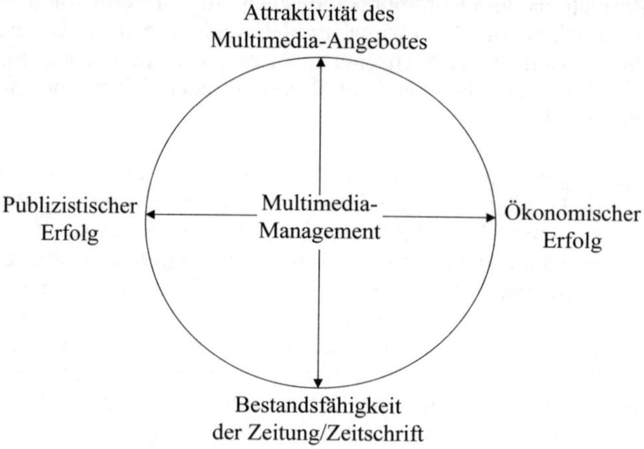

Abbildung 1: Spannungsfelder des Multimedia-Managements

Zur Verdeutlichung des möglichen Handlungsrahmens eines Multimedia-Managements aus Verlagssicht liegt der Fokus im nachfolgenden **zweiten Kapitel** zunächst auf der Darstellung der allgemeinen betriebswirtschaftlichen Rahmenbedingungen des Zeitungs- und Zeitschriftenmarktes. Darauf aufbauend wird in **Kapitel drei** der Verlag im Kontext der Digitalisierung der Wertschöpfung und der daraus induzierten Konvergenz beleuchtet. Aufgrund der dort identifizierten Multidimensionalität der Konvergenz läßt sich die Diskussion anstoßen, wie ein Zeitungs- und Zeitschriftenverlag ein integriertes Multimedia-Management vorantreiben kann. Dabei wird zur weiteren Gliederung als Grundprämisse vom Management-Regelkreis ausgegangen, der die wesentlichen Managementfunktionen der Unternehmensführung abdeckt.

---

7 Aufgrund der dazu im Vergleich sehr heterogenen Entwicklung von Buch- und Wissenschaftsverlagen wird dieser Bereich im nachfolgenden ausgeklammert, wobei das Konzept und die Philosophie der vorgestellten Management-Konzepte bei entsprechenden Anpassungen auch auf diese übertragbar sind. Wird nachfolgend von Verlagen gesprochen, so sind hiermit nur Zeitungs- und Publikumszeitschriftenverlage gemeint.

8 Vgl. *KARMASIN/WINTER* (2000), S. 30 ff.

9 Zur Veranschaulichung des Spannungsfeldes ökonomischer/publizistischer Erfolg vgl. *THEOBALD* (2001), S. 28 ff.

Abbildung 2: Management-Regelkreis

Der Schwerpunkt des Multimedia-Managements liegt zunächst in der strategischen Planung, die dazu dient, Ziele festzulegen, mit Hilfe von Planungsinstrumenten die Komplexität des jeweiligen Unternehmens und der Unternehmensumwelt zu deuten, daraus mögliche Strategien abzuleiten und schließlich eine Entscheidung für oder gegen eine Strategie zu fällen. Aus diesem Grunde werden in **Kapitel vier** verschiedene Ansätze zur Strategiegenerierung dargestellt, aus denen sich dann der für die konvergente Medienbranche relevante Convergence-based View als theoretisch fundierter Planungsansatz ableitet. **Kapitel fünf** beschäftigt sich mit der Implementierung von Multimedia-Strategien. Dabei bildet das Multimedia Supply Chain Management als multierfolgsfaktorzentriertes, dynamisches Management-Konzept den Kern der Untersuchungen. In diesem Zusammenhang werden nicht nur die strategischen Aspekte, sondern auch operative Erfolgsfaktoren des Konzepts im Sinne eines Technologiemanagements und Change Managements beleuchtet.

Das darauffolgende **Kapitel sechs** veranschaulicht praxisinduziert anhand einiger Multimedia-Geschäftsmodelle von Zeitungs- und Zeitschriftenverlagen die Implementierung des Multimedia Supply Chain Management, wobei unter Berücksichtigung der in Zukunft allgemeinen Verfügbarkeit breitbandiger stationärer und mobiler Anwendungen innovative Leistungsspektren und Erlösmodelle herausgearbeitet werden.

Da die traditionellen Informationssysteme von Verlagen vor dem Hintergrund zunehmender Multimedia-Aktivitäten oftmals weder strategisch noch operativ adäquate Informationen zu deren Planung, Steuerung und Kontrolle liefern und entsprechende Konzepte eher weniger thematisiert wurden,[10] bildet das Risikomanagement und Controlling auf Basis des Multimedia Supply Chain Management einen weiteren Schwerpunkt des Lehrbuches, der in **Kapitel sieben** behandelt wird. Im Rahmen der Darstellung ausgewählter qualitativer und quantitativer Risikomanagement- und Controlling-Instrumente liegt dabei ein besonderer Fokus auf der Konzeption einer spezifischen Balanced Scorecard als umfassendes Management-Unterstützungssystem für Multimedia-Aktivitäten von Verlagen.

In **Kapitel acht** werden dann zusammenfassend wesentliche Schlußfolgerungen aus den vorherigen Ausführungen gezogen und Entwicklungsperspektiven für Zeitungs- und Zeitschriftenverlage im konvergierenden Mediensektor aufgezeigt.

10 Vgl. *Böning-Spohr/Hess* (2001), S. 40.

2 Zeitungs- und Zeitschriftenverlage – betriebswirtschaftliche Rahmenbedingungen

„Der Verleger schielt mit einem Auge auf den Schriftsteller, mit dem anderen auf das Publikum. Aber das dritte Auge, das Auge der Weisheit, blickt unbeirrt ins Portemonnaie“

ALFRED DÖBLIN, deutscher Schriftsteller (1878-1957)

Medienprodukte sind erzeugte, gebündelte und schließlich auf einem Medium distribuierte Informationen. Dabei stellt die *Information* aus entscheidungsorientierter Perspektive eine Eigenschaft dar, die dem Empfänger zur zweckorientierten Vorbereitung seines Handelns dient.[1] Diese Definition spiegelt die traditionelle Sichtweise der betriebswirtschaftlichen Literatur wider und erscheint zunächst adäquat für die nachfolgende Darstellung klassischer medienökonomischer Zusammenhänge.[2] In Abschnitt 4.1.2 wird jedoch die Frage aufgeworfen, ob die Definition von Information als zweckorientiertes Wissen als Grundlage für wettbewerbsstrategische, der Konvergenz Rechnung tragende Managementkonzepte und somit auch für solche Produktionsstrategien dienlich ist, die den Leistungserstellungsprozeß des Medienprodukts anhand der generierten kundenindividuellen Informationen systematisch und ganzheitlich ausrichten.[3]

Die selektierten und aufbereiteten Informationen werden nachfolgend als *Medieninhalte* oder auch als *Content* bezeichnet, wobei der Anglizismus Content als Synonym für Medieninhalt immer häufiger in der Medienbranche verwendet wird. Dabei sind Medieninhalte aus einem journalistischen Produktionsprozeß entstandene Informationsprodukte, die als wesentliches Spezifikum eine sogenannte *Nichtrivalität im Konsum* aufweisen. Dies bedeutet, daß die *Nutzung* des Informationsprodukts nicht, wie bei materiellen Produkten, zur Reduktion eines weiteren Nutzens führt.[4] So kann eine in der Bibliothek ausliegende Zeitschrift von einer Vielzahl von Personen gelesen werden, ohne daß dadurch der Informations- oder Unterhaltungscharakter der Medieninhalte einen Qualitätsverlust erleidet. Davon zu unterscheiden ist der eigentliche *Nutzen* eines Informationsprodukts, der sich nur aus individuellen Kosten-Nutzen-Kalkülen ergibt. So sind beispielsweise Zeitschriftenartikel über neue Modelle auf dem Motorradmarkt für Motorradfans von höchster Relevanz, während viele andere kein Interesse und somit auch keine Zahlungsbereitschaft für entsprechende mediale Angebote aufweisen.

Ein *Medium* ist hingegen der Träger und Übermittler von Medieninhalten und somit vermittelnde Instanz zwischen dem Sender und dem Empfänger von Informationen.[5] Während *Individualmedien*, wie beispielsweise das Telefon, die Medieninhalte nur an einen einzelnen Empfänger übermitteln, richten sich *Massenmedien* gleichzeitig an sehr viele Empfänger.[6] Innerhalb der Massenmedien läßt sich zudem eine sinnvolle Klassifizierung aus produktorientierter Perspektive, also nach dem Medium, durchführen. Diese Klassifizierung stellt auch

---

1 Vgl. *WITTMANN* (1959), S. 14.

2 Zur betriebswirtschaftlichen Diskussion des Informationsbegriffs vgl. im Überblick *BODE* (1997), S. 449 ff.

3 Vgl. Abschnitt 4.1.2, S. 73 ff.

4 Vgl. *HESS/BÖNING-SPOHR* (1999), S. 5.

5 Vgl. *SCHUMANN/HESS* (2000), S. 6.

6 Vgl. *SCHUMANN/HESS* (2000), S. 6.

gleichzeitig eine grobe Aufteilung der traditionell bestimmenden Märkte der Medienwirtschaft dar.

Die Produktklasse *Rundfunk* nutzt als Medium für den Transport der Medieninhalte terrestrische Frequenzen, Kabelnetze und Satelliten. Die übertragenen Inhalte sind dynamisch, wobei der Hörfunk ganz auf die Sprache als Kommunikationsform beschränkt ist und beim Fernsehen noch Bewegtbilder hinzukommen.[7] Die Inhalte sind dabei allerdings nur zum Zeitpunkt ihrer Ausstrahlung verfügbar, es sei denn, sie werden mittels Speichergeräten – wie z. B. Videorekordern – aufgezeichnet.

Im Gegensatz dazu verwendet die Produktklasse *Print* als materiellen Träger das Papier und kann somit nur statische Medieninhalte, wie Texte und Bilder, darstellen. Klassische Print-Produkte sind dabei Presseprodukte und Bücher, auf die ohne zeitliche Beschränkung zugegriffen werden kann. Ein innerhalb der Produktklasse sinnvolles Abgrenzungsmerkmal ist die *Periodizität* des Print-Produkts. So erscheinen *Presseprodukte* regelmäßig, zumeist täglich oder wöchentlich, während die Auflage eines bestimmten Buches nur einmalig oder in unregelmäßigen Abständen stattfindet. Weiterhin treten Zeitungen in der Regel in den Gattungsformen Tageszeitung oder Wochenzeitung sowie Anzeigenblatt auf, wohingegen im Zeitschriftenbereich eher nach den Inhalten zu unterscheiden ist.[8] Infolgedessen liegt der Fokus bei Fachzeitschriften überwiegend auf berufs- und branchenspezifischen Inhalten, wie beispielsweise die Zeitschrift Werben & Verkaufen (WuV), die speziell für Mitarbeiter aus der Werbebranche gedacht ist. Dagegen sind General-Interest-Inhalte oder Special-Interest-Inhalte eher in sogenannten Publikumszeitschriften, die sich folglich an eine breite Leserschicht wenden, zu finden.

Die dargelegte Klassifizierung wird unter Berücksichtigung einiger für jede Gattung typischer Titel in Abbildung drei nochmals vertiefter visualisiert. Dabei wird mittels der markierten Felder deutlich, daß sich die nachfolgenden Ausführungen ausschließlich auf die Gattungen Tageszeitung, Wochenzeitung sowie Publikumszeitschrift konzentrieren.[9]

---

7 Vgl. *Schumann/Hess* (2000), S. 6.

8 Vgl. *Wirtz* (2001a), S.137.

9 Dementsprechend werden nachfolgend unter dem Begriff Zeitschrift ausschließlich Publikumszeitschriften subsumiert.

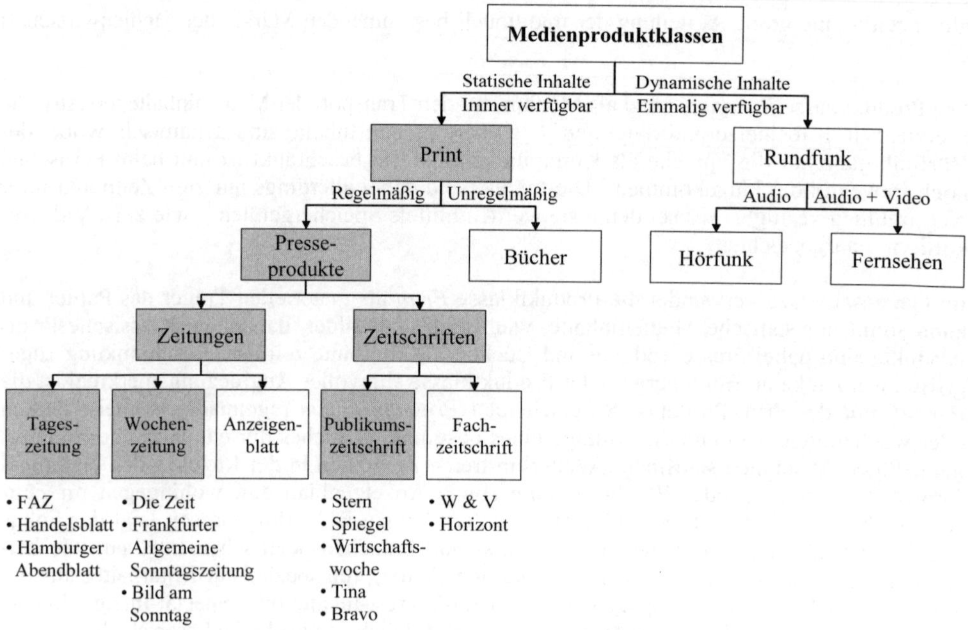

Abbildung 3: Produktklassen der Medienindustrie

2.1 Zielsysteme bei der Zeitungs- und Zeitschriftenerstellung

Wie für jedes Medienunternehmen ist auch das Zielsystem eines Verlages hinsichtlich der zu verfolgenden Dimensionen weitaus komplexer als bei anderen privatwirtschaftlichen Unternehmen. So ist nicht nur das ökonomische Formalziel Gewinnmaximierung ausschlaggebend für den Erfolg des Verlages. Vielmehr sind auch publizistische Erfolgsmaßstäbe, wie Aktualität, Richtigkeit, Relevanz und kommunikativer Erfolg des Produkts, bedeutend.[10] Die Verfolgung nur einer Zieldimension trifft in der Regel nur auf wenige Zeitungs- und Zeitschriftenverlage zu. Die absolute Dominanz nicht-monetärer Ziele innerhalb der verlegerischen Aktivitäten gibt vielleicht Auskunft über intrinsische Motivationsstrukturen des Verlegers, ist allerdings mit der Gefahr mangelnder Wirtschaftlichkeit und Kundenorientierung des Verlages und einem damit zu attestierenden Altruismus verbunden.[11] Demgegenüber führen verlegerische Aktivitäten aus reinem Gewinnstreben häufig zur publizistischen Selbstaufgabe. Die zahlreichen Prozesse gegen die sog. „Yellow Press“, die aus reiner „Gewinnsucht“[12] Informationen über öffentliche Personen erfindet oder bewußt falsch interpretiert, sind ein klarer Beweis für diese These. Hieraus wird deutlich, daß ein Zeitungs- und Zeitschriftenverlag typischerweise ökonomische sowie publizistische Ziele gleichermaßen verfolgt, wobei je nach individueller Interessenlage des Verlages bzw. des Titels die Gewichtung zwischen den beiden Zieldimensionen variieren kann. So muß die Wochenzeitschrift Der Spiegel als meinungsbildender Qualitätsführer einen höheren

---

[10] Vgl. *HEINRICH* (2001), S. 85.

[11] Vgl. *LUDWIG* (1998), S. 133.

[12] BGH 1996 über den BURDA-Verlag im Urteil gegen die „BUNTE“ in Sachen Prinzessin von Monaco, vgl. *LUDWIG* (1998), S. 134.

publizistischen Anspruch als beispielsweise die Bild-Zeitung haben. Unter dem Gesichtspunkt, daß auch ein Verlag als Unternehmen seine langfristige wirtschaftliche Überlebensfähigkeit sicherstellen muß, wird nachfolgend mit dem Verweis auf das stets im Verlag bestehende Spannungsfeld zwischen ökonomischem und publizistischem Erfolg des Titels schwerpunktmäßig die ökonomische Sichtweise beleuchtet.[13] Dabei ist es wichtig festzuhalten, daß der Verlag ein *Dienstleistungsunternehmen* ist, das seine angebotenen Informationsprodukte im ersten Kreislauf gegen Aufmerksamkeit des Rezipienten tauscht und diese dann im zweiten Kreislauf in Realkapital umwandelt.[14] Diese vollzogene Typologisierung des Verlags als Dienstleister läßt sich u. a. aus der Erkenntnis ableiten, daß das materielle Gut Zeitung oder Zeitschrift letztlich nur Medium und damit Mittel zum Zweck ist, um die erstellten immateriellen Informationen dem Rezipienten zu übermitteln. Insofern ist das primäre Ergebnis der Leistungserstellung immaterieller Natur, was gleichzeitig ein charakterisierendes Merkmal einer Dienstleistung ist.[15] Gleichwohl wird besonders im Rahmen der Darstellung der Konvergenz deutlich, daß letztlich alle Absatzobjekte sogenannte Leistungsbündel darstellen, die sich im Rahmen eines Kontinuums von Möglichkeiten aus materiellen und immateriellen Ergebnisbestandteilen zusammensetzen, so daß allgemein die Dichotomie von Sach- und Dienstleistungsproduktion nicht mehr aufrechtzuerhalten ist.

2.2 Kosten- und Erlösstruktur der Zeitungs- und Zeitschriftenerstellung

Das Dienstleistungsunternehmen Zeitungs- und Zeitschriftenverlag unterliegt einer im Vergleich zu anderen Branchen einzigartigen Kosten- und Erlösstruktur. Hierbei ausschlaggebend ist auf der Kostenseite eine hohe Fixkostenintensität (First-Copy-Cost-Charakter) bei der Zeitungs- und Zeitschriftenerstellung, die in der Regel auf der Erlösseite die gleichzeitige Bedienung zweier Märkte – den Rezipienten- und den Werbemarkt – erfordert (Dual-Proceeds-Charakter).

2.2.1 First-Copy-Cost-Charakter

Wie jede Produktion eines Informationsgutes ist auch die Zeitungs- und Zeitschriftenproduktion eine „Blaupausen-Produktion".[16] Dies bedeutet, daß unabhängig von der Anzahl der späteren Rezipienten für jede einzelne Ausgabe zunächst der Prototyp konzipiert werden muß. Daraus resultiert das bestimmende ökonomische Grundproblem des Verlages in Form einer überdurchschnittlich hohen Fixkostenintensität. So entfallen beispielsweise bei *Zeitschriftenverlagen* ca. 65 Prozent der Gesamtkosten auf Fixkosten (first copy costs), während variable Kosten durch Vervielfältigung und Distribution nur ca. 35 Prozent ausmachen.[17] Empirische Untersuchungen zur Kostenstruktur im *Zeitungsverlag* ermitteln hingegen einen etwas geringeren, aber dennoch im Branchenvergleich hohen Fixkostenanteil von etwa 50 Prozent.[18] Abbildung vier visualisiert zwei typische Produktionskostenstrukturen von Zeitungs- und Zeitschriftenverlagen. Dabei ist jedoch eine eindeutige Aufspaltung in variable und fixe Kostenanteile nicht möglich. So sind beispielsweise innerhalb der Fertigungs- und Distributionskosten sowohl

---

13 Zu einer eher publizistischen Sichtweise mit deutlicher Kritik an der übermäßigen Gewichtung der ökonomischen Sichtweise im Verlag vgl. z. B. *SCHREIBER* (1994), S. 29 ff., *HEINRICH* (1996), S. 165 ff.

14 Vgl. *NAUSNER* (2001), S. 122.

15 Vgl. *MEFFERT* (1998), S. 47 ff.

16 Vgl. *HEINRICH* (2001), S. 243.

17 Vgl. *MEFFERT* (2000), S. 4.

18 Vgl. *SCHUMANN/HESS* (2000), S. 59.

Kosten der Betriebsbereitschaft, wie z. B. Personalkosten als auch produktionsmengenabhängige Kosten, wie etwa Druckfarben, enthalten. Darüber hinaus werden auch Diskrepanzen zwischen der Zeitungs- und Zeitschriftenproduktion deutlich. So sind die Marketing- und Papierkosten bei der Zeitschriftenherstellung deutlich höher, wohingegen insbesondere im Tageszeitungsbereich höhere Beträge für ein meist täglich in Anspruch genommenes Distributionssystem aufgewendet werden.[19]

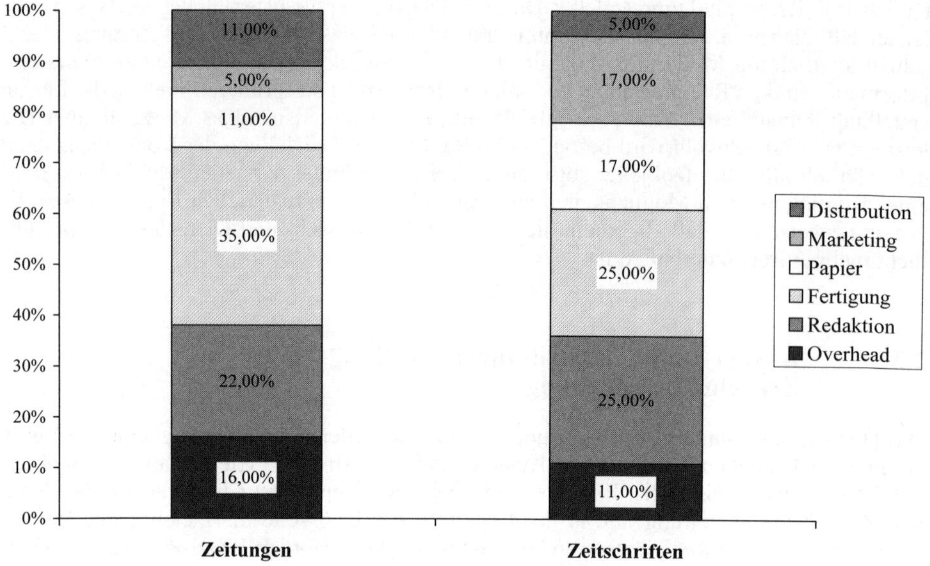

Abbildung 4: Charakteristische Produktionskostenstruktur von Zeitungs- und Zeitschriftenverlagen[20]

Eine wesentliche Determinante für den skizzierten hohen Fixkostensockel ist ein Personalkostenanteil von ca. 40 Prozent, der somit weit über dem gesamtwirtschaftlichen Durchschnitt von ca. 20 Prozent liegt.[21] Dieser entsteht insbesondere durch eine notwendige personelle Mindestausstattung der Redaktion, ohne die der Prototyp der Zeitung oder Zeitschrift überhaupt nicht erst entstehen könnte.

Aus der hohen Fixkostenintensität resultiert eine große Unsicherheit hinsichtlich der journalistischen Produktion, die es in den nachfolgenden Abschnitten bei der Planung, Implementierung und Kontrolle eines Multimedia-Managements stets zu berücksichtigen gilt.[22] Zudem wird deutlich, daß das wettbewerbliche Strukturproblem der Printmedien durch eine Fixkostendegression überwindbar ist. Mit steigender Auflage des Produkts können die fixen Kosten auf die Vervielfältigungen verteilt werden, so daß die Stückkosten mit zunehmender Ausbringung stetig sinken (Fixkostendegressionseffekt).[23] Dabei ergibt sich für den Verlag unter Vernachlässigung einer technischen Kapazitätsgrenze die untere Schranke der Fixkostendegression

---

[19] Vgl. *WIRTZ* (2001a), S. 153.

[20] In Anlehnung an *WIRTZ* (2001a), S. 153 f.

[21] Vgl. *HESS/BÖNING-SPOHR* (1999), S. 13, *HEINRICH* (2001), S. 243.

[22] Zur Unsicherheit der journalistischen Produktion vgl. *KIEFER* (2001), S. 171 ff.

[23] Vgl. *HEINRICH* (2001), S. 97.

allein durch die Größe der Nachfrage und den damit verbundenen Markt, was in Abbildung fünf veranschaulicht wird.[24]

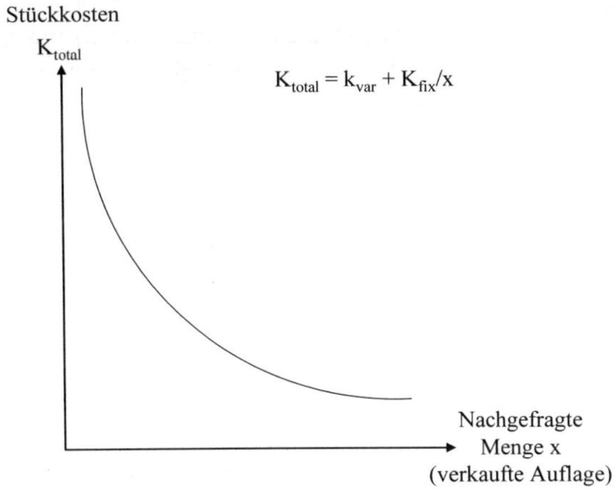

Abbildung 5: *Prinzip der Fixkostendegression*

Problematisch für Verlage ist, daß sich meist das anvisierte und realistische Marktpotential für die Kostendeckung des Produkts als unzureichend erweist.[25] So berechnet *LUDWIG* exemplarisch anhand des Wochenmagazins Der Spiegel, daß sich für das Bezugsjahr 1992 bei einer Auflagenhöhe von rund 1,1 Millionen Zeitschriften Herstellkosten in Höhe von 3,35 EUR pro Stück ergeben, während sich lediglich Vertriebserlöse von 1,48 EUR erzielen lassen.[26] Um keine Verluste zu erleiden, könnte die Differenz von 1,87 EUR nun entweder über den Fixkostendegressionseffekt erwirtschaftet und die Auflage entsprechend ausgeweitet oder aber der Verkaufspreis auf ein kostendeckendes Niveau erhöht werden. Weiterführende Berechnungen ergeben, daß bei der ersten Lösungsvariante die verkaufte Auflage um etwa 270 Prozent gesteigert werden müßte, während sich im zweiten Fall ein Copy-Preis von 5,78 EUR ergäbe.[27] Es ist offensichtlich, daß beide Varianten als unplausibel hinsichtlich des Marktpotentials bzw. der Marktfähigkeit des Produkts zu verwerfen sind.

Das skizzierte Beispiel verdeutlicht somit das auf Medienmärkten allgemein sehr häufig vorzufindende *Problem des Marktversagens*. Dabei impliziert ein Marktversagen, daß langfristig kein Angebot mehr entsteht.[28] Dies führt dann entweder zu einem vollständigen Zusammenbruch des Marktes oder aber zu einem Marktergebnis, das sich fundamental von einem voll funktionierenden Markt unterscheidet, also beispielsweise ein geringeres oder qualitativ schlechteres Angebot.[29] Als Gründe für ein Marktversagen im Mediensektor können neben dem dargestellten

24 Vgl. *HEINRICH* (2001), S. 98.

25 Vgl. *LUDWIG* (1998), S. 31.

26 Vgl. *LUDWIG* (1998), S. 15. Die in der Originalquelle angegebenen Beträge in DM wurden in EUR umgerechnet.

27 Vgl. *LUDWIG* (1998), S. 17.

28 Vgl. *BURDA/WYPLOSZ* (1994), S. 560 f.

29 Vgl. *LUDWIG* (1998), S. 31.

Strukturproblem des Wettbewerbs noch eine Vielzahl weiterer Determinanten angeführt werden, die allerdings hier nicht zu vertiefen sind.[30]

Aus volkswirtschaftlicher Sicht bleibt jedoch festzuhalten, daß das im Zeitungs- und Zeitschriftensektor omnipräsente Phänomen des Marktversagens die Tendenz zur Monopolisierung nach sich zieht, da dies vor dem Hintergrund des Fixkostendegressionseffektes die optimale Marktstellung begründet.[31] Eine Monopolisierung der Medienmärkte ist jedoch gesellschaftspolitisch nicht wünschenswert, da so die Produktion des öffentlichen Gutes „Meinungsvielfalt" als Eckpfeiler eines jeden demokratischen Staates nicht mehr gewährleistet wäre. Folglich unterliegt der Mediensektor regulativen Instrumentarien der Wettbewerbspolitik, die weitestgehend auf dem Gesetz gegen Wettbewerbsbeschränkungen (GWB) fundieren. Dabei spielt vor allem die Fusionskontrolle eine maßgebliche Rolle, die als wesentliches Eingriffskriterium die Entstehung oder Verstärkung marktbeherrschender Stellungen vorsieht.[32] Trotz einer im Jahre 1976 vollzogenen Ausweitung der Fusionskontrolle auf kleine und lokale Verlage verhindert dies jedoch nicht gänzlich die Tendenz der Medienkonzentration, wie die Strukturanalyse des Zeitungs- und Zeitschriftenmarktes in Abschnitt 2.4 noch zeigen wird.[33]

Aus betriebswirtschaftlicher Sicht ergibt sich demgegenüber, daß unter Vorraussetzung eines grundsätzlich vorhandenen Marktbedarfs für die produzierten Medieninhalte die alleinige Finanzierung über Rezipientenerlöse in der Regel nicht für eine kostendeckende Produktion des Titels ausreichend ist. Folglich bedienen sich Zeitungs- und Zeitschriftenverlage zur Quersubventionierung eines weiteren Marktes, um dem Problem des Marktversagens zu entgehen.

2.2.2 Dual-Proceeds-Charakter

Um als Verlag eine Kostendeckung erreichen bzw. Gewinne erwirtschaften zu können, sind Zeitungen und Zeitschriften meist nicht nur Träger redaktioneller Informationen, sondern zugleich auch Träger von *Werbebotschaften.* Insofern versucht ein werbetreibendes Unternehmen durch das Schalten von Anzeigen in einer Zeitung oder Zeitschrift Aufmerksamkeit beim Rezipienten zu erlangen und diesen in seiner Kaufentscheidung zu beeinflussen.[34] Folglich erschließt ein Verlag durch die Bereitstellung von Werbeseiten eine weitere Erlösquelle, indem an die Werbetreibenden die Wahrscheinlichkeit verkauft wird, daß ihre Werbebotschaft von einer bestimmten Zahl von Lesern wahrgenommen wird.[35] Durch diese Verbundproduktion stehen Rezipienten- und Werbemarkt in einem interdependenten Verhältnis zueinander, das unter dem Begriff *Anzeigen-Auflagen-Spirale* subsumiert werden kann. Demnach ist auf dem Rezipientenmarkt die Qualität und Quantität der dargebotenen Medieninhalte ausschlaggebend für die erzielbare Auflagenhöhe und damit auch für die Nutzung des Fixkostendegressionseffektes. Eine Erhöhung der Auflage und damit eine höhere Reichweite senkt jedoch auf dem Werbemarkt bei konstanten Anzeigengrundpreisen die *Tausender-Kontaktpreise* der Werbung.[36] Dabei stellt der Tausender-Kontaktpreis (TKP) die zentrale Bewertungskennzahl des Kosten-

---

30 *HEINRICH* führt als weitere mögliche Gründe für ein Marktversagen im Mediensektor insbesondere den Charakter von Informationen als öffentliches Gut an. Außerdem sind auch Informationsmängel der Rezipienten sowie Qualitäts- und Nutzenunkenntnis der Rezipienten ausschlaggebend, vgl. *HEINRICH* (2001), S. 93 ff.

31 Vgl. *HEINRICH* (2001), S. 129, *KIEFER* (2001), S. 168.

32 Vgl. *WIRTZ* (2001a), S. 118 f.

33 Vgl. Abschnitt 2.4, S. 22 ff.

34 Vgl. *SCHUMANN/HESS* (2000), S. 20.

35 Vgl. *HEINRICH* (2001), S. 236.

36 Vgl. *HEINRICH* (2001), S. 241.

Nutzen-Verhältnisses von konkurrierenden Werbeträgern mit gleicher Zielgruppe dar; er errechnet sich wie folgt:[37]

$$TKP = \frac{\text{Werbegrundpreis}}{\text{Anzahl der erreichten Personen}} \cdot 1000$$

Insofern führen in der Regel sinkende Tausender-Kontaktpreise zunächst zu einem steigenden Anzeigenvolumen (Mengeneffekt). Mittelfristig werden jedoch üblicherweise die Werbegrundpreise erhöht (Preiseffekt), da die gesunkenen Tausender-Kontaktpreise Spielräume zur Preiserhöhung der Werbeflächen schaffen.[38] Daraus resultierende höhere Gewinne können wiederum in erweiterte Redaktionsleistungen reinvestiert werden, was erneut zu einer höheren Auflage führt. Jedoch ist dieser Entwicklung ein natürliches Ende gesetzt, da im Wettbewerb und ab einer gewissen Höhe der Auflage auch umfangreiche Marketingmaßnahmen, komplexere Logistiksysteme sowie generell mehr Managementkapazitäten notwendig sind.

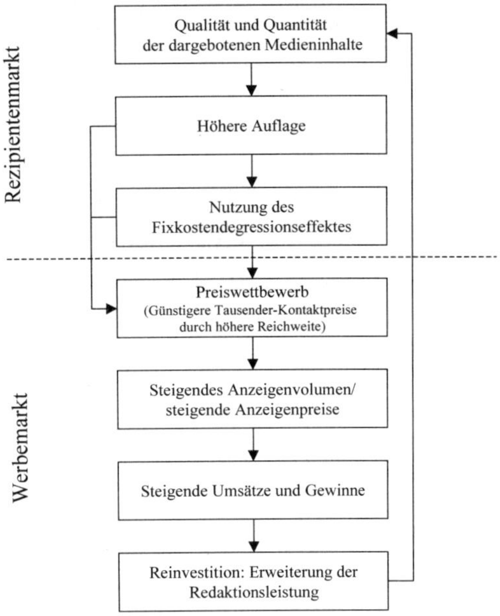

Abbildung 6: Die Auflagen-Anzeigen-Spirale[39]

Die skizzierten Zusammenhänge sind insbesondere für Zeitschriften zutreffend, die im allgemeinen suggestive Werbung der Markenartikelindustrie beinhalten. Hingegen ist bei Zeitungen aufgrund des oftmals lokalen oder regionalen Bezugs anzuführen, daß ca. 60 Prozent der Anzeigenerlöse aus geschäftlichen und privaten Rubrikenanzeigen, wie beispielsweise Immobilien-, Veranstaltungs-, Familien- und Kfz-Anzeigen, generiert werden.[40] Deshalb muß bei der Analyse des Zeitungssektors die Definition des relevanten Werbemarktes um geschäftliche und private

37 Vgl. *Schumann/Hess* (2000), S. 38.

38 Vgl. *Heinrich* (2001), S. 241.

39 In Anlehnung an *Wirtz* (2001a), S. 116, basierend auf *Kantzenbach/Greiffenberg* (1980), S. 199.

40 Vgl. *Engländer* (2001), S. 290.

Rubrikenanzeigen erweitert werden. Gerade die Rubrikenanzeigen stellen jedoch bei Tageszeitungen in den meisten Fällen nicht nur ein Mittel zur Quersubventionierung dar, sondern decken auch aufgrund ihres Informationscharakters im Gegensatz zur klassischen Print-Werbung ein konkretes Leserbedürfnis ab und sind somit ein weiteres verstärkendes Moment der Auflagen-Anzeigen-Spirale. So ist die Auflage der Tageszeitung Hamburger Abendblatt in der Samstagsausgabe mit ca. 400.000 Exemplaren um 25 Prozent höher als an Wochentagen, was insbesondere auf den ausführlichen Rubrikenanzeigenteil zurückzuführen ist.

Aus der dargestellten Verbundproduktion und der damit gleichzeitigen Bedienung zweier Märkte läßt sich festhalten, daß die Subvention des redaktionellen Teils durch Anzeigeneinnahmen oftmals überhaupt erst einen marktfähigen Preis der Zeitung oder Zeitschrift und damit eine Grundlage für die wirtschaftliche Bestandsfähigkeit des Verlages eröffnet. Mit Bezug auf das zuvor angeführte Beispiel von *LUDWIG* läßt sich dies exemplarisch anhand einer Kalkulation für das Wochenmagazin Der Spiegel im Bezugsjahr 1992 untermauern.[41]

		EUR
	Verkaufspreis	2,56
./.	7% Mwst.	0,17
=	Netto-Copy-Preis	2,39
./.	anteilige Grosso- und Einzelhandelsrabatte	0,49
./.	anteilige Mindereinnahmen, z.B. für sonstige Verkäufe	0,42
=	durchschnittlicher Verlagserlös	1,48
./.	Heftkosten (techn. Herstellung)	0,93
./.	Remissionsaufwand	0,18
./.	Versand/Vertrieb	0,27
=	Deckungsbeitrag (DB) I	0,11
./.	Werbung/Marketingkosten	0,14
./.	Redaktionskosten inkl. Dokumentation/Archiv	1,14
./.	sonstige Kosten	0,70
=	Deckungsbeitrag (DB) II	**-1,87**
+	Anzeigeneinnahmen	2,71
=	**Gewinn vor Steuer/Exemplar**	**0,84**

Abbildung 7: Spiegel-Kalkulation in EUR pro verkauftem Exemplar im Jahresdurchschnitt 1992[42]

Ausgangsbasis für die Kalkulation ist der durchschnittliche Verlagserlös, der sich aus dem Netto-Copy-Preis abzüglich der Funktionsrabatte für den Vertrieb über Grossisten und Einzelhandel sowie anteiliger Mindereinnahmen, beispielsweise Rabatte für Lesezirkel und Fluglinien, ergibt.[43] Aus der Subtraktion der technischen Herstellungskosten, des Remissionsaufwands für

41 Vor dem Hintergrund der nur seltenen Offenlegung sensitiver Geschäftsdaten von Verlagen ist aktuelleres Datenmaterial nicht erhältlich. Jedoch verdeutlicht das angeführte Beispiel von 1992 die grundlegenden ökonomischen und auch heute noch geltenden Zusammenhänge der durch die Verbundproduktion beeinflußten Erlösstruktur eines Zeitungs- und Zeitschriftenverlages.

42 Vgl. *LUDWIG* (1996), S. 94. Die in der Originalquelle angegebenen Beträge in DM wurden in EUR umgerechnet.

43 Vgl. *LUDWIG* (1996), S. 94.

nicht verkaufte Exemplare und der Versandkosten berechnet sich der *Deckungsbeitrag I*. Aus dem Abzug der fixen Kosten für Marketing, Redaktion und sonstige Kosten, wie beispielsweise der Overhead-Kosten für die Verlagsleitung, resultiert der *Deckungsbeitrag II*, der im skizzierten Beispiel einen deutlichen Verlust aufweist. Die durch Vertriebserlöse nicht abgedeckten Kosten können nun durch Anzeigenerlöse in Höhe von 2,71 EUR kompensiert werden, wobei sich letztlich eine Vorsteuer-Gewinnmarge von 0,84 EUR pro Exemplar für den Verlag ergibt.[44]

Während das Verhältnis von Vertriebserlösen zu Anzeigenerlösen bei Zeitungen allgemein auf etwa ein Drittel zu zwei Drittel beziffert werden kann,[45] ist die Erlösstruktur bei Zeitschriften von der Anzeigenattraktivität des Titels abhängig und liegt so innerhalb einer größeren Schwankungsbreite. Ein Vergleich der Erlösstrukturen von Großverlagen in Abbildung acht verdeutlicht beispielsweise, daß der ausschließlich Zeitschriften herstellende Heinrich Bauer Verlag seine Erlöse zu ca. 76 Prozent aus dem Vertriebsgeschäft und nur zu ca. 21 Prozent aus dem Anzeigengeschäft erwirtschaftet. Dies läßt sich insbesondere auf die überwiegend von Frauen- und TV-Programmzeitschriften bestimmte, anzeigenschwache Produktpalette zurückführen.[46] Demgegenüber ist beim Vergleich der Anteile der erzielten Anzeigenerlöse von Gruner & Jahr (Zeitungen/Zeitschriften), vom Axel Springer Verlag (Zeitungen/Zeitschriften) und von Burda (nur Zeitschriften) ein etwa gleich hoher Anteil von ca. 40 Prozent feststellbar. Letztlich fallen unter den Erlösblock „sonstige Erlöse“ noch zusätzliche Erlösquellen, wie Druckerlöse von Fremdtiteln in verlagseigenen Druckereien, was beispielsweise ein wesentliches geschäftliches Standbein von Gruner & Jahr ist.

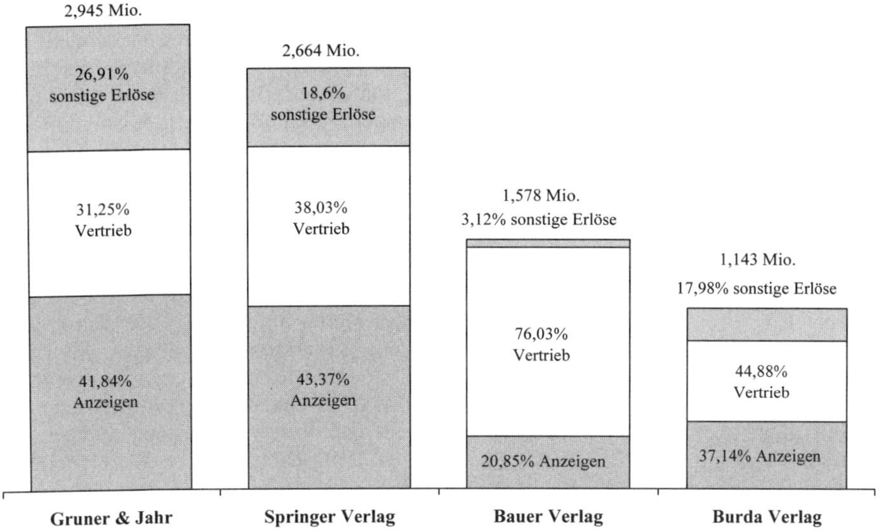

Abbildung 8: Erlösstruktur ausgewählter Großverlage in Prozent sowie Umsatzerlöse in Mio EUR[47]

44 Vgl. *LUDWIG* (1996), S. 95.

45 Vgl. *BDZV* (2001), S. 45.

46 Vgl. *WIRTZ* (2001a), S. 135.

47 Vgl. *VOGEL* (2000), S. 470, *GRUNER & JAHR* (2000), S. 5, *AXEL SPRINGER VERLAG* (2001a), S. 82 f., *HEINRICH BAUER VERLAG* (2000), S. 29. Berechnungsgrundlage waren alle Außenumsatzerlöse, was Auslandsaktivitäten der Verlage einschließt. Bei *GRUNER & JAHR* weicht das Geschäftsjahr vom Kalenderjahr ab.

Mit Bezug auf die in der Abbildung visualisierten klassischen Erlösquellen ausgewählter Großverlage bleibt als Exkurs anzuführen, daß diese mit Neuerscheinungen von Gratiszeitungen, schwerpunktmäßig im Jahr 2000, in Frage gestellt wurden. So finanzieren sich Gratiszeitungen nahezu ausschließlich über Werbeerlöse und verteilen täglich in Großstädten ihre Zeitungen, die oftmals im Gegensatz zu reinen Anzeigenblättern attraktive redaktionelle Leistungen bieten.[48] Allerdings zeigt das im Juli 2001 beendete Engagement des norwegischen Schibsted-Verlages mit der Gratis-Zeitung 20-Minuten-Köln, daß die etablierten Marktteilnehmer zu aggressiven Verteidigungsmaßnahmen ihrer Erlösquellen bereit sind. So beschritten der Axel Springer Verlag und der Verlag Dumont Schauberg einerseits den Rechtsweg mit dem Argument, daß Gratiszeitungen vor dem Hintergrund einer daraus resultierenden Gefährdung der Pressefreiheit rechtswidrig seien.[49] Andererseits gründeten beide Verlage selbst Gratiszeitungen, um mit ohnehin vorhandenen redaktionellen Inhalten, Produktionstechnik sowie der notwendigen Logistik Kostenvorteile gegenüber dem Newcomer zu nutzen und den Markt somit zu sperren.[50] Insofern bleibt abzuwarten, ob sich Gratiszeitungen im deutschen Markt zukünftig so sehr durchsetzen werden, daß die klassische Erlösstruktur der Verlage revidiert werden muß.

Basierend auf den skizzierten Zusammenhängen, die die hohe Bedeutung des „dualen Marktes" für Verlage als Erlösquellen verdeutlichen, lassen sich nachfolgend die strategisch relevanten Aktivitäten von Zeitungs- und Zeitschriftenverlagen innerhalb einer Wertschöpfungskettenbetrachtung zusammenfassen.

2.3 Wertschöpfungskette der Zeitungs- und Zeitschriftenerstellung

Die Wertschöpfung kann allgemein als die Differenz der von einer Wirtschaftseinheit geschaffenen und der von ihr eingesetzten Werte interpretiert werden.[51] Während die nachfolgende intrabetriebliche Betrachtung zunächst unterstellt, daß die Wertschöpfung an einen einzelnen Verlag gebunden ist, wird an späterer Stelle offensichtlich, daß es ökonomisch sinnvoll sein kann, einzelne strategisch relevante Tätigkeiten vom Markt oder durch Eingehen von Kooperationen zu beziehen.

2.3.1 Wertaktivitäten – intrabetriebliche Betrachtung

Innerhalb eines Unternehmens erfolgt die Wertschöpfung selten in einem einzigen – ganzheitlich gestalteten – Prozeß, sondern zumeist gestuft in mehreren, aufeinanderfolgenden Prozessen.[52] Somit dient das von *PORTER* entwickelte Wertschöpfungskettenkonzept als analytisches Instrument zur Untersuchung des Wertschöpfungskettenprozesses und seiner Wertschöpfungsaktivitäten sowie deren Wechselwirkungen. Dadurch ist eine Untersuchung dazu möglich, inwieweit die intrabetrieblichen Prozeßabschnitte eine vom Kunden wahrgenommene und honorierte Wertsteigerung bewirken, deren Ausmaß den dafür erforderlichen Werteverzehr überschreitet.[53] Folglich ergibt sich als Endpunkt der Wertschöpfungskette eine Gewinnspanne, die sich aus der Differenz zwischen den Kosten der Wertschöpfungsaktivitäten und dem sich am Markt erzielbaren Preis für das Ergebnis der Wertschöpfungskette bildet.

---

48 Vgl. *WIRTZ* (2001a), S. 129 ff.

49 Vgl. online *AXEL SPRINGER VERLAG* (2000).

50 Vgl. *WIRTZ* (2001a), S. 131.

51 Vgl. *HALLER* (1997), S. 31, *PASKERT* (1997), S. 13, *PORTER* (2000), S. 34 f. und 67 ff.

52 Vgl. *KEUPER* (2001a), S. 200.

53 Vgl. *BOGASCHEWSKY/ROLLBERG* (1998), S. 292.

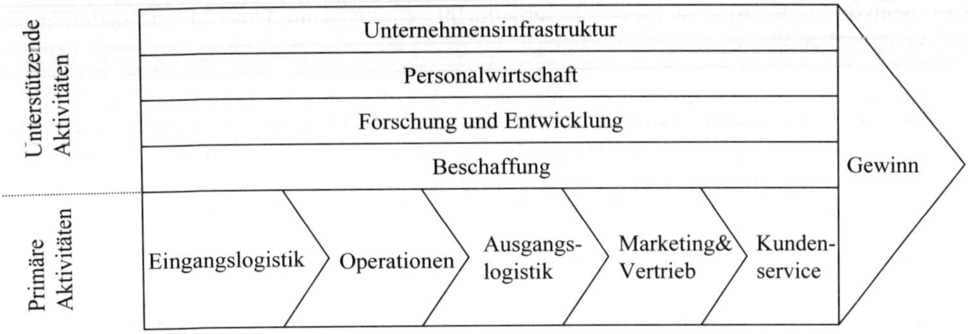

Abbildung 9: PORTERsche Wertschöpfungskette[54]

PORTER unterscheidet innerhalb der Wertschöpfungskette zwischen primären und unterstützenden Wertaktivitäten, wobei die unterstützenden Aktivitäten der Aufrechterhaltung der Primäraktivität dienen und somit grundsätzlich während jeder Primäraktivität anfallen können.[55] Die Primäraktivitäten hingegen erbringen die marktbezogenen Wertschöpfungen von der physischen Leistungserstellung des Produkts, dessen Verkauf und Übermittlung an den Abnehmer sowie dem Kundendienst.[56]

2.3.1.1 Primäraktivitäten

Unter Berücksichtigung des für den Zeitungs- und Zeitschriftenverlag relevanten „dualen Marktes" visualisiert die nachfolgende Abbildung die bestimmenden primären Aktivitäten der Print-Wertschöpfungskette.

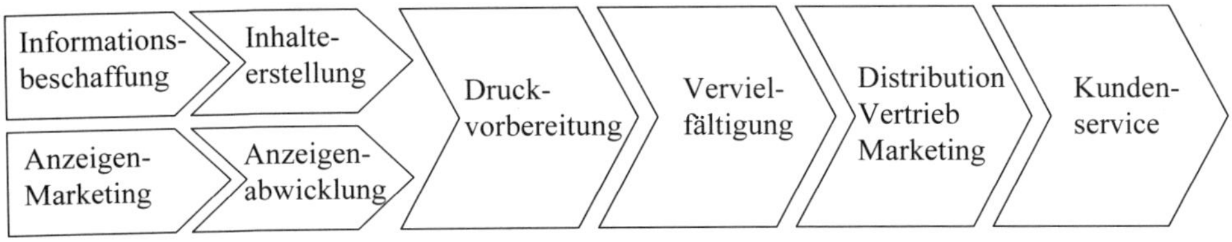

Abbildung 10: Wertschöpfungskette von Print-Medien[57]

Die Wertschöpfungsstufe *Informationsbeschaffung* zielt vor allem auf die Zusammenarbeit mit Nachrichtenagenturen und Bildarchiven, wie beispielsweise dpa oder Reuters, ab. Diese versorgen die Verlage mit aktuellen Informationen bzw. Informationen für die Hintergrundrecherche der Redakteure. Anschließend erfolgt die eigentliche journalistische *Inhalteerstellung*, d. h. die Selektion und Aufbereitung von Informationen zu einem neuen Medieninhalt sowie dessen Verifikation, Freigabe und Archivierung. Somit übernehmen die Verlage mit der Bündelung und Aufbereitung publizistischer Inhalte vereinfacht dargestellt eine Rolle, die mit der des Handels im Konsumgüterbereich vergleichbar ist. Analog zum Handel liegt die

---

54 Vgl. *PORTER* (2000), S. 66.

55 Vgl. *KEUPER* (2001a), S. 200.

56 Vgl. *PORTER* (2000), S. 69.

57 In Anlehnung an *ZERDICK ET AL.* (2001), S. 62.

Sortimentsfunktion darin, ein an den Leserbedürfnissen zugeschnittenes Inhaltesortiment zusammenzustellen.[58]

Parallel zu den beiden kreativen Wertschöpfungsstufen akquiriert im kaufmännischen Teil des Verlages das *Anzeigen-Marketing* die Anzeigenkunden und nimmt innerhalb der *Anzeigenabwicklung* die Buchung und anschließende Plazierung der Anzeige im Print-Produkt vor. Aus den erstellten Medieninhalten und Anzeigen wird schließlich in der *Druckvorbereitung* das Layout für die Zeitung oder Zeitschrift erstellt. Dieser Prozeß wird auch oftmals unter den Fachbegriffen *Packetierung* oder *Packaging* subsumiert, was das zuvor dargestellte Prinzip der Verbundproduktion von Medieninhalten und Anzeigen verdeutlicht.

Danach gilt es das Produkt in der Druckerei zu *vervielfältigen*, wobei bedingt durch den zunehmenden Einsatz digitaler Technologie in Redaktionen und Druckereien die ehemals notwendige Druckvorstufe wegfällt, so daß Packetierung und Vervielfältigung allmählich verschmelzen.[59] Dadurch wird auch ein zeitnaher Druck bzw. späterer Redaktionsschluß möglich.

Anschließend wird das Print-Produkt über die Vertriebswege *distribuiert*, wobei die Kontrolle der Distribution über eine beschränkte Anzahl von Vertriebskanälen insbesondere für Großverlage ein ganz wesentliches Kriterium für deren Marktmacht ist.[60] Entsprechend konzentriert sich der *Vertrieb* fast ausschließlich auf die Zustellung an Abonnenten per Post bzw. über ein eigenes Zustellsystem oder aber an Pressegrossisten für den Kioskverkauf. Im Rahmen des *Marketings* stehen insbesondere der Aufbau und die Pflege einer Marke im Vordergrund. Ursache dafür ist, daß Medieninhalte Erlebnisgüter sind, d. h. die Inhalte müssen für eine individuelle Nutzeneinschätzung stets erst konsumiert werden (das sog. *Informationsparadoxon*[61]).[62] Insofern dienen Marken dem Rezipienten als Schlüsselinformation, mit der eine erste Qualitätsbeurteilung der im Print-Produkt enthaltenen Medieninhalte ermöglicht wird.[63] Bezüglich der Anzeigenkunden dienen Marken darüber hinaus als Hilfsmittel zur eindeutigen Identifizierung von Zielgruppen, die durch die Vermittlung der Markenattribute des jeweiligen Print-Produkts angesprochen werden sollen. Letztlich eröffnen Marken organisationsintern oftmals Spielräume für Produktinnovationen. So hat beispielsweise der Axel Springer Verlag die eingeführte Marke der Bild-Zeitung genutzt, um durch einen Markentransfer erfolgreich Titel im Zeitschriftenmarkt zu positionieren, wie beispielsweise Computer Bild, Sport Bild oder Bild der Frau. Dabei ist der Markentransfer nicht nur zur Erschließung neuer Zielgruppen dienlich, sondern kann auch frühzeitig eine zukünftige Zielgruppe an das Hauptprodukt binden, wie dies erfolgreich beim Handelsblatt-Ableger Junge Karriere vollzogen wird.[64]

Weiterhin erfüllt der *Kundenservice* sowohl die Funktion der Betreuung der End- als auch der Anzeigenkunden. So gilt es hinsichtlich der Endkunden eine hohe Leser-Blatt-Bindung und dadurch einen hohen Abonnentenstamm aufzubauen und zu halten. Hierbei spielt das Abonnenten-Marketing oder Relationship-Marketing eine zentrale Rolle; es zielt darauf ab, Kundentreue zu entwickeln und zu versuchen, den gesamten Bedarf eines Kunden zu decken bzw. seinen Bedarf zu steigern.[65] Entsprechend sind Kampagnen wie „Leser werben Leser“,

---

58 Vgl. *LEHR* (1999), S. 19.

59 Vgl. *WIRTZ* (2001a), S. 124.

60 Vgl. *KILLIUS/MUELLER-OERLINGHAUSEN* (1999), S. 141.

61 Vgl. *ARROW* (1974), S. 267 ff.

62 Vgl. *SHAPIRO/VARIAN* (1999), S. 5.

63 Vgl. *SIEGERT* (2001), S. 193, *HESS* (2002), S. 578.

64 Vgl. *WIRTZ* (2001a), S. 160.

65 Vgl. *SIEGERT* (2001), S. 189.

Telefonmarketing oder Direct-Mailings oftmals genutzte Kommunikationsmaßnahmen im Verlag.

Demgegenüber werden Werbekunden verstärkt durch persönliche Kommunikation gebunden. Ursache hierfür ist vor allem der Bedarf der Entwicklung individueller Werbekonzepte und entsprechender Angebotspakete, was durch die Anzeigenabteilungen, aber auch häufig durch Außendienstmitarbeiter geleistet wird.[66]

2.3.1.2 Sekundäraktivitäten

Eine zentrale Aufgabe der *Personalwirtschaft* als eine wesentliche unterstützende Aktivität im Verlag ist die Beschaffung und Entwicklung personeller Ressourcen, die zur Herstellung und Vermarktung des Print-Produkts erforderlich sind. Neben den Wort- und Bild-Journalisten sind dies im kreativen Bereich des Verlages Grafiker bzw. Layouter sowie Art-Direktoren, die für den visuellen Bereich der Inhalteproduktion zuständig sind.[67] Demgegenüber wird im kaufmännischen Teil Personal mit betriebswirtschaftlichem Hintergrund rekrutiert, das schwerpunktmäßig im Anzeigenbereich sowie in allen anderen klassischen kaufmännischen Bereichen eines Verlages eingesetzt wird.

Der Bereich *Forschung und Entwicklung* konzentriert sich im Zeitungs- und Zeitschriftenverlag auf die Analyse der Nutzung und Akzeptanz medialer Angebote der Rezipienten sowie der Entwicklung entsprechender neuer Formate. Dabei wird allgemein der Produktneuentwicklung im Pressesektor eine große Bedeutung beigemessen, was eine Studie des Fraunhofer-Instituts untermauert, laut derer 85,5 Prozent der Verlage die Entwicklung neuer Produkte und Dienstleistungen als entscheidend oder bedeutend zur Sicherung der eigenen Wettbewerbsfähigkeit ansehen.[68] So geht es dem Verlag primär darum, die Aufmerksamkeit der Rezipienten zu sichern bzw. auszubauen, um so den Werbekunden Kontaktmöglichkeiten zu attraktiven Zielgruppen zu bieten. Entsprechend gibt es vor allem im Zeitschriftenbereich stets zahlreiche Neueinführungen aufgrund gesellschaftlicher Trends, z. B. die Einführung der Zeitschrift Wirtschaftswoche-E-Business der Verlagsgruppe Handelsblatt im Jahr 2001 im Zuge des Booms der New Economy. Die Einstellung des Titels nach nur wenigen Ausgaben, bedingt durch die Krise der New Economy, beweist jedoch auch, daß viele Titel oftmals nicht die Marktreifephase erlangen.[69] Insofern werden in Verlagen kontinuierlich neue Titel konzipiert, wobei die Entwicklung eines Print-Produkts (Time-to-Market) bis zu drei Jahren betragen kann.

Letztlich zählen zur *Unternehmensinfrastruktur* Bereiche wie eine zentrale Planung, Finanzen und das Rechnungswesen, die oftmals von mehreren, jeweils als strategische Geschäftseinheiten geführten Titeln im Verlag in Anspruch genommen werden, um Synergieeffekte zu realisieren. Dies gilt ebenfalls hinsichtlich einer zentralen EDV-Abteilung, die für die Auswahl, Implementierung und Pflege leistungsfähiger und oftmals standardisierter IuK-Technologie für das gesamte Unternehmen zuständig ist. Darüber hinaus ist die *Verlagsleitung* allen unterhaltenen Redaktionen übergeordnet und gibt die strategische Grundausrichtung des gesamten Verlagshauses sowie die normativen Geschäftsgrundsätze vor.[70]

---

66 Vgl. *Wirtz* (2001a), S. 165.

67 Vgl. *Wirtz* (2001a), S. 151.

68 Vgl. *Sihn/Klink* (2000), S. 19.

69 Vgl. *Hoffmann* (2001), S. 38.

70 Dies sind beispielsweise beim Axel Springer Verlag u. a. die Grundsätze „Verteidigung der freien sozialen Marktwirtschaft" und „Ablehnung jeglicher Art von politischem Totalitarismus", an die sich jeder Mitarbeiter zu halten hat, vgl. online *Axel Springer Verlag* (2002) bzw. Abschnitt 5.1, S. 131 f.

2.3.2 Wertaktivitäten – interbetriebliche Betrachtung

Während zuvor die primären und unterstützenden Aktivitäten im Verlag ausführlich beschrieben wurden, stellt sich nun die Frage, wie ein Verlag typischerweise die Print-Wertschöpfungskette ausgestaltet. So können die strategisch relevanten Tätigkeiten sowohl selbst erstellt als auch vom Markt bezogen werden. Die Planung der Fertigungstiefe, also der Grad der vertikalen Integration von vor- und nachgelagerten Wertschöpfungsstufen, betrifft somit die Frage nach dem Ausmaß zwischenbetrieblicher Arbeitsteilung. Dabei sind Entscheidungen über die Fertigungstiefe nicht nur für den Kapitalbedarf, der analog zum Umfang der Eigenfertigung anwächst, sondern vielmehr auch für den Zeitbedarf der Leistungserstellung, die Flexibilität und die Qualität der Leistungen relevant.[71]

Für den Verlag ist insbesondere die Höhe der *Transaktionskosten* für die Wahl der Fertigungstiefe ausschlaggebend.[72] Allgemein zielt die *Transaktionskostentheorie* darauf ab, unterschiedliche Regelungen zur Koordination ökonomischer Aktivitäten zu bewerten und zu begründen. Dabei stellen *Transaktionskosten* Kosten für Information und Kommunikation, für die Anbahnung, Vereinbarung, Abwicklung, Kontrolle und Anpassung im Rahmen des Leistungsaustausches dar.[73] Im Rahmen des Transaktionskostenansatzes wird somit versucht, durch die Wahl der Organisations- bzw. Koordinationsform die bei der Transaktion anfallenden Kosten zu minimieren. Dabei kann die Koordination der Transaktion einerseits durch den *Markt* mit Hilfe von *Preismechanismen* und andererseits durch die Koordination über Anweisungen im Rahmen einer *hierarchischen Struktur* erfolgen.[74] Beide Koordinationsformen repräsentieren jedoch nur die extremen Vertreter eines Kontinuums möglicher Koordinationsformen. Unter der Annahme, daß sich die Transaktionsteilnehmer sowohl *begrenzt rational* als auch *opportunistisch verhalten* können, bilden die *Spezifität*, die *Unsicherheit* und die *Häufigkeit der Transaktionsbeziehungen* die zentralen Determinanten der Transaktionskosten.[75]

Spezifität beschreibt den Werteverlust aufgrund nicht optimal eingesetzter Ressourcen, wobei dieser Verlust entsteht, wenn die zur Aufgabenerfüllung notwendigen Ressourcen nicht in die angestrebte Verwendungsrichtung eingesetzt, sondern ihrer nächstbesten Verwendung zugeführt werden.[76] Entsprechend besteht bei vollkommener Faktorspezifität für eine betrachtete Investition keine andere Verwendungsmöglichkeit, wohingegen bei einer vollkommen unspezifischen Investition eine andere Verwendung problemlos möglich ist. Spezifität wird jedoch erst dann zum eigentlichen Problem, wenn opportunistisches Verhalten hinzukommt, da die Akteure versuchen können, unter Mißachtung sozialer und gesellschaftlicher Normen ihre eigenen Interessen – gegebenenfalls auch zum Nachteil anderer Akteure – zu verwirklichen.[77]

Im Gegensatz dazu resultiert die *Unsicherheit* aus nicht vorhersagbaren Verhaltensweisen der Transaktionspartner und aus nicht kalkulierbaren Veränderungen der Vertragsumwelt.[78] Allerdings wird die Unsicherheit erst mit der Verhaltensannahme der begrenzten Rationalität zur beachtenswerten Determinante.[79] Eine weitere zentrale Determinante der Transaktionskosten

---

71 Vgl. *ADAM* (1998), S. 201.

72 Die nachfolgenden Ausführungen entstammen *KEUPER* (2002a), S. 235 ff. und S. 482 f.

73 Vgl. *PICOT* (1989), S. 365.

74 Vgl. *KEUPER* (2001a), S. 169.

75 Vgl. *PICOT/REICHWALD/WIEGAND* (2001), S. 50 ff., *STEFFEN* (2001), S. 95.

76 Vgl. *PICOT/REICHWALD/WIEGAND* (2001), S. 50 f.

77 Vgl. *KEUPER* (2001a), S. 170.

78 Vgl. *HAUBOLD* (1995), S. 43 f.

79 Vgl. *KEUPER* (2001a), S. 169

ist die *Häufigkeit*, d. h. die Frequenz, mit der der Austausch von Gütern und Informationen stattfindet.[80]

Letztlich kann komprimiert festgehalten werden, daß bei niedriger Spezifität, geringer Unsicherheit und selten auftretenden Kontakten zwischen den Partnern die marktliche Koordinationsform unter Transaktionskostengesichtspunkten die optimale ist, wohingegen eine reziproke Ausprägung der Determinanten eine hierarchische, unternehmensinterne Koordination priorisiert.[81]

Die Darstellung der Transaktionskosten in Abhängigkeit vom Transaktionskonnex im Feld zunehmender Spezifität der Transaktion und steigender strategischer Bedeutung der Leistungsart verdeutlicht, daß eine marktliche Koordination dann am wirtschaftlichsten ist, wenn der Leistungsaustausch standardisierte und somit wenig spezifische Leistungen umfaßt, da aufgrund der Vielzahl an Anbietern und Nachfragern und der damit verbundenen kurzen Transaktionsdauer eine hohe Transaktionssicherheit besteht.[82]

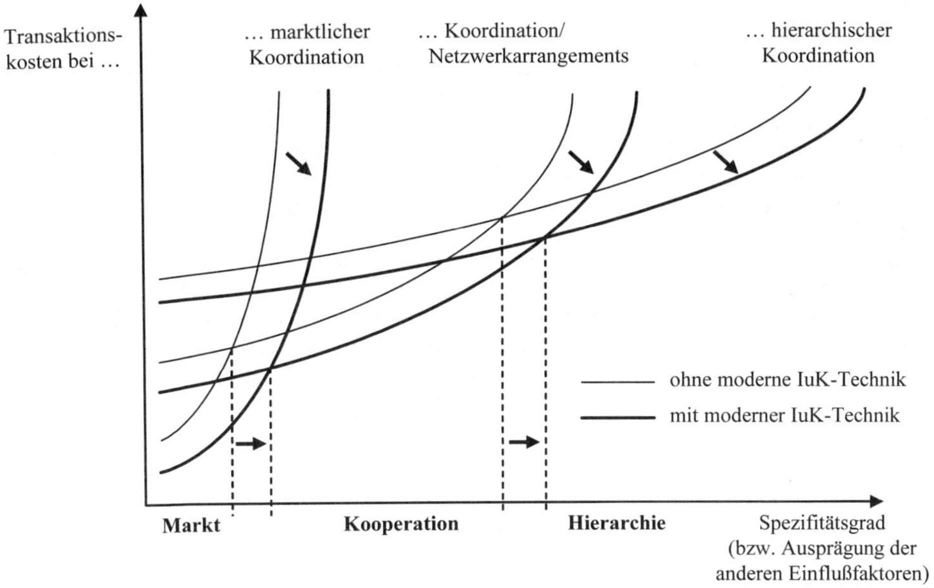

Abbildung 11: *Funktionaler Zusammenhang zwischen den Transaktionskosten und der Spezifität sowie der strategischen Bedeutung der Leistungsart unter Beachtung der IuK-technologischen Wirkung*[83]

Trotz der generellen Möglichkeit vor allem über das später noch ausführlich dargestellte Internet[84] flexible und unspezifische IuK-technische Verbindungen zu realisieren, die gleichwohl eine hohe Informations- und Kommunikationsintensität besitzen, wird die idealistische Option

80 Vgl. STEFFEN (2001), S. 96.

81 Vgl. PICOT (1991), S. 147 ff.

82 Vgl. BELLMANN (1999), S. 205.

83 Vgl. PICOT/REICHWALD/WIEGAND (2001), S. 42.

84 Vgl. Abschnitt 3.2.1, S. 42.

des „Move to the Market“ relativiert und zu einem realisierbaren „Move to the Middle“[85] transformiert.[86] So erlauben moderne IuK-Technologien, insbesondere deren zukünftige Entwicklungen – wie z. B. breitband-basiertes stationäres und mobiles Internet –[87] hochkapazitive und flexible Informationsstrukturen. Eine kurzfristige Bildung interorganisationaler Kooperationen – z. B. virtueller Unternehmen – bedarf jedoch zudem einiger Investitionen mit einer hohen Faktorspezifität in Sach- und Humankapital.[88] Darüber hinaus müssen auch – und vielleicht sogar gerade – Ad-hoc-Kooperationen mit entsprechenden Verträgen begleitet werden, die das Verhältnis der Unternehmen untereinander und gegenüber Dritten regeln. Ferner können auch im Informationszeitalter schlecht strukturierte Aufgaben häufig weder IuK-technisch noch vertraglich geregelt werden, so daß zur Eindämmung der Unsicherheiten auf institutionelle Mechanismen, wie z. B. die Reduktion der beteiligten Partner oder die Formulierung zusätzlicher Anreize, zurückgegriffen wird.[89] Der Aufbau solcher institutioneller Mechanismen stellt jedoch eine spezifische Investition dar, was letztlich neben den bereits skizzierten Zusammenhängen dazu führt, daß trotz der in Richtung Marktkoordination weisenden Potentiale der IuK-Technologien *längerfristige Unternehmensverbunde* im Vordergrund der Betrachtung stehen.[90]

Werden zudem die Besonderheiten der Zeitungs- und Zeitschriftenerstellung eingehend analysiert, so wird deutlich, daß auf Seiten des Verlages eine hohe Spezifität vor allem in bezug auf die Markennamen der Titel und den Abonnentenstamm vorliegt, die im Regelfall direkt an das Unternehmen gebunden ist. Das weitaus bestimmendere Merkmal für die journalistische Produktion ist hingegen die *Unsicherheit*, die die Anzahl und das Ausmaß nicht vorhersehbarer Aufgabenänderungen beschreibt.[91] Dabei resultiert die Unsicherheit im Verlag insbesondere aus dem Mangel der Definition, Messung und Kontrolle der Qualität der journalistischen Produktion sowie des dazu notwendigen Inputs.[92] Dies ist Ursache dafür, daß Zeitungs- und Zeitschriftenverlage ihre Inhalte vornehmlich selbst produzieren, da die Einbettung der journalistischen Produktion in eine eigene Organisationsstruktur mit geringeren Transaktionskosten verbunden ist als der Marktbezug.[93] Um jedoch fixe Personalkosten zu sparen, wird oftmals mit festen freien Journalisten zusammengearbeitet, wobei der Anteil der Freien mit der Aktualität der Berichterstattung abnimmt. Andererseits wird häufig auch, insbesondere bei kleineren Tageszeitungen, ein redaktioneller Mantel, der Themengebiete wie Politik, Feuilleton oder Sport umfaßt und nicht erfolgskritisch für die lokale Marke ist, fremdbezogen.[94]

Weiterhin ist zu beobachten, daß insbesondere Großverlage wie der Axel Springer Verlag oder Gruner & Jahr eigene Druckereien für ihre Titel unterhalten. Dies resultiert aus der Tatsache, daß gerade bei Tageszeitungen absolute Pünktlichkeit und Verläßlichkeit des Drucks zu einem bestimmten Zeitpunkt erfolgskritisch ist, wohingegen bei Zeitschriften eher qualitative Aspekte

---

85 Zur Move-to-the-Middle-Hypothese vgl. *CLEMONS/REDDI/ROW* (1993), S. 17 ff.

86 Vgl. *PILLER* (2000), S. 357.

87 Vgl. Abschnitt 3.2.1, S. 42 ff.

88 Vgl. *BAUER/STICKEL* (1998), S. 439.

89 Vgl. *PILLER* (2000), S. 358.

90 Vgl. *BELLMANN* (1999), S. 206 f.

91 Vgl. *KEUPER* (2001a), S. 169.

92 Vgl. *HEINRICH* (2001), S. 165.

93 Vgl. *WIRTZ* (2001), S. 155.

94 Vgl. *WIRTZ* (2001), S. 145 f., *HEINRICH* (2001), S. 166.

des Drucks eine Rolle spielen.[95] Dies ist mithin auch der Beweggrund für häufig geführte eigene Zustellsysteme für Tageszeitungen bzw. eigene Vertriebsgesellschaften, wobei hier wettbewerbsstrategische Überlegungen zur Kontrolle einer bestimmten Anzahl von Vertriebskanälen im Vordergrund stehen dürften.

Letztlich wird die Betreuung und Akquisition von Werbekunden noch zu einem Großteil durch eigene Anzeigenabteilungen oder Außendienstmitarbeiter übernommen. Der Anteil der Direktakquisition von Zeitungen sank zwar beispielsweise im Jahr 2000 gegenüber dem Vorjahr von 66,6 Prozent auf 55,9 Prozent, so daß Werbeagenturen als Werbemittler an Bedeutung gewinnen, doch ist der skizzierte geleistete Eigenanteil der Verlage nach wie vor als hoch einzustufen.[96]

Aus den Ausführungen läßt sich somit zusammenfassend anführen, daß gerade unter dem Aspekt der Transaktionskosten Zeitungs- und Zeitschriftenverlage die Print-Wertschöpfungskette in hohem Maße vertikal integriert haben, wobei der Integrationsgrad bei Großverlagen, die – wie dargestellt – meist eigene Druckereien unterhalten, weitaus höher liegt als bei kleineren Verlagen. Dies erklärt sich aus der mit der Integration verbundenen Internalisierung hoher fixer Kosten, wobei die Vorteile der Integration insbesondere in der Einschränkung der Unsicherheit der journalistischen Produktion und einer damit verbundenen Sicherstellung von Qualitätsstandards der Medieninhalte liegen. Unabhängig davon verdeutlicht die generelle Entwicklung der Transaktionskosten bedingt durch den Preisverfall und den zunehmenden Einsatz der IuK-Technologie, daß eine im weiteren Verlauf darzustellende Ergänzung und Ausweitung der klassischen Print-Aktivitäten um ein internet-basiertes Engagement zunehmend problemlos durch Kooperationen initiiert und dauerhaft umgesetzt werden kann.[97] So liegt die Kernkompetenz[98] eines Zeitungs- und Zeitschriftenverlages eindeutig in der Erstellung und dem Vertrieb eines Print-Produktes und nicht in der Konzeption und der Pflege eines multimedialen Web-Auftrittts. Ein Schließen solcher Kompetenzlücken, die durch eine Konzentration auf die Kernkompetenzen entstanden sind, kann daher unter Transaktionskostengesichtspunkten im Rahmen der Move-to-the-Middle-Entwicklung relaxiert werden. Idealiter und realiter eröffnen sich für den Verlag als Content-Anbieter somit völlig neue Kooperationsformen, um neue Märkte erschließen zu können.

Als Fazit bleibt festzuhalten, daß die hohe vertikale Integration der Print-Wertschöpfungsketten der Verlage maßgeblich die Rahmenbedingungen des Zeitungs- und Zeitschriftenmarktes determiniert, wobei vorab anzuführen ist, daß natürlich auch die Marktstruktur, das Marktverhalten und das Marktergebnis im Umkehrschluß Rückwirkungen auf die Strukturierung der Wertschöpfungsketten haben.

---

95 Vgl. *HEINRICH* (2001), S. 165. Jedoch werden eigene Druckereien auch als Relikt traditioneller Verlagsunternehmen angesehen, da aus Sicht der Transaktionskosten, aber auch der Herstellungskosten eine Auslagerung effizienter wäre, vgl. *SENNEWALD* (1998), S. 87. Im Falle von Großverlagen ist dem zu widersprechen, da durch die Vielzahl eigener Titel Größen- und Verbundvorteile durch Bündelung des hohen internen Nachfragevolumens erzielt werden können. Darüber hinaus weisen Kompetenzen im Druckbereich von Großverlagen oftmals eine derart hohe Spezifität auf, daß Fremdaufträge von kleineren Verlagen oder Versandhäusern generiert werden, vgl. beispielsweise *GRUNER & JAHR* (2000), S. 19.

96 Vgl. *BDZV* (2001), S. 39. Dies könnte jedoch auch ein Hinweis darauf sein, daß Kundenbindungsstrategien gegenüber der Neukundenakquise an Bedeutung gewinnen.

97 Vgl. Abschnitt 5, S. 126 ff.

98 Zum Kernkompetenzansatz vgl. ausführlich Abschnitt 4.2.1.1.2, S. 85 ff.

2.4 Struktur des Zeitungs- und Zeitschriftenmarktes

Der Zeitungs- und Zeitschriftenmarkt ist, wie bereits erläutert, Teil der klassischen Medienindustrie, deren Gesamtumsatz in Deutschland 1997 bei rund 46 Mrd. Euro lag.[99] Dabei entfallen auf das Marktsegment Presseprodukte innerhalb des Print-Geschäfts 9,6 Mrd. EUR auf Zeitungen, ca. 8,64 Mrd. EUR auf Zeitschriften und 1,6 Mrd. EUR auf Anzeigenblätter, während Bücher einen Umsatz von 8,95 Mrd. EUR und die gesamte Produktklasse Rundfunk einen Umsatz von 10,48 Mrd. EUR ausmachen.[100] Die hohen Umsätze im Pressesegment lassen darauf schließen, daß Zeitungen und Zeitschriften einen fundamentalen Teil des täglichen Informations- und Unterhaltungsbedarfs des Menschen abdecken. Dies wird u. a. auch daran deutlich, daß vier Fünftel der deutschen Bevölkerung über 14 Jahre regelmäßig eine Tageszeitung lesen, was in absoluten Zahlen ungefähr 50 Millionen Bundesbürgern entspricht.[101]

2.4.1 Status quo

Zeitungen und Zeitschriften stellen gemessen an der Nutzungsintensität der Rezipienten eines der wichtigsten in Anspruch genommenen Medienangebote dar. Während in der Studie Massenkommunikation 2000 81 Prozent der Befragten angaben, mehrmals in der Woche eine Tageszeitung zu lesen, antworteten dasselbe 61 Prozent der Befragten bezüglich der Kategorie Zeitschriften.[102] Dabei unterscheiden sich die Zeitung und Zeitschrift deutlich hinsichtlich der Nutzungsmotive. So liegt bei Zeitungslesern der Interessenschwerpunkt auf den aktuellen Tages- oder Wochenereignissen, um Denkanstöße zu bekommen und über das Tagesgeschehen informiert zu sein.[103] Demgegenüber haben Zeitschriftenleser je nach Titel unterschiedliche Nutzenerwartungen, wobei auf der einen Seite – wie bei der Zeitung – Interessenzentren (Informations- und Beratungsbedürfnisse) und auf der anderen Seite Gefühls- oder Erlebniswelten (Unterhaltungsbedürfnisse) eine Rolle spielen.[104]

Da die Nutzung von Printmedien in der Regel mit Kosten verbunden ist, ergaben sich 1997 durchschnittlich 33,84 EUR pro Haushalt und Monat an Ausgaben für Printprodukte, wobei die Ausgabenstruktur in Abbildung zwölf visualisiert wird.

---

99 Vgl. *Wössner* (1999), S. 8. Der Umsatz ist dabei nur als Annäherung zu verstehen; er wurde auf Basis einer Vielzahl von Quellen, beispielsweise Verbandsdaten für das Jahr 1997, ermittelt. Im Rahmen der fortschreitenden Konvergenz besteht zudem zunehmend das Problem der Zurechenbarkeit von Umsatzerlösen der Marktteilnehmer zu einer bestimmten Branche. Vgl. Abschnitt 3.3, S. 57 ff.

100 Vgl. *Wössner* (1999), S. 8.

101 Vgl. *Schulz* (2001), S. 118.

102 Vgl. *o. V.* (2000a), S. 155.

103 Vgl. *Ridder/Engel* (2001), S. 110.

104 Vgl. *Schulte-Hillen/Glanz/Althans* (2001), S. 483.

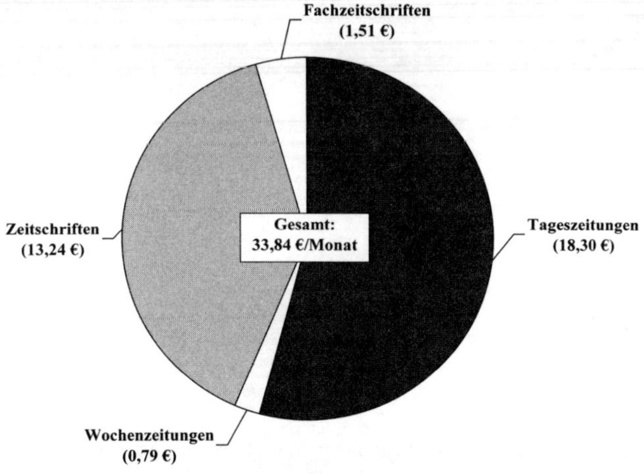

Abbildung 12: Monatliche Ausgabenstruktur für Printprodukte[105]

Zur Beschreibung der Entwicklung des Mediennutzungsverhaltens eignet sich indes eine Analyse der monatlichen Ausgaben der Rezipienten weitaus weniger als eine intra- und intermediale Betrachtung der aufgewendeten Zeit für den Konsum des jeweiligen Mediums. Insofern ist nochmals allgemein anzuführen, daß es bei einem Medienunternehmen zunächst darum geht, Aufmerksamkeit beim Rezipienten im ersten Kreislauf zu erzeugen und dadurch dann im zweiten Kreislauf einen monetären Ausgleich für die genutzten Informationsprodukte zu bekommen.[106] Hierbei ist für einen Zeitungs- und Zeitschriftenverlag insbesondere ausschlaggebend, wie sich der Medienkonsum, gemessen in Zeiteinheiten, in den unterschiedlichen Mediengattungen innerhalb der anvisierten Zielgruppen entwickelt. Dementsprechend ist festzustellen, daß insgesamt der Medienkonsum im Zeitverlauf kontinuierlich gestiegen ist: Während im Jahr 1980 noch jeder Bundesbürger ab 14 Jahren täglich 309 Minuten auf die Mediennutzung verwandte, stieg dieses Zeitbudget im Jahr 2000 auf täglich 502 Minuten.[107] Dabei dominieren eindeutig Hörfunk und Fernsehen, auf die ca. 78 Prozent der gesamten für Medienangebote aufgewendeten Zeit entfallen. Tageszeitungen und Zeitschriften hingegen machen einen weitaus geringeren Anteil von etwa acht Prozent am täglichen Medienkonsum aus.

---

105 Vgl. *WIRTZ* (2001a), S. 121 in Anlehnung an *STATISTISCHES BUNDESAMT* (1998), S. 18.

106 Vgl. Abschnitt 2.1, S. 6.

107 Vgl. *RIDDER/ENGEL* (2001), S. 104. Dies sind jedoch nur Brutto-Zeiten, d. h. die parallele Nutzung von zwei oder mehr Medienangeboten wird nicht berücksichtigt.

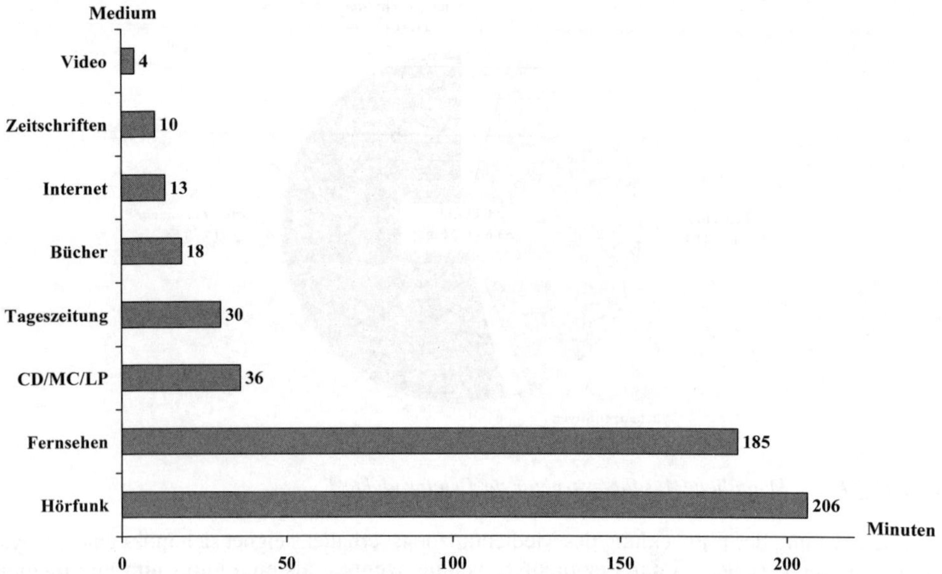

Abbildung 13: Nutzungsdauer einzelner Medien pro Tag (Montag–Sonntag) in Minuten[108]

Die um 62 Prozent gestiegene Mediennachfrage ging im gleichen Zeitraum einher mit einem um ein Vielfaches angewachsenen Medienangebot. Hieraus resultiert eine zunehmende inter- und intramediale Konkurrenz um Aufmerksamkeit bei gleichzeitiger Fragmentierung der Nutzerschaft.[109] Dabei liegen die Gründe für diese Fragmentierung in der gesellschaftlichen Entwicklung hin zu vermehrt individuell geprägten Lebensstilen, Trends und Wertorientierungen.[110] Um überhaupt die Aufmerksamkeit eines Rezipienten zu erlangen, müssen Zeitungen und Zeitschriften zunehmend das spezifische Informations- und/oder Unterhaltungsbedürfnis des jeweiligen Rezipienten abdecken.[111] Diese Entwicklung läßt sich insbesondere in der Zeitschriftenbranche erkennen, in der die Verlage auf Kosten der Auflage den Markt immer weiter segmentieren und neue Titel kreieren, um dadurch die Zielgruppengenauigkeit zu erhöhen.[112] Andererseits wurde auch nachgewiesen, daß Printmedien von den Rezipienten viel selektiver gelesen werden als früher. Um der Überfülle des Informationsangebotes („Information Overload") vor dem Hintergrund eines nicht beliebig erweiterbaren Zeitbudgets zu entsprechen, ändern sich die Rezeptionsstrategien oftmals dahingehend, daß relevante Artikel nur noch überflogen werden.[113] Dieses als „Lesezapping und Portionslektüre"[114] zu bezeichnende Verhalten wird besonders deutlich bei Jugendlichen, deren Leseverhalten sich im Zeitverlauf deutlich in Richtung überfliegendes Lesen verändert hat.[115] Die Wertschätzung für die traditionelle Stärke von Printmedien, die Vermittlung von ausführlichen Informationen, um Hinter-

108 Vgl. *RIDDER/ENGEL* (2001), S. 105.

109 Vgl. *RIDDER/ENGEL* (2001), S. 105.

110 Vgl. *KEUPER* (2002a), S. 22 ff.

111 Vgl. Abschnitt 3.1, S. 39.

112 Vgl. Abschnitt 2.4.1.2, S. 31 ff.

113 Vgl. *SCHULZ* (2001), S. 121 f.

114 Vgl. *FRANZMANN* (2001), S. 90.

115 Vgl. *FRANZMANN* (2001), S. 94.

gründe und Zusammenhänge besser zu verdeutlichen, ist somit innerhalb der jüngeren Altersschicht zunehmend geringer.[116] Zwar nimmt das Ansehen von Printmedien mit fortschreitendem Alter wieder zu, doch bleibt fraglich, ob dieser generationsbedingte Automatismus mittelfristig aufrechtzuerhalten ist. So hat sich die ohnehin im Vergleich zu anderen Altersgruppen weitaus geringere Reichweite von Tageszeitungen in der Altersgruppe der 14–19jährigen und der 20–29jährigen nach Jahren der Stagnation erst im Jahr 2001 geringfügig erhöht. Auch die Reichweitenentwicklung anderer Altersgruppen läßt Stagnationstrends erkennen, wenngleich sich die Reichweite nach wie vor auf sehr hohem Niveau bewegt. Indes wird das Problem der stagnierenden Reichweite bei jüngeren Lesern bereits seit langem in der Verlagsbranche wahrgenommen. So haben schon seit Beginn der neunziger Jahre viele Zeitungsverlage damit begonnen, ihren Zeitungen spezielle Jugendseiten und Jugend-Supplements (Beilagen, wöchentliche Magazine etc.) beizufügen, um dem Rückgang der jungen Leser entgegenzuwirken. Der Axel Springer Verlag entwickelte gar unter dem Titel Extra eine vor allem für junge Leser konzipierte Zeitung, die sich jedoch nach einem Testverkauf auf einem abgegrenzten Teilmarkt im Großraum Mannheim als nicht marktfähig erwies.

	14–19 Jahre	**20–29 Jahre**	**30–39 Jahre**	**40–49 Jahre**	**50–59 Jahre**	**60–69 Jahre**	**über 70 Jahre**	**Gesamt-bevölkerung**
1991	66,8	76,4	82,4	87,9	88,2	86,9	81,6	82,3
1992	62,3	74,8	82,0	85,8	87,7	87,3	84,2	81,7
1993	62,9	75,2	81,6	86,0	88,0	87,3	82,5	81,7
1994	60,2	72,5	81,1	86,0	88,0	87,7	83,4	81,2
1995	60,6	71,7	80,7	86,0	87,8	87,4	83,5	81,0
1996	60,1	70,9	79,9	85,9	87,1	87,5	83,8	80,7
1997	58,2	69,7	78,5	85,0	87,0	87,3	83,4	80,0
1998	56,4	68,1	77,2	84,0	86,6	86,6	83,2	79,1
1999	55,5	66,6	75,8	82,8	86,0	85,9	83,9	78,3
2000	55,1	65,8	74,8	82,3	85,8	86,2	84,5	78,0
2001	55,4	66,1	74,7	81,8	85,0	86,1	84,5	77,9

Tabelle 1: Reichweitenentwicklung der Tageszeitungen von 1991–2001 in Prozent nach Altersgruppen[117]

Festzuhalten bleibt, daß Zeitungen und Zeitschriften bezogen auf das Mediennutzungsverhalten der Gesamtbevölkerung nach wie vor eine bedeutsame Rolle einnehmen, wobei die klassischen elektronischen Medien Hörfunk und Fernsehen hinsichtlich der täglichen Nutzungsdauer unangefochten dominieren. Laut Prognose wird sich das Wachstum der täglichen Mediennutzungsdauer zugunsten elektronischer Medien fortsetzen, wohingegen hinsichtlich der Printnutzung ein leichter Rückgang vorhergesagt wird.[118] Das beschriebene Nutzungsverhalten bzw. die Einstellung der 14–29jährigen zu Printmedien ist dabei möglicherweise ein Frühindikator für ein sich abzeichnendes grundsätzlich verändertes Mediennutzungsverhalten der Rezipienten. Dieses wird u. a. beeinflußt durch gesellschaftliche Tendenzen, wie die fortschreitende Individualisierung von Lebensstilen, in der der Stimulation von individuellen Informations- und/ oder Unterhaltungsbedürfnissen eine verstärkte Bedeutung zukommt.

---

116 Vgl. *SCHULZ* (2001), S. 127.

117 Vgl. *BDZV* (2001), S. 115.

118 Vgl. *KLINGLER ET AL.* (1998), S. 493.

Während Zeitungen und Zeitschriften hinsichtlich des Mediennutzungsverhaltens integriert betrachtet wurden, liegt bei der nachfolgenden Marktanalyse aufgrund der sehr heterogenen Konstellation und Entwicklung der beiden relevanten Teilmärkte eine separierte Betrachtung nahe. Zur strukturierten Darstellung jedes Teilmarktes wird dabei das Marktstruktur-Marktverhalten-Marktergebnis-Paradigma[119] verwendet. Dabei ist hervorzuheben, daß das unterstellte monokausale Beziehungsgeflecht lediglich als simplifizierende und nützliche Heuristik zur bloßen Beschreibung von Märkten angesehen wird. Realiter besteht allerdings ein Ursache-Wirkungs-Zusammenhang mit Feedback-Effekten zwischen den drei Komponenten, was beispielsweise daran deutlich wird, daß erfolgreiche Unternehmen durchaus nach der Erlangung eines höheren Marktanteils streben.[120] Die wesentlichen beschreibenden Faktoren und Parameter jeder einzelnen Komponente lassen sich zusammenfassend in folgendem Schema darstellen:

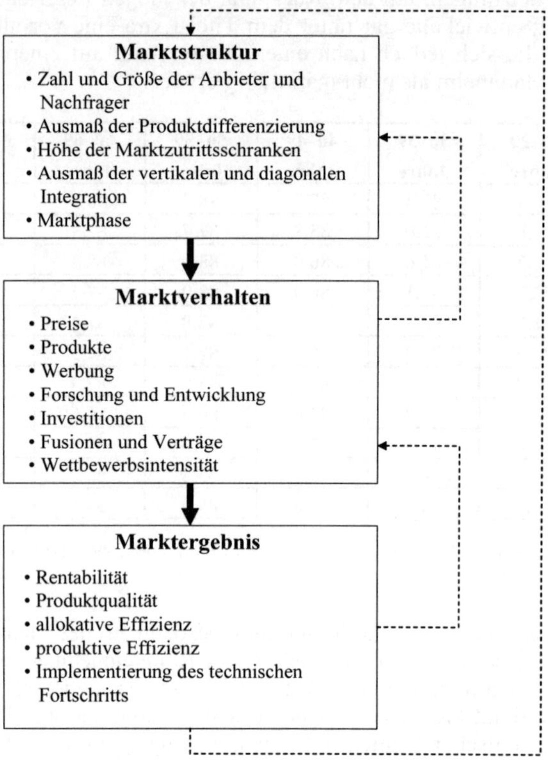

Abbildung 14: Das Marktstruktur-Marktverhalten-Marktergebnis-Paradigma[121]

2.4.1.1 SCP-Paradigma im Zeitungsmarkt

Auf dem deutschen Zeitungsmarkt agieren 355 Zeitungsverlage,[122] die innerhalb der Teilmärkte überregionale Tageszeitung, Wochenzeitung (inkl. Sonntagszeitung) sowie regionale Tages-

---

[119] Zur wissenschaftlichen Diskussion des SCP-Paradigmas vgl. *BAIN* (1956).

[120] Vgl. *SHEPHERD* (1985), S. 7.

[121] Faktoren und Parameter entnommen aus *HEINRICH* (2001), S. 58 f.

[122] Vgl. *SCHÜTZ* (2000), S. 9.

zeitung aktiv sind. Hinsichtlich der *Marktform*, die ein wichtiger Indikator zur Beschreibung der *Marktstruktur* ist, ergibt sich dabei zwischen den Teilmärkten ein uneinheitliches Bild. So teilen die Frankfurter Allgemeine Zeitung, die Frankfurter Rundschau, die Süddeutsche Zeitung, die Welt, die taz sowie die Bild-Zeitung den Markt für überregionale Tageszeitungen unter sich auf, was von der Angebotsstruktur einem Oligopol entspricht.[123] Dies gilt ebenfalls für den Markt für Wochenzeitungen, der maßgeblich von Titeln wie Die Zeit, Rheinischer Merkur oder auch Sonntagszeitungen wie Bild am Sonntag oder Welt am Sonntag bestimmt wird. Hingegen ist der Markt für regionale Tageszeitungen überwiegend monopolistisch oder duopolistisch strukturiert. So ergab eine Bestandsaufnahme aus dem Jahr 1996, daß in 96 Prozent aller deutschen Großstädte über 100.000 Einwohner bis zu zwei und in 52 Prozent aller Großstädte sogar nur eine einzige regionale Tageszeitung zur Verfügung steht.[124]

Entsprechend des überwiegend regional fokussierten Betätigungsfeldes von Tageszeitungsverlagen vollzieht sich gemessen an der absoluten Zahl ein Bild von einer mittelständisch geprägten Verlagslandschaft, d. h. es gibt nur wenige kleine und wenige sehr große Tageszeitungsverlage.[125] Allerdings zeigt die Entwicklung der Anzahl der Tageszeitungsverlage deutlich ökonomische *Konzentrationstendenzen* auf. Während im Jahr 1954 noch 624 Verlage Tageszeitungen herausgaben, hat sich die Anzahl im Laufe der Jahre bis 1999 um ca. 43 Prozent verringert. Der Abbildung 15 zu entnehmende vorübergehende Anstieg der Anzahl der Tageszeitungsverlage ist dabei nur als temporäres Phänomen im Zuge der deutschen Wiedervereinigung anzusehen.[126]

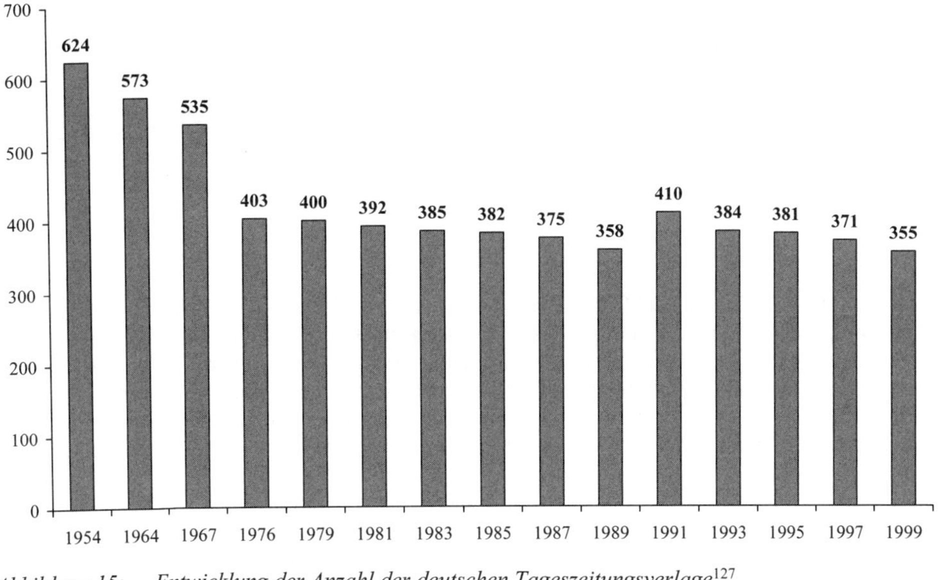

Abbildung 15: Entwicklung der Anzahl der deutschen Tageszeitungsverlage[127]

123 Vgl. *HESS/BÖNING-SPOHR* (1999), S. 7.

124 Vgl. *SEUFERT* (1999), S. 119.

125 Vgl. *WIRTZ* (2001a), S. 111 ff. Rund 90 Prozent aller deutschen Zeitungen sind lokal oder regional gebunden, vgl. *HEINRICH* (2001), S. 271.

126 Vgl. *WIRTZ* (2001a), S. 112.

127 Vgl. *SCHÜTZ* (2000), S. 9.

Viel offensichtlicher wird die ökonomische Konzentration im Zeitungsmarkt allerdings anhand der Messung der relativen Konzentration, d. h. einer Analyse der Produktionsmenge (Auflage) oder des Produktionswertes (Umsatz), die eine bestimmte Anzahl der größten Verlage auf sich vereint. Demzufolge entfällt auf die fünf größten Verlagsgruppen Deutschlands im Jahr 2000 ein Anteil an der Gesamtauflage von 42,3 Prozent oder 55,9 Prozent bezüglich der zehn größten Verlage.

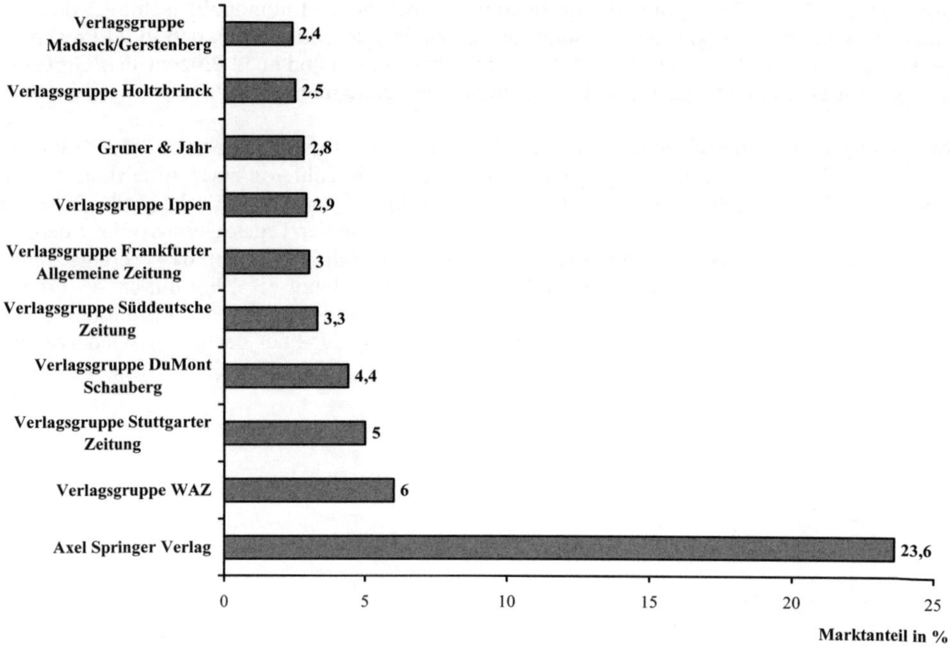

Abbildung 16: Anteile der Zeitungsverlage am gesamten deutschen Lesermarkt[128]

Abbildung 16 zeigt nachdrücklich die Dominanz des Axel Springer Verlages im deutschen Zeitungsmarkt. Dies ist vor allem auf die Marktvorherrschaft durch Bild und B.Z. im Bereich der Boulevardzeitungen, aber auch auf die auflagenstarken Tageszeitungen Hamburger Abendblatt und Berliner Morgenpost in den relevanten Kernmärkten Hamburg und Berlin sowie deren Umland zurückzuführen.[129] Während das Beteiligungsportfolio von Springer seit Jahren stabil ist, zeigen die Zukäufe anderer Verlagsgruppen deutliche Konzentrationstendenzen auf. Exemplarisch sei in diesem Zusammenhang auf die spektakuläre Übernahme der Kölnischen Rundschau durch den regionalen Marktführer DuMont Schauberg hingewiesen, so daß nunmehr alle drei in Köln ansässigen Zeitungen – die Kölnische Rundschau, der Kölner Stadt-Anzeiger und der Express – in einem Verlag vereint sind.[130] Weiterhin ist in Korrelation zur relativen Konzentration der Auflage auch eine hohe relative Konzentration des Umsatzes festzustellen. Entsprechend erwirtschaften 18 Prozent der Verlage über 70 Prozent des gesamten Zeitungsumsatzes.[131]

---

128 Vgl. *RÖPER* (2000), S. 298.

129 Vgl. *RÖPER* (2000), S. 303 f.

130 Vgl. *RÖPER* (2000), S. 299.

131 Vgl. *WIRTZ* (2001a), S. 113.

Grund für diese ökonomische Konzentration sind insbesondere die in Abschnitt 2.2.1 dargestellten Fixkostendegressionseffekte sowie die erzielbaren selbstverstärkenden Kräfte im Zuge der Auflagen-Anzeigen-Spirale. So ist gerade das häufig vorzufindende Angebotsmonopol im Bereich der regionalen Tageszeitungen besonders lukrativ für die Anbieter, da somit beschränkte vertriebsseitige Marktpotentiale vollständig ausgeschöpft, die Auflagen erhöht und dadurch Fixkostendegressionseffekte realisiert werden können. In Fällen wie der zuvor skizzierten Übernahme des Kölner Stadt-Anzeigers durch DuMont Schauberg spielen häufig auch erzielbare Verbundvorteile eine Rolle. Dabei sind Kostenvorteile schwerpunktmäßig sowohl auf redaktioneller Seite, z. B. durch gemeinsame Inhalteerstellung eines redaktionellen Mantels für mehrere Titel, als auch auf kaufmännischer Seite durch Zentralisierung von Infrastrukturleistungen erreichbar. Anzuführen bleibt, daß Fixkostendegressionseffekte und Verbundvorteile oftmals gleichzeitig auftreten und dadurch die Vorteile der ökonomischen Konzentration im Pressesektor unterstreichen. Beispielsweise kann bei der Verlagsgruppe WAZ der überregionale Teil zentral erstellt (Verbundvorteile) und schließlich dank des Einsatzes digitaler Satztechnik in den vielen Regionalausgaben wie der Westdeutschen Allgemeinen Zeitung oder der Westfalenpost mehrfach verwendet werden (Fixkostendegressionseffekte). Letztlich können als weitere Determinante der Konzentration die sich mit der Produktion einer Zeitung ergebenden hohen Sunk Costs, also irreversible Kosten im Falle eines Marktaustritts, angeführt werden. Das gleichzeitige Vertreiben mehrerer Titel bedeutet folglich eine Diversifikation des Risikos für den Fall einer verminderten Marktnachfrage eines Titels im Produktportfolio des Verlages.

Die beschriebenen Kostenvorteile von etablierten Marktteilnehmern, die sich im Zuge der ökonomischen Konzentration verstärken, stellen mithin hohe Markteintrittsbarrieren für Newcomer dar. Dies führt im *Marktverhalten* dazu, daß es in den letzten Jahrzehnten im Zeitungsmarkt keine Marktzutritte neuer Anbieter gab und auch Produktinnovationen selten sind.[132] Die im Jahr 2000 gestartete Wirtschaftszeitung Financial Times Deutschland, die als Joint Venture von Gruner & Jahr und Pearson verlegt wird, stellt als große Ausnahme die jüngste Neugründung einer Nischenzeitung dar, wobei die wirtschaftliche Bestandsfähigkeit des Titels in direkter Konkurrenz zum etablierten Handelsblatt vorerst nur durch die involvierten finanzstarken Verleger gesichert wird. Durch die gefestigte Marktstruktur der Etablierten ist abgesehen von einigen Ausnahmen, wie beispielsweise in Berlin, nur wenig Wettbewerb auf den Zeitungsmärkten zu beobachten.[133] Hieraus resultiert eine kontinuierliche Erhöhung der Zeitungspreise im Zeitablauf, deren Steigerung deutlich höher als der Anstieg des allgemeinen Preisindexes im gleichen betrachteten Zeitraum ist.

	1991	**1993**	**1995**	**1996**	**1997**	**1998**	**1999**	**2000**	**2001**	**Steigerung in %**
Zeitungsabo mtl./€	12,27	13,71	14,93	15,48	15,99	16,43	16,92	17,44	18,14	**47,9**
Einzelhandel Stück/€	0,57	0,63	0,69	0,71	0,74	0,77	0,78	0,81	0,84	**46,7**
Preisindex	100,00	109,70	114,70	116,30	118,50	119,61	120,30	122,60	125,70	**25,7**

Tabelle 2: Entwicklung der durchschnittlichen Zeitungspreise in EUR[134]

Trotz der deutlichen vertriebsseitigen Preiserhöhung bleibt anzuführen, daß vor dem Hintergrund eines leicht stagnierenden und dadurch weitgehend ausgeschöpften Rezipientenmarktes die Vertriebspreise als Wettbewerbsparameter eine weniger bedeutende Rolle spielen. Die Preiserhöhungen der vergangenen Jahre lassen sich dabei möglicherweise dadurch begründen, daß für den Pressemarkt eine preisunelastische Nachfrage der Rezipienten nachgewiesen wurde,

---

132 Vgl. *RÖPER* (2000), S. 300.

133 Vgl. *HEINRICH* (2001), S. 283.

134 In Anlehnung an *HEINRICH* (2001), S. 250.

so daß Verlage dementsprechende Erlöspotentiale nutzten.[135] Ein nachhaltiges Wachstum durch Vertriebserlöse läßt sich im Zeitungsbereich indes kaum realisieren, so daß der Fokus der Marktteilnehmer auf den Anzeigenerlösen liegt. Aus der Sicht von Tageszeitungen sind insbesondere Rubrikenanzeigen Erlöstreiber. So liegt beispielsweise der Millimeterpreis für eine Fließtext-Immobilienanzeige beim Monopolisten Hamburger Abendblatt bei 5,57 EUR, wobei eine Zeile 3 mm in Anspruch nimmt.[136] Eine übliche dreizeilige Fließtextanzeige kostet somit ca. 50 EUR, was weit über den Produktionskosten zur Erstellung der Anzeige liegt. Letztlich läßt ein direkter Preisvergleich mit der Berliner Morgenpost, die sich in der Hauptstadt gegen die Konkurrenten Berliner Zeitung und Berliner Kurier behaupten muß, auf hohe Monopolgewinne seitens des Abendblatts schließen. Eine ebenfalls dreizeilige Fließtext-Immobilienanzeige kostet bei der ebenfalls vom Axel Springer Verlag verlegten Zeitung nur 28,50 EUR.[137] Zwar ist die Auflage der Morgenpost mit täglich ca. 174.000 Exemplaren weitaus geringer als beim Abendblatt (300.000 Exemplare) und somit nicht direkt vergleichbar, doch unterstreicht es wiederum anschaulich die aus der Auflagen-Anzeigen-Spirale und der damit einhergehenden Tendenz zur Monopolisierung der Pressemärkte resultierenden Möglichkeit erhöhter Anzeigenerlöse.

Für die Umsätze aus Werbeanzeigen ergibt sich im Zeitverlauf auf dem Zeitungsmarkt ein sehr uneinheitliches Bild. Während Mitte der neunziger Jahre parallel zur Stagnation der durchschnittlichen Auflage auch die Bruttowerbeaufwendungen abnahmen, nutzten die Zeitungsverlage im Zuge der Liberalisierung des Telekommunikationssektors und des Booms der New Economy Ende der neunziger Jahre die Chance zu kräftigen Anzeigenpreissteigerungen bzw. zu Ausweitungen des Anzeigenvolumens, da Werbung in Print-Medien häufiger Bestandteil des jeweiligen Mediamix der betroffenen Unternehmen war. Dies schlug sich im *Marktergebnis* in hohen Gewinnmargen der Verlage nieder, wobei das Jahr 2000 in der Branche als „Jahr der Superlative“[138] gilt. Die drohende Rezession und der Zusammenbruch zahlreicher New-Economy-Firmen mit Beginn des Jahres 2001 führten jedoch schnell zur Reduktion des Werbevolumens der Werbetreibenden, wobei teilweise nach wie vor ein Wachstum gegenüber 1999 ablesbar ist. Mit 22,2 Prozent Marktanteil an den Gesamtwerbeaufwendungen stellt die Zeitung letztlich – wenn auch leicht stagnierend – einen der wichtigsten Werbeträger dar.

	1996	1997	1998	1999	2000
Bruttowerbeaufwand absolut in Mio €	2.955	3.027	3.516	3.741	4.040
Veränderungen zum Vorjahr in Mio €	33	72	489	225	300
Veränderungen zum Vorjahr in %	1,1%	2,4%	16,1%	6,4%	8,0%
Marktanteil in %	22,3%	21,6%	23,0%	23,0%	22,2%
Zum Vergleich:					
Auflage Tageszeitungen absol. in Mio	25.456	25.260	25.016	24.565	
Veränderungen zum Vorjahr in %	-0,4%	-0,8%	-1,0%	-1,8%	

Tabelle 3: Bruttowerbeaufwendungen für den Werbeträger Zeitung sowie Entwicklung der Auflagenzahlen für Tageszeitungen[139]

135 Vgl. *BLAIR/ROMANO* (1993). Dies läßt sich u. a. auch durch Erfahrungen der überregionalen Wochenzeitung Die Zeit hinsichtlich der relativ preisunelastischen Nachfrage seitens der Leser bestätigen, vgl. *RÜDELL* (2002), S. 41.

136 Vgl. *HAMBURGER ABENDBLATT* (2001).

137 Vgl. *BERLINER MORGENPOST* (2001).

138 Vgl. *ENGLÄNDER* (2001), S. 290.

139 Vgl. *ENGLÄNDER* (2001), S. 291, sowie *ZERDICK ET AL.* (2001), S. 334. Nicht eingeschlossen in die Berechnung des Bruttowerbeaufwands sind die gesamte örtliche Werbung und die Rubrikenwerbung.

Insgesamt läßt sich als *Marktergebnis* festhalten, daß die anhaltende Konzentration insbesondere auf dem Markt für regionale Tageszeitungen den Wettbewerb nachhaltig beeinflußt. Aufgrund der hohen Markteintrittsbarrieren für Newcomer ist die Marktstruktur des Zeitungsmarktes durch fehlende Marktzutritte so weit gefestigt, daß ein Druck zu Produkt- und Prozeßinnovationen fast vollständig fehlt (mangelnde *innovative Effektivität*). Stattdessen werden hohe Renditen im Anzeigengeschäft durch Preisdiskriminierung und erhöhte Anzeigenpreise von den Marktteilnehmern generiert, was die Konsumentenrente der Werbetreibenden und somit die *allokative Effizienz* des Marktes schmälert.[140] Andererseits bedingt die zunehmende ökonomische Konzentration von Zeitungsverlagen und die damit einhergehende Fixkostendegression eine Steigerung der *produktiven Effizienz*, da große Verlage grundsätzlich wirtschaftlicher anbieten können als kleinere Verlage. Daraus ergibt sich ein sehr ambivalentes Bild für den Zeitungsmarkt, das als Second-Best-Situation skizziert werden kann. So ist durch den Verbund von Rezipienten- und Werbemarkt überhaupt erst ein vielfältiges Angebot möglich, da die Nachfrage nach Presseprodukten bei alleiniger Finanzierung über Rezipientenerlöse und dadurch signifikant höheren Preisen sinken würde und folglich kein oder nur ein geringes Angebot zustande käme.[141] Das interdependente Verhältnis der beiden Märkte, das sich in den Wirkungszusammenhängen der Auflagen-Anzeigen-Spirale niederschlägt, verstärkt dementsprechend die Konzentrationstendenz im Zeitungsmarkt und dadurch die produktive Effizienz, vermindert allerdings die allokative Effizienz und innovative Effektivität.

Eine höhere Marktdynamik weist indes der Publikumszeitschriftenmarkt auf, der nachfolgend näher untersucht wird.

2.4.1.2 SCP-Paradigma im Zeitschriftenmarkt

Eine aktuelle Analyse der *Marktstruktur* des deutschen Zeitschriftenmarktes ist ungleich schwieriger als beim Zeitungsmarkt, da die offizielle Pressestatistik mit aussagekräftigen Zahlen zum Ende des Jahres 1994 eingestellt wurde.[142] Vor dem Hintergrund der erwünschten Aktualität und Validität der Aussagen liegt dementsprechend der anknüpfende Schwerpunkt auf der Analyse des *Marktverhaltens* der Marktteilnehmer.

Während allgemein die *Marktstruktur* aller Zeitschriftenverlage eher klein bis mittelständisch geprägt ist, wird der Bereich der Publikumszeitschriften von einigen Verlagsgruppen dominiert. Entsprechend läßt sich aus Abbildung 17 eine eindeutige Konzentrationstendenz ablesen, da bereits die drei größten Verlage im Jahr 2000 mehr als 45 Prozent des gesamten Werbevolumens auf sich vereinigten.[143]

---

140 Vgl. *Sennewald* (1998), S. 88.

141 Vgl. *Sennewald* (1998), S. 89 f.

142 Vgl. *Heinrich* (2001), S. 213.

143 Vgl. *Wirtz* (2001a), S. 114.

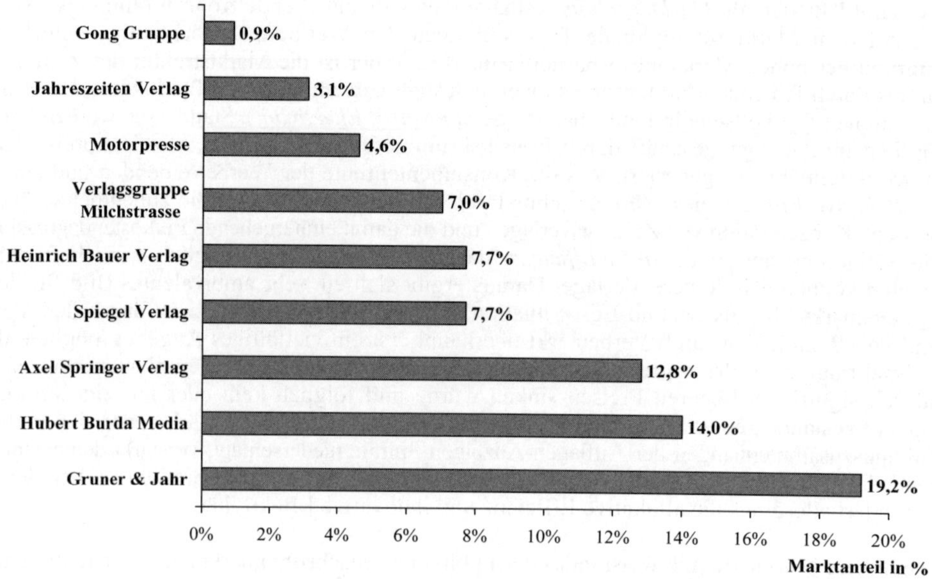

Abbildung 17: *Marktanteil der Publikumszeitschriftenverlage an Werbeerlösen*[144]

Die Grafik läßt erkennen, daß die *Markstruktur* im betrachteten Sektor insgesamt dem Oligopol sehr nahe kommt, wobei der Wettbewerb in erster Linie nicht direkt zwischen den Verlagshäusern, sondern eher auf Titelebene zwischen den einzelnen Redaktionen der Zeitschriftenverlage stattfindet. Jedoch hat es in der Zusammensetzung der wesentlichen in der Abbildung genannten Marktakteure in den letzten Jahren keine Veränderungen gegeben. Vorstöße neuer Titel von Newcomern, wie die Programmzeitschrift TV Total der TV-Produktionsfirma Brainpool zur gleichnamigen Sendung oder Gold.de des Multimedia-Dienstleisters Popnet, scheiterten nach nur wenigen Ausgaben aufgrund der hohen fixen Produktionskosten und des insgesamt hochkompetitiven Marktes.

Das Bild eines starken Verdrängungswettbewerbs ergibt sich insbesondere aufgrund der zunehmenden Konkurrenz um Werbeetats mit Fernsehsendern. Entsprechend der Gründung vieler auf eine bestimmte Zielgruppe ausgerichteter Spartensender ist das angebotene Spotvolumen in den letzten Jahren explosionsartig angewachsen.[145] Während Zeitungen hiervon aufgrund ihrer gerade im Lokalbereich hohen regionalen Selektionswirkung weniger betroffen sind, befinden sich Publikumszeitschriften verstärkt im intermedialen Wettbewerb im Markt für Special-Interest-Werbung. Beispielsweise kann die Zielgruppe des Anlegermagazins Börse Online nunmehr auch durch Schalten von Werbespots im Nachrichtensender n-tv erreicht werden.

Die skizzierte Tendenz der Verschiebung von Werbeerlösen zugunsten von Fernsehsendern führt im *Marktverhalten* zu einem Differenzierungs- und Innovationswettlauf der etablierten Marktteilnehmer. Im Bestreben, der Werbewirtschaft durch die dargebotenen Inhalte attraktive und klar segmentierte Zielgruppen zu vermitteln und dadurch Erlöspotentiale zu sichern, werden kontinuierlich neue Titel konzipiert. Dies wird verstärkt durch die bereits dargestellte Fragmentierung der Rezipientenmärkte im Zuge gesellschaftlicher Tendenzen zur Individualisie-

144 Vgl. *WIRTZ* (2001a), S. 115.

145 Vgl. *GRÄF* (1998), S. 163.

rung.[146] Abbildung 18 zeigt dabei anschaulich, daß im Zeitverlauf von 1994 bis 2000 eine Vielzahl neuer Titel gegründet, aber auch ein große Anzahl von Titeln, meist infolge eines nicht getroffenen oder veränderten Marktbedarfs, wieder eingestellt wurde. Insgesamt ergibt sich aufgrund der „Titelschwemme", die im Jahr 2000 im Saldo einen Höhepunkt erreichte, nur noch eine durchschnittliche Zeitschriftenauflage von 124.300 Exemplaren.[147] Gleichzeitig bleibt aber die beschriebene Kostenstruktur im Zeitschriftenverlag unverändert, so daß sich unwiderruflich die Frage stellt, wieviel Vielfalt am Ende finanzierbar bleibt.

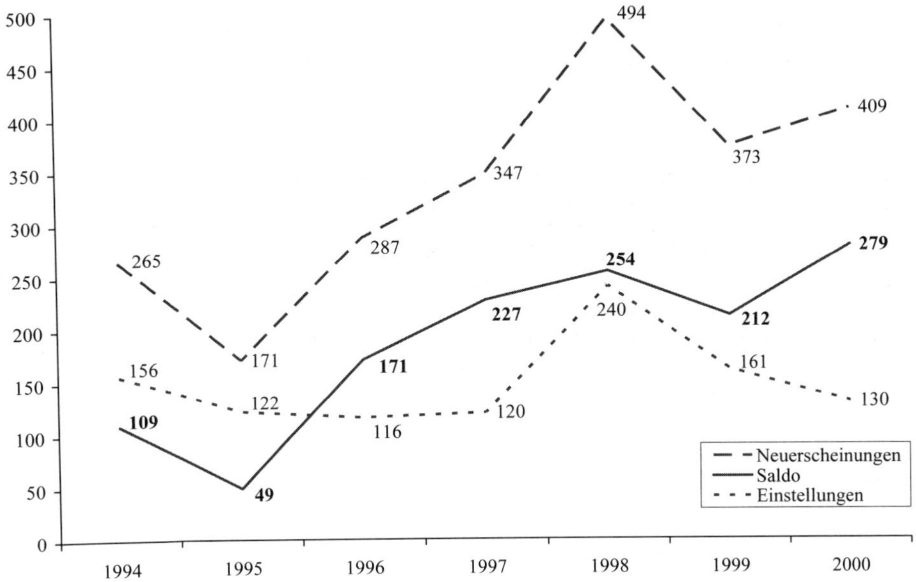

Abbildung 18: Publikumszeitschriften – Neuerscheinungen, Einstellungen und Saldo von 1994–2000[148]

Getragen wurden die zahlreichen Neuerscheinungen bisher durch den anhaltenden Werbeboom, der den Zeitschriftenverlegern im *Marktergebnis* hohe Zuwachsraten und damit Profite bescherte. Während Publikumszeitschriften mit einem Marktanteil von 22,9 Prozent der Bruttowerbeaufwendungen in den klassischen Medien im Jahr 2000 den wichtigsten Print-Werbeträger darstellten, ist nochmals anzuführen, daß insbesondere das Jahr 2000 hinsichtlich der Werbeaufwendungen von Sondereinflüssen, wie beispielsweise Werbung von New-Economy-Unternehmen, geprägt war. Insofern hat die Rentabilität der Branche – nicht zuletzt auch unter dem Gesichtspunkt einer vertriebsseitig hohen Marktsättigung – durch die maßgeblich gekürzten Werbeetats der Unternehmen seit dem Jahr 2001 stark gelitten.[149]

---

146 Vgl. Abschnitt 2.4.1, S. 23 f., sowie Abschnitt 3.1, S. 39.

147 Vgl. *MMM/Hamburg* (2000), S. 22.

148 Vgl. *MMM/Hamburg* (2000), S. 7, sowie online *MMM/Hamburg* (2001).

149 Zur Krise in der Medienbranche vgl. *Schlosser* (2002), S. 29, sowie *Gehrmann/Hamann/Littger* (2002), S. 11 ff.

	1995	1996	1997	1998	1999	2000
Bruttowerbeaufwand absolut in Mio €	3.149	3.187	3.348	3.519	3.703	4.164
Veränderungen zum Vorjahr in Mio €	130	39	161	171	185	461
Veränderungen zum Vorjahr in %		1,2%	5,0%	5,1%	5,2%	12,5%
Marktanteil in %		24,1%	23,9%	23,0%	22,8%	22,9%
Zum Vergleich:						
Durschnittliche verkaufte Auflage	124.800	127.600	127.200	126.500	124.300	124.400
Veränderungen zum Vorjahr in %		2,2%	-0,3%	-0,6%	-1,7%	0,1%

Tabelle 4: Entwicklung der Bruttowerbeaufwendungen für Publikumszeitschriften[150]

Insgesamt läßt sich als *Marktergebnis* festhalten, daß der zunehmende intermediale Wettbewerb mit zielgruppenfokussierten Fernsehsendern den Publikumszeitschriftenmarkt in Bewegung gebracht und nachhaltigen Druck hin zu Innovationen ausgeübt hat (*innovative Effektivität*). Dies schlägt sich auch in positiven Auswirkungen auf die *allokative Effizienz* nieder, da die erhöhte Auswahl an Werbeträgern für die Werbewirtschaft die betroffenen Verlage zur Differenzierung gerade durch Produktinnovationen zwingt und somit die Konsumentenrente aufgrund daraus resultierender Qualitätsverbesserungen gesteigert wird.[151] Wie im Zeitungsbereich sind die Markteintrittsbarrieren indes sehr hoch, da etablierte Zeitschriftenverlage Produktionskostenvorteile gegenüber neuen Marktteilnehmern haben. So können die stagnierende durchschnittliche Auflage von Zeitschriften und dadurch nicht genutzte Größenvorteile bei großen, diversifizierten Verlagen durch Nutzung von Verbundvorteilen, beispielsweise beim Markentransfer oder auch durch gemeinsame Redaktionsleistungen, aufgefangen werden. Die Konzentration der Produktion von Publikumszeitschriften auf nur wenige Verlagshäuser fördert somit die *produktive Effizienz* des Marktes.

2.4.2 Entwicklungsperspektive

Die Fixkostendominanz der journalistischen Produktion, ein daraus resultierendes Marktversagen sowie das gleichzeitige Bedienen zweier Märkte zur Überwindung des Phänomens des Marktversagens skizzieren die ökonomischen Rahmenbedingungen für Zeitungs- und Zeitschriftenverlage. Diese führen zu einer im Branchenvergleich einzigartigen Wertekettenstruktur, die sich maßgeblich auf die Marktstruktur, das Marktverhalten und das Marktergebnis des Zeitungs- und Zeitschriftenmarktes auswirkt. Insofern ist als Fazit für die nachfolgenden Ausführungen festzuhalten, daß nur eine „Inside-Out"-Betrachtung eine umfassende und für die Formulierung von Strategien notwendige unverzerrte Darstellung der Handlungsgrundlagen eines Verlages liefert. Entsprechend ist die hohe Fixkostendominanz bei der Herstellung des Print-Produkts die maßgebliche Determinante für die fortschreitende Konzentration im Pressesektor, da somit Kostendegressionseffekte sowie Verbundvorteile realisiert werden können. Dies verstärkt wiederum die Markteintrittsbarrieren, so daß die etablierten Marktteilnehmer unter sich bleiben und ihre Marktposition ausbauen können. Der Teilmarkt Zeitungen ist dabei im Bereich der regionalen Tageszeitungen überwiegend von einem verlegerischen Burgfrieden geprägt, der nachhaltigen Wettbewerb und Innovationen vermissen läßt. Demgegenüber hat der Zeitschriftenmarkt durch die aufkeimende Konkurrenz mit zielgruppenorientierten Fernsehkanälen Innovationsdruck erfahren, was zu einem harten Verdrängungswettbewerb zwischen den etablierten Marktakteuren führt.

---

[150] Vgl. *ENGLÄNDER* (2001), S. 291, online *VDZ* (2001).

[151] Vgl. *SENNEWALD* (1998), S. 88.

Vertriebsseitig lassen sich beide Teilmärkte insgesamt als gesättigt charakterisieren. Umsatzwachstum kann somit nur noch über eine Steigerung der Verkaufspreise oder aber bei Zeitschriften über Produktinnovationen, insbesondere im Zuge neuer gesellschaftlicher Trends, erreicht werden. Demgegenüber verspricht der Werbemarkt, für den bis zum Jahr 2011 ein Wachstum von 52 Prozent auf 36 Milliarden EUR vorhergesagt wird, höhere Erlöspotentiale. Allerdings werden Printmedien nur mit einem unterdurchschnittlichen Wachstum von jährlich drei Prozent im Gegensatz zu 4,2 Prozent Wachstum aller klassischen Medien davon profitieren, so daß insgesamt der Anteil am größer werdenden Werbekuchen – wenn auch nach wie vor auf hohem Niveau – sinken wird.[152] Eine parallel dazu voranschreitende Verschiebung des Mediennutzungsverhaltens der Rezipienten zugunsten elektronischer Medien erlaubt die These, daß durch die alleinige Konzentration der Verlage auf die Produktion des originären Print-Produkts sowohl auf Seiten der Vertriebserlöse als auch auf Seiten der Anzeigenerlöse langfristig kein nachhaltiges Wachstum erzielt werden kann.

Zudem sind Verlage von der fortschreitenden Digitalisierung und der dadurch ausgelösten Konvergenz betroffen. Dieser vielschichtige Meta-Trend bedroht nicht nur die traditionellen Erlösquellen der Verlage, sondern stellt auch ihren herkömmlichen Handlungsrahmen vor dem Hintergrund einer veränderten Komplexität des Marktumfeldes sowie der Leistungserstellung fundamental in Frage.

---

152 Vgl. *BDZV* (2001), S. 61.

3 Konvergenz als Meta-Trend auf den TIME-Märkten

„I am ... deeply convinced that convergence is the wave of the future – the next big thing. And this is the time to build bridges to link technologies, to blur the lines between industries, and to bring things together in ways we might not have imagined ten years ago – in short, to drive a fundamental transformation of the media and communications industries.“[1]

STEPHEN CASE, Chairman AOL Time Warner

Allgemein kann unter Konvergenz – losgelöst von der Digitalisierung, die häufig im Zusammenhang mit dem Begriff Konvergenz genannt wird – ein „... Prozeß der Interaktion zwischen der Unternehmensumwelt bzw. der Wettbewerbsstruktur und der Unternehmensstrategie verstanden werden, der zur strukturellen Verbindung bislang getrennter Märkte führt“[2]. Dabei ist das Zusammenwachsen von Branchen und Unternehmen das Ergebnis miteinander verschmelzender technischer Infrastrukturen und Endgeräte sowie des Entstehens neuer Leistungsportfolien aufgrund neuer Nutzungspräferenzen.[3] Insofern sind konvergierende Märkte durch eine Kombination von Leistungen verschiedener Branchen zu systemischen Lösungen (sog. Systemprodukten) geprägt, die mittels Integration, Kooperation oder durch Marktbeziehungen sich komplementierender Unternehmen realisiert werden.[4]

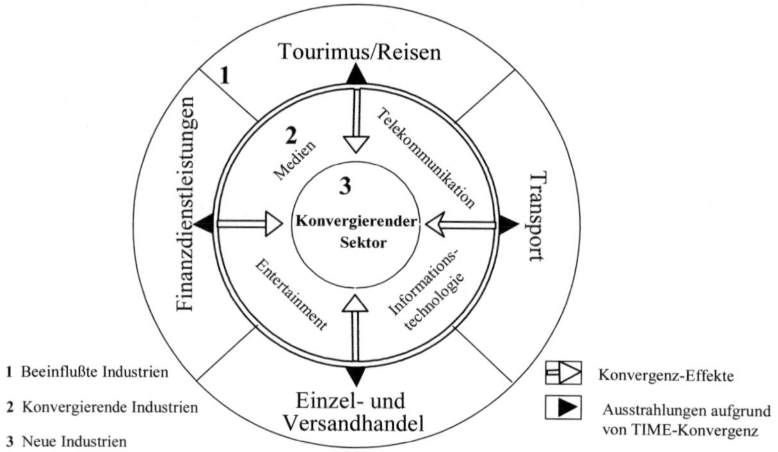

Abbildung 19: Das Konvergenz-Ring-Modell[5]

---

1 Online *CASE* (2001).

2 *THIELMANN* (2000), S. 9. Hieraus wird deutlich, daß die Konvergenz keinen Zustand beschreibt, sondern einen direkten Zeitbezug aufweist. Insofern ist es inhaltlich falsch, von *Konvergenzprozessen* zu sprechen, vgl. z. B. *ROCKENHÄUSER* (1999), S. 69, *KRIEB* (2000), S. 62, *SJURTS* (2000b), S. 31.

3 Vgl. *BÜLLINGEN/STAMM* (2000), S. 106.

4 Vgl. *THIELMANN* (2000), S. 9, *WIRTZ* (2000b), S. 5.

5 In Anlehnung an *WIRTZ* (1999), S. 16. Die Branchen im äußeren Konvergenzring sind nur beispielhaft für viele, so daß hier kein Anspruch auf Vollständigkeit erhoben werden kann.

Während die Konvergenz oftmals lediglich im Rahmen wettbewerbsstrategischer Veränderungen der TIME[6]-Sektoren, die auch nachfolgend den Kern der Analyse bilden, als Meta-Trend angeführt wird, sind durchaus auch andere Branchen hiervon betroffen. Anknüpfend an das Konvergenz-Ring-Modell lassen sich dabei beispielhaft einige durch die TIME-Konvergenz induzierte Marktentwicklungen in den Branchen des in der Abbildung visualisierten äußeren Rings anführen:

- Virtuelle Kaufhäuser, in denen die Nutzer in dreidimensionalen Welten die gewünschten Produkte betrachten, ausprobieren und erwerben können, stehen in direkter Konkurrenz zum traditionellen Einkauf in realen Läden.[7] Klassische Versandhändler, wie z. B. der Otto Versand, wandeln sich entsprechend zu bedeutenden E-Commerce-Unternehmen und erschließen bisher nicht erreichte Zielgruppen.
- Branchenfremde Anbieter treten in das klassische Betätigungsfeld von Finanzdienstleistern, beispielsweise Kreditkartenunternehmen ein. So basiert die Geschäftsidee des Unternehmens Paybox, an dem mittlerweile zu 50 Prozent die Deutsche Bank beteiligt ist, darauf, per Handy Zahlungen abzuwickeln und somit die Kreditkarte als Zahlungsmittel zu ersetzen.[8]
- Reisebüroketten stehen zunehmend unter Handlungszwang aufgrund von Disintermediation, da standardisierte Leistungen, wie der Verkauf von Flug- oder Bahntickets, direkt vom jeweiligen Anbieter im Internet an den Endkunden vertrieben werden können.
- Automobilhersteller, wie BMW oder DaimlerChrysler, arbeiten auf Hochtouren an der Integration mobiler Telematikdienstleistungen in ihre Modelle. Durch diese Online-After-Sales-Services soll u. a. die Kundenzufriedenheit und damit die Markenbindung erhöht werden.[9]

Schon die Beschreibung der Entwicklungen im äußeren Konvergenz-Ring macht deutlich, daß diese stets mit der Digitalisierung und der Entwicklung des Internet zu tun haben und offenkundig zunehmend in Wechselbeziehung zu den konvergierenden Industrien des TIME-Sektors stehen. Die Triebfedern sowie die Multidimensionalität der Konvergenz dieses Sektors stehen im Mittelpunkt der nachfolgenden Ausführungen.

3.1 Konvergenztreiber

Vorbedingung und Initialzündung der Konvergenz sind wesentliche ökonomische, gesellschaftliche und technologische Rahmenbedingungen. Diese nehmen im gegenseitigen Zusammenspiel unmittelbar oder mittelbar einen fördernden oder steuernden Einfluß auf die Marktentwicklung ein, wobei mit fortschreitender Konvergenz die Rahmenbedingungen auch von den verschiedenen Konvergenz-Trends selbst beeinflußt werden.[10]

Volkswirtschaftliche Ebene
Aus volkswirtschaftlicher Sicht sind insbesondere zahlreiche eingeleitete Deregulierungsmaßnahmen zu nennen, die einerseits den Kunden die Möglichkeit eröffnen, entsprechend ihrer Nutzenpräferenzen Produkte und Dienstleistungen zu erwerben, andererseits den Anbietern

---

6 TIME steht als Abkürzung für Telekommunikation, Informationstechnologie, Medien, Entertainment.

7 Vgl. *Tinbergen* (1999), S. 74.

8 Vgl. *Keuper* (2001c), S. 454.

9 Vgl. *Mehl/Hans* (2002), o. S.

10 Vgl. *Krieb* (2000), S. 65.

die Chance bieten, entsprechende Leistungsbündel zu offerieren.[11] In diesem Zusammenhang ist insbesondere – exemplarisch für viele Industrieländer und weitere Branchen – die fortschreitende Deregulierung des deutschen Telekommunikationsmarktes hervorzuheben, der gerade seit Ende der neunziger Jahre von bisher ungekannter Dynamik geprägt ist. Triebfeder für die Deregulierung war dabei die sich durchsetzende Einsicht, daß der Fernmeldesektor kein natürliches Monopol ist, sondern daß vielmehr ein effizienteres Marktergebnis durch Wettbewerb erzielt werden kann.[12] Am Rande der Ausführungen ist in Erinnerung zu rufen, daß noch Ende der achtziger Jahre selbst ein einfaches Tastenwahltelefon als bahnbrechende Innovation betrachtet wurde und das Preisniveau für jegliche Art von Telekommunikationsdienstleistungen sehr hoch war. Die beträchtlichen und lange Zeit erzielten Monopolgewinne der Deutschen Bundespost bzw. des Nachfolgeunternehmens Deutsche Telekom lassen sich erst mit dem durch das Telekommunikationsgesetz von 1996 beschlossenen Ende des Sprachtelefondienstmonopols zum 1. Januar 1998 erahnen, infolgedessen es durch den nun möglichen Wettbewerb zu einem Preisverfall von bis zu 94 Prozent kam.[13] Darüber hinaus stimulierte die Deregulierung des Telekommunikationsmarktes auch unternehmerisches Engagement, was die große Anzahl der neuen Marktteilnehmer, wie beispielsweise Mannesmann Arcor oder Mobilcom, belegt. Dies wiederum beschleunigte die Innovationstätigkeit der Marktteilnehmer, infolge derer zunehmend digitale Technologien für Produkt- und Prozeßinnovationen eine Rolle spielte.

Ein weiterer Konvergenztreiber sind Liberalisierungstendenzen, die zum einen vor dem Hintergrund globaler und europäischer liberaler Grundprinzipien politisch angestrebt sind, sich zum anderen jedoch auch aus politischer Hilflosigkeit hinsichtlich eines erforderlichen, aber bisher nicht vorhandenen ordnungspolitischen Rahmens ergeben. Dementsprechend sind die gesetzlichen wettbewerbsrechtlichen Rahmenbedingungen noch überwiegend sektorspezifisch formuliert, was beispielsweise daran deutlich wird, daß der Mediensektor eine sehr hohe Regulierungsdichte (z. B. durch Rundfunkstaatsvertrag und Mediendienstestaatsvertrag) aufweist, wohingegen der Telekommunikationssektor durch das eher liberale Telekommunikationsgesetz reguliert wird. Zudem bedingen die zunehmenden Kooperationen und Fusionen von Telekommunikations-, Informationstechnologie- und Medienbranche über nationalstaatliche Grenzen hinweg supranationale Regulierungsregimes mit einheitlicheren rechtlichen Strukturen, was bereits 1997 von der Europäischen Kommission innerhalb eines Grünbuchs zur Konvergenz betont wurde.[14] Vor dem Hintergrund noch unzureichender europäischer Regulierungskonzepte ergibt sich jedoch in Europa derzeit ein ambivalentes Bild von konvergenzförderlichem Vertrauen in Markt und Wettbewerb sowie Selbstkontrolle vor Fremdregulierung, aber auch immer noch konvergenzhinderlichen dysfunktionalen nationalstaatlichen Detailregelungen.[15] Hieraus wird letztlich latent der Einfluß der fortschreitenden Globalisierung deutlich, infolge derer die grenzüberschreitenden Waren-, Geld- und Informationsflüsse insbesondere auf Unternehmensebene stetig ausgeweitet werden und dadurch verkrustete und teilweise protektionistische nationalstaatliche Regelungen obsolet sind.

---

11 Vgl. *ROCKENHÄUSER* (1999), S. 29.

12 Vgl. *BOOZ, ALLEN & HAMILTON* (1997), S. 31 ff.

13 Vgl. *REGTP* (2001), S. 37, bezogen auf die zehn wichtigsten Auslandsstrecken zur Hauptzeit seit Anfang 1998. Ein ähnliches Bild ergibt sich für nationale Ferngespräche, wohingegen im Bereich der Ortsgespräche erst wenig Wettbewerb und somit noch erheblicher Regulierungsbedarf besteht, vgl. *REGTP* (2001), S. 201 ff.

14 Vgl. *EUROPÄISCHE KOMMISSION* (1997), S. 23 ff.

15 Vgl. *ZERDICK ET AL.* (2001), S. 283. *SJURTS* spricht deshalb von einer sich abzeichnenden Konvergenz der Regulierungskonzepte, die allerdings das letzte Glied der gesamten Konvergenz sind, vgl. *SJURTS* (2000a), S. 129. Demnach ist zu erwarten, daß die als Konvergenzbarrieren geltenden nationalstaatlichen Detailregelungen langfristig vernachlässigbar sind.

Gesellschaftliche Ebene

Die Globalisierung erstreckt sich nicht nur auf die wirtschaftliche Perspektive, sondern bezieht sich auch auf die Nachfragerseite. Hierbei führt eine Internalisierung unterschiedlicher Kulturen zu einem Kulturkonglomerat und die interkulturelle Nivellierung zu einer Vereinheitlichung der Konsumgewohnheiten im Hinblick auf eine heterogen-hybride Nachfrage.[16] Dabei visualisiert eine heterogen-hybride Nachfrage die fortschreitende Tendenz zur Individualisierung, so daß der Kunde vermehrt solche Produkte nachfragt, die eine gewisse Einzigartigkeit bzw. eine „individuelle Note" aufweisen – und das zum Preis eines Massenproduktes.[17]

Bezogen auf die Grundbedürfnisse des Individuums, die sich in der Bedürfnispyramide von *MASLOW* zusammenfassend darstellen lassen, tangiert dies den zunehmenden Wunsch des Menschen nach *Selbstverwirklichung*. Während seine Grundbedürfnisse, wie etwa Sicherheit und Zugehörigkeit, in Industrieländern oftmals bereits erfüllt sind, zielt die Selbstverwirklichung darauf ab, das eigene Leben individuell gestalten zu können, d. h. nicht eingeschränkt zu sein und nicht den Konventionen der breiten „Masse" zu unterliegen, sondern vielmehr das Gefühl zu bekommen, etwas „Besonderes" zu sein.

Abbildung 20: Bedürfnispyramide von Maslow[18]

Insofern induziert die daraus resultierende Notwendigkeit zur Individualisierung von Produkten eine kundenindividuelle Leistungsbündelung mit gänzlichem oder überwiegendem Dienstleistungscharakter, wobei sich die erbrachten Teilleistungen aus verschiedenen Branchen zusammensetzen. Dies kennzeichnet letztlich die zunehmende Produktion wissensintensiver Güter und Dienstleistungen und prägt somit den Wandel von einer postmodernen Industriegesellschaft zur Informationsgesellschaft. Damit hängen Wachstum und Beschäftigung immer mehr vom kompetenten und wirtschaftlichen Umgang mit Informationen und ihrer Transformation in Wissen ab, was unter dem Gesichtspunkt der Transaktionskosten nur mit Hilfe leistungsfähiger Informations- und Kommunikationstechnologien möglich wird.

16 Vgl. *KEUPER* (2002a), S. 22 ff.

17 Vgl. *MEFFERT* (1998), S. 102 sowie S. 918 ff.

18 Vgl. *MASLOW* (1943), S. 370 ff.

Technologische Ebene

Als Ausgangspunkt für die Entwicklung leistungsfähiger Informations- und Kommunikationstechnologien (IuK-Technologien) gilt die Digitalisierung. Dabei bedeutet Digitalisierung die Transformation von Informationen in digitale Einheiten, sogenannte Bits, die durch 0 und 1 ausgedrückt werden.[19] Erst mit ihr ist es gelungen, Informationen in eine speicherfähige Form zu bringen, die eine Be- und Weiterverarbeitung mit Hilfe der Informationstechnik ohne Kopierverluste ermöglicht.[20] Darüber hinaus liefert die Digitalisierung auch eine normierte Basis für Informationen, die deren Verknüpfung, z. B. im Hinblick auf unterschiedliche Verarbeitungsprozesse, mit Hilfe informationstechnischer Instrumente ermöglicht.[21]

Während die Digitalisierung die Keimzelle der tiefgreifenden technologischen Veränderungen ist, gelten Leistungssteigerungen bei der Entwicklung von Mikrochips als eigentliche Determinante für die hohe Diffusionsgeschwindigkeit digitaler Technologie. Ein in diesem Zusammenhang häufig angeführtes Indiz ist das noch immer gültige, aber bereits in den sechziger Jahren formulierte „Gesetz" von *MOORE*, einem Mitbegründer des Chip-Herstellers Intel. Dieses Gesetz besagt, daß sich die Leistungsfähigkeit von Mikroprozessoren alle 18 Monate bei gleichbleibenden Produktionskosten um den Faktor zwei verbessert.[22] Abbildung 21 skizziert dementsprechend den radikalen Preisverfall von Mikroprozessoren, infolge dessen die Kosten der Informationsverarbeitung stetig sinken. Dadurch wird die Penetration digitaler Technologie in immer mehr und immer komplexeren Bereichen des wirtschaftlichen und täglichen Lebens beschleunigt.

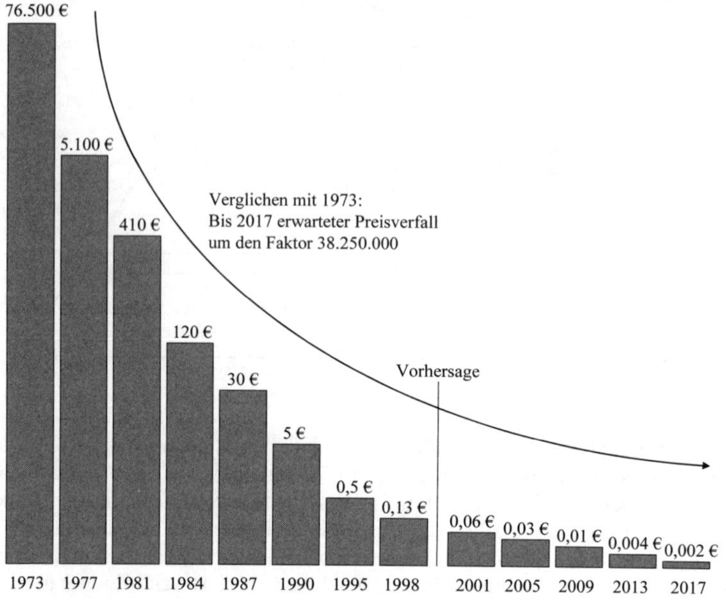

Abbildung 21: Preisentwicklung für 1 Mbit DRAM[23]

[19] Vgl. *ZERDICK ET AL.* (2001), S. 150.

[20] Vgl. *SCHREIBER* (1998), S. 11.

[21] Vgl. *WEIBER/KOLLMANN* (1999), S. 49.

[22] Vgl. online *MOORE* (1965).

[23] Vgl. online *RAFFLER* (2001).

Als weiterer Einflußfaktor für die Diffusion digitaler Technologie gelten häufig auftretende positive Feedbacks im Rahmen von Netzwerk-Externalitäten oder kurz Netzeffekten. Dabei beschreiben Netzwerk-Externalitäten allgemein die Auswirkungen der Teilnahme einer Person am Netzwerk auf die übrigen Teilnehmer.[24] Bei direkten positiven Netzeffekten steigt dementsprechend der Wert einer Netzleistung mit der Zahl ihrer Nutzer.[25] Das „Gesetz" von *METCALFE*, dem Erfinder des Ethernet und dem Mitgründer der Firma 3Com, besagt in diesem Zusammenhang, daß der Wert eines Netzwerkes mit dessen Wachstum für seine Nutzer exponentiell steigt, während die Netzwerkkosten nur linear ansteigen.[26] Dies läßt sich besonders plausibel am Telefonnetz veranschaulichen: Mit steigender Größe des Netzwerkes können die Infrastrukturkosten auf immer mehr Nutzer verteilt werden (Skaleneffekte). Gleichzeitig steigt jedoch mit jedem Telefonanschluß der Nutzen für jeden einzelnen Kunden, da immer mehr andere Nutzer erreicht werden können, wobei der Nutzen erst dann entsteht, wenn eine bestimmte Mindestmenge von Teilnehmern an das Netz angeschlossen ist (Kritische-Masse-System). Insofern wird deutlich, daß der derivative Nutzen – die Größe des Netzwerkes – letztlich zum entscheidenden Kaufkriterium für den Telefonanschluß wird.[27] Bei indirekten Netzeffekten hängt der Wert des Produkts von der Verfügbarkeit von Komplementärleistungen ab.[28] Beispielsweise geht der Erfolg des Betriebssystems Windows von Microsoft u. a. darauf zurück, daß hierfür die meisten systemkompatiblen Anwendungsprogramme erhältlich sind.

Aus der Existenz von Netzeffekten in informationsorientierten Industrien lassen sich nunmehr drei wesentliche Schlußfolgerungen ziehen. Erstens kann durch Netzeffekte die Diffusionsgeschwindigkeit einer digitalen Technologie bzw. eines digitalen Produktes erhöht werden, da sich die Attraktivität des Netzwerkes aus der Anzahl der Nutzer bemißt, wobei jeder weitere Nutzer die Netzeffekte beschleunigt. Zweitens bedeutet dies aus Sicht der involvierten Unternehmen, daß sich im Extremfall gar „Winner-take-it-all"[29]-Märkte bilden, wie dies beispielsweise auf dem Markt für Betriebssysteme mit Microsoft-Produkten der Fall ist. Entsprechend sollte drittens das Setzen proprietärer Standards und darauf aufbauender Lock-Ins auf Kundenseite eine zentrale Rolle des wettbewerbsstrategischen Agierens der Marktteilnehmer einnehmen.[30]

Mit der Entwicklung und Verbreitung des Internet kommt dem Zusammenspiel der skizzierten Wirkungszusammenhänge eine bisher ungekannte Bedeutung zu, worauf im Rahmen der Darstellung der wesentlichen Konvergenzdimensionen eingegangen wird.

3.2 Konvergenzdimensionen

Da der Konvergenzbegriff mit unterschiedlichem Bezug und in verschiedenen Kontexten verwendet wird, erscheint es sinnvoll, die einzelnen Dimensionen getrennt voneinander zu betrachten. Allerdings ist dies nur eine gedankliche Trennung, da analog zu den dargestellten Konvergenztreibern auch hier stets Interdependenzen ins Kalkül zu ziehen sind.[31]

---

24 Vgl. *SHAPIRO/VARIAN* (1999), S. 13.

25 Vgl. *ZERDICK ET AL.* (2001), S. 157.

26 Vgl. *ROCKENHÄUSER* (1999), S. 25.

27 Vgl. *ZERDICK ET AL.* (2001), S. 157 f.

28 Vgl. *ZERDICK ET AL.* (2001), S. 158.

29 Vgl. *SHAPIRO/VARIAN* (1999), S. 177.

30 Vgl. *SHAPIRO/VARIAN* (1999), S. 261 ff.

31 Vgl. *KRIEB* (2000), S. 38 f.

3.2.1 Technologische Konvergenz

Allgemein beschreibt die technologische Konvergenz die fortschreitende Diffusion einer Basistechnologie bzw. bestimmter Prozesse in vielfältige Branchen hinein sowie ihre dortige Verankerung,[32] wodurch verschiedene Funktionen in eine Leistung integriert bzw. neue Funktionalitäten initiiert werden. Basistechnologie ist dabei das auf dem universalen Netzwerkprotokoll TCP/IP[33] basierende *Internet*, das erstmals die Möglichkeit der digitalen Übertragung von Informationen zwischen dem Telekommunikations-, Informationstechnologie- und Mediensektor eröffnet.[34]

Durch dieses universale Netz können aus bisher isolierten Wegen bei der Datenübertragung nunmehr vernetzte Wege geschaffen werden, um rechnergestützt Informationen in verschiedenen Situationen und an verschiedenen Orten *multimedial* zu übertragen, also Sprache, statische Daten, Musik und Bewegtbilder in einer digitalen Umgebung anzuordnen.[35] Insofern wird deutlich, daß das Internet eine neue Übertragungstechnologie ist, die erstmals Multimedialität erlaubt, d. h. die gleichzeitige Darstellung miteinander verknüpfter und verschiedener Inhalte auf einer standardisierten Arbeitsoberfläche. Multimedialität eröffnet darüber hinaus die Möglichkeit eines gezielten, selektiven und zeitunabhängigen Zugriffs auf Informationen sowie die Interaktion zwischen Kommunikationspartnern auf der Nachfrager- und auf der Anbieterseite.[36] Jedoch erfordert die Inanspruchname multimedialer Anwendungen die Neu- oder Weiterentwicklung von bisher spezifischen zu nunmehr multimediafähigen Medienträgern.[37] Die dann entstandenen Endgeräte sind als technologisch integrierte Produkte anzusehen. Beispiele für die Konvergenz der Technologien finden sich im rein stationären sowie im stationär-mobilen Bereich und schließlich in der Vision des Pervasive Computing.

3.2.1.1 Stationäre Technologien

Grundlage für die Entwicklung konvergenter Endgeräte im stationären Bereich ist die Art des gewählten leitungsgebundenen Netzzugangs. Hierzu stehen verschiedene Netzstrukturen bereit, wobei derzeit für den privaten Endnutzer am häufigsten das Telefonnetz zum Einsatz kommt.[38] Während die bisher am weitesten verbreiteten analogen und ISDN-Modems nur schmalbandige Anwendungen mit sehr eingeschränkten Multimedia-Funktionalitäten erlauben, ist die ebenfalls auf dem Telefonkabelnetz basierende DSL-Technik hinsichtlich der Übertragungskapazität wesentlich leistungsfähiger. So ermöglicht die seit dem Jahr 2001 von der Deutschen Telekom im großen Umfang für den Privatanwender vermarktete ADSL-Technik Übertragungsraten von bis zu acht Mbit/s in Richtung des Kunden (Downstream) und bis zu einem Mbit/s ins Netz (Upstream),[39] die jedoch momentan noch überwiegend von der Telekom auf maximal 768 Kbit/s bzw. 128 Kbit/s gedrosselt werden. Allerdings stellt sich auch hierdurch bereits der Abruf von Video-Sequenzen, meist in Form von sogenannten *Streaming-Angeboten*, problemlos dar. Dabei ist Streaming eine Technik, die durch einen kontinuierlichen und gleichmäßigen Strom

---

32 Vgl. *THIELMANN* (2000), S. 10.

33 TCP/IP steht für Transmission Control Protocol/Internet Protocol und wurde ursprünglich im Jahr 1978 vom amerikanischen Verteidigungsministerium als Standard für heterogene Netze eingeführt, vgl. *STAHLKNECHT/HASENKAMP* (1997), S. 126.

34 Vgl. *SJURTS* (2000b), S. 31.

35 Vgl. *FIGGE* (2000), S. 161.

36 Vgl. *KEUPER* (2001b), S. 393.

37 Vgl. *KEUPER* (2002a), S. 39, *HESS* (2002), 575 f.

38 Vgl. *HESS* (2002), S. 572.

39 Vgl. *MANHART* (2000), S. 27.

Daten auf Basis des Internet-Protokolls transportiert, so daß Audio- und Videodateien abgespielt werden können, ohne zuvor die gesamte Datei übermitteln zu müssen. Das Verfahren erlaubt somit die Inanspruchnahme von Funktionalitäten des klassischen Fernsehens. Beispielsweise bietet der Online-Dienst AOL mit dem Programm AOL Live exklusive Interviews mit Stars, Reiseberichte und viele andere Dienste im News- und Entertainment-Bereich an. Demgegenüber sind beim Konkurrenten T-Online u. a. die Heute-Nachrichten des ZDF als Streaming-Angebot abrufbar. Dies verdeutlicht anschaulich eine sich abzeichnende Konvergenz von Internet und Fernsehen.

Die bislang noch strittigste Frage ist dabei, ob sich das Fernsehen in Richtung Internet entwickelt oder umgekehrt.[40] Dabei geht die zuerst dargestellte Variante vom Abruf von Fernsehfunktionalitäten mittels eines an die DSL-Technologie angeschlossenen Multimedia-PCs aus. Im Gegensatz dazu bestehen auch Integrationsbestrebungen von interaktiven Diensten in Fernsehgeräte. Eine in diesem Zusammenhang häufig angeführte konvergente Ausprägung ist das interaktive Fernsehen (iTV/interactive Television). Die momentanen Angebote des digitalen Fernsehsenders Premiere World mit seinen Sparten- und Multiperspektivprogrammen sind dabei lediglich als elementare Vorstufe anzusehen, welche kaum vergleichbar mit der Vielzahl der zukünftig technisch möglichen Anwendungen ist. So umfaßt interaktives Fernsehen den individuellen Abruf von Spielfilmen, Informationen und Spielen genauso wie die Kommunikation per E-Mail oder visueller Medien.[41] Technisch wird für die Nutzung des interaktiven Fernsehens ein Fernseher in Verbindung mit einer Set-Top-Box benötigt. Dabei stellt eine Set-Top-Box gewissermaßen einen kleinen Computer dar, der beim Nutzer die Verarbeitung von übertragenen Daten vornimmt und so beispielsweise digitale Daten in analoge umwandelt, um diese als Bilder und Töne in analogen Verfahren ausgerichteten Fernsehgeräten darstellen zu können.[42]

Zur eigentlichen Übertragung der großen Datenmengen sind jedoch Komprimierungsalgorithmen notwendig, um die Übertragungskapazitäten so gering wie möglich zu halten.[43] Der derzeit verwendete Übertragungsstandard für Audio- und Videodateien ist das Format MPEG-2, welches Einsparungen in der Datenmenge von 96 Prozent ohne Inkaufnahme von Qualitätsverlusten erlaubt.[44] Trotz der hohen Datenkompression werden für die Übertragung von iTV breitbandige Zugangstechnologien benötigt. Hierzu bietet sich ein Spektrum von Möglichkeiten an, das jedoch nachfolgend nicht weiter thematisiert wird.[45] Festzuhalten ist, daß neben der bereits beschriebenen, auf dem Telefonnetz basierenden DSL-Technologie vor allem dem TV-Kabelnetz als Übertragungstechnologie eine bedeutende Rolle zugeschrieben wird, an das in Deutschland etwa 23 Millionen Haushalte angeschlossen sind und das einen Downstream von bis zu 36 Mbit/s ermöglicht.[46] Im Gegensatz zur DSL-Technologie bedarf es beim Kabelnetz jedoch noch zahlreicher Investitionen zur Herstellung der für die Interaktivität erforderlichen Bidirektionalität (Rückkanalfähigkeit) des Netzes. Dennoch stellt die Kabeltechnologie gerade für interaktives Fernsehen aufgrund des überwiegend in den Wohnzimmern der Haushalte verlegten Kabelanschlusses eine entscheidende Übertragungstechnologie dar.

---

40 Vgl. z. B. *Hüning/Morath* (2001), S. 200 ff., *Bienert* (2000), S. 43 ff., *Clement* (2000), S. 20 f.

41 Vgl. *Clement* (2000), S. 19.

42 Vgl. *Knauth* (2001), S. 116 f.

43 Vgl. *Clement* (2000), S. 13.

44 Vgl. *Clement* (2000), S. 13.

45 Zur Darstellung der technologischen Grundlagen von breitbandigen Übertragungstechnologien vgl. ausführlich *Keuper/Niemojewski/Plehn* (2002), S. 188 ff.

46 Vgl. *PricewaterhouseCoopers* (2000), S. 71 ff.

Losgelöst von vorhandenen Konvergenzbarrieren[47] (beispielsweise Nutzerpräferenzen) ist zusammenfassend anzuführen, daß grundsätzlich im rein stationären Bereich die technologische Konvergenz eine Vermischung von klassischen fernsehbasierten und internetbasierten Diensten ermöglicht. Dabei deutet der derzeitige Entwicklungsstand darauf hin, daß noch kein technologisch konvergentes Endgerät angeboten wird und auch die notwendigen Übertragungstechnologien noch in den Kinderschuhen stecken.

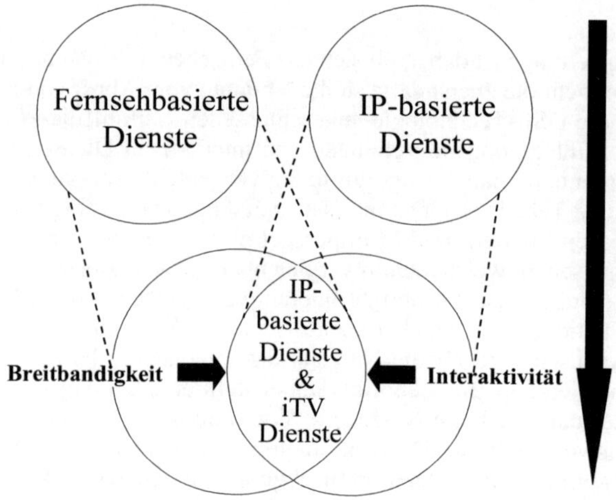

Abbildung 22: Technologische Konvergenz von stationären Fernseh- und Internetdiensten

Im Rahmen der vorherigen Ausführungen stellt sich letztlich die Frage, inwiefern Zeitungs- und Zeitschriftenverlage von der technologischen Konvergenz im stationären Bereich betroffen sind. Dabei kann einerseits argumentiert werden, daß bereits jetzt viele Internetangebote eine ernstzunehmende Konkurrenz für Zeitungen und Zeitschriften sind, beispielsweise als Informationsquelle für Produkttests oder lokale Immobilienangebote.[48] Andererseits dürfte zuvor deutlich geworden sein, daß sowohl hinsichtlich des Mediennutzungsverhaltens des Konsumenten als auch im Hinblick auf die erzielbaren Werbeerlöse das Fernsehen in seiner heute bekannten Form im intermedialen Vergleich eine dominierende Rolle gegenüber Print-Erzeugnissen spielt. Sollte es nun trotz aller Konvergenzbarrieren gelingen, Internet und Fernsehen miteinander zu verschmelzen, könnte hieraus eine „Killer-Applikation" für das Massenpublikum hervorgehen, so daß konkurrierende mediale Angebote und damit zwangsläufig auch erzielbare Erlösströme ins Hintertreffen geraten. Insofern ist die langfristige Entwicklung des interaktiven Fernsehens von den Zeitungs- und Zeitschriftenverlagen aktiv zu verfolgen. Aber auch kurzfristig zeigt die zunehmende Penetration von Internet-Breitbandtechnologie bereits Handlungsbedarf für viele Verlage auf, da davon ausgegangen werden kann, daß Rich-Media-Content in Form von Streaming-Angeboten in vielen Bereichen, z. B. bei Boulevardmeldungen, Pressekonferenzen oder Berichten über politische Debatten, interessanter für den Medienkonsumenten ist als die bloße Lektüre eines Artikels im Internet.

47 Vgl. dazu ausführlich Abschnitt 3.2.2, S. 55 f.

48 Vgl. Abschnitt 3.4, S. 63 ff.

Indes weist der zunehmende Trend zu mobiler Kommunikation in Verbindung mit neuen mobilen Übertragungsstandards und Endgeräten auch auf eine technologische Konvergenz von stationären und mobilen Diensten hin.

3.2.1.2 Stationär-mobile Technologien

In Deutschland nahmen im Juli 2001 mehr als 55,3 Millionen Bundesbürger an mobiler Kommunikation teil,[49] wobei bis zum Ende der Dekade eine Gesamtpenetration von über 70 Millionen mobilen Anschlüssen prognostiziert wird.[50] Vor dem Hintergrund einer mittlerweile flächendeckenden Erschließung auch ländlicher Gebiete mit mobilen Telefonnetzen zeichnet sich derzeit im Telekommunikationsmarkt ein Trend ab, der unter dem Begriff *Fixed Mobile Convergence* (FMC) subsumiert wird. Dieser Begriff charakterisiert die Entwicklung von Netz- und Dienstfähigkeiten, die unabhängig von der Zugangstechnik und vom Endgerät sind. Beispielsweise basiert das bereits im Markt etablierte Produkt Genion des Mobilfunkanbieters O_2 (ehemals Viag Interkom) auf der Idee der Fixed Mobile Convergence. Das Handy kann dabei vom Nutzer sowohl in einer zuvor definierten „Home Zone" als Haustelefon sowie auswärts als normales Mobiltelefon, wenn auch noch mit den bekannten erheblichen Preisunterschieden verbunden, genutzt werden. Als weiterer Schritt wird es dem Nutzer möglich sein, nicht nur stets unter einer persönlichen Rufnummer erreichbar zu sein, sondern vielmehr festlegen zu können, wann er auf welchem Endgerät von welchen Personen erreicht werden kann.

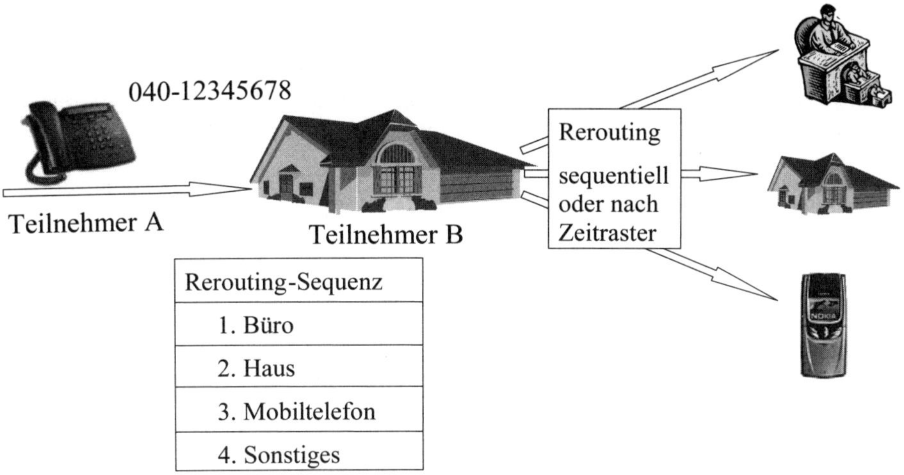

Abbildung 23: Beispiel für einen Personal Number Service[51]

Anknüpfend an Abbildung 23 läßt sich folgendes Szenario für einen Personal Number Service entwerfen:[52] Teilnehmer A ruft Teilnehmer B über seine persönliche Rufnummer 040-12345678 an. Abhängig von der Uhrzeit wird das Gespräch an verschiedene Endgeräte entsprechend vorheriger Spezifikation weitergeleitet, beispielsweise von 8–18 Uhr zum Festnetztelefon im Büro, von 18–22 Uhr auf das Mobiltelefon, von 22–8 Uhr zum Haus des Teilnehmers B und

---

49 Vgl. *RegTP* (2001), S. 192.

50 Vgl. *Büllingen/Stamm* (2001), S. 60.

51 Vgl. online *ITG-Fachgruppe* (2000), S. 7.

52 In Anlehnung an online *ITG-Fachgruppe* (2000), S. 7.

bei Belieben auf ein weiteres Endgerät. Eine weitere Möglichkeit ist, daß bei einem Anruf von Teilnehmer A sequentiell alle Geräte angesprochen werden, bis sich Teilnehmer B meldet.

Die Voraussetzung für die Realisierung eines solchen Szenarios bilden verschiedene technologische Neuerungen, die im wesentlichen auf intelligenten Netzen beruhen, durch die unabhängig vom zugrundeliegenden Netz Dienste übergreifend angeboten werden können. Dies muß jedoch nicht zwingend heißen, daß auch festes und mobiles Netz physisch konvergieren; vielmehr betrifft es die Entwicklung konvergierender Netzeigenschaften und unterstützender Standards, die schließlich konvergente Dienste ermöglichen.[53]

Während sich die bisherigen Ausführungen lediglich auf Sprachtelefonie konzentrieren, gewinnt die mobile multimediale Datenübertragung zunehmend an Bedeutung. Jedoch erlaubt der derzeitige, auf den GSM-Mobilfunknetzen beruhende WAP-Standard nur beschränkte Darstellungs- und Interaktionsmöglichkeiten mit einer sehr geringen Übertragungsrate von 9,6 Kbit/s. Mit WAP ist zwar ein eingeschränkter Internet-Zugang möglich, allerdings ist das Protokoll weit davon entfernt, die zahlreichen möglichen festnetzbasierten Multimedia-Anwendungen im mobilen Bereich darzustellen. Im Gegensatz dazu lassen sich mit der sogenannten dritten Generation der Mobilfunktechnologie, die auf dem UMTS-Standard basieren wird, Übertragungsraten von bis zu 2 Mbit/s realisieren.[54] Hierdurch werden aufwendige Multimedia-Anwendungen, wie die Übertragung von Videosequenzen mittels Streaming-Verfahren, erstmals in unterschiedlichen mobilen Kommunikationsumgebungen ermöglicht. Daraus läßt sich schlußfolgern, daß UMTS eine weitere wichtige Triebfeder für die Beschleunigung der Fixed Mobile Convergence sein wird. Da die erzielbare Bandbreite jedoch von der Geschwindigkeit abhängt, mit der sich der Empfänger bewegt, werden die zukünftigen UMTS-Netze in Zonen mit verschiedenen Übertragungskapazitäten aufgeteilt, was natürlich entsprechende Auswirkungen auf die lokale Verfügbarkeit des multimedialen Leistungsspektrums hat:[55]

- Als *Pikozone* werden Gebiete mit hohen Teilnehmerzahlen und hohem Kommunikationsverkehr bezeichnet, in denen für die Versorgung der Einsatz der kleinstmöglichen Zellen – sogenannter Pikozellen – erfolgt. Diese haben einen Versorgungsradius, der nicht über 500 m liegt. In diesem Bereich, der sich meist in Ballungszentren befindet und gewöhnlich bestimmte Gebäude oder Straßenabschnitte umfaßt, ist von einer geringen Bewegungsgeschwindigkeit der Empfänger auszugehen. Dementsprechend werden hohe Übertragungsraten von bis zu 2 Mbit/s erreicht.
- Zur Versorgung der innerstädtischen Bereiche mit erhöhtem Kommunikationsbedarf werden in der *Mikrozone* Zellen genutzt, die einen Durchmesser bis zu drei km haben und Übertragungsraten bis 384 Kbit/s ermöglichen. Für diesen Bereich ist auch von einer eingeschränkten Mobilität des Empfängers auszugehen.
- In außerstädtischen Gebieten, der *Makrozone*, erfolgt die Versorgung durch Zellen, die eine wesentlich geringere Übertragungskapazität zur Verfügung stellen. In diesen Makrozellen sind – aufgrund der Größe und Mobilität des Empfängers – lediglich Übertragungsraten bis 144 Kbit/s erreichbar.

---

53 Vgl. online *ITG-FACHGRUPPE* (2000), S. 71.

54 Vgl. *HESS/RAWOLLE* (2001), S. 651.

55 Vgl. *SCHÖNBORN* (2000), S. 29 ff.

Zone	Maximale Bewegungsgeschwindigkeit	Übertragungsrate
Pikozone	10 km/h	2 Mbit/s
Mikrozone	120 km/h	384 kbit/s
Makrozone	500 km/h	144 kbit/s

Tabelle 5: Ebenen von UMTS[56]

Da UMTS als weltweites Netz mit weltweitem Roaming[57] festgelegt ist, wird neben den drei beschriebenen Zonen der international von den Teilnehmern generierte Verkehr von der Weltzelle aufgenommen und per Satellit dem Gesamtnetz zugeführt.[58] Somit kann der UMTS-Teilnehmer, wenn auch nur mit bis zu maximal 144 kbit/s Übertragungsgeschwindigkeit, weltweit auf Dienste des Netzes zurückgreifen.

Allerdings sind mit der Einführung von UMTS zahlreiche Problemfelder verbunden, die an dieser Stelle nicht unerwähnt bleiben dürfen. So hat jeder der ehemals sechs und mittlerweile – nach Aufgabe von Quam und Mobilcom – nur noch vier UMTS-Lizenznehmer hierfür bei einer von der Regulierungsbehörde für Telekommunikation und Post (RegTP) im Sommer 2000 initiierten Auktion pro Lizenz ca. 8,5 Mrd. EUR aufbringen müssen. Während dies lediglich die Berechtigung zum Netzbetrieb darstellt, kommen nochmals mehrere Milliarden EUR pro Netzbetreiber für den eigentlichen Netzaufbau hinzu, so daß unwiderruflich die Frage nach dem hiermit erzielbaren Return on Investment (ROI) im Raum steht. Auch wenn sich die verbliebenen Netzbetreiber nach wie vor optimistisch hinsichtlich der UMTS-Einführung und des Erfolges neuer Dienste geben, so kann für die derzeitige Situation zumindest attestiert werden, daß alle Player einem immensen Kostendruck unterliegen. Die damit in einem engen Zusammenhang stehende niedrige Börsenbewertung von Telekommunikationsunternehmen kommt gerade deshalb zustande, weil keines der Unternehmen derzeit seine Kapitalkosten verdient und somit auch kein Wert geschaffen wird (kein Economic Value Added).[59] Folglich bemühen sich die Netzbetreiber aus Gründen der Kosteneinsparung zunehmend um Kooperationen beim Netzaufbau, so daß unter Einhaltung von Richtlinien der RegTP beispielsweise gemeinsam Masten, Antennen oder Kabel genutzt werden dürfen.[60] Gerade bei der Errichtung von Funkmasten entsteht jedoch weiterhin vermehrt Rechtsunsicherheit für die Netzbetreiber durch Klagen von Anwohnern, Bürgerinitiativen und Gemeinden wegen einer vermeintlich hohen Strahlenintensität. Fakt ist, daß in den nächsten drei bis vier Jahren rund 40.000 neue Sendeantennen installiert und dafür an die 10.000 Standorte erschlossen werden müssen, da im Gegensatz zu GSM die UMTS-Technik in einem höherfrequenten Bereich angesiedelt ist und die Mobilfunkzellen entsprechend verkleinert werden müssen.[61] Selbst wenn nur über einige Dutzend oder wenige Hundert dieser Standorte ein Rechtsstreit entbrennt, so ist dennoch mit immensen Kosten für Rechtsbeistand und Schlichtungsgespräche zu rechnen.

56 *Knight* (1999), S. 246 f.

57 To roam = umherziehen. Roaming bezeichnet die Möglichkeit eines Mobilfunkteilnehmers, sein Mobiltelefon auch außerhalb des Mobilfunknetzes, in dem dieser Kunde ist, zu benutzen. Voraussetzung ist, daß der Mobilfunkanbieter ein Roaming-Abkommen mit anderen Netzbetreibern abgeschlossen hat. Ist dies der Fall, bleibt der Mobilfunkteilnehmer auch dann erreichbar, wenn er den Bereich des direkt von ihm genutzten Mobilfunknetzes verläßt und sich z. B. im Ausland aufhält.

58 Vgl. *Schönborn* (2000), S. 32.

59 Zum hiermit zusammenhängenden Konzept des Economic Value Added (EVA) vgl. Abschnitt 7.3.3, S. 291 ff.

60 Vgl. *Götz/Waldenmaier* (2002), S. 37.

61 Vgl. *Demmelhuber* (2001), S. 16.

Letztlich entsteht mit der prognostizierten mangelnden Verfügbarkeit tauglicher UMTS-Endgeräte ein weiterer gefährlicher Flaschenhals für die Netzbetreiber. So ist die Akkuleistung der heutigen Geräte nicht ausreichend, um den hohen Stromverbrauch der UMTS-Handies bei der Übertragung multimedialer Dienste zu decken.[62] Da von der Batterietechnik aber keine wesentliche Verbesserung zu erwarten ist, setzen die Endgerätehersteller auf sparsamere Mikrochips, wobei diese jedoch erst ab ca. 2005 verfügbar sind. Folglich resultiert hieraus eine weitere Unsicherheit für den Netzbetreiber, da ein für den Kunden unbefriedigendes Angebot geeigneter Endgeräte die Marktpenetration noch weiter hinauszögert. Dennoch kündigen die Netzbetreiber eine Inbetriebnahme von UMTS ab ca. Anfang bis Mitte 2003 an. Fest steht auch, daß vor diesem Hintergrund die Endgeräteindustrie zunehmend portable Systeme entwickelt, die nicht mehr rein sprachorientiert sind. Hierzu gehören neben Mobiltelefonen mit erweiterten Datenspeicherfunktionen derzeit vor allem sogenannte Personal Digital Assistants (PDAs), die den Nutzern schwerpunktmäßig Kalender- und Notizbuchfunktionalitäten, Adreßverwaltungen oder Aufgabenlisten sowie verstärkt auch komplexere Anwendungen wie Tabellenkalkulation und Textverarbeitung zur Verfügung stellen.[63] Zudem verfügen PDAs zunehmend über ein eingebautes Festnetzmodem, integrierte Mobilfunkmodems oder eine Schnittstelle zum Handy, um Daten mobil übertragen und austauschen zu können. Laut Ankündigungen der Hersteller von PDAs ist zukünftig mit einer Konvergenz von Mobiltelefonen und PDAs hin zu „Smartphones" zu rechnen, die mobile Sprach- und Datenkommunikation in einem Gerät integrieren.[64]

Abbildung 24: Das Sony Ericsson P800 als Beispiel für ein Smartphone

Wenngleich Multimedia-Anwendungen auf Mobilgeräten aufgrund der begrenzten Stromressourcen sowie der mangelnden Bedienungsfreundlichkeit, beispielsweise hinsichtlich der wesentlich kleineren Displays, im Gegensatz zur Darstellung auf stationären Endgeräten stets mehr Restriktionen unterliegen werden, läßt sich als Fazit dennoch eine eindeutige Tendenz zur Fixed Mobile Convergence festhalten. Neben den etablierten schmalbandigen Diensten werden mobile breitbandige Dienste entstehen, die bisher nur im stationären Bereich möglich sind und weit über die reine Sprachtelefonie hinausgehen.

---

62 Vgl. GÖTZ/WALDENMAIER (2002), S. 36.

63 Vgl. HESS/RAWOLLE (2001), S. 648.

64 Vgl. HESS/RAWOLLE (2001), S. 649.

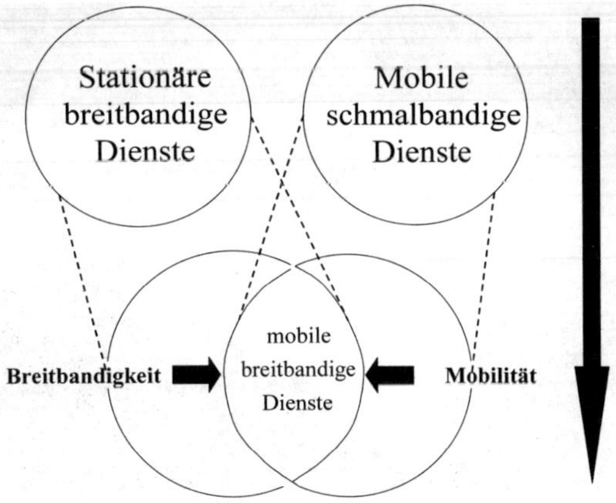

Abbildung 25: Fixed Mobile Convergence

Losgelöst von der Tendenz zur Fixed Mobile Convergence ist letztlich möglicherweise die elektronische Zeitung, die von IBM und dem Media Lab des Massachussetts Institute of Technology (MIT) entwickelt wurde, ein für die Verlagsbranche zukünftig besonders relevantes mobiles Endgerät zur Darstellung von Medieninhalten. Dabei zeichnet sich die elektronische Zeitung dadurch aus, daß sie über nahezu alle Eigenschaften einer herkömmlichen Zeitung verfügt, d. h. mit den Ausmaßen eines dünnen, leichtgewichtigen Buches im DIN-A4-Format genauso gelesen, gefaltet, gerollt und getragen werden kann und somit im Gegensatz zu anderen digitalen Endgeräten das „gute alte Zeitungsgefühl" erhält.[65] Durch die am Gerät integrierte Schnittstelle weist die Zeitung allerdings gleichzeitig die Eigenschaften des Internet auf, so daß dem Nutzer nach vorheriger Spezifikation seiner Interessen maßgeschneiderte Informationen in die elektronische Zeitung projiziert und bei Bedarf aktualisiert werden können. Abbildung 26 zeigt den hierzu entwickelten Prototyp von IBM. Sollte sich das Produkt in Zukunft massenhaft am Markt durchsetzen, so sind abschließend neben den zuvor erläuterten Vorteilen auch noch der Kostenaspekt und die damit verbundene Umweltfreundlichkeit zu erwähnen, da der kostenintensive Druck der Zeitungen und somit auch der Papierverbrauch gänzlich entfallen würden. Auch wenn ein solches Extrem-Szenario nicht in naher Zukunft auftreten wird, so wird dennoch offensichtlich, daß die Konvergenz auf lange Sicht auch einen wesentlichen Einfluß auf die tradierte Print-Wertschöpfungskette haben kann.

65 Vgl. online *KUNKEL* (2000).

Abbildung 26: Prototyp der elektronischen Zeitung von IBM

Aus den vorangegangenen Ausführungen wird deutlich, daß noch immer die Technologie der Mittelpunkt für die Entwicklung und Nutzung von Multimedia-Diensten ist, d. h. der Schwerpunkt liegt auf der Ausschöpfung der Möglichkeiten von Übertragungstechnologien und digitalen Endgeräten. Jedoch geht die Vision des Pervasive Computing davon aus, daß die Technologie für den Anwender gänzlich in den Hintergrund tritt und letztlich nur noch unsichtbarer und allgegenwärtiger Helfer und Begleiter des Menschen ist.

3.2.1.3 Pervasive Computing als visionäre Perspektive technologischer Konvergenz

Während viele der derzeitigen Multimedia-Anwendungen darauf abzielen, einen möglichst großen Teil der Realität in der virtuellen Welt abzubilden, beispielsweise durch 3D-Animationen zur verbesserten Darstellung von Menschen oder Figuren, geht die Vision des Pervasive[66] oder Ubiquitous Computing gerade nicht davon aus, sich von der realen Welt abzukapseln und eine künstliche Welt aufzubauen.[67] Vielmehr soll sich die Informationstechnologie von der Verknüpfung mit Standardrechnern – wie PCs oder Notebooks – lösen und in die reale Welt und deren Abläufe eingebunden werden. Die Technik nimmt dabei zukünftig eine ähnliche Rolle ein wie die Schrift heute. So ist die Schrift ubiquitär, verwoben mit allen Lebensbereichen und tritt zugunsten der Anwendung, nämlich der Speicherung und Kommunikation von Information, gänzlich in den Hintergrund.[68]

Die Idee des Pervasive Computing wird sowohl von Seiten der Industrie als auch seitens der Universitäten und Forschungsinstitute mit großem Interesse verfolgt, wobei die Forschungsschwerpunkte unterschiedlich gelagert sind und ein entsprechend breites Spektrum abdecken. Tabelle 6 gibt dabei exemplarisch einen Überblick zu aktuellen Forschungsprojekten.

66 Pervasive = durchdringend, überall vorhanden

67 Vgl MATTERN (2001), S. 55. MATTERN unterscheidet jedoch zwischen dem eher ökonomisch geprägten Pervasive Computing und dem humanzentrierten Ubiquitous Computing, vgl. MATTERN (2001), S. 55. Allerdings werden nachfolgend aus Vereinfachungsgründen beide Begriffe als gleichbedeutend aufgefaßt, da sie im Kern beide von einer allgegenwärtigen Informationsverarbeitung ausgehen.

68 Vgl. online GELLERSEN (o.J.).

Anbieter	Projekt	Inhalte	Internetadresse
Hewlett Packard	E-Services	Vision über das Internet der 2. Generation. Entwicklung einer „Open-Service-Schnittstelle", die die Kompatibilität verschiedener Services sicherstellt.	http://www.e-services.hp.com
Microsoft	Easy Living	Entwicklung von Prototypen und Architekturen für die Interaktion zwischen Mensch, Computern und Endgeräten. Entwicklung vereinfachter Schnittstellen Mensch-Computer.	http://www.research.microsoft.com/easyliving
Sun Microsystems	Brazil	Entwicklung innovativer Architekturen für Pervasive Computing. Etablierung von Sicherheitsstandards für die Arbeit in offenen Netzwerken.	http://www.sun.com/research/projects
MIT	Oxygen	Allgegenwärtiges Netz von Rechnern, deren Leistung ständig zur Verfügung steht. Vereinfachung der Schnittstelle Mensch-Computer. Umfassende Integration industrieller Partner (u.a. HP, Philips, Acer, Nokia). Vier Komponenten, die miteinander verbunden werden sollen: mobile Geräte, stationäre Geräte, Netzwerk und Sprach- und Mimiksteuerung.	http://www.oxygen.lcs.mit.edu
Stanford	Archimedes	Entwicklung von einfachen Schnittstellen Mensch-Computer, so daß in allen Kommunikationsumgebungen und über alle Endgeräte ein digitaler Zugang ermöglicht wird. Insbesondere Entwicklung von Anwendungen für die speziellen Bedürfnisse von Behinderten.	http://archimedes.stanford.edu

Tabelle 6: Forschungsprojekte im Bereich des Pervasive Computing

Das Pervasive Computing gilt als Fortführung mobiler Endgeräte und Anwendungen, d. h. es impliziert grundsätzlich die Unterstützung der Mobilität des Nutzers.[69] Wie bereits gekennzeichnet, entstehen zunehmend anwendungsspezifische Endgeräte, wie z. B. Personal Digital Assistants, die klassische Funktionen des Personal Computers in dezentralen Kommunikationsumgebungen ermöglichen. Nachteilig ist jedoch, daß solche Geräte die ungeteilte Aufmerksamkeit des Anwenders verlangen und stets für die Nutzung aktiviert werden müssen.[70] Um dem entgegenzutreten, wurde bereits anknüpfend an die Vision des Pervasive Computing vom Elektronikkonzern Philips in Zusammenarbeit mit dem Modelabel Levi's eine Jacke mit integriertem Mobiltelefon und MP3-Spieler entwickelt.[71] Dies ist jedoch lediglich die Initialzündung für weitere Forschungsaktivitäten im Bereich des sogenannten *Smart Clothing*. Wesentlicher Impulsgeber für derartige Innovationen ist dabei nicht nur die Elektronikindustrie, sondern vielmehr die Modebranche,[72] was letztlich beweist, daß auch ehemals klar voneinander abgegrenzte Branchen – wenn auch mit nur einer kleinen Schnittmenge – Konvergenztendenzen aufweisen. Aus einem breiten visionären Spektrum an künftigen Nutzungsmöglichkeiten des Smart Clothing

69 Vgl. online *SATYANARAYANAN* (2001), S. 2.

70 Vgl. online *GELLERSEN* (o. J.).

71 Vgl. online *PHILIPS* (2000b).

72 Vgl. *PHILIPS* (2000a), S. 7.

herausgegriffen, sind beispielsweise spezielle, für den Ausdauersport konzipierte Sweat-Shirts denkbar, in deren Ärmeln ein kleines flexibles Display eingebaut ist, das Auskunft über den Pulsschlag des Sportlers gibt. Da dessen Jogging-Schuhe ebenfalls über einen eingebauten Chip verfügen, können dort gleichzeitig Informationen zur zurückgelegten Strecke und der durchschnittlichen Laufgeschwindigkeit abgelesen werden. Darüber hinaus dient das Display auch zur Auswahl von Musikdateien im MP3-Format, die der Nutzer während seiner Jogging-Strecke hört. Zusätzlich könnte der Nutzer mit einer speziellen Sonnenbrille ausgestattet sein, die während des Joggens in einem in der Brille integrierten Display personalisierte Nachrichten seiner favorisierten Zeitung projiziert.

Während das o. g. Beispiel eine neue Qualität der Portabilität von Informationstechnologie beschreibt und das Pervasive Computing somit für „IT überall mithinnehmen können" steht, geht der ebenfalls dem Pervasive Computing zuzurechnende Ansatz von ubiquitären Informationsumgebungen davon aus, daß Informationstechnologie in räumliche Umgebungen eingebettet wird, also „IT überall vorhanden" ist.[73] Dies ist grundsätzlich nichts Neues, denn gerade in Haushalten werden neben der Telekommunikations- und Unterhaltungselektronik immer mehr solcher Geräte mit Mikroprozessoren zur verbesserten Steuerung und Regelung ausgestattet, deren ursprüngliche Nutzung dies nicht erfordert.[74] Neu indes ist die Vision der Entwicklung sogenannter *Home Networks*, die Informations-, Entertainment-, Sicherheitssysteme und alle weiteren Geräte, die Mikroprozessoren enthalten, miteinander verbinden. Die Steuerung des Netzwerks erfolgt dabei über eine zentrale Einheit, beispielsweise eine Set-Top-Box, die einerseits die Geräte miteinander vernetzt, andererseits die Verbindung zum Internet oder anderen externen Netzen steuert.[75] Da die Vernetzung der zahlreichen Geräte innerhalb von Gebäuden mittels der herkömmlichen Verkabelung problematisch ist, erlangen kabellose Netzwerktechniken wie *Bluetooth* oder *Wireless Local Area Networks* (WLAN) zunehmend Bedeutung. Dabei ist Bluetooth ein Standard, der über kurze Distanzen bis zu 10 m eine Datenübertragungsrate von einem Mbit/s ermöglicht und somit für weniger aufwendige Dienste ausreicht.[76] Demgegenüber erfordern datenintensive Entertainment-Dienste, wie Video- oder Musikübertragungen ein WLAN, mit dem sich derzeit Übertragungsraten bis zu 11 Mbit/s realisieren lassen.[77]

---

73 Vgl. online *GELLERSEN* (2001).

74 Vgl. *STÄHLER* (2001), S. 166. Dies sind beispielsweise Waschmaschinen, Kühlschränke, Toaster.

75 Vgl. *DIEBOLD* (2000), S. 35.

76 Vgl. *STEIMER/MAIER/SPINNER* (2001), S. 86.

77 Vgl. *FORRESTER RESEARCH* (2001a), S. 2.

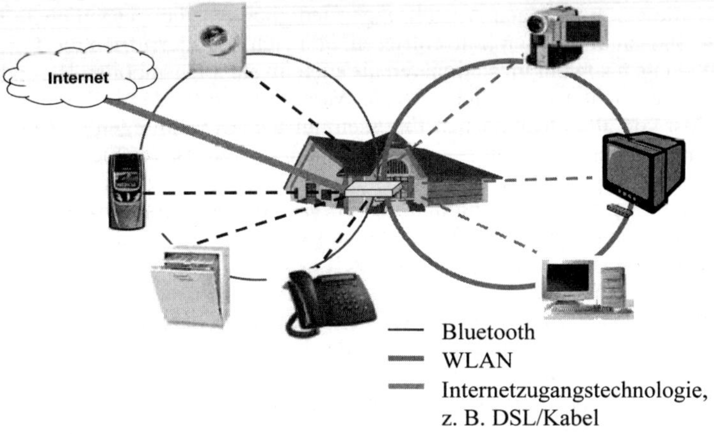

Abbildung 27: Vision des Home Network

Aus den zahlreichen möglichen Anwendungen und Diensten des Home Network lassen sich nachfolgend nur beispielhaft einige Möglichkeiten skizzieren.

- Herr Müller nimmt mit einer Videokamera im Garten seines Hauses eine Video-Mail der Grillparty auf und verschickt diese an Person B, die nicht an der Party teilnehmen kann. Dazu wird die Mail per Bluetooth zur zentralen Steuereinheit übertragen und von dort über den breitbandigen Internetzugang verschickt.
- Frau Müller geht nach der Arbeit in einen Supermarkt, um die Zutaten eines Kochrezepts, das sie in einer ihrer Lieblingszeitschriften entdeckt hat, einzukaufen. Frau Müller ruft daraufhin in ihrem Smartphone das Kochrezept auf, wählt sich dann ins Internet ein und bittet den Kühlschrank zur Übertragung einer Inventarliste. Daraufhin wird automatisch abgeglichen, welche Zutaten noch einzukaufen sind.
- Elektronische Haushaltsgeräte, wie z. B. Waschmaschinen, Geschirrspüler oder Kühlschränke, werden von Unternehmen fernüberwacht, damit diese bei sich anbahnenden Defekten schnell reagieren können.[78] Die geringen notwendigen Kontrolldatenmengen werden per Bluetooth an die zentrale Steuereinheit geschickt, die diese an den Serviceanbieter weiterleitet.

Abgesehen von der Vision des Home Network sind insbesondere im Bereich des Mobilfunkstandards UMTS mit der Integration von Blue-Tooth-Chips in die Mobilgeräte noch zahlreiche innovative Dienste zu erwarten, die dem Grundgedanken des Pervasive Computing ein Stück näher kommen. So ist beispielsweise denkbar, daß ein Handy-Nutzer nach vorheriger Reservierung eines Flugtickets durch das bloße Betreten des Flughafens automatisch eingecheckt wird. Im Handy-Display erscheinen alle für den Fluggast notwendigen Informationen von der Lage des Check-in-Schalters für Gepäck über das Abflug-Gate bis hin zum zugewiesenen Platz im Flugzeug. Nicht zuletzt vor dem Hintergrund der dadurch möglichen Rationalisierungspotentiale im Fluggastabfertigungsbereich arbeiten bereits viele Fluglinien, wie beispielsweise die Lufthansa, an entsprechenden Angeboten.[79]

---

78 Vgl. online *TROTT/ENTWISTLE* (2000).

79 Vgl. online *LUFTHANSA* (2000).

Während sich alle vorangegangen Ausführungen lediglich auf die wesentlichen Tendenzen im Bereich des technisch möglichen konzentrieren, läßt sich unwiderruflich die Frage aufwerfen, welche Anwendungen sowohl im stationären als auch im stationär-mobilen Bereich ökonomisch sinnvoll sind. Dies richtet den Blick auf die *Nachfragerseite*, denn ökonomisch vertretbar werden losgelöst von allen technischen Finessen nur die Anwendungen und Dienste sein, die letztlich auch tatsächlich die Bedürfnisse der Kunden treffen. Bevor hierauf im nächsten Abschnitt näher eingegangen wird, sind abschließend noch einige nicht zu vernachlässigende soziale und rechtliche Aspekte bezüglich des Pervasive Computing anzuführen. Zwar bietet die Digitalisierung schier unerschöpfliche Nutzungspotentiale in allen Bereichen des privaten und beruflichen Lebens, jedoch reicht eine Welt aus kommunizierenden „smarten Dingen", zu Ende gedacht, an ein Science-Fiction-Szenario heran.[80] Mit Sicherheit ist dabei die Privatsphäre im Sinne des Datenschutzes betroffen, denn immer billigere und leistungsfähigere Chips ermöglichen eine immer profundere Erfassung der Umwelt und damit auch des menschlichen Handelns.[81] Die daraus resultierende Bedrohung durch einen Überwachungsstaat à la *GEORGE ORWELL* läßt auch politische Brisanz des Themas vermuten.

Davon losgelöst besteht in der zunehmenden Vernetzung des Menschen – von „Being Digital" zum „Digital Being"[82] – auch die Gefahr der totalen Informations- und Reizüberflutung und einer daraus resultierenden Kommunikationslosigkeit mit entsprechenden sozialen Folgen.[83]

Abbildung 28: Durch totale Informations- und Kommunikationstechnologie zur totalen Kommunikationslosigkeit?[84]

80 Vgl. *MATTERN* (2001), S. 59.

81 Vgl. *MATTERN* (2001), S. 59 f. Zur „Privacy"-Problematik vgl. ausführlich *NEUS* (2001), S. 339 ff.

82 Vgl. *NEGROPONTE* (2001), S. 417.

83 Dies stände somit dem eigentlichen Ziel des Pervasive Computing nach Simplifizierung von Anwendungen diametral gegenüber. Die Gefahr ist durchaus vorhanden, denn tatsächlich werden bisher immer mehr digitale Anwendungen immer komplexer. Insofern wird die Schnittstelle Mensch-Computer langfristig den zentralen Forschungsschwerpunkt des Pervasive Computing bilden.

84 Vgl. *GLÖCKNER* in *KEUPER* (2001a), S. 375.

Aus den Ausführungen läßt sich schließen, daß viele in den Forschungslaboratorien entworfene Anwendungsszenarien letztlich Visionen bleiben werden, die jedoch wesentlicher Impulsgeber für Produktinnovationen und eine damit voranschreitende technologische Konvergenz sind.

3.2.2 Nachfrageseitige Konvergenz

Im funktional-äquivalenten Zusammenhang mit der Konvergenz der Technologien steht die Konvergenz der Nachfragerseite, wobei diese durch die Integration der Nachfrage verschiedener Bedürfnisgruppen und damit die Eliminierung bestehender Barrieren zwischen den bisher isolierten Bedarfsgruppen charakterisiert ist.[85] Da Bedarfsstrukturen und Kaufmuster sich generell angleichen bzw. zusammenlaufen oder gemeinsam und sich gegenseitig verstärkend auftreten, führt eine Integration von Funktionen, wovon jede einzelne Funktion für sich schon auf eine bestimmte Bedürfnisbefriedigung abzielt, zu einer Zusammenfassung ökonomischer Nachfrage auf bisher separierten Märkten.[86] So ist der Grundgedanke des zuvor dargestellten interaktiven Fernsehens die Verfügbarkeit zahlreicher, bisher voneinander getrennter Dienste bzw. Dienstleistungen, so daß neben den klassischen Fernsehfunktionen nunmehr beispielsweise Video-on-Demand und Games-on-Demand verfügbar sind. Dadurch konvergiert letztlich auch die Bedarfsgruppe „Fernsehzuschauer" mit der Bedarfsgruppe „Videoausleiher" bzw. „Spielekäufer". Dies setzt jedoch eine entsprechende Kaufkraft und die Bereitschaft der Konsumenten voraus, Bedürfnisbefriedigung durch Leistungsbündel bzw. neue Funktionen der Bedürfnisbefriedigung nachzufragen.[87] Konvergenzbarrieren sind daher in ex ante unterschiedlichen Nutzungsweisen zu sehen, etwa aktive Informationssuche oder Kommunikation via Multimedia-PC als *Lean-Forward-Medium*[88] gegenüber passiver Unterhaltung im Rahmen der Fernsehnutzung als *Lean-Back-Medium*[89].[90] Zudem ist entgegen der Forderung des Pervasive Computing nach Simplifizierung von Anwendungen davon auszugehen, daß die Konvergenz bislang voneinander separierter Angebotsbereiche die wahrgenommene Komplexität des Angebotes erhöhen wird und somit ein gewisses Kompetenzniveau des Nutzers hinsichtlich des technischen Verständnisses, aber auch hinsichtlich der Selektion der verschiedenen Inhalte, Anbieter, Zugangswege und Nutzungsoptionen erfordert.[91] Entsprechend ist zur Überwindung dieser nachfrageseitigen Konvergenzbarrieren bei der Entwicklung von Multimedia-Angeboten das gesamte Kosten-Nutzen-Kalkül des Rezipienten miteinzubeziehen.[92] So ist das Internet der Zeitung oder Zeitschrift zwar in vielerlei Hinsicht, beispielsweise bei der rezipientenspezifischen Konfektionierung der Inhalte, funktional überlegen, doch müssen neues Medium und entsprechende Angebote für die verschiedenen individuellen Nutzungssituationen zu solchen Leistungsbündeln kombiniert werden, für welche der Rezipient letztlich Zahlungsbereitschaft, gemessen in Geld und/oder Zeiteinheiten, aufweist.

Die Integration von Funktionen in Leistungsbündel mit einer Vielzahl von Funktionalitäten und die damit ausgelöste Verschmelzung von Bedarfsstrukturen auf bisher separierten Märkten

---

85 Vgl. *THIELMANN* (2000), S. 11, *KRIEB* (2001), S. 62 ff.

86 Vgl. *KEUPER* (2001b), S. 393.

87 Vgl. *THIELMANN* (2000), S. 11.

88 Vgl. *RYAN* (1999), S. 50.

89 Vgl. *SIRON* (2000), S. 40.

90 Vgl. *THIELMANN* (2000), S. 11.

91 Vgl. *FRIES* (1997), S. 24 ff.

92 Vgl. *LEHR* (1999), S. 142 ff.

bedingt aufgrund der hierfür notwendigen technologischen Komplexität und des hierfür notwendigen Know-how-Transfers eine Konvergenz der Anbieterseite.[93]

3.2.3 Angebotsseitige Konvergenz

Die Konvergenz der Anbieterseite wird vornehmlich durch die Leistungsbündelung von Funktionalitäten und Komponenten aufgrund antizipativer ökonomischer Rationalität bzw. durch die potentielle Substituierbarkeit von Leistungskomponenten initiiert.[94] Insbesondere die zunehmende Bedeutung von Systemleistungen erodiert bestehende Branchengrenzen und stellt starre Kompetenz- und Branchenstrukturen in Frage.[95] Ziel dieser angebotsseitigen Konvergenz, die wertschöpfungskettenübergreifend vertikal oder horizontal erfolgen kann, ist es, durch Neukombination bisher getrennter Aktivitäten in einer wirtschaftlichen Einheit die potentiellen Synergien für die beteiligten Unternehmen auszuschöpfen. Entsprechend kommt es zu einer Vielzahl vertikaler und horizontaler Kooperationsformen, die zunächst schwerpunktmäßig innerhalb des TIME-Sektors, jedoch in einem weiteren Schritt zwischen dem TIME-Sektor und weiteren Branchen des äußeren Konvergenzrings[96] stattfinden. Dabei beschäftigt die involvierten Unternehmen zunehmend der Coopetition-Gedanke[97], der einerseits eine Konkurrenzsituation auf bestimmten Unternehmensgebieten und gleichzeitig eine Kooperation auf anderen Unternehmensgebieten zwischen mehreren Unternehmen zuläßt.[98] So sind gerade auf der Ebene technologischer Standardsetzung häufig Kooperationen zwischen Konkurrenten zu beobachten. Beispielsweise zielt Symbian, eine Allianz, an der u. a. die Handyhersteller Nokia, Motorola, Ericsson und Matsushita beteiligt sind, darauf ab, das dominierende Betriebssystem für Kleincomputer und internetfähige Mobiltelefone auf dem Markt gegen den Branchenriesen Microsoft durchzusetzen. Während die Handyhersteller rein vertriebsseitig miteinander konkurrieren und um Marktanteile kämpfen, dient die Kooperation im Bereich Forschung und Entwicklung somit dazu, die zuvor beschriebenen Netzeffekte durch Etablierung eines Standards auszulösen, der dann allen Beteiligten gleichermaßen zugute kommt. Auch die beschriebene Kooperation von Mobilnetzbetreibern beim Aufbau der UMTS-Netze ist der Coopetition zuzuordnen, da einerseits die kooperierenden Unternehmen immense Kosten durch den gemeinsamen Betrieb von Funkmasten etc. einsparen, andererseits aber nach wie vor vetriebsseitig hart um jeden Mobilfunkkunden kämpfen.

Letztlich existieren dadurch in vielen Branchen kaum noch eindeutige und dauerhafte Freund-Feind-Bilder, da die Konkurrenten von heute die Verbündeten von morgen sein können und umgekehrt. Dies entspricht einem ambivalenten Wettbewerbsverhältnis zwischen Unternehmen bzw. Branchen, was mitunter, wie dargestellt, zu paradoxen Wettbewerbsstrukturen führen kann.

---

93 Vgl. *KEUPER* (2002a), S. 40.

94 Vgl. *THIELMANN* (2000), S. 11.

95 Vgl. *KEUPER* (2001b), S. 394.

96 Vgl. Abschnitt 3, S. 36.

97 Vgl. *NALEBUFF/BRANDENBURGER* (1996), S. 16.

98 Vgl. *SCHAD* (2000), S. 197.

3.3 Tridimensionale Konvergenz der Märkte

Ein alleiniges Zusammenwachsen in technologischer, nachfrager- oder anbieterseitiger Dimension bedeutet lediglich das Aufzeigen des Konvergenzpotentials bzw. ein unvollständiges Verschmelzen der Märkte.[99] Nur das gleichzeitige Auftreten und Zusammenlaufen aller drei Konvergenzdimensionen führt zu einer vollkommenen Konvergenz der Märkte.[100] Die technologische, nachfrager- und angebotsseitige Konvergenz im gegenseitigen Zusammenspiel führt dann entsprechend zu Berührungspunkten zwischen den betrachteten Branchen. Beispielsweise steigt bei einer zunehmenden Nachfrage nach digitalen Medieninhalten und Telekommunikationsleistungen auch die Nachfrage nach der dazu eingesetzten Informationstechnologie, da diese die Anwendungs- und Übertragungsplattform für die Anwendungen der anderen zwei Wirtschaftssektoren darstellt.[101] Aus diesen Berührungspunkten zwischen den drei ehemals getrennten Sektoren resultieren letztlich Überschneidungen, wodurch sich die bestehenden Grenzen zwischen den Systemen auflösen.[102] Direktes Ergebnis ist die Konvergenz der Märkte, die einen neuen *Multimedia-Markt* entstehen läßt.

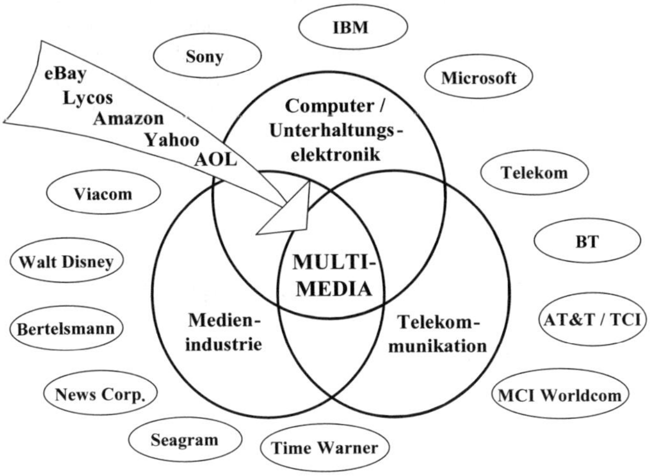

Abbildung 29: Konvergenz von Telekommunikations-, Informationstechnologie- und Mediensektor[103]

Abbildung 29 verdeutlicht die wirtschaftliche Konvergenz sowie die Herausbildung eines Multimedia-Markts als Schnittmenge der drei Sektoren. Dabei werden beispielhaft einige der global führenden Unternehmen der ehemals unabhängig voneinander bestehenden Industrien herausgestellt. Zudem finden sich reine Multimedia-Unternehmen, die die Konvergenz der Märkte und daraus entstandene Marktchancen erfolgreich genutzt haben. Während Kooperationen, beispielsweise zwischen Bertelsmann und der Deutschen Telekom, die bestimmende Koordinationsform für wirtschaftliche Aktivtäten im Multimedia-Markt sind, stellt die in der Abbildung noch nicht dargestellte Fusion von AOL und Time Warner einen unternehmens-

---

99 Vgl. *KEUPER* (2001b), S. 394.

100 Vgl. *THIELMANN* (2000), S. 13.

101 Vgl. *FIGGE* (2000), S. 166 ff.

102 Vgl. *ZERDICK ET AL.* (2001), S. 144.

103 Vgl. *MIDDELHOFF* (1999). Die Abbildung stellt eine Momentaufnahme aus dem Jahr 1999 dar. Mit der danach vollzogenen Fusion von AOL und Time Warner werden Integrationstendenzen in Richtung konvergenter Multimedia-Bereich deutlich.

strategischen Sonderfall heraus. Ziel der Anfang 2000 bekanntgegebenen Quasi-Übernahme von Time Warner durch AOL, die weltweit großes Aufsehen erregte, war dabei die Schaffung eines horizontal und vertikal vollintegrierten, der Konvergenz angepaßten Medienkonzerns. Dadurch ist das Unternehmen in der Lage, die gesamte Multimedia-Wertschöpfung, auf die nachfolgend näher eingegangen wird, bis hin zu den Vertriebskanälen, die alle Varianten von der traditionellen Vermarktung bis hin zum E-Commerce ermöglichen, zu kontrollieren.[104] Ob das „Experiment" AOL Time Warner glückt und sich gegenüber den anderen Koordinationsformen durchsetzt, ist indes noch offen. So bestehen selbst bei hoher Zielkongruenz auf der strategischen Ebene und komplementär eingebrachten Kernkompetenzen und Geschäftsfeldern immer noch erhebliche Integrationsrisiken auf der operativen Ebene,[105] beispielsweise hinsichtlich der eingesetzten Managementsysteme und verschiedener Unternehmenskulturen.

Losgelöst von der Frage der gewählten marktlichen Koordinationsform bilden sich im Multimedia-Markt neue Wertschöpfungsstrukturen, die aus den traditionell unabhängig voneinander bestehenden Wertschöpfungsketten der Telekommunikations-, Informationstechnologie- und Medienindustrie hervorgehen. Aufgrund der zahlreichen flexiblen Verknüpfungen zwischen den Wertschöpfungsbereichen und einer zunehmend notwendigen Kundenorientierung erscheint dabei die Linearität einer Wertschöpfungskette mit dem Kunden als passives letztes Glied der Multimedia-Leistungen nicht adäquat. Vielmehr ist es sinnvoll, anstelle einer Wertschöpfungskette ein Wertschöpfungsnetzwerk, das den Kunden in den Mittelpunkt aller multimedialen Leistungen stellt, darzustellen.[106]

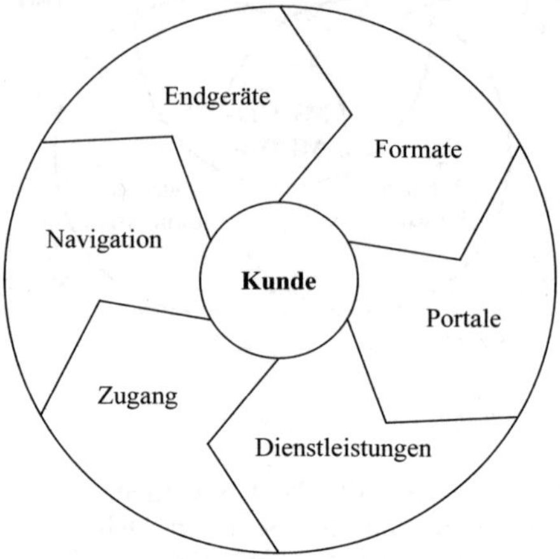

Abbildung 30: Das Multimedia-Wertschöpfungsnetzwerk

In der Wertschöpfungsstufe *Formate* werden Medieninhalte jeglicher Art – von Texten über Musik bis zu Bewegtbildern – erstellt. Weiterhin zählen zu Formaten auch die Entwicklung von Applikationen, wie Datenbanken mit Suchfunktionen oder Computerspiele, sowie E-Commerce-Anwendungen. Innerhalb der *Portale* werden die Formate aggregiert, selektiert und mit verschiedenen – idealerweise personalisierten – Serviceleistungen kombiniert, um schließlich ein aus diesen Komponenten bestehendes fertiges Produkt zu vermarkten.[107] Der Bereich *Dienst-*

[104] Vgl. *WIRTZ* (2000b), S. 298.

[105] Vgl. *WIRTZ* (2001a), S. 525.

[106] Vgl. *ZERDICK ET AL.* (2001), S. 176.

[107] Vgl. *WIRTZ* (1999), S. 18.

leistungen deckt die Abwicklung kaufmännischer Aufgaben ab, so etwa die Rechnungsstellung für in Anspruch genommene Multimedia-Dienstleistungen und die Kundenbetreuung. Zudem fallen hierunter auch plattformspezifische Dienstleistungen, wie die Pflege der erforderlichen technischen Infrastruktur (Web hosting) sowie der Community[108]. Die Wertschöpfungsstufe *Zugang* betrifft die Bereitstellung von technischer Infrastruktur, die eine Übertragung der erstellten und aggregierten Formate zum Empfänger sowie die Übertragung von Kommunikationsinhalten zwischen Kommunikationspartnern ermöglicht.[109] Innerhalb der *Navigation* wird dann die Infrastruktur mittels Hardware- und Softwarekomponenten manipuliert, so daß für den Nutzer eine Orientierung und Steuerung innerhalb der Infrastruktur ermöglicht bzw. verbessert wird.[110] Dies geschieht typischerweise mittels Betriebssystemen und Browsern, aber auch zunehmend durch Software-Agenten[111] auf Basis künstlicher Intelligenz. Letztlich umfaßt die Wertschöpfungsstufe *Endgeräte* die Entwicklung und Herstellung von Endgeräten – vom PC über das Fernsehgerät bis zum Smartphone – zur Darstellung der Multimedia-Formate.

Die Ausführungen machen deutlich, daß sich durch die voranschreitende Branchenkonvergenz zunehmend eine Integration von Sach- und Dienstleistungen und somit eine Leistungsbündelung in Form eines Systemproduktes, bestehend aus einer mehr oder weniger materiellen Kernleistung und Value-Added-Services, vollzieht. Dadurch ist letztlich auch die Dichotomie von Sach- und Dienstleistungen nicht mehr aufrechtzuerhalten, da beispielsweise die reine Sachleistung Multimedia-PC ohne die Inanspruchnahme von Dienstleistungen – vom Internetzugang über die Bereitstellung einer geeigneten Navigationssoftware bis hin zur Inanspruchnahme von personalisierten Formaten im Portal – für den Internet-Nutzer wertlos ist. Zudem wird der Rezipient von Inhalten oftmals zum *Prosumenten*, indem er selbst die gewünschten Informationen packetiert bzw. diese infolge der Generierung eines Nutzerprofils automatisch erhält. Im Gegensatz zur industriellen Massenfertigung greift der Rezipient also direkt in den Leistungserstellungsprozeß ein, so daß auch die Grenze zwischen Produktion und Konsum immer unklarer wird.

Aus der durch die Konvergenz induzierten und wie dargestellt notwendigen Integration von Teilleistungen sind dann letztlich im Rahmen der Marktkonvergenz als Konvergenzergebnis zwei konträre Ausprägungen denkbar, nämlich komplementäre oder aber kompetitive Wettbewerbsverhältnisse zwischen den involvierten Marktakteuren. Da die Konvergenz jedoch keinen Zustand, sondern einen Prozeß darstellt, der eine schrittweise Fortentwicklung von Strukturen durch Entwicklungen in der Unternehmensumwelt (z. B. Technologie, Recht usw.) im Zusammenspiel mit den Akteurshandlungen (z. B. Anbieterkooperationen, Fusionen, Leistungsbündelung usw.) initiiert, sind die beiden Paradigmen lediglich als Zeitpunktbetrachtung innerhalb der zeitraumbeanspruchenden Konvergenz anzusehen.[112]

---

108 Zum Gedanken der Community vgl. Abschnitt 5.2.1.1.1, S. 138 ff.

109 Vgl. *ZERDICK ET AL.* (2001), S. 174.

110 Vgl. *ZERDICK ET AL.* (2001), S. 175.

111 Zu Anwendungsfeldern intelligenter Agenten vgl. *PILLER* (2000), S. 52 ff.

112 Vgl. *KEUPER* (2001b), S. 394.

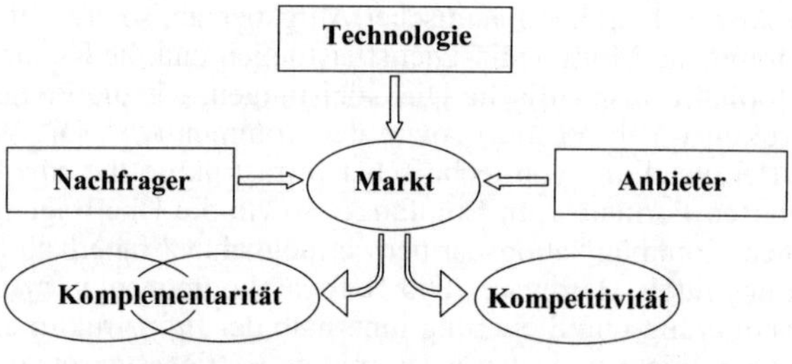

Abbildung 31: Dimensionen und Ausprägungen der Konvergenz

3.3.1 Kompetitives Paradigma

Die Konvergenz bei Produkten, die mit ähnlichen Anwendungsmerkmalen dieselbe Funktion erfüllen, ist dadurch charakterisiert, daß eine bestimmte Nutzergruppe diese Produkte als austauschbare, funktional-äquivalente Marktleistungen bezüglich einer bestimmten Zweckerfüllung betrachtet.[113] Ein Beispiel hierfür ist die bereits dargestellte Konvergenz von Internet und Fernsehen, wobei sowohl der PC für den TV-Empfang als im Prinzip auch das Fernsehgerät für den Internetzugang geeignet ist. Offensichtlich werden somit bisher unterschiedlichen Bereichen zugeordnete Leistungen mit gleichen Funktionen zu einem neuen, hybriden Leistungspaket konfiguriert.[114]

Dies hat dann zur Folge, daß aus zwei getrennten Industrien eine konglomerate Industrie entsteht (1+1=1), was zu einer Intensivierung von Fusions- und Akquisitions-Aktivitäten führt, um von den benachbarten Märkten rasch in den neuen Markt eintreten bzw. um die Position innerhalb des konglomeraten Marktes behaupten zu können.[115] Dabei ist zu beachten, daß kompetitive Konvergenz nicht funktional-äquivalent mit substitutiven Austauschprozessen ist. Während Substitutionsprozesse einseitige Austauschprozesse darstellen, bei denen beispielsweise eine funktional-äquivalente Leistung durch eine Alternative mit verbessertem Preis-/Leistungsverhältnis ersetzt wird (z. B. Verdrängung der Schallplatte durch die CD), bildet bei kompetitiver Konvergenz die gegenseitige Austauschbarkeit ein reziprokes Verhältnis auf Basis gleichwertiger Technologien.[116]

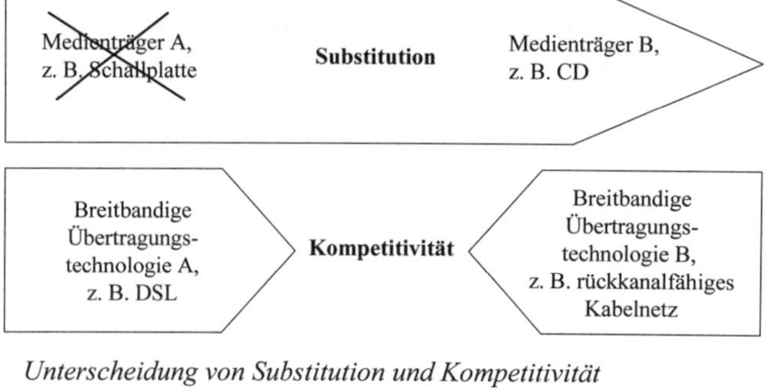

Abbildung 32: Unterscheidung von Substitution und Kompetitivität

[113] Vgl. *THIELMANN* (2000), S. 14, *KEUPER* (2001b), S. 394.

[114] Vgl. *KEUPER* (2002a), S. 43.

[115] Vgl. *THIELMANN* (2000), S. 14 f.

[116] Vgl. *THIELMANN* (2000), S. 15.

3.3.2 Komplementäres Paradigma

Das komplementäre Paradigma basiert – wie auch das kompetitive Paradigma – auf dem gemeinsamen Gebrauch zweier Leistungen. Jedoch resultiert das komplementäre Paradigma aus dem Umstand, daß durch die Leistungsbündelung und -integration bestimmten Nutzern besser für einen größeren Anwendungsbereich gedient werden kann bzw. daß der gemeinsame Gebrauch von einer größeren Nutzerzahl als dienlich angesehen wird.[117] Entsprechend werden die komplementären Leistungen unterschiedlicher Branchen zur Bedürfnisbefriedigung verbunden, was für die Märktekonvergenz zur Folge hat, daß die beiden ursprünglichen, die Leistungen liefernden Märkte erhalten bleiben und sich zudem ein neuer Markt zur Erfüllung der neuen Funktionen bildet (1+1=3). Beispielhaft für Produkte als Ausgestaltungsform des komplementären Paradigmas lassen sich Online-Datenbanken anführen. Diese stellen ein Konglomerat aus Offline-Datenbanken (Informationstechnologie) und Datenübertragungstechnologie (Telekommunikation) dar. Das entstehende konvergente Produkt, die Online-Datenbank, ermöglicht dem Nutzer einen entfernten Zugriff auf die Daten und somit einen größeren Anwendungsbereich.

Charakteristisch für komplementäre Märkte sind die oft unklaren Marktgrenzen, die hohe Unsicherheit des Markterfolgs sowie eine langsame Marktstrukturentwicklung, die insbesondere vor dem Hintergrund der Dynamik der Konvergenz u. U. wieder divergieren kann, noch bevor sie sich gefestigt hat.[118] Haben sich hingegen die Marktstrukturen stabilisiert, so werden vermehrt Kooperationen zur (reziproken) gemeinsamen Markterschließung eingegangen, um Kernkompetenzen[119] komplementär zu ergänzen bzw. um sich gegen weitere wettbewerbsintensive, komplementäre Konvergenz zu verwahren.[120] Insofern sind die Motive für eine Kooperation sowohl ressourcenbasiert als auch strategieinduziert. In Analogie zur Differenzierung zwischen Substitution und kompetitiver Konvergenz ist auch zwischen komplementären Gütern und komplementären Konvergenzprodukten zu differenzieren. So unterscheiden sich Güter, die im Rahmen einer komplementären Konvergenz entstanden sind, von komplementären Gütern vor allem in ihren mehrdimensionalen Integrationstendenzen auf Basis einer gleichen oder zumindest ähnlichen Technologie.[121] Entsprechend ist beispielsweise eine CD ohne CD-Player faktisch wertlos – et vice versa (komplementäre Güter). Demgegenüber stellt die Integration einer Content-Datenbank ins Internet ein komplementäres Konvergenzprodukt dar, da die Datenbank bereits offline einen Wert darstellt, nun aber z. B. einem größeren Nutzerkreis zugänglich gemacht wird oder verbesserte Zugriffsmöglichkeiten eröffnet.

---

117 Vgl. *KRIEB* (2001), S. 32 ff.

118 Vgl. *KEUPER* (2002a), S. 44.

119 Vgl. Abschnitt 4.2.1.1.2, S. 85 ff.

120 Vgl. *THIELMANN* (2000), S. 17.

121 Vgl. *THIELMANN* (2000), S. 16.

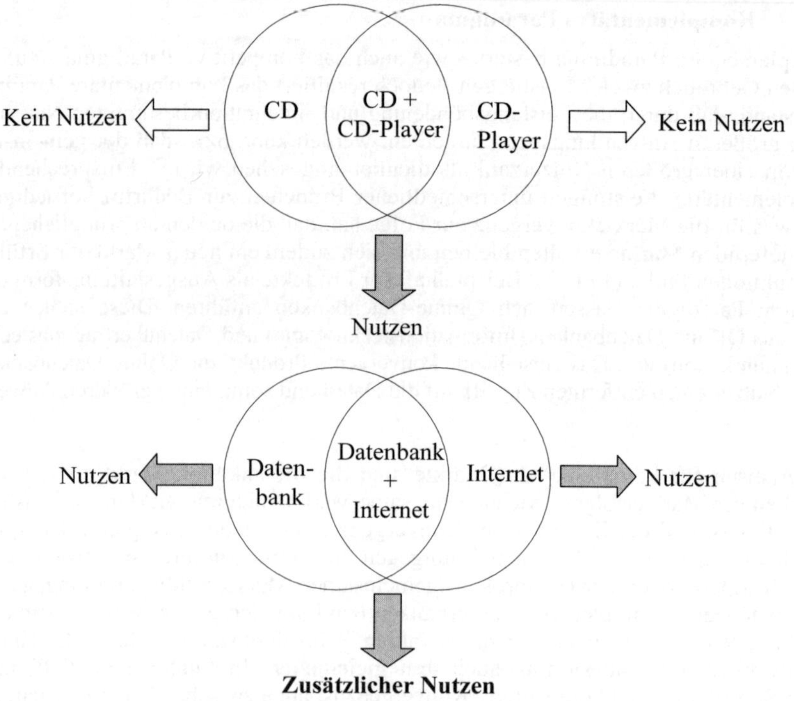

Abbildung 33: Unterscheidung von komplementären Gütern und komplementären Konvergenzprodukten

Zusammenfassend ist festzuhalten, daß die Konvergenz der Märkte als ein Innovationsprozeß von Branchen verstanden werden kann, der gekennzeichnet ist durch intensive, branchenübergreifende Wettbewerbsverflechtungen.[122] Dabei ist die Konvergenz nicht als evolutionäre, sondern vielmehr als revolutionäre Transformation anzusehen, da die bestehenden Wertschöpfungsketten der drei untersuchten Branchen zumindest teilweise in ein gemeinsames Multimedia-Wertschöpfungsnetzwerk konvergieren. Dies begründet eine große Unsicherheit der involvierten Akteure, da insbesondere emergente Branchen oder Geschäftsfelder, die durch technologische Innovationen getrieben werden, sich dadurch auszeichnen, daß lediglich eine Schar von möglichen Zukunftsformen identifiziert werden kann. Diese werden durch eine Vielzahl von Schlüsselvariablen definiert, so daß die tatsächliche Zukunftsform einer Branche innerhalb des durch die Schlüsselvariablen definierten Bereichs liegt, wobei einzelne diskrete Szenarien nicht definierbar sind. Im Extremfall kann auch eine echte Ambiguität vorliegen, bei der mehrere Unsicherheitsdimensionen interagieren, so daß eine Datensituation entsteht, aus der keine Voraussage dahingehend gemacht werden kann, wohin sich eine Branche bzw. der Markt strategisch entwickeln wird.[123]

Die Marktakteure stehen somit vor der Herausforderung, sich einem wesentlich komplexeren, erweiterten Handlungsrahmen stellen zu müssen. Zwar ist zunächst nicht zu erwarten, daß kurz- bis mittelfristig die traditionell getrennten Wertschöpfungsketten gänzlich durch die

122 Vgl. *KEUPER* (2002a), S. 45.

123 Vgl. *KEUPER* (2002a), S. 47.

entstandene Multimedia-Wertschöpfung substituiert werden, doch führen Nachfrageverlagerungen zugunsten neuer Multimedia-Produkte dazu, daß die traditionellen Wertschöpfungsketten nunmehr mit weniger Zahlungsströmen „gewürdigt“ werden.[124] Hiervon ist in besonderem Maße die Medienindustrie betroffen, was nachfolgend anhand von Zeitungs- und Zeitschriftenverlagen verdeutlicht wird.

3.4 Ausprägungen und Bedeutung der Konvergenz für Zeitungs- und Zeitschriftenverlage

Die vorangegangenen Ausführungen zu den verschiedenen Konvergenztrends werfen die Frage auf, inwiefern gerade Zeitungs- und Zeitschriftenverlage von den skizzierten Entwicklungen tangiert werden. So liegt die traditionelle Stärke von Print-Medien in der Analyse und Interpretation von Fakten, wozu auch in Zukunft eine Publikation in Papierform besonders tauglich erscheint.[125] Allerdings greift diese Sichtweise zu kurz, da durch den entstandenen Multimedia-Markt wesentliche Erlösströme der Zeitung oder Zeitschrift bedroht sind.

Hiervon betroffen sind insbesondere Rubrikenanzeigen von Tageszeitungen, die vom Leser traditionell aus aktivem Informationsinteresse gelesen werden.[126] Aufgrund im Internet möglicher mehrdimensionaler Suchfunktionen kann dieses Interesse nun wesentlich schneller, komfortabler und aktueller befriedigt werden als in der Tageszeitung. Beispielsweise sind anstelle des langen Suchens im Immobilienteil des Print-Formats nunmehr durch entsprechende Sucheinstellungen im Internet bequem alle gewünschten Immobilienangebote innerhalb weniger Sekunden abrufbar. Andererseits eröffnet das Internet auch Spielraum für Mehrwertleistungen, die über das originäre Informationsbedürfnis des Nutzers hinausgehen. So sind beim Internetportal Immobilienscout24.de neben Informationen zur ausgewählten Immobilie auch weitere Informationen, z. B. ein detaillierter Umgebungsplan oder auch Standorte benachbarter Schulen und Kindergärten, erhältlich. Weiterhin können online Umzugskartons für einen bestimmten Termin oder auch ganze Umzugsdienste bestellt werden. Einen Schritt weiter geht das von der Hypo-Vereinsbank initiierte Immobilienportal PlanetHome.de. Der Besucher des Portals kann neben Videosequenzen zur ausgewählten Immobilie auch eine Umgebungstour im Umfeld des Objekts abrufen, so daß bereits am PC ein mit einem Besichtigungstermin vergleichbarer realitätsnaher Eindruck entsteht. Aus den beschriebenen Beispielen läßt sich somit die These ableiten, daß in bezug auf Rubrikenanzeigen das Internet der klassischen Zeitung grundsätzlich überlegen ist. Dies bringt insofern Probleme mit sich, als sich bei Tageszeitungen ca. 60 Prozent der Anzeigenerlöse aus geschäftlichen und privaten Rubrikenanzeigen zusammensetzen und die Kosten für die Erstellung einer einfachen Fließtextanzeige weit unter den bisher erzielbaren Erlösen liegen. Ein Immobilienmakler steht mit zunehmender Reichweite des Internet, die im Jahr 2001 bereits 32,1 Millionen aller 14 bis 69 Jahre alten Bundesbürger umfaßte,[127] aber vor der Frage, ob nicht ein Internetangebot die bessere und zugleich günstigere Alternative zur Print-Anzeige ist. So können beispielsweise bei Immobilienscout24.de für nur 99 EUR im Monat bis zu 30 Immobilien in die Datenbank eingestellt werden. Zudem ist die Integration von bis zu 10 Fotos, Grundrissen und Videosequenzen möglich.[128] Im Vergleich dazu sind beim Hamburger Abendblatt pro Immobilienanzeige ohne Foto in der Samstagsausgabe 100–200 EUR

---

124 Vgl. *Zerdick et al.* (2001), S. 178.

125 Vgl. *Schulte-Hillen* in *Wegner/Ickstadt* (2000), S. 64.

126 Vgl. *Heinrich* (2001), S. 235.

127 Vgl. *Gruner & Jahr Electronic Media Services* (2001), S. 10.

128 Vgl. online *Immobilienscout24.de* (2002).

die Regel. Es sei hier erwähnt, daß nicht nur Immobilienanzeigen, sondern grundsätzlich alle Rubrikenanzeigenmärkte der Tageszeitungen von den skizzierten Entwicklungen betroffen sind. Im Bereich der Stellenanzeigen treten im Internet Anbieter wie Monster.de auf, wo neben Tausenden von Stellenanzeigen auch direkte Online-Bewerbungen an potentielle Arbeitgeber möglich sind. Private und gewerbliche KFZ-Anzeigen können in Portalen wie Autoscout24.de oder Faircar.de veröffentlicht werden, in denen wie im Immobilienbereich auch Mehrwertleistungen, wie beispielsweise die Online-Ermittlung der am besten geeigneten KFZ-Versicherungsprämie oder die Ermittlung des Wertes eines Gebrauchtwagens, abrufbar sind.

Auf Seiten der Vertriebserlöse ist es im Hinblick auf eine für die langfristige Bestandsfähigkeit der Zeitung wichtige Leser-Blatt-Bindung unerläßlich, die ans Internet gewöhnte „Generation @“ anzusprechen. Die konservative Zeitung Die Welt hat in diesem Zusammenhang eine beträchtliche Verjüngungskur erfahren, indem am Ende eines jeden Artikels noch weitere Links zum entsprechenden Thema angegeben und Print-Inhalte mit dem eigenen Internet-Portal verzahnt werden. Dadurch konnten letztlich auch neue Abonnenten innerhalb der jüngeren Altersgruppe gewonnen werden. Hieraus wird deutlich, daß *Crossmedialität* ein mögliches Erfolgsrezept für Verlage in einer konvergenten Medienlandschaft sein kann. Insofern wird es kaum ein erfolgversprechendes Ziel sein, das Print-Angebot gänzlich durch Multimedia-Angebote zu ersetzen, sondern vielmehr Print und Multimedia geschickt miteinander zu verbinden. Die Ubiquität von kostenlosen Inhalten im Internet wirft jedoch stets die Frage auf, ob im Internet mit Inhalten überhaupt Erlöse zu erzielen sind. So ist exemplarisch für die meisten Zeitungen faktisch der gesamte Inhalt der Wirtschaftszeitung Financial Times Deutschland derzeit kostenlos im Internet abrufbar. Die Unterhaltung eigener Online-Redaktionen und technischer Plattformen ist jedoch kostspielig und läßt sich unter wirtschaftlichen Gesichtspunkten langfristig nicht als reines Marketingbudget für das Print-Produkt verbuchen. Andererseits ist es bisher erst der Zeitung Wall Street Journal in den USA gelungen, ein „Pay-per-Content“-Konzept erfolgreich durchzusetzen.[129] Allerdings gilt es in den nachfolgenden Abschnitten zu hinterfragen, ob die Online-Nutzer tatsächlich generell keine Zahlungsbereitschaft für digitale Inhalte aufweisen oder, ob „Pay per Content“ bisher gerade aufgrund nicht verfügbarer wirtschaftlicher und für den Kunden zuverlässiger Abrechnungsmechanismen für Kleinstbeträge, sogenannter Micropayments, nicht am Markt durchsetzbar war.[130] Das kostenpflichtige Online-Angebot des Handelsblatts, aber auch die Gebühren für vornehmlich dynamische Inhalte im Portal Bild.t-online.de (insbesondere event-basiertes Pricing) lassen hierbei auf jeden Fall die eindeutige Tendenz zu Online-Gebühren für Medieninhalte erkennen.[131] Dies geschieht auch vor dem Hintergrund nur spärlich erzielbarer Werbeerlöse im Internet, so daß derzeit ein wirtschaftliches Quersubventionierungsmodell kaum möglich ist. Zwar sind die jährlichen Steigerungsraten der Online-Werbeerlöse mit über 100 Prozent im Jahr 2000 immens, jedoch im Vergleich zur klassischen Print-Werbung mit einem derzeitigen Marktanteil von nur 0,7 Prozent im Vergleich zu Tageszeitungen (28,2 Prozent Marktanteil) immer noch auf sehr niedrigem Niveau.

Unter diesem Gesichtspunkt richtet sich der Blick auf Zeitschriften, deren Werbeerlöse sich maßgeblich aus suggestiver Werbung der Markenartikelindustrie ergeben. Abzusehen ist, daß die Werbeetats für Zeitschriften aufgrund noch bekannter erheblicher Streuverluste der Online-Werbung kurzfristig nicht wesentlich durch das in der heutigen Form am Multimedia-PC genutzte Internet bedroht sind. Mittel- bis langfristig stellt sich allerdings die Frage, ob nicht die technologische Konvergenz von Fernseh- und Internetdiensten sowie mobil verfügbare Multimedia-Dienste den gesamten Werbemarkt erheblich in Bewegung bringen und letztlich zum

[129] Vgl. *STEINBOCK* (2000), S. 178 ff.

[130] Vgl. Abschnitt 5.3.1.2, S. 222 ff.

[131] Vgl. Abschnitt 6.4, S. 256 ff.

Nachteil der klassischen Print-Werbung verändern werden. So eröffnet das zuvor beschriebene interaktive Fernsehen eine Vielzahl neuer Werbeformen, beispielsweise interaktive Werbespots mit gleichzeitiger Bestellfunktion für die dargebotenen Produkte bzw. individuelle, auf den Kunden zugeschnittene Werbung.[132] Gleichzeitig gewinnen gerade im mobilen Bereich Instrumente wie das Permission Marketing an Bedeutung. Dieses geht in seiner grundlegenden Prämisse davon aus, daß mit vorherigem Einverständnis des Nutzers individualisierte Werbebotschaften übermittelt werden.[133]

Für Zeitschriften auf kurze Sicht viel wichtiger ist allerdings die Frage, ob nicht ein Multimedia-Engagement – wie bei Zeitungen – ein mögliches Instrument zur Leserbindung ist. Fest steht, daß der bisherige Differenzierungs- und Innovationswettlauf der Zeitschriftenverlage zu Lasten der Profitabilität der gesamten Branche geht, was die stetig sinkende durchschnittliche Zeitschriftenauflage bei sonst gleichbleibender Kostenstruktur visualisiert.[134] Die Branche unterliegt somit einer Margenfalle, da das klassische Finanzierungsmodell auf Basis der Auflagen-Anzeigen-Spirale zunehmend erodiert. Insofern kann gerade im Bereich der Special-Interest-Zeitschriften durch Integration von Mehrwertleistungen, beispielsweise kommunikativer Elemente im Multimedia-Angebot wie Chats oder themenbezogener Foren, eine virtuelle Gemeinschaft (Community) formiert werden. Im Falle der Auslösung von Netzeffekten, d. h. der Entstehung einer kritischen Masse an Nutzern, werden dadurch Kundenbindungsmechanismen erzeugt. Beispielsweise wurden im Internetangebot der Zeitschrift Auto Bild Foren zu verschiedenen Themen, wie Auto-Tuning oder Autotests, geschaffen. In Ergänzung zu den entsprechenden Berichten im Print-Format können nun im virtuellen Raum die Erfahrungen der Leser zu einem getesteten Fahrzeug beigesteuert werden und werten somit den eigentlichen Test noch inhaltlich auf.

Die vorangegangenen Ausführungen verdeutlichen, daß sich die klassischen Erlösquellen – Vertriebs- und Werbeerlöse – durch den *Marketspace*, der die virtuelle Wertschöpfung auf Basis digitaler Informationen in einem nicht real greifbaren Markt kennzeichnet, nicht verändern. Allerdings ist – genauer betrachet – die skizzierte Beschreibung der Verlage als Akteure auf dem dualen Markt noch unvollständig.[135] Vielmehr gewinnt der Handel mit Rechten und Lizenzen für Medieninhalte zunehmend an Bedeutung, da im Zuge der Verbreitung der Internet-Technologie die Betreiber von Online-Angeboten attraktive Medieninhalte benötigen, um die Kundenbindung zu verbessern und aus Besuchern letztlich Käufer zu machen. Andererseits fragen auch vermehrt Unternehmen journalistische Inhalte nach, um Mitarbeiter und externe Partner in Intra- bzw. Extranets mit Informationen zu versorgen.[136] Hieraus wird besonders offensichtlich, daß sich die erzeugten Medieninhalte zunehmend von ihrem Trägermedium – der Zeitung oder Zeitschrift – lösen. Insofern stellt die Konvergenz Inhalte-Anbieter wie einen Verlag vor die Herausforderung, ein neues Selbstverständnis für den relevanten Markt entwikkeln zu müssen. Verlage agieren entsprechend nicht mehr nur auf einem Markt für Zeitungen und Zeitschriften, sondern auf einem Markt für Medieninhalte. Die sich in Form des Multimedia-Wertschöpfungsnetzwerks herausbildenden Wertschöpfungsstrukturen bedeuten im Marketspace gleichwohl für Verlage den Verlust der Kontrolle über die Distributionskanäle, wie dies traditionell im Zeitungs- und Zeitschriftenmarkt der Fall ist. Die Verlage sind vielmehr grundsätzlich der Wertschöpfungsstufe *Formate*, aber auch im Falle eigener Kommunikationsplattformen der Wertschöpfungsstufe *Portale* unterzuordnen, haben dort aber die Möglich-

132 Vgl. *Hüning/Morath* (2001), S. 217 ff.

133 Vgl. *Schwarz* (2002), S. 290 f.

134 Vgl. Abschnitt 2.4.1.2, S. 31 ff.

135 Vgl. *Hess* (2002), S. 583.

136 Vgl. *PricewaterhouseCoopers* (2001), S. 11.

keit, ihre Inhalte weiterzuverwerten, um somit Skaleneffekte zu realisieren und bestehende Leser zu binden bzw. bisher durch das Print-Produkt nicht angesprochene Zielgruppen zu gewinnen. Jedoch bestehen auch innerhalb der Wertschöpfungsstufe *Formate* potentielle Konkurrenzbeziehungen, da Verlage nicht nur vertikal in nachgelagerten Wertschöpfungsstufen, sondern auch auf horizontaler Ebene zwischen ehemals getrennt voneinander existierenden Geschäftsfeldern, wie Zeitschriften und Fernsehen, neue Akteure vorfinden. So visualisiert beispielsweise der mögliche Abruf von Videosequenzen der Heute-Nachrichten per Streaming-Verfahren bei T-Online die fortschreitende *Konvergenz der Medieninhalte*. Dabei können Videosequenzen entweder mit statischen Inhalten zu einem neuen Multimedia-Produkt verbunden werden (komplementäre Konvergenz), oder aber der dynamische Content ersetzt gänzlich die statischen Inhalte (kompetitive Konvergenz).

Zusammenfassend läßt sich anführen, daß generell alle Zeitungs- und Zeitschriftenverlage durch die potentielle Gefahr der Erosion bestehender Erlösströme von der Konvergenz betroffen sind. Andererseits bietet der Multimedia-Markt auch zahlreiche unternehmerische Chancen, um neue Geschäftsfelder zu entwickeln und gleichzeitig die traditionellen Geschäftsfelder zu verteidigen. Die große Bedeutung von Multimedia-Produkten wird mittlerweile auch in der Verlagsbranche selbst wahrgenommen. Entsprechend ergab eine Umfrage des Fraunhofer Instituts, daß 96,9 Prozent der befragten Verlage die Bedeutung des Internet als Geschäftspotential als „zunehmend“ einschätzen.[137] Produktinnovationen im Multimedia-Markt und deren Bestandsfähigkeit sind indes ohne Systeminnovationen, d. h. grundlegende Veränderungen hinsichtlich der Verfahren und Strukturen im Verlag, kaum möglich. Dynamische Technologieschübe, die zunehmend heterogen-hybride Nachfragestruktur der Konsumenten sowie die Turbulenz der Märkte, in denen oftmals nur schwer definierbar ist, wer Partner oder Konkurrent ist, bedingen ein offensives, proaktives Management der Konvergenz. In Analogie zu Ashbys „law of requisite variety“, nach dem ein System bemüht sein muß, ebenso komplex zu sein wie seine Umwelt, um auf die jeweiligen Planungsprobleme angemessen in Form von Lösungsvorschlägen reagieren zu können,[138] gilt es nachfolgend zunächst mittels eines geeigneten Planungsansatzes strategische Optionen für Verlage in der konvergenten Medienbranche abzuleiten. Darauf aufbauend wird in Kapitel fünf ausführlich ein hybrides Managementkonzept zur Strategieimplementierung vorgestellt, bevor sich Kapitel sieben mit adäquaten Informationssystemen zum Performance Measurement beschäftigt.

Somit sind Zeitungs- und Zeitschriftenverlage letztlich in der Lage, die mit der Konvergenz verbundene Umweltkomplexität (marktbezogene Sichtweise) sowie die Binnenkomplexität (verlagsinterne Sichtweise) zu beherrschen.

---

137 Vgl. *KLINK/SIHN* (2000), S. 65.

138 Vgl. *ASHBY* (1956), S. 202.

4 Strategische Planung als Herausforderung für Verlage in der konvergierenden Medienbranche

„Die Wissenschaft der Planung besteht darin, den Schwierigkeiten der Ausführung zuvorzukommen.“

VAUVENARGUES, französischer Philosoph und Dichter (1715–1747)

Komplexe Probleme erfordern komplexitätsoptimale Lösungen, um eine hohe *Requisite Variety* (potentielle Entsprechungsfähigkeit) des Unternehmens, d. h. eine möglichst hohe *strukturelle Komplexität* gegenüber der durch das Unternehmen nicht zu beeinflussenden Marktkomplexität aufzubauen, dabei gleichzeitig aber die unternehmensinterne *prozessuale Komplexität* möglichst gering zu halten.[1] Somit ist das Erreichen eines der Konvergenz angepaßten Verlages nur durch ein „Thinking in Complexity“ möglich, was bereits bei der strategischen Planung beginnen muß. Hierbei ist in einem ersten Schritt Klarheit darüber zu gewinnen, auf welcher theoretischen Basis probate komplexe Planungsinstrumente und Strategien abgeleitet werden können.

4.1 Wirtschaftlicher Erfolg als oberste Unternehmenszielsetzung

Das generelle Ziel des strategischen Managements besteht darin, durch kontinuierliche Verbesserung der Wettbewerbsfähigkeit und der Wirtschaftlichkeit die langfristige Überlebensfähigkeit und damit den Markterfolg des Unternehmens zu sichern.[2] Dabei kann die Wettbewerbsfähigkeit eines Unternehmens an seiner *Effektivität* und die Wirtschaftlichkeit an der *Effizienz* sämtlicher für die Leistungserstellung benötigter Prozesse gemessen werden.[3] Während demnach die Effektivität darauf abzielt, *„die richtigen Dinge zu tun“*, fordert die Effizienz *„die Dinge richtig zu tun“*.[4] Folglich konzentriert sich die Effizienz auf den Mitteleinsatz im betrieblichen Leistungserstellungsprozeß und spiegelt sich damit im *ökonomischen Prinzip* wider, bei dem entweder

- mit minimalen Mitteln ein vorgegebenes Zielniveau (Minimalprinzip) oder
- mit gegebenen Mitteln das maximale Ergebnis (Maximalprinzip) erreicht wird.

Daraus folgend muß es das Ziel eines Verlages sein, „die richtigen Dinge richtig zu tun“, um so die langfristige Überlebensfähigkeit des eigenen Unternehmens sicherzustellen. Diese drückt sich allgemein im Aufbau, der Erhaltung und Nutzung strategischer *Erfolgspotentiale* aus.[5] Dabei wird unter einem Erfolgspotential

- das Gefüge aller produkt-marktspezifischen, erfolgsrelevanten Voraussetzungen verstanden, die spätestens dann bestehen müssen, wenn es um die Erfolgsrealisierung geht.[6]

---

1 Vgl. *KEUPER* (2002a), S. 126 ff., *HÜNING/KEUPER* (2002), S. 30 f.

2 Vgl. *HERING* (1995), S. 5.

3 Vgl. *BOGASCHEWSKY/ROLLBERG* (1998), S. 6.

4 Vgl. *DRUCKER* (1974), S. 45.

5 Vgl. *WELGE* (1999), S. 121.

6 Vgl. *GÄLWEILER* (1987), S. 24.

Die Definition expliziert, daß Erfolgspotentiale nicht nur durch das die Absatzmärkte betreffende Marktpotential (externe Betrachtung), sondern *auch* durch das Kosten- bzw. Leistungspotential der Unternehmung (interne Betrachtung) bestimmt werden.

Im Gegensatz dazu stellt der *strategische Wettbewerbsvorteil* eine im Vergleich zu den Wettbewerbern überlegene Leistung dar, die

- sich aus Kundensicht auf ein kaufentscheidendes Merkmal bezieht,
- die vom Kunden tatsächlich als vorteilhafte Leistung wahrgenommen wird und
- die für den Initiator dauerhaft ist und somit nicht unmittelbar von Imitatoren substituiert werden kann.[7]

Deutlich wird, daß die vorangehenden Begriffsauffassungen darin übereinstimmen, daß die langfristige Überlebensfähigkeit eines Unternehmens nur dann sichergestellt ist, wenn das betrachtete Unternehmen über ein Erfolgspotential verfügt und mindestens *einen* Wettbewerbsvorteil gegenüber den Konkurrenten hat. In Analogie zu dem aus der Evolutionstheorie stammenden „Gesetz des gegenseitigen Ausschlusses", das besagt, daß eine Spezies nur überlebensfähig ist, wenn sie zumindest eine lebenswichtige Aktivität besser beherrscht als ihre Feinde – z. B. schneller laufen, besser klettern, mit weniger Nahrung auskommen –, stellen „lebenswichtige" unternehmerische Aktivitäten – z. B. schneller produzieren, bessere Produktqualität liefern, kostengünstiger entwickeln, mit weniger Inputfaktoren auskommen – die Schlüsselgrößen für die Erzielung von Wettbewerbsvorteilen dar.[8] Die Konsequenzen respektive die Dimensionen dieser Aktivitäten – Kosten-, Qualitäts- und Zeitdimension –[9] und damit die spezifischen Charakteristika einer überlegenen Leistung bzw. Leistungserstellung werden im Rahmen des strategischen Managements als *unternehmensbezogene strategische Erfolgsfaktoren* bezeichnet.[10]

4.1.1 Kosten, Qualität und Zeit als strategische Erfolgsfaktoren

Aufgrund der hohen Fixkostenintensität bei der Produktion von Mediengütern stellen traditionell die Kosten den bestimmenden Erfolgsfaktor in der Branche dar, wobei Kosten allgemein den bewerteten Güterverzehr zur betrieblichen Leistungserstellung kennzeichnen. Der Erfolgsfaktor Kosten kann dabei in eine enge Relation zu dem zuvor erörterten ökonomischen Prinzip gebracht werden, da eine Überlegenheit hinsichtlich dieses Wettbewerbsfaktors nur dann gegeben ist, wenn entweder der Mitteleinsatz zur Erzeugung einer Leistung, die dem Kunden einen gegebenen Nutzen verspricht, niedriger bzw. ihr Nutzen bei gegebenem Mitteleinsatz höher ist als der der Konkurrenz.[11]

---

7 Vgl. *SIMON* (1987), S. 386.

8 Vgl. *SIMON* (1987), S. 369, *AAKER* (1989), S. 26.

9 Die Reihenfolge Kosten, Qualität und Zeit basiert auf der chronologischen Bedeutung, die den drei strategischen Erfolgsfaktoren in den letzten vierzig Jahren zugewiesen worden ist. Vgl. *KALUZA* (1995), S. 1064.

10 Vgl. *KEUPER* (2002c), S. 628, sowie ausführlich *KALUZA* (1995), S. 1064, *ROLLBERG* (1996), S. 9 ff., *STEINBACH* (1997), S. 52 ff., *BOGASCHEWSKY/ROLLBERG* (1998), S. 8 ff., *VOIGT* (1998), S. 75. Zur Erfolgsfaktorenforschung vgl. ausführlich *STEINBACH* (1997), S. 56 ff. Neben den unternehmensbezogenen strategischen Erfolgsfaktoren existieren auch umweltbezogene strategische Erfolgsfaktoren, wie z. B. das Marktwachstum, die Marktattraktivität oder der Marktlebenszyklus, vgl. *KEUPER* (2001a), S. 12. Da diese Faktoren jedoch durch die Unternehmen nicht oder in nur sehr geringem und kaum steuerbarem Maße beeinflußt werden können, werden diese Faktoren im weiteren nicht näher betrachtet.

11 Vgl. *BOGASCHWEWSKY/ROLLBERG* (1998), S. 9.

Insofern steht der Erfolgsfaktor Kosten mit der *Effizienz* der betrieblichen Leistungserstellung in enger Verbindung. Wichtige Strukturelemente des Kostenwettbewerbs in der Medienbranche sind u. a. die bereits gekennzeichneten Konzentrationstendenzen von Verlagen, da mittels hierdurch realisierbarer Skalen- und Verbundeffekte effizienter produziert werden kann. Zudem sind Outsourcing-Tendenzen zu beobachten, wie beispielsweise bei der zu Gruner & Jahr gehörenden Sächsischen Zeitung, die aufgrund eines angestrebten konsequenten Kostenmanagements die Lokalausgaben mitsamt Logistik und Anzeigen-Akquisition in eigenständige GmbHs umgewandelt hat.[12] Diese fortschreitende Ökonomisierung eines Zeitungshauses ist jedoch durchaus kritisch zu sehen, da beispielsweise die Gehälter der Redaktion direkt an den wirtschaftlichen Erfolg gekoppelt sind und somit die ursprüngliche Idee einer journalistisch unabhängigen Berichterstattung in Frage gestellt ist.[13] Aber auch die Etablierung von Profit-Center-Strukturen, die den Marktmechanismus innerbetrieblich „simulieren" – wie dies beispielsweise bei Bertelsmann der Fall ist –, sind eindeutig dem Streben nach Kosteneffizienz zuzurechnen.[14]

Einem reinen Kostenwettbewerb, ohne Rücksicht auf die Qualität der Produkte, steht in der Regel bei Medienprodukten das Qualitätsbewußtsein der Käufer sowie ein publizistischer Mindestqualitätsanspruch der Journalisten entgegen. Insofern beinhaltet in der Verlagsbranche die *Qualität* – die grundsätzlich eng mit der *Effektivität* verknüpft ist – einerseits eine marktorientierte bzw. anwenderorientierte sowie andererseits eine ressourcenbasierte bzw. unternehmensinterne Sichtweise. So dienen beispielsweise Redaktionskonferenzen, die mit Qualitätszirkeln in der Industrie vergleichbar sind,[15] sowohl dazu, die für den Leser relevanten Themenfelder sowie deren Inhalte festzulegen, als auch dazu, journalistische Qualitätsstandards, beispielsweise Vielfalt, Aktualität und Richtigkeit der Inhalte, abzusichern. Aus diesem Grunde erscheint für Verlage das umfassende Qualitätsverständnis nach dem Total Quality Management (TQM) am geeignetsten. Qualität ist demnach die Fähigkeit eines Verlages, seine *internen* und *externen Kunden*

- produkt-,
- prozeß-,
- service- und kommunikationsorientiert,
- kontinuierlich, individuell, vollständig und dauerhaft

zufriedenzustellen.[16]

Das Merkmal *Produktqualität* ist gerade bei einem Medienprodukt nur sehr schwer zu charakterisieren. Dies liegt einerseits daran, daß jedes Medienprodukt stets ein Unikat ist, so daß die Qualität nicht an der genauen Zusammensetzung von Rezepturen bemessen werden kann.[17] Andererseits können auch zwischen den beiden relevanten Märkten – dem Rezipienten- und dem Werbemarkt – divergierende Erwartungen hinsichtlich der Produktqualität bestehen. So zielt der Rezipient mit dem Kauf einer Zeitung oder Zeitschrift darauf ab, möglichst umfassend ein individuelles Informations- und/oder Unterhaltungsbedürfnis zu decken, während die

---

12 Vgl. *WYSS* (2000), S. 157.

13 Vgl. *WEISCHENBERG* (2002), S. 14.

14 Vgl. *HEINRICH* (1996), S. 174 ff. Darüber hinaus zielt ein Profit Center im Gegensatz zum reinen Cost Center natürlich neben der Verbesserung der Effizienz auch auf eine Verbesserung der Effektivität ab.

15 Vgl. *HEINRICH* (1996), S. 179.

16 Vgl. *KEUPER* (2001a), S. 102.

17 Vgl. *WYSS* (2000), S. 153.

werbetreibende Wirtschaft durch Schalten von Anzeigen beispielsweise eine möglichst hohe Bekanntheit der eigenen Produkte erreichen will. Daß es sich hier um divergierende Interessen handeln kann, wird u. a. daraus deutlich, daß möglicherweise ein Rezipient zu viel Werbung bzw. bestimmte Anzeigen als störend empfindet und somit die Zeitung oder Zeitschrift nicht mehr kauft. Noch augenfälliger wird dies bei Internetangeboten, die teilweise mit blinkenden Werbebannern, Pop-Ups etc. überfrachtet sind und dadurch viele User von der regelmäßigen Nutzung des Angebotes abhalten.[18]

Als weitere Dimension hinsichtlich der Produktqualität ist der bereits erwähnte interne publizistische Qualitätsanspruch der produzierten Medieninhalte innerhalb der Redaktionen anzuführen, wobei zu bedenken ist, daß je nach Titel publizistische Qualitätsstandards sowohl vom Rezipienten- als auch vom Werbemarkt erwartet werden. Diese können aber aus ökonomischer Sicht nicht objektiv gemessen werden, da z. B. hinsichtlich der Vielfalt der dargebotenen Inhalte nur jeder einzelne Konsument für sich entscheiden kann, ob das erwartete Qualitätsniveau gewährleistet ist oder nicht.[19] Letztlich kann unter Berücksichtigung dieser Vielzahl von Spannungsfeldern nur eine sehr vage Definition für Produktqualität gegeben werden, da diese nur mit einem wirtschaftlich unverhältnismäßig hohen Aufwand quantifizierbar ist. Die Qualität eines Medienproduktes ist demnach dann erfüllt, wenn

- alle Leistungsanforderungen der relevanten Kunden abgedeckt werden und diese somit einen Anreiz zur langfristigen Bindung an das Produkt bekommen, wobei die dem Produkt inhärenten Medieninhalte grundsätzlich unter Einhaltung selbst definierter journalistischer Qualitätsmaßstäbe erstellt werden.

Maßgeblich für die Produktqualität ist in jedem Fall die *Prozeßqualität*, die sich auf die Qualität der direkten und indirekten Leistungsprozesse bezieht. Dabei kommt es in Analogie zur dargestellten Print-Wertschöpfungskette[20] verlagsintern entscheidend darauf an, die Schnittstelle zwischen kreativem und kaufmännischem Bereich zu beherrschen. Entsprechend müssen Anzeigenabteilung und Redaktion Hand in Hand arbeiten, was beispielsweise dazu führen kann, daß die Anzeige eines besonders wichtigen Werbekunden zu Lasten eines geplanten Artikels geschaltet wird. Eine weitere Herausforderung bezüglich der Prozeßqualität ist die Abstimmung von Multimedia-Aktivitäten und Print-Produkt. Da die meisten Verlagshäuser derzeit noch eigene Online-Redaktionen unterhalten und somit eine organisatorische Schnittstelle zu den Print-Redaktionen geschaffen haben, ist gerade im Sinne zunehmend angestrebter und in sich stimmiger crossmedialer Medienprodukte die Beherrschung der Schnittstelle Multimedia/Print von zentraler Bedeutung. Wie später noch deutlich herausgestellt wird, unterliegt das Print-Produkt sowie jedes Multimedia-Produkt einer medienspezifischen Nutzung, so daß z. B. die Inhalte einer Zeitschrift oftmals nicht eins zu eins ins Internet-Angebot übernommen werden können, ohne dabei massive Produktqualitätsverluste in Kauf nehmen zu müssen.[21] Insofern ist nicht zuletzt unter dem Aspekt eines anzustrebenden, über alle Verwertungskanäle abgestimmten Markenmanagements die verlagsinterne Prozeßqualität hinsichtlich der Koordinierung von Print-Produkt und Multimedia für den Verlag als erfolgskritisch anzusehen. Da Multimedia-Aktivitäten auch in einem viel größeren Ausmaß als bisher Kooperationen erfordern, zielt letztlich die Prozeßqualität nicht nur auf die Koordinierung der verlagsinternen Leistungsprozesse ab, sondern vielmehr auch auf das Kooperations-Management von externen Partnern.

---

18 Vgl. *VOGEL* (2001), S. 590.

19 Vgl. *HEINRICH* (2001), S. 83 f.

20 Vgl. Abschnitt 2.3.1.1, S. 15.

21 Vgl. Abschnitt 5.2.2.2, S. 187 f.

Die *Servicequalität* umfaßt demgegenüber die produktbegleitenden Dienstleistungen, wie z. B. das Nachsenden einer Tageszeitung an den Urlaubsort eines Zeitungsabonennten. Servicequalität fokussiert somit allgemein Eigenschaften wie *Verläßlichkeit* hinsichtlich der versprochenen Serviceleistungen, die generelle *Bereitschaft*, den Kunden umfassend zu unterstützen, Vermittlung von *Glaubwürdigkeit* bezüglich der eigentlichen Kompetenz sowie ein *individuelles Kundenverständnis*.[22] Damit in einem engen Zusammenhang stehend umfaßt die *Kommunikationsqualität* alle Arten der Kommunikation zwischen den Partnern eines zu konstituierenden Wertschöpfungsnetzwerkes bis hin zum Kunden.[23] Dabei gilt es aus Sicht des Verlages sowohl hinsichtlich der Endkunden als auch der Werbekunden Kundeninformationen an allen Kundenkontaktpunkten (Telefon, Internet, persönliches Gespräch) zu erfassen, um so bei jedem weiteren Kontakt die Kommunikationsqualität durch eine möglichst individuelle Ansprache zu steigern. Eine gute Kommunikationsqualität zwischen den Wertschöpfungspartnern ist insbesondere Grundbedingung für die bereits angesprochene Prozeßqualität im Rahmen der Multimedia-Wertschöpfung. Bewußt aus opportunistischen Gründen unter Verschluß gehaltene, jedoch für einen anderen Wertschöpfungspartner relevante Informationen, können letztlich die vom Kunden wahrgenomme Qualität des gesamten Systemprodukts schwächen. Dies spielt beispielsweise im Rahmen der zwischenbetrieblichen Produktentwicklung eine Rolle. So muß ein Mobilnetzbetreiber zwangsläufig interne Daten zu dessen Kundenstruktur gegenüber den engsten Content-Lieferanten offenlegen, um mit diesen das Inhalte-Angebot bestmöglich auf die Zielgruppen abstimmen zu können.

Die Adjektive kontinuierlich und dauerhaft verdeutlichen zudem, daß Qualität als dynamische Größe zu verstehen ist – eine Eigenschaft, die besonders im Multimedia-Bereich vor dem Hintergrund kontinuierlicher Produktverbesserungen und -innovationen sowie einer heterogen-hybriden Nachfragestruktur der Endkunden von Relevanz ist. Insofern können Multimedia-Engagements von Verlagen nur dann effektiv sein, wenn die Verlage es schaffen, die vom Kunden verlangten und sich ändernden Anforderungen an die Produktqualität auch schnell und flexibel durch Rekonfigurationen bestehender Produkte bzw. durch Produktinnovationen auf einem konstanten Niveau zu halten und somit den Kunden langfristig an sich zu binden.

Auch die *Zeit* ist im Vergleich zu anderen Branchen ein bereits lange priorisierter strategischer Erfolgsfaktor in der Verlagsbranche. So ist unter dem Aspekt der *Schnelligkeit* anzuführen, daß sowohl auf publizistischer als auch auf kaufmännischer Seite die innerbetrieblichen Prozesse so aufeinander abgestimmt sein müssen, daß z. B. der Erscheinungstermin der Zeitung oder Zeitschrift als wesentliches Qualitätskriterium nicht gefährdet ist. Schnelligkeit ist somit bestimmendes Merkmal und gleichzeitig Erfolgsfaktor in der Pressebranche. Neu hingegen ist im Rahmen von Multimedia-Aktivitäten je nach Titel die Anforderung von Real-Time-Inhalten, so daß die notwendige Schnelligkeit im Sinne der Aktualität der Inhalte für den Verlag eine ganze neue Dimension annimmt. Beispielsweise ist es nicht erfolgversprechend, wenn eine Zeitung mit einem Börsenteil innerhalb des digitalen Angebotes nur – wie im Print-Format – die täglichen Schlußkurse aufnimmt. Andererseits ist im Rahmen von Content Syndication auch davon auszugehen, daß die schnelle digitale Übermittlung von aktuellen Meldungen an den Kunden ein wahrgenommes Qualitätskriterium ist.

Die *Flexibilität* als weitere Ausprägung des Erfolgsfaktors Zeit beschreibt die Fähigkeit eines Unternehmens, auf Umweltveränderungen zu reagieren. Auf rein redaktioneller Seite des originären Produktes ist dies insbesondere bei Zeitungsverlagen erfüllt, da beispielsweise aufgrund aktueller Geschehnisse auch kurz vor Redaktionsschluß noch entsprechende Meldungen ent-

---

22 Vgl. *MEFFERT* (1998), S. 267.

23 Vgl. *BOGASCHEWSKY/ROLLBERG* (1998), S. 146.

gegen vorheriger Planungen mit im Titel aufzunehmen sind. Hingegen ist die Flexibilität auf institutioneller Ebene hinsichtlich der Anpassungsfähigkeit des Gesamtsystems Verlag auf die Medienkonvergenz erst wenig entwickelt. Dies bedeutet vor allem, daß die tradierten Organisationsstrukturen nicht mehr in der Lage sind, die veränderte Komplexität adäquat zu beherrschen, d. h. mittels der Struktur flexibel und somit sowohl effektiv als auch effizient auf Umweltveränderungen reagieren zu können.

Letztlich zielt die *Innovations- und Lernfähigkeit* eines Unternehmens als weitere Ausprägung des Erfolgsfaktors Zeit darauf ab, neu generierte Ideen rechtzeitig zu realisieren, um somit dem wachsenden Veränderungsdruck Rechnung tragen zu können. Daß es sich hier um eine Ausprägung des Faktors Zeit handelt, wird u. a. darin deutlich, daß Innovation Veränderung bedeutet, und Veränderungen werden in Zeit gemessen.[24] Wiederum ist zwischen redaktioneller und institutioneller Ebene des Verlages zu unterscheiden. So ist bei Zeitschriftenverlagen die Innovationsfähigkeit und -tätigkeit bereits sehr hoch, was die große Anzahl der jährlichen Neuerscheinungen im Zeitschriftenmarkt visualisiert. Allerdings bedingt der erweiterte Aktionsradius einer konvergierenden Medienbranche auf institutioneller Ebene eine weitaus profundere Veränderungsbereitschaft. Dabei geht es vor allem darum, der konvergierenden Medienbranche angepaßte Systeminnovationen hinsichtlich der Verfahren und Strukturen im Verlag zu schaffen, um somit letztlich in der Lage zu sein, crossmediale Produktinnovationen zum richtigen Zeitpunkt hervorzubringen. Für den marktlichen Erfolg einer Produktinnovation ist somit vor allem die Zeit für deren Entwicklung (Time to Market) sowie die Frage des Timing für den Markteintritt entscheidend.[25] Dies bedeutet jedoch keinesfalls, daß Produktinnovationen immer als First Mover zu etablieren sind. So wurden gerade First-Mover-Vorteile im Boom der New Economy zu einem anzustrebenden Mythos hochstilisiert. Nur wurde dabei vergessen, daß die Lern- und Fehlerkosten eines First Movers auch wesentlich höher sein können als bei Fast Followers. Beispielsweise war das Versandhaus Otto nicht First Mover im E-Commerce, nutzte aber seine traditionellen Stärken im Bereich Logistik und Kundenbeziehungsmanagement, um mit Bedacht das Internet als innovativen Verkaufskanal zu adaptieren und schließlich zu einem der größten E-Commerce-Anbieter Deutschlands zu avancieren. Auch Palm als derzeit noch führender Anbieter von Personal Digital Assistants (PDAs) ist ein Second Mover, der vom Scheitern des First Movers Apple mit seinem Modell Newton lernen konnte. Zudem sind auch bei Verlagen in der „Goldgräberstimmung“ der New Economy zahlreiche Internet-Angebote mit einem neuen Markennamen im Streben nach First-Mover-Vorteilen und der schnellen Erschließung vermeintlich attraktiver Internet-Zielgruppen initiiert worden, die wenig später jedoch gescheitert sind. Das vom Axel Springer Verlag im Joint Venture mit dem Otto Versand nur sechs Monate betriebene Portal für frauenspezifische Themen sheego.de oder der ehemals von Gruner & Jahr als zentrales Finanzportal geplante, mittlerweile aber zugunsten etablierter Markennamen eingestellte businesschannel.de lassen sich exemplarisch für viele weitere gescheiterte Internet-Engagements von Verlagen anführen. Insofern ist aus Sicht des Verlages festzuhalten, daß das richtige Timing zum Markteintritt nicht mehr unbedingt bedeutet, First Mover sein zu müssen. Vielmehr geht es darum, die Marktentwicklungen aktiv zu verfolgen und sich daraus ergebende Marktchancen *rechtzeitig* zu nutzen.

Im Gegensatz zum Erfolgsfaktor Kosten und Qualität kann die Zeit nicht eindeutig als Effektivitäts- oder als Effizienzkriterium charakterisiert werden. Beispielsweise ist die rechtzeitige Auslieferung einer Tageszeitung an den Abonnenten ein dem Produkt adhärentes Qualitätskriterium und somit der Effektivität zuzurechnen. Andererseits reduzieren kurze Abwicklungszeiten aber auch den Mitteleinsatz in Systemen, wodurch die Kosten bei gegebener Marktlei-

---

24 Vgl. *KEUPER* (2001a), S. 15.

25 Vgl. *STALK/HOUT* (1990), S. 131.

stung tendenziell sinken und damit die Effizienz der Abläufe steigt.[26] Aus der Definitionsproblematik wird nochmals deutlich, daß Effektivitätskriterien sich immer auf die marktorientierte Zweckmäßigkeit und Effizienzkriterien sich immer auf den Mitteleinsatz beziehen.

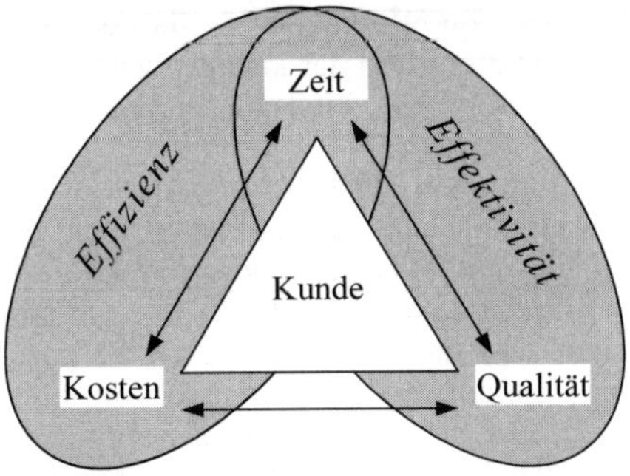

Abbildung 34: Das strategische Erfolgsfaktorendreieck

Die Ausführungen veranschaulichen, daß alle drei Erfolgsfaktoren in der Verlagsbranche von Relevanz sind und interagieren. Die zielorientierte direkte Einwirkung auf einen Erfolgsfaktor führt somit unweigerlich zu einer indirekten Auswirkung auf die anderen strategischen Erfolgsfaktoren.[27] Beispielsweise induzieren Kostensenkungsmaßnahmen im Redaktionsbereich möglicherweise eine verminderte Qualität der dargebotenen Medieninhalte und somit langfristig eine sinkende Auflage. Umgekehrt kann aber auch eine große Redaktion und die damit verbundene mögliche Einhaltung einer qualitativ hochwertigen Rechercheleistung dazu führen, daß die Marke gestärkt wird und somit keine umfangreichen Marketingmaßnahmen notwendig sind. Eine konkrete Aussage in bezug auf die verschiedenen Wechselwirkungen zwischen den einzelnen strategischen Erfolgsfaktoren ist jedoch nicht möglich. Generelles Ziel sollte es aber sein, durch die Optimierung mindestens eines Faktors ebenfalls die verbleibenden Faktoren positiv zu beeinflussen.

Zusammenfassend wird deutlich, daß strategische Erfolgsfaktoren die Schlüsselgrößen für die Erzielung von Wettbewerbsvorteilen sind.[28] Eine weitere in diesem Zusammenhang für die hier betrachtete Informationsökonomie interessante Fragestellung ist dabei allerdings die Rolle von Informationen, da diese als wesentliche Determinante des wirtschaftlichen Erfolges eines jeden Unternehmens angesehen wird.

4.1.2 Information als Determinante des wirtschaftlichen Erfolges eines Unternehmens

Systematisch gewonnene und aufbereitete *Marktinformationen* sind im Zusammenspiel mit den *unternehmensinternen Informationen* die zentrale Grundlage für die Sicherung des Unternehmenserfolgs.[29] Dabei ist von zentraler Bedeutung, daß die Marktinformationen – und hier vor allem die Informationen über die Bedürfnisse, die Wünsche und die Erwartungen der Kunden – sich quasi als Querschnittsfunktion durch den gesamten Leistungserstellungsprozeß ziehen, um ihn so unter Beachtung der unternehmensinternen Informationen auf die Zufrieden-

---

26 Vgl. *Bogaschewsky/Rollberg* (1998), S. 10, sowie *Keuper* (1999), S. 132.

27 Vgl. *Keuper* (2001a), S. 15.

28 Vgl. *Simon* (1987), S. 369, sowie *Aaker* (1989), S. 26.

29 Die nachfolgenden Ausführungen im Abschnitt 4.1.2 sind entnommen aus *Keuper* (2002b), S. 121 ff.

stellung der Kundenbedürfnisse auszurichten. Dies wird beispielsweise im Verlag bei der Konzeption einer Zeitschrift deutlich, wo die Interessen der Leser zunächst genau analysiert werden (z. B. mittels Cluster-Analysen), um darauf basierend dann passende redaktionelle Inhalte für die anvisierte Zielgruppe zu kreieren und zu bündeln. Gleichzeitig beeinflußt eine solche Analyse auch die Qualität der Bedienung von Werbekunden, da detaillierte Mediadaten zur Nutzerstruktur der Zeitschrift vor dem Hintergrund der anhaltenden Fragmentierung der Zeitschriftenmärkte unumgänglich für die Selektion des Titels als Werbeträger sind.[30]

Bedarfsgerechte, verläßliche Informationen bilden somit die Basis, um im Rahmen einer marktorientierten Unternehmensführung, die sich zunehmend auch auf die Befriedigung individueller Bedürfnisse fokussiert, Sachgüter- und Dienstleistungsproduktionsprozesse und damit die Leistungsangebote im Wettbewerb mit konkurrierenden Anbietern sowohl effektiv, d. h. wettbewerbsfähig, als auch effizient und damit wirtschaftlich zu gestalten.[31] Insofern markieren marktorientierte Informationen die notwendige Voraussetzung für die Planung, Steuerung und Kontrolle sämtlicher auf eine kundengerechte Leistungserstellung ausgerichteter Unternehmensaktivitäten.[32] Problematisch ist dabei zunächst, daß in der Literatur keine einheitliche Definition des Informationsbegriffs existiert,[33] was sowohl auf die unterschiedlichen Konnotationen, die mit dem Begriff Information verbunden sind, als auch auf die Verwendung des Begriffs in unterschiedlichen Wissenschaftsdisziplinen zurückzuführen ist.[34] Der meistverwendete und bereits angesprochene betriebswirtschaftliche Informationsbegriff geht auf *WITTMANN* zurück, der Information pragmatisch als

- *zweckorientiertes Wissen* definiert.[35]

Als Wissen bezeichnet *WITTMANN*

„Vorstellungsinhalte, ... die ... Überzeugungen über die Wahrheit von Fragestellungen (Aussagen, Sätze, Behauptungen) zum Inhalt haben. Ihre Grundlage sind einmal Tatsachen, die sich durch die Mittel der Wahrnehmung ergeben, und zum anderen Ergebnisse der Anwendung von bekannten Regeln des Schließens aus solchen Tatsachen"[36].[37]

Insofern subsumiert *WITTMANN* unter zweckorientiertem Wissen dasjenige Wissen, das zur *Vorbereitung des Handelns* eingesetzt wird.[38] Die Definition verdeutlicht, daß *WITTMANN* In-

---

30 Vgl. *AXEL SPRINGER VERLAG* (1999), S. 115 ff.

31 Vgl. *BÜTTGEN* (2000), S. 1.

32 Vgl. *KOTLER/BLIEMEL* (1999), S. 179.

33 Zu Diskussionen des Informationsbegriffs vgl. u. a. *WITTMANN* (1959), S. 14, *WILD* (1970), S. 52, *KIRSCH* (1971), S. 79, *ABEL* (1977), S. 29 ff., *WITTMANN* (1979), Sp. 2263, *HOPF* (1983), S. 6 ff., *RÜTTLER* (1991), S. 29, *BODE* (1993a), S. 275 f., *BODE* (1993b), S. 10, *ANTWEILER* (1995), S. 15 f., *BODE* (1997), S. 449 ff.

34 Vgl. *KEUPER* (2002b).

35 Vgl. *WITTMANN* (1959), S. 14, und die Konkretisierung der Definition *WITTMANN* (1980), Sp. 894.

36 *WITTMANN* (1979), Sp. 2263.

37 Die Semiotik als Wissenschaft der allgemeinen Zeichentheorie aus dem Forschungsfeld der Sprachtheorie umfaßt die Pragmatik, die Semantik und die Syntaktik. Während Wissen i. d. R. der Pragmatik zugeordnet wird, vgl. z. B. *WITTMANN* (1959), S. 14, *AUGUSTIN* (1990), S. 15, betrachtet die Semantik die inhaltliche Bedeutung und den Sinnzusammenhang von Zeichen und Zeichenkombinationen, wohingegen die Syntaktik die physikalische Erscheinungsform von Daten und Zeichen und deren Beziehung zueinander analysiert. Teilweise werden Informationen auch der Semantik zugeordnet, so z. B. bei *MÜLLER* (1987), S. 126 f., oder *BODE* (1997), S. 461, wohingegen eine Zuordnung von Informationen zur syntaktischen Ebene häufig in der Nachrichtentechnik vorzufinden ist, vgl. *SHANNON/WEAVER* (1949).

38 Vgl. *WITTMANN* (1959), S. 14.

formationen im Rahmen einer *semiotischen Betrachtungsweise* der Ebene der *Pragmatik* zuordnet, da diese die Beziehung zwischen Sender und Empfänger einer Nachricht berücksichtigt.

Entsprechend der Typologie der Informationsbegriffe von *BODE* kann der Informationsbegriff nach *WITTMANN* als *ungebunden, pragmatisch, statisch, individualistisch-subjektiv* und *wahrheitsabhängig* charakterisiert werden.[39]

<table>
<tr><th>Abgrenzungs-merkmal</th><th colspan="6">Ausprägung</th></tr>
<tr><td>Träger der Information</td><td colspan="3">Nicht menschgebunden
(Information kann an verschiedenste Trägermedien gebunden sein)</td><td colspan="3">Menschgebunden
(nur das menschliche Gehirn kann Träger von Informationen sein)</td></tr>
<tr><td>Semiotik</td><td colspan="2">Syntaktisch
(Informationen sind Zeichenreihen)</td><td colspan="2">Semantisch
(Betrachtung der inhaltlichen bzw. des Sinnzusammenhangs von Zeichen)</td><td colspan="2">Pragmatisch
(Informationen dienen der Handlungsvorbereitung)</td></tr>
<tr><td>Zeitbezug</td><td colspan="3">Statisch
(Information als Zustand und Ergebnis eines Prozesses der Informationserlangung)</td><td colspan="3">Dynamisch
(Information als Vorgang des Informierens)</td></tr>
<tr><td>Neuheitsgrad
(Informationseigenschaft ist abhängig von den individuellen Bedingungen des Empfängers)</td><td colspan="3">Individualistisch-subjektiv
(Information muß für den Empfänger neu sein)</td><td colspan="3">Objektiv
(Informationen sind unabhängig vom subjektiven Wissensstand)</td></tr>
<tr><td>Wahrheitsgehalt
(Inhaltliche Bewertung der Information)</td><td colspan="3">Wahrheitsabhängig
(Information muß aus Sicht des Informationssenders wahr sein)</td><td colspan="3">Wahrheitsunabhängig
(Wahrheitsgehalt ist irrelevant)</td></tr>
</table>

Tabelle 7: Einordnung des Informationsbegriffs von WITTMANN in die Informationsbegriffstypologie nach BODE[40]

Die Klassifikation von Information als nicht menschgebunden, pragmatisch, statisch, individualistisch-subjektiv und wahrheitsabhängig ist jedoch vor dem Hintergrund der *mutmaßlichen* multidimensionalen Rolle der Information als Produktionsfaktor, als bindendes bzw. steuerndes Element zwischen den dispositiven und den Elementarfaktoren, als ökonomisches Gut sowie als strategischer Faktor zu hinterfragen. Ferner bleibt zu überprüfen, ob die Definition von Information als zweckorientiertes Wissen wirklich als Grundlage für wettbewerbsstrategische

39 Vgl. *BODE* (1997), S. 451 ff.

40 Entnommen *KEUPER* (2002b), S. 123, in Anlehnung an *PILLER* (2000), S. 17, basierend auf *BODE* (1997), S. 451 ff.

Managementkonzepte in der Medienbranche, aber auch in allen anderen Branchen dienen kann, die ihren Leistungserstellungsprozeß anhand der generierten kundenindividuellen Informationen systematisch, ganzheitlich und potentiell multidimensional ausrichten.

4.1.2.1 Information als Produktionsfaktor

Die wertschöpfende Leistung von Unternehmen ist das Ergebnis der effektiven und effizienten Transformation von *Produktionsfaktoren* in Güter und Dienstleistungen.[41] Dabei dienen bedarfsgerechte Informationen der Entscheidungsfindung während der Transformationsprozesse, was dazu führt, daß Informationen integraler und zentraler Bestandteil des gesamten Leistungserstellungsprozesses sind.[42] Dieser Zusammenhang führt in der jüngeren Literatur immer wieder zu der doch fragwürdigen Erkenntnis, daß es sich bei Informationen um einen weiteren, explizit zu berücksichtigenden, neuen (?) Produktionsfaktor des Informationszeitalters handelt.[43]

GUTENBERG selbst weist der Information die Eigenschaft eines *limitationalen Produktionsfaktors* zu,[44] was deutlich macht, daß dessen Einsatz für die Produktion aus technischen und wirtschaftlichen Gründen unabdingbar ist.[45] Gleichwohl expliziert *GUTENBERG* in seinem Produktionsfaktorenschema Informationen bewußt *nicht* als eigenständigen Produktionsfaktor.[46] Vielmehr verdeutlicht er, daß für die Produktionsdurchführung lediglich die *drei Elementarfaktoren objektorientierte Arbeit*, *Betriebsmittel* und *Werkstoffe* sowie die *dispositiven Faktoren Unternehmensführung*, *Planung* und *Organisation* benötigt werden.[47] Unabhängig von diesem sechsteiligen Produktionsfaktorschema können Informationen generell dem dispositiven Faktor zugeordnet werden, da für die Kombination der Produktionsfaktoren die dispositiven Fähigkeiten des Menschen als Träger von Informationen unabkömmlich sind (*menschgebundener Informationsansatz*[48]). Da Informationen aber auch stets an materielle Trägermedien gebunden sind (*nicht-menschgebundener Informationsansatz*[49]), stellt der menschgebundene Informationsansatz nur eine Sichtweise der *Informationsadhäsion* dar. Insofern sind Informationen nicht nur den dispositiven Faktoren, sondern auch den Elementarfaktoren implizit anzurechnen bzw. ihnen anhaftend (adhärent). So sind typischerweise Zeitungen und Zeitschriften Träger von Informationen. Dies gilt ebenso für den materiellen Rohstoff – das Papier –, da in diesem Fall der Komponente Papier Informationen z. B. über das Gewicht, die Größe oder die Qualität implizit anhaften. Darüber hinaus stellt insbesondere in modernen Betriebsmitteln und Fertigungsverfahren die Informationsverarbeitung einen wesentlichen Bestandteil der Produktionsmittel dar. Beispielsweise bindet die Steuerungssoftware einer Druckmaschine Informationen an die Betriebsmittel, so daß die Produktionsdurchführung auf dem jeweiligen Betriebsmittelbestand als „verkörperte Information"[50] interpretiert werden kann. Aber auch den Betriebsmitteln selbst, ebenso wie den Werkstoffen, haften Informationen an, da schon allein die Betrachtung der Funktionsvielfalt der Maschinentechnologie Aufschluß darüber gibt, welche quantitativen Flexibilitätspotentiale in der Produktion bestehen. Gleiches gilt für die gerade

---

41 Vgl. *GUTENBERG* (1979), S. 8.

42 Vgl. *KEUPER* (2002b), S. 124.

43 Vgl. *PICOT* (1990), S. 6, *VALLONE* (1990), S. 81, *LEHNER* (1993), S. 32.

44 Vgl. *GUTENBERG* (1979), S. 267.

45 Vgl. *PILLER* (2000), S. 20.

46 Vgl. *GUTENBERG* (1979), S. 267.

47 Vgl. *GUTENBERG* (1979), S. 267.

48 Vgl. *KOSIOL* (1972), S. 175.

49 Vgl. *KOSIOL* (1972), S. 175.

50 *BODE* (1993b), S. 81.

im Verlag häufig vorzufindende objektorientierte Arbeit, bei der z. B. die Erfahrungen der Journalisten bei der Beurteilung einer Rechercheleistung individuelle Informationen repräsentieren.[51] Werden diese Informationen in Betriebsanweisungen (beispielsweise grundlegende journalistische Qualitätsvorgaben) gespeichert, stehen sie auch dauerhaft und nicht menschgebunden – quasi auf organisatorischer Ebene des dispositiven Faktors – zur Verfügung. Letztlich kann festgehalten werden, daß Informationen keinen eigenständigen, expliziten Produktionsfaktor darstellen. Schon gar nicht handelt es sich um einen *neuen* Produktionsfaktor des Informationszeitalters (auch wenn sich dadurch viele Aufsätze und Bücher besser verkaufen). Vielmehr sind Informationen jedem klassischen Produktionsfaktor adhärent, und dies schon seit Anbeginn der Betriebswirtschaftslehre.

Der *produktionsfaktorenadhärente Charakter von Informationen*, der die *Nicht-Mensch-Gebundenheit von Informationen* betont, spiegelt sich zudem auch in der Interpretation von Informationen als zweckorientiertem Wissen wider. Beide Sichtweisen stellen Informationen als Input von Entscheidungen in den Mittelpunkt der Betrachtung. Insofern kann die Zweckorientierung von Informationen unter Beachtung des produktionsfaktoradhärenten Charakters von Informationen auch *weiterhin* als zentrales Merkmal angesehen werden.

4.1.2.2 Information als Bindeglied zwischen dispositiven und Elementarfaktoren

Neben der produktionsfaktoradhärenten Eigenschaft von Informationen können diese auch als *Bindeglied* zwischen den von *GUTENBERG* unterschiedenen Elementar- und dispositiven Faktoren fungieren,[52] um so im Rahmen ihrer Steuerungsfunktion die Kundenwünsche effektiver zufriedenzustellen sowie die Ressourcen effizienter zu nutzen.[53] Dabei ist zu beachten, daß sowohl menschgebundene als auch zunehmend nicht menschgebundene Informationen Steuerungs- und Koordinationsfunktionen und damit planerische, eigentlich dem dispositiven Faktor zugeordnete Aufgaben übernehmen. Ein Beispiel für die Steuerungsfunktion produktionsfaktoradhärenter Informationen ist die immer stärker an Bedeutung gewinnende *Informations- und Kommunikationstechnologie* (*IuK-Technologie*), die – auf Basis *intelligenter (Software-) Agenten* durch Anwendung von Methoden der künstlichen Intelligenz mit einer gewissen Autonomie ausgestattet – komplexe Aufgaben als personifizierte Tools eigenständig übernehmen kann, was beispielsweise bei der Personalisierung von Content eine Rolle spielt.[54]

Insofern dienen Informationen unabhängig von ihrer Zugehörigkeit zu der einen oder anderen Klasse von Produktionsfaktoren der Unterstützung und Koordination sämtlicher Unternehmensprozesse und damit der intra- und interbetrieblichen Arbeitsteilung.[55]

---

51 Vgl. *PILLER* (2000), S. 21.

52 Vgl. *KLUTMANN* (1992), S. 29.

53 Vgl. *PICOT/FRANCK* (1988), S. 544, *PICOT/REICHWALD/WIGAND* (2001), S. 32 ff.

54 Vgl. *GLYNN* (1997), S. 34, *WEIGELT* (1997), S. 6.

55 Vgl. *BÜTTGEN* (2000), S. 8.

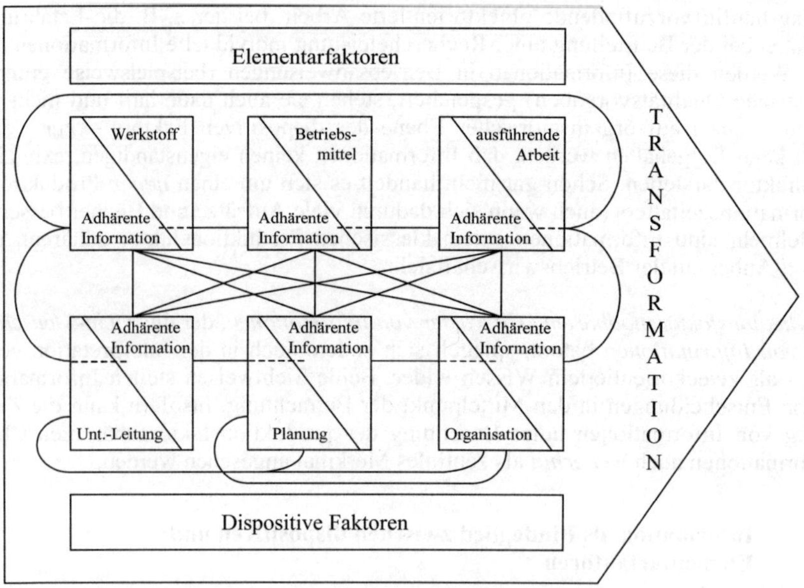

Abbildung 35: Intrabetriebliche Steuerungsfunktion produktionsfaktoradhärenter Informationen[56]

Zudem ist unter Informationsgesichtspunkten eine Arbeitsteilung deshalb sinnvoll, weil die Informationsaufnahme eines Individuums oder einer Organisation begrenzt ist und durch die Arbeitsteilung die Informationsaufnahme-, -verarbeitungs- und -speicherkapazität wesentlich erhöht werden kann.[57] Allerdings geht jegliche Art der Arbeitsteilung immer mit einer zeitlichen und räumlichen Entkopplung der Aufgabenerfüllung einher, die eine zielgerichtete Koordination und Synchronisation der Abläufe mit Hilfe von Informationen bedingt.[58]

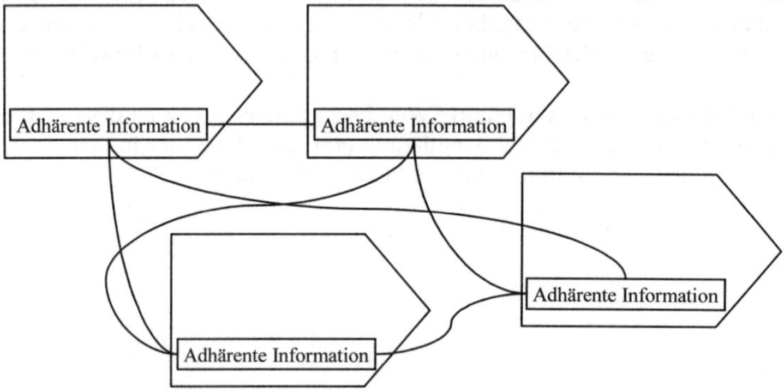

Abbildung 36: Interbetriebliche Steuerungsfunktion produktionsfaktoradhärenter Informationen[59]

56 Entnommen *KEUPER* (2002b), S. 127.

57 Vgl. *ARROW* (1984), S. 146.

58 Vgl. *KEUPER* (2002b), S. 127.

59 Entnommen *KEUPER* (2002b), S. 128.

Die zentrale Stellung von Informationen im Rahmen einer die dispositiven und Elementarfaktoren kombinierenden Leistungserstellung verdeutlicht auch die Nichtsubstituierbarkeit von Informationen sowie deren herausragender Beitrag zur Leistungserstellung.[60] Auch die (reine) Steuerungsfunktion von Informationen stellt somit letztlich auf die Input-Wirkung und damit ebenso wie der produktionsfaktoradhärente Charakter von Informationen auf die Zweckorientierung ab, wobei letzteres durch die Betrachtung von Informationen als Wirtschaftsgut abgeschwächt wird.

4.1.2.3 Information als Wirtschaftsgut

Während in den vorangehenden Betrachtungen Informationen als Inputfaktor angesehen wurden, kann aus einer dritten Perspektive Information als einem Trägermedium anhaftendes *immaterielles, ökonomisches Gut* angesehen werden.[61] Daß Informationen ein wirtschaftliches Gut darstellen, wird allein schon dadurch belegt, daß Informationen für den Empfänger u. U. notwendige Voraussetzungen dafür darstellen, rationale Entscheidungen zu treffen. Insofern dienen Informationen der Befriedigung menschlicher Bedürfnisse, wobei der Leistungscharakter von Informationen gerade im Informationszeitalter zunehmend erkannt und auch bewertet wird. Problematisch für die Bestimmung des Wertes von Informationen ist dabei, daß sich dieser durch die Nichtverfügbarkeit für andere Wirtschaftssubjekte ergibt. Zudem unterliegen Informationen – wie bereits dargestellt – keiner Abnutzung (Nichtrivalität im Konsum), so daß es kontinuierlich zu einer Akkumulation und damit zu einer Vergrößerung der Gesamtmenge an vorhandenen Informationen kommt.[62] Dabei sind logischerweise für den Erwerber von Informationen nicht das Trägermedium, sondern vielmehr die in den Medien enthaltenen Informationen – quasi als virtuelles Wirtschaftsgut –[63] nutzenstiftend und damit der Erwerbsgrund.[64] Insofern sind Informationen nicht nur den Produktionsfaktoren quasi virtuell adhärent; sie sind vielmehr gleichermaßen adhärenter Input wie adhärenter Output einer informationsbasierten Koordination der Produktionsfaktoren im Leistungsprozeß.[65]

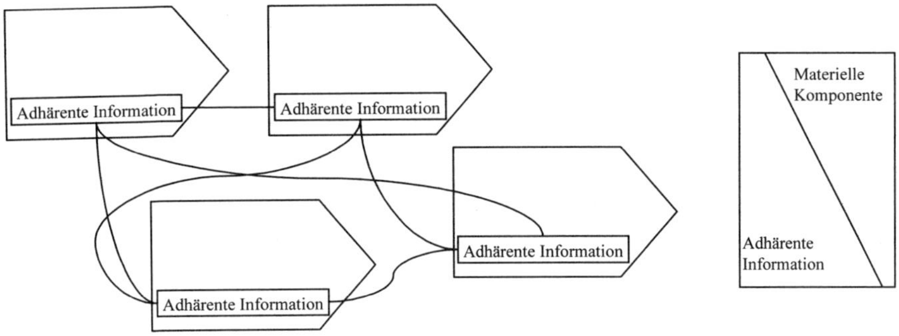

Abbildung 37: Information als ökonomisches Gut[66]

60 Vgl. *Piller* (2000), S. 22.

61 Vgl. *Kosiol* (1972), S. 108 ff., *Bode* (1997), S. 454 ff., *Hess* (2001), S. 83.

62 Vgl. *Piller* (2000), S. 22.

63 Vgl. *Müller-Merbach* (1997), S. 3.

64 Vgl. *Kolatek* (1994), S. 20, *Hübner* (1996), S. 2.

65 Vgl. *Lehner et al.* (1995), S. 184, der allerdings ausschließlich den dispositiven Faktor betrachtet.

66 Entnommen *Keuper* (2002b), S. 129.

Die ganzheitliche Betrachtung von Informationen als Input und Output läßt jedoch die *inputbezogene Zweckorientierung* und damit die *Pragmatik* von Informationen erodieren.[67] Wird beispielsweise Wissen mit dem Ziel der marktlichen Veräußerung erzeugt, will nicht der Wissensproduzent, sondern der Erwerber sein Handeln mit Hilfe der Informationen vorbereiten, was dazu führt, daß zwar das Wissen beim Produzenten, die Zweckorientierung aber beim Käufer liegt.[68] Damit ist jedoch das Wissen für den Produzenten nach der eingangs aufgestellten zweckorientierten Definition keine Information mehr.

Darüber hinaus stellt auch Wissen, das nicht zur Vorbereitung von Handlungen verwendet wird, nach der Definition von *WITTMANN* keine Information dar. Dies trifft z. B. auf Wissensgüter zu, die auf der Ebene des Unbewußten beeinflussen sollen.[69] Dabei ist ferner zu beachten, daß unbewußte Informationen, wie sie z. B. in der Werbung vorkommen, vornehmlich durch die Zwecke des Senders geleitet werden und damit zwar dem Betriebszweck dienen, nicht aber unbedingt den Zwecken des Empfängers.[70] Demzufolge ist auch die Wahrheitsorientierung von *WITTMANNS* Informationsbegriffsdefinition kritisch zu betrachten. Sicherlich wird es für ein informationserzeugendes Unternehmen von Nachteil sein, dauerhaft (wissentlich) falsche Aussagen zu treffen. Gleichwohl werden häufig im wirtschaftlichen Geschehen absichtlich falsche Informationen erzeugt, um beispielsweise einen spekulativen Anstieg des Aktienkurses zu vermeiden oder Merger- und Akquisitions-Aktivitäten im Verborgenen durchführen zu können.[71] In Anbetracht der aufgezeigten Problematik, die aus dem Output-Charakter von Wissen im Sinne eines ökonomischen Gutes resultiert, wird nachfolgend – betriebswirtschaftlich betrachtet – unter *Information*

- eine produktionsfaktoradhärente Eigenschaft verstanden,
- die eine durch Wahrnehmung gewonnene oder eine auf dem Wege des Schließens erworbene Erkenntnis darstellt,
- die Wirtschaftssubjekte (Institutionen, Menschen und Ressourcen) bei der Ausrichtung ihrer Handlungen auf die Bedürfnisbefriedigung bzw. auf die Erfüllung ihrer Unternehmensziele unterstützt bzw.
- die als Wirtschaftsgut dem Empfänger zur zweckorientierten Vorbereitung seines Handelns dient (Input-Output-bezogene Betrachtungsebene).[72]

Insofern kann Information zweckbezogenes Wissen zur Entscheidungsfundierung darstellen, muß dies aber nicht zwingend tun, was dazu führt, daß der dargestellte Informationsbegriff nicht menschgebunden, semantisch, statisch, objektiv und wahrheitsunabhängig ist.[73]

Darüber hinaus ist zu beachten, daß Informationen neben der bisherigen, eher operativen Bedeutung auch von strategischer Relevanz sein können.

67 Vgl. *KEUPER* (2002b), S. 129.

68 Vgl. *BODE* (1993b), S. 9, *BODE* (1997), S. 455.

69 Vgl. *BODE* (1997), S. 456.

70 Vgl. *BODE* (1997), S. 456.

71 Vgl. *BODE* (1997), S. 457.

72 Vgl. *KEUPER* (2002b), S. 130.

73 Vgl. *KEUPER* (2002b, S. 130.

4.1.2.4 Information als strategischer Wettbewerbsvorteil, als strategisches Erfolgspotential bzw. als strategischer Erfolgsfaktor

Neben den zuvor dargestellten drei strategischen Erfolgsfaktoren Kosten, Qualität und Zeit werden in der Literatur – quasi nach Belieben – häufig weitere strategische Erfolgsfaktoren angeführt.[74] So werden beispielsweise oftmals IuK-Technologien oder Informationen als strategische Erfolgsfaktoren bezeichnet.[75] Dies ist aber entsprechend der Definition von strategischen Erfolgsfaktoren, nach der diese als die charakteristischen Eigenschaften einer überlegenen Leistung entsprechend der Leistungsdefinition im Rahmen der Ausgestaltung eines Wettbewerbsvorteils charakterisiert werden, *falsch*.[76] Informationen stellen vielmehr, wie auch der Einsatz von IuK-Technologie oder andere Input-Faktoren, lediglich die Basis und damit das *strategische Erfolgspotential* zur Begründung eines oder mehrerer *strategischer Erfolgsfaktoren* dar.[77] Demzufolge haben Informationen als produktionsfaktoradhärenter Input oder als einem Trägermedium anhängendes, virtuelles, wirtschaftliches Gut die spezifischen Anforderungen hinsichtlich der Dimensionen Kosten, Qualität und Zeit zu erfüllen.[78] Infolgedessen müssen input-orientierte Informationen zum richtigen Zeitpunkt in der richtigen Qualität und möglichst kostengünstig vorliegen, um im Rahmen des Leistungsprozesses Sachleistungen, Dienstleistungen oder Informationen[79] hervorzubringen, die den marktseitigen Kosten-, Qualitäts- und Zeitansprüchen genügen.[80]

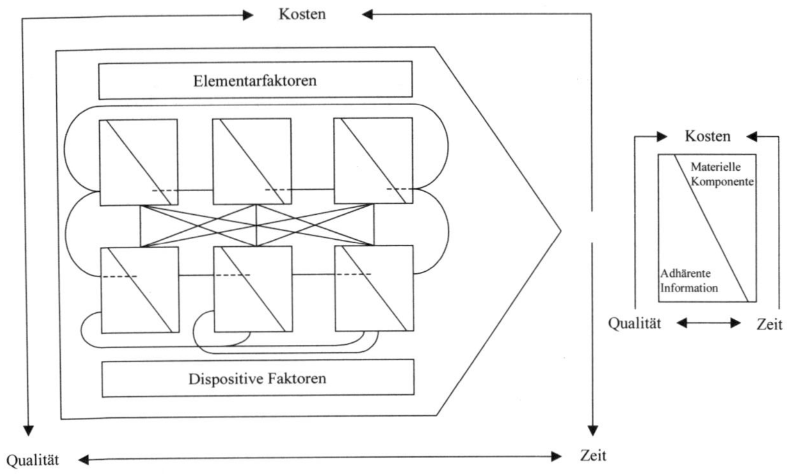

Abbildung 38: Informationen und deren Beziehungen zu den strategischen Erfolgsfaktoren Kosten, Qualität und Zeit[81]

Damit kann die ökonomische Bedeutung von Informationen aus der vorangehenden Analyse synaptisch wie folgt komprimiert werden:

74 Vgl. *DILLER/LUECKING* (1993), S. 1229 ff., *FRITZ* (1994), S. 1045 ff.

75 Vgl. *HOCH* (1997), S. 30 ff.

76 Vgl. *KEUPER* (2002b), S. 134 f.

77 Vgl. *KEUPER* (2002b), S. 135.

78 Vgl. *KEUPER* (2002b), S. 135.

79 Grundsätzlich haften Sachgütern und Dienstleistungen immer auch Informationen an.

80 Vgl. *KEUPER* (2002b), S. 135.

81 Entnommen *KEUPER* (2002b), S. 135.

Bei *Informationen* handelt es sich – betriebswirtschaftlich betrachtet –

- um eine *produktionsfaktoradhärente Eigenschaft*,
- die eine durch Wahrnehmung gewonnene oder eine auf dem Wege des Schließens erworbene Erkenntnis darstellt,
- die Wirtschaftssubjekte (Institutionen, Menschen und Ressourcen) bei der Ausrichtung ihrer Handlungen auf die Bedürfnisbefriedigung bzw. auf die Erfüllung ihrer Unternehmensziele und damit auf die Schaffung und den Erhalt eines *strategischen Wettbewerbsvorteils* im Sinne eines strategischen Erfolgspotentials effektiv und effizient unterstützt,
- die als *Wirtschaftsgut* den vom internen oder externen Markt oktroyierten *strategischen Erfolgsfaktoren* genügen muß bzw.
- die dem Empfänger zur zweckorientierten Vorbereitung seines Handelns dient.[82]

Abgrenzungsmerkmal	Ausprägung		
Träger der Information	*Nicht menschgebunden* (Information kann an verschiedenste Trägermedien gebunden sein)		*Menschgebunden* (nur das menschliche Gehirn kann Träger von Informationen sein)
Semiotik	*Syntaktisch* (Informationen sind Zeichenreihen)	*Semantisch* (Betrachtung der inhaltlichen bzw. des Sinnzusammenhangs von Zeichen)	*Pragmatisch* (Informationen dienen der Handlungsvorbereitung)
Zeitbezug	*Statisch* (Information als Zustand und Ergebnis eines Prozesses der Informationserlangung)		*Dynamisch* (Information als Vorgang des Informierens)
Neuheitsgrad (Informationseigenschaft ist abhängig von den individuellen Bedingungen des Empfängers)	*Individualistisch-subjektiv* (Information muß für den Empfänger neu sein)		*Objektiv* (Informationen sind unabhängig vom subjektiven Wissensstand)
Wahrheitsgehalt (Inhaltliche Bewertung der Information)	*Wahrheitsabhängig* (Information muß aus Sicht des Informationssenders wahr sein)		*Wahrheitsunabhängig* (Wahrheitsgehalt ist irrelevant)
Strategische Bedeutung	*Strategischer Wettbewerbsvorteil*	*Strategisches Erfolgspotential*	*Strategischer Erfolgsfaktor*

Tabelle 8: Informationsbegriff nach WITTMANN vs. Informationsbegriff nach KEUPER auf Basis einer erweiterten Begriffstypologie von BODE[83]

82 Vgl. *KEUPER* (2002b), S. 135 f.

83 Entnommen *KEUPER* (2002b), S. 136.

Die vorangehenden Ausführungen über die ökonomische Bedeutung von Informationen und insbesondere die hergeleitete Definitionsgrundlage von Informationen verdeutlichen die zentrale Stellung von Informationen respektive der Markt- bzw. Kundeninformationen – quasi als Meta-Leverage – für eine kundenorientierte, also effektive und wirtschaftliche und somit effiziente Leistungserstellung. Die Bedeutung von Markt- respektive von Kundeninformationen gilt es auch bei der späteren Entwicklung eines multidimensionalen wettbewerbsstrategischen Managementkonzepts zur Bedienung der zuvor attestierten heterogen-hybriden Nachfrage zu berücksichtigen.

Mithin spielen Informationen auch eine herausragende Rolle für die strategische Verlagsplanung und die Ableitung geeigneter Strategien.

4.2 Strategie – der Weg zum wirtschaftlichen Erfolg

Das deutsche Wort Strategie[84] wurde in Anlehnung an den französischen Begriff *stratégie* gebildet, der dem altgriechischen *strataegeo* entstammt, wobei sich das Ursprungswort aus *stratos* für Heer und *agein* für führen zusammensetzt.[85] Ursprünglich war Strategie die Kunst der Staatsführung, wohingegen die begriffliche Einengung auf die Kunst der Kriegsführung, also auf den Militärbereich, erst später stattfand. Über die Spieltheorie hat der Strategiebegriff wahrscheinlich erstmals durch *VON NEUMANN/MORGENSTERN*[86] Einzug in die betriebswirtschaftliche Literatur gehalten. Allerdings hat sich noch keine einheitliche betriebswirtschaftliche Definition für Strategie herausgebildet, so daß dementsprechend im folgenden definitorische Abgrenzungen vorzunehmen sind.

4.2.1 Unternehmensstrategie und Wettbewerbsstrategie – eine isolierte Betrachtung

Während bei einer Unternehmensstrategie ein unternehmensinterner Fokus bei der Formulierung einer Strategie vorherrscht, lassen sich Wettbewerbsstrategien den marktbezogenen Strategieansätzen unterordnen.

4.2.1.1 Unternehmensstrategie

Unter der *Unternehmensstrategie* (corporate strategy) wird allgemein die globale Wegbeschreibung verstanden, die planmäßig festlegt, auf welche Weise strategische Erfolgspotentiale aufgebaut bzw. erhalten werden können, um sich im Umfeld bietende Chancen unter weitestgehender Abwendung der Risiken auszuschöpfen, wobei dabei die obersten Unternehmensziele[87] mit Hilfe strategischer Wettbewerbsvorteile – verifiziert durch strategische Erfolgsfaktoren – bestmöglich zu erreichen sind.[88] Inhaltlich werden somit durch die Unternehmensstrategie die Geschäftsfelder und Märkte, in denen das Unternehmen tätig sein möchte, definiert, selektiert sowie die Allokation der Ressourcen auf die verschiedenen Geschäftsfelder so vorgenommen, daß eine vorteilhafte Wettbewerbsposition eingenommen werden kann.[89] Darüber hinaus hat

84 Nachfolgend vgl. *KEUPER* (2002a), S. 48 f.

85 Vgl. *GÄLWEILER* (1990), S. 65.

86 Vgl. *VON NEUMANN/MORGENSTERN* (1947).

87 Allgemein können unter Zielen erwünschte Sollzustände verstanden werden, vgl. *KIESER/KUBICEK* (1992), S. 10.

88 Entnommen *KEUPER* (2002a), S. 49, basierend auf *ROLLBERG* (1996), S. 13 f., *KEUPER* (2001a), S. 23.

89 Vgl. *BECKER* (1996), S. 134 f.

die Unternehmensstrategie insbesondere die Aufgabe, die dynamische, evolutionäre Entwicklung des Unternehmens sicherzustellen. In der Charakterisierung der Unternehmensstrategie spiegelt sich deutlich eine ressourcenorientierte Sichtweise wider, da sowohl der Resource-based View als auch der darauf aufbauende Kernkompetenzansatz das Unternehmen als Kombination materieller und immaterieller Ressourcen charakterisieren und zudem fordern, Strategien so zu formulieren, daß diese Ressourcen marktwirksam, also in strategische Wettbewerbsvorteile verifiziert, durch strategische Erfolgsfaktoren umgesetzt werden.

4.2.1.1.1 Der Resource-based View als Basis für die Unternehmensstrategie

Die Quelle strategischer Wettbewerbsvorteile sind gemäß der Unternehmensstrategie respektive des Resource-based View *distinktive Ressourcen*. Hierunter werden sämtliche Quellen, die für die Stärken und Schwächen eines Unternehmens verantwortlich sind, subsumiert, die dabei die Eigenschaft

- der Wertgenerierung,
- der Einzigartigkeit und
- der Nicht-Imitierbarkeit

aufweisen.[90]

Werden unter Berücksichtigung dieser Charakteristika distinktive Ressourcen eingehender analysiert, so wird deutlich, daß Ressourcen nur dann von Relevanz sind, wenn diese einen *überlegenen Kundennutzen* stiften sowie durch *Informations-*, *Transfer-* und *Replikationsbarrieren* geschützt sind.[91] Während sich Informationsbarrieren dann ergeben, wenn die Quelle für einen strategischen Wettbewerbsvorteil eines Unternehmens für das Unternehmen selbst oder für andere Unternehmen intransparent ist, bestehen Transfer- und Replikationsbarrieren vornehmlich aufgrund von Patenten sowie aufgrund sozialer oder technischer Komplexität der Ressource. Eine *soziale bzw. technische Komplexität* bedingt dabei, daß die Ressourcen nur in Gesamtheiten wirksam werden können, da sie auf eine Vielzahl von Elementen des Systems Unternehmung verteilt sind bzw. nur gemeinsam mit bestimmten anderen, im betrachteten Unternehmen vorhandenen Ressourcen oder mit den Ressourcen anderer externer Unternehmen ihre angestrebte Wirkung entfalten können.[92] Dies wird beispielsweise in einem Zeitungsverlag offensichtlich, wo die gesamte interne Organisation sowie angeschlossene Druckereien und Distributionspartner darauf ausgerichtet sind, den Lesern rechtzeitig, d. h. täglich ab den frühen Morgenstunden, am Kiosk oder zuhause die Tageszeitung bereitstellen zu können. Insofern ist ein etabliertes Managementsystem, das den journalistischen Produktionsprozeß, den Druck und die Distribution der Zeitung innerhalb eines nur kurzen Zeitraums optimal beherrscht, als wesentliche Ressource eines Verlages anzusehen, die jedoch aufgrund ihrer spezifischen Einbettung ins Unternehmen auch unternehmensspezifisch gebunden ist. Die Komplexität und die damit einhergehende *Pfaddeterminiertheit* distinktiver Ressourcen bedingt somit zwangsläufig deren *Immobilität* sowie deren *Nicht-Substituierbarkeit*.[93] Dabei ergibt sich die Pfaddeterminiertheit aus der historischen Unternehmensentwicklung, so daß distinktive Ressourcen ein Ergebnis von Learning-by-Doing- bzw. Trial-and-Error-Prozessen aus einem nur bedingt repetier-

---

90 Vgl. *BÜRKI* (1996), S. 202 ff.

91 Vgl. *BÖRNER* (2000a), S. 73.

92 Vgl. *BÖRNER* (2000a), S. 72 f.

93 Vgl. *MOHREN* (1996), S. 164, *BARNEY* (1991), S. 109 f.

baren situativen Kontext sind.[94] So geht – mit Bezug auf das vorherige Beispiel eines Zeitungsverlages – die Beherrschung von journalistischer Produktion, Druck und Distribution innerhalb eines kurzen Zeitraumes mit Sicherheit auf jahrzehntelang gesammelte Erfahrung im operativen Betrieb einer Tageszeitung zurück. Dementsprechend läßt sich schlußfolgern, daß der Resource-based View auch generell auf einen sehr langfristigen Betrachtungs- und Wirkunszeitraum abzielt, da distinktive Ressourcen nur über einen langen Entwicklungszeitraum kultiviert werden können. Letztlich stellen somit insbesondere intangible Ressourcen, wie z. B. verbalisiertes Know-how, Expertenwissen, Patente, Good Will, Reputation, Branding, aber auch – wie beschrieben – Prozesse und Verfahren, die möglichen distinktiven Ressourcen eines Unternehmens dar. All diese Ausprägungen distinktiver Ressourcen können im weitesten Sinne unter Kompetenzen subsumiert werden, womit sich der Resource-based View schließlich zur *Kernkompetenzperspektive* transformiert.

Charakteristika	**Resource-based View**
Marktphase	eher Emergenzphase
Markstatus	dynamisch
Marktstruktur	nicht bekannt
Betrachtungs- und Wirkungszeitraum	sehr langfristig
Wettbewerbsebene	Unternehmen/Produkte
Planungsobjekt	(diversifiziertes) Gesamtunternehmen
Entscheidungsperspektive	von innen nach außen

Tabelle 9: Charakteristika und Einsatzfeld des Resource-based View[95]

4.2.1.1.2 Kernkompetenzansatz

Grundsätzlich stellen Kernkompetenzen vielmehr eine Konfiguration als eine Ausprägung distinktiver Ressourcen dar.[96] Insofern sind *Kernkompetenzen* hochgradig komplexe organisationale Lernprozesse aufeinander abgestimmter und integrierter Gesamtheiten von Know-how, also personenabhängiger, intangibler Fähigkeiten, Technologien, d. h. sich gegenseitig bedingender materieller Aktiva und organisatorischer Prozesse, die dem Kunden nutzen, geeignet sind, um sich im Wettbewerb im weitesten Sinne zu differenzieren, dabei schwierig zu imitieren sind und Tore zu neuen Märkten öffnen.[97] Dies verdeutlicht auch, daß der Resource-based View respektive der Kernkompetenzansatz hinsichtlich des Marktstadiums insbesondere auf die Emergenzphase abzielt, da durch den Einsatz der Kompetenzen tradierte Anbieterstrukturen aufgebrochen und dadurch ursprüngliche Märkte heterogenisiert werden können bzw. die Möglichkeit der Schaffung ganz neuer Märkte besteht. Dabei können Kernkompetenzen als Integration distinktiver Ressourcen verstanden werden, deren Intransparenz, Komplexität und Ambiguität wesentlich über einzelnen isolierten distinktiven Ressourcen liegt.

Die Kernkompetenzperspektive auf Basis des Resource-based View im Rahmen der Unternehmensstrategie expliziert somit die auf konvergierenden Märkten unabdingbare Notwendigkeit, die Dynamik nicht nur auf Seiten des Unternehmensumfeldes zu erkennen, sondern vielmehr diese Dynamik auf das betrachtete Unternehmen zu rezipieren. Insofern zielt die Kernkompetenzperspektive darauf ab, ausgehend von einer Unternehmensvision strategisch relevante Ressourcen zu erwerben, diese weiterzuentwickeln und Kernkompetenzlücken dynamisch mit

94 Vgl. *BÖRNER* (2000a), S. 71 ff.

95 Entnommen *BÖRNER* (2000a), S. 136.

96 Vgl. *PRAHALAD/HAMEL* (1990), S. 83 f.

97 Vgl. *KNAESE* (1996), S. 26 ff., *BÖRNER* (2000a), S. 79.

Hilfe komplementierender Kernkompetenzen anderer Unternehmen zu schließen. Diese *Metakernkompetenz*, d. h. die Kompetenz zum Kernkompetenzenmanagement und -wettbewerb auf der Ebene der Unternehmensstrategie, ist somit der zentrale Leverage zum Bestehen auf konvergierenden Märkten. Dies gilt insbesondere für die hier beleuchtete äußerst dynamische Multimedia-Branche und die Konvergenz digitaler Medienangebote und Dienste.

Kernkompetenzen können dabei vornehmlich in drei Bereichen wirksam werden:[98]

- *Market-Access Core-Competencies* umfassen die Marktbearbeitung und den Kundenkontakt und beinhalten somit das gesamte Marketing und die Vertriebssteuerung (z. B. Kompetenzen im Bereich Abonnenten-Rückgewinnung), insbesondere jedoch zunehmend das Branding.
- *Integrity-related Core-Competencies* betreffen die Koordination verschiedener Unternehmensteile innerhalb eines Unternehmens, aber auch zwischen verschiedenen Unternehmen. Insofern gewährleisten Integrity-related Core-Competencies eine schnelle, flexible und zuverlässige Zusammenarbeit und realisieren insbesondere Synergieeffekte (z. B. die Prozesse und Verfahren zur Sicherstellung der rechtzeitigen Fertigstellung und Auslieferung einer Tageszeitung). Den Kunden stiften Integrity-related Core-Competencies effektive und gleichzeitig effiziente Leistungen, häufig auch in Form von Systemprodukten, wie sie auf konvergierenden Märkten unabdingbar sind.
- *Functionality-related Core-Competencies* beziehen sich auf die Gestaltung und damit auf die Leistungsfähigkeit der angebotenen Leistungen am Markt. Ein Unternehmen, das über solche Kompetenzen verfügt, kann Produkte bzw. Leistungen anbieten, deren unmittelbarer Nutzen sich deutlich vom Nutzen konkurrierender Angebote abhebt (z. B. ein Verlag, der Print- und Online-Produkt so miteinander verzahnt, daß hierdurch für den Leser ein Zusatznutzen generiert wird).

Letztlich betont die Kernkompetenzperspektive innerhalb der Unternehmensstrategie demnach die Nutzbarmachung von Kernkompetenzen auf Basis von Diversifikations-, Kooperations-, Sourcing-, Investitions- und Desinvestitionsentscheidungen über das horizontale und vertikale Spektrum der Unternehmensaktivitäten. Offen ist dabei jedoch noch die Frage, wie vorhandene unternehmensinterne Ressourcen respektive Kernkompetenzen generell identifiziert werden können. Hierzu bietet sich vor allem eine *Stärken/Schwächen-Analyse* an, die einer mehrstufigen Vorgehensweise folgt. So wird zunächst ein *Ressourcenprofil* mit den im Unternehmen vorhandenen finanziellen, physischen, organisatorischen und technologischen Ressourcen erstellt.[99] In einem zweiten Schritt werden die Ressourcen bewertet, wobei bei der Auswahl der Bezugsgrößen für die Bewertung situative Faktoren, wie z. B. die Entwicklungen des Branchenumfeldes (heterogen-hybride Nachfrage, Branchenkonvergenz etc.), sowie die konkreten Anforderungen der Marktpartner (Kunden, Vertriebspartner etc.) eine Rolle spielen.[100] Folglich steht hier die Frage im Vordergrund, ob die Ressourcen überhaupt exogen in der Lage sind, die Anforderungen der Stakeholder zu erfüllen. Aus den bewerteten Ressourcen lassen sich sodann Aussagen über die Hauptstärken und -schwächen des Unternehmens ableiten. Werden die Ressourcen des/der stärksten Konkurrenzunternehmen(s) noch mit in die Analyse einbezogen, können genau jene Bereiche identifiziert werden, in denen das Unternehmen spezifische Ressourcen erworben hat. Stiften diese einen überlegenen Kundennutzen und sind zudem durch Informations-, Transfer- und Replikationsbarrieren gegenüber der Konkurrenz

---

98 Vgl. BÖRNER (2000a), S. 81.

99 Vgl. MEFFERT (1998), S. 64.

100 Vgl. HABANN (1999), S. 124 f.

geschützt, so stellen die Ressourcen mögliche Kernkompetenzen des Unternehmens dar. Abbildung 39 zeigt ein entsprechendes Vorgehen beispielhaft für einen Verlag im Multimedia-Umfeld unter Einbeziehung seines stärksten Konkurrenten auf.

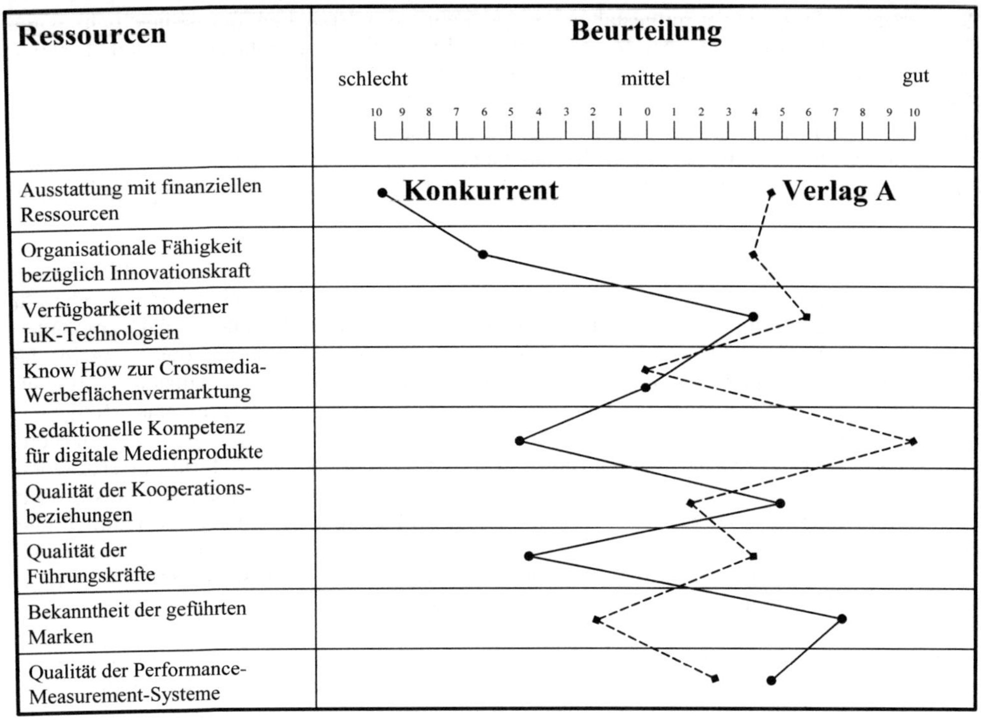

Abbildung 39: Ressourcenprofil eines Verlages

Aus der Berücksichtigung situativer, d. h. marktbezogener Faktoren zur Bewertung des im Unternehmen vorhandenen Ressourcenportfolios wird letztlich deutlich, daß eine vollkommen isolierte Betrachtung von Resource-based View und Market-based View kaum möglich erscheint und auch nicht sinnvoll ist. So liegt auf der Hand, daß eine Beurteilung zur potentiellen Fähigkeit der Nutzenstiftung einer Ressource nur dann möglich ist, wenn zumindest ansatzweise Klarheit über die Bedürfnisse im Markt sowie dessen Entwicklung besteht. Aus diesem Grund wird bereits hier deutlich, daß Unternehmens- und Wettbewerbsstrategie respektive Resource-based View und Market-based View Interdependenzen aufweisen und somit an späterer Stelle integrativ zu behandeln sind. In diesem Zusammenhang ist allerdings hervorzuheben, daß die Erstellung eines Ressourcenprofils zwar sinnvoll ist, aber lediglich eine gegenwartsbezogene Aussage über die im Verlag bereits vorhandenen Ressourcen trifft. Offen bleibt jedoch die Frage der zukunftsbezogenen *Planbarkeit von Ressourcen*, d. h. die Frage, welche Ressourcen zukünftig benötigt werden, wie dementsprechend bestehende Ressourcen weiterentwickelt und geschützt werden können oder aber wie noch nicht vorhandene Ressourcen intern aufgebaut oder über Faktormärkte beschafft werden können. Um dies zu erreichen, bedarf es eines *Branchenvorausblicks* (*Industry Foresight*[101]), indem Entwicklungslinien und mögliche Diskontinuitäten in Technologie, Demographie, Gesetzgebung, Lebensgewohnheiten usw.

---

[101] Vgl. *HAMEL/PRAHALAD* (1994), S. 128.

evaluiert werden, um eine Vorstellung über neue Wettbewerbsräume zu entwickeln.[102] Insofern werden hierbei nicht nur grundlegende Veränderungen z. B. bei Anbietern und Nachfragern antizipiert, sondern vielmehr auch das Entstehen ganz neuer Branchen, deren Marktstruktur dann vom betreffenden Verlag infolge eines langfristig zu entwickelnden, hierzu passenden Ressourcenportfolios aktiv mitgestaltet werden kann. Ein Branchenvorausblick geht dabei über die bloße Entwicklung einer Vision hinaus.[103] Er resultiert vielmehr aus der Kombination von fundierten Analysen und der kreativen Vorstellungsgabe aller Mitarbeiter, also nicht nur der Führungsspitze und spezieller Planungsabteilungen.[104] Dabei liegt nahe, daß Kommunikation im Unternehmen im Sinne der Etablierung einer „kreativen und dynamischen Streitkultur" offensichtlich eine herausragende Rolle zur Generierung eines fundierten Branchenvorausblicks spielt und entsprechend innerhalb einer später darzustellenden Management-Philosophie berücksichtigt werden sollte.

Die Ausführungen belegen jedoch unwiderruflich die Schwierigkeit der genauen Planbarkeit von Ressourcen bzw. Kernkompetenzen. So bedingt die soziale bzw. technische Komplexität der in einer Organisation vorhandenen Ressourcen die Schwierigkeit, mittels Analysemodellen direkte zuordbare Handlungsalternativen aufzuzeigen, da beispielsweise nur durch spezifische Bündelung verschiedener vorhandener Ressourcen Wettbewerbsvorteile entstehen können. Insofern kann es nach der ohnehin schon schwierigen Aufgabe der Generierung eines Branchenvorausblicks lediglich im Rahmen einer daran anschließenden Formulierung einer Unternehmensstrategie darum gehen, wichtige (emergente) Geschäftsfelder und Märkte offenzulegen und daraufhin einen Entwicklungspfad für die zur Marktbearbeitung notwendigen Ressourcen bzw. Kernkompetenzen aufzuzeigen. Dies impliziert im Falle der Entfaltung und Kultivierung eigener Kernkompetenzen die Schaffung entsprechender Rahmenbedingungen,[105] wie beispielsweise die Implementierung flexibler Organisationsstrukturen für äußerst dynamische Märkte, wie dies beim konvergierenden TIME-Sektor der Fall ist.

Somit wird zusammenfassend deutlich, daß der Resource-based View bzw. der Kernkompetenzansatz und eine daraus abzuleitende Unternehmensstrategie stets auf der Anwendung von Kreativität der Unternehmensführung, aber auch aller Mitarbeiter beruht, da es hier im Gegensatz zu normierten Ansätzen ganz entscheidend darauf ankommt, unternehmensindividuelle Kernkompetenzen und deren zum Teil komplexes Zusammenspiel zu identifizieren und diese entsprechend der Vorgabe eines möglichen Entwicklungspfades des Verlages zu kultivieren. Die Offenheit des Kernkompetenz-Ansatzes geht dementsprechend gerade davon aus, individuelle Strategien statt Normstrategien zu formulieren, so daß die eigentliche Herausforderung darin liegt, mit Hilfe der zu generierenden Unternehmensstrategie sowohl bestehende als auch emergente Geschäftsfelder und Märkte jeweils individuell bedienen zu können. Nur wenn dies gelingt, ist ein hoher *strategischer Fit* vom Verlag und seiner Umwelt erzielbar.

4.2.1.2 Wettbewerbsstrategien

Im Gegensatz zu Unternehmensstrategien explizieren Wettbewerbsstrategien, die auch als Geschäftsfeldstrategien bezeichnet werden, die Art und Weise, mit der ein Unternehmen in *einem bestimmten Geschäftsfeld* mit Wettbewerbern konkurriert.[106] Dabei zeichnet sich ein Geschäftsfeld allgemein dadurch aus, daß

---

[102] Vgl. *BÖRNER* (2000a), S. 104.

[103] Vgl. hierzu Abschnitt 5.1, S. 130 f.

[104] Vgl. *BÖRNER* (2000a), S. 104.

[105] Vgl. *BLOHM* (2000), S. 313.

[106] Vgl. *STEINMANN/SCHREYÖGG* (2000), S. 156.

- eine eigene, von anderen Geschäftsfeldern unabhängige Marktaufgabe besteht, die auf die Lösung abnehmerrelevanter Bedürfnisse ausgerichtet ist,
- das Geschäftsfeld am Markt als vollwertiger Konkurrent mit eindeutig identifizierbaren Konkurrenzunternehmen partizipiert und nicht etwa die Funktion eines internen Lieferanten einnimmt,
- die Formulierung und Implementierung eines weitgehend eigenständigen strategischen Handlungsplans erlaubt ist sowie
- vom Geschäftsfeld ein eigenständiger Beitrag zur Steigerung des Erfolgspotentials der Gesamtunternehmung geleistet wird.[107]

Die Bildung strategischer Geschäftsfelder erfolgt aus der Intention, den Gesamtmarkt in intern homogene Segmente aufzubrechen, so daß sich die strategische Planung auf die Bedienung der spezifischen abnehmerbezogenen Anforderungen konzentrieren kann, was die Komplexität des gesamten Planungsprozesses entsprechend verringert. Insofern fokussiert sich eine Wettbewerbsstrategie nicht auf die Gesamtunternehmensebene, sondern vielmehr auf eine Positionierung in einem spezifischen Geschäftsfeld. In diesem Zusammenhang bestehen in der klassischen Strategielehre zwei konträre Strategierichtungen. So geht der marktorientierte Ansatz nach *PORTER* von der *Unvereinbarkeits-* oder *Alternativhypothese*, d. h. von einer Dichotomie von Kostenführerschaft und gleichzeitiger Differenzierung und somit der Formulierung von Entweder-oder-Strategien für das jeweilige Geschäftsfeld aus. Demgegenüber zielt eine Positionierung als hybrider Anbieter darauf ab, eine simultane Kostenführerschaft und Differenzierung realisieren zu können (Sowohl-als-auch-Strategien). Diese neue Betrachtung von Wettbewerbsstrategien ergänzt somit die klassische Dichotomisierungsannahme.[108]

4.2.1.2.1 Entweder-oder-Strategien

Ziel des marktorientierten Ansatzes nach *PORTER* ist es, mit Hilfe geeigneter Geschäftsfeldstrategien unter Beachtung der jeweiligen Wettbewerbssituation in einer Branche *strategische komparative Wettbewerbsvorteile* zu erreichen. Unter einem strategischen komparativen Wettbewerbsvorteil ist dabei die Situation zu verstehen,

- daß aus der Sicht des Kunden entweder der Preis des angebotenen Produkts bei gegebenem Nutzen niedriger oder aber der Nutzen bei gegebenen Preis höher ist als bei der Konkurrenz. Aus Sicht der Unternehmen bedeutet dies, daß im Vergleich zu den Mitbewerbern entweder Kostenvorsprünge realisiert werden können oder aber Produkte und Dienstleistungen mit speziellen Eigenschaften, wie z. B. Funktionalität, Qualität oder Service, ausgestattet werden können, die aus der Sicht des Kunden einzigartig sind.
- Ferner sollte die angebotene Leistung nicht von nachrangiger Bedeutung, sondern auf ein für den Kunden wichtiges Leistungsmerkmal bezogen sein.
- Der Wert dieser Leistung muß mithin auch tatsächlich vom Kunden wahrgenommen werden.
- Letztlich muß der Wettbewerbsvorteil einen dauerhaften Charakter aufweisen, d. h. von den Wettbewerbern nicht kurzfristig imitierbar sein.

---

107 Vgl. *MEFFERT* (1998), S. 225 f.

108 Vgl. *KEUPER* (2002a), S. 64 ff.

Kern des Market-based View bildet stets die Analyse der Unternehmenssituation mit Hilfe der fünf Wettbewerbskräfte, da die Auswahl der Branche, in der sich das Unternehmen positionieren will, maßgeblich für den Unternehmenserfolg verantwortlich ist.

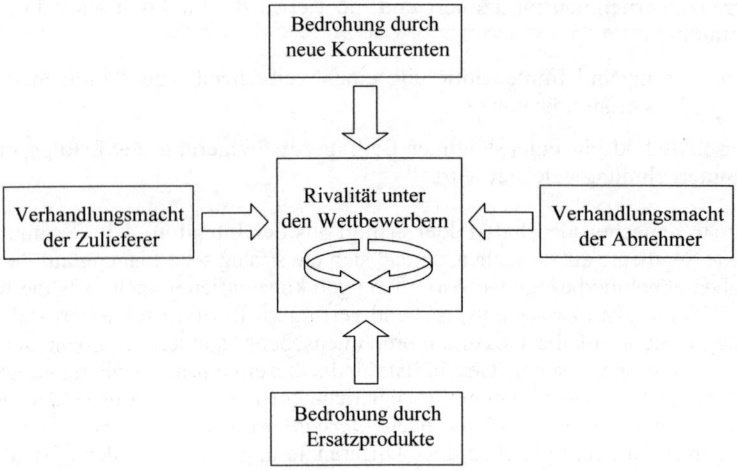

Abbildung 40: Wettbewerbskräfte nach PORTER[109]

Die fünf Wettbewerbskräfte verdeutlichen, wie sich Verhandlungen mit den Lieferanten respektive den Abnehmern, die Rivalität zwischen den Konkurrenten sowie das mögliche Eintreten von Mitbewerbern in den Markt bzw. die Bedrohung von Substitutionsprodukten auf das Gewinnpotential auswirken.[110] So ist z. B. die Rivalität der existierenden Wettbewerber untereinander dann besonders groß, wenn das Branchenwachstum relativ gering ist oder weitgehend homogene Produkte vertrieben werden.[111] Sind die Marktbarrieren niedrig, z. B. bei geringen Know-how-Vorsprüngen oder rudimentären Kostendegressionsvorteilen der etablierten Konkurrenten, so ist die Bedrohung durch potentielle neue Wettbewerber hoch. Neue Konkurrenten erhöhen zudem die Produktionskapazitäten mit dem Ziel, Marktanteile zu gewinnen, was i. d. R. zu einer Preissenkung und damit zu einer Verschlechterung der Rentabilität der etablierten Marktteilnehmer führt. Zudem steigt die Wettbewerbsintensität innerhalb einer Branche, wenn für die Abnehmer (Kunden) neben dem Bezug der Produkte die Alternative besteht, durch Erhöhung der Fertigungstiefe die Bedeutung der extern zu beziehenden Produkte zu senken, um somit gleichzeitig ihre Verhandlungsmacht zu stärken (Verhandlungsmacht der Abnehmer).[112] Können die auf dem Markt existierenden Produkte und Dienstleistungen ferner leicht substituiert werden, wächst die Bedrohung durch Ersatzprodukte und -dienste, was dazu führt, daß auch die Wettbewerbsintensität weiter ansteigt. Ferner wird das Gewinnpotential der jeweiligen Branche durch die Verhandlungsstärke der Lieferanten determiniert. Insbesondere wenn die Qualität der Vorleistungen entscheidend für die Qualität des Enderzeugnisses ist und zudem nur relativ wenige Lieferanten in der Lage sind, z. B. innerhalb einer vorgegebenen Zeit die benötigten Vorleistungen zu liefern, führt dies zu einer Verstärkung der Wettbewerbsintensität innerhalb einer Branche. Zudem besteht auf der Lieferantenseite spiegelbildlich zur

109 Vgl. *PORTER* (1997), S. 26.

110 Die nachfolgenden Ausführungen lehnen sich an *KEUPER* (2001a), S. 3 f. an.

111 Vgl. *BOGASCHEWSKY/ROLLBERG* (1998), S. 5.

112 Vgl. *BOGASCHEWSKY/ROLLBERG* (1998), S. 5.

Rückwärtsintegration auf der Abnehmerseite die Gefahr der Vorwärtsintegration, was die Rivalität unter den Wettbewerbern abermals intensiviert (Verhandlungsmacht der Lieferanten).

Die Ausführungen verdeutlichen, daß *PORTER* das ökonomische Prinzip sehr stark marktkunden-orientiert interpretiert, was zur Unterscheidung dreier strategischer Grundhaltungen führt:[113]

- Die Anpassung an die bestehenden Wettbewerbskräfte und die Abwehr möglicher Bedrohungen sind Inhalt einer eher *defensiv geprägten Ausrichtung*.
- Im Gegensatz zu einer defensiven Grundhaltung ist eine *offensive Ausrichtung* dadurch charakterisiert, daß das Kräftegleichgewicht nicht mehr als Datum angesehen wird. Durch entsprechende strategische Maßnahmen soll die eigene Position vielmehr gestärkt werden, beispielsweise durch Beeinflussung von Markteintrittsbarrieren. Derartige Wechselwirkungen zwischen Unternehmensstrategie und Branchenstruktur werden jedoch bei *PORTER* eher weniger berücksichtigt.[114]
- Ferner besteht die Möglichkeit, Veränderungen der Branchenstruktur frühzeitig zu erkennen, schneller als die Konkurrenz darauf zu reagieren, um so die eigene künftige Position zu verbessern.

Aufbauend auf den drei strategischen Grundhaltungen entwickelt *PORTER* drei *monoerfolgsfaktorzentrierte*[115] Grundstrategien:

- die Kosten- bzw. Preisführerschaft,
- die Differenzierungsstrategie und
- die Nischenstrategie[116]

Während die *Kosten- bzw. Preisführerschaft* darauf abzielt, durch das Ausschöpfen von Effizienzpotentialen positiv auf die Preisseite des vom Kunden wahrgenommenen Preis-Nutzen-Verhältnisses einzuwirken, wird im Rahmen von *Differenzierungsbestrebungen* über das Ausnutzen von Effektivitätspotentialen die Nutzenseite positiv gestaltet.[117] Eine Kombination bzw. gleichzeitige Verfolgung einer Kostenführerschafts- und eine eindeutige Differenzierungsstrategie ist nach *PORTER* lediglich dann möglich, wenn im Zeitablauf von der einen zur anderen Strategie übergegangen wird (Outpacing[118]) oder aber beide Strategien zwar gleichzeitig, aber in unterschiedlichen Teilbereichen des Unternehmens umgesetzt werden.[119] Eine Simultaneität von Kostenführerschaft und Differenzierung erscheint aber auch dann denkbar, wenn die direkten Wettbewerber selbst zwischen den Stühlen sitzen, d. h. weder eine klare Kostenführerschafts- noch Differenzierungsstrategie verfolgen.[120] Weiterhin ermöglichen nach *PORTER* auch innovative Quantensprünge in der Branche, wie beispielsweise die Einführung neuer Technologien und Managementkonzepte als Pionierunternehmen, die temporär gleichzeitige Ausschöpfung

---

113 Vgl. *PORTER* (1997), S. 57 ff.

114 Vgl. *BÖRNER* (2000a), S. 59.

115 Vgl. *KEUPER* (2002a), S. 62.

116 Vgl. *PORTER* (1997), S. 62 ff.

117 Vgl. *KEUPER* (2001a), S. 25.

118 Zum Konzept der Outpacing-Strategien vgl. ausführlich *GILBERT/STREBEL* (1987).

119 Vgl. *BOGASCHEWSKY/ROLLBERG* (1998), S. 14.

120 Vgl. *PORTER* (2000), S. 47.

eines Kostenvorteils und einer Differenzierung des Produkts.[121] Letztlich beweisen gerade vertikal und horizontal verflochtene Großkonzerne, wie z. B. IBM, daß die Differenzierungskosten eines Geschäftsbereichs durch Quersubventionierung anderer Geschäftsbereiche mit einem Kostenvorteil, der sich infolge eines hohen Marktanteils in einem oder mehreren Geschäftsbereichen ergibt, gedeckt werden können, ohne die eigentliche Nettokostenführerschaft zu verlieren.[122]

Grundlegendes Instrument zur Identifizierung potentieller Wettbewerbsvorteile stellt die bereits angesprochene Wertkette dar.[123] Jedes Element der Wertkette kann dabei als Ansatzpunkt für Kostenführungs- und Differenzierungsmöglichkeiten angesehen werden.[124] Wettbewerbsvorteile können jedoch nach *PORTER* vor allem durch die genaue Auswahl von strategisch relevanten Tätigkeiten und deren Abstimmung aufeinander erreicht werden, so daß letztlich die Aktivitäten des Unternehmens nicht nur besser ausgeführt werden („*betriebliche Effektivität*") als die der Konkurrenz, sondern auch für den Kunden unterscheidbar anders.[125] Strategien werden aber stets aus der Branchenstruktur und nicht aus der Unternehmensstruktur abgeleitet, so daß die Wertkette letztlich nur Mittel zum Zweck der Abschöpfung branchendeterminierter Gewinnpotentiale ist.[126] Selbst wenn die Wertkette latent eine unternehmensinterne Sichtweise impliziert, vermag *PORTER*s Konzept nicht explizit daraus Strategien zu generieren. Zudem kann unterstellt werden, daß Strategien sich im Rahmen des Market-based View nur dann ableiten lassen, wenn die Marktstruktur evaluierbar ist, d. h. die Branchenstrukturanalyse auf Basis der fünf Wettbewerbskräfte für einen längeren Zeitraum valide Aussagen liefert. Dementsprechend zielt der Market-based View eher auf die Reifephase eines Marktes ab, da hier im Gegensatz zur Emergenzphase, wo teilweise noch diffuse Markstrukturen vorherrschen, bereits eine eindeutige Positionierung möglich ist.

Charakteristika	**Market-based View**
Marktphase	eher Reifephase
Marktstatus	statisch, homogen dynamisch
Marktstruktur	evaluierbar
Betrachtungs- und Wirkungszeitraum	nicht als Prämisse formuliert
Wettbewerbsebene	Produkt/Preis
Planungsobjekt	strategische Geschäftseinheit
Entscheidungsperspektive	von außen nach innen

Tabelle 10: Charakteristika und Einsatzfeld des Market-based View[127]

4.2.1.2.2 Sowohl-als-auch-Strategien

Sowohl-als-auch-Strategien basieren ebenfalls auf der Outside-in-Perspektive, gehen jedoch im Gegensatz zur Alternativhypothese *PORTER*s von der Simultaneitätshypothese, d. h. Kostenführerschaft und gleichzeitige Differenzierung, aus. Die dabei in den letzten Jahren erarbeiteten Erweiterungen zur Alternativhypothese werden auch unter dem Begriff hybride Wettbewerbs-

---

121 Vgl. *PORTER* (2000), S. 48.

122 Vgl. *PORTER* (2000), S. 47.

123 Vgl. Abschnitt 2.3.1, S. 17 f.

124 Vgl. *BÖRNER* (2000a), S. 56.

125 Vgl. *PORTER* (1997), S. 42 ff.

126 Vgl. *BÖRNER* (2000a), S. 65.

127 Vgl. *BÖRNER* (2000a), S. 136.

strategien zusammengefaßt und stellen eine Dynamisierung der statischen generischen Strategiekonzepte dar.

In einer aktuellen Studie von *JENNER* wird die Bedeutung einer hybriden Wettbewerbsstrategie auch für die deutsche Industrie deutlich. So verfolgen 45 von 220 befragten Unternehmen eine hybride Wettbewerbsstrategie (21%), 100 Unternehmen verfolgen eine Differenzierungsstrategie (45%) und lediglich 15 Unternehmen eine Kostenführerschaft (7%).[128] Dabei erreichen die Geschäftsfelder, die eine hybride Wettbewerbsstrategie verfolgen, ihre Gewinnziele in einem signifikant höheren Ausmaß. Jedoch bestehen im Hinblick auf die Verwirklichung der Marktanteilsziele keine signifikanten Unterschiede zu generisch ausgerichteten Geschäftsfeldern.[129] Letztlich können somit aus den Ergebnissen keinerlei detaillierte Hinweise dahingehend abgeleitet werden, welches die erfolgversprechenden Voraussetzungen für eine marktgerechte Umsetzung einer hybriden Wettbewerbsstrategie sind. Aus den Ergebnissen wird jedoch deutlich, daß es bei einer angestrebten Verfolgung einer hybriden Wettbewerbsstrategie ganz entscheidend darauf ankommt, wie diese operativ und theoretisch fundiert ausgestaltet wird, um im Idealfall in der Praxis simultan in den Besitz unterschiedlicher Fähigkeiten im Hinblick auf das Leistungsangebot zu gelangen.

Neben einer Vielzahl von Instrumenten zur Umsetzung einer hybriden Strategie, die jedoch nachfolgend nicht weiter thematisiert werden (z. B. Outpacing, dynamische Produktdifferenzierung, duale Internationalisierung),[130] ist gerade für den Zeitungs- und Zeitschriftenverlag in der konvergierenden Medienbranche die *Mass Customization* eine relevante Ausgestaltungsform einer Hybridstrategie. Dabei wird im deutschen Sprachraum Mass Customization mit *maßgeschneiderte Massenproduktion* oder *kundenindividuelle Massenproduktion* übersetzt[131] und zielt somit auf eine verstärkte Individualisierung von Markttransaktionen und Leistungsangeboten ab.[132] Insofern kann *Mass Customization* definiert werden als

die einzelkundenindividuelle Massenproduktion von Gütern und Leistungen für einen (relativ) großen Absatzmarkt (kundenindividuelle Variantenfertigung), und zwar zu Kosten, die nahezu denen einer massenhaften (zielgruppenspezifischen) Fertigung eines zugrundeliegenden oder vergleichbaren Standardprodukts entsprechen (anonyme Variantenfertigung).[133]

Dabei werden die Informationen, die zur Individualisierung des Leistungsangebotes benötigt werden, zusätzlich zum Aufbau einer dauerhaften und individuellen Kundenbindung herangezogen. Im Gegensatz zu einem Fertigungsbetrieb ist die Mass Customization gerade aufgrund der Intangibilität digitaler Informationsprodukte im Multimedia-Bereich besonders geeignet, da eine personalisierte Variantenbildung im Sinne einer Losgröße eins zu Grenzkosten von null bzw. nahe null ausgeführt werden kann. So wird beispielsweise im Portal Yahoo nach Anlegen eines Profils mit den individuellen Informationsinteressen des Nutzers ein Nachrichtenfilter aktiviert, der profilspezifische Meldungen auflistet. Notwendige technische Voraussetzung für den Erfolg derartiger kundenindividueller Informationsprodukte sind jedoch ausgereifte Content-Management-Systeme für die effektive und effiziente Produktion und Bündelung mul-

128 Vgl. *JENNER* (2000), S. 15.

129 Vgl. *JENNER* (2000), S. 15.

130 Zur ausführlichen konzeptionellen und kritischen Betrachtung hybrider Wettbewerbsstrategien vgl. *KEUPER* (2002a), S. 86 ff.

131 Vgl. *PILLER* (2000), S. 200.

132 Vgl. *WEHRLI/WIRTZ* (1997), S. 123, *KAHN* (1998), S. 46.

133 Vgl. *PILLER* (2000), S. 206.

timedialer Inhalte, worauf später noch ausführlich eingegangen wird.[134] Deutlich wird aber anhand des angeführten Beispiels, daß Mass Customization im Rahmen digitaler Medienangebote grundsätzlich einer Personalisierungsstrategie entspricht. Dies betrifft ebenfalls innovative Multimedia-Werbung, die wie bei der Zeitung oder Zeitschrift auch im Marketspace eine wichtige Erlösquelle für den Verlag darstellt. So ist denkbar, daß mit Hilfe kollaborativer Filter ein psychologisches Profil des einzelnen Nutzers generiert und dieses mit einer hierauf abgestimmten Werbung verknüpft wird.[135] Personalisierte Informationsprodukte und ggf. Werbung bedingen jedoch, daß alle Wertschöpfungsaktivitäten im Verlag hierauf abgestimmt werden.

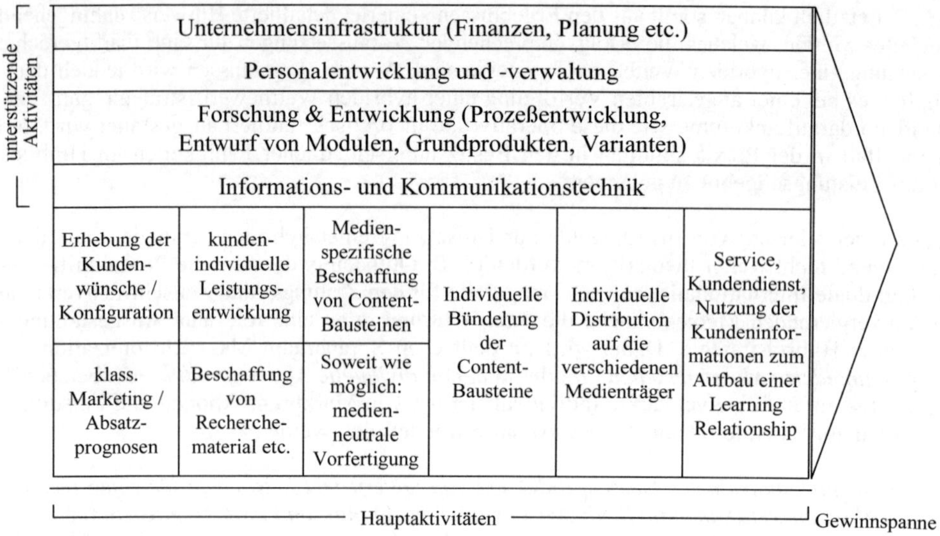

Abbildung 41: Verlagsspezifische Wertschöpfungskette der Mass Customization für den Endkundenbereich[136]

Im Gegensatz zur klassischen Wertschöpfungskette, die mit der Beschaffung von Material beginnt, steht bei der Mass Customization die Erhebung der Kundenwünsche, nun aber der spezifischen Präferenzen eines jeden einzelnen Kunden (innerhalb der Zielgruppe der Individualisten), im Vordergrund der Betrachtung.[137] Dabei richtet sich der Fokus entsprechend der detailliert beschriebenen Hauptaktivitäten in Abbildung 41 im nachfolgenden nur auf den Endkunden, wobei auf die für die Refinanzierung des Medienangebotes wichtigen Werbekunden im Anschluß kurz eingegangen wird.

Die spezifischen *Kundeninformationen* bilden zum einen die Datenbasis für klassische Marketing- und Absatzprognosen, deren Ergebnisse z. B. für die zielgruppenorientierte Massenfertigung des Print-Produkts oder aber für die Beschaffung und Produktion medienneutraler Content-Bausteine genutzt werden können. Zum anderen fließen die kundenindividuellen, im Marketspace interaktiv generierten Einzelinformationen in die spezifische Entwicklung des

134 Vgl. Abschnitt 5.3.1.1, S. 213 ff.

135 Vgl. *ZERDICK ET AL.* (2001), S. 199.

136 In Anlehnung an *PILLER* (2000), S. 208.

137 Vgl. *PILLER* (2000), S. 207.

digitalen Medienproduktes ein. Im Anschluß an die Entwicklung erfolgt die *Beschaffung von medienspezifischen Content-Bausteinen*, wobei die vom Kunden gewünschten Spezifikationen an die beteiligten Wertschöpfungspartner weitergegeben werden, um diese möglichst individuell gestalten zu können.[138] Eine echte Individualisierung im Sinne einer Losgröße eins erfolgt jedoch erst im Rahmen der *Bündelung der Content-Bausteine*, wo sowohl medienneutrale als auch medienspezifische Inhalte entsprechend der Spezifikationen des Kunden zusammengestellt werden. So wäre denkbar, daß ein Nutzer, der sich nur für seine Lieblingsschauspielerin *JULIA ROBERTS* interessiert, nach der Oscar-Verleihung vom Verlag ein Medienprodukt im Internet angeboten bekommt, wo eine medienneutrale Kurzmeldung des verlagseigenen Titels ergänzt wird um einige Exklusivfotos einer Nachrichtenagentur und schließlich noch per Streaming-Verfahren ein kurzer TV-Mitschnitt der Preisverleihung abrufbar ist.

Neben der Erhebung der kundenindividuellen Einzelwünsche und der Integration dieser Informationen in den intra- und interbetrieblichen Herstellungsprozeß ist die Nachkaufphase zum Aufbau einer *Learning Relationship* mit dem Kunden eine weitere tragende Säule des Konzepts.[139] Dies bedeutet, daß im Zeitverlauf das Wissen über den Kunden fortlaufend ansteigt, wodurch idealiter die Kundenbeziehung enger wird.

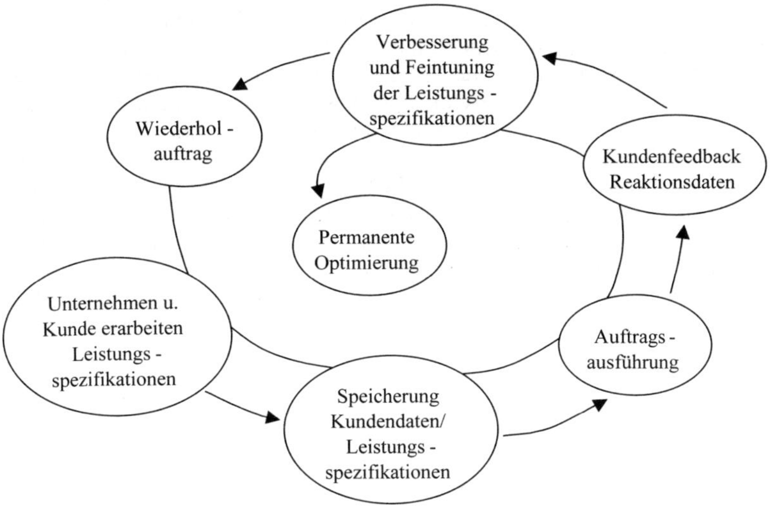

Abbildung 42: Der Prozeß der Learning Relationship[140]

Während die Differenzierung durch die individuelle Erstellung von Medienprodukten auf Basis einer einzelkundenorientierten Bündelung von Content-Bausteinen sowie durch den Aufbau einer dauerhaften, einzelkundenspezifischen Kundenbindung vollzogen wird, basiert gleichbedeutend die Kostenoption auf Effizienzvorteilen im multimedialen redaktionellen Produktionsprozeß, was vor allem durch moderne IuK-Technologien und hier insbesondere Content-Management-Systeme ermöglicht wird.

---

138 In Anlehnung an *PILLER* (2000), S. 208 (modifiziert um verlagsspezifische Aspekte).

139 Vgl. *PILLER* (2000), S. 208.

140 Entnommen *PILLER* (2000), S. 271.

Analog zur Mass Customization für den Endkunden läßt sich das Konzept weiterhin auch auf den Werbekunden als zweite wichtige Kundengruppe des Verlages übertragen. So werden hier zunächst die individuellen Kundenwünsche erfaßt und schließlich – unter Berücksichtigung klassischer Prognosen zur Entwicklung des Werbemarktes – individuelle (crossmediale) Werbekonzepte entwickelt. Die Marketing-Abteilung[141] des Verlages organisiert daraufhin in Zusammenarbeit mit der Werbeagentur des jeweiligen Werbekunden die Kampagne, wobei teilweise spezielles Know-how, beispielsweise für Online-Events, von externen Dienstleistern bezogen wird. Die eigentliche Organisation der Kampagne erfolgt modular, so daß entsprechend der gebuchten Werbeträger hierauf spezialisierte Mitarbeiter oder Teams das Werbekonzept individuell durchführen. Weiterhin liegt noch intensiver als beim Endkunden der Fokus beim Werbekunden auf dem Aufbau einer Learning Relationship, da durch die Nutzung des Feedback vom Werbekunden und ein daraus induziertes kontinuierliches Feintuning der Dienstleistungen die erneute Buchung der vom Verlag angebotenen und vermarkteten Werbeträger zu erwarten ist.

Aus den Ausführungen wird deutlich, daß die Hauptaufgabe der Mass Customization darin liegt, die externe Produktvielfalt, die unabdingbare Voraussetzung für eine kundenindividuelle Leistungserstellung ist und von den Nachfragern wahrgenommen wird, durch eine möglichst geringe, von den Nachfragern nicht wahrnehmbare, interne Produktvielfalt zu erzielen, um so simultan Effektivitäts- und Effizienzpotentiale auszuschöpfen.[142] Allerdings werden die strategischen Erfolgsfaktoren Kosten, Qualität und Zeit nicht gleichwertig und gleichzeitig betrachtet. Dies wird z. B. daraus offensichtlich, daß Mass Customization die Individualisierung, nicht aber zwingend die Qualität des Produkts in den Vordergrund stellt. Vielmehr wird implizit unterstellt, daß individualisierte Produkte auch qualitativ höherwertige Produkte sein müssen.[143] Dies ist aber keineswegs zwingend gegeben, da beispielsweise denkbar ist, daß viele Internet-Nutzer aus persönlichen Datenschutzgründen gar nicht ihre persönlichen Interessen preisgeben wollen bzw. auch keine Speicherung des Nutzerverhaltens wünschen und somit lieber ein nicht individualisiertes Produkt in Kauf nehmen. Unabhängig davon bietet die Mass Customization jedoch eine gute Basis, um in konvergierenden Märkten bestehen, d. h. die zunehmend heterogen-hybride Nachfragestruktur bedienen zu können.[144]

Abgesehen von der Wahl des jeweiligen Typus der Wettbewerbsstrategie sollte letztlich für das betreffende Geschäftsfeld aus den Erkenntnissen der Marktanalyse, die beispielsweise auf Grundlage des vorgestellten Five-Forces-Modells von *PORTER* gewonnen wurden, die *Szenariotechnik* als weiteres Planungsmodell angewendet werden, um so eine aggregierte und zukunftsgerichtete Entscheidungsgrundlage zur Strategieformulierung zu bekommen. Dabei ist die Szenariotechnik dadurch gekennzeichnet, daß durch den Entwurf sich deutlich unterscheidender Zukunftsbilder der Möglichkeitsraum abgesteckt wird, in dem die tatsächliche Entwicklung mit großer Wahrscheinlichkeit erwartet werden kann.[145] Problematisch an der Technik ist allerdings, daß die Zukunft stets als Ganzes betrachtet werden muß, jedoch die einzelnen Marktentwicklungen – wie bereits dargestellt – interdependent sind bzw. oftmals sogar Ambiguitäten aufweisen, so daß jedes Szenario letztlich nur eine von vielen möglichen Entwicklungen aufzuzeigen vermag. Insofern dient das Aufstellen von Szenarien vielleicht der Beschleunigung

---

141 Entgegen dem derzeitigen klassischen Verständnis wird unter dem Dach einer Marketing-Abteilung im Verlag zukünftig das gesamte Markenmanagement sowie die Entwicklung crossmedialer Werbe- und Anzeigenkonzepte zusammengefaßt, vgl. hierzu ausführlich Abschnitt 5.2.2.2, S. 189 f.

142 Vgl. *KEUPER* (2002a), S. 102.

143 Vgl. *KEUPER* (2002a), S. 103 f.

144 Vgl. *KEUPER* (2002a), S. 103.

145 Vgl. *MEFFERT* (1998), S. 1248 f.

des strategischen Planungsprozesses durch Konzentration auf wesentliche plausible Entwicklungsschwerpunkte, darf jedoch nicht als „selbsterfüllende Prophezeiung" mißbraucht werden. Abbildung 43 zeigt abschließend exemplarisch verschiedene denkbare Szenarien für ein mögliches zukünftiges Verlagsgeschäftsfeld UMTS.

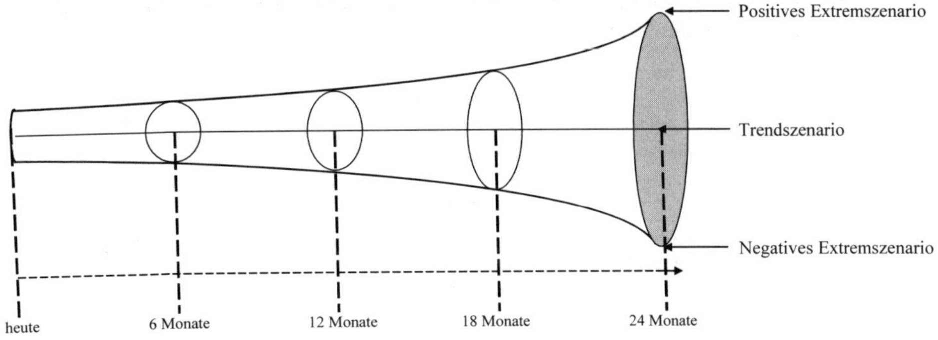

Positives Extremszenario

- hohe Netzabdeckung in Städten und ländlichen Gebieten
- unerwartet hohes Marktinteresse an UMTS
- „Killerapplikationen" im Content-Umfeld
- schnelle Erschließung des Massenmarktes
- hohes Wirtschaftswachstum

Trendszenario

- gute Netzabdeckung in städtischen Gebieten, mäßig in ländlichen Gebieten
- hohe Nachfrage bei spezifischen Content-Nischenangeboten
- hohe Nachfrage im Bereich der High-End-User (z. B. Geschäftskunden)
- Verfügbarkeit weniger, aber zuverlässiger Endgeräte
- Mäßiges Wirtschaftswachstum

Negatives Extremszenario

- schlechte Netzabdeckung
- geringe Marktakzeptanz von UMTS
- wenige geeignete Endgeräte
- finanzschwache Netzbetreiber
- geringes Wirtschaftswachstum

Abbildung 43: Exemplarische Anwendung der Szenario-Technik für ein Geschäftsfeld UMTS

4.2.2 Unternehmensstrategie und Wettbewerbsstrategie – eine integrierte Betrachtung

Aus der isolierten Gegenüberstellung von ressourcenorientierten bzw. kernkompetenzorientierten Unternehmenstrategien und marktorientierten Wettbewerbsstrategien wird deutlich, daß die ressourcenorientierte Betrachtung hierarchisch der marktorientierten Betrachtung übergeordnet ist.[146] Während somit zunächst die Gesamtunternehmensstrategie die Aufgabe der geschäftsfeldübergreifenden Verknüpfung, Integration, Nutzbarmachung sowie Weiterentwicklung distinktiver Ressourcen hat, wird im jeweiligen Geschäftsfeld auf Basis des zur Verfügung stehenden Ressourcenportfolios eine Entscheidung hinsichtlich der Marktpositionierung als Kostenführer, Differenzierer oder hybrider Anbieter gefällt. Insofern sind im Rahmen des Planungsprozesses in einem ersten Schritt Modelle zur Identifizierung distinktiver Ressourcen anzuwenden, wie dies beispielhaft anhand der Erstellung eines Ressourcenprofils verdeutlicht wurde. In einem nächsten Schritt gilt es dann, eine Marktanalyse für das jeweilige Geschäftsfeld durchzuführen, wobei daraufhin beispielsweise mittels der Szenariotechnik plausible, zukunftsgerichtete Entwicklungsschwerpunkte definiert werden können. Die Entscheidung zur Wahl der geeigneten Wettbewerbsstrategie wird jedoch nicht allein anhand der Marktanalysen gefällt, sondern es ist vielmehr auch zu evaluieren, ob die Wettbewerbsstrategie in Einklang mit der Unternehmensstrategie als höchster Rekursionsebene steht. So ist offensichtlich, daß eine wirtschaftlich erfolgversprechende Marktnische im Multimedia-Bereich vom betreffenden

146 Vgl. hierzu ausführlich *BÖRNER* (2000a), *BÖRNER* (2000b), S. 817 ff., S. 118 ff., *KEUPER* (2002a), S. 627 ff.

Geschäftsfeld des Verlages nur dann genutzt werden kann, wenn hierzu z. B. ausreichende finanzielle Ressourcen vorhanden sind, um Anlaufverluste etc. abdecken zu können. Unter Berücksichtigung dieses Aspektes, der die Integration von Unternehmens- und Wettbewerbsstrategien verdeutlicht, sind letztlich in den einzelnen Funktionsbereichen des Geschäftsfeldes detaillierte funktionale Strategien, wie Marketing- und Vertriebs- oder Produktionsstrategien, zu formulieren und koordinieren. Entsprechend findet nicht nur eine vertikale, sondern vielmehr auch eine horizontale Strategieintegration statt.

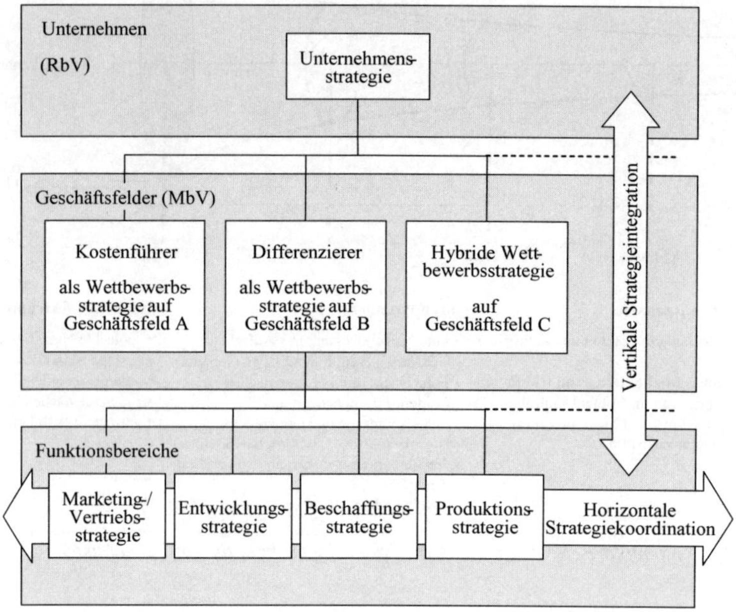

Abbildung 44: Strategische Ebenen eines Unternehmens[147]

Während die bisher vorgestellten Planungsmodelle nur eine isolierte Betrachtung von Unternehmens- und Wettbewerbsstrategie erlaubten und somit von einer vertikalen Interdependenz von Unternehmens- und Wettbewerbsstrategie abstrahieren, steht nachfolgend im Vordergrund, wie aufbauend auf der vollzogenen Aufteilung des Unternehmens in verschiedene strategische Ebenen ein integriertes Planungsmodell für den Verlag entwickelt werden kann, das den realiter herrschenden Abhängigkeiten Rechnung trägt. Dazu sind zunächst unter Berücksichtigung der verschiedenen Facetten der Konvergenz einige wesentliche Schlußfolgerungen bzw. Planungshypothesen hinsichtlich der wahrscheinlichen Entwicklung der TIME-Märkte zu treffen.

Deutlich wurde zum einen, daß trotz der Tendenzen zur Fixed Mobile Convergence und der teilweisen Integration von Datendiensten in mobile Kommunikationsumgebungen insbesondere aufgrund technologischer Restriktionen mobile und stationäre Anwendungen nebeneinander koexistieren werden. Innerhalb der stationären Anwendungen ist im Hinblick auf die unterschiedlichen Nutzungsgewohnheiten – der Multimedia-PC als aktives Lean-Forward-Medium und der Fernseher als passives Lean-Back-Medium – ebenfalls von einer „friedlichen" Koexistenz der beiden Medien auszugehen. Mit zunehmender Penetration von Breitbandanschlüssen werden zwar immer mehr Fernsehfunktionalitäten am PC möglich, doch erscheint es allein

[147] In Anlehung an *DÖRRER* (1999), S. 30, bzw. *KEUPER* (2002a), S. 111.

schon vor dem Hintergrund des oftmals nicht im Wohnzimmer stehenden PCs unwahrscheinlich, daß die große Mehrheit der Nutzer einen Spielfilm am PC-Bildschirm anschaut. Umgekehrt wird beispielsweise das Schreiben und Verschicken von E-Mails noch auf lange Sicht am einfachsten und bequemsten vom PC aus sein. Somit läßt sich schlußfolgern, daß sich für den Konsumenten digitaler Medienangebote drei *Erlebniswelten* herausbilden, die jedoch aufgrund der integrierten Technologie und der Nutzungsgewohnheiten der Konsumenten miteinander interagieren. Dies ist zum einen die in der Emergenzphase befindliche Erlebniswelt *Mobile Business* (*M-Business*) als wesentliche Ausprägung mobiler Anwendungen. Demgegenüber bilden sich im stationären Bereich die beiden Erlebniswelten *Electronic Business* (*E-Business*) und das erst in der Innovationsphase befindliche *interactive Television* (*iTV*) bzw. *Television Business* (*T-Business*) heraus. Wie bereits gekennzeichnet, sind hierbei zwar zum Teil kompetitive Verhältnisse bei der Nutzung von Diensten wahrscheinlich, allerdings überwiegt der komplementäre bzw. synergetische Charakter und beschleunigt somit die Herausbildung bzw. untermauert den Fortbestand der drei Erlebniswelten. Selbst wenn noch keine plattformübergreifende „Killer-Applikation" in Aussicht ist, wird dennoch für den deutschen Markt für das Jahr 2005 ein großes Marktpotential vorhergesagt, wobei fast die Hälfte der Bevölkerung an mindestens zwei der beschriebenen Erlebniswelten partizipieren wird.

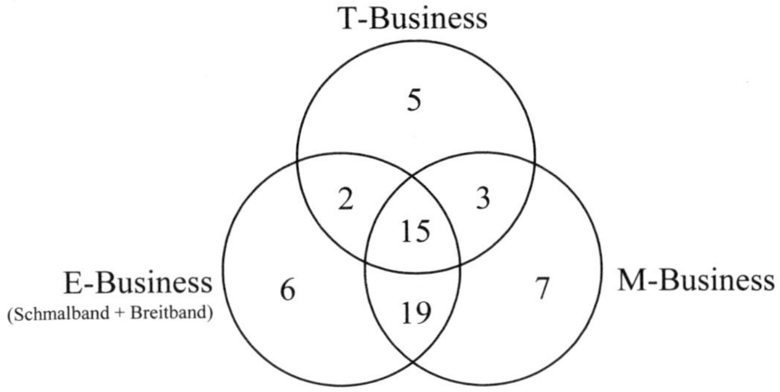

Abbildung 45: Prognostiziertes Teilnehmervolumen an den drei Erlebniswelten für Deutschland im Jahr 2005 in Millionen[148]

148 Vgl. DEPREZ/ROSENGREN/SOMAN (2002), S. 98. Entgegen der Mengenlehre sind die Schnittflächen hier als Zusatzflächen anzusehen. So werden zwei Millionen Teilnehmer für die gleichzeitige Nutzung der Erlebniswelt E-Business und T-Business prognostiziert, ohne daß sich die Anzahl dieser Gruppe aus Teilnehmern der beiden Einzelgruppen rekurriert.

	Nutzer (in Mio)	% der Gesamt-bevölkerung
3 Plattformen	15	18
2 Plattformen	24	29
1 Plattform	18	21
Keine	27	32
Gesamt	**84**	**100**

Tabelle 11: Prognostiziertes Teilnehmervolumen an den drei Erlebniswelten für Deutschland im Jahr 2005[149]

Zur Ausgestaltung der drei Erlebniswelten finden, wie bereits im Rahmen der Marktkonvergenz erläutert, zahlreiche Kooperationsbestrebungen sowie Merger- und Akquisitionsaktivitäten zwischen den involvierten Marktteilnehmern statt, die sowohl ressourcen- als auch strategieinduziert sind. Wird diese aus der Dynamik der Konvergenz resultierende Notwendigkeit der dualen Strategiebetrachtung auf ein Planungsmodell zur Strategiekonzeption übertragen, so ergibt sich entsprechend der hierarchischen Überordnung der ressourcenorientierten Strategiebetrachtung gegenüber der marktorientierten Strategiekonzeption die Struktur eines der Konvergenz der Märkte Rechnung tragenden *Convergence-based View*[150].

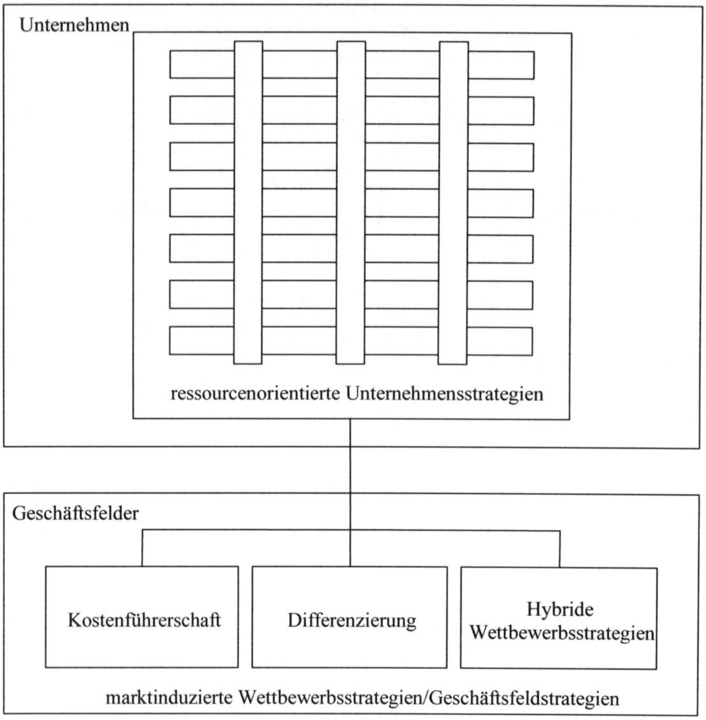

Abbildung 46: Ebenen des Convergence-based View[151]

---

[149] Vgl. *DEPREZ/ROSENGREN/SOMAN* (2002), S. 98.

[150] Vgl. *KEUPER* (2002c), S. 627.

[151] Vgl. *KEUPER* (2002c), S. 629.

Aus der Abbildung wird deutlich, daß der Convergence-based View die zuvor postulierte Aufteilung in zwei strategische Ebenen umfaßt. Während die erste Ebene die Unternehmensstrategie aus einem ressourcenorientierten Blickwinkel festlegt, determiniert auf der zweiten Ebene eine marktorientierte Sichtweise die Strategiebildung.

4.2.2.1 Convergence-based View – ressourcen- bzw. kernkompetenzorientierter Ansatz als Blickwinkel der Unternehmensstrategie (Ebene I)

Die Ebene I des Convergence-based View zielt vor allem darauf ab, die eigenen Kernkompetenzen zu erkennen, diese optimal zu managen, aber auch ein unternehmensübergreifendes Kernkompetenzmanagement umzusetzen, um so effektiv und effizient das Multimedia-Produkt für ein oder mehrere Erlebniswelten erstellen zu können.

Werden also die innerhalb des Multimedia-Wertschöpfungsnetzwerkes dargelegten Wertschöpfungsaktivitäten –

- Erstellung von Formaten, d. h. Konzeption von Medieninhalten jeglicher Art,
- Konzeption von Portalen zur Aggregation, Selektion und Personalisierung,
- Schaffung von Zugängen zu den Portalen,
- Offerierung von Dienstleistungen jeglicher Art auf den Portalen oder für die Betreiber von Portalen,
- Konzeption von Navigationshilfen, um effektiv und effizient zu agieren, und
- Entwicklung, Verkauf bzw. im weitesten Sinne Bereitstellung von Endgeräten zur Darstellung der Medienformate

– mit den drei dargestellten Erlebniswelten –

- M-Business,
- E-Business und
- T-Business

– in Beziehung gesetzt, so ergibt sich ein Resource-based View bzw. eine kernkompetenzbasierte Planungsmatrix zur Entwicklung der Unternehmensstrategie im Rahmen der Multimedia-Branche.

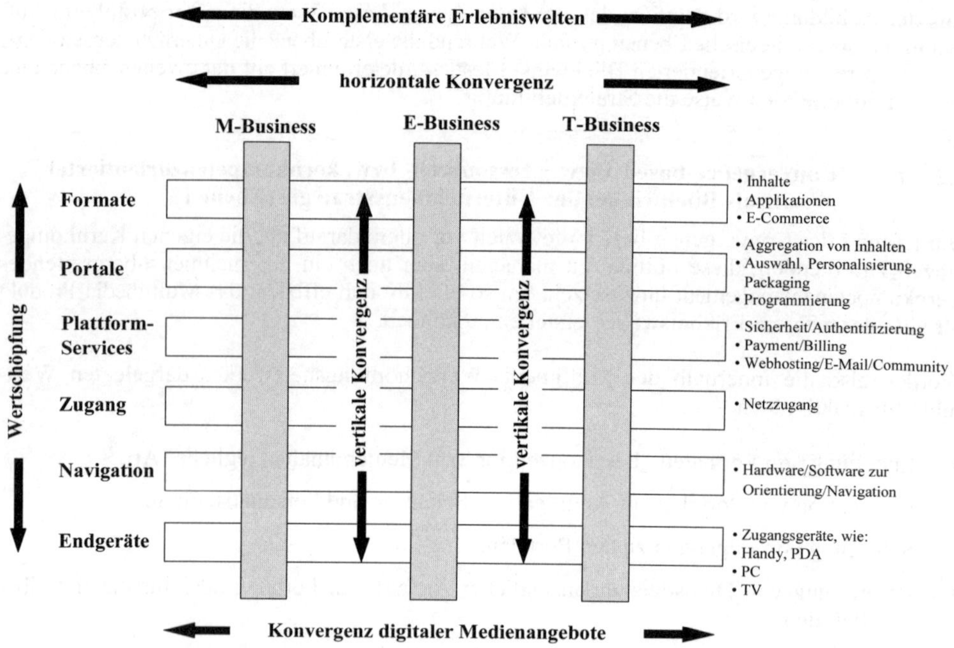

Abbildung 47: Kernkompetenzbasiertes Planungsmodell zur Entwicklung von Unternehmensstrategien in der Multimedia-Branche im Rahmen des Convergence-based View[152]

Für die verschiedenen Akteure in der Multimedia-Branche muß es gemäß des Kernkompetenzansatzes der Unternehmensstrategie das Ziel sein, die eigenen Kernkompetenzen, z. B. in der Content-Erstellung oder in der Bereitstellung von Plattformen respektive Plattform-Services, kontinuierlich weiter auszubauen und gleichzeitig amöbenartig die Kernkompetenzlücken durch Kooperationen und Merger- sowie Akquisitionsaktivitäten zu schließen, ggf. sich aber auch von Unternehmensteilen und Partnerschaften zu trennen. Dementsprechend ist es auch nicht das Ziel des Kernkompetenzansatzes, für die Unternehmen in der Multimedia-Branche eine Normstrategie zu postulieren. Vielmehr gilt es für die Akteure unter Berücksichtigung der eigenen Kernkompetenzen und Kernkompetenzlücken vor dem Hintergrund der strategischen Meta-Moves innerhalb der Branche, spezifische Entscheidungen hinsichtlich einer horizontalen und/oder vertikalen angebotsseitigen Konvergenz zu treffen. Eine Normstrategie wäre auf konvergierenden Märkten geradezu eine absurde Forderung, da die Dynamik der Konvergenz Normen jeglicher Art verstärkt erodieren läßt. Gleichzeitig sind jedoch Standardisierungsbestrebungen, z. B. hinsichtlich der Etablierung eines mobilen Betriebs- und Navigationssystems, voranzutreiben, was aber nicht einer normierten Vorgehensweise entspricht. Eine normierte Vorgehensweise stellt auch deshalb kein Optimum dar, da hiermit keine unternehmensspezifischen Wettbewerbsvorteile aufgebaut werden können. Insofern sind strategische Entscheidungen für die Aufrechterhaltung und Dynamisierung der eigenen Kernkompetenzen zu treffen, und gleichzeitig ist der enormen Dynamik der konvergierenden, später aber auch wieder divergierenden Multimedia-Branche durch ein dynamisches Kooperations- und damit flexibles unternehmensübergreifendes Kernkompetenzenmanagement gerecht zu werden. Nur durch die Metakompetenz

---

152 In Anlehnung an eine Darstellung von *DR. ROHDE,* McKinsey & Inc. (Hamburg) (erweitert) im Rahmen des Vortrages „Konvergenz digitaler Medienangebote" am 26.11.2001 in der Vorlesung „Strategisches Management" von *DR. FRANK KEUPER* an der Universität Hamburg.

des Managements vertikaler und horizontaler angebotsseitiger Konvergenz (Partner-Management) besteht dauerhaft trotz konvergierender und divergierender Marktstrukturen und der damit kontinuierlich initiierten evolutionären und revolutionären Wertschöpfungsveränderungen die Chance, erfolgreich am Markt zu agieren.

4.2.2.1.1 Identifizierung des Konvergenzgrades

Deutlich wird diese Tendenz zum Management von Kernkompetenzen beispielsweise bei der wertschöpfungsstufenübergreifenden vertikalen Konvergenz auf der Angebotsseite, die vornehmlich darauf ausgerichtet ist, die Erlöspotentiale abzusichern. Typisch für konvergierende Märkte ist dabei, daß noch keinesfalls feststeht, auf welchen Stufen der Wertschöpfung der höchste Erlös erzielt wird (fehlendes Value Tracking). Gegenwärtig ist jedoch der Zugang die dominierende Umsatzquelle. Gleichwohl nimmt die Free-Launch-Mentalität des Internet weiter ab, so daß in Zukunft ähnlich wie im M-Business die Nutzung von Content, Services und Portalen mit nutzungsabhängigen Entgelten versehen wird. Exemplarisch ist in diesem Zusammenhang auf die seit Januar 2002 fälligen Gebühren für spezielle Inhalte, wie z. B. Filmvorschauen, Konzertmitschnitte und Sportberichte, beim Portal T-Online einzugehen.[153] Weiterhin wurden auch beim Portal Bild.de bereits Pay-per-Content-Angebote in großem Umfang realisiert, die zu einem späteren Zeitpunkt sogar zu einer Monatspauschaule ausgeweitet werden sollen.[154]

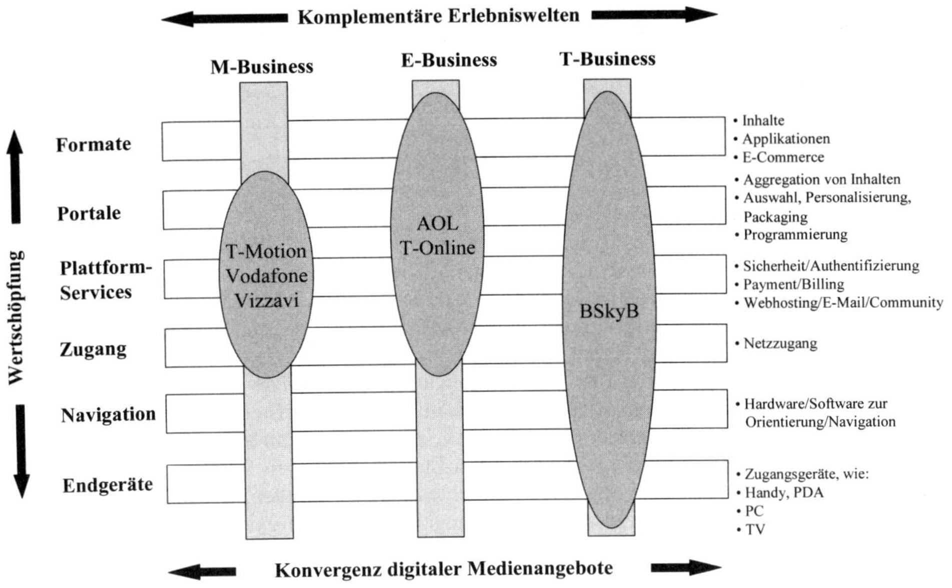

Abbildung 48: Vertikale angebotsseitige Konvergenz

[153] Vgl. online *GRIBITZ* (2001).

[154] Vgl. online *PRÜFER* (2001), sowie Abschnitt 6.4, S. 256 ff.

Eine ähnliche Sichtweise ergibt sich bei horizontaler wertkettenübergreifender Konvergenz auf der Angebotsseite. Hier ist wiederum eine Absicherung bzw. Erschließung von Erlösquellen der Treiber angebotsseitiger Konvergenz. So verdeutlicht eine Prognose des Mobilfunk-Serviceproviders Debitel, daß sich die Wertschöpfung mit dem Start von UMTS-Diensten im Gegensatz zu GSM zunehmend in Richtung Inhalte-Erstellung für die mobilen Endgeräte verschieben wird, was gerade für einen Verlag Grund genug sein sollte, auch Business Cases[155] für Inhalte-Angebote auf mobilen Plattformen aufzustellen.

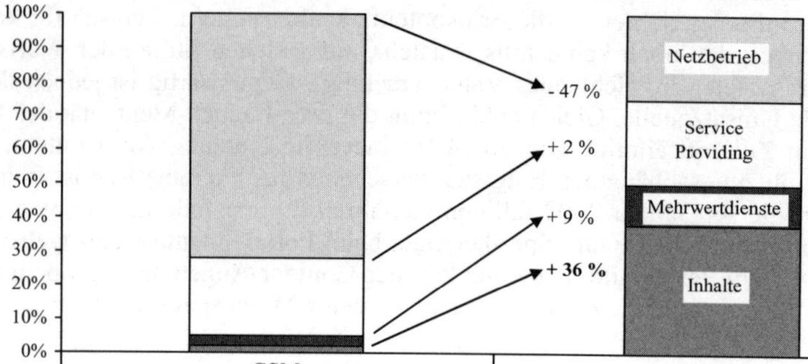

	GSM	UMTS
Netzbetrieb	72%	25%
Service Providing	23%	25%
Mehrwertdienste	3%	12%
Inhalte	2%	38%

Abbildung 49: Prognostizierte Wertschöpfungsverschiebung in der Erlebniswelt M-Business nach UMTS-Einführung[156]

Weiterhin belegt eine Studie des Research-Instituts Jupiter MMXI, daß die Zahlungsbereitschaft für Inhalte in der Erlebniswelt M-Business wesentlicher ausgeprägter ist als im E-Business.[157] Dies stellt somit eine weitere Initialzündung für geeignete verlagsseitige Inhalte-Angebote dar, zumal statische Inhalte aufgrund der erst mittelfristig vorhandenen mobilen Breitbandigkeit und der kleinen Displays von Handys, Smartphones und PDAs die mobile Welt dominieren werden. Demgegenüber spricht die Entwicklung in der Erlebniswelt E-Business dafür, daß sich mit der zunehmenden Penetration von breitbandigen Internet-Anschlüsse dynamische Rich-Media-Inhalte immer mehr durchsetzen werden, für die dann auch eher Zahlungsbereitschaft der Konsumenten zu erwarten ist als bei bloßen statischen Inhalten. Pay-per-Content für statische Inhalte wird somit vermutlich nur bei exklusiven Inhalten, wie beispielsweise einem entgeltpflichtigen Abruf der Titel-Story des Spiegels, speziellen exklusiven Events („Verona Feldbusch feiert Verlobung" etc.), Wirtschaftsinformationen oder Testberichten, durchsetzbar sein.

---

155 Zum Business Case Management vgl. Abschnitt 5.2.2.3.1, S. 191 ff.

156 Vgl. *Gemmel* (2002).

157 Vgl. online *Jupiter MMXI* (2002).

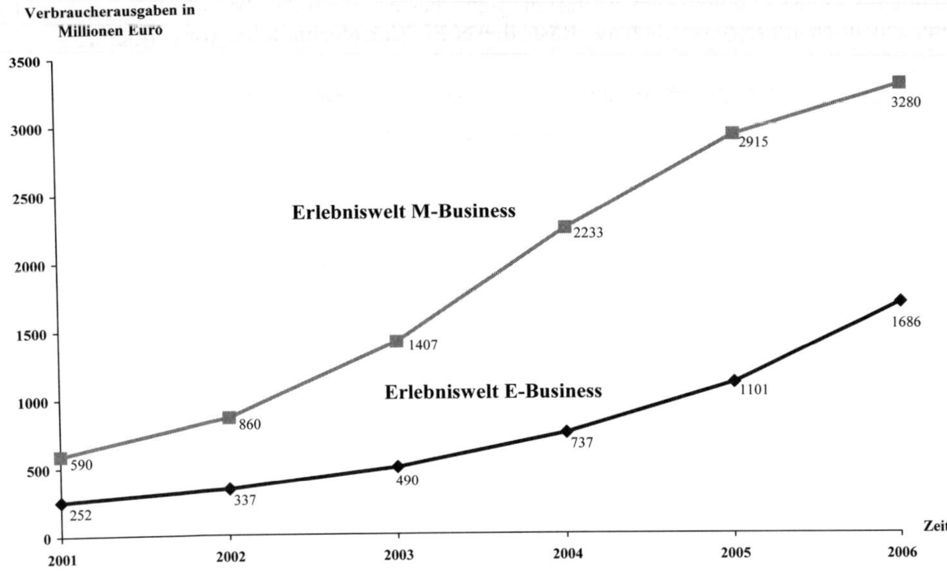

Tabelle 12: *Prognose zu den Verbraucherausgaben (Europa) für kostenpflichtige Inhalte 2001–2006*[158]

Weiterer entscheidender Treiber der horizontalen Konvergenz ist allerdings auch der *Markentransfer* über alle Plattformen, um so auf allen Endgeräten ein markengebundenes Angebot zu offerieren, was zu einer enormen Stärkung des Branding führt. Hierdurch kann die Kundenbindung wesentlich erhöht und gleichzeitig die Personalisierung der Leistungsangebote intensiviert und integrativ über alle Plattformen abgestimmt werden, wodurch die Kundenzufriedenheit weiter gesteigert werden kann. Als Paradebeispiel für horizontal konvergente Medienangebote können die Unterhaltungsshows des Fernsehsenders RTL angesehen werden. So sind die Zuschauer der bekannten Quizshow „Wer wird Millionär?" im dazugehörigen Internet-Angebot in der Lage, realitätsnah in einem „Trainingslager" ihr Allgemeinwissen zu testen. Darüber hinaus kann live während der Sendung im Internet gegen die Fernsehkandidaten gespielt werden, wobei dem erfolgreichen Internet-Spieler ein Gewinn bis zu 1.600 EUR winkt. In diesem Zusammenhang bleibt zu erwähnen, daß langfristig gerade bei derartigen Unterhaltungs-Shows die sich aufgrund noch erheblicher technischer Probleme erst im Entstehen befindliche Erlebniswelt *T-Business* eine große Rolle spielen wird, da dann beispielsweise ein Livespiel ohne Medienbrüche stattfinden kann. Bereits jetzt für die Millionär-Show in der Erlebniswelt *M-Business* verfügbar ist jedoch der SMS-Dienst „Mobiler Millionär", wo auf Abruf 15 Fragen als SMS verschickt werden, auf die dann analog zur TV-Show jeweils eine von vier möglichen Antworten per SMS gegeben werden muß. Ähnlich wie beim Live-Spiel kann auch der mobile Nutzer Geldpreise gewinnen. Weitere horizontal konvergente und sehr erfolgreiche RTL-Medienangebote finden sich beispielsweise noch bei der Reality-TV-Show „Big Brother" oder auch bei der Sendung „Pop Stars" des Schwestersenders RTL II. Aber auch Internet-Portale wie Yahoo oder T-Online, die bisher lediglich in der Erlebniswelt E-Business vertreten waren, bieten zunehmend mobile Dienste an, wie z. B. Informationen via SMS oder WAP bzw. Weiterleitung von E-Mails auf das Handy oder den PDA. Hieraus wird deutlich, daß die Konvergenz der Märkte hin zu einer Multimedia-Branche zwar auf einer einheitlichen Informations- und

158 In Anlehnung an online *JUPITER MMXI* (2002).

Kommunikationstechnologie im weitesten Sinne basiert, originär aber die Dienste aus den unterschiedlichen Erlebniswelten auf Basis dieser Plattformtechnologie konvergieren.

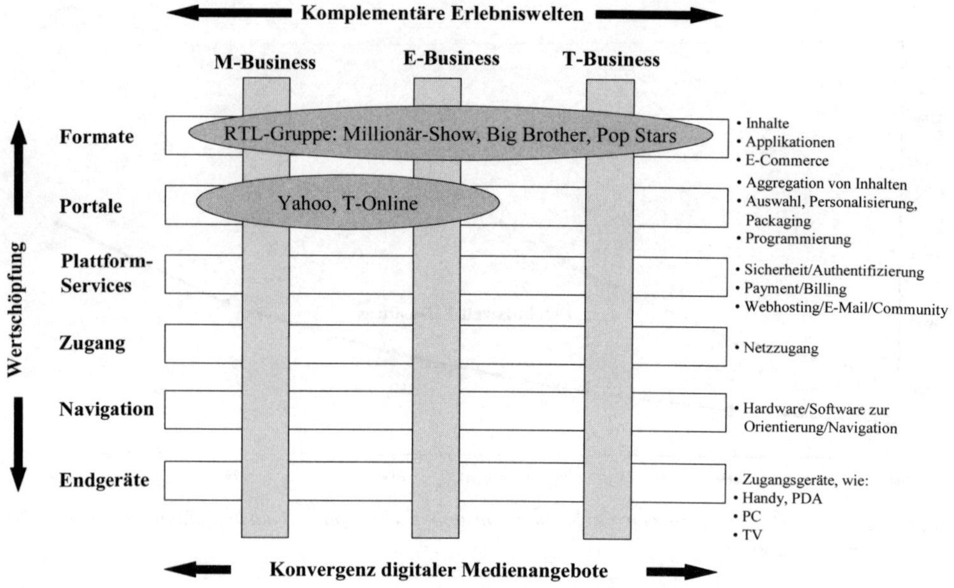

Abbildung 50: Horizontale angebotsseitige Konvergenz

4.2.2.1.2 Identifizierung der strategischen Moves der Marktteilnehmer

Zentral für die Entwicklung und den Erhalt von Kernkompetenzen und das damit unweigerlich einhergehende Management von Komplementärkompetenzen im Rahmen des Metakernkompetenzenmanagements ist die Frage nach den strategischen Moves der relevanten Player im Markt. Dabei lassen sich aggregiert einige wesentliche Stoßrichtungen verifizieren, die in Abbildung 51 dargestellt sind.

Die Kernkompetenz traditioneller Medienunternehmen, die mit den hier untersuchten Zeitungs- und Zeitschriftenverlagen als klassischer Teilmarkt der traditionellen Medienbranche den Schwerpunkt der Untersuchung bilden, liegt im Bereich der *Erstellung von Formaten* sowie deren medienspezifischer Konfektionierung (Packaging) und Vermarktung. Durch ein Engagement auf den drei digitalen Erlebniswelten und die daraus induzierte Crossmedialität der markengebundenen Inhalte können bestehende Kundengruppen gebunden und neue Kundengruppen erschlossen und damit letztlich auch neu entstehende Erlöspotentiale abgedeckt werden. Da die Beherrschung der Kommunikationsplattformen (Portale) als zentraler Wettbewerbsfaktor angesehen wird,[159] geschieht dies meistens im Rahmen eigener, überwiegend vertikaler Portale, d. h. die themenspezifische Tiefe der dargebotenen Inhalte wird entsprechend der ebenfalls meist thematisch klar segmentierten Print-Inhalte gestaltet. Weiterhin ist im Rahmen von Content Syndication ein Verkauf von Inhalten an Dritte möglich, so daß neben zusätzlichen Erlösen auch Skaleneffekte bei der Inhalteproduktion durch deren Mehrfachverwendung realisiert werden können.

---

[159] Vgl. *MIDDELHOFF* (2000), S. 5.

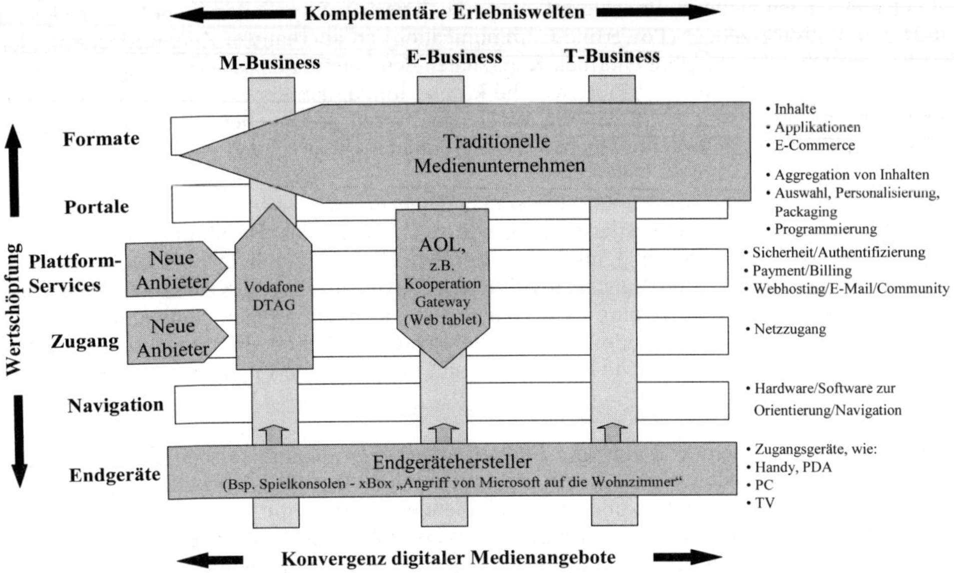

Abbildung 51: Strategische Moves in der Multimedia-Branche

Einen weitereren strategischen Move stellt die vertikale angebotsseitige Konvergenz ausgehend von *Portalen* hin zum Endgerätebereich dar. So zielt z. B. die Kooperation von AOL und Gateway darauf ab, sich im Endgerätebereich zu etablieren, um auf Basis z. B. von Web Tablets mobiles, bequemes Internet im Wohnbereich zu ermöglichen. Aber auch die Kooperation von Microsoft MSN und Compaq im Rahmen eines Webportals für den PDA-Bereich (iPAQ) stellt einen solchen strategischen Move dar. Demgegenüber ist in der entgegengesetzten Richtung ein strategischer Move im Hinblick auf die Zugangsportale zu erkennen. So versuchen derzeit beispielsweise Vodafone oder die Deutsche Telekom massiv, in diesen Bereich sowie die den Portalen vorgelagerte Formaterstellung vorzudringen. Beispielhaft ist auf das zentrale mobile Portal Vizzavi hinzuweisen, das von Vodafone zusammen mit dem Medienunternehmen Vivendi Universal insbesondere für mobile Dienstleistungen der dritten Mobilfunkgeneration gegründet wurde.

Der Bereich *Zugang* stellt einen ambivalenten strategischen Move dar. Derzeit bestimmende Marktform ist nach einer ersten Konsolidierungsphase das Oligopol mit T-Online, AOL, Freenet und Arcor als wesentlichen Playern. Obgleich von hier aus die Erlösquellen über eine angebotsseitige vertikale Konvergenz sehr gut abgeschöpft werden können, spielen gerade Marktführer T-Online und die Deutsche Telekom als Muttergesellschaft ihren Markteinfluß im Zugangsbereich immer wieder aus. So warfen im Rahmen der Angebote von zukunftsträchtigen breitbandigen DSL-Anschlüssen die Hauptwettbewerber der Telekom Preisdumping vor, und nur die Ankündigung höherer monatlicher Überlassungsentgelte und höherer einmaliger Bereitstellungsgebühren der Telekom führte letztlich zur Einstellung eines diesbezüglichen Verfahrens seitens der Regulierungsbehörde für Telekommunikation und Post (RegTP).[160] Dies beweist, daß auch in Zukunft für die Marktteilnehmer im Zugangsgeschäft eine erhöhte Unsicherheit der Geschäftsaktivitäten aus den strategischen Moves der Telekom respektive den Regulierungsentscheidungen der RegTP resultiert. Zudem ist in Zukunft eine erhöhte Wettbewerbsintensität

160 Vgl. online *REGTP* (2002).

mit entsprechenden weiteren Preiskämpfen prognostizierbar. So arbeiten insbesondere Kabelanbieter und Stromerzeuger (Powerline Communication) an alternativen Zugangstechnologien, die über ihre Ubiquität und ihre enormen Kapazitäten dem telefonnetzbasierten Zugang massive Konkurrenz machen könnten.[161] Erschwerend kommt hinzu, daß der Internetzugang eine sehr homogene Leistung darstellt, so daß die Wechselbarrieren der Kunden zu einer neuen, vergleichbaren Technologie bzw. zu einem anderen Anbieter entsprechend gering sein dürften.

Ein stark expandierender Bereich sind die sogenannten *Plattform-Services*, die alle möglichen erforderlichen sekundären Dienstleistungen, wie z. B. Sicherheit, Bezahlung, Kundendienst (Call-Center) oder das Webhosting, umfassen. Vor dem Hintergrund der zunehmenden Konzentration der in der Multimedia-Branche involvierten Player auf eigene Kernkompetenzen und damit einhergehenden Outsourcing-Bestrebungen sowie noch offenen Schwachstellen von Multimedia-Produkten, insbesondere in den Bereichen Sicherheit und Bezahlung, eröffnet diese Wertschöpfungsstufe noch Freiräume für unternehmerische Engagements und entsprechende Marktzutritte.

Letztlich erkennen zunehmend auch die *Endgerätehersteller* die strategische Bedeutung horizontaler und vertikaler Konvergenzen, um nicht mehr nur isoliert für die jeweilige Technologieplattform Endgeräte zu erstellen und die verbleibenden Wertschöpfungsstufen respektive die damit verbundenen Erlösquellen des Multimedia-Wertschöpfungsnetzwerkes anderen Akteuren zu überlassen. Aber auch die Sorge der Hersteller der Telekommunikationsausrüster um die durch die teuren UMTS-Lizenzen finanziell stark belasteten Netzbetreiber läßt eine Tendenz zum Vordringen in die Wertschöpfungsstufe Formate erkennbar werden. So entwickeln derzeit sowohl Nokia als auch Ericsson Spiele, Klingeltöne, Display-Logos und andere Applikationen in der Hoffnung, damit nicht nur den eigenen Absatz von Handys in Schwung zu bringen, sondern auch auf der Seite des Netzbetreibers Impulse für einen höheren Umsatz pro Kunden (ARPU = Average Return Per User) zu geben.[162] Hieraus wird deutlich, daß dieser strategische Move für die Ausrüster nicht uneigennützig ist, denn diese sind letztlich vom wirtschaftlichen Erfolg der Netzbetreiber abhängig.[163]

Einen strategisch bedeutsamen Schritt in Richtung auf eine gleichzeitig horizontale und vertikale angebotsseitige Konvergenz unternimmt derzeit Microsoft mit der Entwicklung und dem Vertrieb einer integrativen Spielekonsole, der sogenannten xBox. Die xBox beinhaltet sowohl eine Set-Top-Box für die später mögliche Nutzung interaktiven Fernsehens als auch einen Personal Computer auf Basis eines Pentium-III-Prozessors mit 600 Mhz Taktung und 8 GB Festplatte.[164] Damit können problemlos Video-Angebote heruntergeladen, gespeichert und bei Bedarf abgespielt werden. Microsoft unternimmt somit ausgehend von seiner Vorherrschaft im Bereich der SOHOs einen massiven „Angriff auf die Wohnzimmer" der Nutzer, wobei insbesondere in Deutschland die Vision eines xBox-Zugangs zu interaktiven Fernsehangeboten aufgrund der fehlenden Rückkanalfähigkeit der Kabelnetze erst auf lange Sicht erfüllbar erscheint. Aber auch die Entwicklung eines im Januar 2002 unter dem Projektnamen *Mira*[165]

---

[161] Vgl. beispielsweise *Kartes* (2001), S. 58 ff.; zur Beschreibung der Powerline-Technologie und den Marktzugangsplänen der Anbieter oder allgemeiner zu alternativen Zugangstechnologien vgl. *PricewaterhouseCoopers* (2000), S. 56 ff., *Keuper/Niemojewski/Plehn* (2002), S. 193 ff.

[162] Vgl. online *Krosta* (2002).

[163] Hieraus wird bereits die gegenseitige wirtschaftliche Abhängigkeit innerhalb eines zu konstituierenden Wertschöpfungsnetzwerkes deutlich, was bei der Ausgestaltung eines Multimedia Supply Chain Management nochmals aufgegriffen wird, vgl. Abschnitt 5.2.2.1.2, S. 170 ff.

[164] Vgl. *Forrester Research* (2000a).

[165] Die portablen Flachbildschirme werden jedoch zukünftig unter dem Namen „Windows powered Smart Displays" vermarket.

vorgestellten Monitors in Form einer Schreibtafel, die einen ortsunabhängigen Zugriff aufs Internet innerhalb von Wohnräumen erlaubt, ist dem Streben Microsofts nach Angeboten für mobiles und bequemes Surfen im gesamten Haushalt zuzurechnen. Letztlich verdeutlicht der Schritt Microsofts, zukünftigen PDAs eine Mindestausstattung in Form eines Intel-Strong-Arm-1110/206-Prozessors plus 32 Mbyte Arbeitsspeicher sowie 32 Mbyte ROM vorzuschreiben, damit die Hersteller das neue Betriebssystem Pocket PC 2002 erhalten, obwohl auch andere geringere Leistungsspezifikation für den Betrieb des Systems ausreichen, das horizontale angebotsseitige Konvergenzengagement des Branchenriesen in der M-Business-Erlebniswelt. Damit werden die PDA-Hersteller faktisch zur „verlängerten Werkbank" von Microsoft.

Als Fazit der *kernkompetenzorientierten ersten Perspektive des Convergence-based View* kann festgehalten werden, daß es prinzipiell das Ziel aller Akteure in der Multimedia-Branche sein muß, ein mehr oder weniger stark horizontal und/oder vertikal konvergentes Unternehmen bzw. Unternehmensnetzwerk zu schaffen. Dabei skizziert Abbildung 52 das konvergente Medienunternehmen AOL Time Warner, das durch vertikal und horizontal übergreifende Integration sowie zahlreiche Kooperationspartner rein strategisch betrachtet das Paradebeispiel für ein der Multimedia-Wertschöpfung sowie den drei Erlebniswelten M-Business, E-Business und T-Business angepaßtes konvergentes Unternehmen ist.

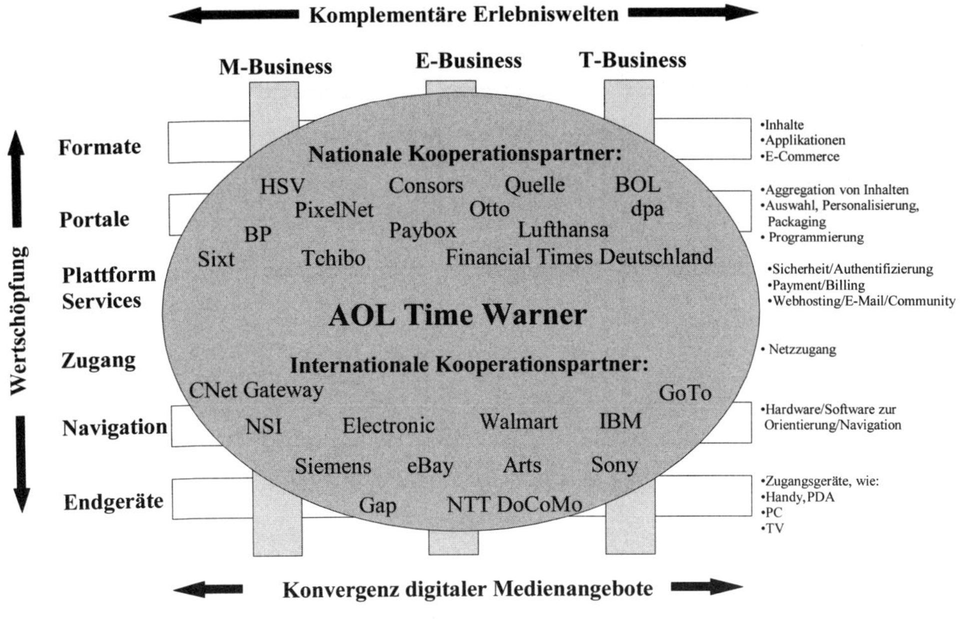

Abbildung 52: Das konvergente Unternehmen AOL Time Warner[166]

[166] Die dargestellten Kooperationspartner stellen nur eine sehr kleine Auswahl dar. Sämtliche Kooperationspartner von AOL Time Warner darzustellen, würde den Rahmen sprengen.

4.2.2.1.3 Planung der unternehmensspezifischen Moves

Die zuvor gewählte Darstellung von sechs Wertschöpfungsstufen läßt sich für eine eher praxisinduzierte Vorgehensweise im Rahmen des strategischen Planungsprozesses noch weiter simplifizieren, um so auf hohem Aggregationsniveau erste strategische Stoßrichtungen festlegen zu können. So werden nachfolgend aus Vereinfachungsgründen die vorwiegend dem Medienbereich zuzuordnenden Wertschöpfungsstufen Formate und Portale zu einer Wertschöpfungsstufe zusammengefaßt. Analog dazu werden die telekommunikationsorientierten Plattform-Services und der Zugang sowie die IT-orientierten Wertschöpfungsstufen Navigation und Endgeräte miteinander kombiniert. Entsprechend ergibt sich nunmehr eine *Neun-Sektoren-Planungsmatrix*, die Verlage, aber auch generell alle Unternehmen der TIME-Branche zur Planung angebotsseitiger Konvergenz verwenden können.

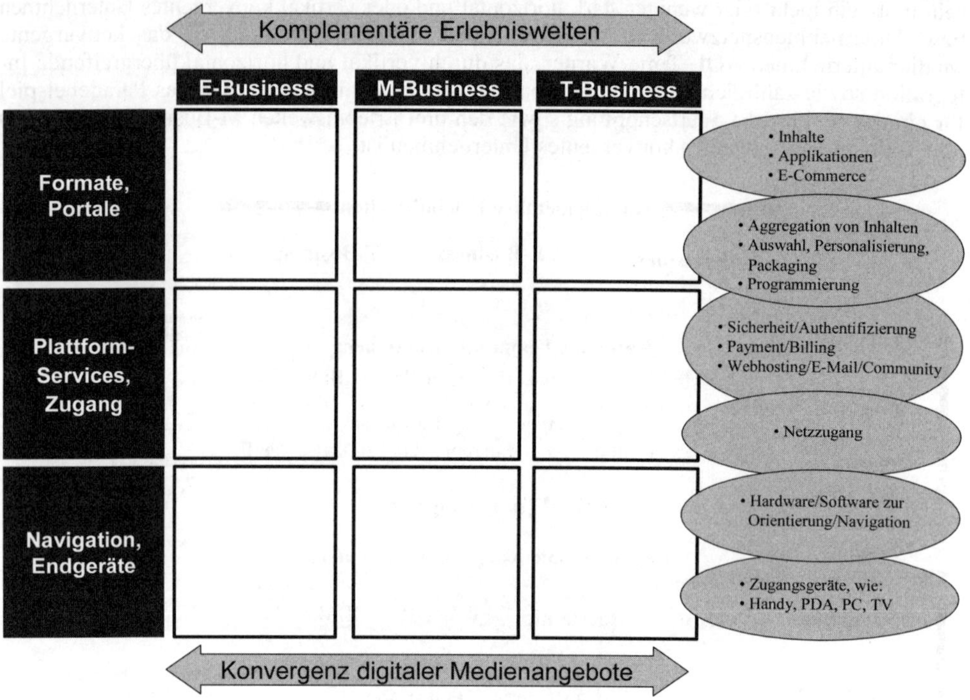

Abbildung 53: Die Neun-Sektoren-Planungsmatrix der digitalen Erlebniswelten[167]

Die in Abbildung 53 dargestellte Neun-Sektoren-Matrix dient somit einerseits dazu, die strategischen Moves in der TIME-Branche abzubilden, andererseits aber auch dazu, zu erkennen, wo Kernkompetenzlücken bestehen, die dann mit Hilfe von Kooperationen oder Merger- und Akquisitionstätigkeiten zu schließen sind. Will sich beispielsweise ein Verlag in der Erlebniswelt M-Business engagieren, so gilt es, Kooperationen mit Netzbetreibern und Endgeräteherstellern einzugehen, um die Inhalte über mobile Distributionswege vermarkten und auf mobilen Endgeräten darstellen zu können. Ziel ist es somit, dem Endkunden eine multimediale Welt aus einer Hand anzubieten, so daß dieser in allen denkbaren Nutzungsumgebungen auf ein entsprechendes markengebundenes Informationsangebot zugreifen kann.

---

167 In Anlehnung an *HÜNING/KEUPER* (2002), S. 28.

Offen bleibt jedoch noch die Frage eines branchenübergreifenden Planungsmodells, d. h. die Entwicklung eines Planungshilfsmittels für Unternehmen, die von der Konvergenz des TIME-Sektors entsprechend der Darstellung im Konvergenz-Ring-Modell[168] mittelbar betroffen sind. So steht analog zum angeführten Verlagsbeispiel ein Automobilhersteller, der mobile elektronische Dienstleistungen (sog. Telematik-Dienste) in seinen Autos anbieten und sich somit in der Erlebniswelt M-Business engagieren will, vor der Frage, welche Kompetenzen hierzu selbst erbracht werden können und welche Kompetenzen über Kooperationen einzubringen sind.[169] Für einen derart branchenübergreifenden Planungsansatz bietet sich die Erweiterung der Neun-Sektoren-Matrix zu einem *Convergence Cube* an, der die digitalen Erlebniswelten sowie die Multimedia-Wertschöpfungsstufen mit den jeweilig untersuchten Branchen in Beziehung setzt.

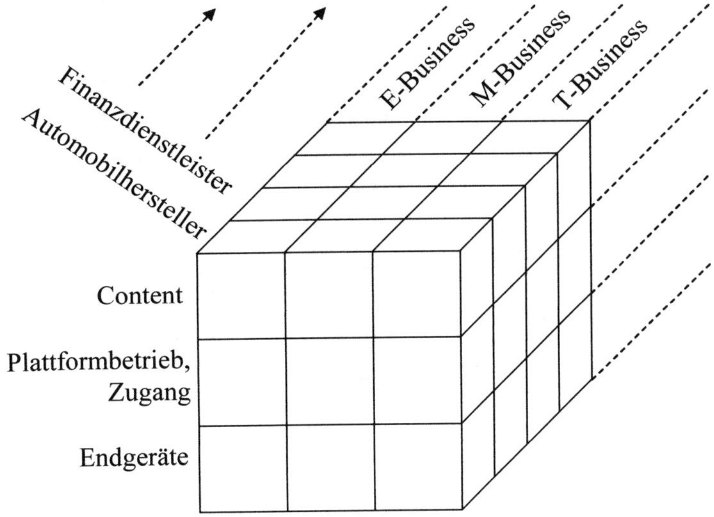

Abbildung 54: Der Convergence Cube als branchenübergreifendes Modell zur Planung angebotsseitiger Konvergenz[170]

Der Convergence Cube läßt sich schließlich bei einer *spezifischen Branchenbetrachtung* noch weiter konkretisieren, indem die digitalen Erlebniswelten sowie die Multimedia-Wertschöpfungsstufen mit den traditionellen Wertschöpfungsstufen der jeweiligen Branche verbunden werden.

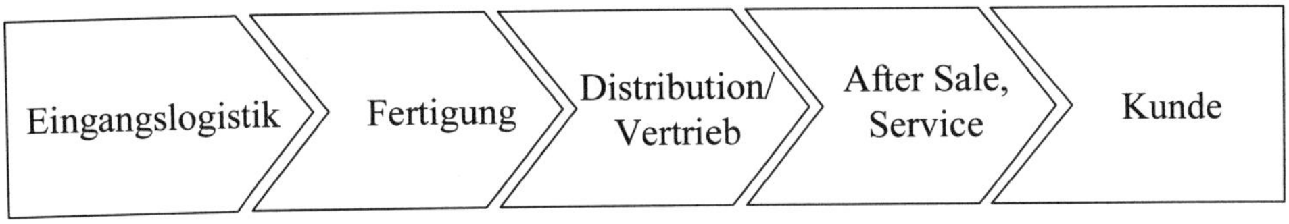

Abbildung 55: Aggregierte Wertschöpfungskette der Automobilbranche

168 Vgl. Abschnitt 3, S. 36.

169 Vgl. MEHL/HANS (2002), o. S.

170 Die angeführten Branchen dienen nur als Beispiel für durch die Konvergenz mittelbar beeinflußte Industrien.

Abbildung 55 visualisiert beispielsweise die vereinfachte Wertschöpfungskette eines Automobilherstellers, die in einem nächsten Schritt auf der z-Achse des Convergence Cube abgetragen wird. In jeder der einzelnen Wertschöpfungsstufen lassen sich durch Anwendung von E-Technologien und damit automatisch entstehenden Berührungspunkten zur Multimedia-Wertschöpfung enorme Effektivitäts- und Effizienzpotentiale ausschöpfen.

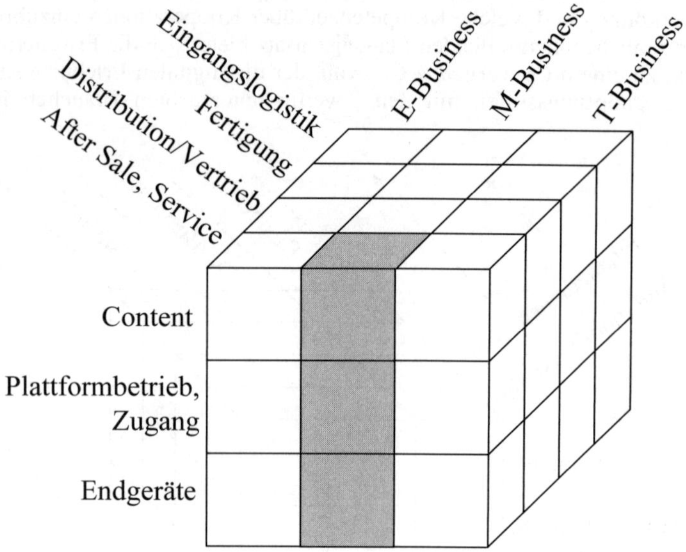

Abbildung 56: Planung von Telematik-Diensten in der Automobilbranche anhand des Convergence Cube

Dies wird u. a. anhand des bereits angeführten Beispiels eines vom Automobilhersteller angestrebten After-Sale-Angebotes im Automobil deutlich. Dabei hat ein Automobilhersteller bei der Entwicklung von Telematik-Diensten die Kernkompetenz im Bereich der Navigation, d. h. die Fähigkeit, Endgerät, Software und Bedienelemente ins Auto so zu integrieren, daß der Fahrer sicher und bequem während der Fahrt die Telematik-Dienste nutzen kann. Allerdings gilt es, mit Endgeräteherstellern passende Hardware-Lösungen zu entwickeln, wie dies beispielsweise bei BMW mit den Herstellern Becker und VDO der Fall ist. Weiterhin ist auch eine Zusammenarbeit mit Mobilnetzbetreibern, wie Vodafone oder Deutsche Telekom, einzugehen, um zuverlässig und flächendeckend Telematik-Dienste anbieten zu können. Für das Angebot von Diensten selbst ist es letztlich notwendig, Kooperationen mit Content-Anbietern – wie Zeitungs- und Zeitschriftenverlagen – einzugehen. So wäre denkbar, daß ein Automobilhersteller mit der Zeitschrift Max kooperiert, um dem Fahrer in Großstädten Informationen zu Sehenswürdigkeiten und Restaurants anbieten zu können.

Während dies nur die endkundennahe Wertschöpfungsstufe After Sale und Services beschreibt, sind gleichfalls in den vorgelagerten Stufen E-Technologien einsetzbar, wobei entsprechend des rein professionellen Einsatzes in diesem Zusammenhang eher von *Anwendungswelten* als von Erlebniswelten zu sprechen ist. Beispielsweise zielt die auf offenen Internet-Standards basierende Plattform mySAP.com des Software-Herstellers SAP darauf ab, durch flexible Vernetzung vom Automobilhersteller, seinen Zulieferern und weiteren Geschäftspartnern die automobile Supply Chain – und hier insbesondere die Eingangslogistik des Herstellers – zu optimieren. Dabei stellt sich zwangsläufig auch die Frage, welche Inhalte in welcher Form und auf welchem Endgerät den jeweiligen Mitarbeitern zugänglich gemacht werden sollen. So ist es sicherlich für einen konstanten Warenfluß sinnvoll, dem Spediteur aktuelle Bedarfsdaten von Teilen digital zu übermitteln (Anwendungswelt E-Business). Ein Mitarbeiter der Spedition kann daraufhin unter Einbeziehung der von einem Content-Lieferanten in real-time übermittelten aktuellen Verkehrs- und Wettermeldungen die Routenplanung für den Fahrer vornehmen und diese schließlich auf das mobile Endgerät des Fahrers übertragen (Anwendungswelt M-Business).

Aus den angeführten Beispielen wird deutlich, daß der Convergence Cube ein probates Planungshilfsmittel sowohl für Unternehmen der TIME-Branche zur Planung diagonaler Kooperationen als auch auch für bisher nur mittelbar von der Konvergenz tangierte Branchen ist. Gerade die sogenannnte Old Economy steht derzeit vor der Herausforderung, Multimedia-Kanäle im Rahmen von Multi-Channel-Strategien[171] zu adaptieren, um hierdurch entweder dem Kunden Mehrwert zu bieten und ihn damit langfristig an sich zu binden und/oder ganze Geschäftsprozesse zu rationalisieren. Die Potentiale des Einsatzes von Multimedia variieren dabei nach der betrachteten Branche. So kann für die hier analysierte Automobilbranche prognostiziert werden, daß die Transformationsprozesse zwar eine Rollenverschiebung innerhalb der Branche induzieren, was beispielsweise daran deutlich wird, daß nunmehr der Hersteller selbst neben dem Händler durch das Angebot von Telematik-Diensten einen direkten Kontakt zum Kunden aufbaut.[172] Keinesfalls wird jedoch die automobile Wertschöpfungskette mit den Multimedia-Wertschöpfungsstufen konvergieren, da die physische Produktion des Autos nach wie vor im Mittelpunkt stehen wird.

Demgegenüber ist die *Finanzdienstleistungsbranche* fundamental über alle Wertschöpfungsstufen hinweg von einer Verschmelzung mit den Multimedia-Wertschöpfungsstufen betroffen.

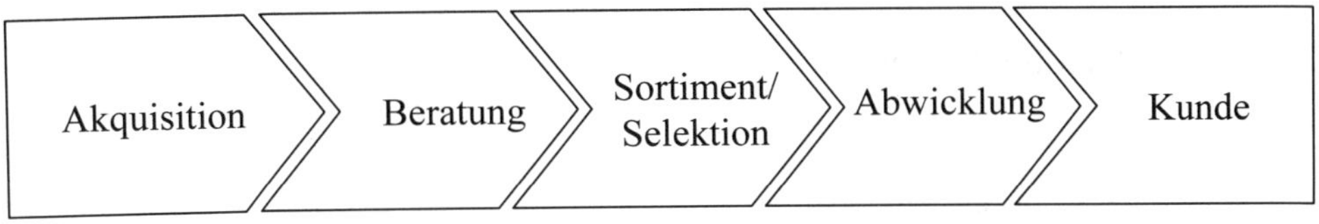

Abbildung 57: Wertschöpfungskette einer Bank[173]

Innerhalb der *Akquisitionsphase* ist es so schon jetzt für einen jeden Finanzdienstleister von fundamentaler Bedeutung, ein umfangreiches Informationsangebot im Internet zu angebotenen Anlageformen, Krediten usw. bereitzustellen. Gerade hier sind auch potentielle Konkurrenzverhältnisse zu einem Verlag möglich, da die Bank beispielsweise aktuelle Börsenanalysen exklusiv in einem eigenen Internet-Angebot bereitstellen kann und den Content nicht mehr an eine Anleger-Zeitschrift wie Börse Online liefert. Umgekehrt kann aber auch das Internet-Angebot einer Anleger-Zeitschrift für eine Bank unerwünscht sein, da hier z. B. Informationen über Kreditangebote verschiedener Finanzinstitute gebündelt werden und somit für den interessierten Kreditnehmer mehr Informationstransparenz geschaffen wird. Ein umfassendes Informationsangebot wirkt sich auch insofern auf die Wertschöpfungsstufen *Beratung* und *Selektion* aus, als der Kunde möglicherweise anhand der Angabe persönlicher Präferenzen online selbst ein maßgeschneidertes Finanzprodukt konfiguriert und somit ganz wesentliche Aufgaben eines Finanzberaters übernimmt. Andererseits werden derzeit auch verstärkt Außendienstmitarbeiter von Finanzdienstleistern mit Multimedia-Technologien ausgestattet, so daß wichtige Kundeninformationen durch Einwahl ins firmeneigene Intranet abgerufen bzw. nach Abschluß eines Vertrages die relevanten Informationen sofort in die Back-Office-Bereiche übermittelt und

---

171 Vgl. HÜNING/KEUPER (2002), S. 27 f.

172 Vgl. MEHL/HANS (2002), o. S.

173 In Anlehnung an BÖRNER (2000a), S. 179.

weiterverarbeitet werden können (*Abwicklung*). Hieraus wird deutlich, daß Multimedia-Kanäle im Gegensatz zur Automobil-Branche hier die traditionelle Wertschöpfung fundamental verändern, indem durch die Adaption von Multimedia-Kanälen eine Art bequeme „Selbstbedienungsorganisation" für den Kunden geschaffen wird, so daß sich letztlich auch innerhalb der Organisation ganze Aufgabenbereiche bzw. Rollen substituieren lassen. Dadurch wird letztlich auch Veränderungsdruck auf die gesamte Branche ausgelöst, so daß langfristig ein Teil des kostenintensiven Filialgeschäfts eingespart werden kann (Effizienz). Gleichzeitig ergibt sich für den Kunden Mehrwert dadurch, daß er in der Lage ist, beispielsweise bequem Überweisungen oder Wertpapierkäufe über den heimischen PC, später gar über ein mobiles Endgerät oder ein interaktives Fernsehgerät auszuführen (Effektivität).

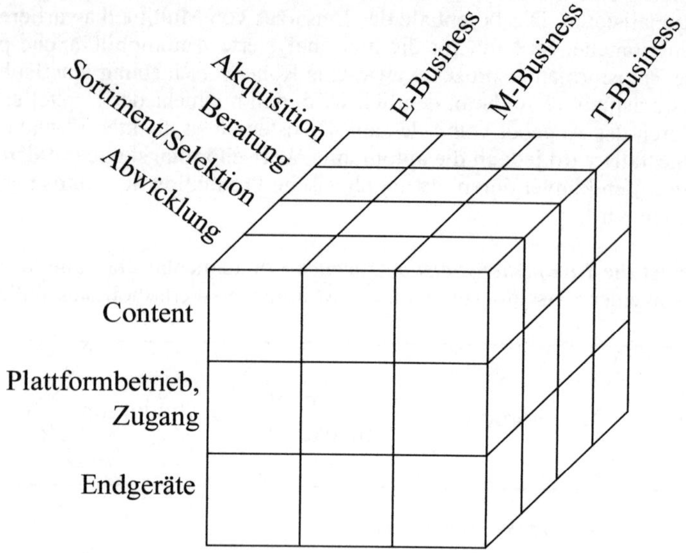

Abbildung 58: Der Convergence Cube für die Finanzdienstleistungsbranche

Als Ergebnis der vielen branchenübergreifend und parallel verlaufenden Transformationsprozesse ist die Herausbildung einer „*Converged Economy*" prognostizierbar, in der Branchen- und Unternehmensgrenzen zunehmend verschwimmen.[174] Dadurch kommt es langfristig für ein jedes Unternehmen zumindest in gewissen Teilbereichen darauf an, Kernkompetenzlücken zu erkennen und diese insbesondere durch Eingehen von Kooperationen zu schließen. Insofern ist bereits an dieser Stelle hervorzuheben, daß die bis dato vorgestellten Planungsansätze, das später erläuterte Management-Konzept des Multimedia Supply Chain Management sowie die Grundgedanken zum Performance Measurement unter Berücksichtigung entsprechender Anpassungen auch auf andere Branchen im Sinne eines *Konvergenz-Managements* anwendbar sind.

174 Vgl. *KEUPER* (2002d), S. V.

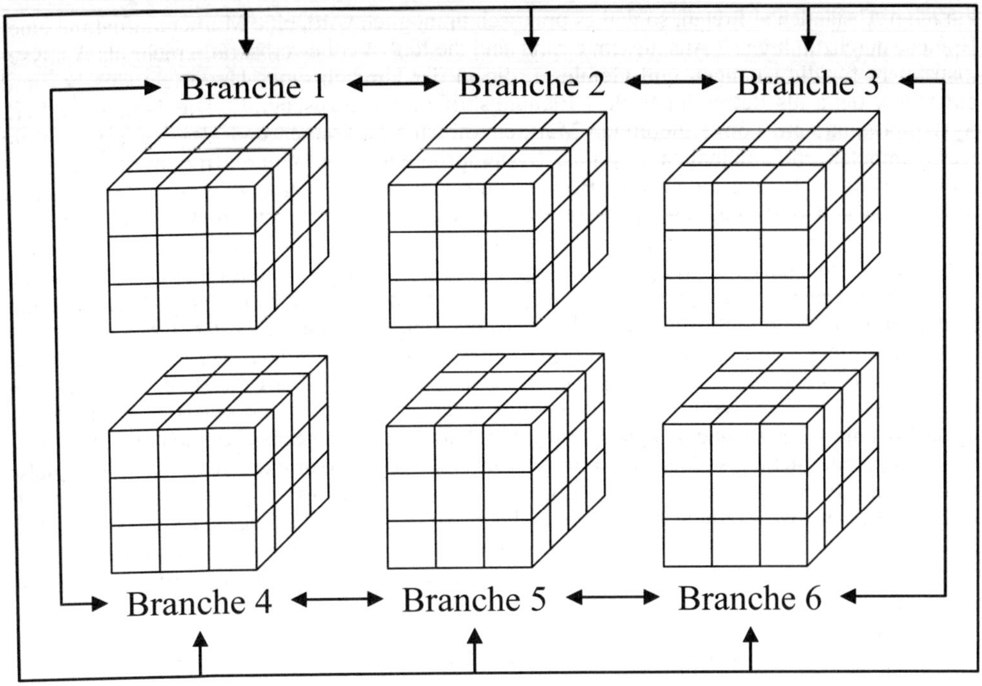

Abbildung 59: Die Converged Economy

Für die hier behandelte TIME-Branche und insbesondere für Verlage gilt es nun, nach Stärkung der eigenen Kernkompetenzen und Schließen von Kernkompetenzlücken sowie der damit einhergehenden Schaffung von Flexibilitätspotentialen für die hohe Dynamik dieses Kernbereichs der Konvergenz von einer Inside-Out-Perspektive zu einer Outside-In-Perspektive zu wechseln, um sich auf den verschiedenen Geschäftsfeldern zu positionieren.

4.2.2.2 Convergence-based View – marktorientierte Betrachtung der Wettbewerbsstrategie (Ebene II)

Eine marktorientierte Betrachtung strategischer Konzepte legt im Gegensatz zur ressourcenorientierten Sichtweise den Fokus auf eine Outside-In-Perspektive, so daß über eine Positionierungsstrategie auf einem Geschäftsfeld strategische Wettbewerbsvorteile generiert werden können, um anschließend die unternehmensinternen bzw. unternehmensübergreifenden Prozesse konsequent auf die jeweils verfolgte Wettbewerbsstrategie zu priorisieren.

4.2.2.2.1 Erweiterung des Five-Forces-Modells

Wie im Rahmen des theoretischen Teils bereits dargestellt, ist das Five-Forces-Modell die Grundlage des Market-based View. Mit dessen Hilfe wird für das jeweilige Unternehmen eine Branchenstrukturanalyse durchgeführt, da die Auswahl der Branche, in der sich das Unternehmen positionieren will, maßgeblich für den Unternehmenserfolg ist. Allerdings gilt es zu berücksichtigen, daß das Modell die Schwäche aufweist, daß es auf Basis einer Momentaufnahme durchgeführt wird. Insbesondere emergente bzw. dynamische Branchen, wie die Multimedia-Branche, zeichnen sich jedoch dadurch aus, daß evolutionäre Veränderungen in immer kürzeren Abständen auftreten, so daß es praktisch unmöglich wird, eine Momentaufnahme einer Branche durchzuführen.[175] Aus diesem Grund sind die fünf Wettbewerbskräfte mehr als Analyseinstrument für die Chancen und Gefahren, die in der Umwelt eines Unternehmens be- und entstehen, denn als deterministisches Planungshilfsmittel anzusehen.[176] Die Notwendigkeit, Systemprodukte auf konvergierenden Märkten anbieten zu können und gleichzeitig multiple Kernkompetenzen zu managen, um diese Systemprodukte effektiv und effizient offerieren zu können, bedingt darüber hinaus eine Berücksichtigung der komplementierenden Kräfte neben den klassischen fünf Wettbewerbskräften. Dies bedeutet jedoch nicht, daß per se eine neue sechste Wettbewerbskraft in Form des Komplementierers entsteht,[177] sondern vielmehr eine notwendige gedankliche Erweiterung im Hinblick auf potentielle Konkurrenzbeziehungen, die Verhandlungsmacht der Lieferanten und Käufer, sowie mögliche Substitute und Wettbewerber in der Branche (Coopetition) aufgrund von Bündelungsstrategien. So ist beispielsweise aus klassischer Sicht eine Bank kein Konkurrent eines Verlages, da es sich hier um zwei traditionell getrennt voneinander existierende Branchen handelt. Allenfalls ist die Bank Lieferant von Finanz- und Börsenanalysen für entsprechende Anlegermagazine. Kooperiert aber eine Bank in der Erlebniswelt E-Business exklusiv mit einem Portal, um den eigenen Kunden digital Finanzanalysen bereitzustellen, so besteht nunmehr sehr wohl ein Konkurrenzverhältnis, da beispielsweise für das Internet-Angebot eines Anlegermagazins keine Finanzanalysen mehr bereitgestellt werden.[178] Somit ist letztlich durch Anwendung von Bündelungsstrategien kein klassisches Freund-Feind-Bild und keine klare Branchengrenze mehr identifizierbar, so daß nochmals auf die Gefahr der Anwendung des Five-Forces-Modell als alleiniges Planungshilfsmittel hinzuweisen ist.

Die Anwendung von *PORTER*s Modell erfordert zudem sowohl eine *eindeutige Produktdefinition* als auch eine *unmißverständliche Branchenabgrenzung*, was in der konvergierenden Medienbranche schlichtweg unmöglich ist.

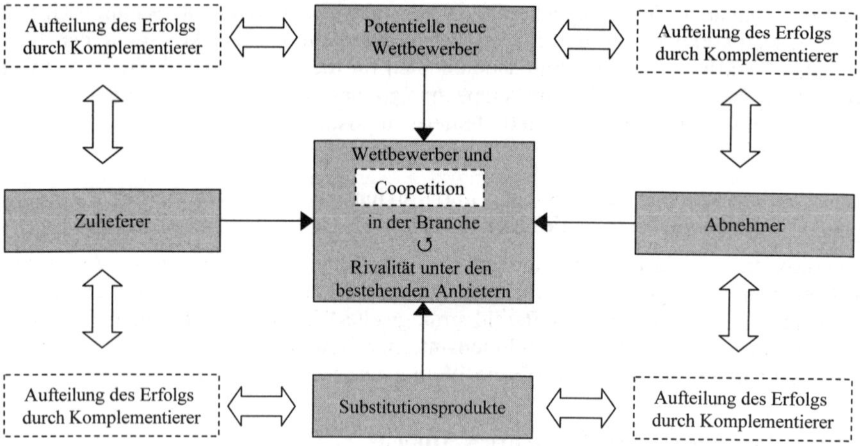

Abbildung 60: Die fünf Wettbewerbskräfte nach PORTER unter besonderer Berücksichtigung komplementierender Kräfte[179]

[175] Vgl. *HAERTSCH* (2000), S. 124.

[176] Vgl. *HAERTSCH* (2000), S. 135.

[177] Vgl. *HAERTSCH* (2000), S. 131.

[178] Vgl. Abschnitt 4.2.2.1.3, S. 113 f.

[179] Vgl. *KEUPER* (2002c), S. 643.

4.2.2.2.2 Beispielhafte Marktanalyse für das Verlagsgeschäftsfeld E-Business

Werden unter Berücksichtigung dieses Aspektes die fünf Wettbewerbskräfte im Hinblick auf die dynamische Multimedia-Branche eingehender analysiert, so wird deutlich, daß einerseits die Marktmacht der Nutzer in der Summe weiter zunimmt und andererseits die Konzentrationstendenzen aufgrund horizontaler und vertikaler angebotsseitiger Konvergenz dazu führen, daß nur noch wenige Player im Markt erfolgreich in Zukunft agieren werden. Unter Berücksichtigung der Kosten- und Erlösstrukturen wird deutlich, daß eine am Markt umgesetzte Kostenführerschaftsstrategie in Form einer Preisführerschaftsstrategie wenig erfolgversprechend für die konvergenten Player sein wird. Besonders offenkundig ist dies bei Verlagen in der Erlebniswelt E-Business, für die nachfolgend eine Five-Forces-Analyse durchgeführt wird, wobei diese schwerpunktmäßig eine inhaltliche Zusammenfassung zuvor getroffener Aussagen darstellt und somit eine aggregierte Planungsgrundlage hinsichtlich der Branchenstruktur vermittelt. Dabei wird von der Prämisse ausgegangen, daß der jeweilige Verlag bereits mit eigenen Inhalten und eigenen Portalen in der Erlebniswelt E-Business agiert, d. h. es werden die beiden Wertschöpfungsstufen Formate und Portale des Multimedia-Wertschöpfungsnetzwerkes tangiert. Damit scheidet auch von vornherein der alleinige Fokus auf das Print-Produkt aus, so daß der erweiterte Aktionsraum des Verlages berücksichtigt wird.

Die *Bedrohung durch neue Konkurrenten* ist allgemein auf dem Markt für Medieninhalte als gering einzuschätzen. So verursacht die Erstellung und Verbreitung von Medieninhalten hohe Fixkosten, die im Multimedia-Markt ca. 90 Prozent der Gesamtkosten abbilden.[180] Jedoch bewirkt die digitale Distribution nahezu keine Grenzkosten,[181] so daß etablierte Anbieter Skaleneffekte realisieren können, die hohe Markteintrittsbarrieren für potentielle Konkurrenten darstellen. Dies gilt ebenfalls hinsichtlich etablierter Medienmarken, die für den Leser aufgrund der Typologie von Inhalten als Erfahrungsgüter ein Qualitätssignal zur Überwindung des Informationsparadoxons darstellen. Entsprechend müssen Newcomer stets hohe Marketingbudgets zum Branding einkalkulieren. Aufgrund fehlender Marktzugänge sowie der einzigartigen Kostenstruktur sind mithin innerhalb der Inhalte erstellenden Industrie auch in Zukunft Konzentrationstendenzen zu erwarten. Eine ähnliche Situation ergibt sich innerhalb der Wertschöpfungsstufe Portale. So ist derzeit in der Erlebniswelt E-Business eine nur geringe Bedrohung durch neue Konkurrenten auch im Rahmen komplementierender Kräfte zu erwarten, da hier bereits in den vergangenen Jahren viele Versuche zur Etablierung von Portalen gescheitert sind. Selbst finanzstarke Unternehmen mit eigenen Inhalten, wie dies bei Banken der Fall ist, werden wahrscheinlich eher auf Kooperationen mit etablierten Portalen setzen, als eigene Portale mit massiven Marketingbudgets aufzubauen. Die Verlage sind folglich sowohl mit ihren Inhalten als auch durch die eigenen wertvollen Medienmarken gut gerüstet, um mit den bereits vorhandenen E-Business-Portalen die Gefahr von Markteintritten abzuwehren, aber auch später in den anderen Erlebniswelten tätig zu werden.

Die *Rivalität unter den existierenden Wettbewerbern* ist gerade dann besonders groß, wenn das Branchenwachstum relativ gering ist und die Produkte homogen sind.[182] Hinsichtlich des Branchenwachstums für Medieninhalte in der Erlebniswelt E-Business kann dabei überwiegend nur qualitativ und über Umwege argumentiert werden, da eine valide, direkte quantitative Prognose insbesondere aufgrund der Dynamik im Rahmen der Konvergenz der Märkte kaum möglich erscheint. Jedoch legt die stetig steigende Internet-Nutzerzahl sowie das Zeitbudget für die Internetnutzung den Schluß nahe, daß davon auch grundsätzlich ein Wachstumsimpuls für Internet-Medieninhalte ausgehen könnte. So ergibt die siebte Welle des Online-Monitors

---

180 Vgl. *MEFFERT* (2000), S. 4.

181 Vgl. *SHAPIRO/VARIAN* (1998), S. 3.

182 Vgl. *BOGASCHEWSKY/ROLLBERG* (1998), S. 5.

einerseits, daß das Internet mittlerweile 46 Prozent der Bevölkerung mit anhaltendem, ungebrochenem Wachstums-Boom erreicht.[183] Andererseits beträgt die durchschnittliche tägliche Verweildauer im Internet 69 Minuten, was gegenüber der sechsten Erhebungswelle täglich 14 Minuten oder 25 Prozent mehr ausmacht.[184] Viel entscheidender für das Internet-Angebot ist allerdings die Entwicklung des Werbemarktes als bestimmende Erlösquelle von Medienangeboten im Internet. Zwar wächst der Online-Werbemarkt im Vergleich zu anderen Werbeträgern überproportional, jedoch von einem sehr niedrigen Niveau ausgehend. Dabei wird für das Jahr 2005 ein Marktanteil der Online-Werbung von lediglich drei Prozent prognostiziert, was einem Marktvolumen von ca. 700 Millionen EUR entspricht.[185] Diese Prognose kann aber nicht über die derzeitigen Fakten hinwegtäuschen, die anzeigen, daß fast alle Online-Medienangebote aufgrund hoher Konkurrenz um Online-Werbeetats in der Erlebniswelt E-Business mit einem Verfall der Tausender-Kontakt-Preise zu kämpfen haben.

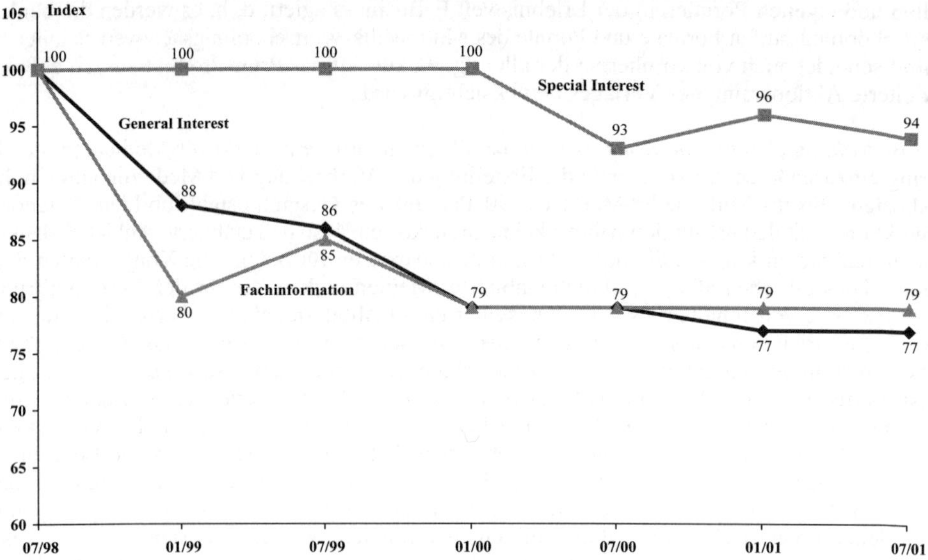

Abbildung 61: Entwicklung der Full-Banner-Preise (indiziert)[186]

Die Konkurrenz resultiert vor allem daraus, daß neben vielen Portalen, die aus den verschiedenen Teilbereichen der Medienbranche hervorgegangen sind, auch noch aufgrund der Konvergenz der Märkte neu entstandene Multimedia-Unternehmen (Yahoo, Lycos) sowie Telekommunikations- und IT-Unternehmen mit ihren Portalen um Werbeetats konkurrieren, wobei ein Konsolidierungsprozeß von Internetportalen seit Beginn der Krise in der sogenannten New Economy bereits eingesetzt hat. Lagen beispielsweise im Jahr 1999 die TKPs bei der AS Interactive Media, u. a. Vermarkter von Werbeflächen für T-Online und Bild.de, noch bei ca. 50 EUR, so pendelten sie sich im Jahr 2001 bei ungefähr 30 EUR ein – mit fallender Tendenz.[187] Die

183 Vgl. *GRUNER & JAHR EMS* (2001), S. 11.

184 Vgl. *GRUNER & JAHR EMS* (2001), S. 33.

185 Vgl. *FORRESTER RESEARCH* (2001b), S. 9.

186 In Anlehnung an *FORRESTER RESEARCH* (2001b), S. 3.

187 Vgl. online *SCHNIEDERMANN* (2001).

Leerstandsquote der verfügbaren Werbefläche liegt dabei allgemein bei ungefähr 70 Prozent.[188] Aus der Abbildung wird allerdings ersichtlich, daß von dieser Entwicklung Special-Interest Sites mit qualitativ auf eine bestimmte Zielgruppe zugeschnittenem hochwertigem Content weniger betroffen sind. Hieraus läßt sich nochmals auf das generelle Ausscheiden einer Kostenführerschaftsstrategie in Form einer Preisführerschaftsstrategie für Verlage in der konvergierenden Medienbranche schließen, da die Erzeugung hochwertiger Inhalte und Medienprodukte eine potentiell höhere Verhandlungsmacht gegenüber den Werbekunden verleiht. Außerdem könnte eine hohe Content-Qualität auch eventueller Ansatzpunkt für kostenpflichtige Inhalte-Angebote auf Seiten der Nutzer sein. In diesem Zusammenhang ist grundsätzlich zwischen Premium Content, welcher eine „Unique Selling Proposition"[189] einnimmt, sowie einfach zu erstellendem und austauschbarem Commodity Content zu unterscheiden. Entsprechend stellen alle hinter einer bekannten Medienmarke stehenden Inhalte, wie beispielsweise die des Spiegels, für den Rezipienten eine gewisse Unverwechselbarkeit dar, wohingegen standardisierte Kurzmeldungen oder auch Börsenticker eine sehr homogene Leistung sind.

Content mit einer Unique Selling Proposition kann auch im Hinblick auf die vermehrt breitbandigen Zugänge durch Kombination von statischen und dynamischen Inhalten geschaffen werden. So gewinnt ein Autotest für den Internet-Nutzer mit Sicherheit einen Zusatznutzen, wenn kurze Clips zu den Autos im Real-Player-Format abrufbar sind. Eine derartige Bündelung von verschiedenen Inhalten erfordert jedoch meistens die Kooperation von klassischen Medienunternehmen aus den unterschiedlichen Teilbereichen Print, Fernsehen oder auch Hörfunk. Da meistens ausgehend von jedem Teilbereich die beteiligten Unternehmen eigene E-Business-Portale unterhalten, kann bei einer entsprechenden Zusammenarbeit vom beschriebenen Phänomen der Coopetition ausgegangen werden. Somit läßt sich unwiderruflich als Fazit festhalten, daß die Rivalität um Werbeetats, aber auch um (möglicherweise zahlungswillige) Nutzer nur mit einzigartigen, d. h. differenzierten Inhalte-Angeboten geschmälert werden kann. Dies gilt letztlich auch für den Rechtemarkt, wo im Rahmen von Syndication die Bedeutung von Marken zunimmt und die Zahlungsbereitschaft der Inhalte-Kunden maßgeblich von der Markenqualität abhängt.[190] Dabei ist aufgrund der emergenten Marktphase von Content Syndication eine verläßliche Quantifizierung des zu erwartenden Marktvolumens noch nicht möglich,[191] wobei eine hohe Qualität der Inhalte mit Sicherheit eine nicht zu unterschätzende Ausgangsposition für das Erschließen von Marktpotentialen ist. Hingegen ist auf dem Rechtemarkt hinsichtlich Commodity Content ein erhöhter Wettbewerb zwischen den Marktteilnehmern wahrscheinlich.

Verstärkt wird diese Entwicklung durch Vorwärtsintegration von Nachrichtenagenturen, die ehemals nur die Hersteller von Medieninhalten beliefert haben, jetzt aber direkt auf den Markt für Medieninhalte drängen und beispielsweise große Internetportale mit Inhalten, wenn auch bisher vorwiegend Commodity Content, beliefern.[192] In diesem Segment ist die *Verhandlungsmacht der Lieferanten* als hoch einzuschätzen, da sich ehemalige „Rohstofflieferanten" zum direkten Content Syndicator wandeln. Eventuell vorhandene Kompetenzlücken, z. B. im Hinblick auf Technologiekompetenz beim Content Management, Datenbankpflege oder Billing, können dabei durch Kooperationen geschlossen werden (komplementierende Kräfte). Bezüglich der Journalisten als bestimmenden Lieferanten kreativer Medieninhalte ist grundsätzlich anzuführen, daß diese im Gegensatz zu den klassischen Medien ihre Inhalte selbständig ver-

---

188 Vgl. *Forrester Research* (2001b), S. 2.

189 Vgl. *Meffert* (1998), S. 691.

190 Vgl. *PricewaterhouseCoopers* (2001), S. 17.

191 Vgl. *PricewaterhouseCoopers* (2001), S. 11.

192 Vgl. *Hardt* (1999), S. 274.

breiten können.[193] Dies erscheint jedoch unwahrscheinlich, da gerade das kostenintensive Branding (Markenaufbau) der Medieninhalte nur schwer von einzelnen Journalisten übernommen werden kann. Dennoch verfügen Journalisten insofern über Verhandlungsmacht gegenüber dem Verlag, als sie durch Urheberrecht und tarifvertragliche Gestaltungen eine geschützte Rechtsposition zur Weiterverbreitung ihrer Inhalte haben.[194] Dies führt teilweise dazu, daß ganze Redaktionsteile beim Axel Springer Verlag glaubhaft damit gedroht haben, geschlossen abzuwandern, sollten die Inhalte ungefragt in den digitalen Erlebniswelten weiterverbreitet werden.[195] Insofern kommt es zukünftig als Verlag darauf an, eine diesbezügliche Einigung verbunden mit der Einführung entsprechender IT-gestützter Vergütungsmechanismen zu erzielen. Da Verlag und Journalisten letztlich aber voneinander abhängig sind, ist vor diesem Hintergrund die Verhandlungsmacht als mäßig zu charakterisieren.

Hingegen ist die Verhandlungsmacht der Rubrikenanzeigenkunden bei Tageszeitungen, die neben dem Kundenstatus auch gleichzeitig einen Lieferantenstatus von Medieninhalten einnehmen, als sehr hoch einzuschätzen. Beispielhaft ist nochmals im Bereich der Immobilienanzeigen auf Portale wie Immobilienscout24.de oder Planethome.de hinzuweisen, die als reine Online-Anbieter signifikant unter den Preisen von Verlagen liegen, welche sich meistens ihre Preisstruktur für Rubrikenanzeigen noch sehr am traditionellen Print-Angebot orientieren. Die heterogen-hybride Nachfragestruktur der Endkunden bedingt weiterhin deren allgemein hohe Verhandlungsmacht. In der Erlebniswelt E-Business ist dies an der zuvor mehrfach skizzierten und bisher üblichen Free-Launch-Mentalität ersichtlich, was eine Studie des Research-Instituts Jupiter MMXI, nach der 47 Prozent aller europäischen Internet-Nutzer nicht bereit sind, für Inhalte zu bezahlen, untermauert.[196] Entsprechend sind die meisten hochwertigen Medienangebote noch kostenlos abrufbar. Da aufgrund von Suchmaschinen die Suchkosten nach gleichwertigen Informationen gering sind, bewegen sich auch die Wechselbarrieren auf entsprechend niedrigem Niveau. Ein möglicher Ansatzpunkt ist die Registrierung des Nutzers und die damit verbundene Preisgabe von individuellen Informationen, so daß daraufhin im Rahmen von Mass Customization personalisierte Informationen und Serviceleistungen angeboten werden können, die dann die Kundenbindung entsprechend erhöhen, wie dies im skizzierten Yahoo-Beispiel üblich ist. Aber auch die Omnipräsenz des Angebotes auf allen drei Erlebniswelten (horizontale Konvergenz) verspricht die Wechselbarrieren zu erhöhen, da durch dieses Multi-Channel-Prinzip die Personalisierung der Leistungsangebote intensiviert bzw. der „Convenience“-Faktor (alles aus einer Hand) erhöht werden kann.

Die Verhandlungsmacht der Werbekunden ist mit den seit 2001 stark gedrosselten Werbebudgets der Werbetreibenden für den Verlag als hoch einzustufen, zumal im Bereich der Publikumszeitschriften die beschriebene Konkurrenz mit privaten Fernsehsendern um Werbe-Etats stetig zunimmt. Ein starkes Branding auf den digitalen Erlebniswelten, deren Integration mit dem Print-Produkt sowie innovative Werbekonzepte, wie z. B. Sonderwerbeformen, können dabei möglicherweise die Kundenbindung der Werbekunden erhöhen.[197]

Bezüglich der Verhandlungsmacht der Rechtekunden ist wiederum zwischen Premium Content und Commodity Content zu unterscheiden. Qualitativ hochwertige und markengebundene Inhalte versprechen allgemein höhere Erlöspotentiale als standardisierter Commodity Content.

---

193 Vgl. *KRÖGER* (2002), S. 516.

194 Zum Thema Urheberrecht im Verlag und der Weiterverwertung digitaler Inhalte vgl. ausführlich *NIEWIARRA* (2001), S. 47 ff.

195 Vgl. *BECKER/KÖHN* (2002).

196 Vgl. online *JUPITER MMXI* (2002).

197 Vgl. Abschnitt 5.2.1.1., S. 133 ff.

Schließlich kommt es jedoch für die Kundenbindung auch ganz entscheidend auf die Breite und die Tiefe des angebotenen Content sowie auf die kundenspezifische Konfektionierung der Inhalte an. Voraussetzung hierfür sind leistungsfähige Content-Management-Systeme und präzise Metadaten zur Beschreibung des Content, worauf im Rahmen des Technologie-Managements noch näher eingegangen wird.[198] Letztlich ist anzuführen, daß unter Berücksichtigung möglicher Bündelungsstrategien die Position der relevanten Kundengruppen einerseits tendenziell dadurch geschwächt wird, daß durch die komplementäre Konvergenz der Märkte die Kundengruppen der etablierten Unternehmen erweitert werden. Andererseits wird die Position der Abnehmer dadurch gestärkt, daß diese leichter zu Anbietern wechseln können, die bisher auf einem anderen isolierten Markt tätig waren. Bildet sich beispielsweise ein Content Syndicator mit einem Inhalteportfolio, das gleichzeitig die Bereiche statischer und dynamischer Content abdeckt, so sind auf nur ein Segment spezialisierte Rechtehändler unter Zugzwang.

Substitutionsprodukte für Medieninhalte in der Erlebniswelt E-Business sind hinsichtlich der anderen Erlebniswelten respektive der damit einhergehenden verschiedenen Medienträger aufzufinden. Dies sind für den Verlag einerseits die originären Print-Produkte, andererseits die neuen Erlebniswelten M-Business und T-Business. Gerade hinsichtlich der Multimedia-Angebote liegt die wesentliche Gefahr trotz der identifizierten, weitestgehenden Koexistenz der Plattformen darin, daß in der Emergenzphase der Erlebniswelten andere Inhalte-Anbieter mit spezialisierten Plattformanbietern kooperieren und so ein zumindest teilweise substitutives Dienste-Angebot zur Erlebniswelt E-Business schaffen bzw. pionierorientiert ein crossmediales und horizontal konvergentes Medienangebot etablieren. Durch ein fehlendes oder zu spätes Engagement auf einer der Plattformen können somit die Potentiale aus horizontaler Konvergenz und Crossmedialität nicht ausgeschöpft werden.

4.2.2.2.3 Strategieempfehlung auf Basis der Marktanalyse

Im Ergebnis zeigt die Marktanalyse, die keinen Anspruch auf Vollständigkeit erhebt, sondern lediglich die wesentlichen marktrelevanten Trends zur Strategieableitung auf Geschäftsfeldebene aufzeigen soll, daß nur eine *Differenzierungs-* oder *hybride Strategie* für eine Positionierung eines Inhalte-Anbieters in der Multimedia-Branche in Betracht kommt. Nur so kann der alles entscheidenden Kundenorientierung hinsichtlich aller involvierten Kundengruppen nachgekommen werden. Reine Kostenführerschaftsstrategien auf Basis der fünf Wettbewerbskräfte scheiden dementsprechend für Inhalte-Anbieter, aber auch generell auf konvergierenden Märkten, deren Angebot durch *Systemprodukte* gekennzeichnet ist, weitgehend aus. Die Analyse zeigt aber auch, daß für alle relevanten Marktkräfte – auf der Seite der Ersatzprodukte, der neuen Konkurrenten, der Lieferanten und der Abnehmer – Bündelungsstrategien zunehmend an Bedeutung gewinnen. Insofern ist auf Geschäftsfeldebene eine stetige, dynamische und branchenübergreifende Marktanalyse notwendig, um nicht durch die strategischen Moves der Wettbewerber ins Hintertreffen zu geraten. Gleichzeitig sind jedoch in Anlehnung an das skizzierte Beispiel ausgehend von der Erlebniswelt E-Business für den Verlag strategische Moves in Richtung der Erlebniswelten M-Business und T-Business nur durch eigene Anwendung von Bündelungsstrategien erfolgversprechend. Somit können durch Aufnahme von Komplementierern eigene Kompetenzlücken im jeweiligen Geschäftsfeld geschlossen werden.

Der dargestellte Convergence-based View stellt aufgrund seiner zweistufigen Vorgehensweise ein ideales Konzept dar, um den Wettbewerbsbedingungen der Multimediabranche gerecht zu werden. Die hohe Dynamik innerhalb der Multimedia-Branche basiert dabei auf der Konvergenz der Medien-, Telekommunikations- und Computerbranche und damit auf der Konvergenz

---

[198] Vgl. Abschnitt 5.3.1, S. 211 ff.

digitaler Medienangebote und Dienste auf den drei Erlebniswelten *M-Business, E-Business* und *T-Business* (C-Commerce[199]). Die evolutionären und revolutionären diskontinuierlichen Wertschöpfungsveränderungen führen dazu, daß auf der Ebene der Unternehmensstrategie aus dem Blickwinkel eines Kernkompetenzenmanagements auf Basis des Resource-based View horizontale und vertikale angebotsseitige Konvergenzen eingegangen werden, um ein konvergentes Unternehmen zu entwickeln, das in der Lage ist, den multidimensionalen Wettbewerbskräften standzuhalten, und das Potential der Erschließung neuer Märkte eröffnet.

Auf Geschäftsfeldebene eignen sich insbesondere Differenzierungsstrategien und hybride Strategieformen, wie etwa die beschriebene Mass Customization, um sich im Markt zu positionieren. Am ehesten werden jedoch hybride Strategien in der Multimedia-Branche erfolgreich sein. Dies gilt zumindest dann, wenn sie – wie die Mass Customization – einer heterogen-hybriden Nachfragestruktur gerecht werden. Zudem weisen hybride Wettbewerbsstrategien aufgrund der ihnen inhärent erodierten Dichotomisierungsannahme, also als Alternative zur Alternativhypothese, ein wesentlich höheres Flexibilitätspotential auf als monoerfolgsfaktorzentrierte Strategieformen. Dies zeigt sich vor allem darin, daß die Wertschöpfungsketten der jeweiligen Unternehmen, die eine hybride Wettbewerbsstrategie verfolgen, sowohl hinsichtlich der Effektivitäts- als auch im Hinblick auf die Effizienzdimension optimiert sein müssen, was letztlich nur durch ein Höchstmaß an Flexibilität möglich wird. Nur Flexibilität hinsichtlich der Strategie, der Organisation, der Technologie und der Unternehmenskultur ermöglicht es, den Trade-off Shift hinsichtlich des Kundennutzens und der Wirtschaftlichkeit zu überwinden. Damit aber weist der Convergence-based View im Hinblick auf die Dynamik der Multimedia-Branche, bedingt durch die Konvergenz der Märkte und die damit einhergehende Konvergenz der Erlebniswelten, der digitalen Medienangebote und Dienste, ein Höchstmaß an strategischem Fit auf, da sowohl auf der Ebene der Unternehmensstrategie, bedingt durch den Resource-based View respektive die Kernkompetenz- und Metakernkompetenzperspektive, als auch auf der Ebene der Geschäftsfelder, bedingt vor allem durch die Umsetzung hybrider Wettbewerbsstrategien, Flexibilitätspotentiale geschaffen werden.

In bezug auf die Ausführungen zum Resource-based View, zum Market-based View und den darauf basierenden Unternehmens- und Wettbewerbsstrategien läßt sich nochmals auf den Aspekt der in diesem Zusammenhang herausragenden Bedeutung von Marktinformationen eingehen. So dienen Marktinformationen einerseits dazu, eine wirtschaftlich sinnvolle Auswahl über die langfristig zu besetzenden Geschäftsfelder und Märkte zu treffen und dementsprechend die im Unternehmen vorhandenen Ressourcen bestmöglich zu kultivieren bzw. noch nicht vorhandene Ressourcen aufzubauen (Formulierung einer Unternehmensstrategie auf Basis des Resource-based View). Andererseits bilden Informationen auf spezifischer Geschäftsfeldebene auch die Entscheidungsgrundlage für eine Positionierung, in der festlegt wird, auf welche Art und Weise das Unternehmen mit den Wettbewerbern konkurriert (Formulierung einer Wettbewerbsstrategie auf Basis des Market-based View). Hervorhebenswert ist darüber hinaus, daß Resource-based View und Market-based View respektive Unternehmensstrategie und Wettbewerbsstrategie hierbei in einem reziproken Zusammenhang stehen. So impliziert offensichtlich eine Entscheidung für eine spezielle Unternehmensstrategie, daß das Unternehmen dadurch auch Einfluß auf die hierbei tangierten Märkte nimmt bzw. Tore zu ganz neuen Märkten öffnet. Entsprechend leitet sich eine Wettbewerbsstrategie stets auch aus der Gewinnung einer Informationsgrundlage über das unternehmensstrategische Handeln und das damit einhergehende Marktagieren ab. Beispielsweise ist es für die Auswahl einer geschäftsfeldspezifischen Wettbewerbsstrategie relevant, ob das gesamte Unternehmen eher ein *Market Shaper* ist, d. h. aufgrund vorhandener Marken, hoher Finanzkraft, umfassenden Know-

---

199 Vgl. HÜNING/KEUPER (2002), S. 27.

hows etc. Märkte offensiv beeinflussen kann, oder aber eher ein *Market Adapter* ist, d. h. sich eher defensiv bestehenden Marktverhältnissen anpaßt. Umgekehrt beeinflußt eine Wettbewerbsstrategie die Unternehmensstrategie insofern, als aus den Erfahrungen in einem spezifischen Geschäftsfeld Anpassungen der Unternehmensstrategie vorgenommen werden sollten. Beispielsweise beweisen die vielen im Boom der New Economy von Verlagshäusern initiierten und später gescheiterten Internet-Angebote mit gänzlich neuen Markennamen, daß die finanziellen Ressourcen eher für die Stärkung bestehender Print-Marken und deren Transfer in die virtuelle Welt bereitgestellt werden sollten. Eine Entscheidung gegen die Fortführung alleiniger Internet-Marken, wie dies z. B. bei Gruner & Jahr mit businesschannel.de der Fall war, stellt gleichzeitig auch eine Korrektur der Unternehmensstrategie dar, da die vorhandenen Ressourcen nunmehr gebündelt werden.

Abbildung 62: Bedeutung von Marktinformationen für die Strategiegenerierung

Durch die Umsetzung von Unternehmens- und Wettbewerbsstrategien, die auf Basis der Marktinformationen generiert wurden, konstituiert sich letztlich ein Geschäftsmodell.

4.3 Geschäftsmodelle – Wege zur Umsetzung einer Strategie

Mit der Verbreitung des Internet und der Gründerwelle der letzten Jahre hat der Begriff Geschäftsmodell (Business Model) vermehrt Eingang in die öffentliche Diskussion gefunden.[200] Dabei wird ein *Geschäftsmodell* in praxi oftmals mit Strategiebegriffen, wie Unternehmens-, Produkt-, Marketing- oder Preisstrategie, verwechselt.[201] Tatsächlich greift dies aber viel zu kurz, da ein Geschäftsmodell

- ein aggregiertes Abbild aller gewählten und angewendeten Strategien entsprechend der vollzogenen Hierarchisierung von unternehmensweit geltenden Unternehmensstrategien über geschäftsfeldspezifische Wettbewerbsstrategien bis hin zu konkreten Funktionalstrategien ist. Es stellt demnach den Material-, Arbeits- und Informationsfluß sowohl zwischen Unternehmen und Umwelt als auch innerhalb des Unternehmens sowie die insgesamt erzielbaren Erlösströme dar.[202]

---

200 Vgl. *Hoffmann/Wolf* (2000), S. 31.

201 Vgl. *Picard* (2000), S. 62.

202 Vgl. *Wirtz* (2001b), S. 211.

Für die Erstellung und das Verstehen von Geschäftsmodellen ist es zunächst sinnvoll, sich von der operativen Sichtweise eines Geschäfts zu lösen und die darunter liegende und übergreifende Grundlage zu erkennen, die ein solches Geschäft erst ermöglicht.[203] Hierzu läßt sich auf die Inhalte der spezifischen Betriebswirtschaftslehren zurückgreifen, so daß ein Geschäftsmodell gedanklich in Partialmodelle zerlegt wird, die aggregiert alle wesentlichen, relevanten Aspekte der Geschäftsaktivitäten eines Unternehmens visualisieren.[204]

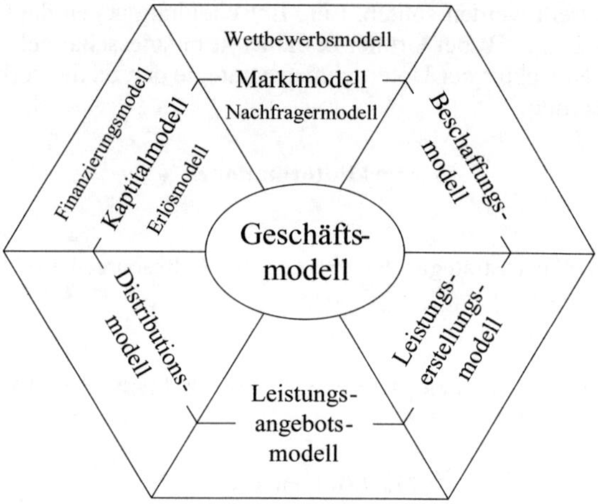

Abbildung 63: Partialmodelle eines integrierten Geschäftsmodells[205]

Im Rahmen des *Marktmodells* wird neben der Struktur der relevanten Märkte verdeutlicht, mit welchen marktseitigen Akteuren ein Unternehmen konfrontiert ist. Entsprechend läßt sich eine Aufteilung in ein Nachfrager- und ein Wettbewerbsmodell vollziehen. Das *Nachfragermodell* kennzeichnet dabei die Identifizierung von Kundenbedürfnissen und deren Preisbereitschaften, d. h. die Herausfilterung profitabler Zielgruppen bzw. profitabler einzelner Kunden im Zuge einer zunehmenden Segment-of-one-Orientierung vor dem Hintergrund der dargestellten heterogen-hybriden Nachfragestruktur der Kunden. Demgegenüber gibt das *Wettbewerbsmodell* Auskunft über das Wettbewerbsumfeld des Unternehmens.[206] Um in Anbetracht der multidimensionalen Konvergenztrends halbwegs valide Analysen zum Wettbewerbsumfeld, d. h. insbesondere zur jeweiligen Marktstruktur und dem Marktverhalten der Marktakteure, zu erhalten, fokussiert sich das Wettbewerbsmodell auf die Analyse von spezifischen Geschäftsfeldern und steht somit in enger Verbindung zum Market-based View, prägt jedoch langfristig auch die Kultivierung der mit dem Resource-based View verbundenen Unternehmenssressourcen.[207]

Das *Beschaffungsmodell* richtet den Blick auf die Beschaffung von Input-Faktoren. Dabei wurde zuvor für die untersuchte Multimedia-Branche deutlich, daß vermehrt komplexe Systemprodukte erstellt und angeboten werden, wo jede Teilleistung für sich bereits eine für den Kun-

---

203 Vgl. *PICARD* (2001), S. 62.

204 Vgl. *WIRTZ* (2001b), S. 211.

205 Entnommen *WIRTZ* (2001b), S. 211.

206 Vgl. *WIRTZ* (2001b), S. 212.

207 Vgl. Abschnitt 4.2.2.2.3, S. 123.

den nachvollziehbare Leistung darstellt. Insofern steht im Rahmen des Beschaffungsmodells die Frage im Vordergrund, mit welchen Partnern das Systemprodukt erstellt werden soll. Das *Leistungserstellungsmodell* zielt sodann auf die Kombination von Gütern und Dienstleistungen sowie deren Transformation in Angebotsleistungen ab.[208] Dies betrifft weniger eine Darstellung nach operativen Gesichtspunkten, z. B. im Hinblick auf die technologische Abwicklung, als vielmehr eine Visualisierung von Metaprozessen, die die Einsatzmengen der Produktionsfaktoren und der damit erzielbaren Ausbringungsmenge verdeutlichen. Das *Leistungsangebotsmodell* definiert schließlich das gewählte Produktionsprogramm, d. h. welche Leistungen am Markt angeboten werden. Dies ist jedoch nur unter Berücksichtigung der im Nachfragermodell identifizierten Zielgruppen und einer damit zu treffenden Auswahl möglich, so daß das Leistungsangebot segmentspezifisch oder gar individuell ausgerichtet werden kann.

Das *Distributionsmodell* klärt die Frage nach den zu wählenden Absatzkanälen für ein Produkt.[209] Im analysierten Multimedia-Bereich, wo es insbesondere um die Distribution von immateriellen, informationsbasierten Produkten geht, steht dabei die Frage im Vordergrund, in welcher Erlebniswelt, möglicherweise konkretisiert um ein spezifisches Endgerät, das Produkt angeboten werden soll. Weiterhin impliziert das Distributionsmodell die gewählte Pricing-Strategie, so daß beispielsweise festgelegt wird, ob das Pricing eines Informationsproduktes der Pay-per-Content-Methode folgt oder aber mittels Werbung vollständig quersubventioniert und somit gratis angeboten wird. Damit in einem engen Zusammenhang stehend, bildet das *Kapitalmodell* eines Unternehmens allgemein ab, welche finanziellen Ressourcen dem Unternehmen zugeführt werden und welche Formen der Refinanzierung zur Verfügung stehen.[210] Somit läßt sich das Kapitalmodell in ein Finanzierungs- und ein Erlösmodell untergliedern. Das *Finanzierungsmodell* meint entsprechend die Bereitstellung finanzieller Mittel, wobei hier grob zwischen einer Außen- und einer Innenfinanzierung zu unterscheiden ist. Während die Außenfinanzierung die Bereitstellung von finanziellen Mitteln aufgrund der Außenbeziehungen des Unternehmens zu Beschaffungs-, vor allem aber zu Finanzmärkten beschreibt, meint die Innenfinanzierung die Bereitstellung von finanziellen Mitteln aufgrund der Beziehung des Unternehmens zu Absatzmärkten, so daß die für die produzierten und veräußerten Güter erhaltenen finanziellen Mittel zur Finanzierung weiterer Betriebsprozesse genutzt werden.[211] Dadurch wird deutlich, daß das Finanzierungsmodell ganz entscheidend vom *Erlösmodell* geprägt wird, in dem festgelegt ist, auf welche Art und Weise Erlöse erzielt werden.[212] Hierbei stehen dem Verlag mit der Bedienung von Rezipienten-, Werbe- und Rechtemärkten unterschiedliche Erlösquellen zur Verfügung, die als zentraler Bestandteil verlagsseitiger Geschäftsmodelle im nachfolgend dargestellten dynamischen Konzept zum Management der Konvergenz explizit zu berücksichtigen sind. Das Management-Konzept knüpft dabei an die vorgestellte zweistufige Vorgehensweise des Convergence-based View an und schafft somit die für die Beherrschung der Konvergenz notwendigen Flexibilitätspotentiale.

---

208 Vgl. *Wirtz* (2001a), S. 52.

209 Vgl. *Meffert* (1998), S. 586.

210 Vgl. *Wirtz* (2001b), S. 214.

211 Vgl. *Matschke* (1991), S. 15, *Keuper* (2000a), S. 242, *Matschke/Hering/Klingelhöfer* (2002), S. 40.

212 Vgl. *Wirtz* (2001a), S. 53.

5 Multimedia Supply Chain Management – Strategieumsetzung und Unternehmensführung auf konvergierenden Märkten

„Werde also nicht müde, deinen Nutzen zu suchen, indem du den anderen Nutzen gewährst."

MARC AUREL, römischer Kaiser (121–180)

Die tridimensionale Konvergenz der Märkte und die damit einhergehende revolutionäre Transformation der Print-Wertschöpfung in eine Multimedia-Wertschöpfung bedingt ressourcenseitige Systeminnovationen im Verlag, wie z. B. flexible Organisationsstrukturen, um so letztlich marktseitig auf Geschäftsfeldebene erfolgreiche Produktinnovationen in einer ausgewählten Erlebniswelt positionieren zu können bzw. crossmediale Medienprodukte effektiv und effizient herzustellen und zu vermarkten. Insofern gilt es nachfolgend, ein ressourcenorientiertes Management-Konzept darzustellen, das vor dem Hintergrund der heterogen-hybriden Nachfragestruktur der Kunden auf eine simultane Verfolgung aller drei strategischen Erfolgsfaktoren Kosten, Qualität und Zeit abzielt. Dabei gilt es die strategischen Erfolgsfaktoren branchenspezifisch zu zentralen Grundsätzen zu operationalisieren und damit detailliert auszugestalten. Weiterhin wird davon ausgegangen, daß ein Management der Konvergenz vorherrschend durch Konzentration auf eigene Kernkompetenzen und Aufnahme von komplementierenden Kooperationspartnern zur Erstellung der Systemprodukte stattfindet. So ist AOL Time Warner zwar ein der Konvergenz angepaßtes Medienunternehmen, leidet jedoch derzeit gerade auf operativer Ebene unter einem massiven Anstieg der Komplexität und damit verbundenen hohen Komplexitätskosten.[1] Zwar ist der Grad der Unternehmenskomplexität von AOL Time Warner effektiv im Sinne eines hohen strategischen Fit zwischen Markt- und Unternehmenskomplexität, allerdings bedingt die damit einhergehende Integrationskomplexität die mangelnde Wirtschaftlichkeit der Geschäftsprozesse, sofern – wie dies im dargelegten Beispiel der Fall ist – Marktveränderungen nicht schnell genug absorbiert werden.[2] Insofern erscheint die Formation von Multimedia-Wertschöpfungsnetzwerken als eine weitaus effektivere und effizientere Organisationsform im konvergenten TIME-Sektor, da durch Konzentration auf Kernkompetenzen und entsprechend enge Zusammenarbeit zwischen den involvierten Unterenehmen eine hohe strukturelle Komplexität[3] gegenüber der durch das Unternehmen nicht zu beeinflussenden Marktkomplexität aufgebaut wird, gleichzeitig aber die Integrationskomplexität durch Aufteilung des Handlungsraums auf verschiedene autonome Einheiten gering gehalten wird.

Die erwünschte systemische Betrachtung des Verlages verlangt dabei die Unterscheidung verschiedener Ebenen. Während auf der Makro-Ebene der Organisation die Beziehungen zwischen Unternehmen und deren Marktverhalten und auf der Meso-Ebene die Strukturen und Prozesse von Unternehmen und Unternehmensteilen untersucht werden, stellt die Mikro-Ebene das Verhalten und Handeln der Organisationsmitglieder heraus.[4]

---

1 Vgl. *HEUER* (2002), S. 26 ff.

2 Vgl. *HÜNING/KEUPER* (2002), S. 30 sowie Abschnitt 5.2.1.2.2, S. 149 ff.

3 Eine hohe strukturelle Komplexität ist dabei gleichbedeutend mit einer potentiellen Fähigkeit, den Anforderungen des Marktes zu entsprechen, vgl. hierzu ausführlich Abschnitt 5.2.1.2.3.1, S. 153 ff.

4 Vgl. *SCHERER* (1999), S. 2.

Ein Management-Konzept kann jedoch grundsätzlich nur bis maximal auf die Meso-Ebene einwirken, da sich das Handeln der Organisationsmitglieder auf der Mikro-Ebene nur langfristig durch Veränderung normativer Leitlinien und durch Umgestaltung formaler „hard facts" innerhalb der Organisationsstruktur eines Unternehmens und einen daraus induzierten kulturellen Wandel verändern kann.[5]

Entsprechend der vollzogenen Hierarchisierung und der damit verbundenen Überordnung des Resource-based View gegenüber dem Market-based View bietet sich für einen Verlag in der konvergenten Medienbranche das Supply Chain Management (SCM) als zentrales ressourcenorientiertes Management-Konzept an. Ein solches *Multimedia Supply Chain Management* (*MSCM*) bildet durch inter- und intrabetriebliche Anwendung SCM-interpretierter, strategischer Grundsätze den Handlungsrahmen für die Realisierung von effektiven und effizienten verlagsseitigen Engagements in den identifizierten Erlebniswelten.[6] Dabei stellt es die führungstechnische Basis zum umfassenden Metakompetenzenmanagement dar. Dies bedeutet, daß das jeweilige Unternehmen intrabetrieblich die Fähigkeit erwirbt, eigene Kernkompetenzen zu entwickeln, sowie interbetrieblich in der Lage ist, Kompetenzlücken durch Aufnahme geeigneter Partner zur Erzielung von Kompetenzsynergien zu schließen.[7] Durch derartige Bündelung und Integration verschiedener Kompetenzen kann dann ein neuer Wettbewerbsraum geschaffen bzw. das Tor zu neuen Märkten geöffnet werden.[8] Insofern bildet das MSCM auch die Rahmenbedingungen und Voraussetzungen für die spezifische Ausgestaltung der Geschäftsfelder und beeinflußt damit auch indirekt die Wettbewerbsstrategien.

Allgemein liefert das MSCM einen kernkompetenzorientierten Handlungsrahmen zur späteren Umsetzung von Positionierungsstrategien auf Geschäftsfeldebene. Dabei plant, steuert und kontrolliert das MSCM systematisch ein strategisches *Netzwerk* von Unternehmen mit ihren kunden- und partnerorientierten Prozeßketten, um die der Wertschöpfungskette inhärenten Effektivitäts- und Effizienzpotentiale dauerhaft, d. h. langfristig ausgerichtet, und bestmöglich auszuschöpfen.[9] Diesem Gedanken liegt sowohl eine *wertschöpfungskettenübergreifende partnerschaftliche Koordinierung* sowohl des Güter- als auch des Informationsflusses zugrunde. Die Komplexität der Koordination ist dabei nur mittels einer Vielzahl intra- und interbetrieblich ausgestatteter Management-Unterstützungssysteme, wie beispielsweise der Balanced Scorecard[10], beherrschbar. Das MSCM ermöglicht es also, durch effektive und effiziente Koordination verschiedener kosten-, qualitäts- oder zeitfokussierender Unternehmen (monoerfolgsfaktorzentrierte Unternehmen) ein auf sämtliche strategische Erfolgsfaktoren gleichermaßen ausgerichtetes Wertschöpfungsnetzwerk – quasi multierfolgsfaktororientiert – zu konstituieren und zu managen, um so der zunehmend heterogen-hybriden Nachfragestruktur im Multimedia-Bereich adäquat entgegentreten zu können.

---

5 Vgl. *Mehl/Hans* (2001), S. 276.

6 Vgl. *Keuper* (2001a), S. 164 ff.

7 Vgl. *Börner* (2000a), S. 84 ff.

8 Vgl. Abschnitt 4.2.1.1.2, S. 85 ff.

9 Vgl. *Keuper* (2001a). S. 167.

10 Vgl. Abschnitt 7.4, S. 294 ff.

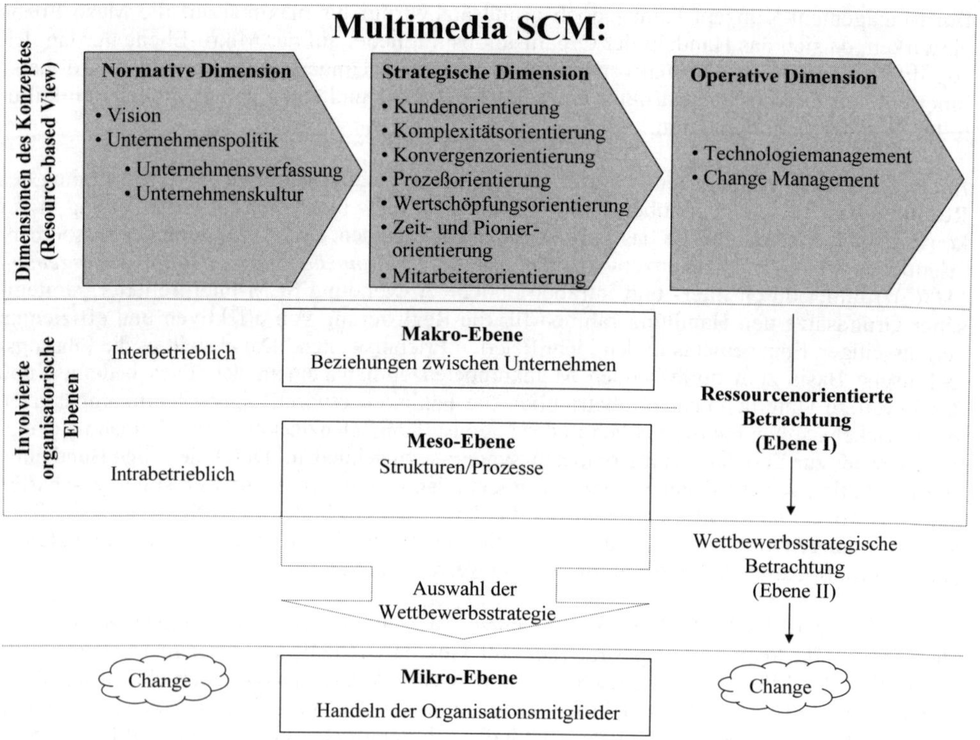

Abbildung 64: Das Multimedia Supply Chain Management

Um den erwünschten ganzheitlichen Charakter des MSCM zu unterstreichen, der zwingend zur Beherrschung des aus der Konvergenz induzierten Veränderungsdrucks erforderlich ist, wird nachfolgend zwischen drei Dimensionen des MSCM unterschieden. Während sich die *normative Dimension* damit beschäftigt, die generellen Ziele eines Unternehmens festzulegen, d. h. Prinzipien, Normen und Spielregeln zu entwickeln, die darauf ausgerichtet sind, die Lebens- und Entwicklungsfähigkeit des Unternehmens zu ermöglichen, konzentriert sich die schwerpunktmäßig verfolgte *strategische Dimension* auf den Aufbau, die Pflege und Nutzung von Erfolgspotentialen.[11] Normatives und strategisches Management finden schließlich ihre Umsetzung in der eher *operativen Dimension*, die auf leistungs-, finanz- und informationswirtschaftliche Prozesse fokussiert ist.[12] Anzuführen bleibt, daß alle drei Dimensionen auf die ressourcenorientierte Ebene abzielen, so daß beispielsweise innerhalb der operativen Ebene zu untersuchen ist, welche Informationstechnologien allgemein für alle Geschäftsbereiche notwendig sind. Die geschäftsfeldspezifische Anpassung der IT-Strukturen wird dann innerhalb der Wettbewerbsstrategie festgelegt.

Durch die vollzogene Aufteilung in drei Dimensionen und eine damit ganzheitliche Betrachtung des Verlages wird das MSCM letztlich vom Management-Konzept zur umfassenden *Management-Philosophie* für einen Zeitungs- und Zeitschriftenverlag in der konvergierenden

---

11 Vgl. BLEICHER (1999), S. 74 f.

12 Vgl. BLEICHER (1999), S. 76.

Medienbranche erweitert. Damit wird auch gleichzeitig deutlich, daß das MSCM nicht nur als rein informationstechnisch geprägtes Management-Konzept angesehen werden kann, sondern vielmehr auch den verhaltensorientierten Bereich mit einschließt.[13] Richtig ist allerdings, daß das MSCM stets auf der verstärkten Anwendung moderner IuK-Technologie basiert, die sozusagen „Conditio sine qua non" ist. Die hohe strategische Bedeutung der IuK-Technologie wird allerdings nicht mehr im Rahmen der strategischen Leverages betrachtet, sondern vielmehr als gegeben vorausgesetzt und innerhalb der operativen Dimension detailliert ausgestaltet.

5.1 Normative Grundsätze des Multimedia Supply Chain Management

Ausgangspunkt des normativen Managements ist das Streben nach einer sinnvollen Legitimität der Existenz des Unternehmens gegenüber allen Anspruchsgruppen (Stakeholder), wobei sich letztlich dessen langfristige Überlebensfähigkeit in der Nutzenstiftung im Hinblick auf die involvierten Stakeholder manifestiert.[14] Insofern impliziert das Multimedia Supply Chain Management auch ein umfassendes *Stakeholder Management*, also die simultane Berücksichtigung der vielen an ein Unternehmen gerichteten Anspruchsgruppen. Die Forderung nach einer alleinigen Ausrichtung des Verlages auf die Eigenkapitalgeber (Shareholder-Value-Prinzip) wäre jedoch geradezu absurd, da der Fokus auf „das ökonomische ABC des Gewinnemachens" die für den Erfolg der Medienprodukte notwendige Kreativität im Verlag und die mit dem Medienprodukt vermittelten Werte zwangsläufig unterminieren würde. Dabei verdeutlicht Abbildung 65 exemplarisch die primären Stakeholder im Verlag.

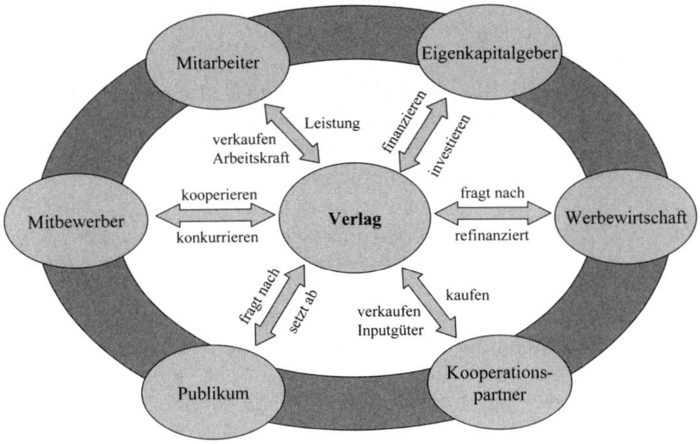

Abbildung 65: Primäre Stakeholder des Verlages[15]

Zentraler Aspekt für die Erweiterung des MSCM zur Management-Philosophie ist, daß diese übergeordnet der Wertentwicklung im Verlag dient, wobei die Werte von allen Stakeholdern beeinflußt, d. h. sowohl von innen als auch von der Systemumwelt geprägt werden. Dabei ist unter einem *System* allgemein eine Menge von Elementen mit spezifischen Eigenschaften zu

13 So wird zu Recht von WOHLGEMUTH/HESS kritisiert, daß das SCM bislang sehr informationstechnologisch geprägt ist und im verhaltensorientierten Bereich Nachholbedarf besteht, vgl. WOHLGEMUTH/HESS (2001), S. 77.

14 Vgl. GOMEZ/ZIMMERMANN (1992), S. 23.

15 In Anlehnung an KARMASIN (2000), S. 289.

verstehen, die durch Relationen miteinander verbunden sind.[16] Insofern dient das Streben nach zukunftsgerichteten und in sich konsistenten Werteprofilen dazu, einen konkreten Sinnbezug der unternehmerischen Tätigkeit zu einer eigenständigen *Unternehmensidentität* zu vermitteln, die das soziale System Verlag von anderen Systemen abgegrenzt und damit lebensfähig hält. Sinn bekommt damit eine funktionale Bedeutung, da eine Werteorientierung die Mitarbeiter zusammenhält, motiviert und ihnen gleichzeitig Handlungsspielräume (Selektionsmöglichkeiten[17]) für ihre tägliche Arbeit offenbart.

Leitstern für das normative und damit auch das strategische und operative Management ist die unternehmerische *Vision*. Diese wirkt grundsätzlich belebend für die Organisation und begründet ein übergreifendes, hochgestecktes, gemeinsames Ziel. Dementsprechend hat eine Vision motivatorische Funktionen für die Mitarbeiter, indem durch die ambitionierten Zielvorgaben tradierte Denk- und Handlungsweisen auf den Prüfstand gestellt werden, was somit letztlich Grundlage für eine *lernende Organisation* ist. Zu beachten ist, daß die Vision konkret genug sein muß, um die Aufmerksamkeit der Mitarbeiter zu fesseln, doch sie sollte diese Fähigkeiten noch nicht im Detail formulieren.[18] So wäre für einen Verlag ein direkter Zeitbezug und eine detaillierte Ausgestaltung innerhalb der Vision zu einem Engagement auf den Multimedia-Erlebniswelten – im Gegensatz zu daraus abgeleiteten strategischen Zielen – fatal, da hier die Gefahr bestünde, ein Produkt an der Marktentwicklung vorbei zu kreieren, was einer Verschwendung von Ressourcen gleichkäme. Zudem wird deutlich, daß die Vision und der ressourcenorientierte Ansatz stark miteinander verwoben sind, da durch die Vision auch die Konzentration auf bestimmte Kernkompetenzen vorgegeben werden kann.[19] Letztlich sollte eine Vision in Analogie zum geforderten Stakeholder Management eine Legitimationsfunktion visualisieren, so daß alle wesentlichen Anspruchsgruppen vom Zweck der Unternehmenstätigkeit überzeugt werden.[20]

Eine Multimedia-Vision, wie sie für jeden Zeitungs- und Zeitschriftenverlag angestrebt werden sollte, ist derzeit selbst bei den deutschen Großverlagen noch nicht vorhanden. Jedoch visualisiert auf internationaler Ebene die Vision von AOL Time Warner die Anstrengung nach der Formierung eines konvergenten Medienunternehmens:

„To become the world's most respected and valued company by connecting, informing and entertaining people everywhere in innovative ways that will enrich their lives."[21]

Ein eher visionäres Profil denn eine eindeutige Vision vermittelt der Medienkonzern Bertelsmann im Rahmen der Unternehmensdarstellung im Internet:

„Bertelsmann ist das internationalste Medienunternehmen der Welt und strebt Spitzenpositionen in allen seinen Märkten an. Wir vermitteln Information, Bildung und Unterhaltung – in jedem Format und auf jedem denkbaren Übertragungsweg. Kreative Inhaltearbeit, konsequente Kundenorientierung und das Streben nach einer angemessenen Verzinsung des eingesetzten Kapitals stehen im Mittelpunkt unseres Handelns. Als Heimat für kreative Talente ist Bertelsmann berühmt dafür, Künstlern und Unternehmen alle Möglichkeiten zur Entfaltung zu

---

16 Vgl. *AHRENS* (1998), S. 13, *SCHWENK-WILLI* (2001), S. 10.

17 Vgl. *LUHMANN* (1987), S. 94.

18 Vgl. *STALK/HOUT* (1990), S. 54 ff.

19 Vgl. *BLEICHER* (1999), S. 101 f.

20 Vgl. *BLEICHER* (1999), S. 102.

21 Vgl. *AOL TIME WARNER* (2001), S. 2.

bieten. In einer sich rasch wandelnden Medienwelt stehen wir an der Spitze der Entwicklung.“[22]

Ein Patentrezept für eine geeignete Multimedia-Vision gibt es kaum. Jedoch lassen sich gerade aus dem strategischen Planungsprozeß mögliche Zukunftsbilder des Verlages ableiten, die dann metaphorisch in die Vision eingearbeitet werden können. Wichtig ist auch die Frage nach dem Träger des Prozesses der Visionsfindung. Da die gesamte Medienbranche durch die Konvergenz von einer revolutionären Veränderung betroffen ist, wäre theoretisch gesehen ein Bottom-Up-Ansatz am geeignetsten, wobei beim Bottom-Up-Ansatz die Aktivitäten zur Visionsfindung auf der untersten organisatorischen Ebene beginnen und dann jeweils konsolidiert auf die übergeordnete Stufe weitergeleitet werden. Hierdurch fänden die im Verlag bestehenden Spannungsfelder Kreativität versus wirtschaftlicher Rationalität und Print versus Multimedia Berücksichtigung, indem aus einer Vielzahl persönlicher Visionen durch eine gesunde Streitkultur eine gemeinsame Vision hervorginge. Dem kann entgegengehalten werden, daß in der Praxis eigentlich nur der Top-Down-Ansatz anwendbar ist, da sich viele Mitarbeiter – belastet durch das Tagesgeschäft – gar nicht mit derart weichen und unkonkreten Faktoren zur Unternehmensentwicklung beschäftigen wollen und faktisch auch nicht können. Außerdem spricht gerade vor dem Hintergrund der genannten vielschichtigen Spannungsfelder im Verlag gegen den Bottom-Up-Ansatz, daß eine Konsensfindung hier nur sehr schwierig wäre und letztlich lähmend und ermüdend auf die gesamte Organisation wirken könnte. Somit sollte eine Multimedia-Vision vom Top Management des Verlages initiiert werden. Dabei gilt es jedoch zu berücksichtigen, daß für die Durchdringung bzw. Akzeptanz der Vision auf allen organisatorischen Ebenen ein kontinuierliches Change Management erforderlich ist,[23] da ansonsten schnell der Eindruck entstehen könnte, daß es sich bei der von der Unternehmensführung vorgegebenen Vision lediglich um einen sehr unkonkreten Lösungsansatz für ein Problem handelt.

In Anknüpfung an die Vision ergibt sich die jeweilige *Unternehmenspolitik*, die durch die *Unternehmensverfassung* und die *Unternehmenskultur* getragen wird. Dabei ist die Unternehmensverfassung „eine normierende, formale Rahmenordnung für die Zielfindung und den Interessenausgleich zwischen Um- und Insystem sowie für interne Auseinandersetzungen bei der ökonomischen und sozialen Zieldefinition und -realisation“[24] und schlägt sich langfristig in den verhaltensbezogenen Werten und Normen der Unternehmenskultur nieder. Exemplarisch für eine sehr politisch geprägte Unternehmensverfassung lassen sich dabei die Grundsätze des Axel Springer Verlages anführen:[25]

- *Das unbedingte Eintreten für den freiheitlichen Rechtsstaat Deutschland als Mitglied der westlichen Staatengemeinschaft und die Förderung der Einigungsbemühungen der Völker Europas.*
- *Das Herbeiführen einer Aussöhnung zwischen Juden und Deutschen; hierzu gehört auch die Unterstützung der Lebensrechte des israelischen Volkes.*

---

22 *Middelhoff* (2002).

23 Vgl. Abschnitt 5.3.2, S. 229 ff.

24 *Bleicher* (1999), S. 148.

25 Online *Axel Springer Verlag* (2002).

- *Die Unterstützung des transatlantischen Bündnisses und die Solidarität in der freiheitlichen Wertegemeinschaft mit den Vereinigten Staaten von Amerika.*[26]
- *Die Ablehnung jeglicher Art von politischem Totalitarismus.*
- *Die Verteidigung der freien sozialen Marktwirtschaft.*

Zusammenfassend lassen sich somit für das normative Management drei Zielrichtungen anführen:[27]

- Nutzenstiftung für alle Bezugsgruppen,
- Definition von Zielen im Umfeld von Gesellschaft und Wirtschaft sowie
- Begründungswirkung für alle Management-Handlungen.

Die Ausgestaltung des normativen Managements obliegt dem strategischen Management im Rahmen des Aufbaus, der Pflege und Ausschöpfung strategischer Erfolgspotentiale. Insofern darf die Rolle des normativen Managements als übergeordnete Ebene des Multimedia Supply Chain Management nicht unterschätzt werden. Das weitestgehende Fehlen von (Multimedia-) Visionen in der Verlagsbranche und die damit erzielbaren mobilisierenden Wirkungen lassen hierbei in praxi deutlichen Handlungsbedarf erkennen, der allen strategischen und operativen Maßnahmen vorgeschaltet sein sollte.

5.2 Strategische Grundsätze des Multimedia Supply Chain Management auf Makro- und Meso-Ebene

Die nachfolgend dargestellten Multimedia-Supply-Chain-Management-interpretierten Grundsätze, die von Rollberg abgeleitet und für den hier betrachteten Multimedia-Bereich nur geringfügig modifiziert wurden, umfassen sowohl intra- als auch interbetriebliche zentrale Arbeitsprinzipien, deren Ursprung auf japanische und amerikanische Management-Konzepte, wie Lean und Total Quality Management, zurückgeht.[28] Dabei ist hervorzuheben, daß diese lediglich aus Darstellungsgründen getrennt voneinander betrachtet werden, jedoch eigentlich miteinander in enger Beziehung stehen bzw. interagieren. Als oberste Maximen gelten zunächst die *Kundenorientierung* zur Sicherstellung eines marktgerechten Leistungsangebotes und die *Komplexitätsorientierung* zur hinreichenden Anpassung der Unternehmenskomplexität an die Marktkomplexität, was Grundvoraussetzung für ein effektives und effizientes Agieren des Verlages ist. Als direkt aus den originären Grundsätzen abzuleitende derivative Grundsätze gelten sodann eine *Konvergenz-*, *Prozeß-*, *Wertschöpfungs-*, *Zeit-* und *Pionier-* sowie *Mitarbeiterorientierung*. Dabei ist anzuführen, daß in der Evolution eines Multimedia-Wertschöpfungsnetzwerkes die Grundsätze nicht nur miteinander interagieren, sondern auch in zunehmendem Maße konvergieren werden. So sollte beispielsweise die Konvergenzorientierung, die u. a. das Management von Partnerschaften betrifft, grundsätzlich auch eine nach innen gerichtete

---

26 Die Solidarität mit den USA wurde infolge der Terroranschläge vom 11. September 2001 in New York mit in die Unternehmensverfassung aufgenommen.

27 Vgl. *KEUPER* (2001a), S. 57.

28 Vgl. *ROLLBERG* (1996), S. 77 ff. Modifikationen fanden dabei nur dahingehend statt, daß die von *ROLLBERG* abgeleitete Lieferantenorientierung nunmehr als Konvergenzorientierung bezeichnet wird, um den Gedanken kooperativer Netzwerkbeziehungen hervorzuheben. Weiterhin ist anstatt von Simplexitätsorientierung im nachfolgenden von Komplexitätsorientierung die Rede, da der Begriff Komplexität als Gegensatz zu Simplexität in Wissenschaft und Praxis weitaus häufiger verwendet wird.

Kundenorientierung implizieren, da z. B. ein starres Bereichsdenken im operativen Geschäft zwangsläufig Suboptima hervorruft, was sich natürlich entsprechend auch auf alle anderen Grundsätze auswirkt.

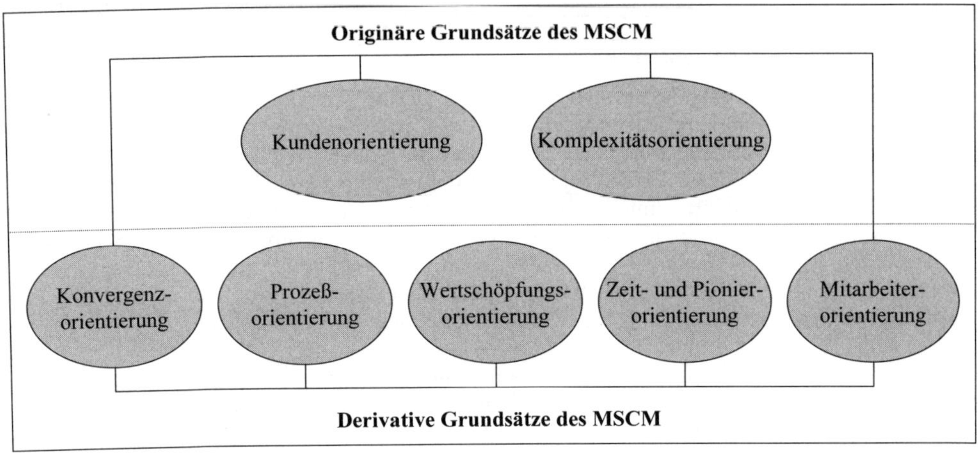

Abbildung 66: Strategische Grundsätze des MSCM

5.2.1 Originäre Grundsätze

Im Rahmen der Kundenorientierung als erstem originären Grundsatz des MSCM werden die beiden wesentlichen Kundengruppen eines Verlages – die End- und Werbekunden – ausführlich behandelt, wobei auch auf die Rechtekunden als neue Kundengruppe kurz eingegangen wird. Im Anschluß stellt die Komplexitätsorientierung als weiterer originärer Grundsatz des MSCM die verschiedenen Sichtweisen und Facetten von Komplexität dar, bevor letztlich auf die Planung, Ausgestaltung und Überwachung von Komplexität eingegangen wird.

5.2.1.1 Kundenorientierung

Die Kundenorientierung ist im Rahmen des MSCM auf dreierlei Arten verankert, nämlich

- als end- und werbekundenorientierte Perspektive,
- als extern orientierte Kundenperspektive und
- als intern orientierte Kundenperspektive.[29]

Während die end- und werbekundenorientierte Perspektive im Mittelpunkt der nachfolgenden Ausführungen stehen wird, ist anzuführen, daß innerhalb des gesamten Multimedia-Wertschöpfungsnetzwerkes eine Kundenorientierung sowohl gegenüber den Partnern des Verlages als auch verlagsintern zwischen den organisatorischen Einheiten verankert sein sollte, um das komplexe Systemprodukt marktgerecht und wirtschaftlich zu erstellen. Entsprechend kann das Management von Partnerschaften durchaus zu einer entscheidenden Kernkompetenz des Verlages werden, die im Vergleich zur Konkurrenz Wettbewerbsvorteile konstituiert. Dies ist jedoch nur möglich, wenn jeder Empfänger einer prozessualen Teilleistung einen Kundenstatus

[29] Vgl. *KEUPER* (2001a), S. 173.

erhält, was idealiter opportunistisches Verhalten generell ausschließt. Dadurch werden Schnittstellen vermieden, was sich letztlich positiv auf die Effektivität und Effizienz der Gesamtleistung auswirkt, die sich aus verschiedenen Teilleistungen verschiedener Wertschöpfungspartner zusammensetzt.

5.2.1.1.1 Endkundenorientierung

Zunächst fokussiert das MSCM auf den Endkunden, der als Ausgangs- und Bezugspunkt für die gesamte Supply Chain anzusehen ist. Dabei ist die zentrale Frage für den Verlag, wie der heterogen-hybriden Nachfragestruktur der Nutzer in den digitalen Erlebniswelten, die sich u. a. in einem vagabundierenden Käuferverhalten und dem Bedürfnis nach einer größtmöglichen Varietät der Produkte äußert, Einhalt geboten werden kann. Kundenorientierung bedeutet in diesem Zusammenhang vor allem, die spezifischen Vorteile der angebotenen Medien auch voll auszuschöpfen. Während dies bei Print-Erzeugnissen insbesondere die journalistische Analyse und Darstellung komplexer Zusammenhänge ist, steht bei digitalen Informationsprodukten die bereits angeführte Personalisierung des Leistungsangebotes im Vordergrund.

Wesentliche Grundvoraussetzung der Personalisierung ist die im Marketspace mögliche Nutzung von *Interaktivität*, ohne Medienbrüche hinnehmen zu müssen. Dabei erlaubt allgemein die Interaktivität den Nutzern, mittels eigener Aktionen direkt in das mediale Geschehen einzugreifen und somit die Fortsetzung zu beeinflussen oder mit anderen Nutzern und mit den Anbietern der Inhalte in Kontakt treten zu können.[30] Der Begriff ist damit zunächst sehr weit gefaßt und läßt sich in einem nächsten Schritt innerhalb verschiedener Interaktivitätslevel konkretisieren:[31]

- Level 0: Ein-/Ausschalten und Programmwechsel
- Level 1: Zeitversetzte Ausstrahlung
- Level 2: Wahlweise Nutzung von Zusatzinformationen
- Level 3: Individueller Abruf von gespeicherten Inhalten
- Level 4: Kommunikative Interaktion: aktive, individuelle Benutzerorientierung

Wie aus der Aufstellung ersichtlich wird, steigt der Grad der potentiellen Eigenaktivität des Nutzers von Level zu Level. Print-Medien, aber auch das Fernsehen, haben einen Interaktivitätslevel von null, wobei Print-Medien im Gegensatz zu Radio und Fernsehen teilweise als interaktives Medium angesehen werden können. So bieten beispielsweise Tageszeitungen die Option der Wiederholung der Lektüre und durchbrechen damit das lineare Zeitschema von Radio und Fernsehen, da der Leser sich sein Lesemenü selbst zusammenstellen kann.[32] Jedoch ist diese Nutzungsmöglichkeit darauf beschränkt, was der Rezipient wann, wie lange und wie oft lesen kann. Aufgrund der Auswahl von Informationen durch die Redaktion stellen Print-Medien aber nur ein begrenztes, vom Leser nicht beeinflußbares Angebot dar, da dieser nicht ins mediale Geschehen eingreifen oder die inhaltliche Gestaltung seiner Informationsmöglichkeit beeinflussen kann.[33] Damit sind Print-Medien durch ihre Einseitigkeit geprägt, so daß die Rollen des Senders und Empfängers fest sind und dem Leser eigentlich nur die Wahl

---

30 Vgl. *LEHR* (1999), S. 11.

31 Vgl. *LEHR* (1999), S. 31.

32 Vgl. *RADA* (1999), S. 25.

33 Vgl. *LEHR* (1999), S. 12.

bleibt, die Inhalte zu rezipieren oder nicht.[34] Demgegenüber bezieht sich Interaktivität in den digitalen Erlebniswelten auf die Ebenen drei und vier des Interaktionsschemas. Entsprechend hat der Nutzer auf dem dritten Level die Möglichkeit, seine gewünschten Informationen individuell aus dem nahezu unendlichen Angebot des Marketspace auszuwählen. Wird der Nutzer jedoch zum aktiven Gestalter des Informationsverarbeitungsvorgangs, d. h. kann er die inhaltliche Konfiguration des Informationsproduktes selbst beeinflussen, beispielsweise durch Vorgabe individueller Präferenzen oder durch Speicherung des Nutzungsverhaltens, so ist damit das höchste Level der Interaktivität erreicht. Dadurch wird dem Nutzer ein direkter Eingriff in den Informationsablauf durch selbstbestimmende Aktionen ermöglicht,[35] so daß dieser statt der passiven Rolle des Informationsrezipienten nunmehr eine neue Position als Gestalter des Informationsverarbeitungsvorgangs einnimmt (Prosument). Vereinfacht dargestellt, geht der Nutzer hiermit eine Form von Kommunikation ein, da Kommunikation im engeren Sinne die soziale Interaktion zwischen zwei oder mehr Personen umschreibt.[36] Durch vielfältige Kommunikationsprozesse ist es nun möglich, den Besucher des Online-Angebotes zu identifizieren und Daten über seine Informationspräferenzen zu erhalten, um so letztlich ein spezifisch auf die Nutzerinteressen zugeschnittenes Informationsprodukt zusammenzustellen. Mit der Mass Customization wurde in diesem Zusammenhang ein wettbewerbsstrategisches Instrument vorgestellt, um Informationsprodukte nutzerspezifisch bündeln und bereitstellen zu können.

Allerdings ist auf unternehmensstrategischer Ebene und damit auch für das MSCM vielmehr relevant, welche generellen Rahmenbedingungen und Spielregeln für die verschiedenen Geschäftseinheiten im Hinblick auf Interaktivität und die damit einhergehende Generierung von Kundendaten festzulegen sind. So gilt es unwiderruflich die Frage aufzuwerfen, wieviel Personalisierung die Nutzer eigentlich wünschen. Einerseits sind Schlagwörter wie *Collaborative Filtering* und *One-to-One-Marketing* vielzitierte Begriffe der Internetökonomie.[37] Andererseits wird dabei meistens nicht hinterfragt, ob sich nicht ein Overengineering der Produkte und eine damit verbundene negative Qualität durch Speichern und Aggregieren von zu vielen detaillierten Kundeninformationen ergeben kann. In einer Primärstudie mit 352 Internet-Nutzern gaben entsprechend über 85 Prozent aller Befragten die Wahrung der Anonymität als Entscheidungskriterium für den Besuch einer Web-Site an.[38] Dabei wird lediglich die E-Mail-Adresse bereitwillig offenbart. Angaben zu Interessen, Hobbies und Beruf liegen ganz eindeutig im Ablehnungsbereich. Letztlich stimmten nur 25 Prozent der Befragten folgender Aussage (eher) zu: „Ich vertraue darauf, daß Web-Sites sich an ihre publizierten Privacy Policies halten".[39] Die große Ablehnung von 75 Prozent visualisiert eindeutigen Handlungsbedarf zur Vertrauensbildung in den digitalen Erlebniswelten. Für den Verlag ist dies allerdings weniger Gefahr als herausragende Chance zur Generierung einer Kernkompetenz, da die Interaktion mit dem Kunden und ein sinnvoller Einsatz von Kundendaten zur Personalisierung ein vom Kunden wahrgenommenes Unterscheidungsmerkmal gegenüber anderen Angeboten sein kann. Dabei trägt der Transfer einer seriösen Print-Marke in die digitalen Erlebniswelten maßgeblich zum Vertrauensaufbau bei. Allerdings wird hier nochmals der Koordinierungsbedarf zur Personalisierung auf Ebene der Unternehmensstrategie herausgestellt. So stellen die Print-Marken eine wesentliche strategische Ressource von Zeitungs- und Zeitschriftenverlagen dar, die entsprechend beim Markentransfer zu schützen sind. Im Falle einer nicht kundengerechten Aggrega-

---

34 Vgl. *HENKEL* (2000), S. 71.

35 Vgl. *SCHREIBER* (1998), S. 11.

36 Vgl. *BÖCK BACHFISCHER* (1996), S. 29.

37 Vgl. beispielsweise *LINK/TIEDTKE* (2000), S. 98 ff., *RÖDER* (2000), S. 146 ff., *RUNTE* (2000).

38 Vgl. *NEUS* (2001), S. 346.

39 Vgl. *NEUS* (2001), S. 347.

tion von Kundendaten oder gar deren nicht erwünschter Weitergabe an Dritte im Rahmen eines Multimedia-Geschäftsmodells ist so durchaus eine medienübergreifende Schädigung der Marke oder gar eine Schädigung der Reputation des gesamten Verlagshauses denkbar. Letztlich ist somit unternehmensstrategisch festzulegen, daß bei sämtlichen Personalisierungsmaßnahmen ein konkreter Mehrwert für den Kunden und erst in zweiter Linie für den Verlag entstehen muß, der mit den Markenattributen der jeweiligen transferierten Print-Marke in Einklang steht. Anzufügen bleibt, daß der Verlag mit der Nutzung von Interaktivität in den digitalen Erlebniswelten den primär inhaltlich-journalistischen Fokus des Medienangebotes um einen Kommunikationsfokus erweitern muß, da in Zukunft weniger rein inhaltliche Präferenzen des Kunden als vielmehr dessen Kommunikationspräferenzen eine Rolle spielen.[40] Diese gewinnen vor dem Hintergrund der erwünschten horizontalen Integration der drei Erlebniswelten an Bedeutung, da somit detailliert festgelegt werden kann, wann der Nutzer in welcher Erlebniswelt wie und mit welchen der für ihn relevanten Themen angesprochen werden soll. Dies wird u. a. am Beispiel des Tagesablaufs des für eine Unternehmensberatung arbeitenden Crossmedia-Kunden A visualisiert. Dabei wird deutlich, daß sich A während eines Arbeitstages in verschiedenen Situationen befindet und dementsprechend verschiedene Kommunikationsmuster und Informationspräferenzen aufweist.

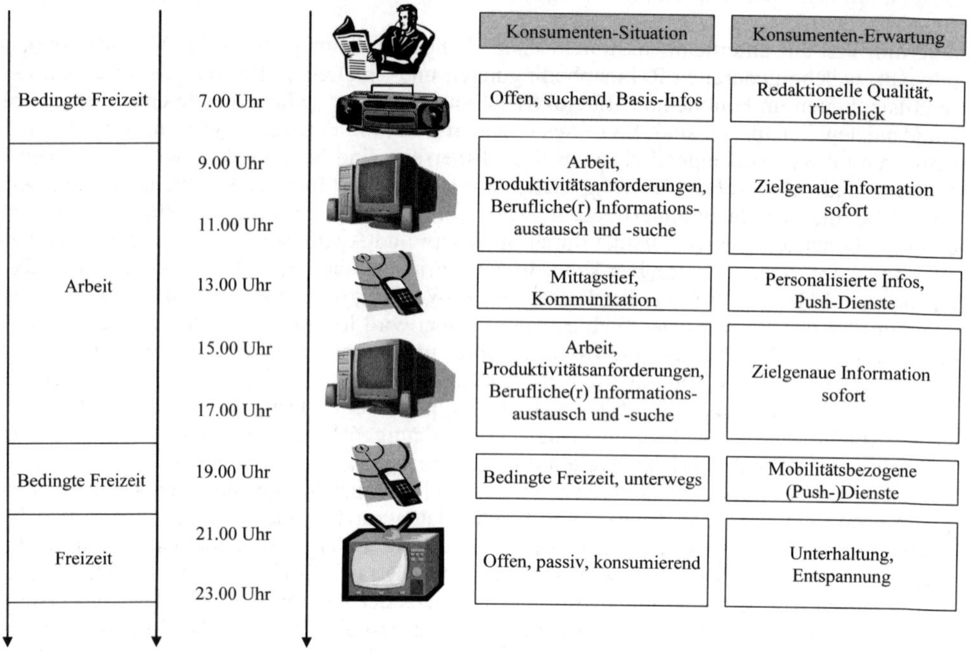

Abbildung 67: Tagesablauf des Crossmedia-Kunden A[41]

Die Filterung der persönlichen Informationen, die je nach Konsumenten-Situation eine wichtige oder weniger wichtige Rolle spielt, kann dabei mit Erlaubnis des Nutzers vom Anbieter vorgenommen werden (Permission Marketing). Oder aber das Management der Kundenbeziehung

40 Vgl. *NEUS* (2001), S. 354.

41 In Anlehnung an *MÜLLER-KALTHOFF* (2002), S. 22.

geht zum größten Teil vom Nutzer selbst aus, indem dieser je nach Vertrauensbeziehung zur jeweiligen Kommunikationsplattform mittels einer Software zwischen verschieden detaillierten Profilen wechseln kann.[42] Mit der Evolution des Multimedia-Wertschöpfungsnetzwerkes ist jedoch auch die Herausbildung von Infomediären denkbar, die Kundeninformationen an allen Kundenkontaktpunkten sammeln und den Wertschöpfungspartnern je nach Kundenpräferenz zur Leistungserstellung bereitstellen. Jedoch kann die Glaubwürdigkeit des Infomediärs und damit dessen Relevanz als potentieller Partner für einen Zeitungs- und Zeitschriftenverlag nur durch Einhalten selbst auferlegter harter Qualitätsrichtlinien zum Management der Kundeninformationen gewährleistet werden.

Unter Berücksichtigung dieser einschränkenden Ausführungen eröffnet der Marketspace mit der möglichen Interaktivität ein breites Spektrum an Potentialen für den Verlag. So beweisen Untersuchungen von *Weidenmann*, daß das direkte Einbinden einer Person in den Kommunikationsprozeß sein Erinnerungsvermögen erhöht.[43]

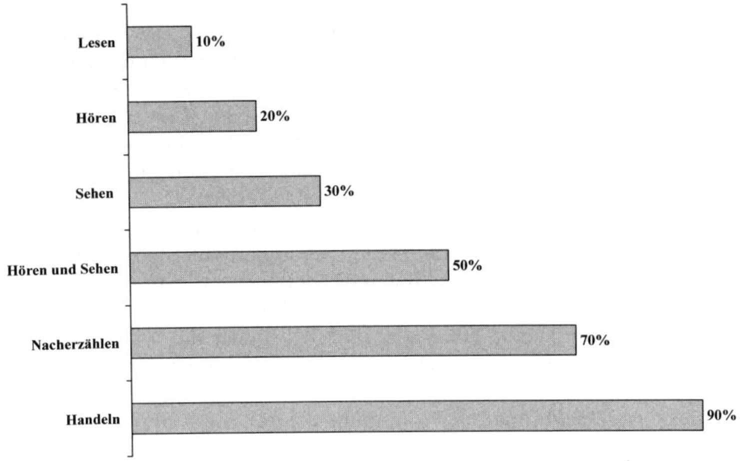

Abbildung 68: Wirkung von Sinnesmodalitäten und Lernaktivitäten auf das Behalten[44]

Auch wenn die Ergebnisse des Tests nicht pauschal auf Multimedia-Erlebniswelten übertragbar sind, so wird doch deutlich, daß der Aufbau einer interaktiven Beziehung zum Nutzer eine hohe Einprägsamkeit des gewählten Angebotes bewirken kann. Daraus resultierend ergibt sich idealiter eine hohe Kundenbindung, die für einen Verlag in Zeiten explodierender Kosten zur Neukundenakquisition einen hohen unternehmensstrategischen Stellenwert einnehmen sollte. So gilt als branchenübergreifende Faustregel, daß eine im Durchschnitt um fünf Prozent gesteigerte Kundenbindungsquote die Gewinne eines Unternehmens um 25 bis 95 Prozent er-

42 Dies ist beispielsweise mit dem Service *Freedom* des Anbieters *Zeroknowledge* möglich, vgl. online *Zeroknowledge* (2002). Nach Installation der Software wird der Datenverkehr verschlüsselt und über mehrere Server anonymisiert. Dadurch stellt sich ein Wechsel zwischen den verschiedenen Profilen problemlos dar. Der Service ist rein nutzerfinanziert, so daß sozusagen eine „Miete" für die persönliche Privatsphäre entrichtet wird, vgl. *Neus* (2001), S. 357.

43 Vgl. *Weidenmann* (1995), S. 66 ff.

44 Vgl. *Weidenmann* (1995), S. 68.

höht.[45] Untersuchungen in der Verlagsbranche ergeben in diesem Zusammenhang für Tageszeitungen, daß es durchschnittlich 200 EUR kostet, einen neuen Kunden zu gewinnen, ihn langfristig zu halten dagegen nur 40 EUR.[46] Dementsprechend sollten allein schon bezogen auf den stagnierenden und hart umkämpften Print-Markt als Kerngeschäft von Zeitungs- und Zeitschriftenverlagen Kundenbindungsstrategien eine zentrale Rolle spielen. Dies gilt umso mehr zu Angeboten im Marketspace, wo sich der Nutzer im Gegensatz zum Offline-Kunden dadurch auszeichnet, daß durch die jederzeitige Verfügbarkeit und Vielzahl von Angeboten sein Variety-Seeking-Motiv noch verstärkt wird.

Um dies zu schmälern und die Kundenbindung entsprechend zu erhöhen, bietet sich für das jeweilige Multimedia-Angebot die Einrichtung einer *virtuellen Community* als wesentliches Instrument zur Nutzung der Interaktionspotentiale an. Dabei beschreiben Communities allgemein den Zusammenschluß von Individuen oder Organisationen, die gemeinsame Werte und Interessen miteinander teilen und über längere Zeit mittels elektronischer Medien orts- und teilweise auch zeitungebunden in einem gemeinsamen semantischen Raum, also in einer gemeinsamen Begriffswelt, kommunizieren.[47] Für Verlage ist die Bedienung einer Gemeinschaft nichts Neues, werden doch traditionell die Medieninhalte für den Print-Titel auch zielgruppengerecht zur Deckung eines spezifischen Informations- und/oder Unterhaltungsbedürfnisses zusammengestellt (Interessengemeinschaft). Neu hingegen ist die Möglichkeit der Initiativergreifung auf der Nutzerseite, wobei der Erfolg einer virtuellen Community ganz wesentlich von einer *kritischen Masse* von Nutzern abhängt.[48] Wird diese kritische Masse erreicht, so entfalten sich innerhalb der Community Kräfte mit einer immensen Eigendynamik.[49]

Ausgangspunkt für die Bildung einer Community ist aus Sicht von Verlagen insbesondere eine Basis von qualitativ hochwertigen Medieninhalten, die innerhalb einer Erlebniswelt zu einem Informations- und/oder Unterhaltungsangebot gebündelt werden. Auf Grundlage der Medieninhalte können die Mitglieder der Community z. B. in Form von Pinboards oder Chat-Foren eigene Gedanken zu einem Thema äußern. Dadurch bringen die Nutzer Informationen im Sinne von Erfahrungen und Wissen in die Community ein, so daß ein umfangreicher Informationspool entsteht, der mit zunehmender Mitgliederzahl erheblich anwächst.[50] Daraus wird deutlich, daß jedes einzelne Mitglied der Community durch die Einbringung von eigenen Inhalten ein Teil des gesamten Wertschöpfungsprozesses wird. Diese Ausführungen belegen somit erneut die These, daß ressourcen- und marktorientierter Ansatz Interdependenzen aufweisen und nicht separat betrachtet werden dürfen. Dabei sollte unternehmensstrategisch vorgegeben werden, daß Communities im Rahmen von Multimedia-Angeboten zu etablieren sind, sofern dies für die transferierte Print-Marke als sinnvoll erachtet wird, d. h. dem Kunden potentiellen Mehrwert geboten wird, und überhaupt Aussicht auf die Generierung einer kritischen Masse an Community-Nutzern besteht. Wird diese kritische Masse nämlich nicht erreicht, so stellt die Pflege einer Community, die oftmals auch von externen Partnern übernommen wird, einen zu hohen Kostenfaktor dar, was vor allem unter dem Aspekt der geforderten und im weiteren Verlauf noch darzustellenden Wertschöpfungsorientierung nicht wünschenswert ist.

---

45 Vgl. *REICHHELD/SHEFTER* (2001), S. 71.

46 Vgl. *KLING* (1998), S. 42. Die Angaben zu Kundenakquisitions- bzw. Kundenbindungskosten wurden in Anlehnung an die Originalquelle in Euro umgerechnet.

47 Vgl. *SCHUBERT* (1999), S. 30.

48 Vgl. *HAGEL III/ARMSTRONG* (1997), S. 49 ff.

49 Vgl. *PAUL/RUNTE* (1998), S. 161.

50 Vgl. *WIRTZ* (2001b), S. 176.

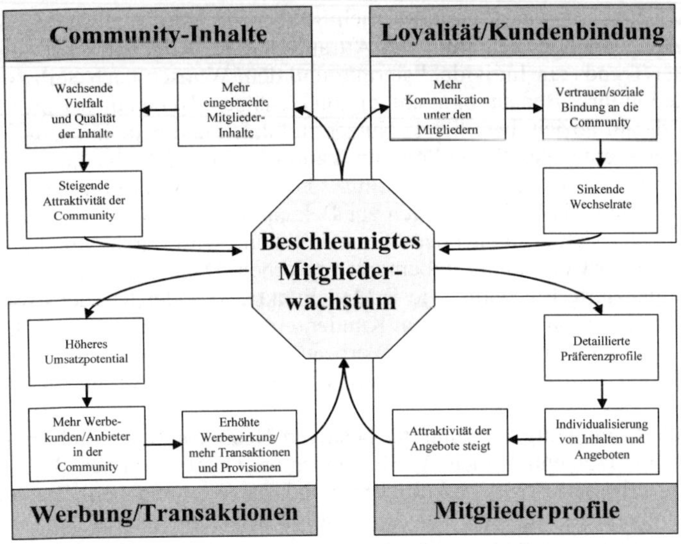

Abbildung 69: Community-Dynamik und selbstverstärkende Kreisläufe[51]

Das Paradebeispiel für eine erfolgreiche Community eines Medienunternehmens ist der Online-Dienst von AOL Time Warner. So läßt sich die hohe Abonnentenzahl von weltweit über 33 Millionen Mitgliedern weniger auf das Marketing als vielmehr darauf zurückführen, daß frühzeitig die Bedeutung der Interaktion und Kommunikation zwischen den Nutzern verstanden worden ist.[52] Hierfür spricht auch, daß 65 Prozent aller aktiven AOL-User die angebotenen Community-Funktionen nutzen.[53] So stehen beispielsweise zahlreiche Chat-Räume ausschließlich den Mitgliedern zur Verfügung, die zu diesem Zweck auch ein eigenes Profil konfigurieren können. Darüber hinaus werden mit der Buddy-List, in der ein Nutzer ihm bekannte Mitglieder eintragen und somit sehen kann, ob diese online sind, Lock-in-Effekte aufgebaut. Aber auch aus Verlagssicht lassen die Online-Angebote zahlreicher Tageszeitungen erste Ansätze zum Aufbau einer Community erkennen. Beispielsweise können die Leser der Süddeutschen Zeitung mittels Kommentaren und Pinboards ihre Meinung zu einem (Online-)Zeitungsbericht bzw. aktuellen Thema äußern und mit anderen Lesern in Dialog treten. Hieraus wird deutlich, daß mittels der beschriebenen Instrumente auch die Leser-Blatt-Bindung intensiviert werden kann. So weist eine rege Online-Diskussion über einen Zeitungsbericht auf ein entsprechendes allgemeines Interesse der Leser zu diesem Thema hin, so daß die redaktionelle Arbeit für weitere Berichte hierauf fokussiert werden kann. Dies visualisiert nochmals anschaulich, daß die für das Multimedia-Engagement spezifisch auszugestaltende Community auf wettbewerbsstrategischer Ebene letztlich auch die Kultivierung und den Einsatz von Ressourcen auf unternehmensstrategischer Ebene beeinflußt.

Abbildung 69 verdeutlicht erneut den Aspekt, daß die Aggregation von Wissen über die Nutzer und die damit mögliche Individualisierung eine wesentliche Determinante zur Auslösung der Netzeffekte innerhalb der Community ist, wobei – wie beschrieben – die Privatsphäre der

51 In Anlehnung an *PAUL/RUNTE* (1998), S. 162.

52 Vgl. *HAGEL III/ARMSTRONG* (1997), S. 54.

53 Vgl. *TÄUBRICH* (2002).

Nutzer nicht verletzt werden darf. Grundsätzlich ist aber die Individualisierung von Angeboten und die damit zu erwartende Steigerung der Attraktivität des Angebotes vor dem Hintergrund gesellschaftlicher Trends zur Individualisierung und dem Wunsch nach Selbstverwirklichung der Konsumenten in ihrer Bedeutung nicht zu unterschätzen. Neben dieser produktpolitischen Maßnahme, die darauf abzielt, bestehende Nutzer zu binden und neue hinzuzugewinnen, bildet das *Viral Marketing* eine spezifische kommunikationspolitische Maßnahme als weiteren Beschleunigungseffekt zum Community Building.[54] Unter Viral Marketing ist die Nutzung von Community-Mitgliedern als Multiplikatoren zur Bekanntmachung des Angebotes zu verstehen. Ähnlich wie bei einer sich ausbreitenden Viruserkrankung wird durch Mund-zu-Mund-Propaganda das Angebot der Community unbemerkt beworben. Dazu eignen sich insbesondere integrierte werbefinanzierte Freeware, wie E-Mail-Funktionen oder Kunden-Homepages. Beispielsweise bietet die Firma Hotmail ihren Kunden eine kostenlose E-Mail-Adresse an. Jeder verschickten E-Mail wird ein Link mit der Werbeaufschrift „Get your free E-Mail at Hotmail" angefügt, so daß sich mittlerweile ein Netzwerk von 30 Millionen Abonnenten gebildet hat.[55]

Letztlich zieht die Community aufgrund der positiven Netzwerkeffekte und des damit verbundenen erhöhten Umsatzpotentials mehr Werbekunden an. Daraus resultiert für den Initiator der Community ein verbessertes Vermarktungspotential für Werbeflächen. Zudem können mit der zuvor genannten Einschränkung zur Aggregation der Kundendaten Nutzerprofile gegenüber den Werbekunden vermarktet werden, da diese dann zielgruppengerecht oder sogar individuell (One-to-One-Marketing) Werbebotschaften schalten können, was im Idealfall direkte Impulskäufe anstößt. Aus diesen Zusammenhängen wird deutlich, daß die zuvor erläuterte Auflagen-Anzeigen-Spirale in modifizierter Form auch im Marketspace zu finden ist. Die sogenannte *Anzeigen-Nutzer-Spirale* bewirkt dementsprechend, daß eine große Nutzerzahl ein hohes Werbevolumen mit daraus folgenden Erlösen nach sich zieht.[56] Diese können dann wiederum in die Verbesserung des Angebotes reinvestiert werden, wodurch eine weitere Reichweitensteigerung und damit eine erneute Erhöhung des Werbeaufkommens erreicht wird.

Während die Personalisierung von Informationen und die Herausbildung von Communities als wesentliche Ausprägungen der im Marketspace möglichen und im Sinne der Endkundenorientierung zu nutzenden Interaktivität zu sehen sind, ist anzuführen, daß gerade aus Sicht eines Zeitungs- und Zeitschriftenverlages die crossmediale Vernetzung der Medienangebote unternehmensstrategisch zu forcieren ist. Dadurch kann beispielsweise einem Zeitungsleser Zusatznutzen geboten werden, indem weitere Hintergrundinformationen und Sekundärstatistiken zu einem Artikel im Web-Angebot abrufbar sind, wie dies bei der Welt oder der Financial Times Deutschland der Fall ist. Insofern werden Print und Online als eine medienübergreifende Einheit angesehen, da sie sich aufgrund der jeweiligen medienspezifischen Nutzung gegenseitig bedingen und sich damit inhaltlich ergänzen und stärken.[57] Allerdings kommt es hier unter Berücksichtigung einer zwingend zu vermeidenden Kannibalisierung – die im Zeitschriftenbereich gerade bei seltenen Lesern und einer Eins-zu-eins-Umsetzung des Print-Titels im Netz auch nachgewiesenen wurde –[58] ganz entscheidend auf die spezifische wettbewerbsstrategische Ausgestaltung des Multimedia-Engagements an.[59] Hierbei ist dann z. B. detailliert festzulegen, in welchem Ausmaß Print-Inhalte zu übernehmen sind, wie Print-Inhalte durch Online-Inhalte

---

54 Vgl. *HELM* (2000), S. 313.

55 Vgl. *PRAHALAD/RAMASWAMY* (2000), S. 68.

56 Vgl. *SENNEWALD* (1998), S. 136.

57 Vgl. *NEUBERGER* (2002), S. 114.

58 Vgl. *DIERKS* (2002), S. 123.

59 Vgl. Abschnitt 5.2.2.3, S. 191 ff.

und ggf. durch zusätzliche Services ergänzt werden können und welche Bereiche Abonnenten vorbehalten bleiben sollten.

Eine Kundenorientierung impliziert aber nicht nur die Bindung bestehender Kunden, sondern vielmehr auch die Erschließung neuer Kundengruppen. Dabei sind die Nutzer des Online-Angebotes einer Tageszeitung häufig wesentlich jünger als die konventionelle Leserschaft einer Tageszeitung.[60] Insofern führt ein Online-Angebot auch zu einer steigenden Attraktivität der Zeitung für neue Lesergruppen und zur Erschließung neuer Marktsegmente („Verjüngung" von Print-Marken), die mit dem Print-Objekt allein nicht erschlossen werden könnten. Derartige Crossmedia-Strategien von Print und Online, die ein redaktionelles Angebot nicht nur für Abonnenten der Print-Produkte vorsehen, werden derzeit auch überwiegend in der Verlagsbranche propagiert, so daß der Vorstoß der Verlagsgruppe Madsack (z. B. Hannoversche Allgemeine Zeitung, Göttinger Tageblatt) zur Schließung der Online-Angebote für Nicht-Abonnenten ein Alleingang bleiben dürfte. Daß letztlich mit einem Online-Angebot bestehende Kunden nicht nur gebunden und neue Kunden erschlossen werden können, sondern vielmehr das Internet auch als wichtiger Vertriebskanal für Abonnements fungiert, wird u. a. aus der immensen Anzahl im Internet generierter Abos deutlich. Dies sind beispielsweise bei Gruner & Jahr von Mitte 2001 bis Mitte 2002 für die verschiedenen Titel ca. 150.000 Abonnements gewesen, während bei der Süddeutschen Zeitung 15 Prozent aller Abos im Internet gewonnen wurden.[61]

5.2.1.1.2 Werbekundenorientierung

Da gegenüber dem Endkunden eine Verzahnung von Print und Multimedia im Rahmen von Crossmedia-Publishing-Strategien anzustreben ist, liegt es nahe, daß auch gegenüber dem Werbekunden crossmediale Werbekonzepte vermarktet werden sollten. So gilt es vor allem die Zurückhaltung der mit großzügigen Werbeetats ausgestatteten Markenartikelhersteller bezüglich von Online-Werbung abzuschwächen, indem zunächst der Schwerpunkt der Werbevermarktung weiterhin auf dem Print-Produkt liegt und als kostengünstiger Zusatz Online-Werbung geschaltet werden kann, um so die Werbetreibenden an Werbung in den digitalen Erlebniswelten heranzuführen. Um jedoch die Unsicherheit bezüglich der Online-Werbung gänzlich zu beseitigen, bedarf es der Entwicklung von Reichweitenstandards – wie der Media-Analyse im Print-Bereich – sowie verläßlicher Werbewirkungsforschung, da das Fehlen von validen Planungsdaten und Transparenz über Kosten und Nutzen von Online-Werbung Hauptgrund für die diesbezügliche Zurückhaltung der Werbetreibenden ist.[62] Dies bedingt, daß die Verlagsführung die Initiative ergreifen muß, um so in Zusammenarbeit mit anderen Medienunternehmen und der IVW als anerkanntem Dienstleister zur Erfassung von Print-Reichweiten entsprechende Standards zu erarbeiten.

Mit der Evolution der Erlebniswelt E-Business hin zu vermehrt breitbandigen Internet-Zugängen sind grundsätzlich auch komplett neue Werbeformen denkbar, die weit über die bisher verbreiteten Banner und Pop-Ups hinausgehen. So ist derzeit ein Trend zu Unterbrecherwerbung, sogenannten *Interstitials*, abzulesen, die den Besuch einer Internet-Seite für einige Sekunden unterbrechen und darüber hinaus nicht wegklickbar sind.[63] Die Interstitials können im Falle von breitbandigen Zugängen immer komplexer gestaltet werden und schließlich ähn-

60 Vgl. *Böning-Spohr/Hess* (2002), S. 109, *Saal* (2002a), S. 45.

61 Vgl. *Saal* (2002a), S. 45.

62 Vgl. *Forrester Research* (2001b), S. 8 ff.

63 Vgl. *Forrester Research* (2001b), S. 13 f.

lich wie gestreamte TV-Werbespots die Internet-Sitzung für einige Sekunden auf unterhaltsame Art und Weise unterbrechen. In der Erlebniswelt *M-Commerce* ist immer wieder von push-basierter Werbung im Rahmen von standortbasierten Diensten (Location-based Services) die Rede. Auch wenn es neben Problemen der technischen Realisierbarkeit in diesem Zusammenhang wiederum erhebliche Datenschutzprobleme gibt und somit zwischen Endkunden- und Werbekundenbedürfnissen genau abzuwägen ist, so eröffnen sich rein theoretisch für den Verlag durch die mögliche Ortung eines Mobilfunknutzers bis auf etwa 50 Meter enorme Vermarktungspotentiale, die nicht unerwähnt bleiben dürfen. Beispielsweise kann ein Immobilieninteressent per SMS auf eine von einem Rubrikenanzeigenkunden angebotene freie Wohnung aufmerksam gemacht werden, sobald der Interessent den zuvor im Internet konfigurierten gewünschten Stadtteil bzw. die Straße betritt. Andererseits ist auch denkbar, daß nach einem Bericht über Design-Möbel in der Zeitschrift Schöner Wohnen und einem bekundeten Interesse des Lesers eine SMS aufs Handy geschickt wird, wenn dieser sich in der Nähe eines Möbelgeschäftes mit entsprechendem Sortiment befindet. Die Ausführungen verdeutlichen jedoch, daß derartige Werbung ausdrücklich vom Endkunden gewünscht werden muß, so daß nur unter dieser Prämisse Mehrwert für beide involvierte Kundengruppen geschaffen werden kann. Zukunftsmusik sind auch noch die Vermarktungspotentiale der Erlebniswelt *T-Business*, deren Entwicklung jedoch im Rahmen einer *Pionierorientierung*[64] aktiv zu verfolgen ist, um als Verlag rechtzeitig den Werbekunden auch innovative Werbekonzepte für diese Erlebniswelt anbieten zu können. So erscheint denkbar, daß beispielsweise nach einem Reisebericht per Fernbedienung Informationen der Zeitschrift Geo Saison abgerufen werden können, die wiederum mit Verweisen auf eine mögliche direkte Buchung von Tickets, Hotels etc. verbunden sind. Deutlich wird hier der Trend einer direkt möglichen Transaktion, dem sogenannten E-Commerce, worauf im Rahmen der Wertschöpfungsorientierung noch näher eingegangen wird.[65] Neben den beschriebenen Werbekonzepten, die nur einen kleinen Ausschnitt der Vermarktungspotentiale der digitalen Erlebniswelten visualisieren, gewinnen vor allem *Sonderwerbeformen* – und hier insbesondere das (Online-)*Sponsoring* – für den Werbekunden an Bedeutung, so daß unter Berücksichtigung der geforderten Werbekundenorientierung entsprechende innovative Konzepte entwickelt werden sollten. Dabei sind verschiedene Formen des Sponsoring möglich, die nachfolgend aufgrund der zunehmenden Relevanz für die Werbekunden kurz vorgestellt werden:[66]

- *Komplett-Sponsoring*: Der Markenname wird innerhalb des gesamten Angebotes einer digitalen Erlebniswelt, meist in Form eines Logos, genannt.
- *Content-Sponsoring*: Im Gegensatz zum Komplett-Sponsoring werden hier nur inhaltliche Teilbereiche mit einem Markennamen versehen.
- *Content-Providing*: Die in einer Erlebniswelt integrierten Medieninhalte stammen zum Teil vom Sponsoringgeber und werden mit einem Herkunftsnachweis ausgestattet, was reklamehaft wirkt.
- *Application-Providing*: Hierbei stellt der Sponsor in Eigenregie kleinere Applikationen wie nützliche Java-Applets, interessante Bildschirmschoner oder ähnliches zur Verfügung und versieht diese mit einer entsprechenden Urheberbezeichnung. Der Sponsoringnehmer, also hier der Verlag, integriert die Applikationen sinnvoll in eine der Erlebniswelten.

---

64 Vgl. Abschnitt 5.2.2.4, S. 202 ff.

65 Vgl. Abschnitt 5.2.2.3.2, S. 194 ff.

66 Vgl. *O. V.* (2001a).

- *Sponsoring interaktiver Elemente*: Sponsoring von Experten-Chats oder Diskussionsforen. Dies wertet die Glaubwürdigkeit des Inhalte-Angebotes auf und verstärkt damit die Netzeffekte beim Community-Building.

Aus den Ausführungen wird zusammenfassend deutlich, daß sich durch Crossmedia-Vermarktung und Etablierung innovativer Werbekonzepte ein breites Spektrum an Potentialen eröffnet, um aus Sicht des Verlages Mehrwert für die Werbekunden zu schaffen. Wichtig ist jedoch, das Gesamtoptimum der Kundenorientierung nicht aus den Augen zu verlieren, so daß stets auch bei der Werbevermarktung die Bedürfnisse des Endkunden in Betracht zu ziehen sind. Dies betrifft vor allem die Frage nach dem Grad der Personalisierung, da individuelle Kundeninformationen zwar enorme Vermarktungspotentiale gegenüber dem Werbekunden eröffnen, allerdings die Personalisierung nicht übertrieben werden darf, da sich diese ansonsten beim Endkunden in negativer Qualität und damit Wechselbereitschaft zu einem Konkurrenzangebot äußert.

5.2.1.1.3 Rechtekundenorientierung

Fast alle großen Medienunternehmen und somit auch Zeitungs- und Zeitschriftenverlage sind im Geschäftsfeld Content Syndication bereits aktiv bzw. planen im Rahmen der Unternehmensstrategie eine massive Ausweitung des Rechtegeschäftes. Um jedoch nachhaltig erfolgreich im Syndication-Markt, dessen Marktstrukturen derzeit noch teilweise diffus sind, agieren zu können, gilt es als Zeitungs- und Zeitschriftenverlag auch die Bedürfnisse dieser Kundengruppe detailliert zu analysieren. Dementsprechend ist zunächst offensichtlich, daß die Breite und die Tiefe des zur Verfügung stehenden digitalen Inhalteportfolios maßgeblich für die Attraktivität des Syndication-Angebotes sind. Insofern verspricht nur die digitale Konsolidierung von Inhalten aller im Verlag vorhandenen Titel sowie deren Aufbereitung und Bündelung die volle Ausschöpfung der Syndizierungs-Potentiale. Dabei ist die individuelle Zusammenstellung der Inhalte nach den spezifischen Bedürfnissen des Rechtekunden entscheidend, so daß das Content-Syndication-Geschäft eines Verlages typischerweise auch mit professionellem Beratungsbedarf zur Ausarbeitung von Content-Strategien für den Rechtekunden verbunden ist. Die Inhalte werden dementsprechend häufig – wie auch im Endkundenbereich zur Bereitstellung individualisierter Medienprodukte – in Inhaltebausteine modular aufgeteilt, die dann beispielsweise im Rahmen von Mass Customization individuell gebündelt und distribuiert werden. Hierbei ist anzuführen, daß mit fortschreitender horizontaler Konvergenz sowie vermehrt breitbandigen stationären und mobilen Zugängen die Tendenz zur Nachfrage von Rich Media Content steigen wird,[67] so daß das syndizierbare Inhalte-Angebot des Verlages langfristig von rein statischen Inhalten – wie Texten und Bilder – um dynamische Inhalte – wie Audio- und Video-Sequenzen – erweitert werden sollte, was ggf. Kooperationsmodelle mit anderen Medienunternehmen erfordert. Für die effektive und effiziente Syndizierung ist jedoch stets ein gezieltes Management der Inhalteressourcen (Content Management) und dessen informationstechnologische Einbettung im Verlag notwendig.[68] So bildet beispielsweise ein Schlagwort- und Kategoriensystem das Herzstück der digitalen Inhaltebündelung, wobei Meta-Daten zur Beschreibung der Inhalte für deren Kategorisierbarkeit und damit auch Personalisierbarkeit verantwortlich sind, was in Abschnitt 5.3.1.1 noch ausführlich behandelt wird. Dabei liegt auf der Hand, daß die Präzision der Meta-Daten auch Einfluß auf den Markterfolg bei der Syndizierung von Inhalten hat, da eine detaillierte Beschreibung der Inhalte den Grad der möglichen kundenspezifischen Anpassung determiniert.[69]

---

67 Vgl. *PRICEWATERHOUSECOOPERS* (2001), S. 9.

68 Vgl. Abschnitt 5.2.2.2, S. 186 ff., sowie Abschnitt 5.3.1.1, S. 213 ff.

69 Vgl. *PRICEWATERHOUSECOOPERS* (2001), S. 19.

Weiterhin kommt Marken – wie bereits dargestellt – auch bei der Content Syndication eine zunehmende Bedeutung zu, da die Rechtekunden teilweise eine etablierte Inhalte-Marke oder ein Logo verwenden, um damit ein Differenzierungsmerkmal gegenüber den eigenen Nutzern herauszustellen.[70] Während dies für den Verlag höhere Erlöspotentiale verspricht als standardisierter Commodity Content, ist allerdings bei einem enstprechenden markengebunden Inhaltevertrieb vorab die Verträglichkeit der Content-Marke mit der des Rechtekunden zu prüfen, um somit einer drohenden Verwässerung der Content-Marke entgegenzuwirken. Letztlich sind auch die Preismodelle aufgrund der emergenten Marktphase von Content Syndication flexibel zu gestalten, da sich noch kein allgemein gültiges Preismodell durchgesetzt hat bzw. die Verlage selbst bei der Preissetzung für die Inhaltebausteine noch Schwierigkeiten haben.[71] Hier bietet sich ein Kontinuum von Gestaltungsmöglichkeiten zwischen fixen, monatlichen und rein nutzungsabhängigen Gebühren an, die kundenspezifisch festzulegen sind.

5.2.1.2 Komplexitätsorientierung

Oberste Maxime eines jeglichen Managementansatzes und somit auch des Konvergenz-Managements ist eine hinreichende Komplexitätsorientierung, da zwischen Markt- und Unternehmenskomplexität immer ein Komplexitätsgefälle existiert, was lediglich durch eine bestmögliche Ausgestaltung der Unternehmenskomplexität relaxiert werden kann und muß, wobei das komplexitätsbewußte Unternehmen dem Effektivitäts-Komplexitäts-Effizienz-Dilemma durch ein „Thinking in Complexity" Rechnung tragen muß.

Wie bereits dargestellt, läßt sich für die letzten zwei Jahrzehnte ein tiefgreifender Wandel aller bedeutenden Umweltbereiche – ökonomische, technologische, sozio-kulturelle und gesetzliche Rahmenbedingungen –[72] verifizieren, der sich vorwiegend durch eine gestiegene Veränderungsgeschwindigkeit und Instabilität auszeichnet.[73] Dabei führten die zunehmende Marktsättigung auf nationalen Märkten und der damit eingeleitete *Wandel vom Verkäufer- zum Käufermarkt* sowie die immer weiter voranschreitenden informations- und kommunikationstechnologischen Entwicklungen nicht nur zu einer Globalisierung der Märkte, sondern auch zu der gegenwärtig branchenübergreifenden *Marktkonvergenz* und der Transformation bisher (angenommener) weitgehend homogener und stabiler Nachfragepräferenzen in *heterogen-hybride Nachfragestrukturen* und damit letztlich zu einer veränderten Marktkomplexität. Der Begriff der *veränderten Marktkomplexität* wird an dieser Stelle bewußt gewählt, um sich von der verbreiteten These eines generellen Anstiegs der Marktkomplexität zu distanzieren. Wäre die Marktkomplexität generell angestiegen, dann müßte sie in der Vergangenheit simpel[74] gewesen, gegenwärtig komplex, in naher Zukunft „mega-komplex" sowie in etwas fernerer Zukunft „hyper-komplex" sein.[75] Wird jedoch „mega-komplex" und „hyper-komplex" mit *äußerst komplex* gleichgesetzt, so bedeutet dies, daß die gegenwärtig „komplexe" Marktkomplexität vollständig und lediglich die zukünftig äußerst komplexe Marktkomplexität nicht mehr vollständig beschreibbar

---

70 Vgl. *PRICEWATERHOUSECOOPERS* (2001), S. 17.

71 Vgl. *PRICEWATERHOUSECOOPERS* (2001), S. 12 f.

72 Zu den strategischen Rahmenbedingungen vgl. z. B. *HINTERHUBER* (1980), S. 32, *ZÄPFEL* (1989), S. 43, *HANSMANN/VOIGT* (1998), S. 7 f., *KEUPER* (1999), S. 165 f.

73 Vgl. *ZAHN* (1994), S. 234 ff., *ZAHN/SCHMID* (1997), S. 457 ff.

74 Diese Aussage trifft sicherlich nicht in ihrer Generalität zu, da zu Zeiten großer Handelsschiffe im 18. Jahrhundert die Beförderung von Waren über den Atlantik weitaus komplexer war als gegenwärtig der Versand eines Paketes mit einem Logistikdienstleister nach New York, der über Tracking- und Tracing-Funktionen verfügt, vgl. *JAHNS* (2001), S. 691.

75 Vgl. *JAHNS* (1999), S. 17 ff., *JAHNS* (2001), S. 690 f.

wäre.[76] Gleichwohl war die Marktkomplexität aber in der Vergangenheit ebensowenig vollständig charakterisierbar, wie sie es gegenwärtig ist oder in der Zukunft sein wird. Dies wird schon in der trivialen Erkenntnis deutlich, daß die Präferenzen aller Marktteilnehmer niemals vollständig erfaßbar sind. Insofern wird im weiteren Verlauf der Untersuchung davon ausgegangen, daß sich die Komplexität des Marktes lediglich *verändert* hat und daß sie gegenwärtig, wie auch in der Vergangenheit und in der Zukunft neutral bewertet, *äußerst komplex* ist. Daraus folgt zugleich der immerwährende Misfit zwischen Markt- und Unternehmenskomplexität, der bedingt, daß die Marktkomplexität lediglich *homomorph* beschreibbar ist. Damit aber kann auch die Unternehmenskomplexität als Spiegelbild der Marktkomplexität niemals eine Isomorphie im Hinblick auf die bestehende Marktkomplexität einnehmen.

5.2.1.2.1 Systemtheoretische Sicht der Komplexität

Trotz einer in jüngster Zeit nahezu inflatorischen Verwendung des Begriffs Komplexität im Zusammenhang mit ökonomischen Systemen hat sich eine allgemeingültige Komplexitätsdefinition nicht durchgesetzt. Dies ist vor allem durch die Begriffsverwendung in unterschiedlichen Wissenschaftsdisziplinen[77] begründet.[78]

In Absenz einer allgemeingültigen Definition wird nachfolgend unter *Komplexität* (und unter *Simplexität* als Gegensatz) das Merkmal eines Systems (bzw. einer Entscheidungssituation) verstanden, wobei die Komplexität des Systems abhängt von

- der Anzahl der Variablen und Variablendimensionen,
- der Häufigkeit und Stärke sachlicher Kopplungen und Interdependenzen[79] zwischen den Variablen innerhalb des Planungsproblems (Binnenkomplexität),
- der Häufigkeit und Stärke der Kopplungen und Interdependenzen mit Variablen anderer Planungsprobleme (Umweltkomplexität),
- der Struktur der Vernetztheit (z. B. Hierarchie, Heterarchie oder Netzwerk),
- dem Grad der Veränderbarkeit der Variablen im Zeitablauf (Dynamik) sowie
- der Transparenz des Wirkungsgefüges zwischen den Variablen und Daten.[80]

---

76 Zum Komplexitätsbegriff vgl. *KEUPER* (2002a), S. 124 f., oder ausführlicher *KEUPER* (1999), S. 17 ff. Auf die theoretische Differenzierung in einfache, komplexe bzw. äußerst komplexe Systeme respektive Entscheidungssituationen – vgl. *MOLES* (1960), S. 36, *FUCHS* (1973), S. 56, und *GOMEZ/MALIK/OELLER* (1975), S. 712 – wird nachfolgend nicht näher eingegangen, da äußerst komplexe Probleme nicht beschreibbar und damit grundsätzlich nicht behandel- bzw. lösbar sind; vgl. *FISCHER* (1994), S. 40, und *GROTHE* (1997), S. 159 f. Da äußerst komplexe Entscheidungssituationen nicht operationalisierbar sind, werden diese Situationen in der Literatur oftmals für nicht möglich erachtet, vgl. *RIESTER* (1972), S. 158. Im weiteren wird somit nur zwischen simplen und komplexen Problemstellungen unterschieden.

77 Die Komplexitätstheorie ist ursprünglich bei der Betrachtung formaler Sprachen als Teilgebiet der theoretischen Informatik entstanden, vgl. *BRÜGGEMANN* (1995), S. 11.

78 Vgl. *LUHMANN* (1975), S. 204.

79 Zur inhaltlichen Unterscheidung von Kopplungen und Interdependenzen vgl. ausführlich *ROLLBERG* (2001), S. 15 ff.

80 Vgl. *KEUPER* (1999), S. 25 f., *KEUPER* (2001a), S. 17. Zur Ausgestaltung des allgemeinen Komplexitätsbegriffs im Hinblick auf einen managementorientierten Komplexitätsbegriff vgl. *KEUPER* (2001a), S. 21. Darüber hinaus erwächst der Komplexitätsgrad auch aus der Beziehung des Planers zur Aufgabenstellung, da die Fähigkeit des Entscheidungsträgers, ein Problem ganzheitlich zu erfassen, Auswirkungen auf die Komplexitätsbeurteilung der betrachteten Situation hat, vgl. *HAUSCHILDT* (1990), S. 134.

Insofern beschreibt der Komplexitätsbegriff hinreichend gut die Phänomene, mit denen sich Zeitungs- und Zeitschriftenverlage in der „neuen Ära" der Marktdynamik systemtheoretisch konfrontiert sehen. Entsprechend beinhaltet Komplexität aufgrund der Berücksichtigung der Dynamik[81] auch mehr als *Kompliziertheit.*

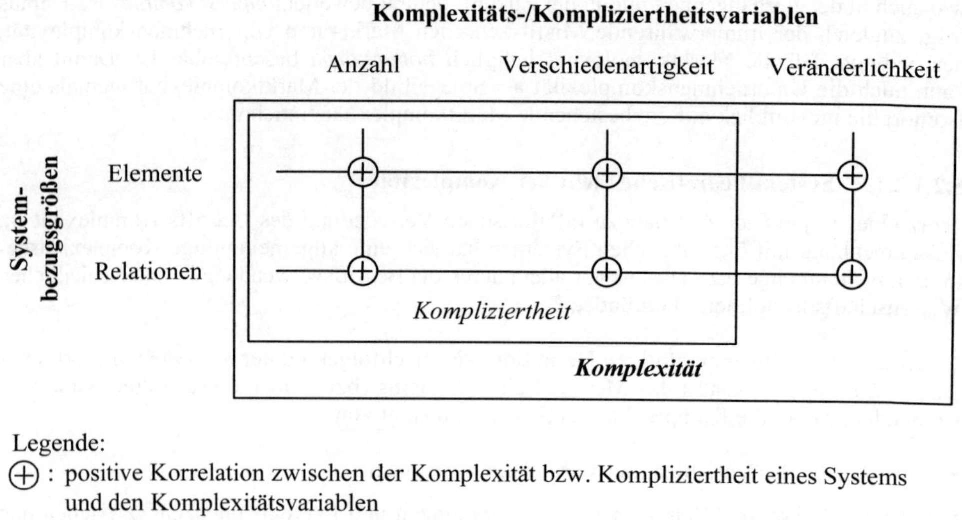

Abbildung 70: Komplexität vs. Kompliziertheit[82]

Während komplizierte Systeme statische Systeme sind, deren Elemente auf vielfältige und komplizierte Art miteinander verbunden sind, deren Struktur aber im Zeitablauf gleichbleibt, repräsentieren komplexe Systeme komplizierte Systeme, deren Systemzustände sich aber permanent ändern können (Dimensionen der Komplexität[83]).[84]

Äußerst komplexe Systeme sind prinzipiell ebenso wie komplexe Systeme durch ein

- nichtlineares (z. B. überproportionaler Anstieg der Effizienz durch Teamkonzepte 1+1= 3-Paradigma),
- rückgekoppeltes Verhalten (z. B. Interaktion zwischen Vorgesetzen und Mitarbeiter oder Verlag und Rezipienten),
- Emergenz (aufstrebende Verhaltensmuster, d. h. es entstehen Regeln aus Regeln) und
- Irreversibilität (z. B. Kostenremanenz im Rahmen des Kapazitätsabbaus)

81 Dynamik beinhaltet die pro Zeiteinheit prinzipiell möglichen Gestaltungspotentiale der drei Konstituenten Elemente, Beziehungen und Verschiedenartigkeit. Die temporale Komplexität eines Systems nimmt in dem Maße zu, in dem die Komplexitätskonstituenten pro Zeiteinheit variieren, vgl. *LUHMANN* (1980), Sp. 1065.

82 Entnommen *KEUPER* (2002a), S. 125, basierend auf *MARONI* (2001), S. 11.

83 Vgl. *LUHMANN* (1980), Sp. 1064 f.

84 Vgl. *PRILLMANN* (1996), S. 58.

gekennzeichnet, wobei jedoch äußerst komplexe Systeme nicht vollständig beschrieben werden können. Um zu verdeutlichen, daß sich die nachfolgenden Aussagen zur Komplexität von Systemen im weitesten Sinne sowohl auf komplexe als auch auf äußerst komplexe Systeme beziehen, wird im weiteren immer von komplexen Systemen gesprochen, da selbst „triviale" komplexe Systeme bis auf die Beschreibbarkeit die charakteristischen Eigenschaften äußerst komplexer Systeme aufweisen. Nur wenn es für die Argumentation zwingend geboten ist, wird somit nachfolgend zwischen komplexen und äußerst komplexen Systemen unterschieden.

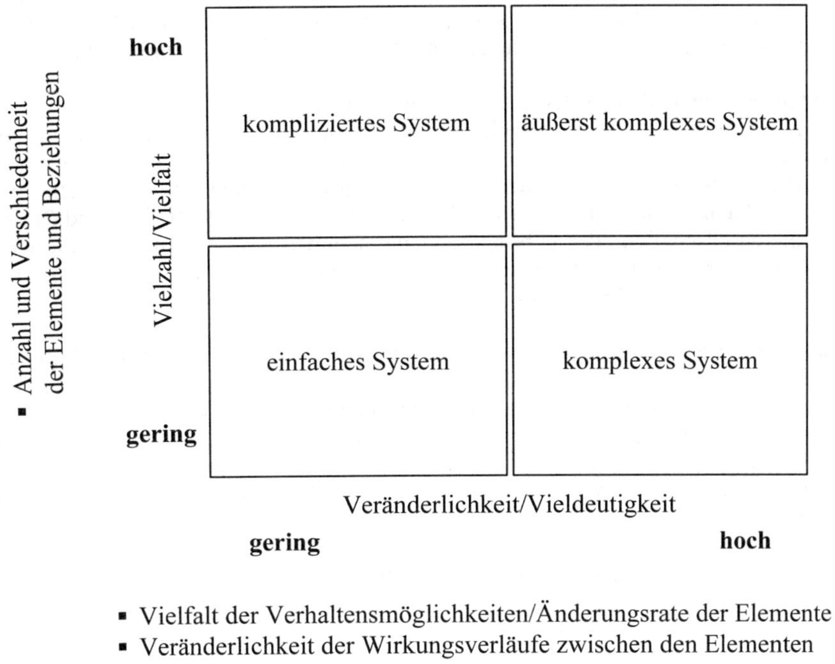

Abbildung 71: Kompliziertheit und Komplexität im Spannungsfeld zwischen Starrheit und Dynamik[85]

Unabhängig von der Begriffsproblematik ist die inhaltlich fundamentale Basis des Komplexitäts- bzw. Kompliziertheitsbegriffs die *Systemtheorie*, die als die formale Wissenschaft von der Struktur, der Verknüpfung und dem Verhalten von Systemen interpretierbar ist.[86] Entsprechend werden in der Systemtheorie statische Ansätze zur Analyse komplizierter Systeme beschrieben (Systemdenken[87]). Ziel der Systemanalyse ist es, die Elemente und die innere Struktur eines Systems zu ermitteln und Schwachstellen offenzulegen, um darauf aufbauend gegebenenfalls ein neues System zu entwerfen und zu realisieren.[88] Insofern kann ein System auch als ein allgemeiner Modellrahmen aufgefaßt werden, mit dessen Hilfe die Realität – bezogen auf die jeweilige Betrachtungsebene – abgebildet wird.

85 Entnommen *KEUPER* (2002a), S. 126, basierend auf *GROSSMANN* (1992), S. 19.

86 Vgl. *ULRICH* (1970), S. 105.

87 Vgl. *FUCHS-WEGNER* (1976), Sp. 3810.

88 Vgl. *WESTPHAL* (2001), S. 59.

Im Gegensatz zur Systemtheorie bezeichnet die *Kybernetik*[89] dabei die auf den Prinzipien der *Steuerung* und der *Regelung* basierende Wissenschaft von der Struktur und dem Verhalten dynamischer Systeme.[90] Insofern kann die Kybernetik auch als die formale, interdisziplinäre Metawissenschaft von der Beschaffenheit und den Nachrichtentransformationen innerhalb von Wertschöpfungsnetzwerken angesehen werden.[91] Zusammenfassend verifiziert sich Kybernetik demnach als „die Lenkung und Informationsverarbeitung von und in dynamischen Systemen. Die Kybernetik erforscht die wesentlichen Eigenschaften und Gesetzmäßigkeiten von dynamischen Systemen, damit diese die relevanten Informationen verarbeiten können und die Systeme zielgerichtet gelenkt werden können oder sich selbst entsprechend lenken."[92] Im Mittelpunkt stehen somit nicht mehr die Organisationsstrukturen, sondern die Prozesse.

Zu beachten ist ferner, daß Systeme erst durch die Bildung einer *Systemgrenze* (z. B. eine Unternehmensgrenze) von ihrer Umwelt[93] separierbar und konfigurierbar werden, wobei die Grenzziehung nicht zum Abbruch der Austauschbeziehungen mit der Umwelt führt.[94] Vielmehr unterliegen die grenzüberschreitenden Prozesse jeweils anderen Bedingungen. Innerhalb eines Systems kann es darüber hinaus zur Ausdifferenzierung weiterer *Sub-* und *Teilsysteme* (z. B. Tochtergesellschaften oder selbständige Unternehmensbereiche) kommen, die wiederum in *Subsysteme* untergliedert werden können, so daß das *Gesamtsystem* (*Supersystem*) die Funktion einer inneren Umwelt für die Sub- und Teilsysteme darstellt.[95]

Der Charakter der Systemtheorie verdeutlicht, daß sie einen allgemeinen Handlungsrahmen darstellt, da sie in concreto keine Aussagen über den Zweck des Systems und die Art der Elemente oder der Beziehungen beinhaltet.[96] Darüber hinaus kann ein System als *deterministisch* bezeichnet werden, sobald seine Elemente in vollständig voraussagbarer Weise aufeinander wirken. Hingegen ist ein System nicht deterministisch, also *probabilistisch*, sofern ein bestimmter Systemzustand nur mit einer bestimmten Wahrscheinlichkeit, nicht jedoch mit Sicherheit vorhergesagt werden kann.[97]

Entsprechend der vorangehenden systemtheoretischen Betrachtung stellen Zeitungs- und Zeitschriftenverlage *soziotechnische, probabilistische, äußerst komplexe Systeme* mit einer statischen Struktur (Systemstruktur) und einer dynamischen Komponente (Systemverhalten)

---

89 Die Kybernetik basiert prinzipiell auf der Selbstregelungsfähigkeit offener biologischer Systeme, vgl. *VON BERTALANFFY* (1932). Maßgeblich wurde die kybernetische Forschung 1947 vom amerikanischen Mathematiker *NORBERT WIENER* begründet, vgl. *WIENER* (1948), der dieses Forschungsgebiet erstmals 1948 durch sein Buch „Cybernetics" einer breiten Öffentlichkeit bekannt machte. *WIENER* nahm den griechischen Wortstamm „kybernetes" des englischen Begriffs „Governor"/Regler für „Steuermann". Mit dieser Namensgebung sollte die theoretische Untersuchung von *CLERK MAXWELL* über kreiskausale Rückkopplungsprozesse honoriert werden, wobei darauf hinzuweisen ist, daß bereits *JAMES WATT* 1785 den Fliehkraftregler erfand, den er als „Governor" bezeichnete, vgl. *DANNENBERG* (2001), S. 86.

90 Vgl. *LEHMANN* (1975), Sp. 2412, *BAETGE* (1983), S. 13 ff.

91 Vgl. *KRIEG* (1971), S. 27.

92 *BAETGE* (1983), S. 14.

93 Unter der Umwelt eines Systems werden alle Objekte subsumiert, die nicht zum System gehören, deren Eigenschaften und Beziehungen untereinander und zum System aber die Entscheidungen und/oder die Entscheidungsergebnisse eines Systems oder eines Systemelementes determinieren. Vgl. *FRESE* (1992), S. 145.

94 Vgl. *WIENDAHL* (1989), S. 7.

95 Vgl. *AHRENS* (1998), S. 13.

96 Vgl. *ULRICH* (1970), S. 105.

97 Vgl. *ULRICH* (1970), S. 117.

dar, in denen im weitesten Sinne Dienstleistungen zur Fremdbedarfsdeckung hervorgebracht werden.

5.2.1.2.2 Ökonomische Sicht der Komplexität

Das Grundproblem des Konvergenzmanagements von Zeitungs- und Zeitschriftenverlagen besteht vorrangig darin, eine weitgehende Markt-Unternehmens-Komplexitätskongruenz zu konzipieren.

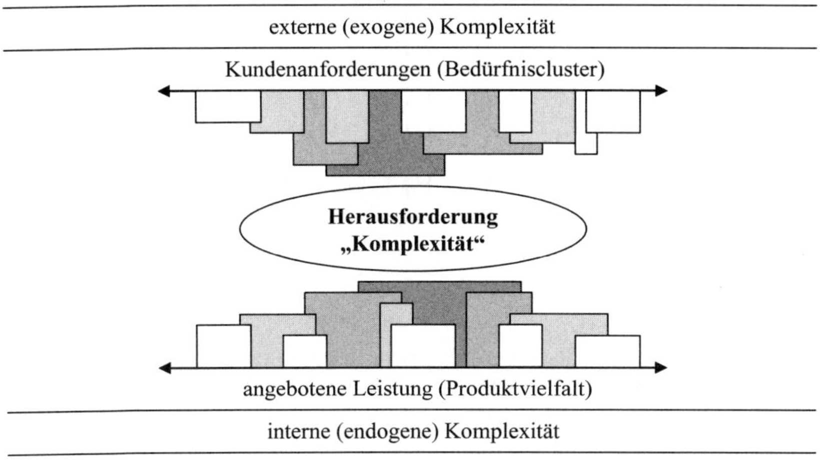

Abbildung 72: Markt-Unternehmens-Komplexitätskongruenz[98]

Eine hinreichende Markt-Unternehmens-Komplexitätskonguenz ist dabei die *systemtheoretisch-kybernetische Formulierung und Fundierung* der allseits postulierten Kundenorientierung, woraus folgt, daß Zeitungs- und Zeitschriftenverlage eine *bestimmte Komplexität* aufweisen *müssen*, um auf (konvergierenden) Märkten – d. h. sowohl auf den digitalen Erlebniswelten als auch in der Print-Welt – erfolgreich agieren zu können. Die Trivialität dieser Aussage, in der aber die Krux des Komplexitätsmanagements liegt, wird z. B. darin offenbar, daß ein Verlag, der sich in der Erlebniswelt E-Business engagieren will, z. B. zusätzliche Web-Designer (weitere Elemente des Systems) und Content-Management-Systeme (weiteres Element des Systems und gleichzeitig System im System) benötigt, um seinen Content rezipientenspezifisch digital anbieten zu können. Hierdurch erhöht sich die Anzahl der Mitarbeiter, der Prozesse und der Beziehungen zwischen den Mitarbeitern und Prozessen (Erhöhung der Anzahl der Beziehungen zwischen den Elementen des Systems), wodurch die Komplexität der Leistungserstellung unweigerlich steigt. Problematisch dabei ist, daß die systemtheoretische Komplexität zwei ökonomische Dimensionen aufweist, die sich letztlich im Effektivitäts-Komplexitäts-Effizienz-Dilemma manifestieren, welches sich wiederum auf den ersten unreflektierten Blick und ohne Kenntnisse des Systemtheorie und Kybernetik unter die simple Aussage

„Kundennähe belastet Wirtschaftlichkeit“[99]

subsumieren läßt.

[98] Entnommen SCHUH/SCHWENK (2001), S. 54.

[99] WEINHOLD-STÜNZI (1994), S. 31.

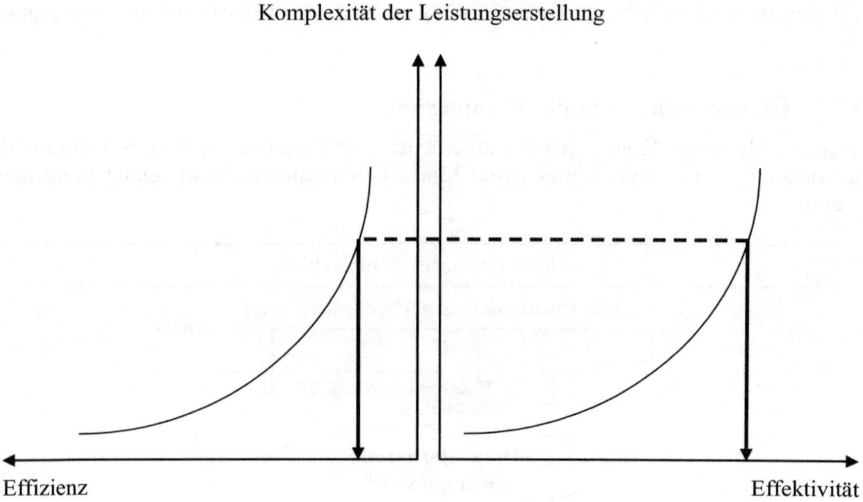

Abbildung 73: Effektivitäts-Komplexitäts-Effizienz-Dilemma[100]

Aus der vorangehenden Abbildung wird deutlich, daß mit zunehmender Komplexität in der Leistungserstellung eines Unternehmens die Effektivität steigt und somit logischerweise die Kundenorientierung verbessert wird. Deutlich wird dies im Zeitungs- und Zeitschriftenverlag an den auf den digitalen Erlebniswelten notwendigen und möglichen Personalisierungsstrategien im Rahmen der Content-Erstellung. Eine Personalisierung – die auch ein One-to-One-Marketing ermöglicht – stellt die Herstellung rezipientenspezifischen Contents dar, die sich in reiner Form in einem Angebot maßgeschneiderter Inhalte äußert. Demzufolge orientiert sich die angebotene Leistung mehr oder weniger vollständig an den Ansprüchen eines einzelnen Abnehmers oder einer kleinen Gruppe von Abnehmern mit homogenen Ansprüchen, wobei die Abnehmer in den Prozeß der Leistungserstellung aktiv eingebunden sind und somit zum Prosumenten werden. Insofern kann die Komplexität der Leistungserstellung und damit auch die Unternehmenskomplexität insgesamt als Ausprägung z. B. der Personalisierung von Content durch eine differenzierte Entsprechung heterogen-hybrider Bedürfnisse einen wesentlichen Beitrag zu mehr Kundenzufriedenheit liefern. Darüber hinaus führt die Komplexität der Leistungserstellung auch zu einer flexibleren Entsprechung im Hinblick auf die veränderten Wettbewerbszustände, was letztlich einen positiven Einfluß auf die Umsatzentwicklung hat.

Jedoch ist zu beachten, daß mit steigender Unternehmenskomplexität in der Regel die Effizienz der Leistungserstellung und -veräußerung sinkt, was sich vor allem in einem Anstieg der Komplexitätskosten niederschlägt.

---

100 Entnommen *KEUPER* (2002a), S. 8.

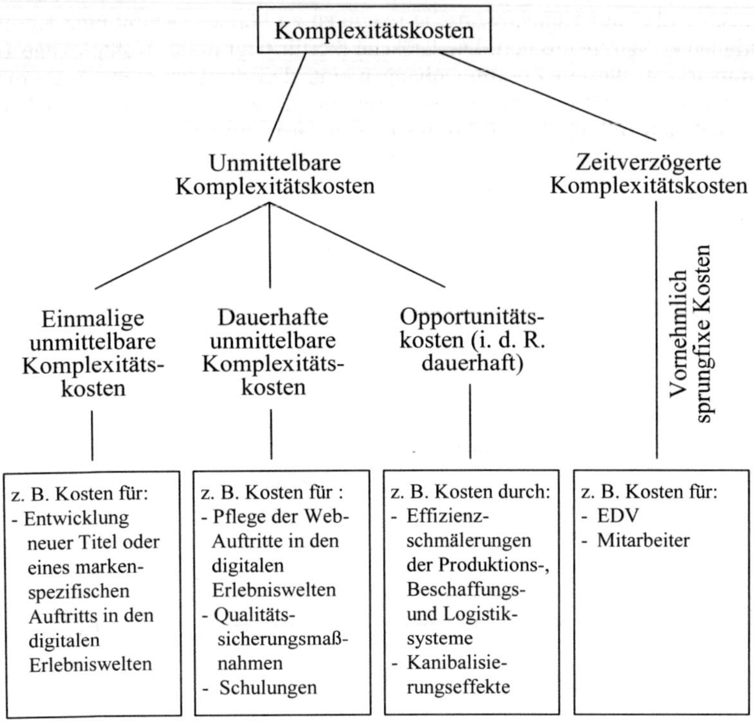

Abbildung 74: Komplexitätskostendimensionen[101]

Darüber hinaus wirkt sich ein Anstieg der Unternehmenskomplexität unter Umständen auch negativ auf die strategischen Erfolgsfaktoren *Qualität* und *Zeit* aus. Beispielsweise stellen häufige Umstrukturierungen des Content mit Hilfe von Content-Management-Systemen im Rahmen von Multichannel-Strategien Störungen des Leistungserstellungsprozesses dar, wodurch die ursprünglich u. U. gute Qualität des zugrundeliegenden Content teilweise erodieren kann. Aber auch qualitative Einbußen in der Inhalte-Erstellung selbst sind denkbar, sofern lediglich auf Print-Medien spezialisierte Journalisten angewiesen werden, nunmehr möglichst medienneutral ihre Inhalte zu erstellen, und daraus folgend überfordert und/oder demotiviert werden.

Ferner wird auch der strategische Erfolgsfaktor *Zeit* durch die Content-Variantenvielfalt als Ausprägung der Unternehmenskomplexität negativ tangiert. So ist zum Beispiel zur Offerierung einer Vielzahl an Variationsmöglichkeiten in der Regel die Produktkonzeptkomplexität (modularer Aufbau des Content) höher als bei einer standardisierten Massenfertigung, womit längere Produktentwicklungszeiten einhergehen, was die Time to Market negativ tangiert.[102] Zudem steigen auch die Abwicklungszeiten der Prozesse mit zunehmender Produktvielfalt bei unveränderten Rahmenbedingungen stark an.[103] Letztlich kann die Reaktionszeit auf Kundenanfragen aufgrund steigender Unternehmenskomplexität – bedingt durch die häufig zu verifizierende „Totzeit“ komplexer Systeme – abnehmen. Hierdurch verschlechtert sich die Fähigkeit des

[101] Vgl. *KEUPER* (2002a), S. 144.

[102] Vgl. *RATHNOW* (1993), S. 148.

[103] Vgl. *RATHNOW* (1993), S. 34 ff.

Unternehmens, flexibel auf Kundenwünsche reagieren zu können, womit eine Kernkompetenz in Zeiten turbulenter Märkte erodiert. Die Ursache hierfür liegt in der Komplexitätsasymmetrie, wobei Asymmetrie in diesem Zusammenhang meint, daß die Unternehmenskomplexität im Verhältnis zur Komplexität des Marktes in Teilbereichen zu hoch ist, was letztlich bedeutet, daß das Unternehmen zu komplex und zu wenig standardisiert ist.

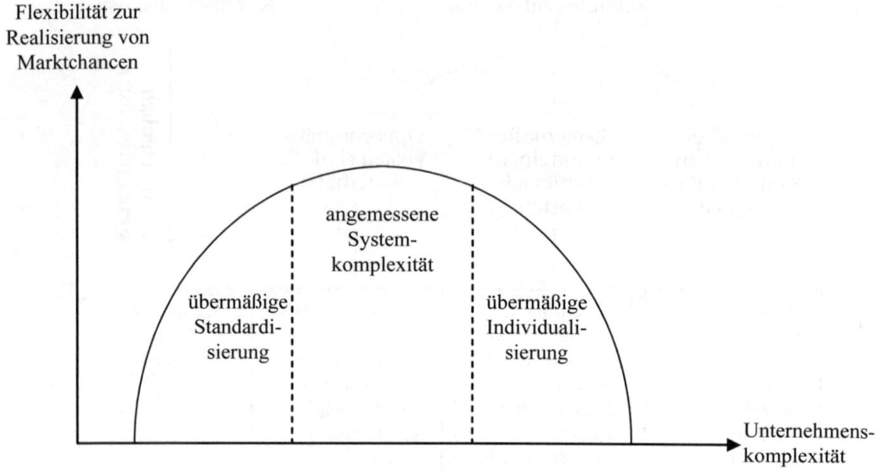

Abbildung 75: Angemessene Unternehmenskomplexität[104]

5.2.1.2.3 Managementorientierte Sicht der Komplexität

Bei der Ausgestaltung der Unternehmenskomplexität, d. h. beim Komplexitätsmanagement als zentraler Führungs- und Gestaltungsaufgabe des Konvergenzmanagements von Verlagen, bewegt sich die Unternehmensleitung in dem in den vorangehenden Ausführungen skizzierten Spannungsfeld zwischen Effektivität, Komplexität und Effizienz. Dabei expliziert das dargelegte Effektivitäts-Komplexitäts-Effizienz-Dilemma, daß eine Synthese von Effektivität und Effizienz ohne systemtheoretisch-kybernetisches Management-Wissen als ein Paradoxon oder eine Fata Morgana erscheint. Es sei nochmals darauf hingewiesen, daß eine hohe Unternehmenskomplexität mit einer ausgeprägten Kundennähe (Effektivität) positiv korreliert ist, daß aber andererseits mit zunehmender Unternehmenskomplexität die Wirtschaftlichkeit und die Reaktionsfähigkeit des Unternehmens leiden. Hinzu kommt, daß auch die Qualität der Leistung, wie bereits erläutert, durch die mit dem Komplexitätsanstieg verbundenen Störungen im Processing sowie die mit der zunehmenden Komplexität verbundene Intransparenz der Transformationsbeziehungen negativ tangiert wird.

Für die Planung und Ausgestaltung der Unternehmenskomplexität von Zeitungs- und Zeitschriftenverlagen ist es jedoch unabdingbar, die beiden zentralen Sätze der Systemtheorie und Kybernetik kurz zu skizzieren, um zu verdeutlichen, in welchem theoriegeleiteten und praxisinduzierten Spannungsbogen sich Verlage im Zeitalter der Digitalisierung bewegen.

---

[104] Entnommen *KEUPER* (2002a), S. 152, basierend auf *KÖSTER* (1998), S. 221.

5.2.1.2.3.1 Komplexitätsplanung

Ziel der Komplexitätsplanung ist es, den „optimalen" Komplexitätsgrad ex ante zu ermitteln und festzulegen, bei welchem das betrachtete Unternehmen den bestmöglichen strategischen Fit im Hinblick auf die Marktkomplexität aufweist, was nichts anderes bedeutet, als daß das Unternehmen in seinem anvisierten Zielmarkt mit der Wettbewerbsstrategie agiert, die die höchste Performance verspricht (Kostenführerschaft, Differenzierung, hybrider Anbieter).

Während zum Beispiel in der Biologie oder in der KI-Forschung[105] eine Zunahme der Komplexität anvisiert wird, um hierdurch emergente Verhaltensmuster sowie eine höhere Flexibilität oder Problemlösungskapazität von Systemen zu generieren,[106] wird in den Wirtschaftswissenschaften oder der Informationstechnologie versucht, die Systemkomplexität zu reduzieren,[107] um das Gesamtsystem besser beschreiben, verstehen, planen und kontrollieren zu können.[108] Diese ambivalenten Bewertungsmuster verifizieren sich losgelöst von dem inhaltlichen Bezugsrahmen der jeweiligen Wissenschaftsdisziplin in dem von *ASHBY* formulierten Gesetz der *erforderlichen Varietät*[109] sowie in dem Satz der *erforderlichen Selektivität*[110] von *LUHMANN*.

Die *Varietätsasymmetrie* zwischen Umwelt und System beinhaltet stets eine latente Existenzgefährdung des Systems. Ökonomisch äußert sich dies zum Beispiel darin, daß Unternehmen Produkte anbieten, die den Kundenbedürfnissen nicht entsprechen, so daß das Unternehmen oder ein Geschäftsbereich eines Unternehmens langfristig gezwungen wird, Insolvenz zu beantragen bzw. die wirtschaftlichen Aktivitäten im betroffenen Geschäftsfeld zu beenden, wie dies im Verlagsbereich mit der im März 2002 eingestellten und von der Hamburger Verlagsgruppe Ganske herausgegebenen Wochenzeitung Die Woche deutlich wurde. Zur erfolgreichen Handhabung der Umweltkomplexität und zur Verringerung der Wahrscheinlichkeit von Plan-Ist-Abweichungen wurde so von *ASHBY* das bereits erwähnte *„Law of requisite Variety"* formuliert.[111] Dabei werden die Möglichkeiten einer gezielten Beeinflussung des Systems durch die Varietät, d. h. durch die verfügbaren Freiheitsgrade der jeweiligen Koordinationsinstanz determiniert. Hieraus leitet sich der Nachweis des Zusammenhangs zwischen der *Varietät der Störgrößen* und der zur Bekämpfung dieser Varietät notwendigen *Reaktionsvarietät* ab.[112]

> „Only variety in R can force down the variety due to D; variety can destroy variety."[113]

Dementsprechend muß ein System ein bestimmtes *Maß an Freiheitsgraden* aufweisen, um einen bestimmten Systemzustand einnehmen zu können. Diese Möglichkeit zur *potentiellen Umweltensprechung*, die auf einer bestimmten Anzahl an Freiheitsgraden z. B. in der Organi-

105 KI steht für Künstliche Intelligenz.

106 Vgl. *LEWIN* (1995), S. 13.

107 Vgl. *KOPPEL* (1987), S. 1087 f. Allerdings finden sich in der Informationstheorie Ansätze sowohl der Sophistication als auch der Running-time Complexity, wobei erstere versuchen, durch komplexe IT-Strukturen eine erhöhte Problemlösungskomplexität zu erreichen.

108 Vgl. *BLISS* (2000), S. 134.

109 Vgl. *ASHBY* (1956), S. 202.

110 Vgl. *LUHMANN* (1968), S. 120 f., *LUHMANN* (1996), S. 92 ff.

111 Vgl. *ASHBY* (1956), S. 202.

112 Vgl. *ASHBY* (1956), S. 202 ff.

113 *ASHBY* (1956), S. 207.

sation oder im Leistungserstellungsprozeß basiert, wird als *Requisite Variety* oder *strukturelle Komplexität* bezeichnet.[114]

Ist somit ein System entsprechend *ASHBY*s kybernetischem Grundgesetz selbst komplex, so ist die Handhabung der Umweltkomplexität nur eingeschränkt möglich, da das System zur Beherrschung seiner *Binnenkomplexität* Ressourcen bindet, die dann bei der Handhabung der *Umweltkomplexität* nicht mehr zur Verfügung stehen.[115] Dies ist in praxi häufig vorzufinden, was zum Beispiel darin deutlich wird, daß Unternehmen häufig mehr mit sich selbst beschäftigt sind – um zum Beispiel ihr internes Wachstum zu koordinieren – als mit der Frage, was der Markt wünscht und wohin er sich bewegt. Ein Paradebeispiel hierfür ist das Unternehmen Vivendi Universal, das durch den im Sommer 2002 abgesetzten Vorstandsvorsitzenden *MESSIER* in nur wenigen Jahren von einem französischen Wasserversorger zu einem globalen Medienkonglomerat aufstieg. Ergebnis der zahlreichen akquirierten Unternehmen waren nicht die erhofften Cross-Selling-Effekte, sondern vielmehr eine nicht mehr steuerbare Komplexität des Medienkonglomerats und Schulden von über 30 Milliarden Euro.[116]

Allerdings stellt auch die Reduktion der Binnenkomplexität des Systems unter Umständen keine adäquate Vorgehensweise dar, da eine Reduktion der Binnenkomplexität per definitionem zu einer Schmälerung der Verknüpfungskapazität im Hinblick auf die Umweltkomplexität führt und somit die *systeminterne Repräsentation* der Umweltkomplexität reduziert wird.[117] Auch dieser Zusammenhang ist ökonomisch leicht einsichtig: So ist beispielsweise die Abbildung von Prozessen, Organisationseinheiten, Mitarbeitern, Maschinen und Materialien in einer Standardsoftware wie SAP R/3 nur möglich, wenn die Software hinreichend komplex ist, um die Unternehmenskomplexität abzubilden. Die Komplexität der Software bedingt aber auch, daß Ressourcen – Finanzmittel, Mitarbeiter und Berater – benötigt werden, um das System zu pflegen. Damit fehlen aber Ressourcen zur Analyse der Marktkomplexität und zur diesbezüglichen sachadäquaten Reaktion. Das Unternehmen ist somit durch die Beschäftigung mit sich selbst in seinem Marktagieren begrenzt.

Letztlich kann der von *ASHBY* geprägten Erkenntnis attestiert werden, daß Komplexität Komplexität schlägt. Der Vorteil liegt dabei auf der Hand: Theoretisch kann ein Unternehmen, das genauso komplex ist wie der Markt, auf jede Marktveränderung sachadäquat reagieren, so daß zum Beispiel den individuellen Präferenzen eines jeden Marktteilnehmers vollständig entsprochen wird. Problematisch dabei ist, daß dieses Vorhalten einer theoretisch unbegrenzt großen Anzahl an Produkten – dynamische Betrachtung des Marktes und damit der potentiellen Produkteigenschaften – enorme Ressourcen in Form von Maschinen, Materialien, Mitarbeitern (Fachkräften) und Organisationseinheiten bindet und damit extrem ineffizient im Sinne eines Organizational Slack ist, d. h. die erforderliche Varietät zielt ausschließlich auf die Effektivitätsdimension des Effektivitäts-Komplexitäts-Effizienz-Dilemmas ab. Eine gleichzeitige Nichtbeachtung der Effizienz führt aber unter Umständen dazu, daß sich das Unternehmen aus dem Markt kalkuliert.

---

114 Vgl. *KEUPER* (2002a), S. 171 ff.

115 Vgl. *AHRENS* (1998), S. 14.

116 Vgl. online *MEIER/SCHWARZER/LIEBERT* (2002). Unter der Führung von *JEAN-MARIE MESSIER* wurden bei Vivendi in nur 18 Monaten 72 Milliarden Euro Aktienvermögen auf dem Papier vernichtet, vgl. *AMMANN* (2002), S. 16.

117 Vgl. *KEUPER* (1999), S. 119.

Dem Gesetz der erforderlichen Varietät steht diametral der Satz der *erforderlichen Selektivität* von *LUHMANN* entgegen.[118] Aufgrund der hohen potentiellen Vernetzung der Systemelemente in komplexen Systemen bieten sich hier zahlreiche Alternativen des Ausschlusses von Elementen (*selektive Relationenbildung*).[119] Insofern begründet genau diese *unbestimmte Komplexität*, die dadurch gekennzeichnet ist, daß die Elemente nur abstrakt als Einheit gezählt werden und daß zudem unbekannt bzw. dem Zufall überlassen ist, welche Relationen hergestellt bzw. eliminiert werden,[120] die hohen Freiheitsgrade hinsichtlich der Bildung einer konkreten Systemkonfiguration, d. h. die Ausgestaltungsmöglichkeit der *bestimmten Komplexität*. Ökonomisch bedeutet dies, daß das Unternehmen über so viele Handlungsalternativen verfügt, daß eine rasche, optimale Auswahl der besten Handlungsalternative nicht möglich ist. Der Vorgang der Auswahl würde zu viel Zeit in Anspruch nehmen. Betriebswirtschaftlich finden sich in sämtlichen Bereichen solche Auswahlprobleme, wobei die bekanntesten Beispiele sicherlich aus den Bereichen der Ablaufplanung (zum Beispiel Dilemma der Ablaufplanung) und der interbetrieblichen Logistik vorzufinden sind (zum Beispiel Travelling-Salesman-Problematik).

Das Dilemma komplexer Systeme besteht somit darin, daß aufgrund der systemimmanenten Beschränkung der Verknüpfungskapazität Elemente komplexer Systeme bzw. die Systeme in einer komplexen Umwelt wiederum komplex sein müssen, was dazu führt, daß aufgrund der Binnenkomplexität keine *Punkt-zu-Punkt-Beziehung* zur Umwelt hergestellt werden kann (Linearität der Umsystem-System-Beziehung). Ist also ein System ebenso komplex wie seine Umwelt, so kann es sich nicht mehr auf die Umweltkomplexität fokussieren, sondern ist vielmehr mit der Beherrschung seiner Binnenkomplexität beschäftigt, womit Ressourcen für die Bewältigung der Umweltkomplexität fehlen.[121] Entsprechend muß ein System die systeminterne Repräsentanz seiner Umweltkomplexität zwangsläufig reduzieren, was dazu führt, daß Systeme in ihrer externen Verknüpfungskapazität, d. h. in ihren Möglichkeiten, kompensatorische Regulativa anzuwenden, begrenzt sind. Insofern impliziert Komplexität, daß lediglich selektive Verknüpfungen zwischen den Systemelementen möglich sind.[122] Demzufolge rekonstruiert das System die externe Komplexität durch die interne, partielle Relationierung seiner Elemente. Dies geschieht dadurch, daß ein System bestimmte Relationen zwischen Elementen auswählt, d. h. qualifiziert, um sein Überleben zu sichern, wohingegen es andere Relationen konsequent ausblendet. Da der Vorgang der Selektion *kontingent*, d. h. immer auch anders möglich ist, sieht sich jedes System dem Risiko gegenüber, die günstigste Anpassung (Fit) an seine Umwelt zu verfehlen. Dementsprechend ist es für das System von fundamentaler, quasi überlebenswichtiger Bedeutung, welche Strategie der Selektion verfolgt wird. Solche Selektionsstrategien stellen in der Betriebswirtschaft zum Beispiel Heuristiken oder Verfahren der begrenzten Enumeration dar, mit denen die skizzierten ablaufplanerischen und logistik-orientierten Planungsprobleme rasch gelöst werden können.

Letztlich kann daher festgehalten werden, daß die *reale, bestimmte Komplexität* durch selektive Relationenbildung aus der *abstrakten, unbestimmten Komplexität* unter Berücksichtigung des Umweltbezuges herausqualifiziert wird und daß darüber hinaus zur Beherrschung des Komplexitätsgefälles *überlegene Selektionsstrategien* im Sinne einer *Relationierung von Relationen* angewendet werden müssen.[123] Problematisch dabei ist, daß der Selektionsvorgang unter dem

---

118 Vgl. *LUHMANN* (1968), S. 120 f., *LUHMANN* (1996), S. 92 ff.

119 Vgl. *BLISS* (2000), S. 144.

120 Vgl. *LUHMANN* (1996), S. 71.

121 Vgl. *KEUPER* (1999), S. 119 f.

122 Vgl. *BAECKER* (1992), S. 56, *LUHMANN* (1996), S. 42.

123 Vgl. *BLISS* (2000), S. 151.

Primat der Dynamik der Umwelt zu erfolgen hat, wobei der Selektionsvorgang selbst Zeit in Anspruch nimmt. Die Dauer des Selektionsvorgangs unterstützt die Erkenntnis, daß zwischen Umsystem und System immer ein Komplexitätsgefälle existieren muß, da bei einer operativen Entsprechung auf Basis eines Eins-zu-eins-Bezuges exakt die gleiche Menge an Elementen zu qualifizieren und durch Ausschluß der nichtgenutzten Anschlußmöglichkeiten zu selektieren wäre wie in der Systemumwelt.[124] Dementsprechend würde der Selektionsprozeß die gleiche Zeit zur Konfiguration eines kompensatorischen Systemstatus benötigen wie die Generierung der Umweltanforderungen selbst.[125] Damit wäre das System jedoch nicht überlebensfähig. Aus diesem Zusammenhang wird somit deutlich, daß eine Erhöhung der *unbestimmten Komplexität*, also die Ausweitung der Systemelemente und der zwischen ihnen abstrakt bestehenden Relationierungspotentiale, implizit einen zunehmend komplexeren Selektionsprozeß zur Ableitung der bestimmten Komplexität bedingt. Die Komplexität der Komplexität transformiert dementsprechend bei hoher potentieller, unbestimmter Komplexität den Selektionsdruck in eine Selektionslast.[126] Daher belastet sich ein System durch den Aufbau einer hohen potentiellen Komplexität im Hinblick auf seine selektive Reaktionsfähigkeit, was dazu führt, daß in Abhängigkeit von der Bandbreite situativer Umweltzustände und der für die interne Selektion gewährten Zeittoleranz die Grenzen der Überlebensfähigkeit rasch erreicht werden. Dies spiegelt sich ökonomisch beispielsweise darin wider, daß Unternehmen häufig zu spät auf Marktveränderungen reagieren oder das Strategic Window für einen Markteintritt aufgrund einer zu langen Time to Market verpassen, so daß über den verbleibende Life Cycle des Produktes nur noch rudimentäre Deckungsbeträge erwirtschaftet oder sogar die F&E-Kosten nicht mehr amortisiert werden können.

Insofern fordert *LUHMANN*, die *Unbestimmtheit* bei der Gestaltung von Systemen zu maximieren, wobei *Unbestimmtheit* nicht mit der *unbestimmten Komplexität* eines Systems zu verwechseln ist. Ganz im Gegenteil vermindert gerade eine hohe Unbestimmtheit des Systems die unbestimmte Komplexität des Systems, da sich die Unbestimmtheit des Systems dadurch auszeichnet, daß ein hoher Anteil an Elementen vorliegt, die nicht situativ zu qualifizieren sind, so daß ihre Relationierungen zueinander auch nicht durch eine negativ selektierende Elimination gebildet werden müssen. Insofern beinhalten unbestimmte Systeme die Option einer beliebigen Strukturwahl hinsichtlich einer situativen Kompatibilität des Systems mit dem Umsystem, wodurch der zeitliche Selektionsprozeß und damit der Ressourcenverzehr abnimmt.[127] Als Beispiel hierfür können flotillenhafte oder amöbenartige Organisationskonzepte, wie beispielsweise Fraktale, angesehen werden, die aufgrund ihrer Autonomie über hinreichende Flexibilitätspotentiale verfügen, um rasch auf Veränderungen reagieren zu können.

Das Gesetz der erforderlichen Selektivität verdeutlicht damit, daß eine Minimierung der Komplexität – wie sie häufig von Theoretikern und Praktikern postuliert wird – systemtheoretisch unhaltbar ist, da die Binnenkomplexität des Systems die zentrale Rolle für einen adäquaten Einsatz kompensatorischer Regulativa im Hinblick auf die Umweltkomplexität spielt. Ist also die Binnenkomplexität zu gering, so kann das System nur noch sehr eingeschränkt auf die Umweltbedingungen reagieren. Konkret auf den verlagsbezogenen Kontext übertragen bedeutet dies, daß die Binnenkomplexität gegenüber der Umweltkomplexität zu maximieren ist – zum Beispiel indem *angebotsseitig konvergente Unternehmen* durch Merger-&-Akquisitions-Aktivitäten oder langfristige Kooperationsvereinbarungen konfiguriert werden. Das dabei logi-

124 Vgl. *BLISS* (2000), S. 152.

125 *LUHMANN* spricht in diesem Zusammenhang von der „Dynamik der Komplexität"; vgl. *LUHMANN* (1996), S. 71.

126 Vgl. *BLISS* (2000), S. 153.

127 Vgl. *BLISS* (2000), S. 155.

scherweise trotzdem verbleibende Komplexitätsdefizit zwischen Umwelt- und interbetrieblicher Unternehmenskomplexität ist mithin durch *geeignete Selektionsstrategien* zu kompensieren. Diese sythemtheoretisch-kybernetische Erkenntnis begründet auch die Aussage, daß Unternehmensgröße allein noch kein Erfolgsgarant ist, was gegenwärtig bei Vivendi Universal und AOL Timc Warner drastisch offenbar wird.

Insofern verdeutlicht der Satz der erforderlichen Selektivität, daß mit der Maximierung der Requisite Variety in Form vorgehaltener Produkteigenschaften im Hinblick auf die Produktanforderungen seitens des Kunden – die theoretisch unbegrenzt sind – das gesamte Leistungserstellungssystem in einen quasi statischen Zustand versetzt wird. Damit wird zwar das Leistungserstellungssystem befähigt, jeglichem Kundenwunsch zu entsprechen; die extrem lange Reaktionszeit – Forschungs- und Entwicklungszeit, Konstruktionszeit, Produktionszeit und Lieferzeit – führt jedoch dazu, daß Kunden, die rasch kostengünstige, teilindividualisierte Leistungen wünschen, nicht bedient werden können oder daß die Reaktionszeit in Abhängigkeit von der Auftragskomplexität so lang ist, daß sich zwischenzeitlich die Präferenzen des Auftraggebers schon wieder geändert haben.

Demgegenüber fordert der Satz der erforderlichen Selektivität in seiner extremsten Auslegung eine ausschließliche Fokussierung auf eine Produkteigenschaft, womit zwar eine extrem kurze Reaktionszeit auf einen Umweltimpuls einhergeht, jedoch die Redaktion u. U. keinerlei Entsprechung mit dem Kundenwunsch generieren kann, da keine adäquaten potentiellen Umweltentsprechungen – sprich nicht die gewünschten Produktanforderungen bzw. deren Realisationsmöglichkeit – vorgehalten wurden. Insofern zielt der Satz der erforderlichen Selektivität letztlich darauf ab, Strategien zu generieren, mit denen bei relativ großer Requisite Variety die Reaktionszeit des Leistungserstellungssystems auf einen Umweltimpuls – kundenspezifische Produktanforderungen – minimiert wird, was einer Priorisierung der Effizienzdimension gegenüber der Effektivitätsdimension des Effektivitäts-Komplexitäts-Effizienz-Dilemmas im Rahmen der erforderlichen Selektivität gleichkommt. Eine mögliche Strategie wäre daher zum Beispiel die Modularisierung der Produktanforderungen, was auf den Verlag bezogen einer Modularisierung von Content entspricht. Anzufügen bleibt, daß eine extreme Modularisierung wiederum die Individualität der Leistung reduziert, wodurch die potentielle Umweltentsprechung erodiert wird.

Als Fazit der skizzierten Gedankengänge von *ASHBY* und *LUHMANN* kann somit attestiert werden, daß die Planungsaufgabe der Komplexität darin besteht, den bestmöglichen Komplexitätsgrad für ein betrachtetes Unternehmen ex ante aus dem Spannungsfeld zwischen erforderlicher Varietät und erforderlicher Selektivität herauszukristallisieren.

5.2.1.2.3.2 Komplexitätsausgestaltung

Die vorangehenden Ausführungen zum Gesetz der erforderlichen Varietät von *ASHBY* und zum Satz der erforderlichen Selektivität von *LUHMANN* verdeutlichen das Dilemma hinsichtlich der Konfiguration einer guten Systemkomplexität. So gipfeln beide Betrachtungen zwar einerseits in der systemtheoretisch-kybernetischen Grundlagenerkenntnis, daß nur Systemkomplexität die Umweltkomplexität durch kompensatorische Regulativa kontrollierbar und damit auch beherrschbar macht, andererseits aber verhalten sich die Grade guter Systemkomplexität in Abhängigkeit von der jeweils verfolgten systemtheoretischen Sichtweise paradoxerweise diametral zueinander. Während *ASHBY* darauf abzielt, daß ein System bemüht sein muß, ebenso komplex zu sein wie seine Umwelt, um auf Basis einer hohen Systemkomplexität umfangreiche potentielle Systemkonfigurationen quasi „virtuell“ vorzuhalten und aufgrund maximaler kompensatorischer Freiheitsgrade auf jede Umweltsituation angemessen reagieren zu können, postuliert *LUHMANN* die Zielgröße einer maximal unbestimmten und damit minimal komplexen Systemgestaltung, wobei die minimale Systemkomplexität dem situativen Selektionsdruck einer per se komplexeren Umwelt durch überlegene Selektionsmuster – d. h. eine maximale Relationierung von Relationen – entgegentritt.[128] Die dem aufgezeigten *Varietäts-Selektions-Paradoxon* inhärente fundamentale Antinomie[129] basiert auf zwei divergierenden Bewertungsmustern – einer *strukturellen* und einer *prozessualen Komplexität* –,[130] so daß letztlich deutlich wird, daß jede statische, d. h. strukturelle Erhöhung der potentiellen Umweltrepräsentanz und -kompensation – Maximierung der Anzahl realisierbarer kundenspezifischer Produktanforderungen – eine Zunahme an dynamischer Systemkomplexität bedingt. Dies ist beispielsweise die Ausweitung ablaufplanerischer Probleme, was zu einem Anstieg des Selektionsaufwands und zu einer Reduktion der Unbestimmtheit führt – Auswahl der „optimalen" Auftragsreihenfolge. So ist bei einem Verlag die Frage nach der „optimalen" Modularisierung von Content im Rahmen der Bündelung von digitalen Inhalten zu klären, wobei dies in einem engen Zusammenhang mit der Frage des möglichen Individualisierungsgrades steht. Je höher der Individualisierungsgrad, d. h. je mehr Content-Module verfügbar gemacht werden, desto geringer ist allerdings die situative Enstprechung des Systems, da natürlich größere Content-Module leichter gebündelt werden können und somit die Auftragsdurchlaufzeit geringer ist. Im Gegensatz dazu vermindert die Reduktion der dynamischen Komplexität zwar die Anzahl der durch negative Selektion zu eliminierenden Anschlußmöglichkeiten, erhöht aber gleichzeitig durch die Abnahme an potentieller Umweltsynchronisation die „Risiken der momentanen Nichtentsprechung"[131],[132] was dazu führt, daß zwar rasch, d. h. zeiteffizient und wirtschaftlich, jedoch nicht effektiv, d. h. kundenorientiert, gefertigt wird.

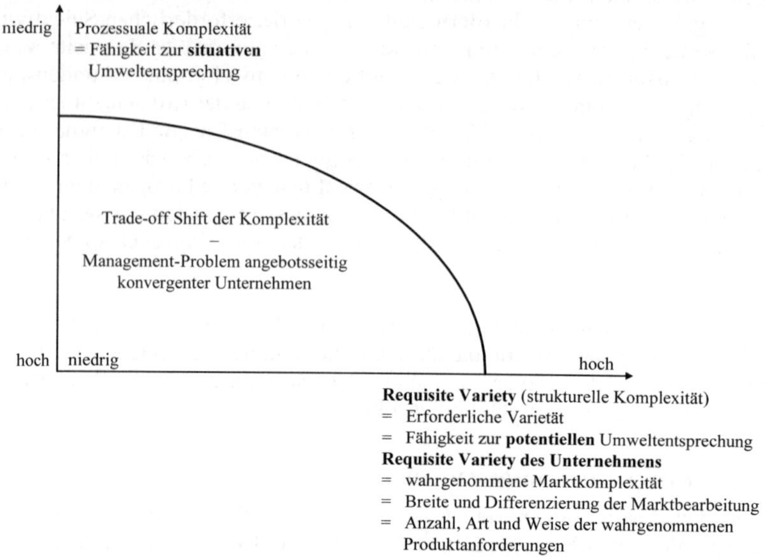

Abbildung 76: Paradoxie der Komplexität – Trade-off Shift angebotsseitig konvergenter Unternehmen

---

128 Vgl. *AHRENS* (1998), S. 14 f., *BLISS* (2000), S. 156 f.

129 Antinomie = Widersprüchlichkeit

130 Vgl. *BLISS* (2000), S. 157.

131 Vgl. *LUHMANN* (1996), S. 72.

132 Vgl. *BLISS* (2000), S. 162.

Abbildung 76 verdeutlicht nochmals den Trade-off Shift der Komplexität, wobei sich die Frage stellt, wie ein marktkomplexitätskongruentes Komplexitätsmanagement für Verlage oder Unternehmen allgemein ausgestaltet sein sollte, um das Effektivitäts-Komplexitäts-Effizienz-Dilemma in eine weitgehende Effektivitäts-Komplexitäts-Effizienz-Synthese zu transformieren, so daß das Qualitäts-Kosten-Zeit-Trilemma relaxiert wird.

Es bedarf somit einer *Transformationssequenz zur Relaxation des Effektivitäts-Komplexitäts-Effizienz-Dilemmas*, wobei die nachfolgend dargestellte Transformationssequenz von *BLISS*[133] durch *KEUPER*[134] weiterentwickelt und konkretisiert wurde. Diese geht sowohl von einer bisher verfolgten kostenorientierten Wettbewerbsstrategie mit tendenziell geringer Effektivität als auch von einer Differenzierungsstrategie mit tendenziell hoher Effektivität, aber geringer Effizienz (hohe Unternehmenskomplexität) aus, so daß *sequentiell-hybrid* und systemtheoretisch-kybernetisch geleitet eine Effektivitäts-Komplexitäts-Effizienz-Synthese vor dem Hintergrund der gegenwärtigen Marktkomplexität konfiguriert wird. Zudem ermöglicht die Transformationssequenz auch auf Basis einer noch nicht vorhandenen Marktpositionierung – *simultan-hybrid* –, das Effektivitäts-Komplexitäts-Effizienz-Dilemma zu relaxieren. Insofern ist die nachfolgend skizzierte Transformationssequenz auf die spezifische Unternehmenssituation anzuwenden und zu operationalisieren.

Grundsätzlich stellt die Komplexitätstransformationssequenz eine *vierphasige, rückgekoppelte Vorgehensweise* dar.

Die Phase der „Eliminierung des Komplexitäts-Overengineering" zielt auf die Beseitigung der prozessualen Übererfüllung des Systems, d. h. auf die Eliminierung der Systemstrukturen und -prozesse, denen keine Entsprechung innerhalb der Systemumwelt gegenübersteht. Während des Eliminationsprozesses sind dabei all diejenigen Systemstrukturen und -prozesse zu beseitigen, die als unkorrelierte Bestimmungsfaktoren keinerlei Einfluß auf das Ausmaß an potentieller Umweltrepräsentanz haben. Da sich das System vor dem Eliminierungsprozeß offensichtlich noch nicht im Trade-off-relevanten Optimierungsraum des Komplexitätsparadoxons befindet, existiert kein Zielkonflikt zwischen einer prozessualen Komplexität des erhöhten Selektionsversagens und einer strukturellen Komplexität der potentiellen Umweltentsprechung.

Produktkomplexitätsorientierte Ansätze, die im Rahmen der „Eliminierung des Komplexitäts-Overengineering" zum Tragen kommen, sind vorrangig die Standardisierung von Produktschnittstellen sowie die Normung und Typung von Produkten.[135] Dabei bleibt die strukturelle Komplexität, d. h. die Möglichkeit zur potentiellen Umweltentsprechung, unangetastet, gleichwohl reduziert sich aber die prozessuale Komplexität, so daß die situative Entsprechungsfähigkeit verbessert wird.

In die gleiche Richtung zielen *produktionsprozeßkomplexitätsorientierte Ansätze*, wie Job Enlargement, Job Enrichment, Job Rotation und die Teambildung. Alle diese Organisationskonzepte dienen dazu, ursprünglich fragmentierte Gesamtaufgaben durch horizontale Prozeßintegration und vertikale Autonomien zu reintegrieren, wobei die strukturelle Komplexität, also die potentielle Entsprechungsfähigkeit, konstant bleibt. Zu beachten ist ferner, daß eine Standardisierung auch als produktionsprozeßkomplexitätsorientierter Ansatz aufgefaßt werden kann. Dies gilt zum Beispiel dann, wenn durch eine Standardisierung von IuK-basierten Schnittstellen

133 Vgl. *BLISS* (1998a), *BLISS* (1998b), *BLISS* (2000).

134 Vgl. *KEUPER* (2002a).

135 Zu den nachfolgenden Ausführungen vgl. ausführlich *KEUPER* (2002a), S. 256 ff.

die Performance der Prozesse wesentlich verbessert werden kann. Dies ist beispielsweise bei Verlagen dann der Fall, wenn die Geschäftsbereiche, aber auch die betroffenen Wertschöpfungspartner und ggf. die Kunden im Falle von Content Syndication allesamt standardisierte Inhalte-Formate verwenden und sich für den Inhalte-Austausch auf Basis der Metasprache XML auf standardisierte Strukturbeschreibungen der Inhalte geeinigt haben.[136]

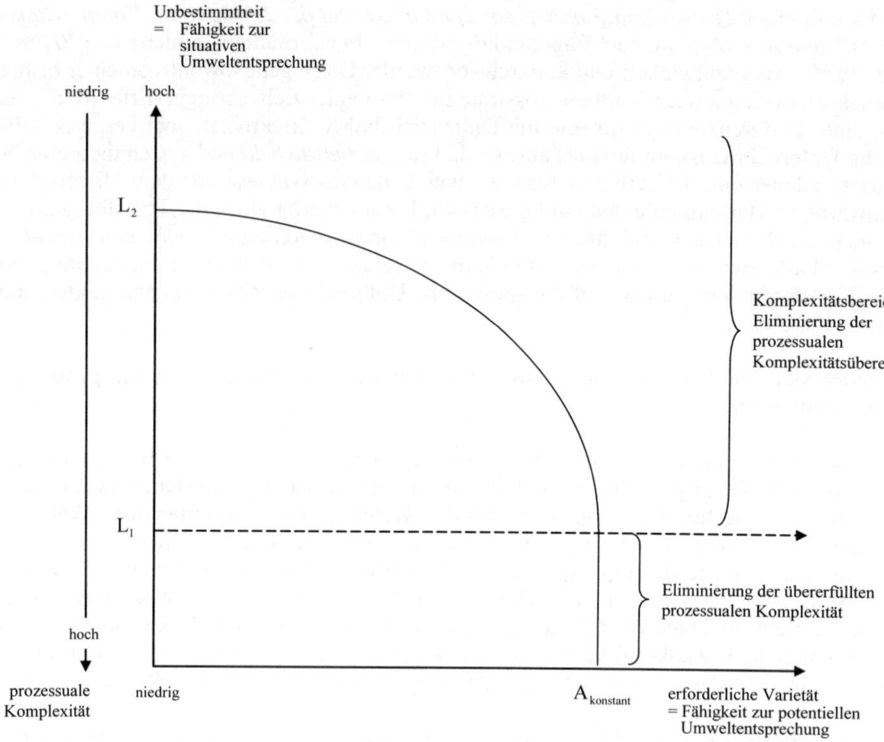

Abbildung 77: *Relaxation des Komplexitätsparadoxons durch die Eliminierung des Komplexitäts-Overengineering*[137]

Die „Relationierung der Relationen" als zweite Phase eines marktkomplexitätskongruenten Komplexitätsmanagements zielt hingegen auf eine *Verminderung der Korrelation zwischen prozessualer und struktureller Komplexität* ab.[138] Mit Hilfe produktkomplexitäts- und produktionsprozeßkomplexitätsorientierter Gestaltungsprinzipien gilt es, die Unternehmenskomplexität so zu kalibrieren, daß bei minimaler Anzahl von Systemelementen und -relationen eine weiterhin konstante Varietät im Hinblick auf die Fähigkeit zur potentiellen Umweltentsprechung gewährleistet wird.[139] Diese qualitative Weiterentwicklung des Systems erfolgt durch die Etablierung systeminterner System-Umwelt-Grenzen, womit sich das System eine eigene Realität und damit eine eigene Komplexität schafft. Durch die selbstorganisierte Dekomposition des

[136] Vgl. Abschnitt 5.3.1.1., S. 213 ff.

[137] Entnommen *KEUPER* (2002a), S. 257.

[138] Vgl. *BLISS* (1998a), S. 48, *BLISS* (1998b), S. 152, *BLISS* (2000), S. 189.

[139] Vgl. *BLISS* (2000), S. 189.

Systems in Sub- und Teilsysteme sowie die damit einhergehende Definition von Elementen als lediglich zeitpunktbezogene Ereignisse eben dieser kombinatorischen Sub- und Teilsysteme, die in sich lediglich einen Selbstkontakt aufweisen, tritt das System zum Kausaldruck der Umweltkomplexität in Distanz.[140] Die Schaffung einer synthetischen Sub- bzw. Teilsystemumwelt ermöglicht es dem System, sich bei seinen internen Operationen zunächst auf sich selbst zu beziehen, wodurch die Effizienz seiner Umweltentsprechung gesteigert wird. Eine solchermaßen evolutionäre, d. h. selbstbestimmte Eigenkomplexität beschreibt den Übergang des Systems vom komplexen in ein *adaptiv komplexes System*. Demzufolge ist nun auch die prozessuale Komplexität keine einfache Funktion der strukturellen Komplexität, welche wiederum durch die Komplexität der durch das System wahrgenommenen Umweltentsprechung determiniert wird, sondern das System redefiniert den Korrelationsgrad zwischen prozessualer und struktureller Komplexität durch die eigenständige Wahl der Systemelemente und -relationen selbst.[141] Letztlich ist somit die zweite Phase der Transformationssequenz weniger eine Systemtransformation als vielmehr eine *Systemevolution*, an deren Ende das System sich im Kernfokus des Komplexitätsparadoxons befindet.

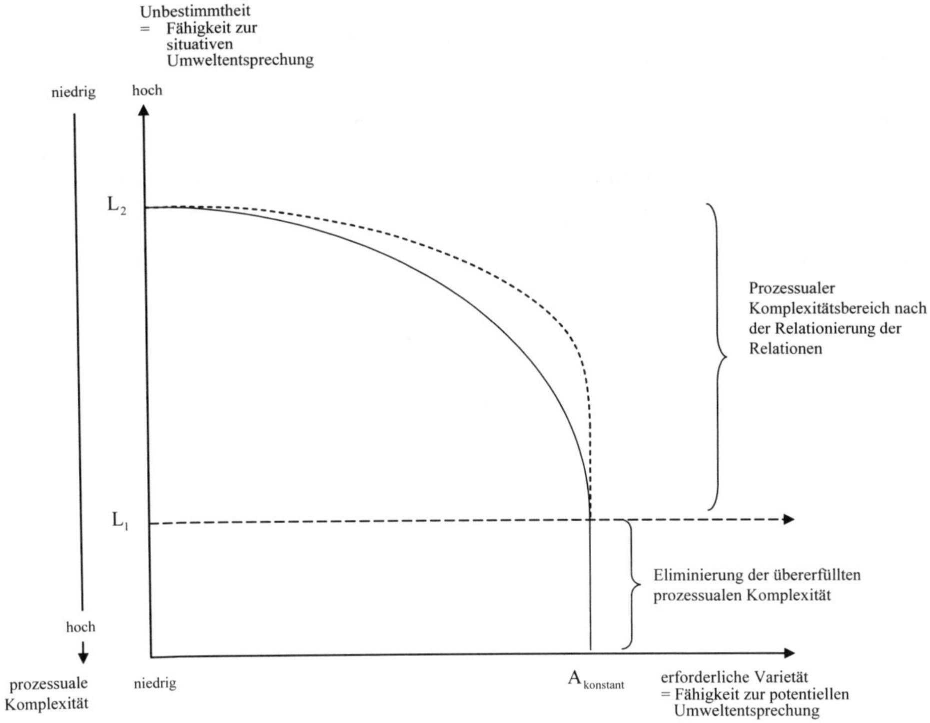

Abbildung 78: Relaxation des Komplexitätsparadoxons durch die Relationierung der Relationen

Produktkomplexitätsorientierte Ansätze zur Relationierung der Relationen stellen vorrangig das Packaging, das Blocking und die Realisierung von Premium Standards dar, so daß beispielsweise aufgrund der Modularisierung von Inhalten ein Premium Standard durch titel-

140 Vgl. *Bliss* (2000), S. 189.

141 Vgl. *Bliss* (2000), S. 189.

übergreifende Inhalte-Bündelung (also z. B. kundenspezifische Zusammenstellung von Lifestyle-Informationen aus allen in einem Verlagshaus unterhaltenen Lifestyle-Titeln) definiert werden kann.[142] Darüber hinaus dienen vor allem Modularisierungs- und Plattformkonzepte dazu, die Korrelation zwischen prozessualer und struktureller Komplexität zu verbessern. So ermöglichen es – wie bereits erläutert – modulare Content-Bausteine, Personalisierungsstrategien umzusetzen und damit eine hohe potentielle Entsprechungsfähigkeit zu generieren, wobei die Personalisierung des Content wesentlich rascher erfolgen kann als im Falle einer Nichtmodularisierung. Insofern reduziert sich die prozessuale Komplexität bei konstanter struktureller Komplexität.

Als *produktionsprozeßkomplexitätsorientierte Ansätze* kommen vorrangig Freeze-Point-Strategien zum Einsatz, wobei der Freeze Point, der auch als optimaler Vorfertigungsgrad bezeichnet werden kann, den Schnittpunkt zwischen rezipientenneutraler und rezipientenbezogener Content-Erstellung charakterisiert. Dabei ist im Rahmen digitaler Güter und in der hier betrachteten Verlagsbranche darauf zu achten, daß der Freeze Point der Inhalte-Konfiguration so spät wie möglich festzulegen ist, um die Korrelationswirkung möglichst optimal zu nutzen.

Da sich das System im Anschluß an die zweite Phase der Transformationssequenz im Kernfokus des Komplexitätsparadoxons befindet, ist es das Ziel der dritten Phase, das finale Ausmaß der durch das System wahrgenommenen Umweltkomplexität, also den *Umfang an Requisite Variety*, zu definieren.[143] Insofern versucht die dritte Phase der Implementierungssequenz – „Lineare Reduktion der Requisite Variety" –, sich durch einen linearen Verzicht auf Requisite Variety den funktionalen Zusammenhang zwischen wahrgenommener Umweltkomplexität, struktureller und schließlich prozessualer Komplexität mittelbar zunutze zu machen.

Dementsprechend ist es die Aufgabe der linearen Reduktion der Requisite Variety, d. h. der quantitativen Bestimmung der wahrzunehmenden Umweltkomplexität, den Konnex zwischen Umweltkomplexität respektive Marktkomplexität auf der einen Seite und struktureller sowie prozessualer Unternehmenskomplexität auf der anderen Seite zu verringern. Während die strukturelle Unternehmenskomplexität eine Funktion der Umweltkomplexität darstellt, repräsentiert die prozessuale Komplexität ihrerseits eine Funktion der strukturellen Komplexität, womit ausgedrückt wird, daß die prozessuale Komplexität in unmittelbarer funktionaler Abhängigkeit zur strukturellen Komplexität steht. Insofern determinieren Entscheidungen über die wahrzunehmende Umweltkomplexität im Rahmen der strukturellen Komplexität mittelbar die prozessuale Komplexität.

---

[142] Zu den nachfolgenden Ausführungen vgl. ausführlich *KEUPER* (2002a), S. 275 ff.

[143] Vgl. *BLISS* (1998a), S. 48, *BLISS* (1998b), S. 152, *BLISS* (2000), S. 190.

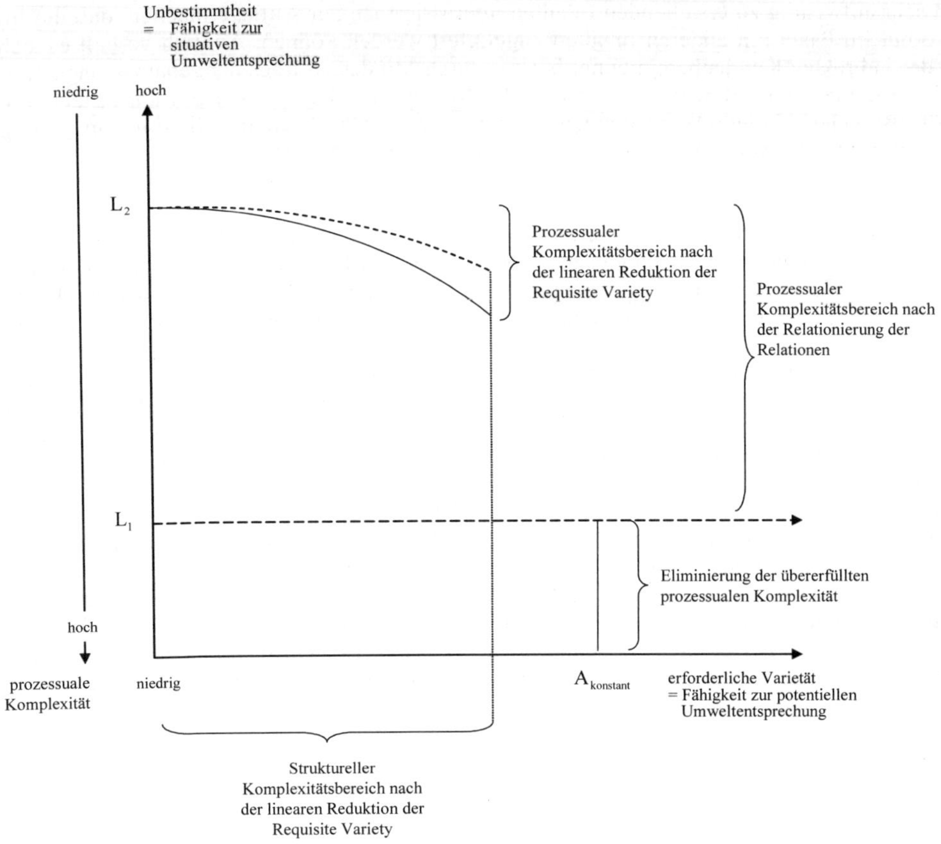

Abbildung 79: Relaxation des Komplexitätsparadoxons durch lineare Reduktion der Requisite Variety[144]

Innerhalb des allgemeinen Fundus des Komplexitätsmanagements kommen in der dritten Phase der systemtheoretisch-kybernetischen Systemtransformation ausschließlich *produktionsprogrammkomplexitätsorientierte Ansätze* zum Tragen,[145] da nur produktionsprogrammdeterminierende Konzepte quasi als „Intermediär“ zwischen Umweltkomplexität und wahrgenommener korrelierter, struktureller Unternehmenskomplexität im Sinne der Requisite Variety fungieren können. Nur durch eine Rückführung der wahrzunehmenden Umweltkomplexität auf ein optimales Ausmaß von struktureller, korrelierter Unternehmenskomplexität besteht die Möglichkeit, die Unternehmenskomplexität weiter zu reduzieren. Ansätze, die dies ermöglichen, sind statische direkte und indirekte Programme und Kundenbereinigung sowie die dynamische Optimierung des Leistungsspektrums. Während die direkte Programm- und Kundenbereinigung darauf abzielt, Teile des Leistungsspektrums aufgrund hoher Fixkosten nicht mehr anzubieten, versucht eine indirekte Programmbereinigung Exoten mit Preisaufschlägen zu versehen, um einen mittelbaren Allokationseffekt zu initiieren und die Programmexoten damit sukzessive auszuphasen. So könnte ein Verlag einem Rechtekunden, der an speziellen

---

144 Entnommen *KEUPER* (2002a), S. 346.

145 Zu den nachfolgenden Ausführungen vgl. ausführlich *KEUPER* (2002a), S. 347 ff.

und sehr aufwendig zu erstellenden Inhalten interessiert ist, zur Auflage machen, daß die Inhalte nur im Paket mit anderen Inhalten angeliefert werden können. Ähnlich verhält es sich bei der indirekten Kundenbereinigung, bei der durch Mindestauftragsmengenaufschläge allokative Effekte realisiert werden, wodurch die Rentabilität der Kunden gewährleistet wird. Dementsprechend könnte Werbekunden mit nur geringen Umsätzen, die allerdings im Verlag hohe Prozeßkosten verursachen, gerade in Boom-Zeiten ein Mindestwerbevolumen auferlegt werden.

Die Wettbewerbsdynamik auf konvergierenden Märkten sowie die Instabilität und Varietät der Nachfragerpräferenzen bedingen die Optimierung des Produktionsprogramms nicht nur einmalig, sondern vielmehr auf rollierender Basis.[146] So führt ein Festhalten an der durch einmalige Programm- und Kundenbereinigung optimierten Leistungsprogrammbreite im Zeitablauf zum einen dazu, daß das Produktionsprogramm und veränderte Nachfragepräferenzen divergieren, so daß das Produktionsprogramm – systemtheoretisch-kybernetisch betrachtet – nicht mehr die Requisite Variety aufweist, die zur Spiegelung der veränderten Marktkomplexität erforderlich ist. Zum anderen ist jedoch häufig festzustellen, daß im Verlauf des Lebenszyklus des Produktionsprogramms die Variantenvielfalt und damit die Komplexität der gesamten Produktionslogistik ungesteuert anwachsen. Insofern gilt es kontinuierlich zu überprüfen, welche Teile des Leistungsprogramms eliminiert bzw. welche Produkte neu in das Standardrepertoire aufgenommen werden sollen, was für einen Verlag bedeutet, daß die definierten Module und der Grad der Modularisierung der Content-Bausteine ständig in Frage zu stellen und ggf. zu modifizieren ist. So ist es durchaus denkbar, daß im Zeitverlauf eine höhere Individualisierung von Inhalten vom Markt erwartet wird, so daß die Inhalte noch weiter modularisiert werden müssen. Ferner könnten ursprünglich neu erarbeitete Content-Bausteine nun crossmedial mehrfachverwertet werden, wobei hier natürlich die oftmals notwendige medienspezifische Aufbereitung zu beachten ist.

Auf Basis der zuvor generierten finalen Requisite Variety, d. h. der tatsächlich wahrzunehmenden Umweltkomplexität, erfolgt nun in Phase vier eine *Segmentierung des Gesamtsystems*. Im Gegensatz zur Phase zwei, in der die interne Systemdifferenzierung stattfindet, bedarf es für die Sequenz der Segmentierung des Gesamtsystems der Kenntnis der finalen algorithmischen Komplexität, um diese in ihre regelmäßigen Bestandteile (effektive Komplexität) und in ihre unregelmäßigen oder stochastischen Bestandteile zu differenzieren.[147] Zwar wird durch die Segmentierung des Gesamtsystems seine Komplexität nicht verringert, gleichwohl wird sie aber durch die Entkopplung der nach Phase III verbliebenen Systemelemente besser beherrschbar. Dies wird auch darin deutlich, daß unter dem Aspekt der informationsbasierten Systementropie[148] den Umweltausschnitten spezifische Selektionsketten, d. h. eindeutig determinierte Entropiefunktionen, zugewiesen werden, die allerdings aufgrund des additiven Charakters der Systementropie in der Summe zu einer konstanten Entropie des Gesamtsystems führen.

Letztlich bleibt festzuhalten, daß die Phasen I bis III eine Systemtransformation zur Komplexitätsreduktion darstellen, wohingegen die Phase IV die Sequenz der Restkomplexitätsbeherrschung repräsentiert.

---

146 Zu den nachfolgenden Ausführungen vgl. ausführlich *KEUPER* (2002a), S. 360.

147 Vgl. *BLISS* (1998a), S. 48 f., *BLISS* (1998b), S. 152 f, *BLISS* (2000), S. 192.

148 Der informationsbasierte Entropiebegriff besagt, daß die Entropie von der Menge an Informationen abhängt, die benötigt wird, um im Entscheidungsprozeß aus der Menge der möglichen Mikrozustände eines Systems einen Systemzustand beschreiben zu können.

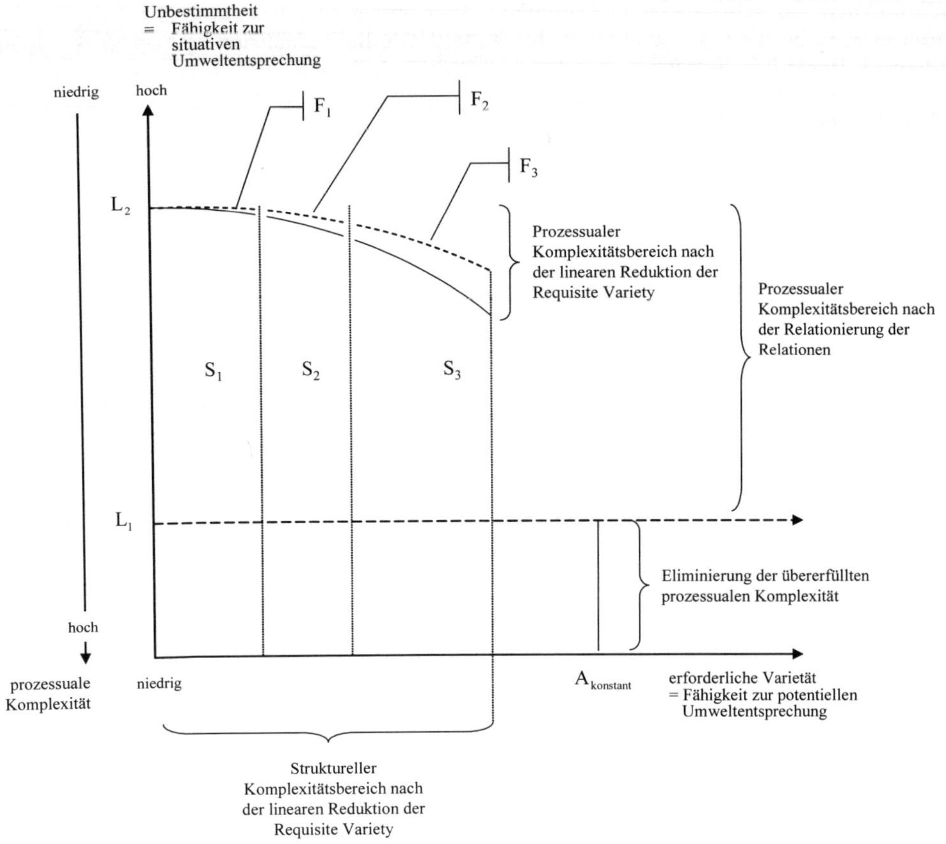

Abbildung 80: Relaxation des Komplexitätsparadoxons mittels der Komplexitätsbeherrschung durch Außendifferenzierung

In der Phase der Komplexitätsbeherrschung durch Außendifferenzierung kommen ausschließlich *produktionsprozeßkomplexitätsorientierte Ansätze* zum Einsatz, da produktionsprogrammkomplexitätsorientierte Ansätze die Requisite Variety beeinflussen würden und produktkomplexitätsorientierte Ansätze bereits in Phase eins und zwei zum Einsatz gekommen sind. Ein organisatorischer Ansatz, der Restkomplexität besser beherrschbar macht, ist die bereits angeführte Konzentration auf Kernkompetenzen. Dadurch kann der Verlag die damit verbundene und zuvor in den Phasen eins bis drei „optimierte" Restkomplexität beherrschen. Die durch Outsourcing entstehenden Kompetenzlücken werden durch Partner mit entsprechenden Kernkompetenzen geschlossen. Auch diese Komplexitäts-Kernkompetenz-Partner können wiederum ihre mit der Kernkompetenz verbundene Komplexität optimal handhaben. Werden hingegen alle benötigten Kernkompetenzen von einem Unternehmen erbracht, so ist zwar die Gesamtkomplexität innerhalb eines Konzerns nicht größer als die dezentral vorgehaltenen Kernkompetenzen und die Teilkomplexität vieler einzelner Unternehmen, gleichwohl können die vielen Teilkompetenzen besser beherrscht werden, wodurch die Effizienz in der Leistungserstellung wesentlich verbessert wird. Neben interbetrieblichen und intrabetrieblichen Organisationskonzepten greifen in der Phase der Beherrschung der Komplexität durch Außendifferenzierung vor allem IuK-technologische Systeme, wie beispielsweise CRM-Ansätze oder Produktkonfiguratoren zum selbständigen Customizing des Content, wie dies durch das Anlegen von Profilen – z. B. bei Yahoo – und die dadurch induzierte Individualisierung von Nachrichten der Fall ist. Beide IuK-Systeme zielen letztlich darauf ab, Komplexitäten zu entkoppeln und Standardanwendungen massenhaft abzuwickeln, wohingegen selten auftretende Anforderungen spezifisch gesteuert werden.

Als Fazit des an dieser Stelle nur skizzierten Komplexitätsmanagements als zentrale Führungs- und Gestaltungsaufgabe des Konvergenzmanagements kann festgehalten werden, daß ein komplexer Markt komplexer Unternehmen und Unternehmensverbünde bedarf, wobei zu beachten ist, daß ein möglichst hohes Maß an struktureller Komplexität (Requisite Variety) vorgehalten wird, um den heterogen-hybriden, sich auf konvergierenden Märkten ständig verändernden Kundenpräferenzen und Marktanforderungen gerecht zu werden. Gleichzeitig sind aber auf strategischer und operativer Ebene überlegene Selektionsstrategien zu entwickeln, die es erlauben, rasch und flexibel auf die Umweltveränderungen zu reagieren. Nur hierdurch gelingt es, effektiv und effizient zu sein. Die Komplexität des Marktes bedingt somit komplexe Unternehmensstrukturen, was auch ein anfangs erwähntes „Thinking in Complexity" der Führungskräfte verlangt. Dadurch wird der Komplexität durch komplexe Entscheidungen Rechnung getragen, wobei die Entscheidungen nachvollziehbar aufbereitet werden, was nicht mit einer Simplifizierung der Komplexität gleichzusetzen ist. Komplexe Managementprobleme und simple Entscheidungen sind ebenso fehl am Platz wie Manager, die nicht in komplexen Strukturen denken können oder wollen, was sich beispielsweise in einem rein Shareholder-Value-getriebenen Agieren äußert. Insofern sollten auch die Manager der Zukunft – also die Hochschulabsolventen von heute – in der Lage sein, in komplexen Strukturen zu denken und zu agieren, und ihr Heil nicht in der Simplifizierung von Management sehen. Mut zur Komplexität und die zielsetzungsgerechte systemtheoretisch-kybernetische Handhabung von Komplexität sind die bestimmenden Erfolgsfaktoren für das noch junge Jahrtausend.

5.2.2 Derivative Grundsätze

Die derivativen Grundsätze des MSCM sind direkt aus den dargestellten originären Grundsätzen ableitbar. Insofern handelt es sich hierbei nicht um weniger wichtige Aspekte, sondern vielmehr um spezifische integrale Bestandteile des Management-Konzepts, die ein effektives und effizientes Agieren des Verlages ermöglichen.

5.2.2.1 Konvergenzorientierung

Entsprechend der Ebene I des Convergence-based View und der hierbei vorgestellten Planungsmodelle, wie der Neun-Sektoren-Matrix und dem Convergence Cube, bedeutet Konvergenzorientierung im Rahmen des MSCM, sich auf Kernkompetenzen zu konzentrieren, Kompetenzlücken durch das Eingehen von Partnerschaften zu schließen und so Tore zu neuen Märkten zu öffnen. Dabei sind Partnerschaften nicht nur ressourcen-, sondern auch strategieinduziert, um insbesondere gezielt Einfluß auf die Wettbewerbsentwicklung in einem Markt nehmen zu können, die Nachfrage der Kunden nach einem konvergenten Produkt im Verbund mit mehreren Partnern zu stimulieren oder aber die Standardisierung von Technologien zu unterstützen, um so ggf. von ausgelösten Netzeffekten profitieren zu können. Aufgrund der Signalling-Kompetenz von etablierten Medienmarken, die Medienkonsumenten Aufschluß über die Qualität der dahinterstehenden Medieninhalte geben, kommt zunächst dem Management von Zeitungs- und Zeitschriftenmarken eine herausragende Bedeutung zu. Da Content-Marken jedoch nicht nur eine Außenwirkung gegenüber dem Konsumenten, sondern auch gegenüber potentiellen Partnern haben, hängt die Attraktivität eines Verlages als Kooperationspartner von der Reputation der vorhandenen Marken ab, die den Erfolg des Multimedia-Geschäftsmodells maßgeblich beeinflussen können.

5.2.2.1.1 Markenmanagement

Wie bereits in den vorherigen Abschnitten oftmals herausgestellt, liegen verlagsintern die Kernkompetenzen eines Verlages vor allem in der kreativen Erstellung und Zusammenstellung von Medieninhalten. Damit eng verbunden und eigentlich bei einem Zeitungs- und Zeitschriftenverlag unabdingbar ist das Branding (Markenaufbau) der Inhalte am Absatzmarkt. Ähnlich wie im Handel, wo eine Marke wie Media Markt oder H&M dem Konsumenten Aufschluß über das dort vorhandene Sortiment gibt, verdeutlicht analog die Marke eines Verlagsproduktes das dargebotene Inhaltesortiment, wie z. B. die Wirtschaftswoche für eine gezielte Auswahl zu aktuellen Wirtschaftsereignissen bekannt ist. Insofern wird sich für einen Verlag stets die Frage einer adäquaten Markenstrategie stellen, wenn Inhalte in traditionellen und digitalen Kanälen distribuiert werden sollen. Dabei gilt es zunächst, die damit in Verbindung stehenden wichtigsten Begriffe kurz theoretisch zu erläutern.

Allgemein kann die *Marke* als die Summe aller Charakteristika gedeutet werden, die das Angebot einmalig machen. Aufgrund der Intangibilität digitaler Produkte betrifft dies nicht mehr äußerlich greifbare Merkmale, sondern vor allem die mit einer Marke verbundenen emotionalen und charakterlichen Komponenten. Insofern geht es im Rahmen der *Markenpolitik* darum, dem Kunden positiv erlebte, unverwechselbare, klare und lebendige Vorstellungen und innere Bilder mit dem Leistungsangebot zu vermitteln.[149] Daraus bildet sich dann idealerweise eine *Markenpersönlichkeit*, die dem Nutzer neben den produktbezogenen Attributen einen Zusatznutzen verleiht, indem sie durch menschliche Persönlichkeitsmerkmale das Gefühl von Beständigkeit und Kontinuität vermittelt.[150] Dies wird auch anhand einer beispielhaften und schlagwortartigen Ermittlung von Werten und Eigenschaften bekannter Zeitungen und Zeitschriften deutlich, wo sich viele menschliche Eigenschaften wiederfinden.

Zeitung/Zeitschrift	Werte/Eigenschaften
Hamburger Abendblatt	lokal, bodenständig, menschlich, kurzweilig
Frankfurter Allgemeine	„konservativ"-weltoffen, analytisch, bodenständig
Bild Zeitung	polarisierend, populistisch, aktuell, temperamentvoll, gewagt
Financial Times Deutschland	international, weltoffen, modern, aktuell
Die Zeit	liberal, kritisch, ehrlich
Der Spiegel	investigativ, kritisch, gewagt
Stern	umfassend, prägnant, kurzweilig, heiter
Wirtschaftswoche	seriös, zuverlässig, bodenständig
Fit for Fun	sportlich, aktiv, trendy, erfolgreich, modern
Bravo	jung, modern, spannend, hautnah dabei

Tabelle 13: Beispielhafte Darstellung von bestimmenden Werten und Eigenschaften bekannter Zeitungen und Zeitschriften

Mit einer klar identifizierbaren Markenpersönlichkeit können dann psychologische Wechselbarrieren beim Kunden aufgebaut werden, da die Medienmarke in einer multimedialen Welt der Informationsüberflutung einen vertrauensvollen Fixpunkt zur Orientierung bzw. zur Über-

149 Vgl. *Silberer* (2001), S. 238.

150 Vgl. *Aaker* (1999), S. 94.

windung des Informationsparadoxons darstellt. Insofern ist die Medienmarke sowohl Mittel zur eigenständigen Positionierung und Differenzierung gegenüber Konkurrenzangeboten als auch Wiedererkennungsfaktor für den Kunden.[151]

Im Rahmen des *Markentransfers* in die digitalen Erlebniswelten, was gerade für ein etabliertes Medienunternehmen wie einen Verlag von zentraler Bedeutung ist, nimmt die Wahrung der *Markenidentität* eine besondere Rolle ein. Die Markenidentität ist dabei als Umschreibung der in sich widerspruchsfreien geschlossenen Ganzheit von Merkmalen zu verstehen, die diese von anderen Marken dauerhaft unterscheidet.[152] In diesem Kontext ist vor allem der Zeitfaktor zu nennen, da die angesprochene widerspruchsfreie Ganzheit von Merkmalen nur innerhalb eines längeren Zeitraumes etabliert werden kann.[153] Damit greift ein wesentlicher Wettbewerbsvorteil von Verlagen, weil diese entgegen den Angeboten neuer Dienstleister im Marketspace bereits über eine klare Markenidentität ihrer Produkte verfügen, die unter Beachtung einiger klassischer Regeln der *Markenkommunikation* mit einem klaren Profil in ein neues Angebot transferiert werden kann. So kommt es beispielsweise im Layout des digitalen Produktes darauf an, einen hohen Wiedererkennungsfaktor zum Kernprodukt, z. B. durch Verwendung einheitlicher Farben, zu gewährleisten. Besonders deutlich wird dies u. a. bei der Financial Times Deutschland, die analog zum gedruckten Titel auch beim Online-Auftritt eine in rosa gehaltene Hintergrundfarbe gewählt hat. Andererseits treten aber auch neben den klassischen Markenattributen noch einige neue spezifische Anforderungen in den digitalen Erlebniswelten hinzu. So ist es infolge der möglichen Interaktivität der elektronischen Medien wichtig, das „Look and Feel“ der Marke bei der Gestaltung interaktiver Angebote zu wahren. Aufgrund der aktiven Einbeziehung des Nutzers bei der Zusammenstellung eines maßgeschneiderten Angebotes ist letztlich die vom Nutzer aufgewendete Zeit – das Erlebnis des persönlich beeinflußten Medienkonsums – mit der dahinterstehenden Marke verbunden.[154] Die Gefahr hierbei ist, daß ein getrübtes Multimedia-Erlebnis sich negativ auf die gesamte Marke auswirken kann. Dies wäre beispielsweise dann der Fall, wenn infolge eines vom Verlag eingebrachten redaktionellen Berichtes in der Erlebniswelt E-Business vom Nutzer online Produkte bestellt werden, diese aber von einem unzuverlässigen Logistik-Dienstleister erst verspätet ausgeliefert werden. Entsprechend wird deutlich, daß die im nachfolgenden Abschnitt ausführlich beschriebene Partnerstrategie mit der Markenstrategie eng verbunden ist. Eine wertvolle Content-Marke sollte in eine Kooperation somit nur dann eingebracht werden, wenn absolute Sicherheit über die Qualität der Partner in allen Multimedia-Wertschöpfungsbereichen besteht.

Offen ist jedoch immer noch die Frage, welche genaue *Markenstrategie* ein Verlag mit seinen Partnern in den drei digitalen Erlebniswelten anwenden sollte bzw. welche Branding-Szenarien wahrscheinlich sind. In der Erlebniswelt E-Business existieren meist analog zu den bekannten Zeitungs- und Zeitschriftenmarken eigene Online-Angebote der Verlagshäuser. Diese entsprechen somit einer Einzelmarkenstrategie. Fraglich ist hierbei aber noch, welche Print-Marken sich langfristig als wirtschaftlich tragfähige Web-Sites bzw. E-Business-Portale durchsetzen können und werden. So bleibt anzuführen, daß gerade TV-Sender gegenüber den meisten Verlagen über zwei ganz wesentliche Vorteile verfügen: Einerseits halten sie die Rechte an dynamischen Inhalten bzw. haben ausreichende Kompetenzen zur Herstellung dynamischer Inhalte, die mit zunehmender Penetration breitbandiger Internetanschlüsse über Streaming-

---

151 Vgl. *WIRTZ* (2001a), S. 277.

152 Vgl. *MEFFERT/BURMANN* (1996), S. 31.

153 Vgl. *KÖRNER* (2000), S. 5.

154 Vgl. *DAYAL/LANDESBERG/ZEISSER* (2000), S. 44.

Technologien viel besser vermarktbar sind als bloße statische Inhalte.[155] Andererseits verfolgen viele TV-Sender, wie beispielsweise RTL, schon seit langem eine Dachmarkenstrategie. Dabei stellt der Name des TV-Senders schon für sich eine starke Marke dar, wobei darüber hinaus viele Programmbestandteile, wie z. B. bei RTL die Quizsendung „Wer wird Millionär?", einem Branding unterzogen wurden und dadurch wiederum gleichzeitig die Dachmarke RTL stärken. Diese horizontale Konkurrenz zu TV-Sendern muß Verlage zur Analyse veranlassen, ob die jeweilige Print-Marke langfristig in einer breitbandigen E-Business-Erlebniswelt gegen evtl. vorhandene Konkurrenzangebote der TV-Sender bestehen kann. Dies könnte genau dann möglich sein, wenn ein Verlagshaus mit einer ohnehin schon starken Print-Marke bereits einschlägige Erfahrungen und Kompetenzen mit dynamischen Inhalten gesammelt hat, was beispielsweise beim Spiegel mit seinem erfolgreichen Markentransfer ins Fernsehen u. a. mit der Sendung Spiegel TV der Fall ist. Andererseits kann eine Print-Marke in der Erlebniswelt E-Business auch dann eigenständig als Einzelmarke positioniert werden, wenn hierdurch eine internetaffine, spezifische Zielgruppe besser erreicht werden kann als unter dem Dach eines General-Interest-Portals bzw. wenn durch ein umfassendes Crossmedia-Angebot die Kundenbindung der Leserschaft beträchtlich erhöht werden kann. So bietet die Zeitschrift Computer Bild derartige Potentiale, da sich womöglich für Testberichte das Pay-per-Content-Verfahren durchsetzen kann, die Zielgruppe der Besucher der Website – interessiert an Informations- und Telekommunikationstechnologie – auch für die Online-Werbewirtschaft interessant erscheint und zudem ein zusätzliches Online-Angebot die Leser auch an das Print-Produkt bindet. Für viele andere Print-Titel erscheint eine Syndizierungs-Lösung mit einem Co-Branding innerhalb eines Zugansportals wie T-Online als langfristig wahrscheinlichste, weil kostengünstigste und zugleich ertragreichste Form der Content-Vermarktung. Gerade bereits bekannte Zugangsportale der Telekommunikationsindustrie benötigen attraktive Markeninhalte, die von den Verlagen als Wertschöpfungspartner geliefert werden können. Dabei gilt es jedoch, ein „Content Patchwork" – sozusagen ein Sammelsurium aus vielen ähnlichen Medieninhalten – im Portal zu vermeiden, so daß der Verlag vor Lieferung der Inhalte an das Portal zumindest die Exklusivität seiner Inhalte zum spezifischen Thema sicherstellen sollte. Ansonsten bestünde die maßgebliche Gefahr der *Markenverwässerung*, was sich dann letztlich auch negativ auf das Print-Produkt niederschlagen könnte. Zudem sind idealerweise Gestaltungsspielräume hinsichtlich des Layouts zum Transfer einer eigenständigen Markenidentität mit dem belieferten Portal auszuhandeln.

In der Erlebniswelt M-Business erscheint von vornherein ein Co-Branding als die sich wahrscheinlich durchsetzende Markenstrategie für einen Verlag. So wird keiner der UMTS-Lizenznehmer auf ein eigenes Branding seines Dienstes verzichten wollen, um sich im Zuge der zu erwartenden hohen Konkurrenz differenzieren zu können. Die Markenbildung des UMTS-Dienstes ist dementsprechend der zentrale Erfolgsfaktor, so daß diese folglich vom Mobilfunkdienstleister nicht in die Hände anderer Wertschöpfungspartner gelegt wird. Dennoch werden attraktive Content-Marken eine bestimmende Rolle spielen, da ein im mobilen Portal integriertes Konglomerat verschiedener exklusiver Medieninhalte letztlich auch ganz wesentlich für die Markenbildung des gesamten UMTS-Dienstes ist. Von dieser Situation kann ein Verlag als reiner Content-Lieferant insofern profitieren, als unter der Voraussetzung einer technologischen Mindestausstattung (z. B. ein Content-Management-System) keine zusätzlichen Investitionen in Technologien getätigt werden müssen, wie dies bei eigenen Webauftritten in der Erlebniswelt E-Business der Fall ist. Andererseits ist aber auch die potentielle Konkurrenz zu TV-Sendern mit dynamischen Inhalten im M-Business als weitaus geringer einzustufen, da die trotz UMTS noch mittelfristig beschränkte Bandbreite sowie die kleinen Displays der

[155] Vgl. online BRENNER (2002).

Handys, Smartphones oder PDAs eher eine Darstellung ausschließlich bzw. überwiegend statischer Inhalte nahelegen.

Hinsichtlich der Erlebniswelt T-Business lassen sich aufgrund des aktuellen Marktstadiums nur einige grundlegende Annahmen zum Branding bilden, da sich T-Business in Deutschland allenfalls im Frühstadium der Emergenz-Phase befindet. Auch hier wird für einen Content-Anbieter das Co-Branding die bestimmende Rolle spielen, da der Anbieter interaktiven Fernsehens seinen investitionsintensiven Dienst als starke Dachmarke umfassend, d. h. zunächst über alle Zielgruppen hinweg, vermarkten sollte. Darunter lassen sich dann allerdings zielgruppenspezifische Spartenangebote etablieren. Noch mehr als in den anderen vorgestellten Erlebniswelten wird es hier auf horizontale Zusammenarbeit zwischen den ehemals voneinander getrennten Medienhäusern zur Formierung eines „Content Powerhouse" ankommen. Nur so können für die Integration von Lean Forward und Lean Back adäquate, also konvergente und sich sowohl aus statischen als auch aus dynamischen Inhalten zusammensetzende Content-Angebote produziert werden. Entsprechend gilt es hier, sehr individuell gemeinsam mit den Wertschöpfungspartnern zu entscheiden, mit welcher vorhandenen Marke das konvergente Medienformat am effektivsten in der angestrebten Zielgruppe vermarktet werden kann. Somit ist es durchaus denkbar, daß sich Print-Marken in der Erlebniswelt T-Business gegenüber TV-Marken durchsetzen werden.

Besteht im Verlag Klarheit über die anzuwendenden Markenstrategien in den digitalen Erlebniswelten, so ist im nächsten Schritt auf wettbewerbsstrategischer Ebene ein Profil mit erforderlichen Kompetenzen für das Multimedia-Engagement zu erstellen und darauf aufbauend eine Partnerstrategie festzulegen.

5.2.2.1.2 Partner-Management

Das Partner-Management umfaßt sowohl den strategischen Auswahlprozeß und die Ausgestaltung von Kooperationsverträgen als auch die in praxi oftmals vernachlässigten operativen Aspekte, wobei Reibungsverluste im Tagesgeschäft der Kooperationen häufig gerade aufgrund unzureichender strategischer Planung von Kooperationen entstehen. Insofern kommt bereits der Partner-Auswahl eine hohe Bedeutung zu. Dabei sollte für die Geschäftseinheiten unternehmensstrategisch eine einheitliche und gezielte Vorgehensweise vorgeschrieben sein.

5.2.2.1.2.1 Auswahl von Kooperationspartnern

Zur Sicherstellung des dauerhaften Erfolgs eines Multimedia Supply Chain Management kommt es ganz entscheidend darauf an, wie das auf diesem Konzept beruhende Netzwerk auf der Makro-Ebene (ressourcenorientierte Sichtweise) ausgestaltet wird. Da hierbei das Eingehen von Partnerschaften als ein wesentlicher Erfolgsfaktor für die Bestandsfähigkeit des Verlages in der konvergierenden Medienbranche anzusehen ist, liegt es grundsätzlich nahe, diese strategisch wichtige Aufgabe auch organisatorisch zu institutionalisieren. So hat beispielsweise der Mobilfunk-Provider E-Plus eigens ein Produkt- bzw. Innovationsteam für das mobile Portal i-Mode gegründet, um potentielle Content-Provider zu beurteilen und auszuwählen.[156] Umgekehrt ist dies auch für einen Verlag sinnvoll, um im Sinne der Unternehmensstrategie Partner zu suchen, zu beurteilen und Kooperationsabkommen einzugehen. Dies könnte beispielsweise eine übergeordnete Stabsstelle „Kooperationen" sein, die den Geschäftseinheiten bei der Auswahl geeigneter Partner als Service-Einheit zur Seite steht.

---

156 Vgl. *BAUSTERT* (2002).

Die Partnerauswahl stellt dabei eine Herausforderung dar, die immer wieder von Unternehmen unterschätzt wird. So werden viele Partnerschaften eher als taktische Tools für kurzfristige Aufgaben denn als strategische Elemente von langfristigen Geschäftsmodellen betrachtet.[157] Entsprechend werden viele Partner eher oberflächlich ausgewählt, was im späteren operativen Geschäft immense Komplikationen hervorrufen kann. Als ein Negativbeispiel par excellence – stellvertretend für eine Vielzahl gescheiterter Kooperationen in der TIME-Branche – ist die Verbindung von France Télécom und dem deutschen UMTS-Lizenznehmer Mobilcom anzusehen, die im Jahr 2002 monatelang die Schlagzeilen der Wirtschaftspresse bestimmte.[158] Im Euphorietaumel der New Economy und der Versteigerung der UMTS-Lizenzen ging France Télécom im „Schnellschuß-Verfahren" eine Kooperation durch eine 28,5-prozentige Beteiligung an Mobilcom ein. Als dann die Erwartungen der Branche stagnierten und die Schuldenlast der France Télécom immens anstieg, wurde die zugesicherte Übernahme von Kosten für den UMTS-Netzaufbau der Mobilcom nach vielen Monaten eines öffentlich ausgetragenen Streites gänzlich zurückgenommen. Die daraus drohende Insolvenz der Mobilcom konnte nur durch staatliche Hilfe abgewendet werden, wobei die ambitionierten UMTS-Pläne des im Sommer 2002 von seinem Vorstandsvorsitz entlassenen Unternehmensgründers *Gerhard Schmid* hierdurch gänzlich aufgegeben werden mußten.[159] Deutlich wird, daß die Kooperation insbesondere an der mangelnden vertraglichen Ausgestaltung über Rechte und Pflichten der Kooperationspartner scheiterte. Darüber hinaus ist das Scheitern der Kooperation aber auch auf kulturelle Grabenkämpfe zwischen dem konservativen französischen Staatskonzern und dem eloquenten Mobilcom-Gründer *Schmid* zurückzuführen.

Das Scheitern der Kooperation hätte dabei durch eine heuristische Vorgehensweise beider Unternehmen bereits im Anbahnungsprozeß der Kooperation möglicherweise verhindert werden können. So sollte generell entsprechend der Wettbewerbsstrategie und den Vorgaben der übergeordneten Unternehmensstrategie zunächst eine Liste mit geeigneten Kandidaten erstellt werden. Dabei ist grundsätzlich die Ausrichtung auf Spitzenleistungen anzustreben, so daß nur solche Partner in Frage kommen sollten, die die besten in der Ausführung ihrer Kernkompetenzen sind, da nur so das am Markt angebotene Systemprodukt qualitativ besser als die Konkurrenzprodukte sein kann. Entsprechend trägt eine gute Reputation eines Unternehmens dazu bei, die Unsicherheit der Partnerauswahl zu schmälern, da beispielsweise durch Marktkenntnisse des Verlages, persönliche Kontakte zu einem potentiellen Kooperationspartner und/oder Veröffentlichungen bereits im Vorfeld Schlüsse auf das spätere Kooperations-verhalten möglich sind.[160] Sollten dann im operativen Geschäft wider Erwarten Fehler oder Unregelmäßigkeiten auftreten, ist es in einem solchen Fall wahrscheinlicher, daß diese eher aus Unwissenheit oder mangelnder Sorgfalt einzelner Mitarbeiter denn aus opportunistischen Motiven heraus entstanden sind.

In einem nächsten Schritt ist eine *Due Diligence* im Hinblick auf den angestrebten Kooperationspartner durchzuführen, die sich als fortlaufender Prozeß von der ersten Kontaktaufnahme bis zur schriftlichen Fixierung eines Kooperationsabkommens erstrecken sollte.[161] Dabei ist die Due Diligence ursprünglich ein Element des Unternehmenskaufs und bezeichnet die rechtliche, finanzielle und steuerliche Überprüfung einer Gesellschaft durch Einsichtnahme in interne Unterlagen, um so zusätzliche Informationen zu gewinnen, die die Kosten und Risiken

157 Vgl. *Diebold* (2002), S. 35.

158 Vgl. beispielsweise online *Schwarzer/Gribnitz* (2002).

159 Stand: Oktober 2002.

160 Vgl. *Jones/Hesterly/Borgatti* (1997), S. 932 f.

161 Vgl. *Diebold* (2002), S. 81.

einer Akquisition beeinflussen könnten.[162] Während eine derartige Due Diligence zwar für die Auswahl eines langfristigen Partners grundsätzlich wünschenswert, aber in der Praxis aufgrund der hierbei notwendigen Offenlegung sensitiver Geschäftsdaten kaum denkbar ist, reduziert sich das Verfahren entsprechend auf die kontinuierliche Zusammenstellung von Informationen im Anbahnungs- und Vereinbarungsprozeß der Kooperation. Interne, d. h. nicht über sonstige Quellen zu beziehende Informationen, können sowohl durch Erfassung und Aggregation von Informationen aus Kooperationsgesprächen als auch durch eine dem Kooperationspartner zu übersendende und auszufüllende Check-Liste gewonnen werden. Diese kommt einem Fragebogen gleich, in dem beispielsweise Angaben zu Unternehmensstrategie und Wettbewerbsstrategien, der Aufbau- und Ablauforganisation des Unternehmens und den wichtigsten Kunden und Lieferanten gemacht werden. Hieraus lassen sich dann möglicherweise generelle Schlüsse ziehen, ob das Unternehmen rein strategisch zum Verlag paßt und ein Nutzen für beide Partner durch ein Kooperationsabkommen generiert werden kann (Win-Win-Situation). Der Verlag selbst muß dementsprechend den Geschäftsfeldern unternehmensstrategische Rahmenbedingungen zur Ausgestaltung der Partnerstrategie vorgeben. So ist beispielsweise festzulegen, ob die Mehrfachverwendung oder aber die Wahrung der Exklusivität von Inhalten forciert werden sollte. Daraufhin könnte ein mögliches strategisches Geschäftsfeld UMTS eines Verlages dann eine Auswahl aus den mit Inhalten zu beliefernden UMTS-Lizenzinhabern treffen. Wird vom Verlag die Wahrung der Exklusivität des Content und ein Maximum an Sicherheit hinsichtlich des späteren Markterfolgs angestrebt, so bietet sich im angesprochenen Beispiel ein Exklusivvertrag als Content-Lieferant mit den Marktführern D1 Telekom und D2 Vodafone an. Nachteil ist hier, daß sehr wahrscheinlich die höheren Machtpotentiale aufgrund des hohen vorhandenen Kundenstamms der etablierten UMTS-Lizenznehmer auf der Seite der Mobilfunkunternehmen liegen. Demgegenüber sind die kleineren Anbieter zur notwendigen Kundenakquisition noch auf exklusive Content-Lieferanten für Dienste angewiesen, so daß in diesem Fall ein Verlag mehr Verhandlungsmacht besitzt, gleichzeitig jedoch ein mögliches Scheitern des UMTS-Lizenznehmers einkalkulieren muß, wie dies im Falle von Quam und Mobilcom bereits deutlich wurde. Abgesehen davon ist jedoch anzuführen, daß gerade in der mobilen Welt eine absolute Exklusivität von Content nicht möglich erscheint, da es unwahrscheinlich ist, daß ein Mobilfunkkunde wegen eines exklusiven Content-Dienstes zu einem anderen Netzbetreiber wechselt. Dies bedeutet jedoch zwangsläufig, daß mit Abschluß eines exklusiven Content-Vertrages beispielsweise bei nur einem Netzbetreiber von vornherein das Potential an erreichbaren Mobilfunkkunden eingeschränkt wird.

Jedoch ist der beschriebene strategische Blickwinkel nur eine Komponente, die im Rahmen der Partnerwahl eine Rolle spielen sollte. Die zweite, ebenso wichtige, aber oftmals total vernachlässigte Komponente beleuchtet operative Aspekte, richtet also den Blick auf die eigentliche, tägliche Zusammenarbeit der Kooperationspartner. Diese sollte maßgeblich bestimmt sein von *Vertrauen*, welches der zentrale Koordinationsmechanismus einer jeden Kooperation ist.[163] So liegt auf der Hand, daß niemals alle Eventualitäten des Tagesgeschäftes vertraglich abgesichert werden können, so daß sich eine Partnerschaft stets auf unsichere Prämissen stützt. Vertrauen bedeutet in diesem Zusammenhang, einen größeren Handlungsspielraum zu haben,[164] da beispielsweise weniger Ressourcen für die Kontrolle des Verhaltens des Kooperationspartners aufgewendet werden müssen, was sich damit gleichzeitig positiv auf die Transaktionsatmosphäre auswirkt. Insofern sollte im Rahmen der Due Diligence die sogenannte *Cultural Due Diligence* einen integralen Bestandteil des Verfahrens bilden. Hierbei liegt der

---

162 Vgl. *Harrer* (2001), S. 3.

163 Vgl. *Sydow* (2000), S. 264 ff.

164 Vgl. *Luhmann* (1987), S. 180.

Fokus nicht mehr auf den sichtbaren Marktanalysen, Finanzkennzahlen und Strategiepapieren, sondern vielmehr auf den unsichtbaren „soft facts". Entsprechend gilt es zu überprüfen, ob die potentiellen Kooperationspartner ein gemeinsames Werteverständnis offenbaren, das Grundvoraussetzung für eine breite Vertrauensbasis ist. Hierbei kommt es natürlich ganz entscheidend auf die Intuition der in der Partnerauswahl involvierten Führungskräfte an, wobei eine gezielte Kulturdiagnose des betrachteten Unternehmens den analytischen Mittelpunkt der Cultural Due Diligence bilden sollte.[165] Dabei ist zunächst Klarheit über die eigene Unternehmenskultur zu erzielen, so daß ein direkter Vergleich mit der Unternehmenskultur des potentiellen Kooperationspartners möglich ist. Der Begriff der Unternehmenskultur steht in diesem Zusammenhang für die Gesamtheit aller in einer Unternehmung vorherrschenden Grundannahmen, Wertvorstellungen und Verhaltensnormen, die das Verhalten und die Einstellungen aller Mitarbeiter und somit alle sichtbaren Entscheidungen sowie das Erscheinungsbild des Unternehmens prägen.[166] Da die Mitarbeiter stets Kulturträger eines Unternehmens sind, ist es zur Erfassung kultureller Aspekte von zentraler Bedeutung, Informationen von innen über die Empfindungen und Eindrücke von Mitarbeitern bezüglich des Unternehmens und von außen über die Empfindungen und Eindrücke von Kunden, Lieferanten und anderen Interessengruppen des Unternehmens einzuholen. Dies gilt sowohl für den Verlag im Rahmen der Diagnose der eigenen Unternehmenskultur als auch für die Analyse der Unternehmenskultur des potentiellen Kooperationspartners. Während jedoch die Mitarbeiterbefragung ein grundlegendes Kulturanalyseinstrument im Verlag ist, dürfte der Schwerpunkt der Identifikation der Unternehmenskultur von Partnern auf der Analyse von Texten, wie Firmenbroschüren und Geschäftsberichten, auf der Befragung wichtiger Kunden des Unternehmens sowie auf gezielten Kultur-Audits im Rahmen der Kooperationsgespräche liegen.

Die verschiedenen in der Due Diligence zusammengetragenen Informationen sollten dann innerhalb einer SWOT[167]-Analyse verdichtet werden, die im Rahmen der internen Sondierungsgespräche eine hilfreiche Entscheidungsgrundlage zur Auswahl der Kooperationspartner darstellen kann. Dabei visualisiert Abbildung 81 beispielhaft eine SWOT-Analyse, die aus Verlagssicht für einen Mobilfunkbetreiber als potentiellen Kooperationspartner zum Vertrieb von Medieninhalten in der mobilen Welt durchgeführt werden könnte.

165 Vgl. *BICKMANN/ROHDE* (2001), S. 21 ff.

166 Vgl. *ROLLBERG* (1996), S. 42 ff., sowie hierzu ausführlich Abschnitt 5.3.2, S. 229 ff.

167 SWOT = Strenghts, Weaknesses, Opportunities, Threats.

Strengths	Weaknesses
• Hoher Kundenstamm/Marktanteil • Hohe Bonität • Etablierte und bekannte Mobilfunkmarke • Hohes Kooperationsinteresse • Dynamische Unternehmenskultur	• Vergütungsmodell standardisiert und eher unattraktiv • Wenig erlaubte Freiheitsgrade bei der Einbettung von Formaten im mobilen Portal • Viele Schnittstellen bei IT-Systemen
Opportunities	**Threats**
• Hohe Finanzkraft verspricht auch umfassende Vermarktung der UMTS-Dienste • Thematische Exklusivität im Portal verspricht bei Marktakzeptanz hohe Umsätze mit Content-Dienst, auch bei niedrigen Vergütungen	• Keine vertragliche Absicherung zur Wahrung der thematischen Exklusivität des Content möglich, daher Bedrohung durch Konkurrenzangebote

Abbildung 81: Beispielhafte SWOT-Analyse aus Verlagssicht zur Beurteilung eines Mobilfunkproviders

Anzuführen bleibt, daß in praxi eine solche Vorgehensweise zur Partnerauswahl bisher kaum verbreitet ist. Dies bedeutet jedoch nicht, daß das beschriebene Auswahlprozedere rein theoretischer Natur ist und keine Praxisrelevanz aufweist. Das Gegenteil ist der Fall, denn auch die Unternehmen selbst erkennen zunehmend, daß unstrukturierte und schnell geschlossene Kooperationsabkommen sich in aller Regel als schwerwiegender Geburtsfehler erweisen, der häufig zu späteren Suboptima im operativen Geschäft führt bzw. den Fortbestand der gesamten Kooperation in Frage stellt.[168]

Sind die ersten Anbahnungsverhandlungen positiv abgeschlossen worden, d. h. wurde von beiden Seiten ein direktes Kooperationsinteresse bekundet, so beginnt im nächsten Schritt die detaillierte Ausgestaltung der Rechte und Pflichten der Kooperationspartner in Kooperationsverhandlungen, die letztlich mit der schriftlichen Fixierung im Rahmen eines Kooperationsvertrages abgeschlossen werden.

5.2.2.1.2.2 Kooperationsverhandlungen und Kooperationsvertrag

Im Rahmen der Kooperationsverhandlungen gilt es zunächst, Einigkeit über die genauen strategischen Ziele der Kooperation zu erlangen, wobei die Zielfestlegung der „SMART-Regel“ folgen sollte:

- Specific: Die Ziele müssen spezifisch und unmißverständlich formuliert sein, so daß beide Kooperationspartner mit Beginn der Kooperation auf ein klares Ziel zuarbeiten können.
- Measurable: Die Ziele sollten meßbar sein, was sich jedoch nicht nur auf den finanziellen Erfolg der Kooperation beziehen sollte, wie dies meistens der Fall ist. Vielmehr sind auch qualitative Kennzahlen zu erheben, die einen Aufschluß über die Effektivität und Effizienz des kooperativen Weges zum Ziel geben, wie z. B. eine mögliche Erfassung

168 Vgl. *DIEBOLD* (2002), S. 32 ff.

von Mißverständnissen und Unstimmigkeiten im Kooperationsverlauf, die natürlich indirekt auch den finanziellen Erfolg der Kooperation beeinflussen (z. B. höhere Transaktionskosten).

- Ambitious: Die Ziele müssen ehrgeizig formuliert sein, so daß die Mitarbeiter der involvierten Unternehmen zu deren Erreichung motiviert und mobilisiert werden.
- Realistic: Die Ziele sollten jedoch stets realistisch sein, da beispielsweise viel zu hochgesteckte Ziele eher Widerstände der Mitarbeiter durch Überforderung hervorrufen.
- Time-based: Die Ziele müssen einen konkreten Zeitrahmen aufweisen. Dabei ist das Setzen von Meilensteinen sinnvoll, so daß nach Erreichung eines Ziels das nächste auf kooperativem Wege zu erreichende Ziel festzulegen ist. Anzuführen bleibt, daß gerade die Vorgabe eines (ehrgeizigen, aber realistischen) Zeitrahmens die Organisationen mobilisieren soll, da ohne Zeitdruck kein Handlungsdruck entsteht.

Ferner ist auch Einigkeit über die eigentliche Organisation der Kooperation zu erzielen. Dabei wird nachfolgend davon ausgegangen, daß der Verlag meistens auf Geschäftsfeldebene Kooperationen eingeht, die zwar schwerpunktmäßig langfristig ausgerichtet sind, aber durch genaue Vertragsgestaltung keine eigene Organisation erfordern. Eine Kooperation kann aber grundsätzlich auch mit dem Aufbau einer eigenen Organisationsstruktur verbunden sein, wobei sich hierzu mit dem Joint Venture die wohl bekannteste Ausgestaltungsform eröffnet. So ist das *Joint Venture* eine eigens für die Kooperation gegründete und rechtlich eigenständige Gesellschaft, in die die Kooperationspartner verschiedene Ressourcen einbringen und an der sie in der Regel zu gleichen Teilen beteiligt sind.[169] Joint Ventures finden sich vor allem bei technologisch hoch komplexen Aufgaben, die mit hohen finanziellen Belastungen verbunden sind, so z. B. beim Joint Venture SonyEricsson als Produzent von Mobiltelefonen. Aber auch in der konvergierenden Medienbranche ist diese kooperative Organisationsform vorzufinden, wobei das Joint Venture Bild.de, an dem der Axel Springer Verlag mit 63 Prozent und das Zugangsportal T-Online mit 37 Prozent beteiligt ist, das derzeit wohl bekannteste im digitalen Bereich ist.[170]

Neben dieser übergeordneten Frage zur Organisation der Kooperation sind aber vor allem rechtliche Detailfragen zu klären, die insbesondere folgende Fragestellungen umfassen:

- Wer trägt das wirtschaftliche Risiko gegenüber den Kunden?
- Wie erfolgt die Zuweisung von Gewinnen und Verlusten?
- Wer erfüllt die steuerlichen Pflichten?
- Wer sorgt für ausreichenden Versicherungsschutz?
- Wie ist die Haftung geregelt (gesamtschuldnerisch oder Haftungsbeschränkungen)?
- Wie erfolgt die projektbezogene Ausgliederung von Organisationsmitgliedern und Ressourcen?
- Wer hat das Weisungsrecht hinsichtlich der Aufgabenverteilung?

---

169 Vgl. PICOT/REICHWALD/WIGAND (2001), S. 308.

170 Vgl. Kapitel 6.4, S. 256 ff.

Gerade die letztgenannte Frage weist auch auf umfassenden Regelungsbedarf zum operativen Miteinander hin, also „wer was wann und wie macht".[171] Eine diesbezüglich eindeutige Ausgestaltung verspricht einen späteren Erfolg der Kooperation, da beispielsweise ungeklärte Detailfragen zu Zuständigkeiten der beteiligten Mitarbeiter im Tagesgeschäft zu Frustrationen und Reibungsverlusten führen können, wenn sich für bestimmte Aufgaben kein Ansprechpartner findet.

Die Kooperationsverhandlungen werden letztlich mit einem Kooperationsvertrag abgeschlossen, so daß die wesentlichen Ergebnisse schriftlich fixiert werden. Dabei ist es sinnvoll, den Kooperationsvertrag in einen rechtsverbindlichen Teil mit formalen Regelungen und einen informellen Teil mit operativen Leitlinien, also Informationen zu organisatorischen Rollen und grundsätzlichen Verhaltensregeln, aufzusplitten.[172] Dies hat zwei Vorteile: einerseits die rechtliche Absicherung der Kooperation, andererseits aber auch die Fixierung von verhaltensorientierten Rahmenbedingungen für das operative Geschäft. So ist Vertrauen zwar der zentrale Koordinationsmechanismus einer Kooperation, jedoch ist natürlich grundsätzliche Einigkeit darüber zu erzielen, was genau für die involvierten Unternehmen eigentlich ein vertrauensvolles Miteinander bedeutet.

5.2.2.1.2.3 Die Kooperation im operativen Geschäft

Da Management nicht nur Planung, sondern auch gleichzeitig Implementierung und Überwachung bedeutet, hört das Kooperationsmanagement auch nicht mit der Planung und schriftlichen Vereinbarung von Kooperationen auf. Vielmehr richtet sich der Blick nach dem Kooperationsvertrag auf die Beseitigung von Schnittstellen und die Anpassung der Organisationen. Dies sollte aufgrund der hohen Bedeutung von Kooperationen für den Markterfolg des Verlages in den digitalen Erlebniswelten institutionalisiert werden, indem in jeder Geschäftseinheit die organisatorische Rolle des *Cooperation Relationship Managers* (CR-Manager) geschaffen wird. Dabei nimmt der CR-Manager neben der Planung und dem Eingehen von Partnerschaften auch die Funktion als zentrale Koordinationsstelle für die Kommunikation zwischen den Partnern sowie die organisatorische Koordinierung partnerschaftlicher Prozesse wahr. Unterstützt werden könnte der CR-Manager von der bereits angeführten zentralen Stabsstelle Kooperationen, die als Service-Einheit den Geschäftsbereichen übergeordnet ist und z. B. durch Weitergabe von Kooperationserfahrungen anderer Geschäftseinheiten dem CR-Manager bei der Entwicklung von Bewertungskriterien für die einzelnen Kooperationen zur Seite steht. So sollte das Kooperationscontrolling ein kontinuierlicher Prozeß sein und nicht nur innerhalb eines jährlichen Reviews stattfinden.[173] Stattdessen gilt es, geeignete Kennzahlen zu finden, die hinreichend den Erfolg der Kooperation widerspiegeln. Dies sind zum einen konkrete Leistungsergebnisse, wie z. B. auf die Kooperation zurückzuführende Gewinn- oder Umsatzsteigerungen. Zum anderen sind aber auch Kennzahlen zur operativen Produktivität und zur Entspanntheit der Beziehung zu erheben. Dies könnte beispielsweise durch ein Messen von Prozeßabwicklungszeiten bzw. durch eine Relationship-Kennzahl, die auf Basis von Mitarbeiterbefragungen ermittelt wird, erreicht werden. Das Controlling von Kooperationen sollte auch in der übergeordneten Kooperationseinheit stattfinden, wobei hier analog zur Vorgehensweise in den einzelnen Geschäftseinheiten auch Kennzahlen zu erheben sind, die über die bloßen Leistungsergebnisse hinausgehen. So könnte eine Konsolidierung aller in den Geschäftsbereichen erhobenen Relationship-Kennzahlen Aufschluß über die angestrebte Fähigkeit des Metakompetenzenmanage-

[171] Vgl. *DIEBOLD* (2002), S. 90.

[172] Vgl. *DIEBOLD* (2002), S. 91.

[173] Vgl. *DIEBOLD* (2002), S. 103.

ments – des Managements eigener Kernkompetenzen und des Schließens von Kernkompetenzlücken durch geeignete Partner – geben.

Während die bisherigen Ausführungen lediglich das Kooperationsmanagement einzelner Partner beschreiben, ist nunmehr der Blick um das multilaterale Management von horizontalen, vertikalen und diagonalen Kooperationen zu erweitern, da die Erstellung von Systemprodukten eine Vielzahl unterschiedlicher Kompetenzen und damit auf Unternehmensebene die Integration einer Vielzahl unterschiedlicher Partner erfordert.

5.2.2.1.2.4 Wertschöpfungsnetzwerke als Ausgestaltungsform multilateraler Kooperationen

Aus dem Organisationsansatz der Konzentration auf eigene Kernkompetenzen und der aus der „Move to the Middle“-Tendenz resultierenden Leistungserstellung mit einer Vielzahl von Kooperationspartnern ergibt sich die Formation von Wertschöpfungsnetzwerken als typische organisatorische Ausgestaltungsform in der Medienbranche.[174] Insofern erweitert sich das Blickfeld des Verlages im Rahmen des Kooperationsmanagements auf die Planung, Implementierung und Überwachung von Wertschöpfungsnetzwerken, so daß das zuvor beschriebene Prozedere der Vertragsausgestaltung nunmehr multilateral zwischen den wichtigsten Wertschöpfungspartnern erfolgt bzw. zumindest die Vielzahl unilateraler Verträge zu synchronisieren ist. Die primäre Herausforderung liegt jedoch zunächst im Aufbau bzw. der Zusammensetzung eines Netzwerkes. So fehlen bislang differenzierte Empfehlungen für den Aufbau einer Führungsorganisation für Netzwerke, gleichzeitig ist dies jedoch notwendige Voraussetzung für ein effektives und effizientes Netzwerkmanagement.[175]

An einem Ende steht hier die Bildung eines hierarchischen Netzwerkes mit einem fokalen Unternehmen und seinen untergeordneten Wertschöpfungspartnern, ein Modell, das beispielsweise sehr häufig in der Automobilbranche vorzufinden ist.

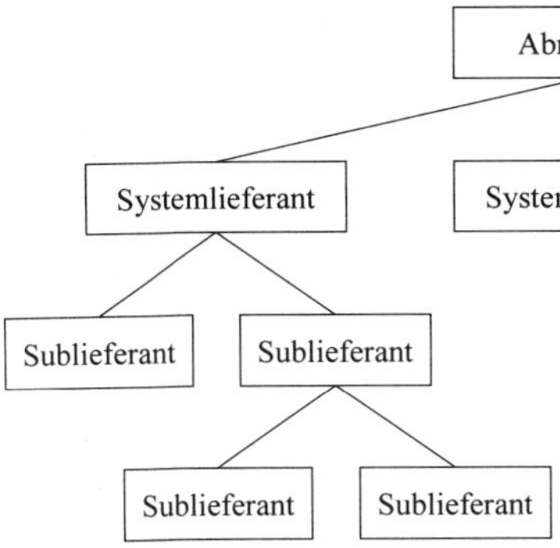

Abbildung 82: Zulieferhierarchien in der Automobilindustrie als typisches Beispiel für hierarchische Netzwerkbeziehungen[176]

Dabei zeichnen sich hierarchische Netzwerke weitgehend durch das Prinzip sequentieller Informationsverarbeitung aus, wobei ausgehend vom fokalen Unternehmen die Informationen

[174] Vgl. *Hacker* (1999), S. 160 ff., *Sydow/Wirth* (2000). S. 152 ff.

[175] Vgl. *Wohlgemuth/Hess* (2001), S. 72.

[176] Vgl. *Picot/Neuburger* (2000), S. 393.

stufenweise spezifiziert und weitergereicht werden.[177] Demgegenüber setzt sich am anderen Ende ein heterarchisches Netzwerk im Kern aus gleichberechtigten Partnern zusammen. Folglich ist hier vom Prinzip paralleler Informationsverarbeitung und verteilter Steuerung auszugehen.

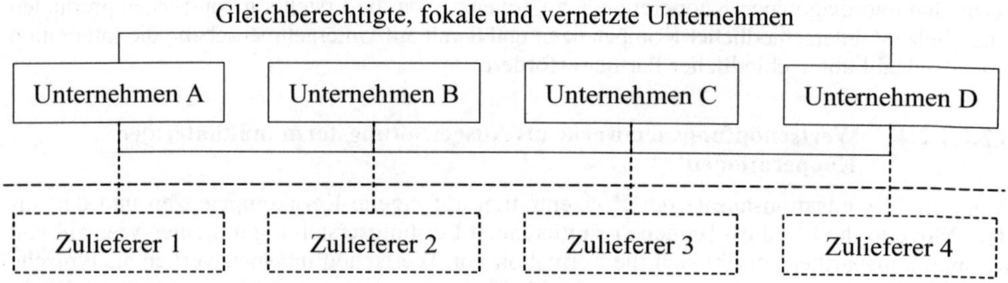

Abbildung 83: Beispiel für heterarchische Netzwerkbeziehungen

Es liegt nahe, daß beide dargestellten organisatorischen Extremformen zur Formation eines Netzwerkes in der konvergenten Medienbranche wenig praxisrelevant erscheinen. So reduziert ein hierarchisches Netzwerk durch sequentielle Informationsflüsse und exakt definierte Schnittstellen den hochkomplexen Handlungsraum der Multimedia-Branche und damit scheinbar die Handlungsunsicherheit und somit die Umweltkomplexität. Maßgeschneiderte bzw. individualisierte Produkte lassen sich jedoch nicht erstellen, wenn bereits ex ante das Organisationssystem gar nicht in der Lage ist, die für die Leistungserstellung notwendigen Informationen wirtschaftlich (Kosten), kompetent und kundennah (Qualität) sowie flexibel und schnell (Zeit) zu verarbeiten. Entsprechend des heterarchischen Prinzips fluktuierender hierarchischer Beziehungen sollten die an zentraler Stelle zu aggregierenden Informationen im Netzwerk bei der Informationsverarbeitung situationsspezifisch parallele und vernetzte Wege gehen dürfen, wobei Rückkopplungen von Informationen zum interaktiven Lernen zwischen den Partnern beitragen. Durch diese vielfältigen Interaktionsprozesse im Netzwerk ist es dann möglich, die Kognitionen der beteiligten Unternehmen synchronisieren und vernetzen zu können, wodurch ein hohes Potential an Selbsterneuerung und Effektivität freigesetzt wird, so daß die Eigenkomplexität im Handeln individuell und kollektiv steigt und dadurch die Umweltkomplexität adäquat beherrscht werden kann.[178] Dies bedeutet in praxi, daß eine Vielzahl von Aufgaben zwangsläufig Projektcharakter bekommt, so daß Kompetenz und Spezialisierung der Akteure auch situationsspezifisch genutzt werden können.[179]

Allerdings ist auch ein gänzlich heterarchisches Netzwerk in praxi kaum aufzubauen, da es viel wahrscheinlicher ist, daß sich aufgrund spezifischer Marktentwicklungen in den Erlebniswelten Unternehmen als fokale Akteure herausbilden, unter deren Dach das zentrale Netzwerkmanagement angesiedelt ist. Dies ist beispielsweise in der mobilen Welt der Fall, wo die Mobilfunkbetreiber gerade durch die derzeit noch höchsten Wertschöpfungsanteile (Wertschöpfungsstufe Zugang) die wesentlichsten Marktimpulse setzen. Dadurch fällt den Mobilfunkbetreibern die Rolle des Netzwerkmanagers für GPRS- und zukünftige UMTS-Dienste zu, wobei dies nicht gleichzusetzen ist mit einer hierarchischen Steuerung. Vielmehr hat das Netzwerkmanagement die Aufgabe, unter Beteiligung der wichtigsten Wertschöpfungspartner Ziel-

[177] Vgl. *BELLMANN* (2001), S. 38.

[178] Vgl. *BELLMANN* (2001), S. 41, sowie ausführlich Abschnitt 5.2.1.2.3, S. 152 ff.

[179] Vgl. *BELLMANN* (2001), S. 47 f., sowie ausführlich zum Projektmanagement Abschnitt 5.2.2.4, S. 204 f.

kongruenz zu erreichen, auf den gemeinsamen Zielen aufbauend die eigenen und von den Partnern eingebrachten Kernkompetenzen zu managen sowie kooperative Kernkompetenzen, die durch das interdependente Zusammenwirken von unternehmensübergreifenden Prozessen als Ergebnis der Kooperationen entstehen, im Sinne aller Netzwerkpartner zu kultivieren.[180] Hieraus wird deutlich, daß ein professionelles Netzwerkmanagement durchaus für ein Unternehmen in der Evolution eines Wertschöpfungsnetzwerkes zu einer weiteren Kernkompetenz werden kann, die Basis für die Entstehung von Wettbewerbsvorteilen gegenüber anderen Unternehmen oder Wertschöpfungsnetzwerken ist. Da eine solche Kompetenz einerseits nur durch gute partnerschaftliche Zusammenarbeit entsteht, andererseits aber letztlich allen Wertschöpfungspartnern zugute kommt, wird zugleich der klassische Kernkompetenzansatz erweitert vom Referenzsystem der Einzelunternehmung auf das gesamte Netzwerk, so daß die traditionell hierarchische Perspektive der bloßen temporären Nutzung von Kompetenzen der Kooperationspartner, oftmals mit dem Ziel der Aneignung oder Internalisierung dieser Kompetenzen, verlassen wird.[181] Daraus folgend ist nochmals explizit hervorzuheben, daß beim hier vorgestellten (erweiterten) Kernkompetenzansatz von der partnerschaftlichen Zusammenführung von Ressourcen (Komplementierer) zur gemeinschaftlichen und dauerhaften Entwicklung, Produktion und Vermarktung von Multimedia-Produkten ausgegangen wird, wobei das Netzwerkmanagement höchstwahrscheinlich in einem fokalen Unternehmen angesiedelt ist. Dabei kann ein Verlag durchaus ein solches beschriebenes fokales Unternehmen sein, was beispielsweise in der Erlebniswelt E-Business bei verlagseigenen Portalen oftmals der Fall ist. Weiterhin ist für den Verlag mittel- bis langfristig auch in der Erlebniswelt M-Business die Rolle des fokalen Unternehmens durch die prognostizierte Wertschöpfungsverschiebung zu Gunsten von Formaten möglich, was somit eine mögliche Rollenverschiebung der fokalen Akteure innerhalb von Wertschöpfungsnetzwerken verdeutlicht. Allerdings ist dies nur durch Netzwerkfähigkeit und die damit einhergehende Fähigkeit zum Metakompetenzenmanagement möglich, was nochmals unterstreicht, daß das Kooperationsmanagement nicht nur auf wettbewerbsstrategischer Ebene einzurichten ist, sondern daß vielmehr eine übergeordnete Koordinationsstelle auf unternehmensstrategischer Ebene zur Entwicklung der Netzwerkkompetenz benötigt wird.

Während die bisherigen Ausführungen zum Aufbau und zur Zusammensetzung von Wertschöpfungsnetzwerken den Schwerpunkt auf vertikale partnerschaftliche Beziehungen gelegt haben, die den Kern des Wertschöpfungsnetzwerkes bilden, ist ergänzend nochmals auf die hohe Bedeutung von horizontalen und diagonalen Partnerschaften für ein Multimedia-Wertschöpfungsnetzwerk hinzuweisen. So sind beispielsweise für einen Verlag durch die Konvergenz der Inhalte auch Partnerschaften mit TV-Sendern anzustreben, wobei hier gerade in der Erlebniswelt E-Business noch mittelfristig von einer Konkurrenzsituation ausgegangen werden kann. Eine kooperative Planung und Abstimmung von Ressourcen bedeutet aber auch zwangsläufig, daß einzelwirtschaftliche Suboptima mitunter hinzunehmen sind. Wird beispielsweise für ein konvergentes Medienangebot in der Erlebniswelt T-Business beschlossen, eine etablierte TV-Marke zu Gunsten einer Print-Marke zu stärken, so verzichtet der Verlag damit gleichzeitig auf die Etablierung seiner Marke auf der Plattform, kann aber dennoch als reiner Content-Lieferant davon profitieren. Darüber hinaus sind auch Wertschöpfungspartnerschaften mit Unternehmen jenseits der TIME-Branche, wie Banken, Handelsunternehmen und Automobilhersteller, einzugehen, um z. B. im Rahmen der beschriebenen Telematikdienste dem mobilen, autofahrenden Kunden adäquate Dienste anbieten zu können.

---

180 Vgl. *Duschek* (2001), S. 182 f.

181 Zur klassischen hierarchischen Sicht des Kernkompetenzansatzes vgl. *Duschek* (2001), S. 179 ff., sowie als Grundlage dieser Sichtweise *Hamel* (1991), S. 83 ff.

Aus der Vielzahl notwendiger Partnerschaften wird deutlich, daß ein Multimedia-Wertschöpfungsnetzwerk auch aus verschiedenen Sub-Netzwerken bestehen sollte, so daß beispielsweise die Geschäftseinheit eines Verlages der fokale Akteur für die Erstellung von Formaten ist, während übergeordnet ein Mobilfunkbetreiber als Abnehmer der Inhalte das gesamte Multimedia-Wertschöpfungsnetzwerk „M-Business" partnerschaftlich koordiniert. Nur durch die Bildung von derartigen selbstregulierenden Sub-Netzwerken kann letztlich das Gesamtsystem die notwendige Varietät für den späteren Markterfolg aufweisen, da natürlich beim zentralen Netzwerkmanagement auch nur die für die strategische Netzwerksteuerung erforderlichen Entscheidungen zu fällen sind und alle anderen Entscheidungen zur spezifischen Leistungserstellung bei den jeweiligen Partnern verbleiben sollten. Andererseits ist auch denkbar, daß sich ein temporäres, projektbezogenes Sub-Netzwerk bildet, in dem spezifische Anliegen gemeinsam mit den jeweiligen Partnern verfolgt werden. So könnte ein Verlag mit einem Endgerätehersteller zusammenarbeiten, um die geeignetsten Spezifikationen für die Darstellung von Formaten zu definieren. Das zentrale Netzwerkmanagement gibt dementsprechend im Sinne aller Wertschöpfungspartner nur einen zeitlichen und ggf. finanziellen Rahmen vor, während die eigentliche Projektkoordinierung zwischen den involvierten Partnern stattfindet.

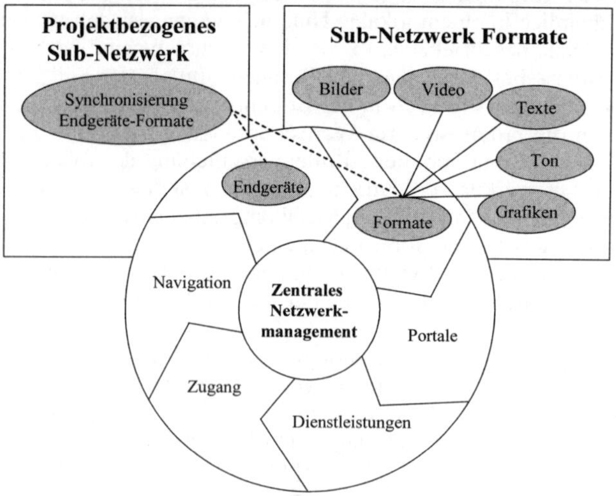

Abbildung 84: Zentrales Management des Multimedia-Wertschöpfungsnetzwerkes und Herausbildung selbstregulierender Sub-Netzwerke in den einzelnen Wertschöpfungsbereichen

Die mögliche und erwünschte flexible Herausbildung projektbezogener Sub-Netzwerke visualisiert letztlich auch, daß Branchengrenzen zunehmend obsolet werden (Converged Economy). Unabhängig davon bilden jedoch überwiegend vertikale Kooperationen im TIME-Sektor das Herzstück eines jeden Multmedia-Wertschöpfungsnetzwerkes. Für die Effektivität und Effizienz eines solchen Netzwerkes spielt dabei die Vertragsgestaltung zwischen den Kernunternehmen, die auf eine langfristige Partnerschaft abzielen, eine maßgebliche Rolle, so daß entsprechend der Ausführungen zu unilateralen Kooperationsvereinbarungen ein Netzwerkvertrag zwischen den wichtigsten Playern auszuarbeiten ist bzw. die bestehenden Kooperationsverträge zu synchronisieren sind. Dies gilt zumindest hinsichtlich der zu verfolgenden Ziele, da diese den ersten operativen Schritt der Netzwerkzusammenarbeit bilden. Gleichzeitig sind sie die Orientierungsgröße für die Bestimmung des Netzwerkerfolgs, mit dem sowohl für das eigene Unternehmen als auch für das gesamte Netzwerk der Nachweis der ökonomischen Vorteilhaftigkeit und damit die Zweckmäßigkeit der Zusammenarbeit im Netzwerkverbund belegt werden muß.[182] Wie bereits im Rahmen des Kooperationsmanagements angeführt, darf auch der Erfolg eines Netzwerkes nicht nur an monetären Zielgrößen bemessen werden. Gerade weiche Faktoren, beispielsweise hinsichtlich der Qualität der operativen Zusammenarbeit, spielen für den Erfolg des Netzwerkes eine große Rolle und können im Rahmen eines zu implementierenden unternehmensübergreifenden Controllingsystems auf Basis einer Balanced Scorecard systematisiert werden. Dieses Controllingsystem ist auch gleichzeitig integraler Bestandteil eines effektiven und effizienten Kooperationsmanagements und darf in seiner Bedeutung für das gesamte Netzwerk nicht unterschätzt werden, da dadurch die Planungs- und Steuerungskomplexität des Netzwerkes beherrscht werden kann.

5.2.2.2 Prozeßorientierung

Der klassischen Organisationstheorie folgend determiniert die Aufbau- die Ablauforganisation. Dies ist mithin problematisch, da ablauforganisatorische Aspekte erst dann berücksichtigt werden, wenn die aufbauorganisatorische Struktur definiert ist.[183] Dadurch ist eine Optimierung der betrieblichen Arbeitsabläufe nach zeitlichen, räumlichen und personellen Kriterien weitestgehend beraubt.[184] Ziel einer hier geforderten prozeßorientierten Verlagsorganisation ist es, den strukturellen Aufbau des Unternehmens an den betrieblichen Prozessen auszurichten, so daß letztlich die Aufbauorganisation durch die Bedingungen des Ablaufs determiniert ist. Dadurch werden Schnittstellen und Redundanzen vermieden bzw. relaxiert und folglich die Material-, Ressourcen- und Informationsflüsse hinsichtlich der strategischen Erfolgsfaktoren Kosten, Qualität und Zeit optimiert. Somit ist eine prozeßorientierte Organisation auch ein Instrument, das simultan die Ansätze des Lean, Total Quality und Time-based Management, die auch allesamt im MSCM verankert sind (Multierfolgsfaktororientierung), berücksichtigen kann.[185]

5.2.2.2.1 Grundlagen des Prozeßmanagements

Allgemein sind Prozesse durch die Abfolge von Aktivitäten gekennzeichnet, wobei eine Aktivität dabei als eine Erfüllung einer Aufgabe angesehen werden kann.[186] Ferner existiert zu jedem Prozeß ein Input, d. h. mindestens ein Objekt, das den Prozeßablauf initialisiert und im Prozeßverlauf eine Veränderung erfährt (Throughput). Dies ergibt schließlich den Output, d. h. mindestens ein Objekt, das ein Ergebnis des Transformationsablaufs darstellt und wiederum als Input für einen nachfolgenden Prozeß dient. Die Input- und Outputobjekte können dabei sowohl materieller als auch immaterieller und damit informationaler Art sein.[187]

Die Ausrichtung der Unternehmensstruktur an den betrieblichen Prozessen ist stets eine unternehmensindividuelle, arbeitsintensive und gleichzeitig kontinuierliche Aufgabe, da sich mit der dynamischen Umwelt auch die Verlagsorganisation stetig anpassen muß, was ein kontinuierliches Fine-Tuning der Prozesse impliziert. Ausgangspunkt der Geschäftsprozeßoptimierung könnte dabei das von *SCHEER* entwickelte ARIS[188]-Referenzmodell sein, das die Prozeß-

---

182 Vgl. *WOHLGEMUTH/HESS* (2001), S. 73.

183 Vgl. *KEUPER* (2001a), S. 30.

184 Vgl. *BOGASCHEWSKY/ROLLBERG* (1998), S. 195 f.

185 Vgl. *MEHL/HANS* (2001), S. 278.

186 Vgl. *HAUSER* (1996), S. 14.

187 Vgl. *KEUPER* (2001a), S. 31.

188 ARIS = Architektur integrierter Informationssysteme.

analyse und -modellierung sowie die computergestützte Implementierung und Überwachung integriert.[189]

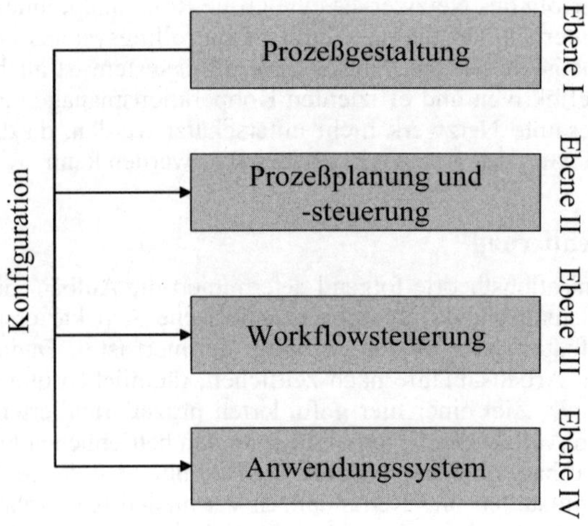

Abbildung 85: ARIS-Geschäftsprozeßmodellierung

Ausgangspunkt der Ebene I – Prozeßgestaltung – ist die Prozeßidentifikation und die Ausgrenzung singulärer Geschäftsprozesse. Dies trägt im Gegensatz zur deduktiven Vorgehensweise, die von allgemeingültigen Meta-Prozessen in allen Unternehmen ausgeht, dem Resource-based View (Ebene I) Rechnung, da hier die Prozesse als unternehmensspezifisch aufgrund der individuellen Situation eines Unternehmens und der Ausgestaltung der Unternehmensstrategie angesehen werden.[190] Hieraus wird deutlich, daß die Prozeßidentifikation auch gleichzeitig in der Lage ist, im Unternehmen verankerte Kernkompetenzen aufzudecken, so daß das Prozeßmanagement auch als integraler Bestandteil des Kernkompetenzmanagements angesehen werden kann.

Ziel dieser Identifikation sollte die damit einhergehende Initialzündung zur Schaffung einer weitestgehenden *Prozeßstrukturtransparenz* sein, d. h. die genaue Erfassung, Strukturierung und Darstellung von Arbeitsabläufen.[191] Während dies schwerpunktmäßig und detailliert innerhalb des Verlages erfolgen sollte, ist natürlich auch im Wertschöpfungsnetzwerk eine Prozeßstrukturtransparenz von Kernprozessen zu erzielen, so daß Schnittstellen zwischen den Wertschöpfungspartnern beseitigt oder relaxiert werden können.

Auf Grundlage der identifizierten Prozesse ist sodann eine *Prozeßstruktur* abzubilden, wobei es hier sinnvoll ist, die Prozesse hierarchisch in mehrere Ebenen zu zerlegen. So können Prozesse allgemein in Teilprozesse ausdifferenziert werden, die wiederum aus Prozeßsegmenten bestehen, welche ihrerseits aus Prozeßelementen, die letztlich auf Einzelaktivitäten basieren, gebildet werden.[192] Aus dieser Hierarchisierung heraus ist es nun möglich, ein Reengineering,

---

189 Vgl. *SCHEER* (1998).

190 Vgl. *KEUPER* (2001a), S. 219.

191 Vgl. *SCHOLZ/VROHLINGS* (1994), S. 39.

192 Vgl. *KEUPER* (2001a), S. 224.

d. h. eine Umgestaltung der Prozesse einzuleiten, da durch die Darstellung der logischen und zeitlichen Sequenzen kritische Bereiche aufgespürt und Schwachstellen eliminiert werden können.[193] Dabei geht es im Rahmen der *Prozeßdekomposition* vor allem darum, eine für alle involvierten organisatorischen Einheiten sinnvolle Reihenfolge von Prozeßelementen zu definieren. Dies erfordert natürlich eine *Zeitanalyse*, da bestimmte Prozeßelemente Vorrangbeziehungen aufweisen, wobei sich zu deren Visualisierung insbesondere die *Netzplantechnik*[194] als allgemein geeignetes Hilfsmittel zur Darstellung von Ablaufstrukturen erweist.[195]

Im Rahmen der daran anschließenden *Prozeßsynthese* sind die vorstrukturierten Prozesse, Teilprozesse, Prozeßsegmente und -elemente sowie Einzelaktivitäten zusammenzufassen. Dabei ist für einen Verlag gerade der personale Aspekt von herausragender Bedeutung, da dieser der Frage nachgeht, ob Prozesse oder Teilprozesse von sich selbst organisierenden Gruppen eigenverantwortlich zu regeln sind oder ob dies besser durch (zentral) koordinierte einzelne Mitarbeiter zu erfolgen hat. Ferner besteht die Möglichkeit, dem Prozeßverantwortlichen ein Prozeßteam zuzuweisen. In diesem Fall obliegt dem Prozeßteam – beispielsweise einer Zeitungsredaktion – die eigentliche Prozeßverantwortung, während der Prozeßverantwortliche – im angeführten Beispiel der Chefredakteur – direkt der Unternehmensleitung unterstellt ist. Dabei ist anzuführen, daß grundsätzlich Aufgabenanforderung und Qualifikation der jeweiligen Stelleninhaber möglichst genau übereinstimmen müssen, da der personale Aspekt für jede Prozeßoptimierung von entscheidender Bedeutung ist und somit das fachliche und soziale Qualitätsniveau der involvierten Mitarbeiter maßgeblich die Qualität der Prozesse beeinflußt.

Aufbauend auf dem umgestalteten Prozeß wird in Ebene II des ARIS-Referenzmodells der spezifische Prozeß geplant und gesteuert. Dabei ist offenkundig, daß für jeden Prozeßinhaber sinnvolle Prozeßkennzahlen zu definieren sind, die eine zielgerichtete Planung und ein Monitoring des jeweiligen Prozesses überhaupt erst ermöglichen. So ist jeder Prozeß – selbst im kreativen Bereich eines Verlages – in irgendeiner Weise meßbar, so daß die Performance eines Prozesses durch Ausprägungen der strategischen Erfolgsfaktoren Kosten, Qualität und Zeit bestimmt wird. Gelingt es, durch Festlegen geeigneter Kennzahlen in den Geschäfts- und Funktionsbereichen des Verlages sowie interbetrieblich im Wertschöpfungsnetzwerk die Kernprozesse respektive die Meta-Prozesse zu messen und zu evaluieren, so wird dadurch eine kontinuierliche Prozeßverbesserung möglich, da durch die Performance-Messung der Prozesse Schwachstellen aufgedeckt und Maßnahmen ergriffen werden können. Dies verdeutlicht auch die Verknüpfung der einzelnen Ebenen des ARIS-Referenzmodells, da im beschriebenen Beispiel Informationen über die Effektivität und Effizienz der laufenden Prozesse aus Ebene II eine Anpassung der Prozesse in Ebene I anstoßen. Weiterhin ist anzuführen, daß beispielsweise durch die Erfassung von Prozeßkosten und Kundenzufriedenheit als mögliche Prozeßkennzahlen damit gleichzeitig relevante Werttreiber erfaßt werden, so daß auch Wertschöpfungsanalysen schneller möglich sind.

Die Ebene III – Workflowsteuerung – ist für die daraus abzuleitende Gestaltung von Informationssystemen besonders relevant, da hierdurch die modifizierten Geschäftsprozesse arbeitsplatz- und abteilungsübergreifend abgebildet werden. Dadurch ist es z. B. möglich, daß auf Abruf an jedem beteiligten Arbeitsplatz das zu bearbeitende Dokument, die damit auszuführenden Tätigkeiten und die anschließend erforderlichen Maßnahmen (Weiterleitung an die nächsthöhere Instanz etc.) sowie alle weiteren für die Bearbeitung benötigten Unterlagen

---

193 Vgl. SCHOLZ/VROHLINGS (1994), S. 41.

194 Zur Netzplantechnik vgl. ausführlich ALTROGGE (1996).

195 Vgl. BOGASCHEWSKY/ROLLBERG (1998), S. 223.

(Qualitätsvorgaben, Recherchematerial, Verträge) am Bildschirm angezeigt werden.[196] Abbildung 86 stellt dabei beispielhaft einen Redaktions-Workflow heraus.

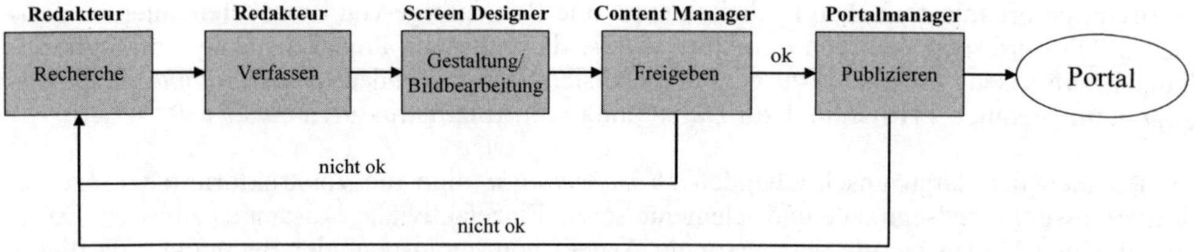

Abbildung 86: Workflow im redaktionellen Bereich eines Verlages

In Ebene IV werden schließlich die zu den Arbeitsplätzen transportierten Dokumente konkret bearbeitet, also die Funktionen der Geschäftsprozesse ausgeführt.[197] Dazu werden computergestützte Anwendungssysteme von Redaktionssystemen im kreativen Bereich bis hin zu komplexen Standardsoftwaremodulen für den kaufmännischen Bereich, wie beispielsweise SAP R/3, eingesetzt. Insofern berücksichtigt das ARIS-Referenzmodell explizit die notwendige informationstechnologische Einbettung der definierten Prozesse respektive Workflows, so daß offenkundig die Implementierung moderner Informationstechnologie eine notwendige Voraussetzung der geforderten Prozeßorientierung ist und somit ein wesentliches Erfolgspotential darstellt.

Deutlich wird, daß das Prozeßmanagement eine komplexe Aufgabe ist, wobei durch standardisierte Referenzmodelle wie ARIS eine heuristische Vorgehensweise zwar ermöglicht wird, jedoch die eigentliche Ausgestaltung stets unternehmensindividuell erfolgen muß. Deshalb können auch nachfolgend nur auf hoher aggregierter Ebene Gestaltungsempfehlungen für die prozeßorientierte Reorganisation von Verlagen gegeben werden.

5.2.2.2.2 Prozeßorientierte Reorganisation des Verlages

Im Rahmen der prozeßorientierten Reorganisation des Verlages gilt es zunächst eine Ist-Analyse zur Aufbauorganisation durchzuführen, da diese gerade im Medienbereich im Hinblick auf die Ausgestaltung der Ablauforganisation eine dominierende Stellung einnimmt.

Traditionell folgen Zeitungs- und Zeitschriftenverlage überwiegend einer Objektorientierung. Dies ist vor allem auf die Typologie der journalistischen Produktion zurückzuführen, die überwiegend unsichere Strukturen und Aufgaben mit wenig repetitivem Charakter umfaßt. Nach Erkenntnissen der betriebswirtschaftlichen Organisationstheorie benötigen solche Verrichtungen einen höheren Grad an notwendiger Handlungsautonomie, so daß die journalistische Produktion eher nach Titeln und innerhalb der Titel nach Ressorts als nach Verrichtungen aufgegliedert sein sollte.[198] Außerdem spricht für die Objektorganisation eine damit verbundene Delegation operativer Entscheidungen von der Verlagsleitung auf die Verantwortlichen des betreffenden Titels, so daß entsprechend der spezifischen Kundenbedürfnisse agiert werden kann. Innerhalb der betreffenden Objekte sind diese primär funktional nach der klassischen Rollenteilung von Redaktion, Anzeigenabwicklung und Marketing organisiert.

[196] Vgl. *STAHLKNECHT/HASENKAMP* (1997), S. 453.

[197] Vgl. *SCHEER* (1996), S. 9.

[198] Vgl. *HEINRICH* (2001), S. 174 f.

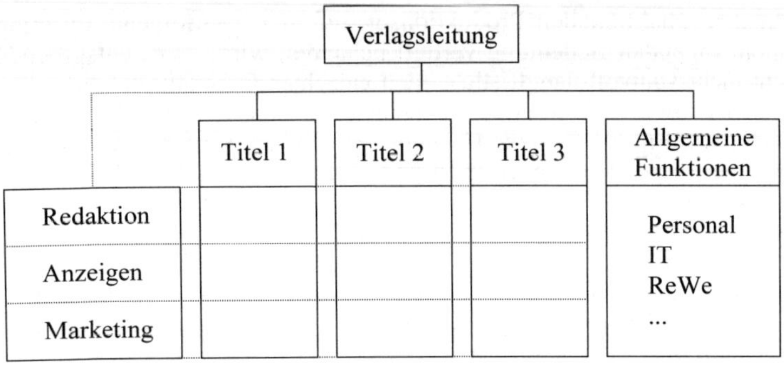

Abbildung 87: Typische traditionelle Aufbauorganisation eines Zeitungs- und Zeitschriftenverlages

Entsprechend der hohen Unsicherheit der journalistischen Produktion sollte die Objektorientierung auch zukünftig im Verlag verankert bleiben und dann gerade innerhalb der Objekte prozeßorientiert agiert werden. Allerdings stellt sich die Frage, wie die neuen Aktivitäten des Verlages in den digitalen Erlebniswelten in die bestehende Organisation integriert werden sollten. Dabei steht an einem Ende die Möglichkeit, Multimedia als eigenständigen neuen Geschäftsbereich in die Organisation zu integrieren, und am anderen Ende die Variante, Multimedia den bestehenden Geschäftseinheiten unterzuordnen.

Multimedia als eigenständigen Geschäftsbereich abzubilden, erscheint zunächst sinnvoll, da ein erwünschtes hohes Innovationstempo auch nur mit schlanken und schnellen Entscheidungsstrukturen innerhalb der Organisation erzielt werden kann, was bei Unterordnung in die verschiedenen traditionellen Geschäftsbereiche schwierig ist. So liegt die Entwicklungsdauer eines traditionellen Print-Produktes bei etwa drei Jahren, während in den digitalen Erlebniswelten – bedingt durch die teilweise bahnbrechenden Technologieschübe – ein Engagement binnen kurzer Zeit zu realisieren ist, um als First Mover oder Fast Follower neu entstandene Marktnischen zu besetzen. Ein eigenständiger Multimedia-Bereich könnte somit rein theoretisch ohne Auslösung von einschneidenden Konflikten in traditionellen Geschäftsbereichen Multimedia-Engagements planen und umsetzen. Allerdings besteht bei einer solchen Organisationsstruktur die maßgebliche Gefahr, daß die Multimedia-Aktivitäten nicht im gewünschten Maße innerhalb der Gesamtorganisation verinnerlicht werden. So können Barrieren zwischen der Multimedia-Einheit und den Print-Einheiten entstehen, was letztlich dazu führt, daß wünschenswerte Synergien zwischen den Einheiten ausbleiben und statt dessen womöglich sogar ein Konkurrenzverhältnis entsteht.[199] Daraus läßt sich schlußfolgern, daß trotz des zu Beginn zu erwartenden Konfliktpotentials die Multimedia-Aktivitäten den bestehenden Titeln untergeordnet werden sollten. So können die mit spezifischen Medieninhalten aufgebauten Marken durch das Know-how der erfahrenen Mitarbeiter effektiv und effizient in die digitalen Erlebniswelten transferiert werden. Außerdem kann sich langfristig das hohe Innovationstempo von Multimedia auch auf traditionelle Tätigkeiten in Form von Beschleunigungen des gesamten betrieblichen Leistungserstellungsprozesses auswirken, da durch die notwendige enge Zusammenarbeit von Mitarbeitern bei der Gestaltung des digitalen Angebotes viele Aktivitäten parallel statt wie bisher sequentiell ausgeführt werden müssen, um das Angebot zeiteffektiv zu gestalten.

---

[199] Vgl. MEHL/HANS (2001), S. 291.

Mit Bezug auf den redaktionellen Produktionsprozeß, der nachfolgend aufgrund seiner für den Verlag herausragenden Bedeutung vertieft behandelt wird, ist es entsprechend der Ausführungen nicht mehr sinnvoll, langfristig in den einzelnen Geschäftseinheiten zwischen einer Offline- und einer Online-Redaktion zu unterscheiden. Statt dessen sollte in jeder Geschäftseinheit eine integrierte Einheit *Content Management* gebildet werden, wobei Content Management die Menge der dispositiven, operativen und unterstützenden Aufgaben zur Bereitstellung von medialen Inhalten sowie die damit betrauten Stellen im Verlag umfaßt.[200] So ist zunächst die Planung eine *dispositive* Aufgabe, die im Verlag u. a. Fragen zu inhaltlichen Schwerpunkten und Umfängen, evtl. Fremdbezug von Inhalten sowie dem generellen Layout und Produktstrukturen zu klären hat. Darüber hinaus wird die Kontrolle – als dispositive Aufgabe – verstanden als zeitliche Überwachung des Bereitstellungsprozesses der Inhalte, so daß z. B. Inhaltebausteinen ein Status zugeordnet wird.[201] Den *operativen* Aufgaben wird die Recherchetätigkeit zugerechnet, wo Informationen aus internen und externen Archiven gesammelt, bewertet und ausgewählt werden. Daraufhin werden die Inhalte erstellt und dann zu einem Medienprodukt, das aus ein oder mehreren Inhaltebausteinen bestehen kann, gebündelt. Im Rahmen der Prüfung werden danach die Inhalte redigiert, d. h. von einem Lektor auf formale und inhaltliche Korrektheit durchgesehen. Eine weitere operative Aufgabe des Content Management ist die Gestaltung der Inhalte, also die Festlegung des Layouts. Letztlich können mit der Freigabe die Inhalte auf dem anvisierten Zielmedium publiziert werden. Dabei werden gleichzeitig die publizierten Inhalte durch Archivierung dauerhaft und geordnet gesammelt und stehen somit für erneute Recherchetätigkeiten und Mehrfachverwendungen zur Verfügung. Als zentrale *unterstützende* Aufgaben sind mithin aufgrund der großen Bedeutung von Informationstechnologien im journalistischen Produktionsprozeß gerade technische Serviceleistungen anzusehen.

Nachdem mit Hilfe der Aufgabenanalyse ein Überblick über die relevanten Teilaufgaben des Content Management geschaffen worden ist, werden nunmehr bei der Aufgabensynthese die ausgegliederten Teilaufgaben reintegriert, zu Stellen zusammengefaßt und Personen zur Aufgabenerfüllung übertragen. Ziel der Synthese ist es, die im Hinblick auf eine Erfüllung der Gesamtaufgabe optimale Gesamtteilaufgabe einer Stelle zuzuweisen.[202] Nachfolgend wird jedoch anstatt von Stellen von organisatorischen Rollen gesprochen, da diese im Gegensatz zur Stelle insofern flexibler sind, als ein Mitarbeiter auch mehrere Rollen gleichzeitig einnehmen kann.[203] Als unstreitig erweist sich in diesem Zusammenhang, daß im Verlag eine möglichst strikte Trennung von dispositiven, inhaltlichen, gestalterischen und technischen Belangen stattfinden sollte. Dementsprechend ergeben sich einige wesentliche organisatorische Rollen für den kreativen Bereich Content Management:[204]

---

200 Vgl. *RAWOLLE/HESS* (2001), S. 5 f.

201 Vgl. *RAWOLLE/HESS* (2001), S. 8.

202 Vgl. *KEUPER* (2001a), S. 30.

203 Vgl. *RAWOLLE/HESS* (2001), S. 10.

204 Vgl. *RAWOLLE/HESS* (2001), S. 10 f.

- Inhaltemanager, je nach Zielmedium auch Chefredakteur oder Content Manager genannt, sind weitestgehend im vorgestellten dispositiven Bereich tätig und planen und kontrollieren somit die Inhalte bzw. das generelle Layout.
- Inhalteerzeuger hingegen sind im operativen Bereich der Inhalteerstellung tätig und beschäftigen sich schwerpunktmäßig mit der Recherche, Erzeugung, Bearbeitung und Bündelung der Inhalte.
- Gestalter, im Druckbereich oftmals als Setzer oder Grafiker und in der digitalen Welt als Screen-Designer bezeichnet, sind für das mediengerechte Layout der Inhalte zuständig.
- Producer, im Print-Bereich auch Chef vom Dienst genannt, sind für den Schnittstellenbereich zwischen Kreation und Technik zuständig und schalten Inhalte technisch frei oder archivieren diese.
- Administratoren sind dem unterstützenden Bereich zuzuordnen und stehen entsprechend für die Wartung und Pflege der für die Inhaltebereitstellung notwendigen Hard- und Software zur Verfügung.

Zur Erweiterung des klassischen Analyse-Synthese-Konzepts um den Aspekt der Prozeßorientierung ist es wichtig, eine zeitliche Struktur der Leistungserstellung zu visualisieren. Hier wurde mit dem Content-Lifecycle ein generisches und stark vereinfachtes Prozeßmodell zur Bereitstellung von Inhalten entworfen, das als zentrales Referenzmodell für das gesamte Content Management angesehen werden kann. Anzuführen ist jedoch, daß in praxi das Modell in der hier dargestellten idealen Form nur selten anzutreffen ist und individuell auf Verlagsbedürfnisse angepaßt wird. Die spezifisch determinierten Workflows lassen aber stets sichtbare Verbindungen zum Referenzmodell erkennen.

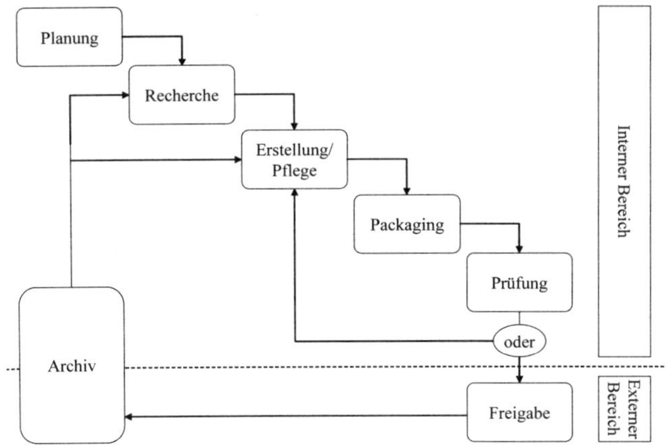

Abbildung 88: Der Content-Lifecycle

Wie eingangs erwähnt, ist eine Verschmelzung von Print- und Online-Redaktion in die kreative Einheit anzustreben. Entsprechend der vorgestellten Rollen und des Content-Lifecycle bedeutet dies jedoch nicht, daß die journalistische Produktion nun vollkommen medienträgerneutral erfolgen sollte. Dies wäre zwar aus betriebswirtschaftlicher Sicht wünschenswert, da somit enorme Kostenvorteile realisiert werden könnten, doch wird dieses sogenannte Single Sourcing ein theoretisches Konstrukt bleiben, was in praxi kaum durchsetzbar erscheint. Zu verschieden ist vielfach vom Konsumenten ausgehend die medienspezifische Nutzung der Inhalte. So zielt ein Zeitungs- oder Zeitschriftenartikel häufig darauf ab, beim Leser eine Spannungskurve vom

Anfang bis zum Ende des Artikels aufzubauen. Demgegenüber werden Inhalte in den digitalen Erlebniswelten schneller gelesen bzw. ein Lese-Zapping aufgrund der Hypertextualität unterstützt. Hieraus wird deutlich, daß die meisten Inhalte medienspezifisch aufbereitet werden müssen, was wiederum Spezialwissen und damit eine Arbeitsteilung im redaktionellen Bereich erfordert. Insofern geht es bei der Bildung der kreativen Einheit *Content Management* nicht darum, daß unter Berücksichtigung der organisatorischen Rollen die redaktionellen Aufgaben medienneutral wahrgenommen werden. Dies wird ohnehin nur in einigen spezifischen Teilbereichen möglich sein. Vielmehr sollen durch die vorgangsbezogene Definition der Aufbauorganisation Schnittstellen und damit Kommunikationshürden beseitigt werden. Dadurch sind dann organisatorisch die wesentlichen Voraussetzungen geschaffen, um Print-Titel und digitale Erlebniswelten miteinander zu verzahnen, so daß durch ein integriertes Medienangebot von Offline- und Online-Kanälen die Kundenbindung maßgeblich erhöht wird. Zudem eröffnet eine integrierte Redaktion auch Effizienzsteigerungen, da eine gemeinsame Kostenstelle im redaktionellen Bereich Kosten leichter auffängt. Dies wird beispielsweise anhand der Financial Times Deutschland deutlich, die eine integrierte Redaktion für alle Medienprodukte unterhält und so das Online-Angebot auch rein kostenrechnerisch als integralen Bestandteil des gesamten Geschäftsmodells betrachtet.[205]

Während die Ausführungen bisher den Schwerpunkt auf Content Management in den einzelnen Redaktionen gelegt haben, ist auch den Geschäftsbereichen übergeordnet eine Einheit Content Management zu bilden. Die Hauptaufgabe dieser Einheit liegt einerseits in der journalistischen Ressourcenentwicklung, beispielsweise der Konzeption von spezifischen Ausbildungsprogrammen für Journalismus in digitalen Kanälen, andererseits in der Beobachtung und Erschließung neuer Märkte, wie z. B. der Erlebniswelt T-Business. Ein weiterer Schwerpunkt der übergeordneten Einheit Content Management ist die Etablierung eines multikanalfähigen Content Management, d. h. die Ermöglichung eines Inhalte-Bundling aus unterschiedlichen Quellen, das zum einen die Effizienz der journalistischen Produktion in den Geschäftseinheiten erhöht, da beispielsweise durch standardisierte Datenformate der Inhalte-Austausch zwischen den Einheiten erleichtert wird und inhaltliche Synergien genutzt werden können. Zum anderen sollte aber auch eine kundenspezifische Bündelung von Inhalten aus verschiedenen Print-Geschäftseinheiten in den gewünschten Formaten ermöglicht werden, wobei hier natürlich Grenzen zu definieren sind, um nicht die verschiedenen Marken zu sehr zu verwässern. Anzuführen bleibt, daß ein solches multikanalfähiges Content Management insbesondere eine Harmonisierung von IT-Strukturen erfordert, was beispielsweise daran deutlich wird, daß der Axel Springer Verlag in den einzelnen Redaktionen über 30 verschiedene Content Management Systeme einsetzt.[206] Die Herstellung der Multikanalfähigkeit der vom Verlag produzierten Inhalte als unternehmensstrategische Aufgabe wird dabei anhand der Abbildung 89 mit Beispielen von Titeln aus dem Verlagshaus Gruner & Jahr visualisiert.

205 Vgl. Kapitel 6.1, S. 237 ff.

206 Vgl. BECKER/KÖHN (2002).

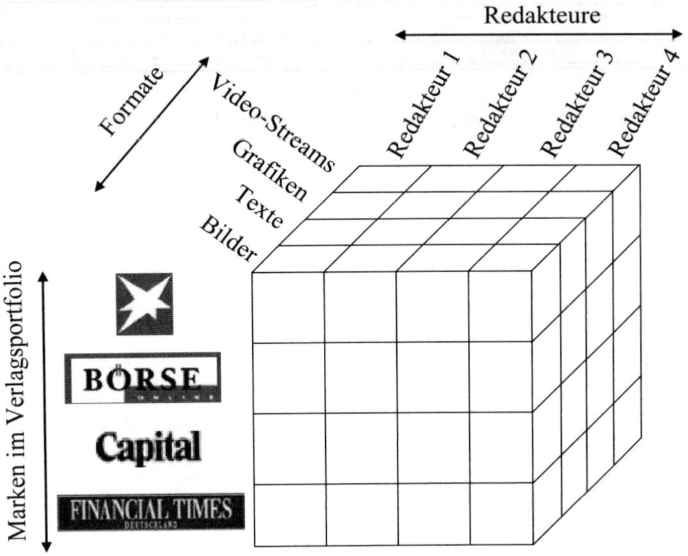

Abbildung 89: *Etablierung eines multikanalfähigen Content Management als unternehmensstrategische Aufgabe einer geschäftsbereichsübergreifenden Einheit Content Management*

Neben dem Bereich Content Management kommt letztlich im Rahmen der Reorganisation des Verlages einer in jedem Geschäftsbereich angesiedelten *Marketing-* und *Vertriebsabteiung* die Aufgabe zu, nicht mehr den gedruckten Titel, sondern die Marke über alle Medienträger hinweg beim Endkunden zu vermarkten sowie innovative crossmediale Anzeigen- und Werbekonzepte für Werbekunden zu entwickeln. Übergeordnet ist analog zur Einheit Content Management auch eine Einheit Marketing zu gründen, die als Think Tank für neue Anzeigen- und Werbekonzepte angesehen werden sollte. Hauptaufgabe sollte aber die Stärkung eines integrierten, d. h. titelübergreifenden Crossmedia Marketing sein. So kann gerade für Werbekunden mit großen Etats ein Mehrwert durch modulare Produktgestaltung geschaffen werden, d. h. entsprechend des Kampagnenziels und der anvisierten Zielgruppen des Werbekunden entwickelt die übergeordnete Marketing-Einheit eine Kampagne in den hierzu geeigneten Marken respektive Plattformen.[207]

[207] Vgl. *MÜLLER-KALTHOFF* (2002), S. 33.

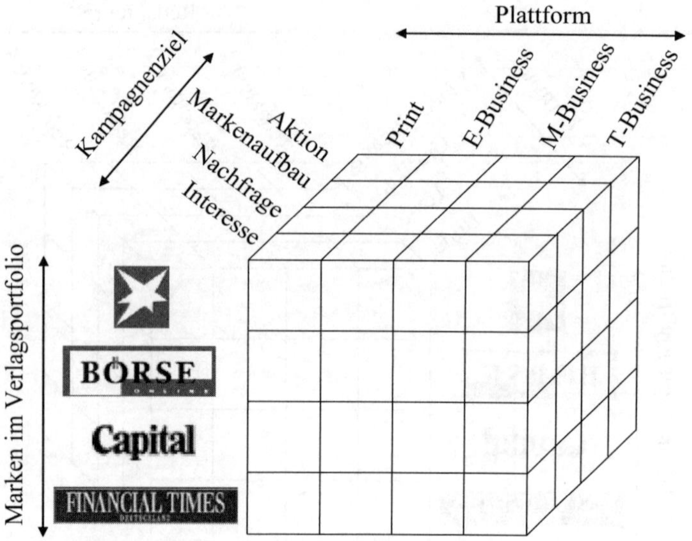

Abbildung 90: Titelübergreifendes Crossmedia-Marketing als unternehmensstrategische Aufgabe einer geschäftsbereichsübergreifenden Marketing-Einheit

Anzuführen bleibt, daß sowohl das multikanalfähige Content Management als auch das Crossmedia-Marketing mit der Beteiligung an Multimedia-Wertschöpfungsnetzwerken idealiter auf andere involvierte Medienunternehmen auszuweiten ist, so daß sich das Content-Angebot für einen Inhaltekunden nicht nur auf Print-Objekte beschränkt, sondern z. B. auch TV-Objekte im Inhalte-Portfolio verfügbar sind. Gleichzeitig ist dies auch vorteilhaft für Werbekunden, da integrierte Werbekonzepte „aus einer Hand“ entwickelt werden können, was die Kundenbindung entscheidend erhöhen kann. Dies wirft nochmals den Blick auf das bereits ausführlich erläuterte Kooperationsmanagement, bei dem zuvor ebenfalls eine Zweiteilung von geschäftsbereichspezifischen Kooperationsmanagern und einer übergeordneten Einheit, insbesondere zur Entwicklung des Metakompetenzenmanagements vorgesehen wurde. Insgesamt schließt sich damit der Kreis, indem drei wesentliche Kernprozesse für den Verlag auf Unternehmens- und Geschäftsbereichsebene dargestellt wurden, die sich in Form eines „House of Processes“ darstellen lassen. Dieses bildet eine „prozessual gestaltet Aufbauorganisation“ ab, wobei hierauf aufbauend das eigentliche Prozeßmanagement entsprechend des ARIS-Referenzmodells beginnt, das verlagsspezifisch erfolgen muß.

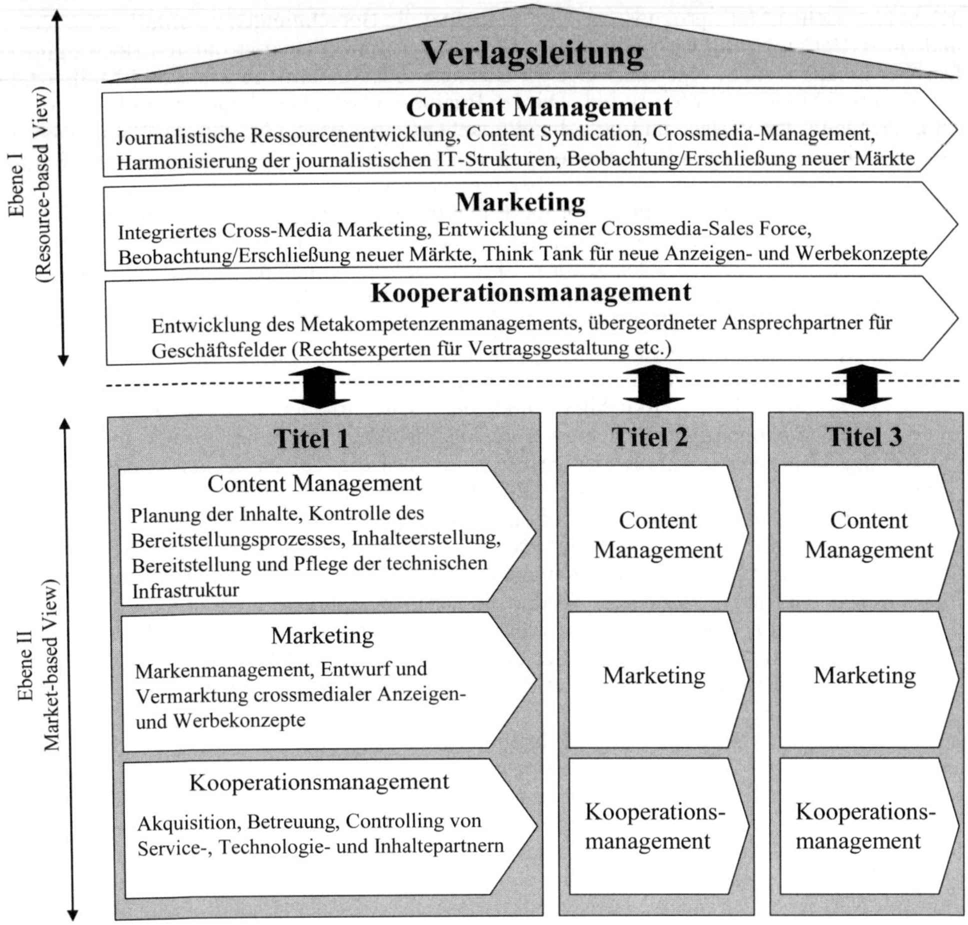

Abbildung 91: Mögliche „prozessual gestaltete Aufbauorganisation" eines multimedialen Verlages

5.2.2.3 Wertschöpfungsorientierung

Bei der Gestaltung der inter- und intrabetrieblichen Prozesse ist im Rahmen des MSCM eine Konzentration sowohl auf Effektivitäts- als auch auf Effizienzgesichtspunkte unabdingbar. Dies bedeutet im Rahmen der Wertschöpfungsorientierung, daß jede Geschäftsaktivität auf einer soliden finanziellen, inhaltlichen und zeitlichen Planung aufbaut (Business Case Management). Weiterhin gilt es für einen Verlag auch neben dem klassischen Erlösmix aus Content- und Werbeeinahmen neue Erlösquellen aufzubauen, wobei hier insbesondere die Integration von E-Commerce-Angeboten im Vordergrund steht.

5.2.2.3.1 Intra- und interorganisationales Business Case Management

Grundsätzlich sollte sich ein Verlag zusammen mit seinen Wertschöpfungspartnern vor einer jeden geschäftlichen Aktivität in einer der Erlebniswelten darüber im klaren sein, daß die dortige Verfolgung einer Differenzierungs- oder Hybridstrategie keine Selbstverwirklichung bedeutet, sondern auf einem soliden *Business Case* aufbauen muß. Ein solcher Business Case enthält neben klassischen Marktprognosen konkrete finanzielle Berechnungen zu anfallenden Kosten und unter Berücksichtigung realistischer Hypothesen und Szenarien auch Erlösprognosen. Darüber hinaus werden typischerweise im Business Case inhaltliche Ziele und Meilensteine zur Zielerreichung schriftlich fixiert. Da der Business Case einen hohen Detaillierungsgrad erfordert, kann der Verlag (und ggf. die Wertschöpfungspartner) bereits im Planungsprozeß Informationen gewinnen, welche Ressourcen von wem in welcher Höhe und wie lange durch das Engagement benötigt werden. Darüber hinaus dient der Business Case im Rahmen der Implementierung auch als Leitfaden für die Projektverantwortlichen. Dabei sollte der Business Case nicht als statisches Datum angesehen, sondern vielmehr nach Erreichung von Meilensteinen im Rahmen eines „Lessons-Learned-Prozesses" an veränderte interne und externe Bedingungen angepaßt werden. So können sich einige dem Business Case zugrundeliegende Annahmen im Zeitverlauf als falsch entpuppen, so daß die kontinuierliche Anpassung der Planungshypothesen im äußersten Fall sogar bewirken kann, daß das gesamte Engagement beendet wird. Ein rechtzeitiger Abbruch eines nicht mehr rentablen Projektes ist jedoch wesentlich besser, als aus Selbstverwirklichungs- und/oder Image-Gründen hieran festzuhalten. Gerade so grundlegende ökonomische Regeln, wie die, daß nach einem zeitlich überschaubaren Raum mit Anfangsverlusten die anfallenden Erlöse zumindest die Kosten decken müssen, wurden während des Booms der New Economy oftmals nicht berücksichtigt. So setzten viele Start-Ups, wie der Internet-Modeshop boo.com als ein Beispiel von vielen anderen Unternehmen, die Hoffnung auf die Auslösung positiver Netzwerkeffekte infolge millionenschwerer Marketing-Budgets. Dadurch sollte dann die zuvor skizzierte Anzeigen-Nutzer-Spirale beschleunigt (mehr Nutzer induzieren ein höheres Werbevolumen) sowie direkte Transaktionserlöse ermöglicht werden. Es ist fast überflüssig zu erwähnen, daß dies nur wenigen Unternehmen gelungen ist, wobei selbst Amazon.com als Pionier der New Economy erst Ende des Jahres 2001 zum ersten Mal in der Firmengeschichte einen mageren Gewinn verbuchen konnte.

Insofern dient ein Business Case nach der Implementierung der Geschäftsaktivität natürlich auch dazu, durch die zuvor genau festgelegten finanziellen und inhaltlichen Ziele detaillierte Kosten-Nutzen-Analysen durchführen zu können, die eine lernorientierte Basis für weitere Engagements darstellen. So sollte die Quintessenz aus früheren Verlags-Engagements in der Erlebniswelt E-Business sein, daß der produzierte Content grundsätzlich als ökonomisches Gut anzusehen ist. Die Entscheidung in den neunziger Jahren, die eigenen wertvollen Inhalte gratis ins Netz zu stellen, führte – wie bereits dargestellt – zu einer Gratis-Mentalität der Nutzer, unter der bis heute die meisten Content-Anbieter zu leiden haben. Mit Sicherheit wird es hier einige Zeit dauern, notwendige Payment-Modelle zu etablieren und dann den skizzierten Trend zumindest in Teilen wieder rückgängig zu machen, wobei der Erfolg solcher Modelle ganz entscheidend von der Exklusivität der angebotenen Medieninhalte abhängig sein wird. Die derzeitige Entwicklung in der mobilen Welt zeigt allerdings deutlich, daß sich die ökonomisch geprägte Sichtweise von Content-Diensten auch bei den Anbietern durchgesetzt hat und von den Kunden akzeptiert wird. Entsprechend haben sich der Verkauf von Klingeltönen und das Angebot von SMS-Diensten zu einem hochprofitablen Geschäft entwickelt.

Jedoch ist es ein gefährlicher Weg, den Erfolg von Multimedia-Engagements nur an tangiblen Kosten und Erlösen zu messen, wie dies bei der Verlagsgruppe Madsack durch die weitestgehende Schließung der Online-Angebote für Nicht-Abonnenten augenscheinlich wird. Online-Angebote haben oftmals – wie bereits erwähnt – positive Crossmedia-Effekte, indem Zeitungs- und Zeitschriftenmarken verjüngt und neue Abonnenten gewonnen werden, aber auch bestehende Offline-Kunden durch die Online-Angebote einen Zusatznutzen bekommen und somit an die Zeitung oder Zeitschrift gebunden werden.[208] Derartige Crossmedia-Effekte gilt es in jedem Fall zu erfassen, indem beispielsweise sozio-demographische Analysen zu Abonnenten, die über das Internet gewonnen wurden, angestellt werden. Stellt sich dann beispielsweise für eine Tageszeitung, die in der Regel Schwierigkeiten bei der Erreichung junger Leserschichten hat,[209] heraus, daß überwiegend jüngere Leser im Internet ein Abonnement bestellt haben, so sind hierdurch Rückschlüsse auf einen positiven ökonomischen Effekt des Multimedia-Angebotes möglich. Allerdings ist es auch Aufgabe der Marktforschung, evtl. Kannibalisierungseffekte durch Kundenbefragungen herauszufinden, wie dies z. B. vom Spiegel-Verlag vorangetrieben wurde. Dabei ist dem Ergebnis zu entnehmen, daß gerade ein identischer Auftritt eines Print-Objektes insbesondere bei seltenen Lesern Substitutionseffekte auslöste.[210] Insofern sind auf unternehmensstrategischer Ebene Richtlinien vorzugeben, die eine geschickte Verzahnung der Medien vorsehen, so daß der Online-Auftritt beispielsweise einen besonderen Service-und Ergänzungs-Charakter zum Print-Medium aufweist.

Business Case Management heißt für einen Verlag aber auch, genaue Abwägungen zur ökonomischen Sinnhaftigkeit der Content-Lieferung an digitale Kanäle zu treffen. Dabei entpuppen sich derzeit noch viele vermeintlich attraktive Rahmenvereinbarungen für digitale Datendienste von Mobilfunkbetreibern bei genauerer Analyse als unattraktiv für einen Content-Lieferanten. Dies wird insbesondere am Beispiel des im März 2002 gestarten i-Mode-Dienstes des Netzbetreibers E-Plus deutlich. Content Provider werden hier lediglich am Content-Umsatz beteiligt, während die Traffic- und Grundgebühren vollständig an den Netzbetreiber fließen. Zwar gelang es E-Plus dennoch, zahlreiche Content-Partner aus dem Verlagsbereich zu gewinnen, gleichwohl lehnt der Axel Springer Verlag das Erlösmodell komplett ab und beteiligt sich so mit keinem der vielen Verlagstitel am mobilen Portal.[211]

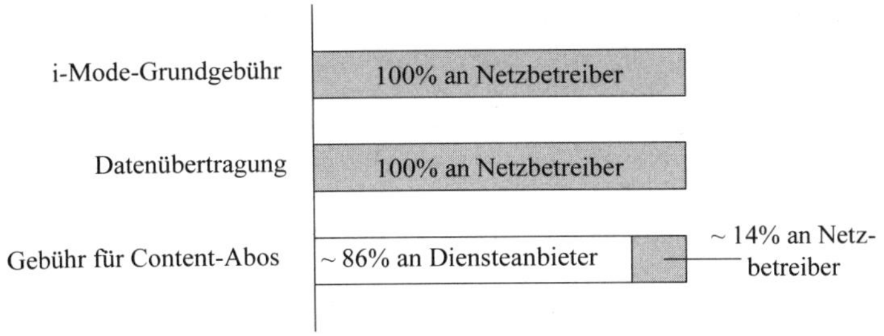

Abbildung 92: Erlösmodell des i-Mode-Portals[212]

Wertschöpfungsorientierung im Netzwerkverbund heißt daher, die einzelwirtschaftliche Betrachtung zu verlassen und sich am Gesamtoptimum des Multimedia-Wertschöpfungsnetzwerkes auszurichten. Im betrachteten Beispiel sind Netzbetreiber und Content Provider letztlich voneinander abhängig, so daß die Kooperationsvereinbarung auch ökonomisch gesehen für beide Partner eine Win-Win-Situation darstellen muß. Das Erlösmodell von i-Mode birgt

---

208 Vgl. Abschnitt 5.2.1.1.1, S. 134 ff.

209 Vgl. *o. V.* (2002a), S. 33.

210 Vgl. *Dierks* (2002), S. 124.

211 Vgl. *Becker/Köhn* (2002). Dem kann natürlich berechtigt entgegengehalten werden, daß die Netzbetreiber die milliardenschweren Investitionen in Netzinfrastruktur tätigen und folglich auf einen größeren Erlösanteil zur Amortisation der Netze angewiesen sind.

212 Vgl. *Becker/Köhn* (2002).

somit die Gefahr, daß die Content Provider aufgrund mangelnder Gewinnperspektive den Dienst als eine eher unbedeutende Erlösquelle ansehen und somit auch keine Investitionen in innovative Formate tätigen, was im Endeffekt die Attraktivität des gesamten Portals schmälert. Als positives Beispiel für den Netzwerkgedanken kann in diesem Zusammenhang die bereits erwähnte Applikationen-Entwicklung von Netzausrüstern für Netzbetreiber angeführt werden. Die Bereitstellung von Formaten, wie Spielen, Klingeltönen und Display-Logos, soll den Umsatz der Netzbetreiber mit Datendiensten beflügeln, wobei sich dies auch mittelbar auf die Nachfrage nach innovativen mobilen Endgeräten durchschlägt.[213] Gleichzeitig treibt Nokia als Netzausrüster die Standardisierung von Sendeanlagen für mobile Netze voran, so daß für den Netzbetreiber weniger Kosten durch geringeren notwendigen Programmieraufwand anfallen. Ähnlich wie auf der Kostenseite, bei der die Netzausrüster ein einzelwirtschaftliches Suboptimum in Kauf nehmen, um so wirtschaftliche Schwierigkeiten der Netzbetreiber auszugleichen, sollten auch die Erlöse zwischen den Wertschöpfungspartnern gerecht aufgeteilt werden. Opportunistisches und kurzfristig orientiertes Handeln gefährdet die Stabilität der Kooperation und schwächt letztlich das gesamte Wertschöpfungsnetzwerk.

Die Ausführungen unterstreichen wiederum den Bedarf an einem ausgefeilten intra- und interbetrieblichen Controlling-System, um ganzheitlich und flexibel reagieren und somit Erlöspotentiale abschöpfen bzw. Kostensenkungspotentiale realisieren zu können. Dabei dient einerseits ein strategisches Informationssystem dazu, den Aufbau, Erhalt und die Nutzung der Erfolgspotentiale zu überwachen, die die Chancen und Risiken des Unternehmens aus den Umwelt- und Marktbeziehungen sowie die Stärken und Schwächen im Unternehmen oder im Wertschöpfungsnetzwerk bezogen auf einen zeitlichen Horizont beschreiben. Andererseits befaßt sich das operative Controlling in dem von der Erfolgspotentialsteuerung des strategischen Controlling gegebenen Rahmen mit einer intra- und interunternehmensbezogenen Erfolgs- und Liquiditätsplanung,[214] wie dies durch die Formulierung von Business Cases als konkrete Planung zukünftiger Geschäftsaktivitäten gezeigt wurde.

Wertschöpfungsorientierung bedeutet weiterhin, neue und erfolgversprechende Erlösquellen konsequent zu erschließen. Neben den beiden Erlösquellen Werbung und Pay-per-Content eröffnet sich darüber hinaus durch die Vernetzung des Content mit Transaktionselementen – dem sogenannten Electronic Commerce (*E-Commerce*) – eine wachstumsträchtige zusätzliche Erlösquelle für den Verlag.

5.2.2.3.2 Nutzung von E-Commerce-Potentialen als innovative Erlösquelle

Zunächst ist anzuführen, daß der Begriff Electronic Commerce in Wissenschaft und Praxis sehr uneinheitlich verwendet wird, so daß eine präzise Definition für die weiteren Ausführungen notwendig erscheint. „Electronic Commerce im engeren Sinne ist ein markt- und handelsbezogener Begriff und bezeichnet die elektronisch realisierte Anbahnung, Vereinbarung und Abwicklung von ökonomischen Transaktionen zwischen Wirtschaftssubjekten über Computernetzwerke“[215]. Dabei bezieht sich der nachfolgend analysierte absatzseitige Electronic Commerce oder auch Electronic Marketing auf den elektronisch realisierten Verkauf von Unternehmensleistungen. Oftmals finden sich in diesem Zusammenhang auch noch begriffliche Differenzierungen nach der Art des elektronischen Endgerätes, über das die Transaktion abgewickelt wird. So wird der Begriff Electronic Commerce dann oftmals in praxi nur auf den

---

213 Vgl. online *KROSTA* (2002).

214 Vgl. *BÖNING-SPOHR/HESS* (2000a), S. 6.

215 *WAMSER* (2000), S. 6.

Verkauf von Unternehmensleistungen über den heute bekannten Internet-Zugang via Multimedia-PC reduziert. Mobile Commerce (*M-Commerce*) meint dementsprechend den Verkauf von Gütern und Dienstleistungen über Mobilfunkgeräte, während unter Television Commerce (T-Commerce) der bisher erst wenig realisierte Verkauf von Unternehmensleistungen über ein konvergentes Endgerät, das traditionelles Fernsehen und Internet-Applikationen miteinander vereint, subsumiert wird. Gleichwohl macht die zuvor genannte ausführliche Definition von Electronic Commerce deutlich, daß dieser grundsätzlich als übergeordneter Begriff anzusehen ist. Dies wird u. a. auch daran deutlich, daß Electronic Commerce im engeren Sinne nicht nur die Absatzseite umfaßt, sondern auch die Beschaffungsseite (E-Procurement), wo Leistungen auf dem Beschaffungsmarkt eines Unternehmens auf elektronischem Weg eingekauft werden. Beim Electronic Commerce im weiteren Sinne wird die bisher rein absatz- und beschaffungsseitige Perspektive auf die Gesamtunternehmensebene erweitert. Somit geht es darum, die verschiedenen unternehmensinternen und unternehmensübergreifenden Prozesse durch die innovative Nutzung von Computernetzwerken zu unterstützen. Electronic Commerce im weiteren Sinne wird hierbei auch unter dem in der Wirtschaftswelt häufig verwendeten Begriff *Electronic Business* (*E-Business*) subsumiert.

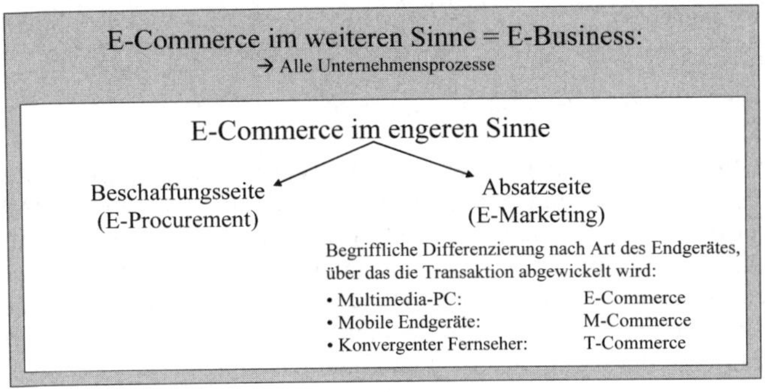

Abbildung 93: Begriffsabgrenzung des Electronic Commerce

Unter Berücksichtigung der vollzogenen begrifflichen Erläuterung des E-Commerce wird nachfolgend aus Vereinfachungsgründen hiermit nur die Absatzseite beschrieben. Insofern sind Pay-per-Content-Modelle als direkter E-Commerce anzusehen, da die Leistung auch direkt vom Verlag bzw. seinen Inhaltepartnern, die auf der gleichen Wertschöpfungsstufe angesiedelt sind, bereitgestellt wird. Indirekter E-Commerce kann sich hingegen dadurch zur erfolgsversprechenden Erlösquelle entwickeln, daß mit den dargebotenen Medieninhalten in den digitalen Erlebniswelten aufgrund der möglichen Interaktivität des Nutzers unmittelbare Transaktionen angestoßen werden können. Content ist also zentrales Sprungbrett zum E-Commerce, da durch attraktive Inhalte eine Nutzerschaft (Community) entstehen kann, die dann beispielsweise infolge eines redaktionellen Beitrags und passender Links zum Beitrag die Möglichkeit der Online-Produktbestellung hat. Die Leistung wird dann entweder im Falle digitalisierbarer Produkte direkt elektronisch übermittelt oder aber bei nicht digitalisierbaren Produkten mittels eines Logistik-Dienstleisters an den Kunden geschickt. Der Content-Anbieter generiert dabei mit jeder Produktbestellung Provisionserlöse vom entsprechenden E-Commerce-Partner (Revenue sharing). Dieses skizzierte Zusammenspiel der drei Komponenten Content, Community und Commerce klingt hier theoretisch zwar sehr plausibel, allerdings ist anzuführen, daß in praxi ein solches Modell sowohl organisatorisch als auch technisch eine Vielzahl von Vorbedingungen erfüllen muß, um beim Nutzer erfolgreich zu sein.

So ist grundsätzlich festzustellen, daß die Verbraucher beim E-Commerce wesentlich höhere Ansprüche als beim Offline-Kauf stellen, da die herkömmlichen Einkaufsformen eingeübt und weitgehend ritualisiert sind und der Online-Kauf bisher eher als Normabweichung angesehen wird.[216] Insofern gilt es für ein Multimedia-Wertschöpfungsnetzwerk, jeden einzelnen der nachfolgend erläuterten und nach den Markttransaktionsphasen aufgegliederten erfolgskritischen Prozesse des E-Commerce sicher zu beherrschen. Dies ist insbesondere für den Erstkauf ausschlaggebend, da dieser durch einen deutlich höheren Unsicherheitsgrad beim Nachfrager gekennzeichnet ist als der Wiederkauf,[217] so daß Fehler oder Unstimmigkeiten im Rahmen der Transaktion dazu führen können, daß das gesamte multimediale Angebot nicht mehr genutzt wird.

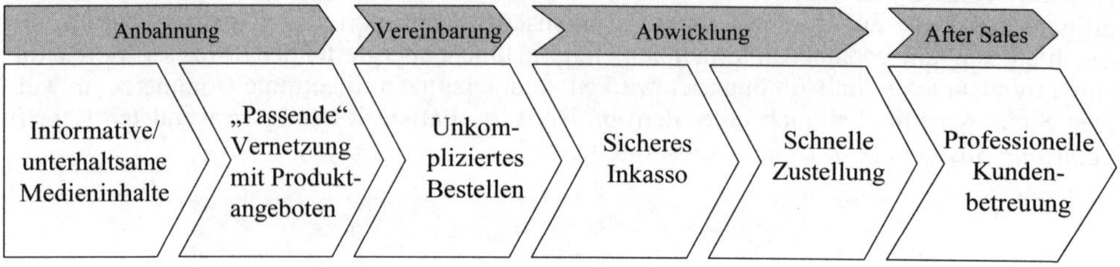

Abbildung 94: Erfolgskritische Prozesse im E-Commerce

Im Rahmen der *Anbahnungsphase* dienen die vom Verlag eingebrachten Medieninhalte als grundlegende Ressource, um beim Nutzer Aufmerksamkeit zu erzeugen. Dabei sind einige Medieninhalte, beispielsweise Produkttests von Informations- und Kommunikationstechnologie, geradezu prädestiniert, um den Testbericht mit Transaktionselementen zu vernetzen, so daß gleich das getestete Produkt bei einem E-Commerce-Partner bestellt werden kann. Ganz offensichtlich wird hier aber das verlagsseitige Problem der journalistischen Unabhängigkeit. So würden die Testberichte der Computer Bild an Glaubwürdigkeit verlieren, wenn durch ungeschickte Vernetzung der Eindruck entstünde, die Tests würden sich lediglich am Angebot der E-Commerce-Partner orientieren. Deshalb wäre es im genannten Beispiel sinnvoll, einen Partner zu finden, der über eine breite Sortimentspalette verfügt und bei dem alle getesteten Produkte bestellt werden können. Der weitaus größere Teil der verlagsseitigen Multimedia-Angebote ist ohnehin primär „Content“-zentriert, d. h. ein individuelles Informations- und/oder Unterhaltungsinteresse des Nutzers ist das überwiegende Motiv für die Nutzung des multimedialen Angebotes. Allerdings ist es durchaus möglich, auch hier Transaktionselemente so geschickt zu integrieren, daß dann idealerweise ein Impulskauf des Nutzers angestoßen wird. So beweist das Web-Angebot Living at Home – ein von Gruner & Jahr unterhaltenes Portal, das die Online-Angebote von Lifestyle-Zeitschriften rund um Haus und Garten mit bekannten Print-Titeln, wie Schöner Wohnen, Essen & Trinken und Flora Garten, bündelt –, daß Lifestyle-Berichte mit passenden Produktangeboten der E-Commerce-Partner geschickt verbunden werden können.

216 Vgl. *GRUNER & JAHR ELECTRONIC MEDIA SERVICE* (2000), S. 31.

217 Vgl. *KORB* (2000), S. 88.

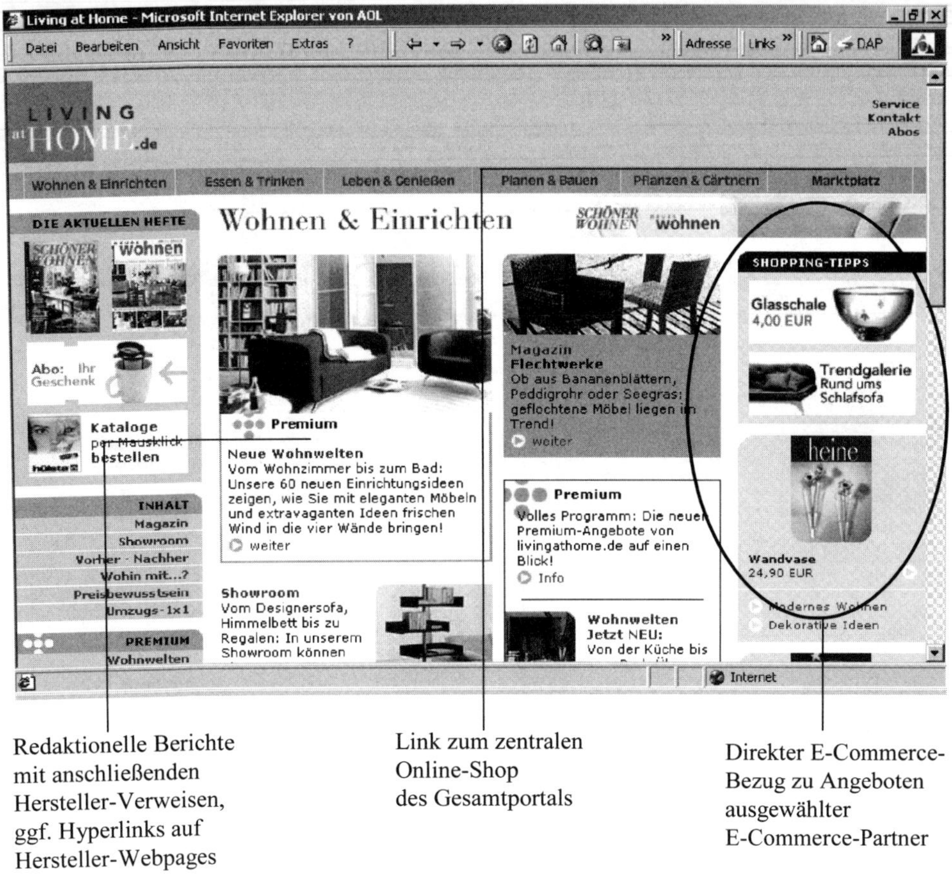

Abbildung 95: *Integration von E-Commerce-Angeboten im Portal Living at Home von Gruner & Jahr*

Wichtig ist jedoch stets, daß das „Look and Feel“ der in die Erlebniswelten transferierten Print-Marke nicht durch überfrachtete oder unpassende Produktangebote zerstört wird. Eine seriöse Tageszeitung wie die Frankfurter Allgemeine sollte somit wesentlich behutsamer bei der Integration von Medieninhalten und E-Commerce sein als eine Lifestyle-Zeitschrift wie Schöner Wohnen, wobei Abbildung 95 visualisiert, daß selbst hier die Shopping-Angebote eindeutig (durch unterschiedliche Farbgebung) von redaktionellen Inhalten abgegrenzt werden. Dies wird jedoch noch deutlicher im Rahmen des Online-Angebotes der Frankfurter Allgemeinen, wo beispielsweise die Deutsche Bank für den Service-Channel Investor als exklusiver Kooperationspartner fungiert. Der Deutschen Bank wird dabei gegen Entgelt Web Space auf den einzelnen Seiten – sogenannte Microsites – zugewiesen, die diese mit eigenem Content füllt.[218] So zeigt Abbildung 96 einen Bericht des Deutsche Bank Research Centers über eine mögliche Zinssenkung in den USA, der allerdings zur Herausstellung der journalistischen Unabhängigkeit der FAZ mit einem Rahmen und der Ausweisung des Berichts als Anzeige

218 Vgl. *LUDWIG* (2002), S. 145.

klar von den eigenen journalistischen Inhalten der Zeitung abgegrenzt wird. Bei Anklicken des Berichts wird dann ein automatischer Download des Artikels im Adobe pdf-Format initiiert.

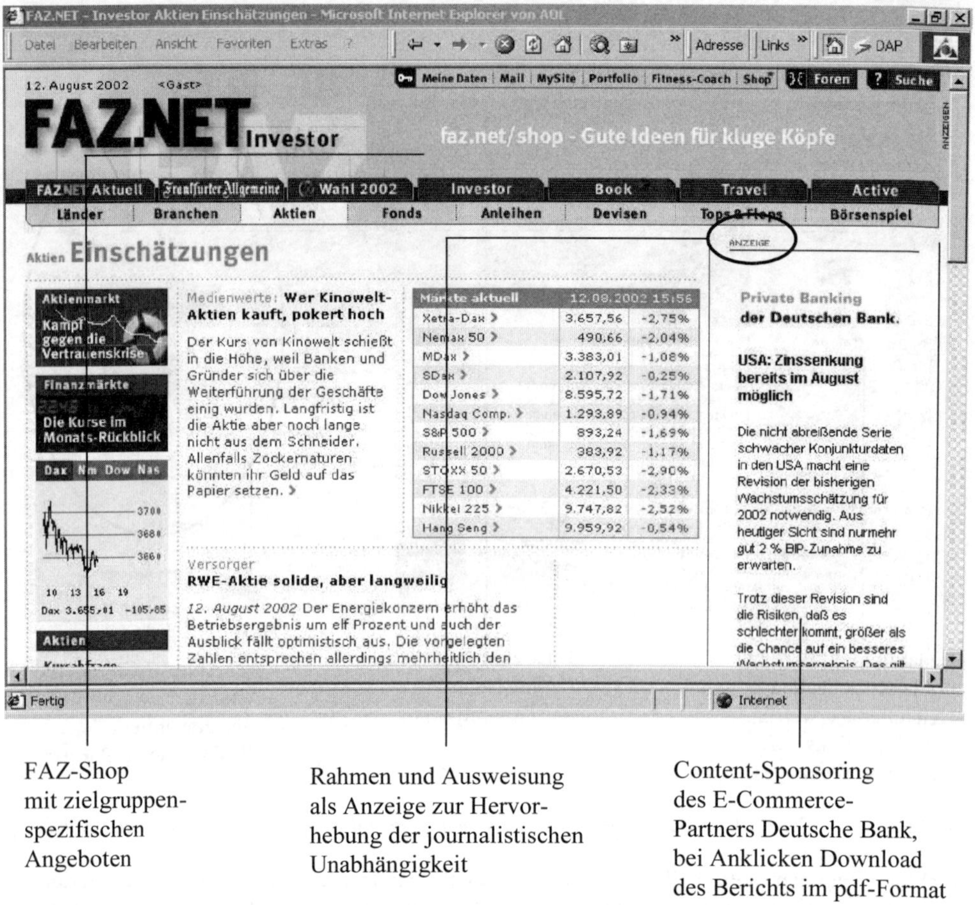

Abbildung 96: Integration von E-Commerce-Angeboten respektive Content Sponsoring im Online-Angebot der Frankfurter Allgemeinen Zeitung

Sicher ist, daß zur Aufmerksamkeit des Nutzers für E-Commerce-Angebote alle drei strategischen Erfolgsfaktoren Kosten, Qualität und Zeit in den jeweiligen spezifischen Ausprägungen von großer Bedeutung sind.[219]

Im Rahmen des Faktors *Kosten* sind für den Nutzer sowohl die Transaktionskosten als auch der Preis des angebotenen Produktes sowie eventuell anfallende Lieferkosten ausschlaggebend. Die Transaktionskosten hängen dabei sowohl von den Kosten der Nutzung der digitalen Erlebniswelt als auch von möglicherweise auftretenden Such- und Vergleichskosten der gewünschten Leistung ab. Während in der Erlebniswelt E-Business die Nutzungskosten mit sinkenden Einwahlentgelten bzw. der zunehmenden Durchsetzung von Flatrates immer mehr an Bedeutung

[219] Hierzu sowie zu den nachfolgenden Ausführungen vgl. ausführlich *KORB* (2000), S. 89 ff.

verlieren, sind diese immer noch eine wesentliche Nutzungsbarriere in der Erlebniswelt M-Business mit den nach wie vor hohen Nutzungsgebühren. Insofern wird M-Commerce auch entsprechend eines möglicherweise generierten Nutzerprofils wesentlich mehr push-basiert stattfinden als in der Erlebniswelt E-Business. Abgesehen von den Transaktionskosten ist weiterhin für den Nutzer der Preis des angebotenen Produktes entscheidend, wobei ein kostenmäßiger Vorteil gegenüber dem Handel als wichtiger Baustein für eine Kaufentscheidung angesehen werden kann.

Hinsichtlich der *Qualität* besteht beim E-Commerce gegenüber dem Handel der Nachteil, daß abgesehen von digitalen Produkten die meisten Produkte nicht direkt visuell und kognitiv beurteilt werden können. Deshalb ermöglichen gerade qualitativ hochwertige Medieninhalte direkte Impulskäufe. Ein ausführlicher Bericht über eine exklusive Armbanduhr in der Rubrik Kostbar der Wirtschaftswoche mit direktem Link zum Anbieter kann somit durchaus zu einem sofortigen Kauf des Nutzers führen. Weiterhin können 3D-Applikationen, mit deren Hilfe sich per Maus das vorgestellte Produkt aus verschiedenen Perspektiven begutachten läßt, die Unsicherheit hinsichtlich der Produktqualität schmälern. Deutlich wird aber, daß einige Produkte besonders für E-Commerce geeignet sind, andere, wie beispielsweise Möbel, jedoch höchst wahrscheinlich weitestgehend dem stationären Handel überlassen bleiben werden. Dies geht auch aus den branchenbezogenen Online-Umsätzen in Deutschland hervor, die bisher auf besonders geeignete Güter und Dienstleistungen für den digitalen Vertrieb konzentriert sind.

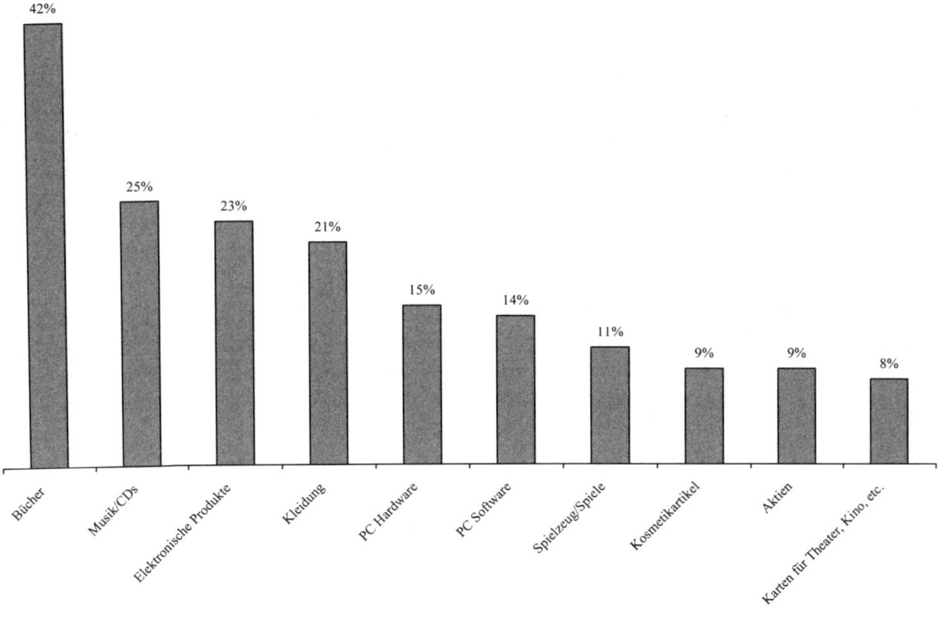

Tabelle 14: Top ten der über das Internet gekauften Produkte und Dienstleistungen in Prozent der Online-Shopper 2001[220]

Eine Veränderung des Kaufverhaltens hinsichtlich der präferierten Produkte zur Bestellung über einen digitalen Kanal ist allerdings mit der Evolution der Erlebniswelt T-Business denk-

220 Vgl. *NFO Infratest* (2002), S. 354.

bar. So gelingt es bereits jetzt den Anbietern H.O.T. und QVC sehr erfolgreich, über ihre Home-Shopping-Sendungen Textilien, Schmuck, Möbel und Wellness-Produkte zu verkaufen, wobei derzeit als Rückkanal noch das Telefon verwendet wird, das jedoch mit der Rückkanalfähigkeit der Kabelkanäle und der Verfügbarkeit eines geeigneten Endgerätes entsprechend ersetzt werden kann.[221]

Hinsichtlich des Faktors Zeit spielt vor allem in der *Anbahnungsphase* die Geschwindigkeit der Informationsbeschaffung, d. h. die sofortige Abrufbarkeit von relevanten Daten, eine Rolle. Dies wird u. a. auch daran deutlich, daß die Online-Kaufbereitschaft in Haushalten mit schnellem DSL- und Kabelzugang um 60 Prozent höher ist als bei Haushalten mit herkömmlichen schmalbandigen Wählverbindungen ins Internet.[222]

Auch in der *Vereinbarungsphase* spielt der Faktor Zeit insofern eine Rolle, als ein schneller und reibungsloser Bestellvorgang als erfolgskritisch für die vom Kunden wahrgenommene Qualität der Transaktion anzusehen ist. Komplexe und intransparente Abwicklungen, möglicherweise sogar mit Medienbrüchen versehen, können den Nutzer schnell von der Bestellung abhalten. Als Best Practice für eine erfolgreiche Benutzerführung kann beispielsweise die One-Click-Bestellung beim Buchversandhändler Amazon angeführt werden, die dem Nutzer nach persönlicher Anmeldung zur Verfügung steht und einen schnellen Bestellvorgang ermöglicht. Dies ist künftig auch besonders essentiell für mobile multimediafähige Endgeräte, da die Nutzer in der mobilen Welt in der Regel über noch weniger Zeit als bei Anwendung eines Multimedia-PCs verfügen. Hilfreich wären beispielsweise einige wenige, mit verschiedenen Farben gekennzeichnete Tasten, die wie bei der Steuerung des Videotextes auf der Fernbedienung eines Fernsehers ein unkompliziertes Navigieren ermöglichen. Entsprechend spielt dies auch eine Rolle für den Durchbruch des T-Commerce beim interaktiven Fernsehen. Im Rahmen der Vereinbarungsphase ist nochmals auf die mögliche Anwendung von Bündelungsstrategien hinzuweisen, die insbesondere bei digitalen Produkten anwendbar sind und somit nutzerspezifische Leistungsbündel erlauben. Daraus ergeben sich dementsprechend auch Möglichkeiten zur Preisdifferenzierung gegenüber der Konkurrenz.[223]

Allerdings führt dies unweigerlich zur offenen Flanke des E-Commerce, nämlich der Erforderlichkeit eines für den Nutzer sicheren und zudem für den Anbieter wirtschaftlichen Inkassos in der Abwicklungsphase. Fest steht, daß sensitive Daten bisher nicht ohne Sicherheitsbedenken elektronisch übertragen werden können, was die wesentlichste Barriere für den Durchbruch des E-Commerce ist. Weiterhin können Kleinstbeträge bis ca. fünf Euro, sogenannte Micropayments, nicht für den Anbieter wirtschaftlich über das konventionelle Inkasso per Kreditkarte, Lastschrift-Verfahren, Nachnahme oder Rechnung abgerechnet werden. Aufgrund der großen Bedeutung dieses Aspekts für ein jedes Multimedia-Wertschöpfungsnetzwerk wird auf Billing-Systeme mit dem Schwerpunkt Micropayments im Rahmen des Technologiemanagements noch ausführlich eingegangen.[224] Neben einem sicheren Inkasso ist in der Abwicklungsphase eine schnelle Auslieferung bestellter Produkte ein weiterer Flaschenhals.[225] Während die digitale Bestellung rund um die Uhr abgewickelt werden kann, erfolgt die Zustellung von nicht digitalisierbaren Produkten über klassische Transportwege und -systeme. Um die vom Kunden oftmals erwarteten Zeiteinsparungen des Online-Shopping nicht durch eine schleppende Aus-

---

221 Vgl. *ALTOBELLI* (2000), S. 179 ff.

222 Vgl. *DETTKI/FERRARI/RESCH* (2001), S. 29.

223 Zur Preisdifferenzierung im Internet vgl. ausführlich *SKIERA* (2000), S. 118 ff.

224 Vgl. Abschnitt 5.3.1.2, S. 222 ff.

225 Vgl. *STEIMER* (2000), S. 210.

lieferung zunichte zu machen, sollten die Shop-Systeme über eine Schnittstelle mit dem Logistiksystem des beauftragten Logistikdienstes verbunden werden.[226] Zudem sollte Transparenz hinsichtlich des Lieferstatus bestehen, so daß – wie beim Buchversandhändler Amazon – in real-time der aktuelle Transportzustand des bestellten Gutes nachvollzogen werden kann.

Letztlich ist die *After-Sales-Phase* eng verbunden mit dem Relationship Management und Beschwerdemanagement.[227] Dem Relationship Management liegt dabei die Annahme zugrunde, daß infolge der hohen Akquisitionskosten für neue Kunden die bestehenden Kunden möglichst dauerhaft an das Unternehmen gebunden werden sollten und zu Wiederholungskäufen zu animieren sind. Dies läßt sich u. a. durch einen kontinuierlichen Dialogaufbau mit dem Kunden erreichen, so daß durch interaktiven Informationsaustausch und Speicherung dieser Informationen über die Dauer der gesamten Kundenbeziehung und an allen Kundenkontaktpunkten die Betreuung des Kunden durch einen Mitarbeiter kontinuierlich individualisiert werden kann.[228] Ein besonders wichtiger Bestandteil des Relationship Management ist ein effektives Beschwerdemanagement, so daß im Falle gestörter Kundenzufriedenheit umgehend in Form kurzer Response-Zeiten und individueller Beantwortung der Beschwerden auf den Kunden eingegangen werden kann und die auftretenden Beschwerden darüber hinaus als Ansporn für Qualitätsverbesserungen im Wertschöpfungsprozeß im Sinne einer lernenden Organisation angesehen werden.

Die Ausführungen zeigen, daß beim E-Commerce nur dann ein Mehrwert für den Kunden entsteht, wenn jeder einzelne der zuvor ausführlich erläuterten erfolgskritischen Prozesse effektiv und effizient ausgeführt wird, d. h. die Unternehmenskomplexität „optimiert" ist. Deutlich wird aber auch, daß die meisten der Prozesse nicht im direkten Einflußbereich eines Content-Lieferanten – etwa des Verlages – liegen. Gleichwohl bedeutet eine Verzahnung von Content und Commerce, daß die beiden Komponenten nicht mehr getrennt voneinander betrachtet werden dürfen, so daß infolge einer in den digitalen Erlebniswelten angestoßenen Markttransaktion bei eingebrachten markenabhängigen Inhalten eine Schädigung der Content-Marke durch gestörte Kundenzufriedenheit im Rahmen des E-Commerce möglich ist. Insofern ist hier nochmals auf die herausragende Bedeutung der Qualität der ausgewählten Partner sowie des IuK-gestützten, reibungslosen Datenaustausches für das gesamte Wertschöpfungsnetzwerk hinzuweisen.

Dennoch sprechen die derzeit noch ernüchternden Pay-per-Content-Modelle und die Online-Werbeeinahmen sowie die demgegenüber rasante Entwicklung des Electronic Commerce dafür, daß hiermit eine zukünftig bedeutende Refinanzierungs- bzw. Erlösquelle für viele Content-Anbieter erschlossen werden kann. Aufgrund der noch unsicheren Marktentwicklung der drei digitalen Erlebniswelten ist eine in diesem Zusammenhang wünschenswerte valide Prognose zu den zukünftigen E-Commerce-Umsätzen auf den Plattformen jedoch schlichtweg unmöglich. Tabelle 15 visualisiert dabei beispielhaft die Umsatzprognosen verschiedener Research-Institute für E-Commerce in Europa (Erlebniswelt E-Business), die zum Teil immens abweichende Prognosewerte aufzeigen. Allerdings unterstreicht selbst die konservative Prognose von *JUPITER*, die von 60 Milliarden US-Dollar E-Commerce-Umsätzen im Jahr 2005 ausgeht, die zunehmende Bedeutung des digitalen Vertriebs. Insofern verspricht auch die sinnvolle Verbindung von Medieninhalten mit Transaktionselementen die Entwicklung einer weiteren Erlösquelle für Zeitungs- und Zeitschriftenverlage im digitalen Informationszeitalter.

---

226 Vgl. *STEIMER* (2000), S. 210.

227 Vgl. *KORB* (2000), S. 113.

228 Vgl. hierzu auch die Ausführungen zu Customer-Relationship-Management-Systemen in Abschnitt 5.3.1.3, S. 227 ff.

	2002	2003	2004	2005
eMarketer	37,00	27,70	182,30	–
Jupiter Research	–	–	–	60,00
Gartner Group	–	115,00	–	–
Forrester Research	40,38	75,32	123,70	–
IDC	46,33	79,68	167,93	253,20
Yankee Group	20,10	30,30	49,45	92,06

Tabelle 15: Vergleichende Schätzungen der europäischen E-Commerce-Umsätze im Business-to-Consumer-Segment in Milliarden US-Dollar 2002-2005[229]

Letztlich kann somit nur über Umwege auf die enormen Potentiale des E-Commerce hingewiesen werden. So sind in Deutschland nach Einschätzungen des Research-Instituts *FORRESTER* im Jahr 2001 bereits ca. 32 Millionen Einwohner als regelmäßige Online-Nutzer einzustufen, wobei regelmäßig als mindestens dreimal innerhalb eines Zeitraums von drei Monaten definiert wird.[230] Für das Jahr 2006 prognostizieren die Experten eine Steigerung um weitere fast 15 Millionen Einwohner (48,5 Millionen Nutzer), so daß sich spätestens zu diesem Zeitpunkt das Internet mit einer Penetrationsrate von 70 Prozent als Massenmedium, das alle Bevölkerungsschichten umfaßt, durchgesetzt haben wird. Zudem ist abzusehen, daß sich mit der Evolution des Internet zu einem normalen Massenmedium und der Beseitigung noch bestehender Sicherheitsbedenken durch neue Billing-Verfahren sowie fallender Kosten für die Einwahl ins Netz auch die Einstellung der Nutzer zum Online-Shopping ändern wird.

5.2.2.4 Zeit- und Pionierorientierung

Der wichtige strategische Erfolgsfaktor Zeit zur Erzielung von Wettbewerbsvorteilen in den digitalen Erlebniswelten sollte auch bei der Implementierung des Multimedia Supply Chain Management besondere Berücksichtigung finden. Dies betrifft vor allem das Vermeiden von Schnittstellen auf der Makro- und Meso-Ebene. So führt auf der Makro-Ebene infolge einer koordinierten Abstimmung zwischen den Wertschöpfungspartnern im Auftragsabwicklungsprozeß die interbetriebliche Optimierung der Geschäftsprozesse zu Zeitersparnissen, da Schnittstellen relaxiert oder aber gänzlich vermieden werden. Dabei ist nochmals die hohe Bedeutung stabiler und langfristig ausgerichteter Wertschöpfungspartnerschaften anzuführen, da gerade die Qualität des interbetrieblichen Informations- und Kommunikationsverhaltens Einfluß auf das Ausmaß der Schnittstellen zwischen den Kooperationspartnern hat.[231] So ist bei der Produktion von informationsintensiven Systemprodukten ein hohes Maß an Aktualität, Genauigkeit bzw. Zuverlässigkeit der Informationstransfers zwischen den Wertschöpfungspartnern entscheidend für die spätere Qualität des Endproduktes, was auf die hohe Bedeutung des Einsatzes moderner Kommunikationstechnologien schließen läßt, da diese die Kommunikationsqualität und damit auch das Schnittstellenmanagement maßgeblich verbessern können.

Als weiteres Gestaltungselement zur Zeitorientierung ist wiederum die Notwendigkeit eines leistungsfähigen interbetrieblichen Informationssystems anzuführen. So legt die dem MSCM zugrundeliegende Kundenorientierung nicht nur eine Messung der Kundenzufriedenheit des Endkunden, sondern auch eine Messung der Kundenzufriedenheit innerhalb des Wertschöpfungsnetzwerkes nahe. Dies könnte beispielsweise durch regelmäßig stattfindende Mitarbeiterbe-

---

229 Vgl. *NFO INFRATEST* (2002), S. 339.

230 Vgl. *FORRESTER RESEARCH* (2002), S. 3.

231 Vgl. Abschnitt 4.1.1, S. 69 ff.

fragungen im Rahmen eines Partner Reviews stattfinden. Ein solches „Schnittstellen-Controlling" ermöglicht es sodann, Schwachstellen, die den Auftragsabwicklungsprozeß unnötig verlängern, rechtzeitig zu analysieren und zu beseitigen. Wichtig für das Schnittstellenmanagement im Rahmen des Aufbaus eines interbetrieblichen Informationssystems ist aber generell, daß nicht nur strategische Informationen, beispielsweise durch teilweise Konsolidierung von Informationen aus unternehmensspezifischen Balanced Scorecards,[232] gewonnen werden, sondern vielmehr auch auf operativer Ebene Schnittstellenkosten erfaßt werden. Dabei könnte eine *Transaktionskostenrechnung* hilfreich sein, die die Kosten für die Schnittstellenüberbrückungen im Wertschöpfungsnetzwerk erfaßt.[233]

Zudem können unter dem Gesichtspunkt der Zeitorientierung durch die zusammengefaßte Planung von Produktentwicklungsprozessen verschiedene Tätigkeiten parallelisiert werden, so daß die gesamte Entwicklungszeit des komplexen Systemproduktes maßgeblich verkürzt und somit gerade der für Multimedia-Engagements erfolgskritische Time-to-Market-Aspekt bedacht wird. Dabei läßt eine zwischenbetriebliche Integration von Produktentwicklungen zwar Abstimmungsprobleme vermuten, gleichwohl ist sie jedoch der entscheidende Zeitfaktor im Wettbewerb.

Zeitorientierung läßt sich letztlich durch den Aufbau eines hohen Maßes an Flexibilität erreichen, da diese stets die Fähigkeit beschreibt, auf Umweltveränderungen (innerhalb eines angemessenen Zeitraums) reagieren zu können. Mit der zuvor vorgestellten Prozeßorientierung respektive dem House of Processes als „prozessual gestalteter Aufbauorganisation" wurde in diesem Zusammenhang ein probates Mittel zur Reorganisation der Organisationsstrukturen vorgestellt, durch das u. a. inter- und intrabetriebliche Flexibilität ermöglicht wird. Flexibilität und damit Zeitorientierung kann aber nur durch die zuvor erwähnte Komplexitätsorientierung erreicht werden, da eine übertriebene organisatorische Vernetzung und die damit einhergehende ausufernde Bürokratie zwangsläufig die Flexibilität der Gesamtorganisation hemmt. Somit gilt es, flotillenhafte und selbstregulierende Subsysteme zu bilden, die untereinander eine reduzierte Anzahl von Verknüpfungen aufweisen.[234]

Dies lenkt den Blick auf die eng mit der Zeitorientierung verbundende *Pionierorientierung*, bei der es vor allem darum geht, der zunehmenden Umweltdynamik vorausschauend durch proaktives Denken und Handeln Rechnung zu tragen. Somit werden sich abzeichnende Veränderungen und Entwicklungen frühzeitig antizipiert, um nicht erst nachträglich auf sie reagieren zu müssen. Dabei ist anzuführen, daß Linienstrukturen sowie der ihnen inhärente Formalismus und Bürokratismus dazu beitragen, daß einerseits Stabilität und Ordnung in die Organisation gebracht wird, andererseits aber Innovationskraft und Flexibilität zu ersticken droht.[235] Die natürliche Evolution eines Unternehmens und die damit verbundene Zunahme der innerorganisatorischen Komplexität sowie die Lethargie der Mitarbeiter über alle Hierarchieebenen hinweg tragen dazu bei, daß Spontaneität, Kreativität, Flexibilität und Reaktionsfähigkeit, wie sie ein Pionierunternehmen auszeichnen, im Zeitablauf zu organisatorischer Starrheit erkalten.[236] Gerade die komplexen und dynamischen Anforderungen des konvergierenden Me-

---

232 Naheliegend wäre eigentlich die Formulierung einer interbetrieblichen Balanced Scorecard. Dies funktioniert jedoch nicht, da hiermit die Fomulierung einer einheitlichen Strategie aller Kooperationspartner verbunden wäre, vgl. Abschnitt 7.4, S. 294 ff.

233 Vgl. *HARTLIEB* (1997), S. 210 f.

234 Vgl. *WILDEMANN* (1992), S. 21.

235 Vgl. zu den folgenden Ausführungen *STEINBACH* (1997), S. 458 ff.

236 Vgl. *KEUPER* (2001a), S. 37.

dienmarktes bedingen aber eine Organisationsform, die denen von Pionierunternehmen sehr ähnlich ist. Die Dynamik und Komplexität der unternehmensexternen und -internen Prozesse bedingt flexible und reaktionsfähige Organisationsformen, die über eine gewisse innerorganisatorische Dynamik, d. h. Lernfähigkeit – ähnlich der von Pionierunternehmen – verfügen, um den exogenen und endogenen Marktanforderungen gerecht zu werden. Ziel im Rahmen des MSCM muß es somit sein, die Organisationsmerkmale von Pionierunternehmen konträr zur natürlichen Evolution des Verlages im Rahmen von Reorganisationsmaßnahmen zu erhalten bzw. bewußt wiederherzustellen.

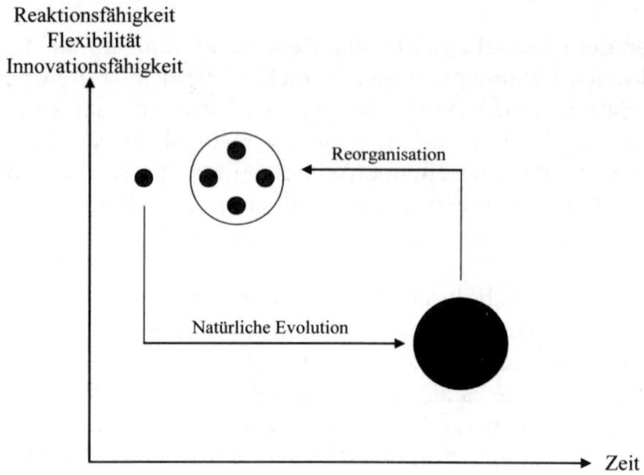

Abbildung 97: Natürliche organische Evolution versus Reorganisation[237]

Gerade dies bedingt die Herausbildung der bereits angesprochenen flottillenhaften Subsysteme, wobei hier insbesondere das Projektmanagement als organisatorische Variante im Verlag an Bedeutung gewinnt, was durch eine Umfrage des Fraunhofer Instituts, nach der für über 60 Prozent der befragten Verlage das Thema Projektmanagement eine Rolle spielt, untermauert wird.[238] Dabei weisen Projekte allgemein eine thematische Abgrenzbarkeit, Komplexität, Dynamik, Neuartigkeit und Zieldeterminiertheit auf.[239] Diese Merkmale deuten bereits darauf hin, daß unter dem Aspekt der Pionierorientierung – beispielsweise im Zuge eines sich abzeichnenden technologischen Trends – schnell inter- oder intraorganisationale Projektgruppen entsprechend des Netzwerkgedankens gegründet werden können, um Innovations- und Entwicklungsaufgaben zu übernehmen. Im Gegensatz zur Eingliederung der Innovationsaktivitäten in die Routineaufgaben besteht somit beim Aufsetzen eines Projektes der Vorteil der schnell durchführbaren Implementierung sowie der Risikoeingrenzung durch vorherige Festlegung eines Projektbudgets. Allerdings ist einem „Projektgruppen-Wildwuchs", der in zahlreichen Unternehmen kursiert und oftmals durch die Entwicklung einer Eigendynamik den Blick auf die zentrale Unternehmensstrategie verstellt, von vornherein durch eine strategische *Programmplanung* entgegenzuwirken.[240] Somit werden vor Aufsetzen eines Projektes die Chancen und Risiken evaluiert und durch präzise strategische und operative Zielvorgaben mit der Unternehmensstrategie in Einklang gebracht.

237 Entnommen *LITTLE* (1988), S. 10.

238 Vgl. *KLINK/SIHN* (2000), S. 42.

239 Vgl. *NAUSNER* (2000), S. 137.

240 Vgl. *WIEDMANN/FRENZEL/BUXEL* (2001), S. 423 f.

Weiterhin ist anzuführen, daß mit einer Pionierorientierung auch stets die Krisenvermeidung dem Krisenmanagement vorzuziehen ist, da ein nachträgliches Krisenmanagement immer eine doppelte Suballokation der Ressourcen darstellt.[241] Erstens entsteht eine Fehlallokation der Ressourcen im Hinblick auf die eingetretene Krise, und zweitens werden i. a. für ein ex-post-orientiertes Krisenmanagement mehr Ressourcen benötigt als für eine ex-ante-orientierte Krisenvermeidung.[242] Insofern sollte es vor dem Hintergrund der sich stetig verkürzenden Technologiezyklen Ziel des Verlages sein, ein Frühwarnsystem zur Identifikation von Innovationstrends zu implementieren. Hierfür eignet sich beispielsweise eine Balanced Scorecard mit einer Innovations- oder Pionierorientierungsperspektive, in welcher sowohl Kennzahlen zur Marktentwicklung von Multimedia-Technologien als auch unternehmensinterne Kennzahlen, die adäquat die eigene Innovationskraft abbilden, enthalten sind. Dabei ist gerade ein proaktives Technologie-Scouting im Endgerätebereich aus Sicht des Verlages unerläßlich, da das rechtzeitige Aufspüren von innovativen, bespielbaren Plattformen entsprechend der horizontalen Konvergenztrends anzustreben ist, um somit ein in allen Erlebniswelten ubiquitär präsentes Inhalte-Angebot zu etablieren. So wird vorhergesagt, daß bereits im Laufe des Jahres 2003 ca. 45 Prozent aller Online-Konsumenten mehr als ein Endgerät für den Zugang ins Internet nutzen werden,[243] was eindeutig die Forderung nach einem Technologie-Scouting notwendig erscheinen läßt.

Aus dem Kontext wird somit deutlich, daß Pionierorientierung im organisationalen Sinne bedeutet, innovationsfähig zu sein. Dies erfordert natürlich neben innovativen Organisationsformen und Frühwarnsystemen grundsätzlich auch eine *Kultur der Veränderungsbereitschaft* im Verlag und im Netzwerkverbund, um so die Kreativität, Imagination und Spontaneität der Mitarbeiter zu fördern. Dabei ist hervorzuheben, daß ein Verlag gerade im kreativen Bereich aufgrund wenig repititiver Handlungen der journalistischen Produktion schon traditionell eine solche Kultur aufweisen muß, da mit der Zeitung oder Zeitschrift permanent Unikate mit Wiedererkennbarkeit, d. h. Innovationen, zu produzieren sind.[244] Insofern gilt es, diese grundsätzlich vorhandene Innovationsfähigkeit auf den erweiterten Aktionsradius des Multimedia-Wertschöpfungsnetzwerkes in der konvergierenden Medienbranche zu übertragen. Dies läßt sich jedoch nur durch eine konsequente Mitarbeiterorientierung und die damit in Verbindung stehenden Change-Management-Ansätze[245] erzielen.

5.2.2.5 Mitarbeiterorientierung

Talentierte und ambitionierte Mitarbeiter sind gegenwärtig und zukünftig das überragende Instrument zur Erlangung von Wettbewerbsvorteilen. Aus diesem Grund ist auch eine Mitarbeiterorientierung im Rahmen des MSCM unerläßlich. Dabei zielt die Mitarbeiterorientierung auf die Schaffung organisatorischer Rahmenbedingungen, die den Mitarbeiterbedürfnissen nach Selbstverwirklichung, Eigenverantwortung und Eigenkontrolle gerecht werden.[246] Aufgrund der sich noch überwiegend in der Emergenz-Phase oder Wachstumsphase befindlichen digitalen Erlebniswelten herrscht über alle Wertschöpfungsstufen hinweg ein Bedarf an Mitarbeitern, die sich flexibel, lernbereit und innovationsorientiert den sich schnell ändernden Umweltbedingungen anpassen und interdisziplinär arbeiten können und wollen. Hier sollte

---

241 Vgl. *HÜNING/KEUPER* (2002), S. 30.

242 Vgl. *KEUPER* (2001a), S. 59.

243 Vgl. *FORRESTER RESEARCH* (2000b), S. 5.

244 Vgl. *NAUSNER* (2000), S. 121.

245 Vgl. Abschnitt 5.3.2, S. 229 ff.

246 Vgl. *KEUPER* (2001a), S. 407.

auf der Makro-Ebene durch die beschriebene umfassende Prozeßorientierung von der strengen Zuordnung der Prozesse zu hierarchischen Organisationseinheiten abgewichen werden, da im angestrebten kundenorientierten Netzwerk jeder Teilprozeß unterschiedliche und sogar parallele Wege im Netz geht, so daß interorganisationale, cross-funktionale Teams eine flexible Navigation im Netz erlauben.[247] Um ein interorganisationales Gesamtoptimum des Personalbedarfs zu erreichen, gilt es zudem, über die eigenen Organisationsgrenzen hinweg den Bedarf an Mitarbeitern und die für die Stellen erforderlichen Qualifikationen mit den Wertschöpfungspartnern abzustimmen. Ausgangspunkt könnte hier ein zu entwickelndes Mitarbeiterportfolio sein, anhand dessen visualisiert wird, wieviele Mitarbeiter mit welchen Qualifikationen zur Erstellung des Systemproduktes notwendig sind. Darauf aufbauend kann dann der Abstimmungsprozeß zwischen den Wertschöpfungspartnern darüber erfolgen, wer die jeweiligen Mitarbeiter beschäftigt. Hieraus wird auch die Kernkompetenzperspektive (Ebene I) deutlich, da gerade im interorganisationalen Personalplanungsprozeß zu hinterfragen ist, wer im Wertschöpfungsnetzwerk mit welchen Mitarbeitern die jeweilige Leistung am effektivsten und effizientesten erbringen kann.

Zudem sollte der Verlag vor allen Dingen besorgt sein, sein kreatives Personal langfristig an sich zu binden, da dies die Schlüsselressource eines Medienunternehmens ist,[248] dessen Medienprodukte aus der Kreativität und dem häufig intrinsisch motivierten Engagement der Kreativen heraus entstehen. Insofern gilt es gerade im Redaktionsbereich kreative Freiräume zu schaffen, ohne jedoch die notwendige betriebswirtschaftliche Komponente außer acht zu lassen. *Gert Schulte-Hillen*, langjähriger Vorstandsvorsitzender des Zeitungs- und Zeitschriftenhauses Gruner & Jahr, schreibt in diesem Zusammenhang sehr zutreffend: „Der ideale Verleger, das ist der journalistisch passionierte Ökonom, oder noch besser, der ökonomisch passionierte Journalist.“[249] Er skizziert damit das traditionelle Spannungsfeld zwischen ökonomischem und publizistischem Erfolg. Darüber hinaus tritt mit dem Multimedia-Engagement des Verlages jedoch auch noch das Spannungsfeld Attraktivität der Multimedia-Angebote versus Bestandsfähigkeit der Zeitung oder Zeitschrift auf.[250] In bezug auf das kreative Personal liegt gerade hier eine offene Flanke, da die propagierte Verschmelzung von Online- und Offline-Redaktion zwar ökonomisch sinnvoll ist, dies aber nicht automatisch impliziert, daß dies auch von den Journalisten getragen wird. So ist fraglich, ob ein erfahrener Zeitungsjournalist überhaupt nach den in jüngster Zeit in der Medienbranche erfahrenen finanziellen Rückschlägen von Multimedia-Verlags-Engagements die Online-Kollegen als gleichberechtigte Partner akzeptiert. Zudem ist offensichtlich, daß eine integrierte Redaktion auch eine integrierte DV-technische Lösung erfordert, was somit in den meisten Fällen für den Journalisten mit der Einführung einer neuen Produktionsumgebung verbunden ist. Dies läßt in jedem Fall erhöhten Change-Management-Bedarf in der Redaktion erkennen. Darüber hinaus sind Weiterbildungsangebote gerade im technischen Bereich wichtig, da unstreitig ist, daß der Journalist zukünftig in zunehmenden Maße über Technologiekompetenz verfügen muß. Tabelle 16 vergleicht dabei beispielhaft das Qualifikationsprofil eines Print-Redakteurs mit dem eines Multimedia-Redakteurs. Selbst wenn Arbeitsteilung bei der journalistischen Produktion für die spezifischen Zielmedien auch weiterhin die Regel sein wird, so ist dennoch anzuführen, daß auch an Print-Redakteure aufgrund der wünschenswerten engen Zusammenarbeit mit den Multimedia-Redakteuren zukünftig sowohl hinsichtlich ihrer Wissensbreite als auch -tiefe höhere Anforderungen gestellt werden. Insofern bedarf es der Entwicklung betriebsinterner Aus- und Weiterbildungs-

[247] Vgl. *Staiger/Kernler* (2000), S. 60.

[248] Vgl. *Deters* (2000), S. 93.

[249] Vgl. *Schulte-Hillen* (1994), S. 85.

[250] Vgl. Abschnitte 1, S. 2 und 2.1, S. 6 f.

programme und/oder der Durchführung von Workshops, um gerade das Know-how des kreativen Personals an die veränderten Rahmenbedingungen anzupassen.

	Print-Redakteur	Multimedia-Redakteur
Schreib-/Redigierkompetenz	hoch	hoch
Multimediakompetenz	gering	hoch
Management-Know-how	gering bis mittel	mittel bis hoch
Kontakt mit Lesern	selten bis nie	häufig
Kontakt mit Wertschöpfungspartnern	selten	häufig
Kontakt mit Werbekunden	selten bis gelegentlich	gelegentlich bis häufig
Technologiekompetenz	begrenzt, statisch	umfassend, dynamisch
Aufgabenspektrum	begrenzt	weit gefächert

Tabelle 16: Traditionelles Qualifikationsprofil des Print-Redakteurs versus zukünftiges Qualifikationsprofil eines „Content-Managers“[251]

Weiterhin entstehen durch die Multimedia-Aktivitäten im Verlag vollkommen neue Berufsbilder, wie beispielsweise Screen-Designer, Web-Master, Web-Producer oder Multimedia-Conceptioner. Da es sich hier noch um wenig präzisierte Berufsbilder handelt, deren Konturen oftmals aufgrund noch im Aufbau befindlicher Ausbildungsberufe und Studiengänge unscharf sind, ist es für den Verlag entscheidend, innerhalb des Rekrutierungsprozesses einen konkreten Abgleich zwischen dem Eignungsprofil des Bewerbers und dem Anforderungsprofil der zu besetzenden Stelle zu vollziehen,[252] bzw. – wie bereits angesprochen – betriebsinterne Programme zur gezielten Ausbildung im Hinblick auf die benötigten Berufe zu entwickeln.

Allgemein sollten im gesamten Verlag die Funktionen und Rollenverteilungen auch zukünftig nicht mehr eng auf eine spezielle Aufgabe gerichtet sein, um so Flexibilität durch ganzheitliche Aufgabenstellungen zu ermöglichen, was auch dem Gedanken der anzustrebenden Eigenverantwortlichkeit und Eigenkontrolle des jeweiligen Mitarbeiters gerecht wird. Die notwendige Forderung nach intrinsisch motivierten Mitarbeitern, die ganzheitlich, selbständig und unternehmerisch denkend ihre Aufgaben verrichten, kann somit nur durch eine bewußte Abkehr von tayloristischen Arbeitsprinzipien erreicht werden. Dies hat zur Konsequenz, daß die Rollendefinition auf ihren wesentlichen Kern, nämlich Verantwortung, Kompetenz, Aufgaben und Meßgrößen, begrenzt wird.[253] Weiterhin erscheint es zur Wahrung der Flexibilität in der Organisation auch denkbar, daß die Rollen der Mitarbeiter innerhalb eines Teams projektspezifisch determiniert werden. Entsprechend der Qualifikation des Mitarbeiters kann dieser so zeitweise bei der Bewältigung von Teilaufgaben je nach Projekt über mehr oder auch weniger Entscheidungskompetenzen verfügen. Die erhöhte Eigenverantwortung läßt auch das Erfordernis eines grundlegend neuen Führungsverständnisses erkennen. Statt traditioneller Aufgabenzuweisungs- und Kontrollfunktionen übernimmt das Management nunmehr Coaching-Funktionen, d. h. die Mitarbeiter werden beraten und unterstützt, selbst zu entscheiden, eigene Erfahrungen zu machen und ihre Potentiale zu entfalten.[254] Dies erfordert ein Höchstmaß an kommunikativen

---

251 In Anlehnung an *DIEBOLD* (1999), S. 141.

252 Vgl. *DETERS* (2000), S. 99 f.

253 Vgl. *MEHL/HANS* (2001), S. 287.

254 Vgl. *PICOT/REICHWALD/WIGAND* (2001), S. 466 ff.

und motivatorischen Fähigkeiten der Führungskräfte. Insofern sollten neben den bereits bekannten, im Idealfall regelmäßig stattfindenden Mitarbeiterbeurteilungen durch die Führungskräfte auch die Führungskräfte selbst durch die Mitarbeiter beurteilt werden (sog. Upward-Feedback), um gerade das mittlere Management für die veränderten Funktionen zu sensibilisieren.

Aus den Ausführungen wird zusammenfassend deutlich, daß die Mitarbeiter sowohl interorganisational, also innerhalb des Wertschöpfungsnetzwerkes, als auch intraorganisational als zentraler Leverage zur Bewältigung der aus der Konvergenz resultierenden Komplexität bzw. zum Erschließen neuer Märkte angesehen werden müssen. Entsprechend ist das effektive und effiziente Management der „Ressource Mensch" einer der wesentlichen Erfolgsfaktoren des Verlages, wobei im Planungsprozeß aufgrund der geforderten Konzentration auf eigene Kernkompetenzen gerade eine interorganisationale Abstimmung der Wertschöpfungspartner vonnöten ist.

5.2.2.6 Konklusion

Die dargestellten Grundsätze sind entsprechend der Ebene I des Convergence-based View der strategische Schlüssel, um die Ressourcen des Verlages im Zusammenspiel mit den ausgewählten Wertschöpfungspartnern effektiv und effizient zu rekonfigurieren und sich so der aus der tridimensionalen Konvergenz der Märkte resultierenden Komplexität und Dynamik auf Gesamtunternehmensebene anzupassen. Um jedoch einen probaten Planungsansatz zu entwerfen, der Antwort auf die Frage geben soll, wie ein Verlag auf wettbewerbsstrategischer Ebene mit seinen verschiedenen Titeln beim Entwurf einer Multimedia-Strategie vorgehen sollte, gilt es zudem, die Ebene II des Convergence-based View und damit die spezifische marktorientierte Sicht des jeweiligen Titels (Geschäftsfeldes) zu berücksichtigen. Ziel sollte dabei sein, ein Verlagsportfolio zu generieren, das als integriertes Analyseinstrument eine tendenzielle Aussage über die endogenen Stärken und Schwächen des Verlages (Ebene I) sowie die exogenen Chancen und Risiken (Ebene II) ermöglicht. Dabei wird nachfolgend ein Multifaktormodell entworfen, das mehrere quantitative und qualitative ökonomische Kriterien, die hierarchisch zu untergliedern sind, zu einer Erfolgsgröße aggregiert. Die verwendeten Kriterien weisen dann die drei linguistischen Ausprägungen „niedrig", „mittel" und „hoch" auf, die jedoch auf einen pseudodeterministischen Punktwert künstlich geschärft und mit Hilfe von Scoringmodellen zu einem Unipolarwert aggregiert werden. Die aggregierten Unipolarwerte bilden dabei die jeweilige x- und y-Koordinate für die in der Portfolio-Matrix zu positionierenden Titel. Entsprechend wird auf der x-Achse im Rahmen einer durchzuführenden Ist-Analyse die derzeitig auf Ebene I des Verlages vorhandene organisationale Fähigkeit im Hinblick auf die vorgestellten Orientierungen abgetragen. Eine Punktzahl von 100 als höchster zu erreichender Wert könnte somit aussagen, daß die unternehmensinternen Ressourcen bereits den Erfordernissen an ein Engagement auf den digitalen Erlebniswelten entsprechen. In einem nächsten Schritt ist zur Bestimmung eines Wertes auf der y-Achse die Ebene II zu berücksichtigen und dementsprechend eine geschäftsfeldspezifische Marktanalyse, beispielsweise mit Hilfe des um die komplementierenden Kräfte erweiterten Five-Forces-Modell, durchzuführen. Da die Achsen des Portfolios für eine valide Aussage identische Maßeinheiten aufweisen müssen, sagt eine Höchstpunktzahl von 100 auf dieser Achse aus, daß die Marktattraktivität für einen Transfer des jeweiligen Titels in ein oder mehrere Multimedia-Erlebniswelten besonders hoch ist.

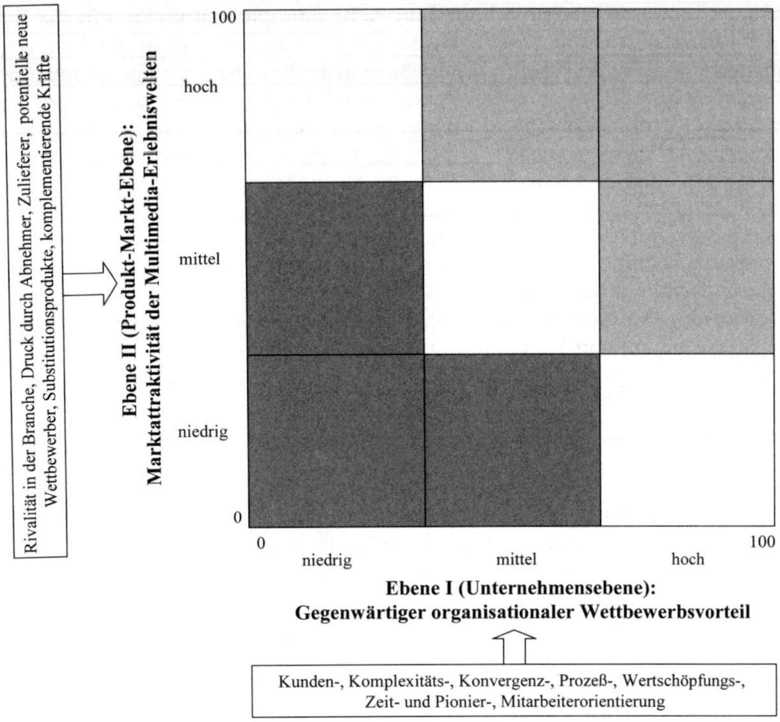

Abbildung 98: Verlagsportfolio auf Basis des Convergence-based View

Aus der Abbildung wird deutlich, daß im Portfolio eine Neunfeldermatrix integriert ist. Für jedes dieser Felder läßt sich in der Regel eine Normstrategie ableiten, die aufgrund ihres allgemeinen Charakters vom Planer *zwingend* situativ angepaßt und operationalisiert werden muß.[255] So sagt beispielsweise eine Positionierung im linken weißen Feld des Portfolios aus, daß sich der betreffende Titel auf Grundlage einer Marktanalyse im besonderen Maße für ein Engagement in den digitalen Erlebniswelten eignet. Gleichwohl ist im Hinblick auf das beschriebene MSCM die organisationale Fähigkeit des Verlages nur sehr niedrig anzusiedeln. Somit stellt sich für den Planer die Frage, ob sich eine kapitalintensive Reorganisation lohnt, wobei dann natürlich im Rahmen der Marktanalyse zur Evaluierung der Erlöspotentiale eine dynamischere Sicht notwendig ist. Gerade hier wird auch die Schwäche des vorgestellten Planungsinstruments deutlich. So wurde bereits im Kapitel vier angedeutet, daß die Formulierung von Normstrategien auf konvergierenden Märkten eine absurde Forderung ist, da die Dynamik der Konvergenz Normen jeglicher Art verstärkt erodieren läßt.[256] Ferner ist die Einordnung des aggregierten Punktwertes in einzelne Klassen anhand scharfer Grenzwerte vor allem in der Nähe von Klassenübergängen problematisch. Zum einen sind die aggregierten grenznahen Größen interpretationsbedürftig, zum anderen wird die scharfe, willkürliche Klassifikation und Feldeinteilung dem qualitativen Charakter der Planungssituation nicht gerecht, so daß eher von fließenden Klassenübergängen als von scharfen Klassengrenzen gesprochen

[255] Vgl. KEUPER (2001a), S. 261.

[256] Vgl. Abschnitt 4.2.2.1.1, S. 102 f.

werden müßte.[257] Daraus wird deutlich, daß die hohe Komplexität und damit die Strukturdefektheit[258] der Planungssituation, was insbesondere für einen Verlag in der konvergierenden Medienbranche zutrifft, durch die graphische Simplifikation nicht problemadäquat abgebildet werden kann, um daraus allgemeine Handlungsempfehlungen ableiten zu können. Stattdessen gilt es eine möglichst hohe Anzahl von unternehmensrelevanten Erfolgsgrößen im Rahmen der Unternehmens- und Umweltanalyse (Ebene I und Ebene II) zu erfassen, die Freiheitsgrade möglicher Ausprägungen und damit die extreme Unschärfe in der strategischen Planung in das Portfolio zu integrieren und möglichst ganzheitlich zu visualisieren. Ziel sollte somit sein, die Entscheidungsgrundlage durch einen dem menschlichen Denkprozeß nachempfundenen Strukturierungsablauf unter Beibehaltung der situationsinhärenten Unschärfe und eines Mindestmaßes an notwendiger Modellkomplexität im Sinne einer ganzheitlichen Situationsbeurteilung zu verbessern.[259] In diesem Zusammenhang bietet sich die Anwendung der *Fuzzy-Set-Theorie* zur Beschreibung und Verknüpfung unscharfer Mengen an; diese ist in der Lage, die Mehrwertigkeit der Erwartungen bis in die Entscheidungsphase mit Hilfe von Zugehörigkeitsfunktionen fortzutragen.[260] Die fehlende Präzision bzw. die bestehende Vagheit wird somit im Modellbildungsprozeß von vornherein explizit toleriert.

Insofern läßt sich mit den genannten Einschränkungen bzw. Verbesserungsvorschlägen im Rahmen der Modellformulierung abschließend festhalten, daß das vorgestellte Portfolio nur eine erste, sehr generelle Planungsgrundlage darstellt, die in jedem Fall noch weiter zu vertiefen ist. Zudem muß dem strategischen Planungsprozeß stets eine operative Planung nachgeschaltet werden, da gerade im Tagesgeschäft eines Multimedia-Verlages gewisse operative Fähigkeiten gefragt sind, die sich insbesondere auf die notwendigen Technologien beziehen. Darüber hinaus gilt es die Implementierung des Multimedia Supply Chain Management durch Change-Management-Ansätze zu begleiten, um den Mitarbeitern zu verdeutlichen, daß sich mit der Konvergenz die Zeiten im Verlag grundsätzlich geändert haben und somit auch teilweise schmerzhafte Einschnitte innerhalb der Organisation unerläßlich sind. Nur wenn es gelingt, dies den Mitarbeitern glaubhaft zu vermitteln, wird das MSCM im Verlag adaptiert, was gleichzeitig „operative Blockaden" beseitigt.

5.3 Operative Grundsätze des Multimedia Supply Chain Management

Im Rahmen der operativen Leverages steht die Frage im Vordergrund, wie langfristig stabile intra- und interbetriebliche Prozesse im Tagesgeschäft des Verlages ermöglicht bzw. sichergestellt werden können, um somit letztlich auch strategisch gesehen die Wettbewerbsfähigkeit des Verlages sicherzustellen. Gerade die operative Ausgestaltung des Multimedia Supply Chain Management ist die eigentliche Herausforderung, da die Effektivität und Effizienz des gesamten Management-Konzepts letztlich auf zwei ganz entscheidenden Säulen basiert. Dies ist zum einen der Einsatz moderner *Informations- und Kommunikationstechnologie*, die die Mitarbeiter befähigt, die veränderte Komplexität zu bewältigen. Zum anderen ist es die *generelle Akzeptanz*

---

257 Vgl. *KEUPER* (1999), S. 170.

258 Im Gegensatz zu entscheidungstheoretischen Situationen sind reale Enscheidungssituationen häufig durch eine Vielzahl von Strukturdefekten gekennzeichnet, die sich beispielsweise aufgrund der vielfältigen interdependenten und z. T. konfliktären Beziehungen zwischen entscheidungsrelevanten Determinanten ergeben, vgl. *KEUPER* (1999), S. 22 f.

259 Vgl. *KEUPER* (2001a), S. 264.

260 Zum Einsatz der Fuzzy-Set-Theorie im Rahmen des Portfoliomanagement vgl. *KEUPER* (1999), S. 185 ff., *KEUPER* (2000a), S. 193 ff., und *KEUPER* (2001a), S. 260 ff., *KEUPER* (2002e).

des Management-Konzepts unter den Organisationsmitgliedern. So ist ein Eingriff in etablierte Organisationsstrukturen und IT-Landschaften vielleicht ein Signal des Top Managements für veränderte Handlungsgrundlagen. Gleichwohl bedeutet dies noch lange nicht, daß die angestoßenen Veränderungen auch tatsächlich Akzeptanz bei den Mitarbeitern finden. Folglich gilt es einen Change-Management-Ansatz mit Implementierung des MSCM aktiv zu verfolgen, um somit die Mikro-Ebene der Organisation, das tägliche Handeln der Organisationsmitglieder, entsprechend der geforderten Orientierungen auf Strategie-Ebene zu beeinflussen.

5.3.1 Technologiemanagement

Der zentrale Bestandteil des Technologiemanagements ist die Informationssystemplanung, die sich zwar auf den ersten Blick sehr am operativen Geschäft orientiert, allerdings insofern strategische Bedeutung erlangt, als die Planung und spätere Einführung geeigneter IuK-Technologie ein zentrales Erfolgspotential zur Umsetzung von verlagsseitigen Multimedia-Strategien ist. Somit ist festzuhalten, daß sich die operative und die strategische Betrachtungsebene gegenseitig bedingen.[261] Beispielsweise kann eine operative, IuK-bedingte Prozeßverbesserung zu strategischen Vorteilen führen, wenn die Verbesserung so stark ausfällt, daß dauerhaft Wettbewerbsvorteile erzielt werden können. Im Gegenzug können strategische Systeme durch ihre Vorgaben operative Abläufe initiieren, wobei zu beachten ist, daß neben vertikalen auch horizontale Zielbeziehungen existieren, da z. B. Zeitersparnisse zu geringen Kosten führen, ebenso wie auch Qualitätsverbesserungen u. U. niedrigere Kosten nach sich ziehen können. So können Content-Management-Systeme zu Zeitersparnissen im redaktionellen Bereich führen, da mit der Verwaltung der Inhalte in einem einheitlichen Format ein Multichannel-Publishing schneller möglich ist, was zugleich z. B. notwendige Personalkosten zur Umkonvertierung einspart.[262]

		Erfolgsfaktoren		
		Kostenreduzierung	**Qualitätsverbesserung**	**Zeitverkürzung**
Betrachtungsebene	**operative Ebene**	Rationalisierung, Substitution oder Unterstützung manueller Arbeit, Substitution teurer Medien, Produktivitätsverbesserung	Vorgabe einheitlicher Abläufe, Auswahl von Kommunikationskanälen, die Mißverständnisse und Fehler vermeiden	Beschleunigung durch Liegezeitverringerung, direkte Ansprechbarkeit, einfache, beschleunigte Datenverfügbarkeit
	strategische Ebene	IuK-Einsatz führt über geringe Selbstkosten zu Wettbewerbsvorteilen	IuK-Einsatz ermöglicht Produkte, deren Qualitätsmerkmale besser auf Kundenwünsche abgestimmt sind	IuK-Einsatz erlaubt dem Kunden, schneller sein Produkt auszuwählen bzw. zu erhalten

Tabelle 17: Beispielhafte Zieldimensionen der IuK-Technik[263]

Zwischen der Unternehmensstrategie, den Informationssystemen im Unternehmen und den Potentialen der IuK-Technik besteht eine Vielzahl von Interdependenzen, deren Identifikation die zentrale Aufgabe der Informationssystemplanung darstellt.

---

[261] Vgl. *KEUPER* (2001a), S. 317.

[262] Vgl. Abschnitt 5.3.1.1, S. 213 ff.

[263] Vgl. *KEUPER* (2001a), S. 318, in Anlehnung an *REY* (1999), S. 56.

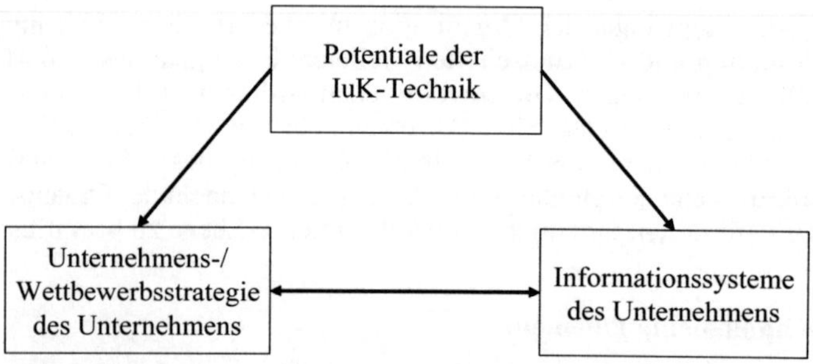

Abbildung 99: *Zusammenhang zwischen Unternehmens- bzw. Wettbewerbsstrategie, Informationssystemen und Nutzenpotentialen der IuK-Technik*[264]

Einerseits determiniert die auf dem Markt verfügbare IuK-Techik die Möglichkeiten zur Ausgestaltung der Informations- und Kommunikationssysteme, andererseits können, wie dies mit dem MSCM der Fall ist, Unternehmens- und darauf aufbauende Wettbewerbsstrategien generiert werden, die bei der Umsetzung gezielt auf die Ausschöpfung der informationstechnischen Potentiale aufbauen.[265] Da operativ wirkende Systeme nicht nur durchführende Aufgaben in bezug auf einen Prozeß wahrnehmen, sondern auch strategische Managementfunktionen übernehmen, und da strategische Systeme sowohl bei den Durchführungs- als auch bei den Managementaufgaben prozeßunterstützend ansetzen können, lassen sich IuK-Systemplanungen letztlich lediglich anhand ihrer priorisierenden Ausrichtungen differenzieren. Während bei strategischen Systemen der Wettbewerbsvorteil im Vordergrund der Betrachtung steht, zielen die Managementsysteme auf operativer Ebene schwerpunktmäßig auf die Prozeßoptimierung. Gleichzeitig ist aber jede Entscheidung zur Auswahl und Einführung moderner IuK-Technik eine strategische Entscheidung, da sie unwiderruflich mit der Inanspruchnahme von Unternehmensressourcen verbunden ist. Insofern sollte die Planung der IuK-Technik integraler Bestandteil der Strategieentwicklung sein, so daß mit vorgeschalteter Potentialanalyse der betreffenden Technologie und einer internen Stärken-Schwächen-Analyse in bezug auf die vorhandenen Informationssysteme genau aufgezeigt wird, welche Hard- und Software für die Umsetzung der Strategie benötigt wird.[266] Mit einem solchen Vorgehen läßt sich dann letztlich auch das Risiko eines auftretenden *Produktivitätsparadoxons*[267] minimieren. Hierunter wird das Phänomen einer fehlenden Korrelation zwischen Investitionen in IuK-Technik und der Produktivität eines Unternehmens verstanden. So wäre eigentlich anzunehmen, daß die Produktivität mit der Investition in IuK-Technik steigt, doch ist tatsächlich für den Dienstleistungssektor weder ein positiver noch ein negativer Einfluß der Informationstechnik auf die Produktivitätsentwicklung nachgewiesen worden.[268] Dies läßt sich vor allem durch die unzureichende Meßbarkeit von Input und Output zurückführen, da Nutzen in Form verbesserter Qualität, Schnelligkeit, Variantenvielfalt, Kundenbetreuung oder Flexibilität keinen Platz in den gängigen Bewertungsverfahren hat.[269] Andererseits ist aber auch anzuführen, daß die Einführung moderner IuK-Technik oftmals einem Zeitgeist des Glaubens an scheinbar unbegrenzte Potentiale der modernen Technologie im Sinne möglicher multidimensionaler Problem-

264 In Anlehnung an *SCHRÖDER* (2000), S. 49.

265 Vgl. *KLOTZ/STRAUCH* (1990), S. 14.

266 Vgl. *KEUPER* (2001a), S. 320 f.

267 Vgl. *PICOT/REICHWALD/WIGAND* (2001), S. 196 ff., *WEIBER/KRÄMER* (2000), S. 158 ff., *STÄHLER* (2001), S. 169 ff.

268 Vgl. *PICOT/REICHWALD/WIGAND* (2001), S. 197.

269 Vgl. *PICOT/REICHWALD/WIGAND* (2001), S. 198.

lösung entspringt, wie dies in den Boom-Zeiten der New Economy offensichtlich wurde. Diese Potentiale können sich aber nur dann entfalten, wenn dem Einsatz der Technologie auch teilweise schmerzhafte, aber für die langfristige Wettbewerbsfähigkeit zwingend erforderliche Reorganisationsmaßnahmen vorgeschaltet werden.[270]

Die nachfolgend vorgestellten Technologien dürfen insofern niemals losgelöst vom vorgestellten Management-Konzept betrachtet werden. Sie sind zwingend erforderliche Mittel zum Zweck der operativen Umsetzung bzw. Ausgestaltung zuvor determinierter und der Konvergenz angepaßter Strategien sowie daraus initiierter Reorganisationsmaßnahmen. So unterstützen moderne Content-Management-Systeme die multimediale Produktion von Inhalten, während Billing-Systeme die Abrechnung von Inhalten ermöglichen. CRM-Systeme fokussieren letztlich auf die Optimierung der Kunden-Identifizierung, der Kundenbestandssicherung sowie des Kundenwertes.

5.3.1.1 Content-Management-Systeme

Einen besonderen Fokus bei der Informationssystemplanung sollte generell der kreative Bereich Content Management einnehmen, da hier die wesentlichen wertschöpfenden Aktivitäten des Verlages angesiedelt sind. Mit der bereits vorgeschlagenen organisatorischen Konsolidierung von Online- und Offline-Redaktion steht die Frage im Vordergrund, wie die dabei auszuführenden redaktionellen Prozesse sinnvoll mit Hilfe einer integrierten DV-Lösung unterstützt werden können. Dabei gilt es einige wesentliche Vorüberlegungen hinsichtlich der Anforderungen und Ziele an eine solche Lösung anzustellen, da die in Verlagen eingesetzten Altsysteme nicht oder nur unzureichend die reorganisierten redaktionellen Produktionsprozesse unterstützen können.

So unterscheidet sich der Multimedia-Content in seiner Komplexität mit zunehmender Breitbandigkeit der Online-Zugänge immer mehr vom Print-Content, da verschiedene Medientypen, wie Text, Bild, Audio und Video, zu einem Medienprodukt gebündelt werden. Das integrierte Medienprodukt differenziert sich jedoch noch weiter nach dem jeweiligen Zielmedium, so daß mit zunehmender Anzahl zu bespielender Plattformen – dem anzustrebenden Multichannel-Prinzip – auch die Variantenkomplexität ansteigt, wobei die verschiedenen Zielmedien parallel – und das im Gegensatz zum Print-Produkt auch noch möglichst aktuell – zu bedienen sind (digitale Erlebniswelt). Darüber hinaus sollte das Medienprodukt unter dem Aspekt einer damit höheren Kundenbindung individualisierbar sein. Letztlich ist für den Verlag auch bei zu erwartender zunehmender Anwendung von Bündelungsstrategien hin zu integrierten Medienprodukten und der damit notwendigen Zusammenarbeit mit anderen Medienunternehmen die Rechtsposition des digitalen Content abzusichern. Beispielsweise können statische Inhalte eines Verlages mit dynamischen Inhalten eines Fernsehsenders zu einem Medienprodukt kombiniert werden. Dabei ist allein schon aus Gründen der Vergütungsleistung wichtig, auf effizientem Wege feststellen zu können, welcher Content von welchem Anbieter in das Angebot eingebracht wurde.[271] Dieser Aspekt gewinnt nicht zuletzt mit der Verbreitung von Content Syndication an Bedeutung. Darüber hinaus sollten im Online-Angebot auch Community-Funktionen sowie Transaktionen technisch unterstützt werden.[272] Abbildung 100 visualisiert exemplarisch anhand des Internet-Auftritts des Titels Bravo, welche vielfältigen Funktionen, die allesamt

---

[270] Vgl. *STÄHLER* (2001), S. 176.

[271] Vgl. *NIEWIARRA* (2001), S. 51.

[272] Vgl. *MILLEG/WAGNER* (2001), S. 37.

als erfolgskritisch für ein modernes Portal anzusehen sind, von der DV-Lösung unterstützt werden sollten.

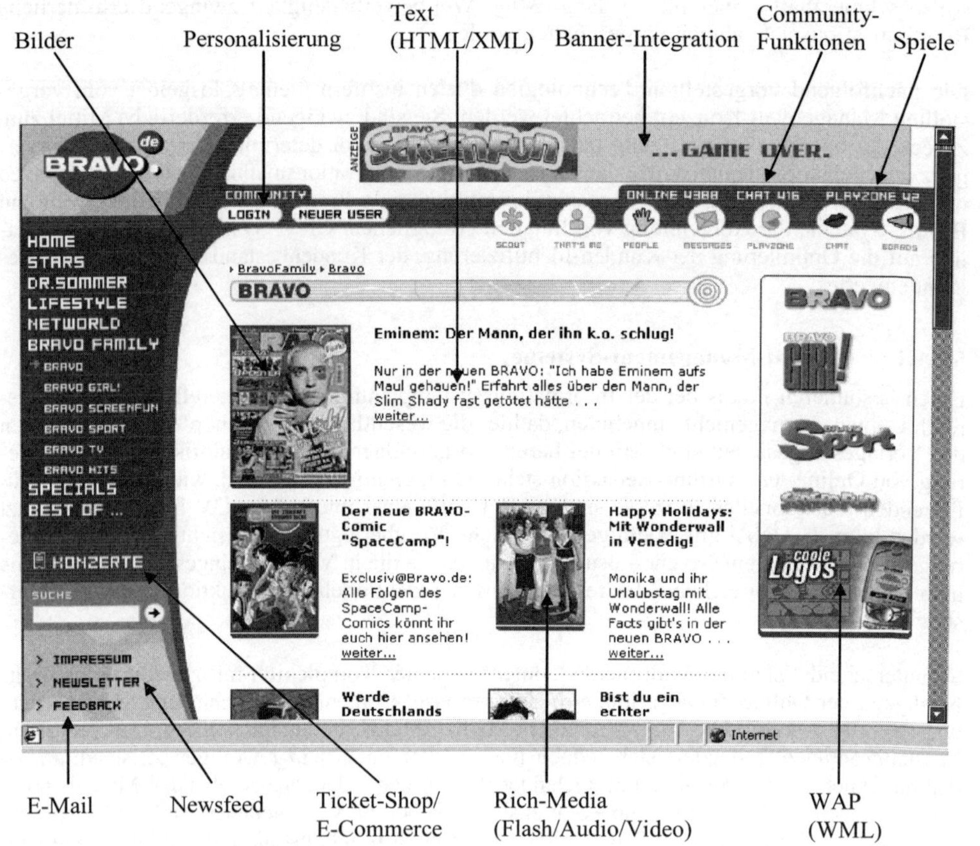

Abbildung 100: Das Multimedia-Portal Bravo.de

Aus dieser Vielzahl von Anforderungen lassen sich nunmehr konkrete Ziele für die Implementierung einer integrierten DV-Lösung im redaktionellen Bereich ableiten:[273]

- *Erhöhung des Automatisierungsgrades*: Eine Automatisierung in den dispositiven und operativen Bereichen steigert die Effizienz einzelner Aufgaben und die Qualität der Arbeitsergebnisse, beispielsweise bei der Gestaltung des Medienproduktes.
- *Vermeidung von Format- und Medienbrüchen*: DV-technische Insellösungen führen zwangsläufig zu Schnittstellen und damit zu notwendigen Konvertierungen. Gerade vor dem Hintergrund anzustrebender Multichannel-Angebote ist es deshalb sinnvoll, eine zentrale, gemeinsame Datenbasis zu verwenden.

273 In Anlehnung an RAWOLLE/HESS (2000), S. 56 (erweitert).

- *Erhöhung der Flexibilität*: Entsprechend der erwünschten Aktualität von Medienprodukten – insbesondere bei Tageszeitungen – müssen Inhalte in einer Form vorgehalten werden, die auch kurz vor Redaktionsschluß noch kurzfristige Änderungen ermöglicht.
- *Vereinfachung der Wiederverwendung*: Die DV-Lösung sollte sowohl eine Wiederverwendung der Inhalte als auch des Layouts unterstützen.
- *Ermöglichen der Integration verschiedener Medientypen*: Anzustreben ist ferner eine problemlose redaktionelle Bündelung verschiedener Medientypen, beispielsweise Print und Audio, d. h. auch dynamischer Medientypen.

Um diese Ziele zu erreichen, bietet sich mit der organisatorischen Konsolidierung von Print- und Online-Redaktion die Einführung eines Content-Management-Systems (CMS) an. Dabei unterstützt ein CMS alle dispositiven und operativen Aufgaben des Content Management.[274] Aus technischer Sicht besteht ein CMS aus den drei Bausteinen

- Editorial System,
- Content Repository und
- Publishing System.

Das *Editorial System* oder *Redaktionssystem* stellt dabei im weitesten Sinne die Eingabeseite des Systems dar. Redaktionssysteme können wiederum unterschieden werden in *medienneutrale* und *medienabhängige* Redaktionssysteme. Entsprechend spielen Festlegungen zur Gestaltung von Inhalten oder deren Aufteilung für bestimmte Zielmedien bei medienneutralen Redaktionssystemen noch keine Rolle, wobei von vornherein eine strikte Trennung von Inhalt und Form vorgenommen wird, um überhaupt auf unterschiedlichen Plattformen publizieren zu können.[275] Die in praxi weitaus verbreitetere Form von Redaktionssystemen sind hingegen medienabhängige Systeme, die auch zielmedienspezifische Funktionen, wie beispielsweise Bedienungselemente zum Seitenumbruch für Print-Produkte, anbieten. Bekannte medienabhängige Redaktionssysteme für den Print-Bereich, die teilweise schon seit den achtziger Jahren eingesetzt werden, sind die Produkte QuarkXPress von Quark, Hermes von Unisys, Prestige von Atex oder Linopress von Linopress Publishing Systems. Den Systemen gemein ist die Eigenschaft einer *layoutgetriebenen* Vorgehensweise, so daß die Redakteure über eine blattorientierte *WYSIWYG*[276]-Sicht verfügen und ihre Texte direkt in die für sie reservierten Bereiche einer Zeitungs- bzw. Zeitschriftenseite schreiben.[277]

Demgegenüber gehen *Online-Redaktionssysteme* von einer *Inhalte-getriebenen* Vorgehensweise aus. Hierbei werden im ersten Schritt die Inhalte festgelegt, recherchiert und erstellt und erst in einem zweiten Schritt manuell oder automatisch in ein vorher definiertes medienspezifisches Layout, ein sogenanntes *Stylesheet*, überführt.[278] Entsprechend eignet sich die Inhalte-getriebene Vorgehensweise insbesondere für das Multichannel Publishing sowie allgemein für Internet-Auftritte, da Web-Sites in der Regel sehr häufig das Layout ändern. Der noch sehr junge Markt für Online-Redaktionssysteme ist allerdings sehr unübersichtlich, wobei als

---

274 Vgl. Abschnitt 5.2.2.2, S. 186.

275 Vgl. *HESS/RAWOLLE* (2000), S. 60.

276 WYSIWYG ist ein in der Wirtschaftsinformatik häufig verwendeter Begriff und steht als Abkürzung für „What You See Is What You Get".

277 Vgl. *HESS/RAWOLLE* (2000), S. 61.

278 Vgl. *RAWOLLE/HESS* (2001), S. 14.

Beispiel für eine Vielzahl anderer Systeme die Produkte StoryServer von Vignette, SiteServer von Microsoft, One-to-One von Broadvision und Open Market von Divine anzuführen sind.

Aufgrund der Dominanz medienabhängiger Redaktionssysteme in Verlagen läßt sich schlußfolgern, daß meistens mehrere Redaktionssysteme zugleich unterhalten werden. Dies sind nicht nur verschiedene Systeme für Print- und Online-Ausgaben, sondern gerade in großen Verlagshäusern oftmals auch unterschiedliche Systeme in den einzelnen Zeitungs- und Zeitschriftenredaktionen. Problematisch ist allerdings, daß vorerst eine Konsolidierung von Print- und Online-Redaktionssystemen aufgrund der unterschiedlichen Anforderungen der Zielmedien nicht möglich ist. So verfügt noch kein medienneutrales oder Online-Redaktionssystem über die spezifischen Funktionen, die bei der Gestaltung eines Print-Produkts notwendig sind (z. B. Unterstützung der Anzeigenplanung, Umbruchkontrolle etc.), so daß sich die Arbeitsprozesse einer Print-Redaktion – die Workflows – nach wie vor am exaktesten im Rahmen einer speziell darauf zugeschnittenen DV-Lösung abbilden lassen. Anzuführen bleibt, daß voraussichtlich Web-Content-Management-Systeme mittelfristig auch komfortabel und wirtschaftlich die Workflows einer Print-Redaktion unterstützen werden, was dann eine systemtechnische Konvergenz im redaktionellen Bereich denkbar erscheinen läßt. Kurzfristig kann jedoch schon eine medienneutrale Datenhaltung in einem zentralen *Content Repository* als ein ganz wesentlicher erster Meilenstein für das Multichannel-Publishing angesehen werden. Dabei dient das Content Repository der Speicherung und Ablage der erstellten Inhalte, wobei offenkundig eine zentrale Datenbank als Herzstück des Content Repository die Verwaltung der Inhalte im Gegensatz zur Ablage in Dateisystemen, die ähnlich wie der Explorer von Microsoft aufgebaut sind, erleichtert.[279] Für ein effektives und effizientes Datenbankmanagement, das vor allem den Informationszugriff, die Informationsaktualisierung und die Informationsverteilung umfaßt, ist es in einem ersten Schritt notwendig, die Inhalte in kleinste logische Einheiten zu zerlegen. Dabei werden die Inhalte grundsätzlich von den korrespondierenden Layouts und Publikationsstrukturen getrennt, infolgedessen sich die Inhaltebausteine ohne technische Probleme neu zusammenstellen, gestalten und ökonomisch verwerten lassen.[280] Die Inhaltebausteine werden wiederum in Mikrostrukturen zerlegt, so daß die damit einhergehende Entbündelung ein spezifisches Packaging und die Weiterverwendung der Inhalte noch weiter begünstigt. Der grundlegende Ansatz zur Zerlegung textueller Inhalte in Mikrostrukturen läßt sich dabei exemplarisch anhand der Abbildung 101 visualisieren.

---

[279] Vgl. *Büchner et al.* (2001), S. 109 ff.

[280] Vgl. *Rawolle/Hess* (2001), S. 28.

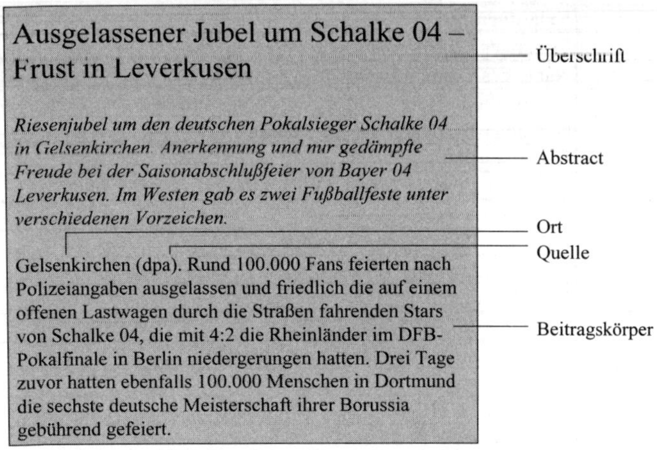

Abbildung 101: Beispiel für Mikrostrukturen in einem textuellen Inhalt[281]

Im Gegensatz zu HTML (Hypertext Markup Language), der noch gebräuchlichsten Beschreibungssprache von Websites, sowie Dateiformaten wie QuarkXPress und Word, die allesamt nicht zwischen Inhalten, Struktur und Layout trennen und somit für eine Indexierung und Verwaltung von Inhalten weniger geeignet sind, setzt sich derzeit zunehmend die *Extensible Markup Language* (*XML*) als zentrale Metasprache zur semantischen Mikrostrukturierung der Inhalte durch. Dabei ist XML ein erst 1998 vom World Wide Web Consortium (W3C) verabschiedeter Standard, dessen Ursprung im SGML[282]-Standard liegt, diesen im Kern jedoch vereinfacht und um zusätzliche Technologien, wie beispielsweise Link-Mechanismen und Namensräume, erweitert hat.[283] XML zeichnet sich neben der beschriebenen semantischen Strukturierung der Inhalte auch durch die Integration von *Metadaten* in eine *Document Type Definition* (*DTD*) aus, die jedem Inhaltebaustein zugeordnet wird. Die DTD enthält entsprechend *Elemente*, sogenannte *Tags*, mit Angaben wie z. B. Urheber, Erstellungsdatum, Gültigkeit, Kategorie und Nutzungsrechte des Inhaltebausteins. Dabei läßt sich ein gutes Content-Management-System daran bemessen, wie frei das Datenmodell gestaltet werden kann, was vor allem die mögliche Anzahl der *Attribute* im DTD zur Beschreibung des Content betrifft, wobei allgemein Attribute die Elemente durch weitere Optionen näher charakterisieren.[284] Dies spielt gerade vor dem Hintergrund der automatischen Verknüpfung und der Qualität von personalisierten Inhalten sowie des Multichannel Publishing eine nicht zu unterschätzende Rolle, da durch eine umfassende und präzise Beschreibung des Content im DTD des XML-Dokumentes hinreichende Strukturierungsinformationen zur bedarfs- und kanalgerechten Zusammenstellung von Inhalten gegeben sind. Tabelle 18 stellt beispielhaft einen Auszug eines XML-DTDs dar. Dabei wird mit der Integration des Elementes „Copyright" deutlich, daß hierdurch auch ein effizientes Rechte-Management der Inhalte ermöglicht wird, da genau einzusehen ist, von wem der jeweilige Inhaltebaustein geliefert wurde.

---

281 Da die Autoren Schalke-Fans sind, sei an dieser Stelle der Hinweis erlaubt, daß der Sieg über die Tablettentruppe mehr als gerechtfertigt war.

282 SGML = Standardized General Markup Language.

283 Vgl. *Ollmert* (2000), S. 210 f., *Rawolle/Hess* (2001), S. 31.

284 Vgl. *Ollmert* (2000), S. 214 f., *Welter* (2000), S. 54.

Element	**Erläuterung**
Source	Container für Informationen über den Content Provider
Source.Name	Name des Content Provider
Source.Image	Grafik, die bei allen Publikationen des Providers verwendet wird
Item	Container für den aktuellen Content
Date	Erstellungsdatum
Category	Zuordnung eines Content-Objekts zu einzelnem Kanal
Headline	Überschrift
Summary	Zusammenfassung des Artikels
ValidFrom	Zeitpunkt, ab dem Content-Objekt live erscheint
ValidTo	Verfallsdatum
Associated Links	Container für verwandte Items
Image	Spezifiziert die Details eines gelieferten Bildes
Image.Caption	Bildunterschrift
Link.dest	Ziel des Links (URL)
Link.text	Textangabe für den Link
Copyright	Hinweise zur Urheberschaft

Tabelle 18: Auszug aus der Elementliste einer XML-DTD[285]

Die Definition der DTDs stellt indes eine große Herausforderung bei der Einführung eines XML-basierten Content-Management-Systems dar. So ist zu überprüfen, ob bereits genormte DTDs für die abzubildenden Prozesse existieren bzw. ob diese den Anforderungen des Verlages gerecht werden.[286] Gerade mit den Lieferanten von Inhalten, wie Nachrichtenagenturen und Bildlieferanten, aber auch mit anderen Medienhäusern, wie etwa Fernsehsendern, ist eine Standardisierung der DTDs anzustreben, da nur so die Inhalteübermittlung bzw. der Inhalteaustausch ohne sonst notwendige und deshalb kostenintensive Umkonvertierungen möglich ist. Des weiteren spielen genormte DTDs auch bei der Syndizierung von Content eine Rolle, da die Lieferung an Inhalteabnehmer hierdurch systemtechnisch erleichtert wird. Allerdings ist anzuführen, daß gerade bei der Klassifizierung von Inhalten innerhalb der Metadaten bei der DTD-Standardisierung auch ein möglicher Interessenkonflikt besteht, da über die Qualität und den Umfang der Metadaten auch Einfluß auf die Kategorisierbarkeit und Personalisierbarkeit der Inhalte genommen werden kann. Insofern ist es durchaus möglich, daß proprietäre DTDs, die alle Stufen des redaktionellen Produktionsprozesses berücksichtigen und daraus ein umfassendes XML-Schlagwort- und Kategoriensystem entwickeln, für den Verlag ein Alleinstellungsmerkmal und somit das Potential für einen Wettbewerbsvorteil gegenüber der Konkurrenz begründen.[287]

Eine weitere Herausforderung für den Verlag liegt darin, daß die in Print-Redaktionen verwendeten Redaktionsysteme – wie QuarkXPress – keine medienneutralen Formate originär unterstützen. Da jedoch, wie zuvor dargestellt, eine Ablösung der Print-Redaktionssysteme vorerst nicht ohne weiteres möglich ist, gilt es die generierten Inhalte durch Schnittstellen an einem definierten Punkt des Bereitstellungsprozesses (z. B. nach Freigabe der Seiten) in XML zu exportieren. Ein daraus resultierender Nachteil ist allerdings eine redundante Daten-

285 Vgl. *CHRIST/BACH* (2002), S. 97. Unter Container ist hierbei die hierarchische Darstellung von Elementen zu verstehen.

286 Vgl. *OLLMERT* (2000), S. 217.

287 Vgl. *HESS/ANDING* (2001), S. 48, *PRICEWATERHOUSECOOPERS* (2001), S. 19.

haltung, was wiederum eine aufwendigere Pflege der Daten erfordert und Inkonsistenzen ermöglicht.[288]

Weiterhin liegt eine noch offene Flanke bei Content-Management-Systemen in der Abbildung dynamischer Medientypen. So ist die Beschreibung von statischen Inhalten, wie Texten und Bildern, letztlich gut strukturierbar und damit auch unter Berücksichtigung der vorherigen Ausführungen problemlos in XML abzubilden. Demgegenüber zeichnen sich Video- und Audio-Sequenzen durch hohe Datenvolumina und eine schwache interne Strukturierbarkeit aus. Gerade die Bündelung von statischen und dynamischen Medientypen zu einem integrierten digitalen Medienprodukt verspricht jedoch zukünftig Wettbewerbsvorteile, so daß bei der verlagsseitigen Auswahl eines Content-Management-Systems zumindest darauf geachtet werden sollte, daß die Lösung mittelfristig Schnittstellen zu evtl. aufzubauenden speziellen Medienservern ermöglicht. Die Entwicklung von leistungsfähigen Lösungen steht hier aber noch am Anfang. Eine zukunftsträchtige Technologie in diesem Bereich, die bereits beim Nachrichtensender CNN sowie bei Bertelsmann eingesetzt wird, ist die Lösung Video Smart Encode des Anbieters Virage.[289] Die Technologie ist dabei in der Lage, Video-Inhalte in real-time zu indexieren und damit Metadaten zu generieren. Parallel dazu werden die dynamischen Inhalte encodiert, d. h. in digitale Formate konvertiert und auf einem Medienserver abgelegt.

Während das Redaktionssystem die Eingabeseite der Inhalte darstellt und das Content Repository die Inhalte speichert, repräsentiert das *Publishing-System* als weiteres konstituierendes Merkmal die Ausgabeseite des Content-Management-Systems. Wiederum ist zwischen Print- und Online-Systemen zu unterscheiden, wobei ein Print-Publishing-System die verschiedenen Arbeitsschritte der Druckvorstufe – wie beispielsweise die Seitenvorbereitung, das Ausschießen oder die Farbseparation – unterstützt, worauf allerdings nicht näher eingegangen wird.[290] Wichtig hingegen ist eine Darstellung der grundlegenden Spezifika von Online-Publishing-Systemen, bei denen verschiedene Gestaltungsvarianten existieren. So ist grundsätzlich zwischen einer *Template-basierten* und einer *Stylesheet-basierten* Vorgehensweise zu unterscheiden, wobei durchaus auch Kombinationsformen aus beiden Ansätzen verwendet werden.[291] Dabei sind Templates HTML-Seiten oder Skripte, die ein Gerüst aus Platzhaltern darstellen, deren Struktur vom Content-Management-System interpretiert werden und schließlich mit den gewünschten Inhalten gefüllt werden kann.[292] Alternativ können natürlich auch Templates für andere Ausgabeformate als das Internet, wie beispielsweise *WML*[293] (Wireless Markup Language) für mobile WAP-Dienste, erzeugt werden.

---

288 Vgl. *Hess/Rawolle* (2000), S. 53.

289 Vgl. *Winkler* (2001), S. 44.

290 Zur Produktion von Printmedien vgl. ausführlich *Kipphan* (2000).

291 Vgl. *Rawolle/Hess* (2001), S. 34.

292 Vgl. *Büchner et al.* (2001), S. 108.

293 WML ist eine an HTML angelehnte Seitenbeschreibungssprache, die allerdings weniger speicherintensiv ist und somit die Darstellung von Inhalten auf mobilen Endgeräten, die im Gegensatz zum Desktop-PC hinsichtlich Display und Übertragungsgeschwindigkeit erheblichen Einschränkungen unterliegen, erlaubt.

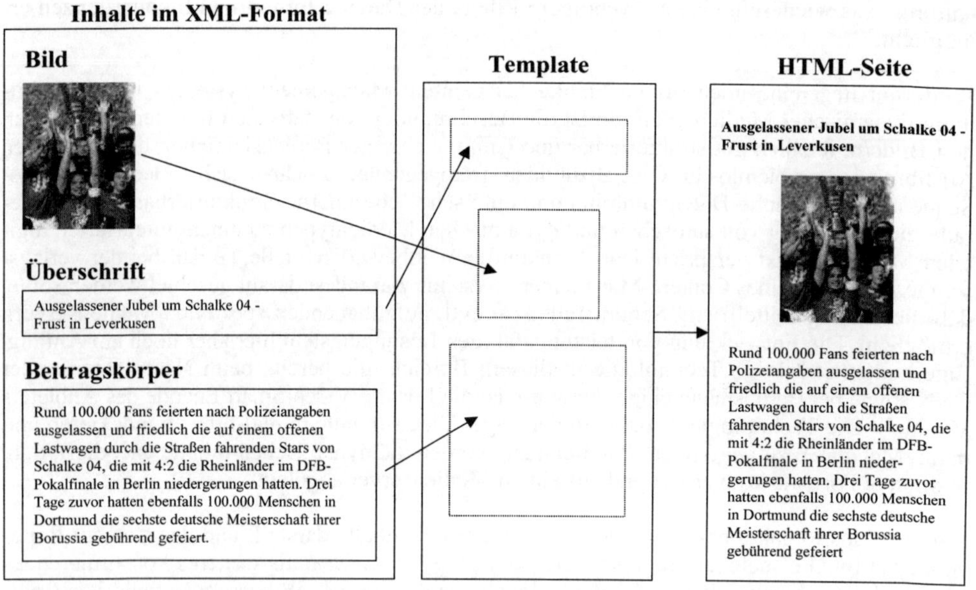

Abbildung 102: Template-basierte Vorgehensweise zur Erzeugung von HTML-Seiten

Nachteilig an der Template-basierten Vorgehensweise ist die eher grobe Granularität, die eine feine Darstellung von Mikrostrukturen der Inhalte, die mittels XML abgebildet sind, nicht erlaubt. Genau an dieser Stelle greift der wesentliche Vorteil des *Stylesheet-basierten* Ansatzes. Dabei ist ein Stylesheet ein Dokument mit Transformationsanweisungen, so daß semantische XML-Tags regelbasiert und somit exakt in HTML oder andere Ausgabeformate umgewandelt werden können.[294] Eine in diesem Zusammenhang oftmals verwendete Sprache zur Beschreibung von Transformationen der Struktur eines XML-Dokuments ist die *Extensible Style Language* (XSL), die aus einer Sprache zur Transformation von XML-Dokumenten und einem Vokabular für Formatanweisungen besteht. Diese ist insofern notwendig, als beispielsweise ein Internet-Browser genaue Anweisungen benötigt, wie mit den eingesetzten Tags umzugehen ist, d. h. wie die semantischen Elemente letztlich dargestellt werden sollen. Die Konvertierung des XML-Dokuments mit Hilfe des XSL-Dokuments in das gewünschte Ausgabeformat geschieht dann durch einen XML-Prozessor, den sogenannten *XML-Parser*. Dessen zentrale Fähigkeit liegt in der Erkennung von Mustern, also von Kombinationen aus Elementen und Attributen und deren Abbildung in einem hierarchischen Objektbaum, der sich durch die Konvertierungsinformationen der XSL in ein darstellbares Format umwandeln läßt.[295]

294 Vgl. *RAWOLLE/HESS* (2001), S. 34.

295 Vgl. *OLLMERT* (2000), S. 222.

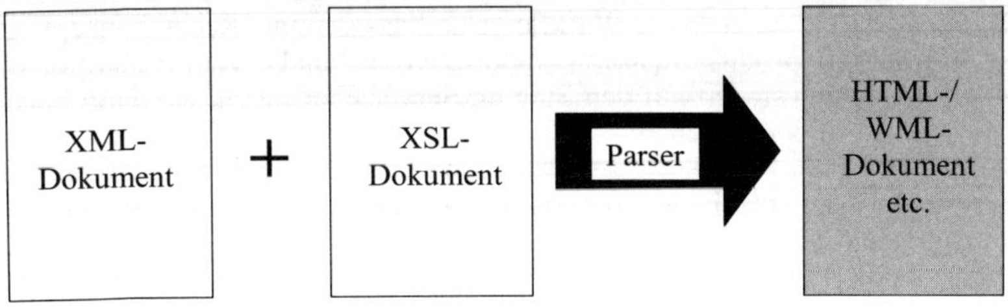

Abbildung 103: Stylesheet-basierter Ansatz zur Generierung eines darstellbaren Inhalteformats[296]

Ein weiterer Ansatz zur Gestaltung von XML-Dokumenten eröffnet sich durch *Cascading Style Sheets* (CSS), die den semantischen XML-Tags direkt typographische Eigenschaften zuordnen, ohne die Struktur des Dokuments zu verändern.[297] Allerdings ist hier anzuführen, daß es noch nicht möglich ist, einzelne Elemente in eine komplexere Struktur zu integrieren, was insbesondere für die dynamische Website-Programmierung nicht ausreicht. Die fortschreitende Personalisierung und Interaktivität verlangt jedoch zunehmend die Erstellung von dynamischen Websites mit Real-time-Zugriff auf das Content Repository.

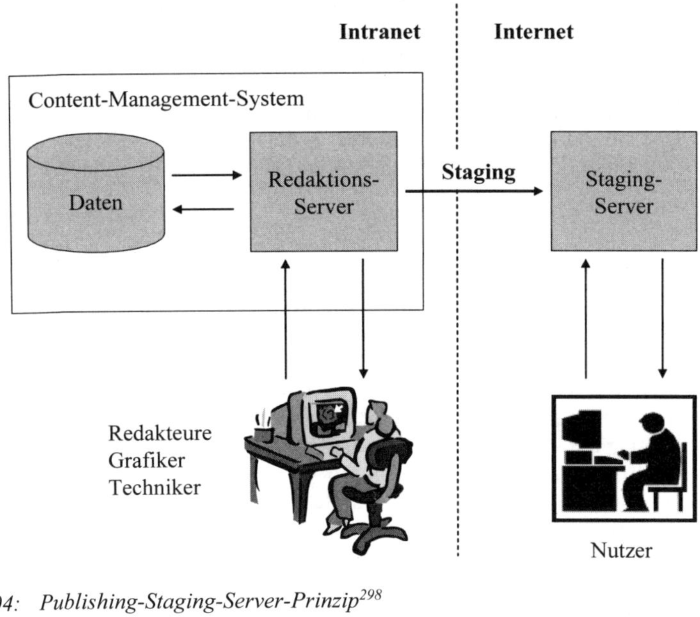

Abbildung 104: Publishing-Staging-Server-Prinzip[298]

Das Publishing-System wird in Verlagen in der Regel sowohl bezüglich der Software als auch der Hardware getrennt vom Redaktionssystem betrieben, was u. a. auf Sicherheitsmotive und Gründe der Skalierbarkeit zurückgeführt werden kann. Hinsichtlich des Serverkonzepts hat sich der *Publishing-Staging-Ansatz* als gebräuchlichste Lösung herauskristallisiert. Dieser basiert auf zwei separaten Produktionsumgebungen: Einerseits arbeiten die Redakteure auf

296 Vgl. *OLLMERT* (2000), S. 222.

297 Vgl. *RAWOLLE/HESS* (2001), S. 35.

298 Vgl. *BÜCHNER ET AL.* (2001), S. 153.

einem Redaktions-Server, der auch die Workflows und das gesamte Rechtekonzept verwaltet.[299] Andererseits werden die produzierten bzw. modifizierten Inhalte vom Redaktionsserver entweder manuell oder zeitgesteuert auf den Staging Server übertragen, wo dann beispielsweise die Websites zum Abruf bereit stehen.

Zusammenfassend ist entsprechend vorheriger Ausführungen anzuführen, daß bisher kein Content-Management-System im Verlag als „Out-of-the-box-Lösung" implementiert werden kann. Vielmehr ist die Einführung von Content-Management-Systemen ein evolutionärer Prozeß, der zunächst die Integration von Altsystemen bedingt, um insbesondere die Qualität der redaktionellen Produktion des Print-Produkts sicherzustellen. Gleichwohl wird deutlich, daß ein Engagement in den digitalen Erlebniswelten und eine daraus folgende Personalisierung von Inhalten und deren Distribution auf verschiedenen Plattformen sowie die evtl. Syndikation von Inhalten unweigerlich mit der Einführung eines effektiven und effizienten Content-Management-Systems verbunden sein sollte. Dieses ist technologische Grundvoraussetzung, um die beschriebenen Potentiale innerhalb der strategischen Leverages überhaupt ausnutzen zu können. Dabei steht die Entwicklung von Content-Management-Systemen erst noch am Anfang und stellt somit oftmals noch eine ganz entscheidende Hürde dar, um multimediale, integrierte Medienprodukte und eine sinnvolle Personalisierung anbieten zu können. Gleichzeitig wird derzeit insbesondere in den großen Zeitungs- und Zeitschriftenhäusern kaum einem Thema mehr Beachtung geschenkt als der Entwicklung eines crossmedial angepaßten Content-Managements sowie dessen technologischer Umsetzung.

Ein weiterer Brennpunkt, der in engem Zusammenhang mit dem Erfolg von Pay-per-Content-Modellen und der Einbindung von E-Commerce in die digitalen Erlebniswelten steht, ist die technologische Implementierung wirtschaftlicher und für den Konsumenten vertrauenswürdiger Billing-Systeme.

5.3.1.2 Billing-Systeme

Eine der größten technologisch zu bewältigenden Hürden in den digitalen Erlebniswelten ist eine für den Endkunden sichere und bequeme sowie gleichzeitig für den Plattformbetreiber effiziente Abrechnung von digital bestellten Produkten und Dienstleistungen. Losgelöst von der Frage, von wem und wie Zahlungen bestellter Produkte und Dienstleistungen der E-Commerce-Partner eines Verlages abgewickelt werden, steht dabei nachfolgend für einen Zeitungs- und Zeitschriftenverlag die systemtechnische Unterstützung zur Abrechnung von digital vertriebenen Inhalten im Vordergrund. Diese übernimmt ein sogenanntes *E-Payment-* oder *Billing-System*, das den gesamten Kaufprozeß eines Kunden – von der Bestellung über den daraufhin anzustoßenden Warenfluß (Content Packaging und Übermittlung) bis zur Fakturierung – elektronisch unterstützt. Insofern müssen Billing-Systeme den gleichen Zweck erfüllen wie in der realen Welt das Geld, das eine Tauschfunktion hat, der Wertaufbewahrung dient, einen Wertmaßstab setzt und eine Rechnungseinheit bildet.

Das Thema Bezahlen spielt dabei für den Online-Kunden eine große Rolle, wobei das Sicherheitsinteresse bei der Abwicklung der digitalen Transaktionen ganz klar im Vordergrund steht, was sich u. a. daraus ablesen läßt, daß rund 84 Prozent der deutschen Internet-Nutzer Angst vor einer Online-Bestellung haben und ihre Einkaufstour im Web spätestens an der elektronischen Kasse abbrechen.[300] Dies spiegelt sich auch in den präferierten Zahlungsmodalitäten

---

[299] Vgl. *BÜCHNER ET AL.* (2001), S. 150.

[300] Vgl. online *FORRESTER RESEARCH* (2000c).

der Verbraucher wider, die Online-Einkäufe am liebsten auf traditionellem Weg per Rechnung oder Nachnahme abwickeln.

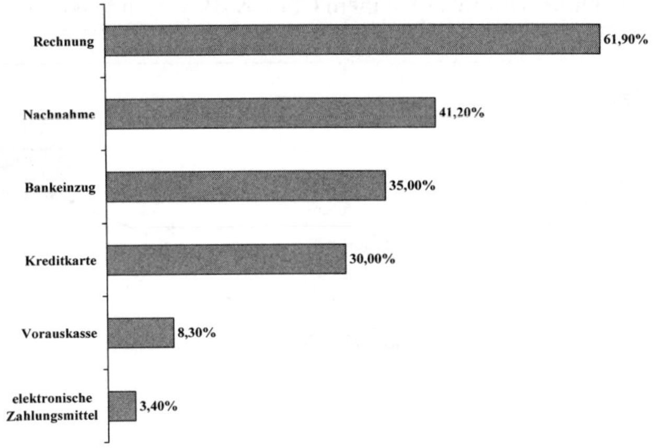

Abbildung 105: Präferierte Zahlungsmodalitäten deutscher Online-Shopper im Jahr 2001[301]

Problematisch für Verlage ist hierbei, daß sich der Preis für digital vertriebene Inhalte in der Regel im *Micropayment-Bereich* befindet, der Transaktionssummen bis ca. fünf Euro umfaßt, so daß die Bezahlung nicht wirtschaftlich mittels traditioneller Zahlungsmodalitäten abgewickelt werden kann, da eine Rechnungsstellung stets Prozeßkosten in einer Höhe mit sich bringt, die leicht die eigentlichen Erlöse überschreiten kann. Deshalb gilt es bei der Einführung von Pay-per-Content in den verlagseigenen E-Business-Portalen auch eine Entscheidung hinsichtlich des Zahlungssystems zu fällen. Dabei besteht schon seit langem kein Mangel mehr an geeigneten Payment-Lösungen, vielmehr liegt die Krux darin, daß sich noch kein einheitlicher Standard im Micropayment-Bereich durchgesetzt hat.[302] Dies birgt sowohl für den Kunden als auch für den Verlag Nachteile, da es natürlich nicht von Kundeninteresse ist, bei verschiedenen E-Business-Portalen verschiedene Bezahlsysteme in Kauf nehmen zu müssen. Andererseits ist es aber auch für einen Verlag schwer, aus den vielen Marktangeboten das System auszuwählen, das sich möglicherweise als Marktstandard durchsetzen wird. Insofern steht auch nachfolgend schwerpunktmäßig die Frage im Vordergrund, welche Micropayment-Verfahren bereits eine gewisse Marktakzeptanz erlangt haben bzw. höchstwahrscheinlich in den kommenden Jahren erlangen werden. Damit tritt eine Darstellung der technologischen Vor- und Nachteile einzelner Systeme auch zwangsläufig in den Hintergrund, da sich analog zum Markt für Betriebssysteme mit Windows als Standard auch hier nicht unbedingt das technologisch überlegene, sondern das von einer breiten Kundenschicht akzeptierte bzw. am geschicktesten vermarktete System durchsetzen wird.

Ein u. a. vom Spiegel-Verlag und der Zeitschrift Test der Stiftung Warentest angewandtes Micropayment-Verfahren ist die Lösung *Click & Buy* des Anbieters Firstgate. Der User muß sich dabei lediglich einmal online registrieren, d. h. Name, Adresse, Telefonnummer, E-Mail-Adresse und Bank- oder Kreditkartendaten angeben. Befindet sich der Nutzer nun in einem an Click & Buy angeschlossenen Portal, so sind für den Bezug der kostenpflichtigen Inhalte

301 Vgl. *Gruner & Jahr Electronic Media Service* (2001), S. 74.

302 Vgl. online *IT-Forum Berlin* (2002).

lediglich der mit der Anmeldung übermittelte User-Name und ein Paßwort einzugeben. Daraufhin wird die Inhalteübermittlung über die Website von Firstgate geroutet. Die eigentliche Abrechnung erfolgt schließlich am Ende eines Monats per Lastschriftverfahren, wobei der Kunde alle getätigten Online-Käufe auf seinem Click-&-Buy-Kundenkonto einsehen kann.

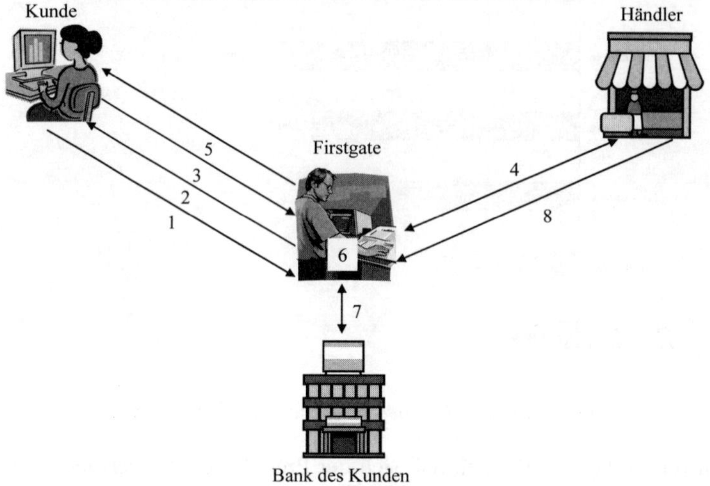

1. Kunde klickt auf Link von Firstgate und fordert damit kostenpflichtigen Inhalt an.
2. Firstgate fordert Login bzw. Registrierung (bei Neukunden) an und teilt dem Kunden dann die Kosten und eine Beschreibung des angebotenen Inhaltes mit.
3. Nach Login bzw. Registrierung bestätigt Kunde die Anforderung.
4. Firstgate lädt die Inhalte vom Anbieter und...
5. ...leitet sie an den Kunden weiter.
6. Firstgate speichert den Abruf, um die Inhalte bei einem weiteren Abruf ggf. kostenfrei zu liefern.
7. Firstgate zieht den aufgelaufenen Rechnungsbetrag monatlich (ggf. häufiger) vom Konto des Kunden ein...
8. ...und überweist jedem Händler seine akkumulierten Umsätze.

Abbildung 106: „Click & Buy"-Bezahlverfahren des Anbieters Firstgate[303]

Für den Kunden bei dieser Lösung nachteilig ist eigentlich nur das Anmeldungs-Prozedere, da die Bekanntgabe der persönlichen Daten stets eine Hemmschwelle für den Internet-Nutzer darstellt.[304] Ansonsten garantiert Firstgate jedoch die Anonymität des Nutzers gegenüber den angeschlossenen E-Business-Portalen. Dies kann natürlich auch einen Nachteil für Kunden bedeuten, die individualisierte Content-Pakete wünschen, denn je anonymer das Bezahlverfahren ist, desto weniger Möglichkeiten bestehen zur Bildung von Kundenprofilen und der Anwendung von Personalisierungsstrategien für den Verlag.[305] Außerdem verliert der Verlag selbst weitestgehend den direkten Zugang zum Kunden und damit einhergehend auch die Möglichkeit der Nutzung von Cross-Selling-Potentialen. Zudem erhebt Firstgate eine Provision, die sich nach den monatlichen Umsätzen des Portals richtet und bis zu 40 Prozent ausmachen kann.[306] Vorteilhaft für den Verlag ist allerdings, daß der gesamte Billing-Prozeß in den Händen von Firstgate liegt, da Click & Buy letztlich eine nicht proprietäre Tarifierungsplattform auf

303 Entnommen *HENKEL* (2001b), S. 274

304 Vgl. online *IT-FORUM BERLIN* (2002).

305 Vgl. *HENKEL* (2001a), S. 113.

306 Vgl. online *ROBBEN* (2000).

Application-Service-Providing-Basis (ASP[307]) darstellt.[308] Damit läßt sich zusammenfassend anführen, daß ein Verlag mit Click & Buy zwar eine verläßliche und einfache Pay-per Content-Lösung einführen kann, diese jedoch noch längst nicht den Königsweg darstellt, da Personalisierungsstrategien weitestgehend nicht anwendbar sind.

Dies gilt auch für das von der Deutschen Telekom entwickelte *MicroMoney-System*, bei dem der Nutzer eine Prepaid-Karte im Wert von 15, 30 oder 50 Euro in einem T-Punkt-Telefonshop oder einer Postfiliale kauft, die auch gleichzeitig als Calling-Card verwendet werden kann. Hierauf befindet sich eine 16-stellige PIN, die freigerubbelt wird und beim Bezahlvorgang einzugeben ist. Durch Aufbau einer Verbindung zum zentralen MicroMoney-Server und Bestätigung der Zahlungssumme durch den Nutzer wird dann der entsprechende Betrag vom Kartenguthaben abgezogen.[309]

Abbildung 107: MicroMoney-Card der Deutschen Telekom

Wie auch im Falle von Click & Buy ist das System für den Kunden einfach zu handhaben, wobei natürlich ein spontanes Bezahlen nicht möglich ist, sofern der Kunde noch keine MicroMoney-Karte besitzt. Dennoch spricht das deutschlandweit dichte Vertriebsnetz der Karten sowie die Marketing-Stärke des Branchenriesen Deutsche Telekom für eine zunehmende Marktpenetration von MicroMoney. Als wichtigste Partner im Multimedia-Bereich für das System gelten die Angebote der Telekom-Töchter bzw. Telekom-Beteiligungen, wie z. B. das Portal auto.t-online.de, das durch Inhalte der Zeitschrift Auto Motor Sport angereichert wird, oder natürlich bild.t-online.de. Aber auch beim Kleinanzeigenblatt Annoncen Avis läßt sich die Anzeigenbuchung per MicroMoney abwickeln.

Als zukunftsfähiges Verfahren für Micropayments, aber auch für Macropayments bis zu einer Höhe von 200 Euro sind letztlich *Geldkarten* anzuführen, die auch als Smartcards bezeichnet werden. Auf den derzeit in Deutschland über 50 Millionen im Umlauf befindlichen EC-Karten ist dabei ein aufladbarer Kryptoprozessor (Chip), der im Falle einer Transaktion dezentral direkt auf der EC-Karte eine Verschlüsselung vornimmt und somit ein hohes Maß an Sicherheit gewährleistet. Allerdings ist hierzu ein spezielles Lesegerät erforderlich, das extern an einen PC angeschlossen wird bzw. in die Computer-Tastatur integriert ist. Problematisch ist hier, daß der Kauf von Chipkarten-Lesegeräten, die für den privaten Gebrauch ca. 150 Euro kosten,

307 ASP stellt ein Dienstleistungskonzept für die Bündelung und Bereitstellung von IT-Diensten dar, so daß das jeweilige Unternehmen durch das damit einhergende Outsourcing keine Software mehr anschaffen muß. Dies hat u. a. den Effekt, daß aus fixen IT-Kosten variable Kosten werden.

308 Vgl. SCHMITT (2001), S. 227.

309 Vgl. online *IT-FORUM BERLIN* (2002).

bisher von Banken noch nicht subventioniert wird.[310] Erst wenn mehrere Großbanken eine finanzielle Unterstützung der Kunden einräumen und auch die Preise der Chipkartenleser aufgrund von Großserienfertigungen fallen, kann sich das System durchsetzen. Ein großer Vorteil wäre aber, daß fast jeder Bundesbürger eine EC-Karte besitzt und diese in seiner Hausbank aufladen kann. Zudem wären die Transaktionsgebühren eines Verlages als Verkäufer von digitalen Inhalten im Vergleich zu anderen Systemen, wie Click & Buy, minimal.[311]

Allen vorgestellten Verfahren gemein ist die Wahrung der Anonymität der Nutzer gegenüber dem jeweiligen Verkäufer. Hier wird auch der eigentliche Vorteil integrierter Medienunternehmen, wie AOL Time Warner, deutlich, da die Bezahlung von digitalem Content auch über die ohnehin monatlich gestellte Abrechnung der Zugangsdienste erfolgen kann. Durch die Internalisierung des Billing ist somit auch die Bildung von Profilen und die Bereitstellung personalisierter Content-Produkte möglich. Auch das Joint Venture Bild.de von T-Online und dem Axel Springer Verlag bietet den Vorteil, daß kostenpflichtige Inhalte über die monatliche Telefonrechnung der Deutschen Telekom abgerechnet werden können, so daß keine kostenaufwendige Payment-Infrastruktur aufgebaut werden muß. Allerdings hat das Bundeskartellamt das Joint Venture nur unter der Auflage genehmigt, daß auch mindestens ein anderes Zahlungssystem als die Abrechnung über T-Online respektive die Deutsche Telekom angeboten wird. Ohne diese Auflage hätte das Unternehmen möglicherweise eine marktbeherrschende Stellung bei kostenpflichtigen Inhalten forcieren können, und das in einer Marktphase, in der Konkurrenten noch nach geeigneten Abrechnungssystemen suchen.[312]

Unabhängig davon kann ein Verlag mit eigenen Content-Angeboten natürlich den Abonnenten von Zeitungen und Zeitschriften ein exklusives Paßwort zur Verfügung stellen, so daß sich digitale Inhalte dann auch personalisieren lassen, ohne daß sich die evtl. Inanspruchnahme von anonymen Abrechnungsverfahren für kostenpflichtige Zusatzdienste auf die Personalisierbarkeit der Dienste auswirkt. Ansonsten besteht auch noch die Möglichkeit, generell alle Nutzer von einer kostenpflichtigen oder kostenlosen Anmeldung im Internet-Portal zu überzeugen, so daß anonyme Abrechungsverfahren hier ebenfalls keinen Nachteil mehr darstellen. Eine solche Anmeldung wird der Nutzer natürlich nur dann in Kauf nehmen, wenn dadurch besonderer Mehrwert für ihn generiert wird.

Während in den vorherigen Ausführungen Payment-Modelle für die Erlebniswelt E-Business dargestellt wurden, ist für die Erlebniswelt M-Business anzuführen, daß sich hier die Abrechnung von Inhalten weitaus unproblematischer darstellt und für einen Content Provider als gelöst betrachtet werden kann. Dies begründet sich aus der Lieferung von Inhalten an die Portale der Mobilnetzbetreiber, die – wie dies beispielsweise bei i-Mode der Fall ist – das gesamte Billing für die Content Provider übernehmen. Allerdings ist auf der Seite der Netzbetreiber ein hochflexibles Abrechnungssystem zu etablieren, so daß z. B. eine Event-basierte Preissetzung von Inhalten der Content Provider möglich ist.

Losgelöst vom Billing aus Endkundensicht ist abschließend zu erwähnen, daß natürlich eine kundenindividuelle Bündelung von Content-Modulen verlagsintern die Frage aufwirft, wie die einzelnen Content-Module intern zu bepreisen sind, um somit überhaupt einen wirtschaftlich tragfähigen Endkundenpreis kalkulieren zu können. Dies ist jedoch höchst problematisch, da bei Medieninhalten, die stets Unikate darstellen, keine genauen Informationen zu deren

---

310 Vgl. *KEUPER* (2001c), S. 452.

311 Vgl. online *IT-FORUM BERLIN* (2002).

312 Vgl. online *MEIER* (2002).

Qualität und Quantität vorhanden ist. Insofern stoßen in diesem Fall auch normale Kostenrechnungsverfahren an ihre Grenzen, so daß sich die Bepreisung der Content-Module letztlich aus dem Erfahrungsschatz der Journalisten und kaufmännischen Mitarbeiter des Verlages ableiten muß. Die Problematik wird noch komplexer, wenn mehrere kooperierende Medienunternehmen verschiedene Medienformate liefern, aus denen dann ein Medienprodukt kundenspezifisch gebündelt wird. Hierbei wird offensichtlich, daß Content-Management-Systeme auch Abrechnungsfunktionen aufweisen sollten, so daß zukünftig infolge einer Kundenanfrage die Content-Module gebündelt werden und daraufhin dem Kunden ein Preis für das Content-Paket aufgrund automatisch intern ausgelöster Berechnungen der einzelnen Module angezeigt wird. Dies würde im Endeffekt bedeuten, daß der Konsument elektronischer Medien auch nur für die Inhalte bezahlen muß, die er selbst auf allen Erlebniswelten angefordert hat. Allerdings ist die Praxis sowohl organisatorisch als auch systemtechnisch noch weit von dieser skizzierten Vision entfernt.

5.3.1.3 Customer-Relationship-Management-Systeme

Bei der Implementierung des MSCM stellt sich weiterhin die Frage, wie Informationstechnologie die alles entscheidende *Kundenorientierung* unterstützen kann. Während kaufmännisch orientierte Enterprise-Resource-Planning-Systeme (ERP-Systeme) vor allem dazu dienen, den kaufmännischen Geschäftsbetrieb effizienter zu gestalten, ermöglichen sogenannte *Customer-Relationship-Management-Systeme* (CRM-Systeme) eine anzustrebende Prozeßorientierung in Richtung des Kunden.[313] Hierbei verfolgtes Ziel ist stets eine Optimierung der Kunden-Identifizierung, Kundenbestandssicherung sowie des Kundenwertes.[314] Es gilt somit eine möglichst hohe Kundenloyalität langfristig aufzubauen, so daß die Wechselkosten, die einem Kunden durch einen Anbieterwechsel entstehen, letztlich so hoch sind, daß dieser darauf verzichtet.[315] Customer-Relationship-Management läßt sich dabei in zwei unterschiedliche Typen aufgliedern, die sich ähnlich wie in einem Ökosystem gegenseitig bedingen: Während das operative CRM die Mitarbeiter an den verschiedenen Kundenkontaktpunkten unterstützt, beschäftigt sich das analytische CRM mit der Analyse von generierten Kundendaten.[316]

Herzstück eines jeden CRM-Systems ist das sogenannte *Data Warehouse*. Dabei bezeichnet ein Data Warehouse eine themenorientierte, integrierte, zeitbezogene und dauerhafte Sammlung von Informationen, die im Gegensatz zu operativen Informationssystemen objektorientiert, also z. B. nach Kunden, verwaltet werden.[317] Hierbei gilt es die Daten aus Front- und Back-Office im Data Warehouse zu konsolidieren. Somit kann beispielsweise beim operativen CRM durch eine direkte Anbindung an die Vertriebs- und Finanzsysteme ein Call-Center-Agent im Verlag sofort erkennen, wie lange ein Kunde bereits ein Abonnement einer Zeitung oder Zeitschrift hat, wie oft dieser schon mit wem über welche Kanäle Kontakt hatte und wie sein Zahlungsverhalten ist. Um auf den Kunden an den einzelnen Kundenkontaktpunkten möglichst individuell einzugehen, ist es neben den formatierten Daten aus dem Data Warehouse auch notwendig, einen Überblick über alle Dokumente, also auch Briefe, Faxe und Verträge, eines Kunden zu erhalten. Hier greifen wiederum Content-Management-Systeme im Sinne eines internen *Dokumentenmanagements*. Durch die Trennung von Inhalt und Layout der Dokumente ist es möglich, die Informationen formatunabhängig weiterzuverarbeiten und erst beim

313 Vgl. *Stojek/Simon* (2000), S. 9.

314 Vgl. *Simon* (2000), S. 18.

315 Vgl. *Schwede* (2000), S. 8.

316 Vgl. *Simon* (2000a), S. 18.

317 Vgl. *Schinzer/Thome* (1999), S. 1.

Empfänger, z. B. beim Call-Center-Agenten, zu personalisieren.[318] Wie auch bei der Erstellung der Medieninhalte wird im Header des Objekts eine eigene Strukturbeschreibung (DTD) als Meta-Information angelegt. Die Objekte werden dann mit anderen verknüpft, um in Form von Templates dem individuellen Bearbeiter oder aber einer ganzen Arbeitsgruppe die gewünschten Inhalte bedarfsgerecht zu präsentieren. Bei einem anzustrebenden zwischenbetrieblichen, XML-basierten Inhalteaustausch ist zu erwähnen, daß sich wie im redaktionellen Bereich die Kooperationspartner auf einheitliche Strukturbeschreibungen einigen sollten, da ansonsten zeitaufwendige Umkonvertierungen notwendig wären.[319]

Die Konsolidierung von formatierten Daten aus verschiedenen funktional orientierten Informationssystemen, wie z. B. Anzeigenkundenverwaltung oder Kampagnen-Management, ist aber vor allem Basis für die Werkzeuge des *analytischen CRM*, welches schwerpunktmäßig unter Marketing-Gesichtspunkten genutzt wird.[320] Ein in diesem Zusammenhang vielfach verwendetes Werkzeug ist das *Data Mining*, das automatisch die Suche nach Beziehungen und Mustern in Datenbeständen durch die Anwendung von Algorithmen ermöglicht.[321] Durch die gewonnenen Erkenntnisse können im Sinne der anzustrebenden Kundenorientierung Marktchancen und Zielgruppen frühzeitig und präzise identifiziert und Produkte zielgruppengerecht gestaltet werden. Als nächster Schritt ist dann eine Kopplung von Kunden- und Content-Datenbank anzustreben, so daß die bereits vielfach beschriebene Individualisierung von Inhalten für den Endkunden durch Konfiguration maßgeschneiderter Produkte aufgrund von Nutzerprofilen durchgeführt werden kann. Analog dazu sind natürlich auch Kundendaten zu Werbe- und Rechtekunden zu aggregieren, um so innovative und maßgeschneiderte Werbekonzepte respektive Content-Pakete anbieten zu können.

In der Evolution eines Multimedia-Wertschöpfungsnetzwerkes wäre es zudem besonders interessant, die Datenbestände der Wertschöpfungspartner in einem zentralen Data Warehouse zu integrieren. Dadurch kann sowohl die Breite als auch die Tiefe der Datenbasis vergrößert werden, so daß neben einem effizienten Datenaustausch ohne Medienbrüche und Redundanzen im Hinblick auf den Kunden aus den verschiedenen Einzeldaten umfassende Persönlichkeitsprofile generiert werden, die die Gestaltung individueller Produkte und Kommunikation ermöglichen.[322] Allerdings ist hier nochmals der nicht unproblematische rechtliche Aspekt zu erwähnen, da eine Verdichtung von Kundeninformationen evtl. die Intimsphäre der betroffenen Person verletzt.

Die nachfolgende Abbildung gibt einen zusammenfassenden Überblick über das Customer-Relationship-Management und die damit verbundenen Informationstechnologien.

---

318 Vgl. *STEIN* (2000), S. 311

319 In Anlehnung an *RAWOLLE/HESS* (2000).

320 Vgl. *HAMM* (1997), S. 111.

321 Vgl. *SCHEER* (1996), S. 75.

322 Vgl. *BELLMANN/MACK* (1997), S. 574 f.

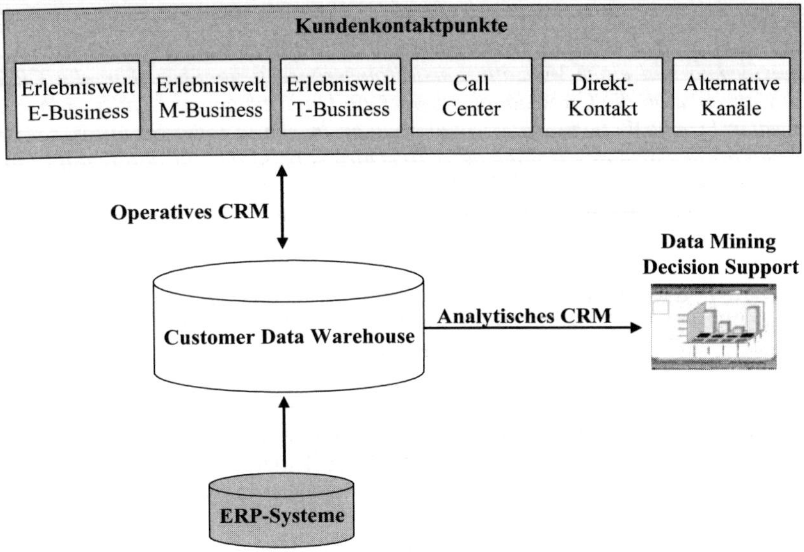

Abbildung 108: Grundlagen des Customer-Relationship-Managements

Reorganisationsmaßnahmen und die damit einhergehende Einführung moderner Informationstechnologie werden aber nur dann zum Erfolg führen, wenn die Mitarbeiter die dabei eingeleiteten Veränderungen akzeptieren. Dies erfordert ein Change Management, das als wesentlicher Enabler des gesamten MSCM gilt.

5.3.2 Change Management – Enabler des Multimedia Supply Chain Management

Aus den Erläuterungen zu den wesentlichen Marktentwicklungen im Verlagsumfeld und dem darauf aufbauenden MSCM als zentralem Management-Konzept zur Beherrschung der Konvergenz wurde deutlich, daß ein Zeitungs- und Zeitschriftenverlag mit der MSCM-Implementierung meist tiefgreifende organisatorische Veränderungen vollziehen muß, um sich erfolgreich den veränderten Bedingungen anzupassen. Problematisch dabei ist der Faktor Mensch, denn während sich Märkte dynamisch verändern und neue Management-Konzepte mit entsprechenden organisatorischen und technologischen Einschnitten konzipiert und umgesetzt werden, können grundlegende Verhaltensannahmen und Handlungsweisen der Mitarbeiter nur inkrementell verändert werden. Es ist somit davon auszugehen, daß die Implementierung des MSCM keinesfalls von der Mehrheit der Verlagsmitarbeiter gutgeheißen wird, bedeutet dies doch für viele Mitarbeiter veränderte Rollen oder gar die Gefahr des Arbeitsplatzverlustes. Drohende Widerstände resultieren aber auch aus in der Vergangenheit womöglich vollzogenen „Schnellschüssen" der Unternehmensführung oder kurzfristigen Projekten beauftragter Unternehmensberater, die anschließend allzu oft im Alltagsgeschäft nicht mehr hervorriefen als bloße Konfusion. Insofern kann bei den Mitarbeitern schnell der Eindruck entstehen, daß es sich beim MSCM um ein weiteres Management-Konzept handelt, in dessen Zuge sich alles verändert, aber letztlich doch keine nachhaltige Verbesserung geschaffen wird. Somit ist das Change Management im Verlag ein wesentlicher, wenn nicht gar der entscheidende Enabler für die Adaption und Akzeptanz des MSCM und seiner Grundsätze im Alltag eines jeden Verlagsmitarbeiters. Die genaue Bedeutung des nur schwer definierbaren Begriffs *Change* läßt sich dabei am besten mittels einer Metapher visualisieren:

„Die Crew eines Segelboots beteiligt sich an einer auf allen Weltmeeren stattfindenden Regatta. Dabei steht sie den schwer prognostizierbaren Naturgewalten in ihren verschiedenen Erscheinungsformen und einer Vielzahl von Mitbewerbern gegenüber. Um die Chance auf den Sieg zu wahren, muß die Crew daher a priori ein Untergehen des Schiffs verhindern und in einem zweiten Schritt Wettbewerbsvorteile entwickeln, um in jeder Situation schneller segeln zu können als der Rest des Teilnehmerfelds. Daraus resultiert für den Kapitän und seine Mannschaft ein permanenter Leidensdruck, der wie ein kritischer Stachel wirkt. Das führt aufgrund der Vielschichtigkeit der Herausforderungen seitens der Crew zu der Notwendigkeit eines proaktiven kontinuierlichen Change."[323]

Die Metapher zeigt, daß Change ein kontinuierlicher Prozeß ist, der nicht in Form eines begrenzt durchgeführten Projektes bewältigt werden kann,[324] auch wenn dies oftmals von der Unternehmensführung begleitend zur Implementierung einer neuen Strategie so gesehen wird. Ferner wird offensichtlich, daß analog zur Rolle des Kapitäns auf einem Segelboot die grundsätzliche Weichenstellung für Veränderungen im Unternehmen von der Unternehmensführung ausgehen muß. Dies läßt sich – wie bereits dargestellt – mit der Aufstellung einer Multimedia-Vision erreichen, die Ansatzpunkt für die Ableitung strategischer Ziele, aber auch für die Herausbildung einer gewünschten veränderten *Unternehmenskultur* ist. Dabei steht die Unternehmenskultur – wie bereits dargestellt – für die Gesamtheit aller in einer Unternehmung vorherrschenden Grundannahmen, Wertvorstellungen und Verhaltensnormen, die das Verhalten und die Einstellungen aller Mitarbeiter und somit alle sichtbaren Entscheidungen sowie das Erscheinungsbild des Unternehmens prägen.[325] Das Kulturebenenmodell von *SCHEIN* verdeutlicht in diesem Zusammenhang sowohl die sichtbaren als auch die unsichtbaren Bestandteile sowie die Vermittlungsmedien einer Unternehmenskultur.[326]

Deutlich wird, daß die unsichtbaren, zumeist unterbewußten *Grundannahmen* die Basis der Unternehmenskultur darstellen. Problematisch dabei ist, daß die Grundannahmen häufig nicht oder nur schwer zugänglich sind und damit oftmals nicht mehr diskutierte Annahmen repräsentieren. Zwischen dieser intransparenten Tiefenkomponente und der durch *Symbole* und *Artefakte* dokumentierten transparenten Oberflächenkomponente stehen die *Normen* und *Werte* als Mittler. In den Werten und Normen manifestiert sich die Andersartigkeit der spezifischen Unternehmenskultur. Teilweise werden hier die speziellen Ideologien sowie Denk- und Arbeitsweisen in schriftlicher Form fixiert, um dadurch eine explizite Unternehmenskultur herauszubilden. Dies wird auch in Symbolen und Artefakten sichtbar, wobei die Artefakte die Symptome einer spezifischen Unternehmenskultur darstellen und somit all das beinhalten, was nach außen hin sichtbar ist.[327]

---

[323] *TISCHLER* (1999), S. 64.

[324] Vgl. *MEHL/HANS* (2001), S. 288.

[325] Vgl. *ROLLBERG* (1996), S. 42 ff.

[326] Vgl. *SCHEIN* (1984), S. 4.

[327] Vgl. *KEUPER* (2001a), S. 48.

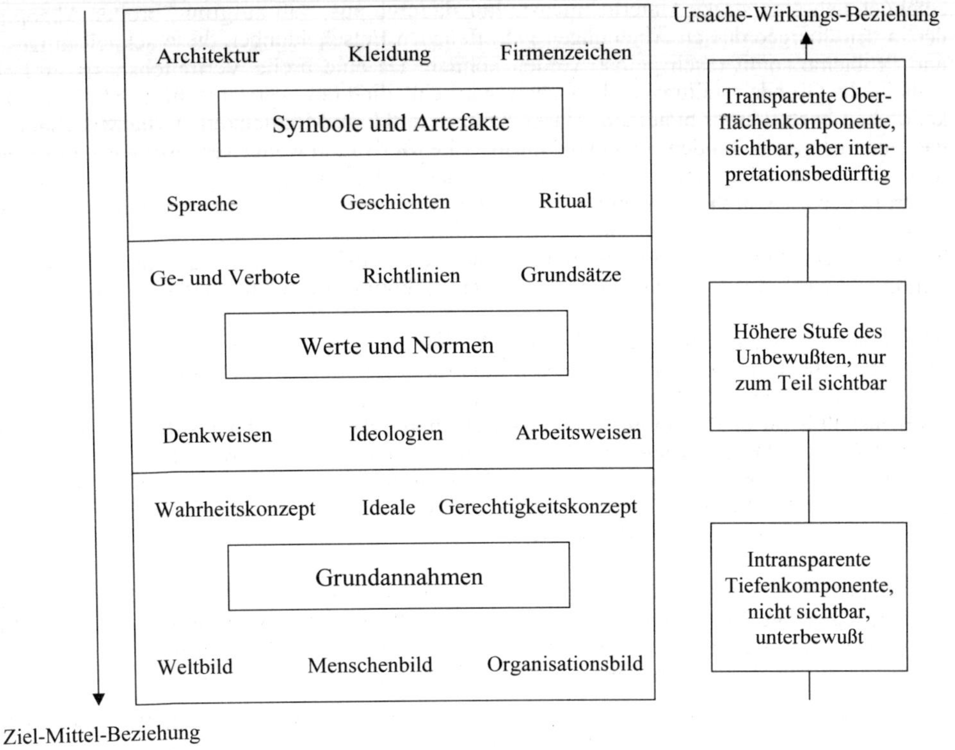

Abbildung 109: Kulturebenenmodell nach SCHEIN[328]

Offensichtlich ist die Herausbildung einer geeigneten Unternehmenskultur also eng mit der Veränderungsbereitschaft der Mitarbeiter und damit letztlich auch der Veränderungsfähigkeit der gesamten Organisation verbunden. So wurde in den vorangegangenen Kapiteln deutlich, daß entsprechend der aus der Konvergenz resultierenden Dynamik immer mehr Aufgaben projektbezogen ausgeführt werden und so möglicherweise auch organisatorische Rollen einer stetigen Anpassung an aktuelle Handlungsbedürfnisse unterliegen.[329] Zudem sind gerade in einem Verlag dem redaktionellen Bereich große Handlungsspielräume zur Entfaltung der für die Inhalteproduktion notwendigen Kreativität der Mitarbeiter zu ermöglichen. Wenn aber formale, strukturelle Regelungen ins Hintertreffen geraten, so ist damit parallel die informelle Komponente zu stärken, da eine starke Unternehmenskultur das Fundament für das tägliche Handeln der Organisationmitglieder bildet.[330] Entsprechend trägt ein gemeinsamer Grundkonsens und ein verbindliches Zielsystem wesentlich dazu bei, den Mitarbeitern einen stets präsenten, aber „unsichtbaren" Handlungsrahmen für tägliche Entscheidungen und gleichzeitig einen Sinnbezug für ihr Handeln zu vermitteln.[331] Die Unternehmenskultur ist somit ein bestimmender Fixpunkt für die Mitarbeiter in der sich dynamisch verändernden Umwelt. Daneben

---

328 Vgl. *KEUPER* (2001a), S. 49, in Anlehung an *ROLLBERG* (1996), S. 45, basierend auf *SCHEIN* (1984), S. 4.

329 Vgl. Abschnitt 5.2.2.5, S. 207 f.

330 Vgl. *HEINEN/DILL* (1986), S. 212.

331 Vgl. *HEINEN/DILL* (1986), S. 202.

zeichnet sich eine starke Unternehmenskultur dadurch aus, daß aufgrund breiter Akzeptanz der in den übergeordneten Abteilungen getroffenenen Entscheidungen diese schnell umgesetzt und Probleme somit rasch gelöst werden können. Da eine breite Vertrauensbasis und eine einheitliche Grundeinstellung vorherrschen, wird eine direktere, verstärkt informale Kommunikation betrieben. Ferner bietet eine starke Kultur vielfältige Möglichkeiten, die Mitarbeiter an das Unternehmen zu binden, so daß die intrinsische Motivation weiter verstärkt wird. Intrinsisch motivierte Mitarbeiter sind zudem in der Lage, sich selbst zu organisieren, zu steuern und zu kontrollieren, wodurch die Komplexität weiter verringert wird.[332] Jedoch zeigt eine starke Unternehmenskultur nicht nur eine Innen-, sondern vielmehr auch eine Außenwirkung, indem hierdurch gegenüber den Wertschöpfungspartnern ein konsistentes und transparentes Auftreten ermöglicht wird, was letztlich zu einer guten Transaktionsatmosphäre beitragen kann.

Allerdings liegt nahe, daß eine nachhaltige Veränderung der Unternehmenskultur nur durch Eingriffe in die Tiefenstruktur in Form von Einwirkungen auf die bestehenden Grundannahmen möglich ist.[333] Dabei steht zunächst die Frage im Vordergrund, wie sich eine solche Unternehmenskultur für einen Zeitungs- und Zeitschriftenverlag im digitalen Informationszeitalter darstellen sollte. Dabei ist idealerweise eine die Komplexitäts- und Wettbewerbsproblematik akzeptierende Unternehmenskultur eines Verlages grundsätzlich – analog zu den strategischen Grundsätzen des MSCM – kunden-, komplexitäts-, konvergenz-, prozeß-, wertschöpfungs-, zeit-, pionier- sowie mitarbeiterorientiert.[334]

- *Kundenorientierung* zielt darauf ab, ein Bewußtsein dafür zu schaffen, daß der Kunde mit seinem Verhalten über den Erfolg oder den Mißerfolg des Verlages entscheidet. Dieses Bewußtsein muß als Querschnittsfunktion über alle Abteilungen hinweg – d. h. sowohl im kreativen als auch im kaufmännischen Bereich des Verlages – geweckt werden.
- *Komplexitätsorientierung* zielt darauf ab, „Zelte statt Paläste“[335] zu schaffen, mit der Intention, sich bewußt zu sein, daß sich der Verlag in einer dynamischen und sich ständig verändernden Umwelt befindet, die von jedem Unternehmensangehörigen Bereitschaft zur Veränderung fordert.
- *Konvergenzorientierung* zielt darauf ab, die Mitarbeiter kooperierender Unternehmen als direkte Kollegen anzusehen und grundsätzliche Kooperationsbereitschaft aufzuweisen, d. h. insbesondere Arbeitsprozesse nicht unnötig zu verzögern und relevante Informationen unverzüglich weiterzugeben. In einem erweiterten Rahmen fokussiert sich die Konvergenzorientierung auch darauf, den sich aus dem Wertewandel der Gesellschaft herauskristallisierenden Entwicklungen, wie Umweltbewußtsein, Freiheitsstreben oder Selbstverwirklichung, Rechung zu tragen und in der Unternehmenskultur zum Ausdruck zu bringen. Dies ist gerade für ein Medienunternehmen wie ein Verlag entscheidend, da die Medien durch ihre Berichterstattung neben der Exekutive, Legislative und Jurisdiktive die vierte „inoffizielle Säule“ eines demokratischen Staates bilden und somit auch in gesellschaftlicher Verantwortung stehen.
- *Prozeßorientierung* zielt darauf ab, ein Bewußtsein dafür zu schaffen, daß nur durch eine ganzheitlich verantwortungsvolle Aufgabenerfüllung marktorientiert agiert werden kann. Ferner impliziert die anzustrebende kontinuierliche Prozeßverbesserung ein Streben nach

---

332 Vgl. *KEUPER* (2001a), S. 52.

333 Vgl. *TISCHLER* (1999), S. 68 f.

334 In Anlehung an *STEINBACH* (1997), S. 412 ff., und *VOIGT* (1997), S. 68 ff., *KEUPER* (2001a), S. 53 f. (modifiziert und erweitert).

335 Vgl. *GOMEZ/ZIMMERMANN* (1992), S. 64 ff.

internem und externem Wettbewerb, wobei der interne Wettbewerb nicht zu Lasten des sozialen Gefüges gehen darf.

- *Wertschöpfungsorientierung* zielt darauf ab, ein Bewußtsein für die Wichtigkeit der Qualität, der Zeit und der Kosten für den Unternehmenserfolg bei jedem einzelnen zu schaffen. Dies trifft im Verlag insbesondere auf die redaktionelle Arbeit als Herzstück zu. Darüber hinaus sollten Zielbewußtsein, Einsatzbereitschaft sowie konstruktive Aggressivität gegenüber sich ergebenden Problemen ins Wertesystem integriert sein.

- *Zeit- und Pionierorientierung* zielt darauf ab, Innovation, Kreativität und Toleranz gegenüber Mißerfolgen sehr weit oben im Wertesystem des Verlages zu implementieren. Dies erscheint gerade vor dem Hintergrund zahlreicher gescheiterter Internetprojekte von Verlagen ein wichtiges unternehmenskulturelles Ziel, so daß finanzielle Verluste aus den Pionierjahren des Internet nicht als Anlaß genommen werden sollten, die digitalen Vertriebskanäle vollkommen zu vernachlässigen.

- *Mitarbeiterorientierung* zielt darauf ab, vor dem Hintergrund einer verstärkten Gruppenorganisation der Arbeitsprozesse ein Miteinander der Menschen im Unternehmen durch vertrauensbildende Maßnahmen sowie die Beziehung des Mitarbeiters zum Verlag durch den Aufbau eines „Wir-Gefühls" zu fördern. Dies impliziert jedoch auch die generelle Akzeptanz unterschiedlicher Subkulturen, die gerade innerhalb von Großverlagen vorzufinden und für die Entstehung einer „gesunden Streitkultur" auch wünschenswert sind. So weist die Redaktion der Welt mit Sicherheit eine gänzlich andere Kultur auf als die Redaktion der Bild-Zeitung. Gleichzeitig sollte sich aber jeder der dortigen Mitarbeiter darüber im klaren sein, daß die übergreifend geltenden Werte des Axel Springer Verlages in allen Teilen des Unternehmens wahrgenommen und gelebt werden müssen.[336] Darüber hinaus sind die Mitarbeiter grundsätzlich als strategische und förderungswürdige Ressource anzusehen. Insofern ist auch eine Lernkulturlandschaft im Verlag zu implementieren mit der Folge, daß lebenslanges Lernen von allen Mitarbeitern als Chance und notwendige Voraussetzung für den marktlichen Erfolg internalisiert wird.

Deutlich wird, daß das mit den Orientierungen dargestellte Soll-Profil eine starke Tendenz zur Entwicklung einer dynamischen, *lernenden Organisation* darstellt. Dabei stellt die lernende Organisation eine sich kontinuierlich verändernde Organisation dar, die Individuen, Gruppen und der Organisation als Ganzem auf der Basis selbstorganisierender Lernprozesse eine Weiterentwicklung ermöglicht.[337] Darauf aufbauende Referenzmodelle zur Implementierung lassen jedoch sowohl ein umfassendes Theoriegebäude als auch einen hinreichenden Praxisbezug vermissen.[338] Insofern läßt sich lediglich anführen, daß es bei der Initiierung des Change zunächst sehr auf die Einbindung und aktive Beteiligung der Führungskräfte ankommt, da sich eine Unternehmenskultur nur dann wandeln kann, wenn die erwünschten Veränderungen vorgelebt werden. Um Glaubwürdigkeit für die erwünschte Veränderung zu erlangen, kann dies auch teilweise mit ernsthaften Einschnitten im Führungskräftebereich einhergehen. So beweist die Initiative „*Boundaryless*" des amerikanischen Mischkonzerns General Electric, daß Führungskräfte, die zwar die finanziellen Vorgaben erfüllen, durchaus zur Disposition stehen können, sofern sie nicht die Unternehmenswerte in die Tat umsetzen.[339] Hieraus wird offensichtlich, daß das Change Management idealerweise an ein Anreiz- und Sanktionssystem

---

336 Zu den Werten des Axel Springer Verlages vgl. Abschnitt 5.1, S. 131 f.

337 Vgl. *Kleingarn* (1997), S. 54.

338 Vgl. *Tischler* (1999), S. 77 f.

339 Vgl. *Welch* (2001), S. 200 ff.

gekoppelt sein sollte, was nicht nur die Führungskräfte, sondern alle Mitarbeiter betrifft. Hierbei hilfreich können 360-Grad-Bewertungssysteme sein, wo sich die Mitarbeiter – unabhängig von ihrer organisatorischen Rolle – nach Ablauf eines festgelegten Zeitraums selbst beurteilen und schließlich von anderen Mitarbeitern beurteilt werden.[340] Weist dann die Selbsteinschätzung und die Einschätzung der Mitarbeiter deutliche Unterschiede auf, z. B. im Hinblick auf die vorgelebten Unternehmenswerte, so sind weitere Maßnahmen wie Weiterbildungsangebote oder im Ernstfall gar die Kündigung zu ergreifen. Die Veränderung weicher Faktoren kann somit nur durch deren Berücksichtigung innerhalb formeller Systeme vorangetrieben werden.

Neben dem Top-Management als Träger des Change ist dabei durchaus die Initiierung einer Change-Initiative sinnvoll, deren Existenz allein die Ernsthaftigkeit der angestrebten organisatorischen Veränderung untermauert. Die Aufgabe einer solchen Change-Initiative liegt dann in der Schaffung veränderter Symbole und Artefakte (Firmenlogo, Bilder, Poster, etc.), aber auch stetiger, professioneller Kommunikation des Change-Fortschritts. So spielt die interne Informationspolitik ohnehin eine erfolgskritische Rolle für den gesamten Change-Prozeß.[341] Ohne Kommunikation der geplanten und vollzogenen Eingriffe liegen Wahrnehmungs- und damit auch Akzeptanzprobleme des Change-Vorhabens nahe. Dies klingt zwar theoretisch einleuchtend, wird in praxi aber immer wieder unzureichend umgesetzt und ruft dann oftmals Ignoranz oder aber Widerstände bei den Mitarbeitern hervor. Wie in einer jeden Beziehung wird aber der Erfolg der Beziehung Unternehmen/Mitarbeiter von einer guten Kommunikationsqualität geprägt. Um die Kommunikation dabei nicht nur einseitig zu gestalten, bieten sich z. B. jährliche anonymisierte Mitarbeiterbefragungen an, die die generelle Stimmung im Unternehmen widerspiegeln, aber auch Rückschlüsse auf den Change-Fortschritt zulassen und potentiellen Handlungsbedarf seitens der Unternehmensführung visualisieren.

Abschließend ist nochmals anzuführen, daß das Thema Change Management in seiner Bedeutung für den Verlag und die erfolgreiche Implementierung des MSCM nicht zu unterschätzen ist. Es handelt sich zwar hierbei um eine sehr intransparente Komponente einer Organisation, doch spielen gerade die weichen Faktoren in Zukunft die entscheidende Rolle zur Komplexitätsbewältigung (Innenwirkung) und zur Herausstellung der Einzigartigkeit des Unternehmens in seiner Umwelt (Außenwirkung). Insofern kann eine starke und den Umweltbedingungen entsprechende Unternehmenskultur eine wesentliche Determinante für das Entstehen von Wettbewerbsvorteilen sein.

5.4 Das MSCM als Idealkonzept in der konvergierenden Medienbranche – eine kritische Zusammenfassung

Das MSCM als interbetrieblich ausgerichtetes Management-Konzept stellt den Schlüssel zur Reorganisation eines Zeitungs- und Zeitschriftenverlages im digitalen Informationszeitalter dar. Dabei impliziert die Anlehnung an den auf einen langen Zeitraum ausgerichteten Resource-based View, daß es sich hierbei nicht nur um ein kurzfristiges Management-Programm, sondern um eine umfassende Management-Philosophie handelt, deren Adaption die langfristige Bestandsfähigkeit eines Verlages in der konvergierenden Medienbranche sichert.

---

340 Vgl. *TISCHLER* (1999), S. 212 f.

341 Vgl. *TISCHLER* (1999), S. 203.

Da das MSCM die Bildung von Wertschöpfungsnetzen vorsieht, die aufgrund gemeinsamer Abstimmung von Zielen, Geschäftsprozessen und physischer Infrastruktur der Partner auf langfristige Kooperationen abzielen, kann eine dynamische Stabilität in der konvergierenden Medienbranche erzielt werden. Dabei bedeutet dynamische Stabilität, daß der Netzwerkverbund der wichtigsten Partner weitestgehend stabil bleibt, die einzelnen unabhängigen Unternehmen sich jedoch kontinuierlich entsprechend der dynamischen Marktbedingungen weiterentwickeln. Dies birgt natürlich die Gefahr, daß der Netzwerkverbund selbst im Zeitverlauf eine gewisse Lethargie aufweist. Insofern ist eine Dynamik des gesamten Netzwerkes im Sinne der Pionierorientierung durch Bildung *virtueller Unternehmen* möglich. Diese zeichnen sich durch temporäre Zusammenschlüsse von rechtlich und wirtschaftlich selbständigen Unternehmen aus, die auf Basis gegenseitigen Vertrauens und Zielkongruenz unter intensivem Einsatz moderner IuK-Technologie und ohne real wahrnehmbare Strukturen projektbezogen meist individualisierte Produkte erstellen.[342] Somit können sich schnell ergebende Marktchancen durch die zeitweise Aufnahme spezialisierter Partner wahrgenommen werden, ohne daß hierfür von den Wertschöpfungspartnern selbst in großem Maße Ressourcen zu entwickeln bzw. bereitzustellen sind.

Das MSCM stellt letztlich natürlich ein Idealkonzept dar und wird in praxi nie so vollständig und zielgerichtet anwendbar sein, wie dies theoretisch dargelegt wurde. Allerdings zeigt das nachfolgende praxisinduzierte Kapitel, in dem Multimedia-Geschäftsmodelle von Zeitungs- und Zeitschriftenverlagen dargestellt werden, daß viele Aspekte des MSCM bereits von den Verlagen im Rahmen digitaler Geschäftsmodelle berücksichtigt werden.

---

342 Vgl. *BLECKER* (1999), S. 31 ff.

6 Multimedia-Geschäftsmodelle von Zeitungs- und Zeitschriftenverlagen

„Jeder gute Verkäufer baut auf das Wissen um die Vorlieben seiner Stammkunden und kann daraus Profit ziehen. Das Netz hat über die Technologie die Fähigkeit, nicht nur wie beim Verkäufer eine überschaubare Kundenzahl, sondern ein Millionenpublikum zu erreichen. Die Herausforderung besteht nun darin, etwa mit dem Wissen um die Leserschaft einer Zeitschrift eine Erlebniswelt aufzubauen, die weitere Transaktionen ermöglicht. "[1]

PROF. DR. HUBERT BURDA (*1940), Vorstandsvorsitzender der Hubert Burda Media Holding

Anknüpfend an den Convergence-based View gilt es nach erfolgreicher Restrukturierung des verlagsinternen Ressourcenportfolios spezifische Positionierungsentscheidungen in den jeweiligen Geschäftsfeldern zu fällen und tragfähige Geschäftsmodelle zu konstituieren. Dabei lassen sich nach *HENKEL* vier generelle Stoßrichtungen für Zeitungs- und Zeitschriftenverlage ableiten.[2] So beschreibt *Typ 1* die Positionierung als meinungsbildender Qualitätsführer, was schwerpunktmäßig auf überregionale Tages- und Wochenzeitungen, aber natürlich auch z. B. auf die wöchentlich erscheinende Zeitschrift Der Spiegel zutrifft. Aufgrund des konsequent verfolgten Crossmedia-Ansatzes, der als derzeitiger Benchmark in der Branche angesehen werden kann, steht hier jedoch das Geschäftsmodell der Financial Times Deutschland im Mittelpunkt der Darstellungen. Darüber hinaus wird ausführlich auf die bisher einzigartige interne Organisation der Zeitung eingegangen, die visualisiert, daß die im MSCM theoretisch hergeleiteten Aspekte bereits in praxi Anwendung finden. *Typ 2* beschreibt danach den Informationsdienstleister für die Region, worunter sämtliche regionale Tageszeitungen fallen. Dabei wird nachfolgend am Beispiel des Hamburger Abendblatts die multimediale Ausgestaltung regionaler Informationen unter besonderer Berücksichtigung von Rubrikenanzeigen dargestellt. Typ 3 – Plattform für themenspezifische Lösungen – ist die klassische Domäne der vielen auf eine spezifische Zielgruppe fokussierten Zeitschriften. Dabei wird am Beispiel Bravo.de herausgestellt, daß durch die Verbindung von Print und Online die internetaffine Zielgruppe der „Generation @“ im harten Konkurrenzkampf mit anderen elektronischen Medien wirkungsvoll angesprochen werden kann. Letztlich beschreibt *Typ 4* den Generalisten mit Profil und zielt somit darauf ab, zentrales Informations- und/oder Entertainment-Portal für eine breite Bevölkerungsschicht zu werden. Neben den Multimedia-Auftritten von Stern und Focus hat gerade seit Anfang 2002 das Angebot der Bild-Zeitung im Bereich der General-Interest-Angebote für Aufsehen gesorgt. Nicht zuletzt das bisher in diesem Umfang in der Medienbranche einmalige Joint Venture des Axel Springer Verlages mit dem Internet-Service-Provider T-Online, was die zuvor ausführlich beschriebene fortschreitende Konvergenz deutlich herausstellt, sowie die offensiv vorangetriebene Pay-per-Content-Strategie war dabei Beweggrund, das Geschäftsmodell von bild.t-online.de näher zu beleuchten. Letztlich stellt Content Syndication ein wachstumsträchtiges Geschäftsfeld für Verlage dar. Mit der Darstellung der Tomorrow Focus AG als wesentlichem Player im deutschen Syndication-Markt wird hierbei ein eigenständiges Syndication-Geschäftsmodell vorgestellt.

---

1 *BURDA* in *ZIMMER/ICKSTADT* (2002), S. 10.

2 Vgl. *HENKEL* (2000), S. 125 ff.

Abbildung 110: Beispielhafte Positionierungsmöglichkeiten bekannter Zeitungen und Zeitschriften

6.1 Typ 1: Meinungsbildende Qualitätsführer am Beispiel der Tageszeitung „Financial Times Deutschland"

Die Financial Times Deutschland (FTD) ist eine erst seit Februar 2000 erscheinende überregionale Tageszeitung mit Schwerpunkt Wirtschaft und Politik und wird als Joint Venture von Gruner & Jahr und dem Verlag Pearson, Muttergesellschaft der international bekannten und publizierten Zeitung Financial Times, herausgegeben. Dabei unterscheidet sich die FTD grundlegend von anderen Tageszeitungen, wie beispielsweise dem Hauptkonkurrenten Handelsblatt, durch den Druck auf rosa Papier und einen konzeptuell anderen Aufbau mit den wichtigsten Nachrichten auf der Titelseite und einer Kurzfassung dessen, was in der Ausgabe steht, auf der zweiten Seite. Dies läßt sich zurückführen auf das von Chefredakteur GOWERS im Oktober 1999 verfaßte Mission Statement, das eine einfache und einprägsame Struktur der Zeitung, einen direkten und unkomplizierten Schreibstil sowie klare und eindeutige Layouts und Grafiken fordert.[3] Das Mission Statement sieht ebenfalls die Ausschöpfung der Möglichkeiten des Internet und eine crossmediale Verknüpfung von Print und Online vor, wobei explizit herausgestellt wird, daß die Journalisten für beide Medien schreiben, so daß von vornherein Multimedia einen festen Bestandteil des gesamten Geschäftsmodells darstellte. Insofern steht die Content-Erstellung der integrierten Print- und Online-Redaktion unter dem Motto „Eine Marke – alle Medien". Anspruch der FTD ist dabei, die Nutzer zu jeder Zeit und an jedem Ort mit aktuellen Nachrichten tiefgründig, aber dennoch schnell und prägnant zu bedienen. Diese Strategie fußt maßgeblich auf der anvisierten Zielgruppe; dies sind schwerpunktmäßig Unternehmer sowie Topmanager und Führungskräfte börsennotierter Gesellschaften und Unternehmen des Mittelstandes, aber auch Studenten und Berufsanfänger, die noch am Anfang ihrer Karriere in der Wirtschaft stehen. Der Zielgruppe gemein ist der Anspruch einer höchstmöglichen Deckung des individuellen Informationsbedarfs über verschiedene Medien, eine insgesamt überdurchschnittlich hohe Mobilität sowie ein knappes Zeitbudget für den medialen Konsum.

Das Angebot der FTD gilt mittlerweile sowohl in der Print- als auch in der Online-Welt als etabliert, wobei das Internet-Angebot der FTD mit im Juli 2002 festgestellten 8.674.000 Page Impressions zu einem der erfolgreichsten deutschsprachigen Online-Angebote für Wirtschaftsnachrichten geworden ist.[4] Gleichwohl hat die FTD noch längst nicht den Breakeven-Punkt erreicht, der selbst kurz nach Gründung der Zeitung – im Werbeboom der New Economy – erst nach Ablauf eines Zeitraums von vier bis fünf Jahren prognostiziert wurde,[5] wobei sich dieser Zeitraum mit dem seit 2001 eingetrübten Anzeigengeschäft gerade für Titel der Wirtschaftspresse noch entsprechend verlängern dürfte. Allerdings erfordert die wirtschaftliche Amortisation einer neuen Tageszeitung stets einen langen Atem, der von den beiden finanzstarken Gesellschaftern auch garantiert werden kann. Die bereits aktuell realisierte crossmediale Vernetzung verspricht dabei mittel- bis langfristig nachhaltige Wettbewerbsvorteile.

Der Internet-Auftritt

Der Online-Auftritt der FTD im Internet spiegelt durch die in rosa gehaltene Hintergrundfarbe das Look and Feel des Print-Titels eindeutig wider. Darüber hinaus werden die digitalen Inhalte in enger Anlehnung an den Print-Titel nach den vier thematischen Schwerpunkten Politik + Gesellschaft, Unternehmen + Branchen, Technik + Medien sowie Börsen + Märkte strukturiert. Zusätzlich stehen Kategorien zur Verfügung, die die spezifischen Vorteile des Online-Mediums ausschöpfen. Dies ist zum einen die Kategorie Latest News Edition, in der Eilmeldungen und aktuelle Nachrichten erscheinen, was den internen Anspruch der FTD zur Gewährleistung einer möglichst hohen Aktualität der Inhalte unterstreicht. Zudem stehen in den Kategorien Fonds- und Aktien-Tools Anwendungen zur Finanzanalyse von Wertpapieren bereit, die dem Nutzer über die eigentlichen Inhalte hinaus noch zusätzlichen Mehrwert bieten sollen. Die crossmediale Vernetzung von Print und Online wird u. a. durch Nennung von Links zum Online-Angebot für weitere Informationen am Ende vieler Artikel in der Print-Ausgabe sichtbar.

---

3 Vgl. online *Gowers* (2000).

4 Vgl. online *o. V.* (2002d).

5 Vgl. online *o. V.* (2000b).

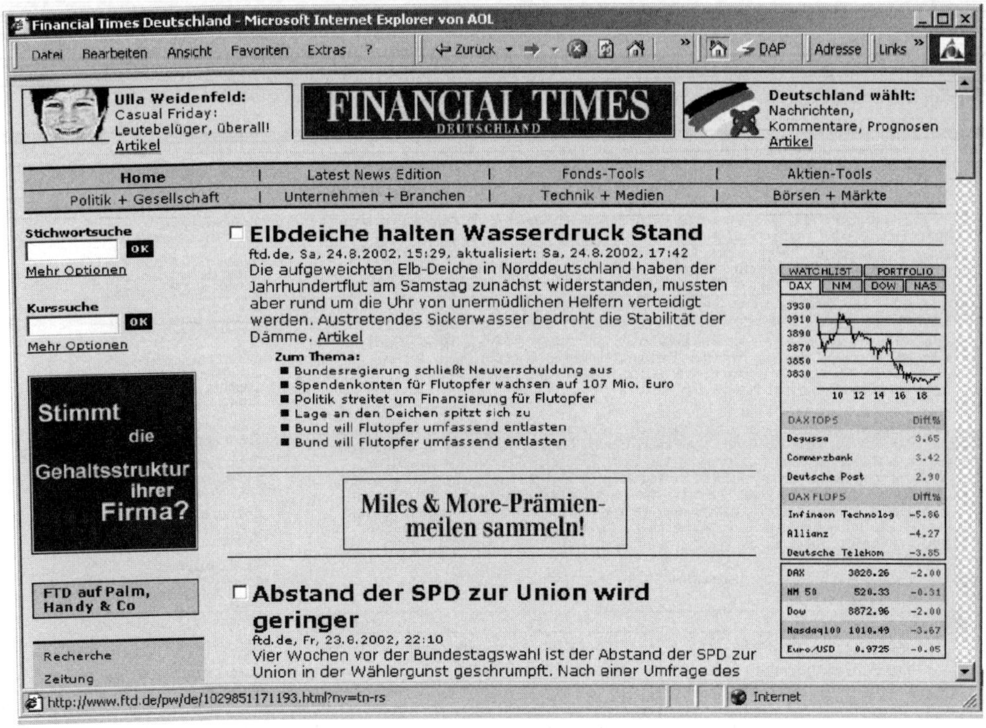

Abbildung 111: Startseite des Online-Angebotes der Financial Times Deutschland[6]

Beim Anklicken eines Online-Artikels gewährleisten mehrere Funktionalitäten einen hohen Nutzwert für den Rezipienten. So steht zum einen eine Druckfunktion für jeden Artikel zur Verfügung, die die gewählten Inhalte für ein optimales Druckbild aufbereitet. Zum anderen können im Anschluß an einen Artikel online Leserbriefe an die Redaktion geschrieben, aber auch der Artikel per E-Mail an Dritte mit einem möglichen Kommentar des Nutzers weitergeleitet werden. Darüber hinaus werden verstärkt Online-Umfragen im Anschluß an die Artikel durchgeführt. Insofern sind Community-Elemente nur ansatzweise repräsentiert, da Chats und umfassende Online-Foren für die Zielgruppe als weniger relevant anzusehen sind. Außerdem verursacht die Pflege einer aufwendigen Community stets hohe Kosten, da diese fortlaufend von Mitarbeitern zu überwachen ist, um nicht die Gefahr der Markenschädigung durch Mißbrauch von Foren und Chats seitens der Nutzer einzugehen.

Bemerkenswert ist allerdings die Bereitstellung der vielfältigen zusätzlichen Ressourcen für vertiefende Informationen zu einem Artikel. Dabei werden beispielsweise Links zu Unternehmen, über die berichtet wurde, ebenso aufgeführt wie Verweise auf passende Marktstudien von renommierten Research-Instituten und Statistiken von Branchen-Verbänden. Zudem werden Links auf relevante Artikel konkurrierender Medienangebote gesetzt, was eindeutig die primäre Orientierung an Kundenbedürfnissen visualisiert und rein wettbewerbsstrategisch-protektionistische Überlegungen weitgehend außer acht läßt.

6 Online FINANCIAL TIMES DEUTSCHLAND (2002).

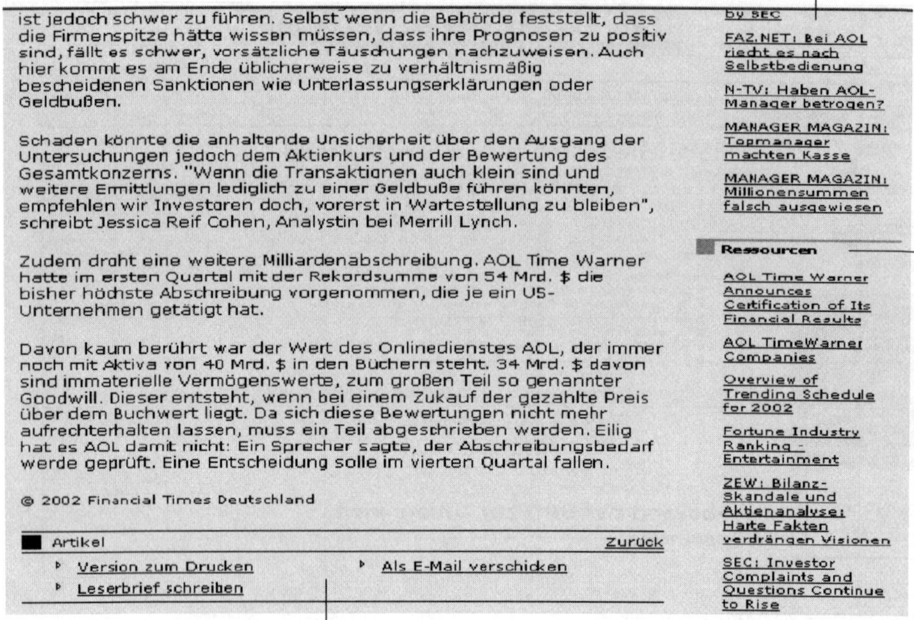

ist jedoch schwer zu führen. Selbst wenn die Behörde feststellt, dass die Firmenspitze hätte wissen müssen, dass ihre Prognosen zu positiv sind, fällt es schwer, vorsätzliche Täuschungen nachzuweisen. Auch hier kommt es am Ende üblicherweise zu verhältnismäßig bescheidenen Sanktionen wie Unterlassungserklärungen oder Geldbußen.

Schaden könnte die anhaltende Unsicherheit über den Ausgang der Untersuchungen jedoch dem Aktienkurs und der Bewertung des Gesamtkonzerns. "Wenn die Transaktionen auch klein sind und weitere Ermittlungen lediglich zu einer Geldbuße führen könnten, empfehlen wir Investoren doch, vorerst in Wartestellung zu bleiben", schreibt Jessica Reif Cohen, Analystin bei Merrill Lynch.

Zudem droht eine weitere Milliardenabschreibung. AOL Time Warner hatte im ersten Quartal mit der Rekordsumme von 54 Mrd. $ die bisher höchste Abschreibung vorgenommen, die je ein US-Unternehmen getätigt hat.

Davon kaum berührt war der Wert des Onlinedienstes AOL, der immer noch mit Aktiva von 40 Mrd. $ in den Büchern steht. 34 Mrd. $ davon sind immaterielle Vermögenswerte, zum großen Teil so genannter Goodwill. Dieser entsteht, wenn bei einem Zukauf der gezahlte Preis über dem Buchwert liegt. Da sich diese Bewertungen nicht mehr aufrechterhalten lassen, muss ein Teil abgeschrieben werden. Eilig hat es AOL damit nicht: Ein Sprecher sagte, der Abschreibungsbedarf werde geprüft. Eine Entscheidung solle im vierten Quartal fallen.

© 2002 Financial Times Deutschland

Artikel Zurück

- Version zum Drucken
- Als E-Mail verschicken
- Leserbrief schreiben

by SEC

FAZ.NET: Bei AOL riecht es nach Selbstbedienung

N-TV: Haben AOL-Manager betrogen?

MANAGER MAGAZIN: Topmanager machten Kasse

MANAGER MAGAZIN: Millionensummen falsch ausgewiesen

Ressourcen

AOL Time Warner Announces Certification of Its Financial Results

AOL TimeWarner Companies

Overview of Trending Schedule for 2002

Fortune Industry Ranking - Entertainment

ZEW: Bilanz-Skandale und Aktienanalyse: Harte Fakten verdrängen Visionen

SEC: Investor Complaints and Questions Continue to Rise

Abbildung 112: Struktur eines Online-Artikels der Financial Times Deutschland

Auch die Personalisierung spielt im Angebot der FTD eine Rolle, wobei hier grundsätzlich zwischen Print-Abonnenten und normalen Nutzern differenziert wird, was die Gratis-Inanspruchnahme von Service-Leistungen anbelangt. Beide Nutzergruppen können nach Angabe der persönlichen Daten und Verifizierung der Anmeldung per E-Mail bzw. durch Eingabe der Kundennummer des Abonnenten eine persönliche Startseite konfigurieren, wo detailliert festgelegt werden kann, welche Themen in welcher Reihenfolge mit welcher Artikelanzahl bei Aufruf der Startseite erscheinen sollen. Allerdings ist die Resonanz auf derartige Personalisierungsfunktionen trotz einer sehr professionellen Führung des Nutzers durch die einzelnen Konfigurationsschritte bisher gering.

Im Rahmen der Personalisierung besteht weiterhin neben der Einrichtung eines persönlichen Aktien-Portfolios auch die Möglichkeit der Zusammenstellung eines individualisierten Newsletters und der Aktivierung einer Eilmeldungs-Funktion, die im Falle aktueller Nachrichten zum gewünschten Thema dem Nutzer die Nachricht per E-Mail zukommen läßt. Ein Abonnent kann sich zudem kostenlos die Eilmeldungen per SMS auf ein mobiles Endgerät schicken lassen, was auch als Service-Leistung zunehmende Akzeptanz findet. Ein weiterer Gratisvorteil für Abonnenten ist letztlich eine umfangreichere Recherche-Funktion im Online-Archiv der Zeitung sowie ein Ausdruck von Zeitungsseiten im PDF-Format. Während die SMS- und Recherche-Funktion sowie der Zugang zum Online-Archiv bisher nur Abonnenten vorbehalten waren, wurden die beschriebenen Leistungen mittlerweile allen Nutzern zugänglich gemacht, wobei die Services für Nicht-Abonnenten natürlich kostenpflichtig sind und über das zuvor dargestellte Firstgate-Verfahren abgerechnet werden. Hauptsächliches Motiv hierfür war weniger die Hoffnung auf zusätzliche Erlöse als vielmehr die Möglichkeit, durch Bepreisung der Dienstleistungen die Vorteile eines Abonnements herauszustellen.

Abbildung 113: Konfiguration einer individualisierten Startseite bei der Financial Times Deutschland

Neben dem personalisierbaren Inhalte-Angebot sind weiterhin zusätzliche Dienstleistungen von Kooperationspartnern im Rahmen des Online-Auftritts abrufbar. So kooperiert die FTD für die Kategorie „Stellenmarkt“ mit dem weltweit größten Karrierenetzwerk Monster, wobei die Zeitung die komplette Datenbanktechnologie des Anbieters nutzt. Der wesentliche Vorteil der Kooperation für die FTD liegt in einem daraus für den Verlag kostengünstigen, jedoch für die Zielgruppe wertvollen Zusatzangebot, wohingegen Monster durch die Partnerschaft sein Netzwerk ausweiten kann. Weiterhin werden in Zusammenarbeit mit dem Anbieter Aspect Online nutzerspezifische Analysen zu Versicherungen, Banken und Gehältern ermöglicht, die allerdings – wie alle anderen Zusatzangebote auch – klar von redaktionellen Inhalten abgegrenzt werden. Auffällig ist generell die deutliche Zurückhaltung bei der Integration von E-Commerce-Angeboten, was maßgeblich auf das Bestreben der Wahrung der journalistischen Unabhängigkeit und den vorherrschenden Informationscharakter des Web-Auftritts, aber auch den generell schleppenden Anlauf von E-Commerce-Angeboten zurückzuführen ist. So werden lediglich Bücher mit Schwerpunkt Wirtschaft vom Kooperationspartner BOL vorgestellt, die direkt über einen Link bestellt werden können. Darüber hinaus ist auch ein Zugang zum Buch-Shop des eigenen internationalen Fachverlages Financial Times Prentice Hall vorhanden, da ein Branding der FTD auch über selbst herausgegebene Fachliteratur erfolgen soll.

Mobile Dienste

Im Sinne der „Eine Marke – alle Medien“-Strategie bietet die FTD neben dem Online-Auftritt noch zahlreiche weitere innovative Dienste an, die nicht unerwähnt bleiben dürfen. So ist bereits seit Dezember 2001 ein SMS-Audio-Dienst für Handies verfügbar. Auf Wunsch des Nutzers werden dreimal täglich Nachrichten per SMS auf das Handy des Nutzers geschickt, die mit der Einwahlmöglichkeit auf eine Audiodatenbank gekoppelt sind. Wird nun die in der

SMS angegebene 0190-Telefonnummer gewählt, so ist ein einminütiger Audio-Bericht, der die Hintergründe und Zusammenhänge der SMS-Nachricht beschreibt, abrufbar.[7]

Auch die Darstellung von FTD-Nachrichten auf den verschiedenen Personal Digital Assistants wurde bereits durch eine eigens für mobile Endgeräte konzipierte Web-Adresse erfolgreich realisiert. Besonders hervorhebenswert ist hier die Übermittlung redaktioneller Inhalte auf Handheld-Computer des Kooperationspartners Palm. Mit der Software AvantGo und der Webclipping-Funktion, die einen Aufruf und eine Navigation aufbereiteter Seiten speziell für mobile Zwecke gewährleistet, kann der Nutzer so bequem mit der aus dem Online-Angebot bekannten thematischen Struktur Nachrichten abrufen.

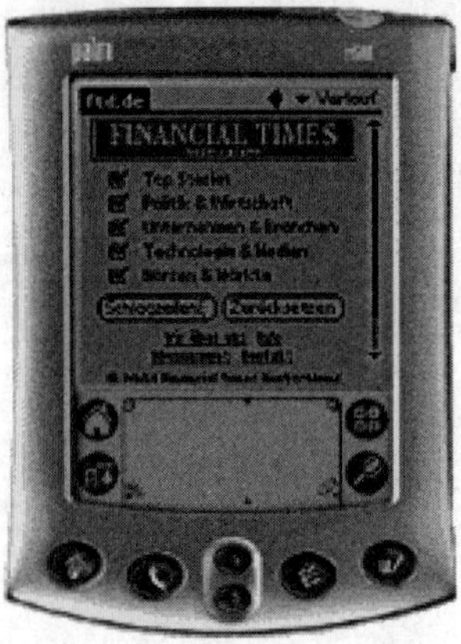

Abbildung 114: Nachrichten der Financial Times Deutschland auf einem Palm-PDA

Während aus dem dargestellten Service-Angebot noch keine direkten Pay-per-Content-Erlöse erzielt werden, spielt das Inhalte-Angebot im i-Mode-Portal des Netzbetreibers E-Plus eine wichtige Rolle, um direkt kostenpflichtige Inhalte in der mobilen Welt zu vertreiben. Ähnlich wie bei anderen Content-Anbietern gilt die Syndizierung von Inhalten an i-Mode als wesentlicher Testlauf für die Inhalte-Vermarktung in den zukünftigen UMTS-Portalen. Die Meldungen der FTD werden dabei mit Überschrift und kurzem Einleitungstext kostenfrei auf dem Handy-Display des Nutzers aufgelistet. Ein detaillierter Aufruf der Nachrichten im Volltext erfordert hingegen eine Registrierung, wobei für den Bezug der Inhalte eine monatliche Gesamtgebühr von zwei Euro erhoben wird.[8] Insgesamt ist jedoch anzuführen, daß der Bereich Pay-per-Content zukünftig noch weiter ausgebaut werden soll, trotz der bislang noch sehr mäßigen über i-Mode erzielten Erlöse, die gleichwohl die anfangs sehr niedrig gesetzten Erwartungen der FTD übertroffen haben.

7 Vgl. online *O. V.* (2001b).

8 Vgl. online *O. V.* (2002b).

Abbildung 115: Content-Angebot der Financial Times Deutschland im i-Mode-Portal

Dienste für Firmenkunden

Eine besondere Bedeutung nimmt die Syndizierung von Inhalten an Firmenkunden ein, die ein stark wachsendes Segment bei der FTD darstellt. So sind die hergestellten Wirtschaftsinformationen geradezu prädestiniert dazu, Mitarbeiter in firmeneigenen Intranets mit branchenrelevanten, aktuellen und maßgeschneiderten Informationen zu versorgen. Die FTD versteht sich hier eindeutig als Informationsdienstleister und stellt entsprechend der Kundenbedürfnisse auf Basis von Content-Modulen ein individuelles Inhalte-Paket zusammen, so daß z. B. ein Automobilhersteller nur einen „Automotive Channel" von der FTD beziehen kann. Hervorhebenswert im Bereich Business Content Syndication ist auch eine Kooperation mit Herstellern mobiler Endgeräte. Da diese verstärkt im Großkundengeschäft, also beispielsweise bei börsennotierten Unternehmen, mobile Endgeräte vertreiben, wird den Kunden mit dem Verkauf der Endgeräte auch gleich ein branchenspezifischer News Channel der FTD angeboten. Durch diese Kooperationen wird den Firmenkunden ein Zusatznutzen vermittelt, der den Handy-Absatz ankurbelt und gleichzeitig für die FTD einen weiteren Absatzkanal darstellt, der die Marke im Firmenkundengeschäft nachhaltig stärkt.

Erlösquellen

Aus den Ausführungen wird deutlich, daß die Erlöse aus Revenue-Sharing-Verträgen der wenigen Service- und E-Commerce-Partner beschränkt sein dürften und auch Pay-per-Content eine noch untergeordnete Rolle im Erlös-Mix spielt, wobei hervorzuheben ist, daß hier vom Verlag eine konsequente Strategie zur Etablierung kostenpflichtiger Inhalte verfolgt wird. Viel ausschlaggebender für die Refinanzierung des Online-Angebotes der FTD sind Einnahmen aus Online-Werbung, wobei auch diese bei separater Betrachtung von Print und Online kein kostendeckendes Multimedia-Angebot ermöglichen dürften. Insofern ist die von der FTD verfolgte Strategie einer integrierten Geschäftsmodellbetrachtung von Print und Online als höchst sinnvoll zu erachten. Der Web-Auftritt der Zeitung wird somit nicht als permanent defizitäres Anhängsel, sondern vielmehr als integraler Bestandteil des gesamten Geschäftsmodells angesehen, um den Kunden Mehrwert zu bieten. Außerdem fungiert das Web als bequeme Kontakt- und Service-Plattform für Abonnenten. Daß das Online-Angebot darüber hinaus auch ein hervorragendes Marketing-Instrument darstellt, wird u. a. daran deutlich, daß monatlich ca. 700 Abonnements der FTD im Internet generiert werden. Die wohl vielversprechendste Erlösquelle neben den traditionellen Anzeigen- und Vertriebserlösen der gedruckten Ausgabe stellt derzeit die Syndizierung von Inhalten an Firmenkunden dar; auf diesem Gebiet hat die FTD die höchsten Umsatzzuwächse zu verbuchen. Dabei ist anzuführen, daß die Beschaffenheit der Inhalte sich einzigartig für das Firmenkundengeschäft eignet und gerade hier die im theoretischen Teil dargestellte Modularisierung von Content-Bausteinen und deren kundenspezifische Konfektionierung als sinnvoll zu erachten ist. Allerdings ist die umfassende Syndizierung von Inhalten über derart viele Kanäle auch nur deshalb problemlos möglich, weil mit den Redakteuren, die die Rechte an den Inhalten halten, mit Gründung der Zeitung entsprechende vertragliche Vereinbarungen erzielt wurden.

Organisatorische Aspekte

Eine hohe Prozeßeffizienz bei der Inhalte-Erstellung, wie sie im Rahmen der Darstellung des MSCM durch die Formierung eines kreativen Bereiches Content Management gefordert wurde, wird bei der FTD gerade durch eine integrierte Redaktion gewährleistet, so daß organisatorisch von vornherein ineffiziente Funktionssilos vermieden wurden. Hervorhebenswert ist, daß die FTD mit rollierenden redaktionellen Teams arbeitet, die dem Bereichsdenken zwischen Print und Online bewußt entgegenwirken. Zudem können die kreativen Mitarbeiter medienübergreifende Kompetenzen erwerben und so die Inhalte auch medienspezifisch anpassen. Letztlich ist auch der Nachrichten-Chef Print für alle Medien zuständig bzw. umgekehrt die Online-Redaktionsleitung auch gleichzeitig Stellvertretung des Nachrichten-Chefs Print, so daß flexibel entschieden werden kann, welche Meldung in die Print-Ausgabe gelangt und welche Meldung nur ins Online-Angebot eingestellt werden soll. Noch hinderlich für die eindeutigen Integrationsbestrebungen ist die technologische Entwicklung, da noch immer für die optimale Inhalte-Erstellung ein Print-Frontend (Linopress) und ein separates Online-Frontend (Open Market) notwendig sind und der Inhalte-Austausch mittels XML-Feeds erfolgt. Sobald hier eine systemtechnische Verschmelzung möglich ist, könnte der redaktionelle Bereich in zwei organisatorische Schichten aufgeteilt werden. In der ersten Schicht würden dann die Inhalte erstellt und in einer zweiten Schicht die Inhalte für den jeweiligen Medienkanal spezifisch aufbereitet, wobei auch hier das Konzept rollierender Teams nicht zugunsten einer Spezialisierung für nur eine Schicht aufgegeben werden soll.

Im Bereich der Werbevermarktung wird bei der FTD noch organisatorisch zwischen Print- und Online-Vermarktung unterschieden. Hauptsächlicher Grund hierfür ist, daß auch auf Kundenseite noch weitestgehend separate, d. h. auf traditionelle und neue Medien spezialisierte Marketing-Abteilungen unterhalten werden. Intern arbeiten allerdings Anzeigenabteilung und Online-Vermarkter eng zusammen, da die Crossmedia-Vermarktung als wichtig angesehen wird und auch entsprechende Crossmedia-Werbekonzepte bereits im Angebot sind.

Für die Auswahl und die Betreuung der Kooperationspartner wurde eigens eine Einheit Business Cooperations gegründet, die insbesondere strategische Partnerschaften – wie im beschriebenen Beispiel mit Mobilfunk-Endgeräteherstellern – anbahnt und eingeht, um mobile Dienstleistungen und die Syndizierung von Content voranzutreiben und proaktiv nach neuen Geschäftsfeldern und den dazu notwendigen Partnern zu suchen.

Hinsichtlich des Web-Controlling liegt der Schwerpunkt auf dem operativen Controlling, so daß z. B. kontinuierlich Page Impressions gemessen werden, die ein wesentliches Entscheidungskriterium für Werbekunden zur Schaltung von Werbe-Bannern darstellen. Jedoch wird auch analysiert, welche inhaltlichen Bereiche im Web-Angebot besonders genutzt werden, um ggf. Anpassungen vollziehen zu können. Auf Seiten der Kostenrechnung wird ein kontinuierliches Bereichskostencontrolling durchgeführt, um insbesondere in wirtschaftlich angespannter Lage ein Monitoring der anfallenden Kosten zu ermöglichen. Allerdings ist nochmals anzuführen, daß in der Print- und Online-Erstellung keine separaten Kostenstellen eingeführt wurden und auch aufgrund der integrierten Redaktion gar nicht betrieben werden können. Neben einer jährlich stattfindenden Etatplanung finden bei der FTD auf Gesamtebene auch Instrumente des strategischen Controlling, wie Balanced Scorecards, Anwendung.

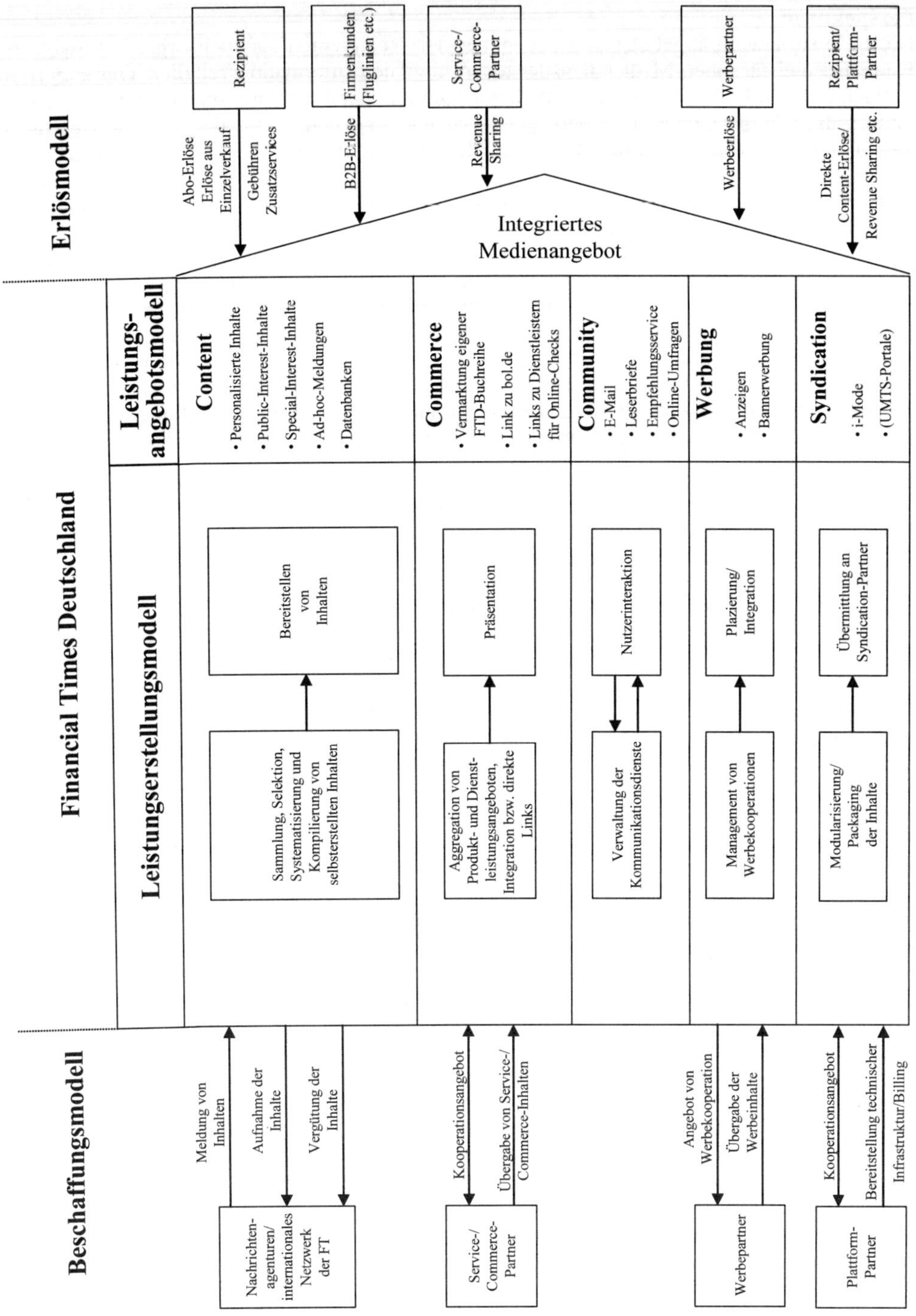

Abbildung 116: Das integrierte Geschäftsmodell der Financial Times Deutschland

Perspektiven
Die FTD ist sowohl angebotsseitig gegenüber den Rezipienten als auch organisatorisch das Paradebeispiel für einen Mediendienstleister im digitalen Informationszeitalter. Die integrierte Betrachtung von Offline- und Online-Welt wirft gar nicht erst die Frage auf, warum die Zeitung multimediale Präsenz zeigt, denn ohne entsprechende Angebote würde das gesamte Geschäftsmodell in Frage gestellt. Nur durch Multimedia wird die anvisierte Zielgruppe der derzeitigen und zukünftigen Entscheider der deutschen Wirtschaft effektiv bedient. Dabei sind gerade im mobilen Bereich noch zahlreiche Innovationen zu erwarten. So wird im Rahmen von UMTS-Angeboten angedacht, auch dynamische Inhalte anzubieten, sofern die dazu notwendigen Übertragungsraten von den Netzbetreibern gewährleistet sind. Entsprechend dem Motto „Eine Marke – alle Medien“ steht die FTD grundsätzlich neuen bespielbaren Plattformen offen gegenüber und ist auch aufgrund der internen organisatorischen Struktur in der Lage, ein neues Medium schnell mit Inhalten zu beliefern und evtl. First-Mover-Vorteile zu nutzen. Im Vergleich zu vielen anderen Verlagshäusern ist die FTD im Hinblick auf die strukturellen Veränderungen der Verlagsbranche somit bereits zukunftsorientiert aufgestellt. Hilfreich war dabei sicherlich die erst 1999 erfolgte Gründung der Zeitung, die eine organisatorische Weichenstellung zum Vertrieb der Medieninhalte über verschiedene Plattformen von Anfang an ermöglichte.

6.2 Typ 2: Dienstleister für die Region am Beispiel der Tageszeitung „Hamburger Abendblatt“

Das Hamburger Abendblatt ist die bedeutendste regionale Tageszeitung für den Großraum Hamburg und hat sich dort – abgesehen von der Hamburger Morgenpost mit einem journalistischen Schwerpunkt auf lokalen Boulevardmeldungen – als Quasi-Monopolist für umfassende Lokalberichterstattung (lokale Ereignisse und Veranstaltungen, Politik, Wirtschaft, Sport etc.) etabliert. Die Marke Hamburger Abendblatt steht darüber hinaus für regionale Rubrikenanzeigen, wobei die Zeitung insbesondere für Immobilienanzeigen nach wie vor als unverzichtbares Medium für Immobilienanbieter und Immobilien-/Wohnungssuchende gilt. Dies wird allein schon daran deutlich, daß die Auflage der Samstagsausgabe des Hamburger Abendblatts mit ca. 400.000 Exemplaren um 25 Prozent höher liegt als die werktags erscheinenden Ausgaben, was maßgeblich auf den ausführlichen Rubrikenanzeigenteil zurückzuführen ist.

Die strategische Stoßrichtung eines Online-Angebotes des Hamburger Abendblatts dürfte somit in erster Linie darin liegen, die Position im Markt lokaler Informationen zu stärken sowie die Vorherrschaft im lokalen Rubrikenanzeigenmarkt gegenüber neuen Online-Anbietern, wie z. B. Immobilienscout24.de oder Planethome.de, zu verteidigen.[9] Darüber hinaus ist anzunehmen, daß gerade junge Zielgruppen mit einem Online-Angebot angesprochen und somit an die Marke gebunden werden sollen. Entsprechende Bemühungen zur Verjüngung der Print-Marke finden beim Hamburger Abendblatt bereits seit langem Anwendung, was u. a. daran deutlich wird, daß Schüler gelegentlich redaktionelle Teile mitgestalten dürfen.

Der Internet-Auftritt
Das Online-Angebot des Hamburger Abendblatts lehnt sich sowohl redaktionell als auch vom Layout her eng an das Print-Format an. So werden die redaktionellen Teile meist eins zu eins ohne eine medienspezifische Aufbereitung übernommen. Hervorhebenswert ist allerdings der umfangreiche Service „Rund ums Abo“ für Abo-Interessierte und Abonnenten der Zeitung, so daß beispielsweise online Abos bestellt und verschenkt, aber auch Adressen und Bankverbindungen geändert werden können.

---

9 Vgl. *HENKEL* (2000), S. 125.

Abbildung 117: Startseite des Online-Angebotes des Hamburger Abendblatts[10]

Community-Elemente sind im Online-Angebot nur spärlich integriert. Zwar ist eine Online-Übermittlung von Leserbriefen möglich, jedoch ist diese Funktion hier im Gegensatz zur Financial Times Deutschland, die eine direkte Leserreaktion auf einen Artikel erlaubt, losgelöst vom redaktionellen Teil. Dies gilt ebenfalls für ein Online-Forum, das von den Lesern auch nur selten genutzt wird. Personalisierung spielt einzig bei einer Newsletter-Funktion eine Rolle, so daß der Nutzer die für ihn relevanten Ressorts auswählen kann und dementsprechend täglich per E-Mail individualisierte Nachrichten erhält. Erwähnenswert ist darüber hinaus ein kostenpflichtiger Partner-Service, der gemeinsam mit dem Kooperationspartner Parship angeboten wird. Die Online-Mitgliedschaft bei Parship kann dabei ergänzt werden um Chiffre-Kontaktanzeigen im Hamburger Abendblatt – ein Kombi-Anzeigenpaket, das ein klassisches Beispiel für die zuvor beschriebenen Produktbündelungsstrategien darstellt.

Der Schwerpunkt des Online-Angebotes des Hamburger Abendblatts liegt jedoch eindeutig auf dem Kleinanzeigenbereich (Immobilien, Stellen, Auto, Reise, Partner), wobei hierzu eigens Subportale – wie z. B. www.immo.abendblatt.de für Wohnungs- und Immobilienanzeigen, das nachfolgend exemplarisch für die anderen Kleinanzeigenbereiche im Mittelpunkt der Ausführungen steht – gegründet wurden. Dabei sind die Kleinanzeigen für den Nutzer gratis zugänglich, und die für die Inserenten kostenpflichtigen Print-Anzeigen werden mit einigen Stunden Verzögerung zur Erscheinung der Print-Ausgabe auch parallel im Internet veröffentlicht. Allerdings zeigt die Darstellung der Kleinanzeigen, die z. B. im Gegensatz zu anderen Immobilienportalen ohne Bilder und Grundrisse etc. veröffentlicht und automatisch über eine

---

10 Online *HAMBURGER ABENDBLATT* (2002).

Schnittstelle aus dem Anzeigensystem eingespielt werden, daß hier nach wie vor eine am Print-Produkt orientierte kostengünstige Online-Variante gewählt wurde. Insofern ist die digitale Darstellungsform von Immobilien im direkten Vergleich zu Immobilienscout24.de als spartanisch zu beurteilen, was jedoch nicht heißt, daß das Online-Angebot des Immobilienportals generell nutzerunfreundlich ist. So erleichtert eine detaillierte Suchmaske die Suche nach der passenden Immobilie, wobei die während des Online-Besuchs ausgewählten Immobilien auf einen digitalen Merkzettel gesetzt werden können, der am Ende der Sitzung bequem vom Nutzer ausgedruckt wird.

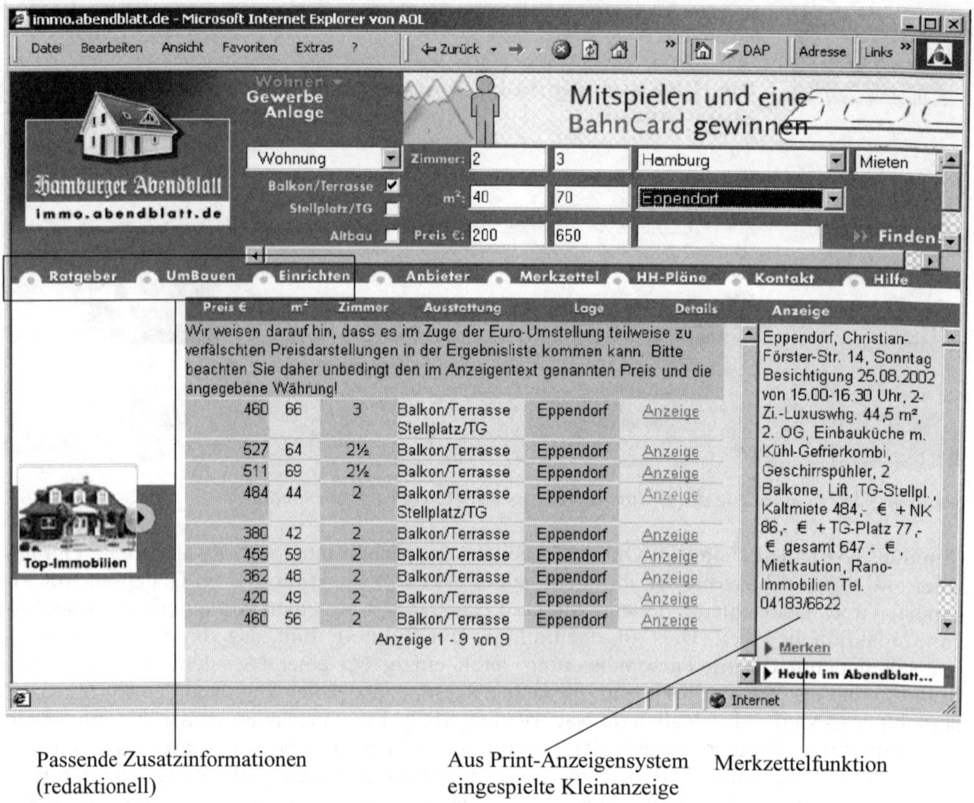

Abbildung 118: Das Kleinanzeigenportal für Immobilien immo.abendblatt.de

Als Zusatzservices sind weiterhin Ratgeber rund um das Thema Immobilien, wie z. B. Umbauen und Einrichten, verfügbar. Dabei handelt es sich schwerpunktmäßig um passende redaktionelle Artikel aus früheren Sonderausgaben der Zeitung. Die naheliegende Verbindung zum E-Commerce, z. B. zu Anbietern von Hausratversicherungen und Banken mit entsprechenden Finanzierungsangeboten oder aber zu Handwerkern und Umzugs-Services, wurden bisher im Gegensatz zu Konkurrenzportalen noch nicht realisiert. In den anderen Kleinanzeigenbereichen finden sich hier zumindest schon Ansätze, wie z. B. eine Verlinkung zu den Webangeboten lokaler Autohändler im Autoportal oder der Zugang zu einer kostenpflichtigen Gehaltsanalyse des Kooperationspartners Personalmarkt im Job-Portal. E-Commerce spielt darüber hinaus noch im eigenen Abendblatt-Online-Shop eine Rolle, wo insbesondere Bücher mit lokalem Bezug verkauft und – gemeinsam mit dem Kooperationspartner Friedel Luftbildfotographie – Luftbilder vertrieben werden.

Erlösquellen

Der Online-Auftritt des Hamburger Abendblatts lehnt sich insgesamt eng an die Print-Ausgabe an, wobei viele theoretisch mögliche medienspezifische Erlösquellen, wie z. B. E-Commerce, erst spärlich genutzt werden. Insofern stellt sich die Frage, ob die Internet-Aktivitäten intern überhaupt als eigenständiges Geschäftsmodell oder vielmehr als Cost Center innerhalb der gesamten Zeitung angesehen werden. Auf der Kostenseite werden in jedem Fall erhebliche Synergieeffekte durch Eins-zu-eins-Übernahmen der Artikel der Print-Ausgabe und Rubrikenanzeigen realisiert, so daß sich die selbständige Online-Redaktion schwerpunktmäßig auf die Aspekte der einwandfreien technischen Übermittlung der Inhalte ins Netz und die Konzeption des Layouts konzentriert. Die spezifischen Online-Erlöse ergeben sich aus der Schaltung von Werbe-Bannern und in geringem Umfang aus dem Revenue Sharing mit Kooperationspartnern, wie etwa dem erwähnten Partner-Vermittlungsdienst Parship. Nutzerspezifische Pay-per-Content-Strategien, wie dies beim Abruf von Kleinanzeigen bei intelligenter Preissetzung mit Sicherheit theoretisch denkbar wäre, finden keine Anwendung.

Perspektiven

Zusammenfassend erweckt der derzeitige Internet-Auftritt des Hamburger Abendblatts den Eindruck, daß das in weiten Teilen sehr minimalistische Angebot entweder auf Kostenzwänge im Rahmen der Krise der Zeitungsbranche oder aber auf eine halbherzige Reaktion der Zeitungsmacher auf die skizzierten Veränderungen in der Medienlandschaft zurückzuführen ist. Zwar sind die Dienste für Abonnenten oder auch die mögliche Online-Anzeigenannahme als sinnvoll zu betrachten, allerdings kann es nicht der Weisheit letzter Schluß sein, die nach wie vor hochpreisigen Kleinanzeigen des Print-Formates lediglich über eine Schnittstelle ins Internet zu stellen und viele Potentiale, die sowohl für den Inserenten als auch für den Nutzer Mehrwert ermöglichen könnten (z. B. Integration von Bildern, kurzen Video-Trailern und Grundrissen), ungenutzt zu lassen. Gerade im Bereich Immobilienanzeigen steht der Axel Springer Verlag unter Handlungszwang, was auch daran deutlich wird, daß die Beteiligung an dem nur mäßig erfolgreichen Online-Rubrikenportal Versum.de[11] inzwischen aufgekündigt wurde und stattdessen zukünftig gemeinsam mit dem Ring Deutscher Makler (RDM) das Portal Propertygate.com betrieben wird.[12] Ziel des Portals, das unter dem Markennamen Immonet positioniert werden soll, ist die Bündelung der Online-Immobilienauftritte der Springer-Zeitungen und des RDM sowie die umfassende Akquisition eigener Immobilien-Anzeigen (also nicht nur eine Zweitverwertung der Print-Anzeigen) mit Verfügbarkeit zuvor erwähnter medienspezifischer Service-Leistungen.[13] Dies ist für den Axel Springer Verlag vor dem Hintergrund der stark stagnierenden Rubrikenanzeigenmärkte bei Tageszeitungen und den bereits jetzt nutzerfreundlicheren Konkurrenzportalen als ein wichtiger Schritt zu erachten, um auch zukünftig vom Rubrikenanzeigengeschäft profitieren zu können. Gegenüber reinen Online-Konkurrenzangeboten könnte dabei ein möglicher Vorteil des Abendblattes in der Nutzung von Crossmedia-Effekten liegen, so daß die Kleinanzeige sowohl verkürzt im Print-Format erscheint als auch mit zusätzlichen, komplementären Informationen angereichert bei Immonet publiziert wird. Eine derartige Vernetzung würde dann im Endeffekt ein integriertes Geschäftsmodell für das Hamburger Abendblatt bedeuten, wie dies bei der Financial Times Deutschland bereits jetzt der Fall ist. Die Inanspruchnahme von Leistungen der Immonet GmbH seitens des Hamburger Abendblattes könnte dann über interne Verrechnungspreise abgerechnet werden, so daß eine verursachungsgerechte Kosten- und Erlösverteilung möglich wäre.

---

11 Versum.de wurde ehemals als gemeinsamer, deutschlandweiter Anzeigenmarkt von zehn deutschen Verlagen betrieben. Dabei gab es von Anfang an Schwierigkeiten hinsichtlich einer gemeinsamen Strategie des Gemeinschaftsunternehmens, was letztlich zum weitestgehenden Scheitern des Online-Projektes führte.

12 Vgl. *Kornfeld* (2002), S. 22 f. Der RDM ist dabei mit 25,1 Prozent und der Axel Springer Verlag entsprechend mit 74,9 Prozent am Portal beteiligt.

13 Vgl. *o. V.* (2002e), S. 42.

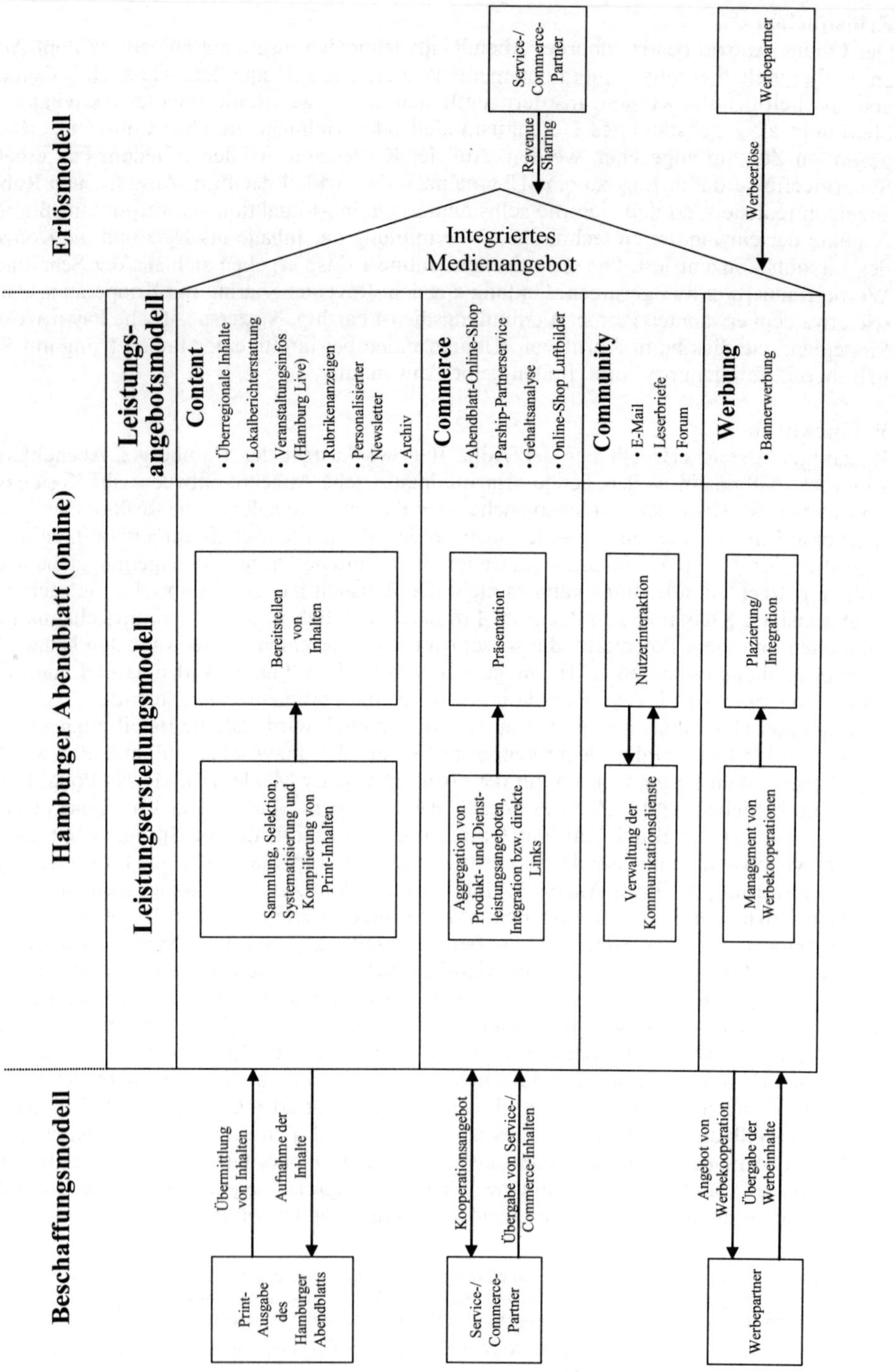

Abbildung 119: Geschäftsmodell des Online-Angebotes des Hamburger Abendblatts

6.3 Typ 3: Plattform für themenspezifische Lösungen am Beispiel der Zeitschrift „Bravo"

Die Zeitschrift Bravo ist die größte Jugendzeitschrift Europas und gilt seit ihrer Gründung durch die Bauer Verlagsgruppe im Jahre 1956 mit einer Markenbekanntheit von 98 Prozent und einer Druckauflage von derzeit ca. 1,1 Millionen Exemplaren als deutscher Marktführer im Jugendzeitschriftensegment. Bravo versteht sich als umfassender Ratgeber für die Kernzielgruppe der Jugendlichen im Alter zwischen 12 und 17 Jahren, ein Alter, in dem die Heranwachsenden im Rahmen der Pubertät eine neue Identität suchen und sich vom Elternhaus lösen.[14] Damit einhergehend besteht ein großer Informations- und Kommunikationsbedarf der jungen Leute, so daß es vor dem Hintergrund der zunehmenden Verbreitung von Internet-Zugängen in der sogenannten „Generation @" notwendig war, ein Internet-Angebot für die Zielgruppe zu etablieren. Hinzu kommt, daß die Bravo-Redaktion einen wesentlichen Erfolgsfaktor der Zeitschrift darin sieht, sich über die Generationen hinweg selbst weiterzuentwickeln, um so stets am Lebenspuls der Leser agieren zu können. Da die Zeitschrift noch Ende der neunziger Jahre mit einer stark fallenden Auflage zu kämpfen hatte, lag es nahe, neben Verbesserungen des Print-Produktes ein komplementäres Online-Angebot zu schaffen, so daß die Marke Bravo nunmehr auch entsprechend dem sich verändernden Mediennutzungsverhalten der Jugendlichen multimediale Präsenz zeigt.

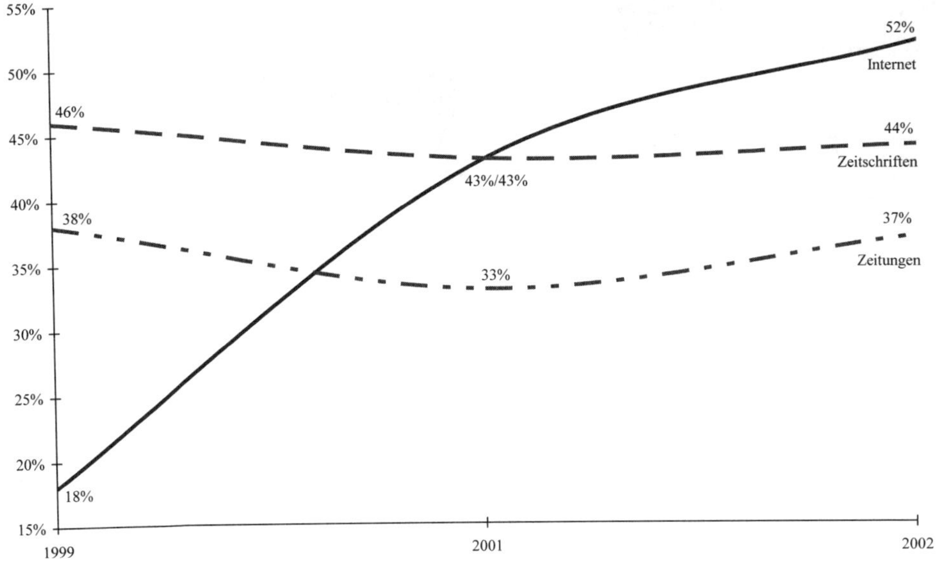

Abbildung 120: Informationsquellen der 14- bis 17jährigen – Verschiebung zugunsten des Internet[15]

Das erst seit Mai 2001 betriebene Internet-Angebot entwickelt sich sehr erfolgreich, wobei sich die Page Impressions innerhalb eines Jahres mehr als verdoppelt und im Juli 2002 erstmals die 20-Millionen-Grenze überschritten haben.[16]

---

14 Vgl. online BAUER MEDIA KG (2002).

15 Vgl. WEGNER (2002), S. 41.

16 Vgl. online IVW (2002).

Das Internet-Angebot

Der Webauftritt von Bravo.de gliedert sich auf in die Bereiche Community, Stars, Networld, Lifestyle, Special, Best of, die Seiten des psychologischen Beratungsteams Dr. Sommer sowie die Seiten der Bravo Family, in denen Links zu weiteren Angeboten, die unter dem Markendach Bravo betrieben werden (z. B. Bravo Girl oder Bravo TV), aufgelistet sind.

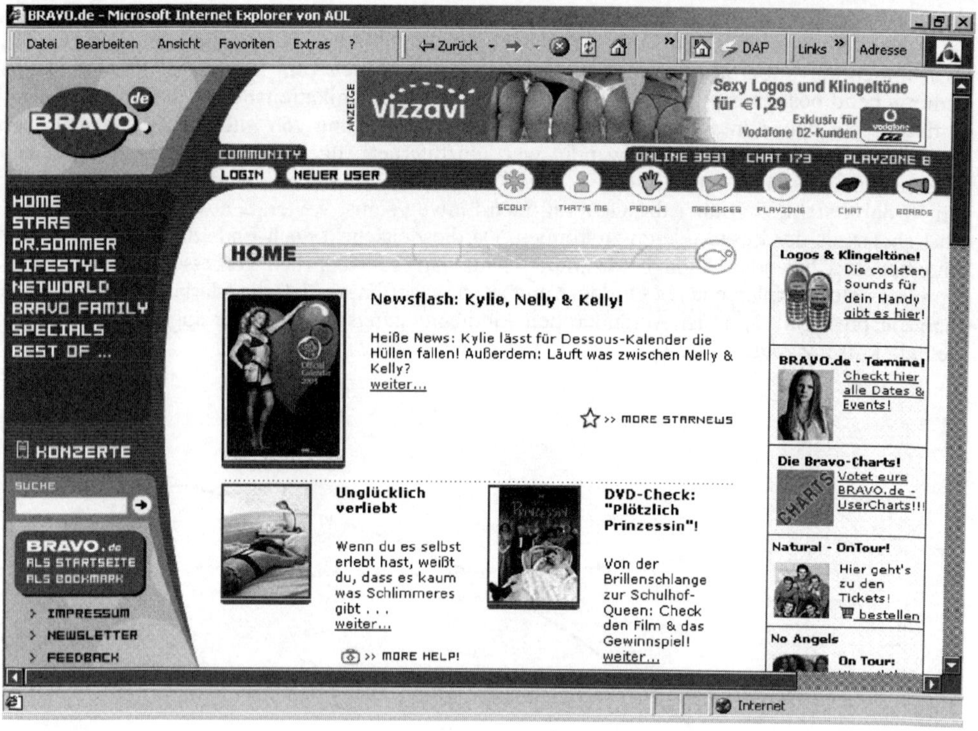

Abbildung 121: Startseite des Online-Angebotes von Bravo.de[17]

Die redaktionellen Beiträge werden zweimal täglich aktualisiert, so daß sich die Inhalte von der Print-Ausgabe, die auf wöchentlicher Basis erscheint, unterscheiden und die redaktionellen Synergien somit im Gegensatz zu einer Tageszeitung geringer sein dürften. Dies ist auch als wesentlicher Grund für eine noch bestehende organisatorische Trennung von Print- und Online-Redaktion anzusehen. Allerdings sind Print und Online redaktionell geschickt crossmedial vernetzt, indem in der Zeitschrift durch optische Hervorhebung mittels der bekannten Icons des Windows-Betriebssystems auf ergänzende Service-Angebote im Online-Format aufmerksam gemacht wird.

Besonders erwähnenswert sind die Bravo-Community-Funktionen, die aufgrund des Umfangs und der professionellen Nutzerführung als Branchen-Benchmark anzusehen sind. Für die Nutzung der Community-Funktionen ist zunächst eine Registrierung notwendig, in der ein User-Name, Paßwort, Geschlecht, Geburtsjahr, Sternzeichen, Postleitzahl und ggf. (freiwillig) die Mobiltelefonnummer des Nutzers anzugeben sind. Im weiteren Verlauf der Registrierung können dann Interessen, Attribute und emotionale Charakteristika des Nutzers angegeben

---

[17] Online BRAVO.DE (2002).

werden, die für andere Mitglieder der Community als „Visitenkarte“ ersichtlich sind. Nach Anlegen des Nutzerprofils steht ein uneingeschränkter Zugang in die Community-Welt von Bravo.de offen, in der sowohl eine professionelle E-Mail-Funktion, die durchaus mit bekannten Angeboten wie gmx.de und web.de vergleichbar ist, als auch das Anlegen einer Scout-Liste, die zeigt, ob Freunde und Bekannte ebenfalls online sind, angeboten wird. Die umfangreichen Chat-Räume sind thematisch gegliedert, wobei wöchentlich ein Chat mit dem Psychologen-Team Dr. Sommer und in regelmäßigen Abständen auch ein Star-Chat stattfindet. Interessant sind weiterhin die verfügbaren Spiele in der Playzone, in der die Nutzer online gegeneinander spielen können. Der Community-Gedanke wird darüber hinaus durch den Bravo LoveMailer, der als kostenpflichtiger SMS-Service ein digitales Flirten und Kennenlernen der Nutzer ermöglicht, auch in die mobile Welt übertragen. Dies ist natürlich im Internet-Angebot durch eine entsprechende Suchmaske realisiert, so daß auf Basis der Nutzerprofile nach passenden Partnern recherchiert werden kann. Insgesamt erfreut sich der Community-Bereich einer großen Beliebtheit, was die ca. 568.000 vollzogenen Registrierungen bis Mai 2002 untermauern, wobei nach Angaben des Verlages täglich ca. 1.500 neue Registrierungen hinzukommen.[18] Der Verlag nutzt dabei das enorme Potential der Community, um im Print-Format redaktionelle Anpassungen vorzunehmen. Beispielsweise findet wöchentlich online eine Abstimmung der Nutzer statt, welche Liedertexte in der darauffolgenden Woche in der Print-Ausgabe erscheinen sollen.

Anzuführen bleibt, daß in zunehmendem Maße auch dynamische Inhalte im Bravo.de-Portal verfügbar sind. So können Interviews mit Stars als Audio-Sequenz ebenso abgerufen werden wie kurze Ausschnitte von Musik-Videos im Realplay-Format.

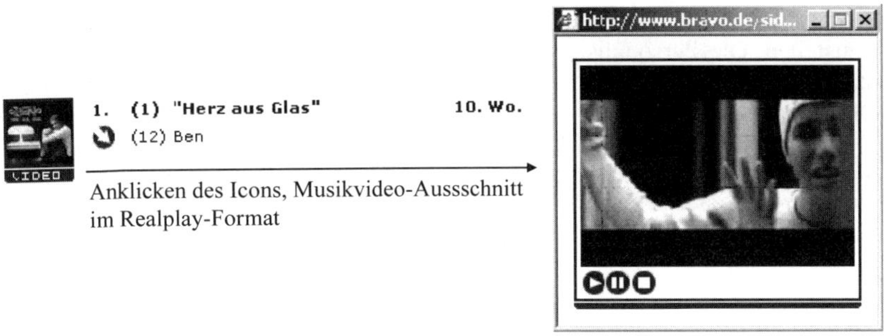

Abbildung 122: Abruf dynamischer Inhalte bei Bravo.de

Auf den ersten Blick erstaunlich ist allerdings, daß mit der Präsentation der Charts, die als hochrelevant für die Zielgruppe gelten, keine E-Commerce-Elemente verbunden sind, die in einem Online-Shop eine Bestellung von CDs bzw. DVDs ermöglichen. Dabei ist insgesamt die Verbindung zum E-Commerce nur sehr vorsichtig realisiert worden, was vor allem darauf zurückzuführen ist, daß ein Großteil der Zielgruppe noch keine gesetzliche Geschäftsfähigkeit für die Durchführung rechtsverbindlicher Geschäfte aufweist, so daß sich die Plattform von vornherein eher zum Branding als zum Verkauf von Produkten eignet. Neben einem Ticket-Shop, der mit dem Vertriebspartner getgo.de betrieben wird, besteht jedoch eine Partnerschaft mit dem Anbieter Handy.de, bei dem Klingeltöne und Logos gegen Entrichtung einer geringen Gebühr über den Weg einer 0190-Telefonnummer bezogen werden können.

18 Vgl. online *BAUER MEDIA KG* (2002).

Erlösquellen

Neben den entsprechend der Darstellung nur als sehr gering einzustufenden Einnahmen aus E-Commerce-Aktivitäten für die Plattform Bravo.de spielen gerade Einnahmen aus Online-Werbung eine große Rolle. Der klassische Werbe-Banner wird jedoch hier zunehmend durch innovative, multimediale Werbeformen, wie Streamings, Inter- oder Superstitials, ersetzt. Große Akzeptanz bei den Werbekunden finden jedoch Crossmedia-Werbeformen, wobei die Verlagsgruppe Bauer hierzu eigens eine organisatorische Einheit gegründet hat. Der werbliche Auftritt findet somit im Print-Format, bei Bravo.de, bei Bravo TV oder mittels gesponserter Sonderaktionen statt, wobei die Gestaltung einiger redaktioneller Inhalte (Mode, Unterhaltungselektronik) vermuten läßt, daß auch hier teilweise eine Abstimmung mit dem jeweiligen Werbepartner erfolgt. Die crossmediale Vernetzung gegenüber den Nutzern sowie den Werbekunden legt nahe, daß Bravo.de nicht als separates Geschäftsmodell betrachtet werden darf. Vielmehr kann unterstellt werden, daß der Online-Auftritt ganz erheblich zu einer erneuten Steigerung der Auflage des Print-Formats nach Jahren der Stagnation beigetragen hat. Insofern sind alle geschäftlichen Aktivitäten, die unter dem Markendach Bravo betrieben werden, integrativ zu sehen.

Perspektiven

Der Online-Auftritt von Bravo.de visualisiert deutlich die Komplementarität der verschiedenen Medien. Die anvisierte Zielgruppe der 12- bis 17jährigen hat generell einen hohen Informations- und Kommunikationsbedarf – insbesondere mit Gleichaltrigen –, so daß das Internet keine Gefahr für das Print-Medium darstellt, sondern vielmehr eine sinnvolle Erweiterung ist, um die Jugendlichen an die Marke Bravo zu binden. Bravo nutzt im Gegenteil das enorme Potential der Community, um sich selbst weiterzuentwickeln und sich auf Kundenwünsche redaktionell besser einzustellen. Die Personalisierung soll dabei zukünftig eine noch größere Rolle spielen, so daß dann ein individualisiertes Angebot „My Bravo" ermöglicht wird. Darüber hinaus sollen ebenfalls SMS-Dienste ausgeweitet werden, da diese allgemein eine hohe Akzeptanz bei Jugendlichen aufweisen. Insgesamt hat sich Bravo.de binnen eines Jahres zum Online-Marktführer für den Jugendbereich entwickelt, was auch zu einem entsprechenden Werbevolumen geführt hat. Insbesondere die rasante Entwicklung bei der Vermarktung crossmedialer Werbekonzepte bestätigt die wirtschaftliche Tragfähigkeit des Online-Auftritts.

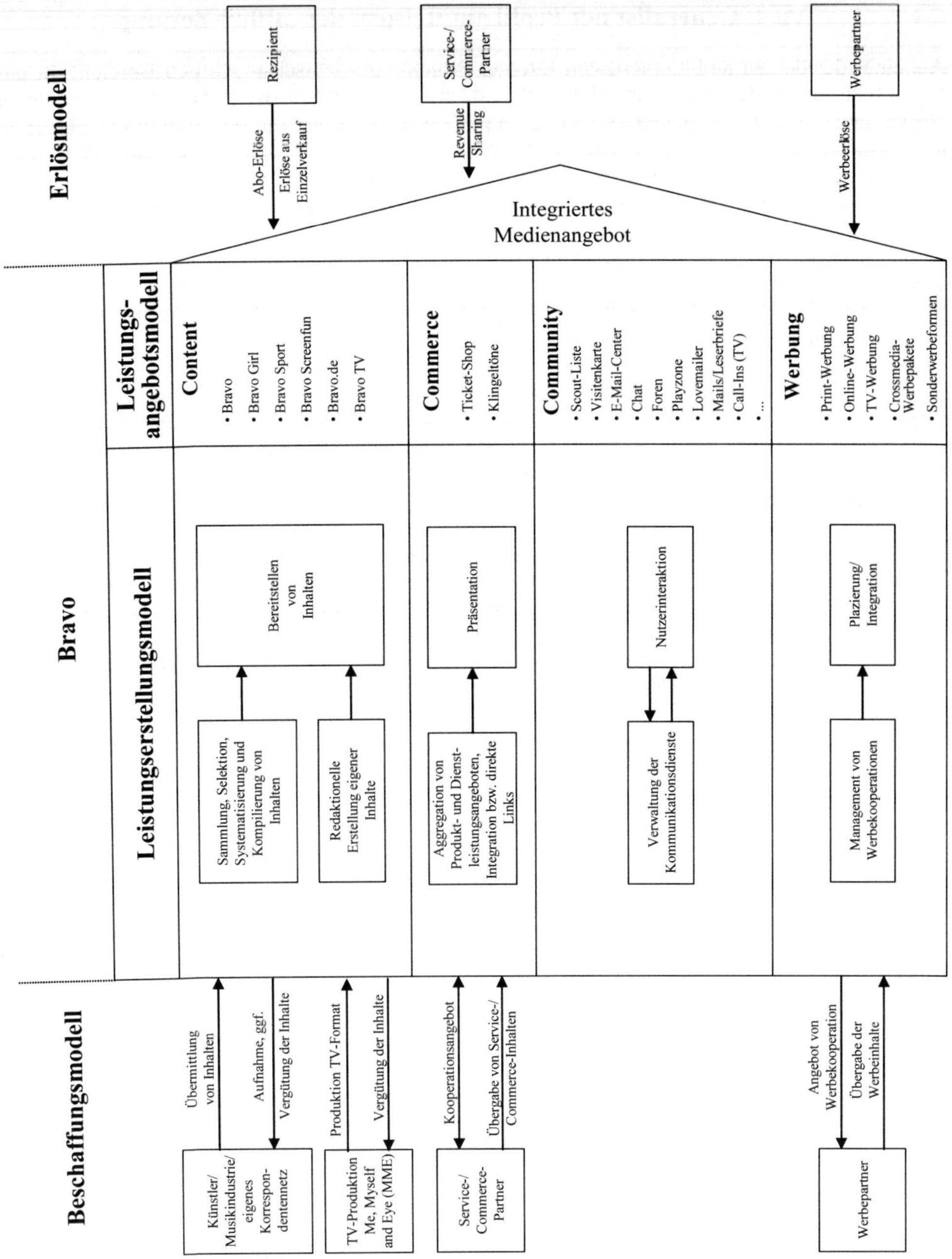

Abbildung 123: Das integrierte Geschäftsmodell von Bravo[19]

19 Aus Übersichtlichkeitsgründen wurde der Vertrieb von Musik-CDs unter dem Markennamen Bravo nicht in die Abbildung aufgenommen.

6.4 Typ 4: Generalist mit Profil am Beispiel der „Bild"-Zeitung

Als eines der derzeit ambitioniertesten Internet-Projekte im deutschsprachigen Bereich gilt das Portal bild.t-online.de. Dabei wird bild.t-online.de als Joint Venture zwischen dem Axel Springer Verlag und T-Online betrieben, wobei der Axel Springer Verlag mit 63 Prozent die Mehrheit am Gemeinschaftsunternehmen hält. Die Kooperation stellt für die Partner eine Win-Win-Situation dar, indem zwei ohnehin schon starke Marktakteure ihre unterschiedlichen Kernkompetenzen kombinieren und somit ein angebotsseitig konvergentes Unternehmen formieren, wie dies auch theoretisch im Rahmen des MSCM dargelegt wurde. Dementsprechend stellt T-Online in erster Linie die technische Infrastruktur in Form des Netzzugangs, der Abrechnung von Leistungen sowie der Customer-Care-Kompetenzen zur Verfügung, wohingegen der Axel Springer Verlag für die Bereitstellung der Inhalte zuständig ist. Die Stärke der beiden Partner wird u. a. anhand der hohen Kundenanzahl deutlich: So gehen 59 Prozent aller deutschen Internet-Nutzer über T-Online ins Netz, was in Zahlen ausgedrückt ungefähr 14,2 Millionen Kunden – allesamt potentielle Nutzer des Portals – entspricht.[20] Demgegenüber erreicht das Print-Angebot der Bild-Zeitung mit einer Auflage von ca. vier Millionen Exemplaren täglich mehr als elf Millionen Leser, wobei nur ca. 20 Prozent der Leser Internet-Nutzer sind.[21] Insofern verfolgt das Gemeinschaftsunternehmen zum einen das Ziel, T-Online-Kunden über ein attraktives Inhalte-Angebot zu binden, zum anderen sollen aber ganz neue Kundengruppen erschlossen werden, indem die Zielgruppe der bisher mehrheitlich nicht mit einem Internet-Zugang ausgestatteten Bild-Zeitungsleser angesprochen wird. Das proklamierte Ziel des Axel Springer Verlages, den Kunden ein Inhalte-Angebot unter der Prämisse „Bild – mehr braucht man nicht" zu unterbreiten, zielt eindeutig auf die Formierung eines General-Interest-Portals ab. Die zügig realisierte inhaltliche Breite und Tiefe des Portals seit Gründung des Unternehmens im September 2001, die auf ein hohes Investitionsvolumen der beiden Gesellschafter schließen läßt, hat dementsprechend dazu geführt, daß bild.t-online.de im Juni 2002 erstmals mit ca. 240 Millionen Page-Impressions die Marktführerschaft der General-Interest-Portale anstelle des lange Zeit unangefochtenen Spitzenreiters rtl.de übernommen hat.[22] Dabei kam der Zusammenschluß der beiden Unternehmen nur unter Inkaufnahme regulatorischer Auflagen seitens des Kartellamtes zustande.

Chronologie des Joint Ventures

Anfang April 2001 kommt es auf einer gemeinsamen Pressekonferenz des Axel Springer Verlages und der T-Online AG zur Bekanntgabe der geplanten Gründung des Gemeinschaftsunternehmens bild.t-online.de, die im September 2001 vollzogen und im November 2001 beim Bundeskartellamt angemeldet wird. Am 25. Februar 2002 informiert das Bundeskartellamt schließlich die beteiligten Unternehmen, daß das Joint Venture eine marktbeherrschende Stellung von T-Online als Internet Service Provider forcieren könnte, und erhebt dementsprechend Einwände gegen den geplanten Unternehmenszweck, was daraufhin in einer Abmahnung und einstweiligen Untersagung der Gründung der Gesellschaft mündet.[23] Nach Konkretisierung und Modifizierung einiger Sachverhalte seitens der Gesellschafter wird der Zusammenschluß jedoch Anfang März 2002 unter Auflagen genehmigt. So muß das Internet-Angebot für jeden Nutzer frei zugänglich sein und darf nicht nur T-Online-Kunden vorbehalten bleiben, so daß ein Zugang zum multimedialen Inhalte-Angebot der Bild-Zeitung nicht mit dem Zwang, T-Online-Kunde werden zu müssen, verbunden ist (Vermeidung der Schaffung eines sogenannten „walled garden" als proprietäres Angebot). Darüber hinaus wurde sichergestellt, daß die Ab-

---

[20] Vgl. online *T-ONLINE* (2001).

[21] Vgl. online *DÖPFNER* (2001).

[22] Vgl. *O. V.* (2002c), S. 41.

[23] Vgl. online *BUNDESKARTELLAMT* (2002), S. 3.

rechnung kostenpflichtiger Inhalte nicht nur über T-Online respektive die monatliche Telefonrechnung der Deutschen Telekom erfolgt, da hierdurch Konkurrenten, die oftmals noch nach marktfähigen und wirtschaftlichen Abrechnungssystemen suchen, benachteiligt worden wären.[24] Letztlich wurde das ursprüngliche Ziel untersagt, im Portal als Wiederverkäufer von T-Online-Zugängen aufzutreten, da dieses einer vertikalen Integration gleichgekommen wäre und somit den Ausbau einer marktbeherrschenden Stellung von T-Online im Zugangsmarkt möglicherweise beschleunigt hätte. Stattdessen darf bild.t-online.de lediglich als reiner Mittler – z. B. durch Schalten von Werbe-Bannern für einen T-Online-Internet-Zugang – auftreten. Seit der Genehmigung des Joint Ventures wird das Web-Angebot nunmehr sukzessive ausgebaut, wobei sich die Gestaltung eng am Look and Feel des Print-Formates orientiert.

Der Internet-Auftritt

Der Web-Auftritt wird in enger Anlehnung an das Layout der Print-Ausgabe gestaltet, so daß typischerweise emotionalisierte Nachrichten mit Bildern präsentiert werden, um Aufmerksamkeit zu erzeugen. Dabei wird zur Gewährleistung einer hohen Nutzerfreundlichkeit ein Bühnenmodell verfolgt, das Themen zentral abbildet; über Navigationsleisten sind die Unterthemen direkt ansteuerbar.[25]

Abbildung 124: Startseite des Online-Angebotes von bild.t-online.de[26]

24 Vgl. online *BUNDESKARTELLAMT* (2002), S. 3.

25 Vgl. *WÜRTENBERGER* in online *O. V.* (2001c).

26 Online *BILD.T-ONLINE.DE* (2002).

Erklärtes Ziel von bild.t-online.de ist die crossmediale Vernetzung von Print und Online, so daß z. B. über das Print-Angebot hinaus vertiefende Informationen zu Reisethemen im Web erhältlich sind. Besonders bemerkenswert ist allerdings die samstäglich erscheinende Print-Beilage des Portals, in der die verschiedenen Web-Angebote und insbesondere das spezifische Programm der darauffolgenden Woche auf mehreren Seiten dargestellt werden. Insofern wird hier die Strategie „Online goes Print“ verfolgt, wobei die Beilage von der eigenen bild.t-online.de-Redaktion produziert wird. Hierdurch soll vor allem die Zielgruppe der bisher mehrheitlich nicht im Netz präsenten Bild-Zeitungsleser angesprochen und für das Multimedia-Angebot gewonnen werden.

Der inhaltliche Schwerpunkt des Portals liegt derzeit noch bei Nachrichten, die von der Bild-Zeitungsredaktion geliefert und von einer eigenen Online-Redaktion medienspezifisch aufbereitet werden. Allerdings soll dieser Anteil zukünftig auf etwa 20 Prozent zurückgehen, so daß dann eigens produzierte oder fremdbeschaffte Entertainment-Funktionen im Vordergrund stehen.[27] Hierbei spielt die Förderung der Interaktivität der Nutzer und die dementsprechende Integration von Community-Funktionen eine große Rolle. Insofern steht im Portal eine vielfältige Community-Welt zur Verfügung, in der neben Foren, E-Cards und kostenpflichtigen „0190-Chat-2-Phone-“ und Single-Dating-Angeboten vor allem häufig stattfindende Chats mit Prominenten den Mittelpunkt bilden.[28]

Abbildung 125: Community-Welt von bild.t-online.de

[27] Vgl. *WÜRTENBERGER* in online *O. V.* (2001c).

[28] Vgl. online *AXEL SPRINGER VERLAG* (2001b).

Für die Inanspruchnahme der Community ist allerdings eine Anmeldung erforderlich, die bei einer angestrebten längeren Nutzung auch die Angabe des Namens, der postalischen Adresse sowie der E-Mail-Adresse des Nutzers verlangt. Hieran anknüpfend ist zukünftig auch eine Personalisierung der Dienste denkbar, die derzeit noch keine Rolle im Angebot spielt, aber sukzessive ausgebaut werden soll. Erwähnenswert ist weiterhin, daß nach Generierung einer kritischen Masse an Community-Mitgliedern für denkbar gehalten wird, daß aussagekräftige Meinungsbilder der Nutzer zu spezifischen Themen an die Print-Redaktion weitergegeben werden, so daß dadurch die Inhalte noch näher am „Puls der Leser“ ausgerichtet werden können.[29]

Aus dem Kontext wird offensichtlich, daß es eine Strategie des Joint Ventures ist, aus Bild-Zeitungslesern interagierende Nutzer zu machen. Der Kreis soll sich in einem weiteren Schritt dadurch schließen, daß aus einem Nutzer letztlich ein Kunde wird. Entsprechend spielen E-Commerce-Angebote eine ganz wesentliche Rolle im Angebot von bild.t-online.de. Das Shopping-Angebot ist dabei vielfältig und reicht von Produkten für Heim und Garten, Bekleidung und Kosmetika bis hin zu den für E-Commerce besonders geeigneten Artikeln, wie Bücher, Software und Telekommunikations- und Unterhaltungselektronik. Für ein attraktives und breitgefächertes Sortiment sorgen Kooperationsabkommen mit Branchengrößen wie dem Otto Versand, Karstadt oder Media Markt, deren Angebote direkt im Portal von bild.t-online.de nach entsprechender Zusammenstellung eines zielgruppenspezifischen Angebotes integriert werden. Um dem Nutzer zusätzlichen Mehrwert zu bieten, ist außerdem ein Preisvergleich möglich, so daß mit wenigen Clicks die günstigsten Internet-Anbieter eines Produktes angezeigt werden. Zusätzlich wurde ein Kooperationsabkommen mit der Zeitschrift Stiftung Warentest abgeschlossen, so daß passend zur gewählten Kategorie gegen Entrichtung einer Gebühr ein Produkttest abrufbar ist.

Dies lenkt den Blick auf direkte Pay-per-Content-Erlöse, die sich zukünftig zu einem wesentlichen wirtschaftlichen Standbein des Geschäftsmodells entwickeln sollen. Der Nutzer muß somit neben Testberichten insbesondere für den Download von Bildschirmschonern und die Inanspruchnahme mobiler Mehrwertdienste, wie z. B. ein mit dem Kooperationspartner YOC AG realisiertes SMS-Spiel zur Fußballweltmeisterschaft im Sommer 2002, bezahlen. Eine besondere Rolle spielt jedoch Pay-per-Content für exklusive, per Breitbandzugang erhältliche Video-Inhalte, die schwerpunktmäßig im Bereich Boulevard-Meldungen und Erotik liegen. Mit der konsequenten Bepreisung von Content für ein derart breites Sortiment geht bild.t-online.de hier einen im Branchenvergleich bisher einzigartigen Weg. Die Strategie ist, daß insbesondere Ereignisse um Prominente für eine Content-Vermarktung im Micropayment-Bereich genutzt werden. Entsprechend dürften sich durch die Vermarktung von Promi-Events, wie die Hochzeit des Schauspielers *Lauterbach*, an der sich die Bild-Zeitung exklusive Bildrechte gesichert hatte, zukünftig große Pay-per-Content-Potentiale ausschöpfen lassen. Die Abrechnung der meistens mit 50 Cent oder einem Euro bepreisten Inhalte erfolgt dabei entweder über das T-Online-Konto oder aber über den unabhängigen Anbieter Firstgate. Neben dem Pay-per-Click-Verfahren finden jedoch auch bereits digitale Abo-Modelle bei bild.t-online.de Anwendung. So wird beispielsweise in der Kategorie Fun ein spezielles Premium-Paket angeboten, das Audio-Dateien, Telefonstreiche, Videos und Bildschirmschoner bündelt und für das der Nutzer eine monatliche Gebühr von fünf Euro entrichten muß; dafür erhält er dann noch ein wöchentliches Update mit neuen Inhalten. Anzuführen bleibt, daß gerade im Bereich des Paid Content auch Kooperationen mit externen Content Providern eingegangen werden sollen, wobei selbst

29 Vgl. *Würtenberger* in online *o. V.* (2001c).

ein Co-Branding der Inhalte denkbar erscheint und eine Erlösbeteiligung von bis zu 50 Prozent angekündigt wurde.[30]

Abbildung 126: Pay-per-Content-Verfahren bei bild.t-online.de

Werbevermarktung

Die Vermarktung von Werbeflächen erfolgt über das Joint Venture Interactive Media CCSP AG, an der T-Online 50 Prozent und eine Aktie hält und somit die unternehmerische Führung übernommen hat.[31] Dies ist gerade deshalb interessant, da hier ein klassisches Betätigungsfeld eines Medienunternehmens sich zu einem strategischen Kerngeschäft eines Unternehmens, das aus der Telekommunikationsbranche stammt, entwickelt hat, was nochmals eindeutig die fortschreitende Konvergenz im TIME-Sektor unterstreicht.

Die Interactive Media ist der größte Online-Vermarkter Deutschlands, der auch für weitere Multimedia-Plattformen, schwerpunktmäßig für Marken des Axel Springer Verlages, zuständig ist. Für das bild.t-online.de-Portal erfolgt die Vermarktung insbesondere für die großen Handelsanbieter und E-Commerce-Partner crossmedial, so daß z. B. ein Sonderangebot eines Laptops des Media Marktes in der samstäglichen Print-Beilage erscheint und gleichzeitig auch online plaziert wird. Darüber hinaus wird zunehmend auf Branding-Möglichkeiten durch die vermehrt breitbandigen Internet-Zugänge der Nutzer gesetzt, so daß das Schalten aufwendiger Banner mit Fließtexten, aber zukünftig auch großformatiger Banner mit kleinen Filmsequenzen, ermöglicht wird.[32]

Erlösquellen

Zusammenfassend ergeben sich für das Geschäftsmodell bild.t-online.de drei wesentliche Erlössäulen. Dies sind zum einen Werbeerlöse, die sich aus klassischer Online-Werbung und crossmedialen Werbeaktivitäten zusammensetzen. Entsprechend generiert bild.t-online.de und nicht die Bild-Zeitung die Anzeigenerlöse aus der Print-Beilage. Weiterhin entwickelt sich der E-Commerce zu einem wesentlichen wirtschaftlichen Standbein des Geschäftsmodells, da die Angebote bislang sehr erfolgreich waren. Diese Tendenz wird seit Herbst 2002 durch das Promoten von günstigen und leistungsfähigen „Volks-PCs" noch forciert.[33] Letztlich spielen direkte, vom Nutzer generierte Pay-per-Content-Erlöse eine Rolle, wobei in diesem Bereich der Schwerpunkt auf exklusiven Inhalten, nutzwertigen Applikationen und Erotikangeboten liegt und weite

---

[30] Vgl. *WÜRTENBERGER* in *SAAL* (2002b), S. 42.

[31] Vgl. *VOGEL* (2001), S. 594.

[32] Vgl. *WÜRTENBERGER* in online *O. V.* (2001c).

[33] Vgl. *SAAL* (2002c), S. 70.

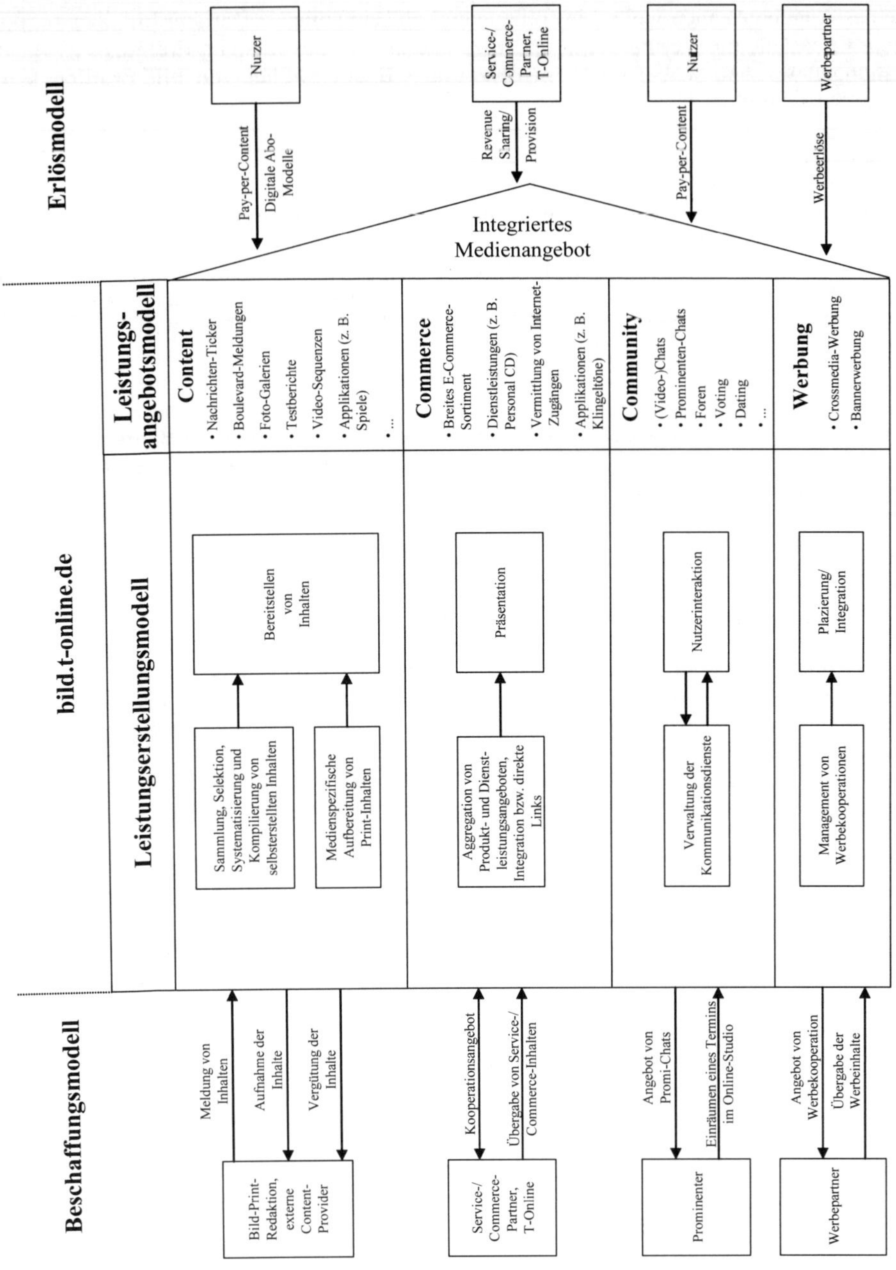

Abbildung 127: Das Geschäftsmodell von bild.t-online.de[34]

[34] Streng genommen dürfte die Vermarktung von Werbeflächen hier nicht aufgeführt werden, da dies das eigenständige Unternehmen Interactive Media CCSP AG übernimmt. Allerdings kann argumentiert werden, daß bild.t-online.de eine derart enge Beziehung zum Werbeflächenvermarkter pflegt, daß die Werbevermarktung eigentlich einen integralen Bestandteil des Geschäftsmodells darstellt.

Teile des Angebotes auch weiterhin frei zugänglich sein sollen.[35] Darüber hinaus könnte eine weitere Erlössäule die Vermarktung und Lizenzierung von exklusiven Ereignissen oder Veranstaltungen werden, wobei diese im derzeitigen Business-Plan von bild.t-online.de noch nicht berücksichtigt ist.[36]

Perspektiven
Das Geschäftsmodell bild.t-online.de wird von beiden beteiligten Gesellschaftern als strategisch hoch relevant erachtet, so daß mit einem hohen Investitionsvolumen das führende General-Interest-Portal des deutschsprachigen Raums formiert werden soll. Aus Sicht des Axel Springer Verlages soll sich das „Print-Flagschiff" Bild im Multimedia-Geschäft zur „Lokomotive" entwickeln, die auch weiteren Online-Aktivitäten des Großverlages einen nachhaltigen Impuls verleiht.[37] Dementsprechend ist bild.t-online.de als „Market Shaper" anzusehen, an dem sich viele andere Plattformen hinsichtlich der Marktakzeptanz innovativer Dienste orientieren werden. Auch eine Beteiligung an den Erlebniswelten M- und T-Business ist zu erwarten,[38] wobei sich die anvisierte Zielgruppe sowie die präsentierten Inhalte – eine Mischung aus Nachrichten, Entertainment, Spaß und E-Commerce – insbesondere für Aktivitäten im Bereich des interaktiven Fernsehens eignen. Insofern hat bild.t-online.de gemeinsam mit RTL (Bertelsmann) mit Sicherheit das Potential, nachhaltigen Einfluß auf die Marktentwicklung des digitalen Fernsehens in Deutschland zu nehmen.

6.5 Content Syndication

Eines der seit der massenhaften Digitalisierung von Inhalten meistdiskutierten Themen in der Medienbranche ist die Content Syndication, worunter die mehrfache Veräußerung eines Medienproduktes an verschiedene Abnehmer zum Zwecke der ökonomischen Weiterverwendung zu verstehen ist.[39] Durch die Syndizierung von Inhalten können beträchtliche Skaleneffekte erzeugt werden, da die digitale Distribution der ohnehin für Print- oder Online-Formate erzeugten Inhalte – eine entsprechende technische Mindestausstattung auf Anbieter- und Nachfragerseite vorausgesetzt – nahezu keine Grenzkosten verursacht. Content Syndication ist gerade durch die steigende Nachfrage nach Inhalten im Business-to-Business-Markt für einen Verlag ein interessantes Geschäftsfeld. So unterhalten insbesondere Großunternehmen und größere mittelständische Unternehmen für Mitarbeiter immer mehr internetbasierte Unternehmensportallösungen[40], in denen auch relevante Informationen von externen Anbietern – beispielsweise Wirtschaftsnachrichten der jeweiligen Branche des Unternehmens – verfügbar sein sollen. Andererseits gehört es für jedes Unternehmen fast schon zum Standard, den Kunden im Rahmen eines Internet-Auftritts umfangreiche Produktinformationen zugänglich zu machen, die oftmals noch um thematisch passende Inhalte externer Anbieter als zusätzliche Serviceleistung ergänzt werden sollen. Beispielsweise liegt es nahe, auf der Website eines Reiseanbieters auch gleichzeitig Reiseinformationen für den Nutzer zu hinterlegen oder aber die Online-Präsentation von Spirituosen mit Tips zum Mixen von Cocktails anzureichern. Dabei macht es nur in den wenigsten Fällen Sinn, als Unternehmen die Inhalte selbst zu erstellen, sind doch hier

[35] Vgl. *WÜRTENBERGER* in *SAAL* (2002b), S. 42.

[36] Vgl. *WÜRTENBERGER* in online *O. V.* (2001c).

[37] Vgl. online *DÖPFNER* (2001).

[38] Vgl. hierzu die Angaben zum Unternehmensziel von bild.t-online.de gegenüber dem Bundeskartellamt, vgl. online *BUNDESKARTELLAMT* (2002), S. 4 f.

[39] Vgl. *HESS/ANDING* (2001), S. 42, in Anlehnung an *WERBACH* (2000).

[40] Vgl. *STAFFELDT/HANS* (2002), o. S.

spezifische Kenntnisse erforderlich, die in der Regel nur in einem Medienunternehmen, das Inhalte erzeugt, bündelt und distribuiert, vorhanden sind. Insofern wird sich Content Syndication mit Sicherheit auch für viele Zeitungs- und Zeitschriftenverlage in den nächsten Jahren zu einem wichtigen wirtschaftlichen Standbein entwickeln, was ja bereits zuvor im Rahmen der Darstellung der diesbezüglichen Aktivitäten der Financial Times Deutschland deutlich wurde.[41] Allerdings haben gerade in den Boom-Zeiten der New Economy auch viele Unternehmensgründer versucht, mit Content Syndication ein eigenständiges Geschäftsmodell zu konstituieren. Die grundlegende Geschäftsidee ist dabei, daß bis auf die Inhalte-Erstellung der gesamte Syndikations-Prozeß, also die Inhalte-Aggregation und -Distribution, von einem unabhängigen Content Broker übernommen wird, der wiederum die Inhalte aus vielen verschiedenen Quellen über Exklusivverträge mit Content-Erzeugern bezieht.

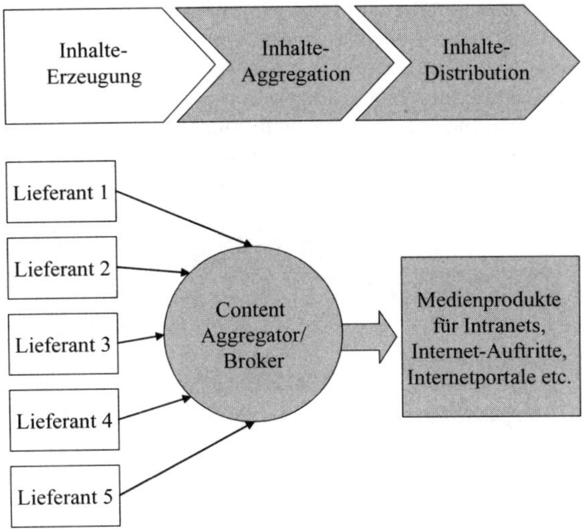

Abbildung 128: Syndication-Prozeß und grundlegende Idee des Geschäftsmodells eines Content Brokers[42]

Allerdings ist anzuführen, daß die meisten unabhängigen Content Broker noch nicht einmal die Start-up-Phase überlebt haben. Der wesentliche Grund hierfür liegt darin, daß einerseits nicht genug Verträge mit Content-Lieferanten abgeschlossen werden konnten, die Breite und Tiefe des verfügbaren Content jedoch als wesentlicher Erfolgsfaktor im Syndikations-Geschäft anzusehen ist. Andererseits stellte sich heraus, daß Inhalte im Vergleich zu normalen Gütern eben nicht wie eine Ware auf einem virtuellen Marktplatz gehandelt werden können. Die kundenspezifische Zusammenstellung von Inhalten gilt im Gegenteil als sehr beratungsintensiv, insbesondere auch bezüglich der technischen Distribution der Inhalte, so daß reine Vermittlungsplattformen, wie 4Content, von vornherein zum Scheitern verurteilt waren. Insofern werden bis auf einige wenige spezielle Syndication-Geschäftsfelder von Medienunternehmen unabhängige Player höchst wahrscheinlich nicht auf dem Syndication-Markt überleben können. Als sehr sinnvoll hat sich jedoch ausgehend von Verlagen die Zentralisierung des Syndication-Geschäftes und die Positionierung als Informationsdienstleister erwiesen. Ein ganz wesentlicher Player ist hier die Tomorrow Focus AG, deren Geschäftsmodell aufgrund der engen Verbindung zum Milchstraße- und Burda-Verlag nachfolgend näher dargestellt wird.

---

41 Vgl. Abschnitt 6.1, S. 243.

42 In Anlehnung an *HESS/ANDING* (2001), S. 45.

Name	Eigentümer	Gründung	Aufgabe	Bemerkungen
4Content	Gründer	Dezember 99	Juli 01	Übernahme durch Cocomore im Aug. 2000
Contonomy	Gründer	August 00	Juli 01	
Kontorvisions	Tochter von Gruner & Jahr	Juli 00	Juli 01	
I-Syndicate Europe	JV Bertelsmann/I-Syndicate Inc.	September 00	Juli 01	
Tanto	Gründer	Dezember 99	Mai 01	Im Juni 2001 Übernahme durch Xipolis

Tabelle 19: Beispiele für gescheiterte Content-Syndikatoren in Deutschland[43]

Die Tomorrow Focus AG als wesentlicher Player im deutschen Syndication-Markt
Die Tomorrow Focus AG ist im Herbst 2001 im Zuge der Multimedia-Marktkonsolidierung durch die Fusion des Internet-Ablegers des Burda Verlages – Focus Digital – mit der Internet-Tochter der Verlagsgruppe Milchstraße, der Tomorrow Internet AG, entstanden. Das Unternehmen publiziert 15 markenbekannte und reichweitenstarke Online-Portale der beiden Verlage, wie z. B. die Marken Focus, TV Spielfilm, Tomorrow, Max, Fit for Fun oder Playboy. Dabei stellen die auf den Endkunden gerichteten eigenen Online-Portale nur einen Teil Unternehmensgeschäftes dar. Des weiteren vermarktet Tomorrow Focus die Angebote auch an Werbe- und E-Commerce-Partner und bietet in enger Abstimmung mit den Verlagen bereits crossmediale Werbepakete an. Ein weiteres Standbein ist die Syndizierung von Inhalten, wobei das Unternehmen hierzu über ein breites Inhalte-Portfolio verfügt.

Abbildung 129: Auszug aus syndizierbaren Content-Marken der Tomorrow Focus AG[44]

Die Inhalte werden entsprechend dem Mass-Customization-Prinzip modularisiert, wobei das leistungsfähige Content-Management-System HPS das redaktionelle Herzstück zur Modularisierung darstellt und insgesamt ca. 1000 verschiedene Content-Module verfügbar sind. Zur Vorauswahl werden die einzelnen Module ausführlich für den Inhalte-Nehmer im Internet präsentiert. In der Regel besteht allerdings Beratungsbedarf hinsichtlich der Auswahl der Module, so daß Tomorrow Focus gemeinsam mit dem Kunden redaktionelle Konzepte erarbeitet, die die anvisierte Zielgruppe am effektivsten ansprechen. Falls erforderlich, werden die Module auch den spezifischen Bedürfnissen des Kunden angepaßt, so daß beispielsweise für ein Unternehmen ein spezielles TV-Listing nur für Wirtschaftsinhalte aus dem Content-Bestand des Titels TV Spielfilm erstellt werden kann. Die verfügbaren Inhalte sind dabei nicht nur auf statische Inhalte für das Internet begrenzt. Vielmehr sind auch Contents und Applikationen für mobile Services sowie dynamische Inhalte wie Video-Streams erhältlich. Ist die redaktionelle Planungsphase für den Kunden abgeschlossen, so werden im Rahmen der Implementierung vor allem

43 Vgl. *THOMMES* (2001), S. 94.

44 Aus dem Inhalte-Portfolio wird ersichtlich, daß Tomorrow Focus z. B. auch Syndikator für Inhalte externer Anbieter, z. B. der Deutschen Presse Agentur (dpa), ist.

Fragen zur Distribution der Inhalte geklärt. Hierzu wurde mit der Tomorrow Focus Technologics eigens eine Gruppe eingerichtet, die sich mit der technologischen Integration bei der Content-Lieferung beschäftigt, da gerade hier auf Kundenseite oftmals ein hoher Beratungsbedarf besteht. So sind beispielsweise Schnittstellen zu definieren, um eine Übernahme der Inhalte auf den Plattformen des Kunden ohne Qualitätsverluste ermöglichen zu können.

Der eigentliche Wert für den Kunden entsteht also nicht nur aus dem Bezug von Inhalten, die über monatliche Abo-Modelle abgerechnet werden, sondern vielmehr aus der Konzeption und Realisierung maßgeschneiderter, beratungsintensiver Kommunikationslösungen. Insofern ist für das Geschäftsmodell Content Syndication festzuhalten, daß nicht der Content allein, sondern vielmehr der Kontext, also die Zusammenstellung und Einbettung von Inhalten entsprechend den Bedürfnissen des Kunden, den Mehrwert darstellt.

Abbildung 123 verdeutlicht zusammenfassend das Geschäftsmodell der Tomorrow Focus AG, wobei hier lediglich die Leistungserstellung für Geschäftskunden, nicht aber der Betrieb eigener Plattformen visualisiert wird.[45] Dabei wird deutlich, daß das Geschäftsmodell auf der Verzahnung von Inhalte-Vertrieb, Konzeption von Werbekampagnen und Multimedia-Beratung basiert. Beispielsweise werden auch Crossmedia-Werbekampagnen entwickelt, die sowohl eine Schaltung von Anzeigen in passenden Print-Formaten als auch Online-Werbung vorsehen. Gleichzeitig werden zur Präsentation des Produktes im Internet-Auftritt des Kunden passende redaktionelle Inhalte zusammengestellt und geliefert. Insofern sind „Alles-aus-einer-Hand"-Lösungen der zentrale wirtschaftliche Ansatzpunkt der Tomorrow Focus AG, so daß Content Syndication hier nur ein Bestandteil von vielen anderen ist und in jedem Fall mit professioneller Beratung verknüpft wird.

Perspektiven

Die Ausführungen belegen, daß Content Syndication mit Sicherheit ein wachstumsträchtiges Geschäftsfeld für Verlage darstellt, sofern intern ein leistungsfähiges Content-Management-System zur Modularisierung der Inhalte sowie Beratungskompetenzen zur Entwicklung kundenindividueller Kommunikationslösungen zur Verfügung stehen. Somit verspricht die Digitalisierung von Inhalten und deren bloßer Vertrieb auf einem virtuellen Marktplatz mit Sicherheit keinen nachhaltigen Erfolg. Die enormen Wachstumspotentiale, die im Syndikations-Geschäft liegen, können jedoch nur dann ausgeschöpft werden, wenn die Verlage sich entsprechend des skizzierten Multimedia Supply Chain Management reorganisieren. Dies bedeutet insbesondere eine Auflösung der Rollenteilung zwischen Print und Online in den Redaktionen, ergänzt um die Einführung standardisierter Redaktionssysteme mit ebenfalls standardisierten XML-Strukturen und einem zentralen Rechte-Management; dadurch wird dann eine hohe Prozeßeffektivität und -effizienz im Inhalte-Vertrieb ermöglicht. Insofern wird wiederum deutlich, daß aus der Voraussicht spezifischer Marktentwicklungen, wie hier der zunehmenden Nachfrage nach Inhalten seitens vieler Unternehmen, ein Impuls zur Restrukturierung des verlagseigenen Ressourcen-Portfolios ausgelöst werden kann.

Ein solides Geschäftsmodell basiert jedoch stets auf einem kontinuierlichen Controlling und Risikomanagement, so daß die anfallenden Kosten und Erlöse einem stetigen Monitoring unterzogen und die einzelnen Prozesse der Leistungserstellung qualitativ überwacht werden müssen, während evtl. Veränderungen im dynamischen Marktumfeld zur Strategieanpassung respektive Geschäftsmodellrekonfiguration analysiert bzw. antizipiert werden können.

---

45 Aus Vereinfachungsgründen wurden evtl. nutzerabhängige Pay-per-Content-Erlöse und E-Commerce-Partner der eigenen Plattformen nicht visualisiert, da dies nicht Bestandteil der vorherigen Ausführungen war. Die Kategorie Werbung wurde jedoch deshalb in die Darstellung aufgenommen, weil sie einen festen Bestandteil bei der Konzeption integrierter Multimedia-Kommunikations-Lösungen der Tomorrow Focus AG bildet.

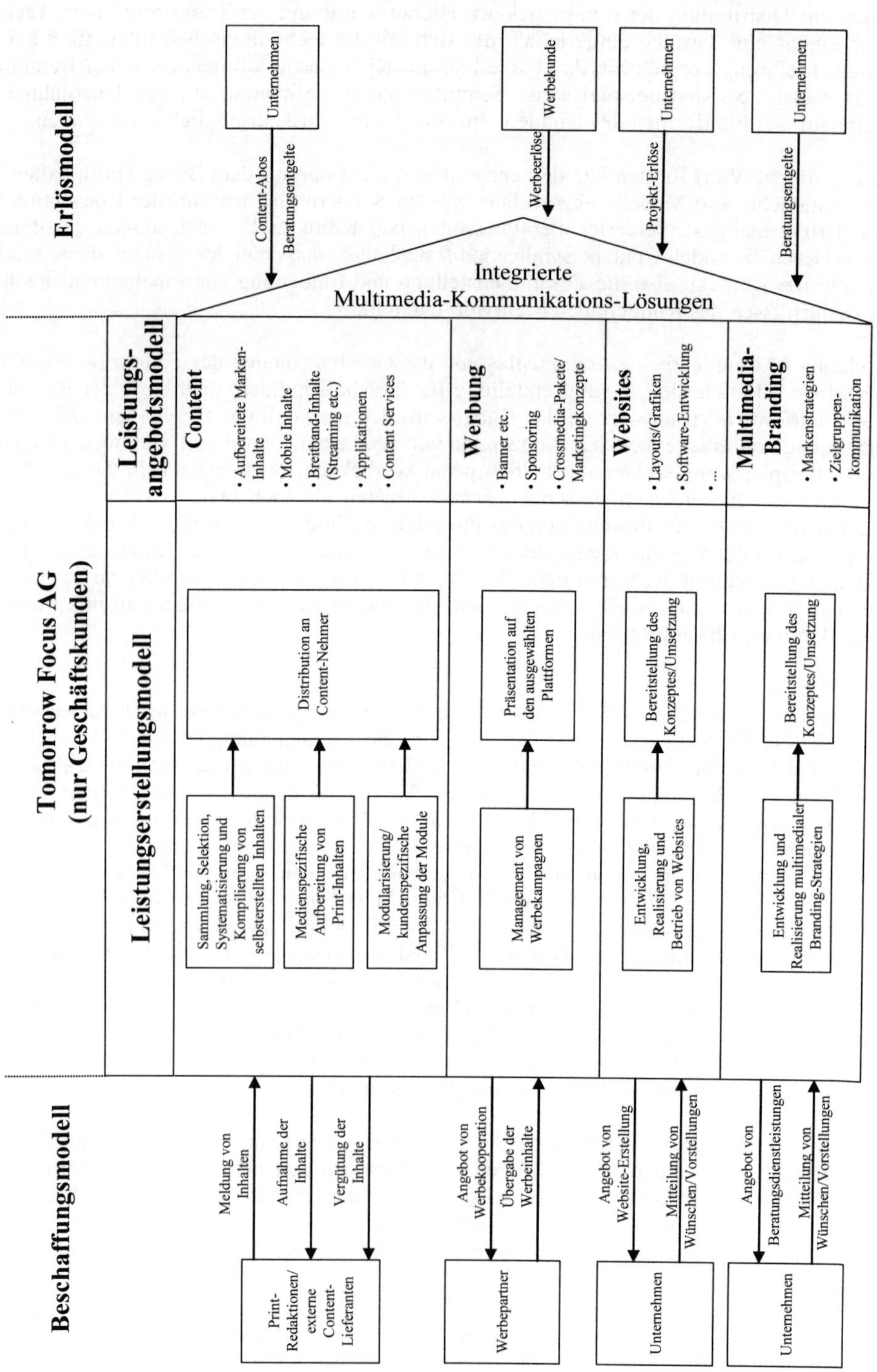

Abbildung 130: Geschäftsmodell der Tomorrow Focus AG (nur Geschäftskunden)

7 Risikomanagement und Controlling der Strategieentwicklung und -umsetzung

„Wer viel mißt, mißt viel Mist.“[1]

REINHARD K. SPRENGER, Kolumnist des Wirtschaftsmagazins Brand Eins
in einem Artikel über die Zahlengläubigkeit vieler Manager

Entsprechend dem im ersten Kapitel dargestellten Management-Regelkreis sollte das Verlagsmanagement stets auch über effektive und effiziente Steuerungs- und Kontrollinstrumente verfügen, um im dynamischen Umfeld der konvergierenden Medienbranche die bestehenden Geschäftsmodelle stetig auf den Prüfstand stellen zu können, so daß ggf. ein neuer Management-Zyklus initiiert wird, der zu einer kundengerechteren und/oder wirtschaftlicheren Verwendung der Ressourcen führt. Dabei beruht ein solches zu etablierendes, leistungsfähiges Informationssystem auf zwei Säulen, die sich gegenseitig ergänzen: Einerseits werden unter dem Aspekt des Risikomanagements überwiegend gegenwartsbezogene und ex-ante-orientierte Daten generiert, die Risiken frühzeitig anzeigen bzw. Szenario-Analysen ermöglichen. Andererseits werden im Rahmen des Controlling primär ex-post-orientierte Daten erhoben, die insbesondere Abweichungsanalysen von geplanten und realisierten Ergebnissen gestatten und so auf Basis fundierter Erfahrungswerte die strategische Steuerung des Unternehmens verbessern (lernende Organisation).

7.1 Grundlagen des Risikomanagements und Controlling

Die Begriffe Risikomanagement und Controlling sind schillernde Begriffe der modernen Unternehmenssteuerung, die sowohl in der Theorie als auch in der Praxis häufig Erwähnung finden, ohne daß eigentlich genaue Kenntnis bzw. Einigkeit bezüglich ihrer Abgrenzungen und unterschiedlichen Zielsetzungen besteht. Insbesondere das Wort Risikomanagement tritt seit Einführung des Gesetzes zur Kontrolle und Transparenz im Unternehmensbereich (KonTraG) im Mai 1998 geradezu inflationär auf. So wurde hier erstmals für Aktiengesellschaften explizit gesetzlich gefordert, Maßnahmen zur Früherkennung unternehmensgefährdender Entwicklungen einzuleiten,[2] was natürlich auch auf andere Kapitalgesellschaften und Nicht-Kapitalgesellschaften ausstrahlt. Insofern gilt es nachfolgend zunächst definitorische Grundlagen zu berücksichtigen, bevor im Anschluß wichtige Risikomanagement- und Controlling-Instrumente dargestellt werden.

7.1.1 Grundlagen des Risikomanagements

Die Teilnahme am Wirtschaftsleben impliziert grundsätzlich für jedes Unternehmen auch die Inkaufnahme von Risiken, wobei ein Risiko eine mögliche positive oder negative Abweichung eines Handlungsergebnisses von einem gesetzten Ziel darstellt.[3] Folglich wird offensichtlich, daß Risikomanagement, für das natürlich nur negative Risiken bedeutend sind, bereits mit dem strategischen Planungsprozeß beginnt, indem unter Berücksichtigung der vorhandenen Ressourcen und der Marktbedingungen ökonomisch sinnvolle und realistische Ziele gesetzt und

---

1 SPRENGER (2002), S. 116.

2 Vgl. § 91 Abs. 2 AktG.

3 Vgl. ERDENBERGER (2001), S. 13.

darauf basierend wertgenerierende Strategien entworfen werden, die im Rahmen der Implementierung in ein Management-System einzubetten sind. Insofern ist anzuführen, daß die gesamten vorherigen Vorschläge zur Rekonfiguration eines Zeitungs- und Zeitschriftenverlages im Grunde bereits auch unter der Prämisse eines umfassenden Risikomanagements zu sehen sind. Beispielsweise bedeutet die Konzentration auf Kernkompetenzen für einen Verlag die Fokussierung auf ein Kernrisiko – die Erstellung von Inhalten, die jedoch mit relativer Sicherheit beherrscht werden kann, während Komplementärkompetenzen an Kooperationspartner übertragen werden, um so von vornherein bestimmte Risiken zu eliminieren. Hierbei ist aber zu beachten, daß die Übertragung der Erstellung von Komplementärkompetenzen an Kooperationspartner wiederum ein Risiko darstellt. So besteht im Gegensatz zur Internalisierung hier die Gefahr, daß die Leistungen nicht die erforderliche Qualität aufweisen.

Auch die geforderte Pionierorientierung erleichtert das Management von Risiken, da durch die proaktive Beobachtung von Marktveränderungen die Strategien schnell angepaßt werden können und somit einige Risiken gar nicht erst entstehen (z. B. Marktrisiken). Das Bestreben, Krisen zu vermeiden statt zu managen, manifestiert sich schließlich auch in einer im Unternehmen vorhandenen *Risikokultur*, die auf der Mikro-Ebene der Organisation ein Risikobewußtsein der Organisationsmitglieder visualisiert, was vor allem ein Merkmal einer anzustrebenden extrovertiert-wettbewerbsorientierten Unternehmenskultur ist. Deutlich wird also, daß Risikomanagement auf allen Ebenen einer Organisation stattfindet, so daß dementsprechend eine breit zu fassende Definition für den Terminus gefordert ist. Risikomanagement kann demzufolge bezeichnet werden als

- die Identifikation, Bewertung, Überwachung und Steuerung aller das Unternehmen bedrohender Verlustgefahren – d. h. sowohl Einzelrisiken als auch kumulierte Risiken[4] einschließlich deren Wechselwirkungen –, die alle Komponenten bzw. Teilbereiche des Gesamtunternehmensrisikos umfaßt.[5]

Die Definition geht also weit über die kontrollierte und bewußte Verminderung direkter finanzieller Risiken[6] heraus, was beispielsweise bei Finanzdienstleistern und Großunternehmen durch Anwendung von Hedging-Strategien – die gezielte Abgabe von Risiken an organisierte Märkte und Finanzintermediäre – gewährleistet wird.[7] Vielmehr werden mit Risikomanagement zunächst Ziele rein strategischer Natur verbunden:[8]

- Sicherung der Unternehmensexistenz
- Sicherung des künftigen Unternehmenserfolges
- Förderung des Stakeholder Value[9]

---

4 Kumulierte Risiken: die Gesamtheit von Einzelrisiken, die bei gleichzeitigem Auftreten teilweise noch sich selbstverstärkende Kräfte freisetzen.

5 In Anlehnung an *KROMSCHRÖDER/LÜCK* (1998), S. 1573 f.

6 Zum Management finanzwirtschaftlicher Risiken vgl. u. a. *KEUPER* (2000b).

7 Vgl. *HOMMEL/PRITSCH* (2001), S. 6 f.

8 In Anlehnung an *WOLF/RUNZHEIMER* (2000), S. 25 (modifiziert).

9 Im Gegensatz zum Shareholder Value, der nur auf die Anspruchsgruppe der Eigenkapitalgeber fokussiert, wurde hier bewußt der Stakeholder Value, also die simultane Berücksichtigung der vielen an einen Verlag gerichteten Anspruchsgruppen, angeführt. Die alleinige Berücksichtigung der Eigenkapitalgeber würde die erforderliche Multidimensionalität des MSCM auf normativer Ebene unterminieren, vgl. Abschnitt 5.1, S. 129 f.

Beim Aufbau eines Risikomanagements kann sich ein Verlag am Risikomanagement-Prozeß orientieren, der standardisiert auf alle Unternehmen anwendbar ist.

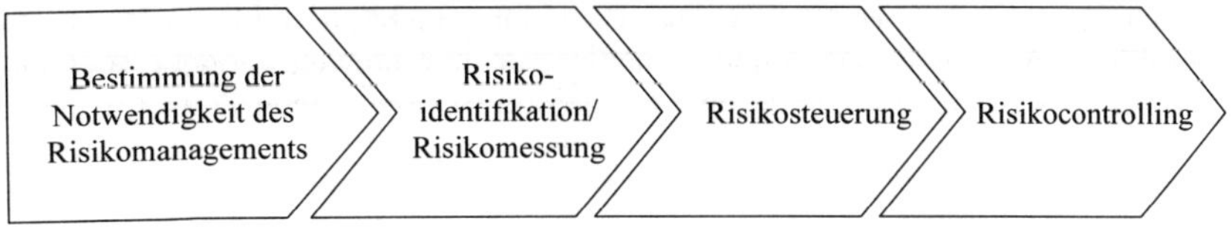

Abbildung 131: Der Risikomanagement-Prozeß[10]

In einem ersten Schritt ist die Frage zu klären, welche *Zielsetzungen* der Verlag mit den Bestrebungen zum Risikomanagement verfolgt. Während in diesem Zusammenhang bestehende gesetzliche Verpflichtungen im Rahmen einer Börsennotierung eher selten für einen Verlag zutreffen dürften, ist hier vor allem dessen multidimensionales Zielsystem zu beachten, wodurch relevante Zielgrößen für die Risikosteuerung bestimmbar sind. So sind neben der Anspruchsgruppe der Eigenkapitalgeber auch die Kunden-, Kooperationspartner- und Mitarbeiterdimensionen in Erwägung zu ziehen, da es beispielsweise ein erhebliches Risiko für einen Verlag darstellen kann, wenn ein wichtiger Wertschöpfungspartner die Kooperation plötzlich beendet oder ganze Teile einer Redaktion kündigen und zur Konkurrenz abwandern.

Aus dem Kontext wird offensichtlich, daß die Identifikation möglicher Risiken – der zweite Schritt des Risikomanagement-Prozesses – eine ganz wesentliche Aufgabe des Risikomanagements darstellt. Dabei gilt es die Risiken möglichst vollständig und aktuell zu erfassen, was die Notwendigkeit eines revolvierenden Ablaufs bei der Risikoidentifikation unterstreicht. Im Sinne der Effizienz des Risikomanagements sind jedoch nur bestandsgefährdende Risiken zu erfassen, da mit steigendem Grad an Sicherheit die Risikokosten, die z. B. Risikopräventionskosten umfassen, zunehmen und die Schadenskosten abnehmen, so daß zur Erreichung des wirtschaftlichen Sicherheitsoptimums von vornherein die Konzentration auf die Erfassung von Kernrisiken gefordert ist.[11]

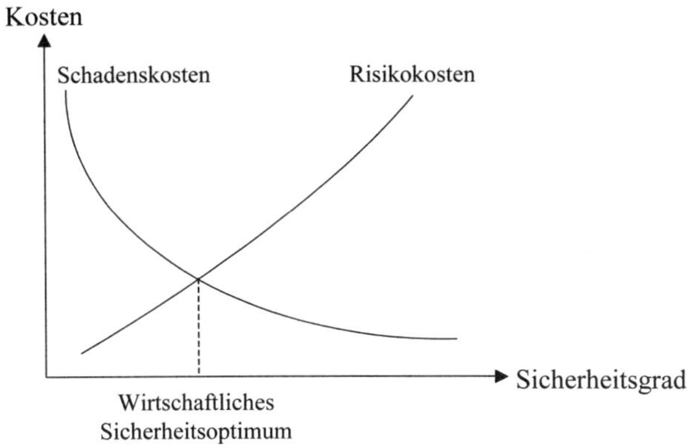

Abbildung 132: Zusammenhang zwischen angestrebtem Sicherheitsgrad und dabei anfallenden Kosten als Determinante der Risikoerfassung

10 In Anlehnung an *HOMMEL/PRITSCH* (2001), S. 8.

11 Vgl. *WOLF/RUNZHEIMER* (2000), S. 33.

Wichtig im Rahmen der *Risikoidentifikation* ist auch die Unterscheidung zwischen endogenen und exogenen Risiken. Während endogene Risiken im Unternehmen selbst entstehen und somit direkt beeinflußbar sind, kann ein Unternehmen auf exogene Risiken nur sehr bedingt einwirken. Gleichwohl ist es natürlich von großer Bedeutung, nicht nur auf betrieblichen Entscheidungen beruhende Aktionsrisiken, sondern auch sogenannte umweltbezogene Bedingungsrisiken zu erfassen.[12] So sollte ein Verlag eine Investition in einen neuen Zeitschriftentitel unter dem Aspekt des Risikomanagements überdenken, wenn sich das Werbeklima und die Konsumneigung der Rezipienten grundlegend gegenüber einer vorherigen Planungsphase verschlechtert haben.

Die Erfassung möglicher Risiken ist jedoch nur ein Vorstadium der *Bewertungsphase*, in der die Risiken zusammengefaßt, gegenseitige Abhängigkeiten visualisiert und schließlich auf aggregiertem Niveau beurteilt werden.[13] Dabei spielen die zentralen Zielgrößen des Verlages eine wesentliche Rolle, anhand derer das Ausmaß der Risiken bewertet wird. Hierbei hilfreich sind Ursache-Wirkungs-Ketten, so daß die den Zielgrößen vorgeschalteten Risikotreiber visualisiert werden können. Im Gegensatz zu quantifizierbaren Risiken, die durch Multiplikation der jeweiligen Eintrittswahrscheinlichkeit und des Schadenspotentials gemessen werden können, ist die Bewertung qualitativer Risiken problematischer, da die Risiken nur klassifizierbar, nicht aber direkt monetär bewertbar sind. Wird beispielsweise die Marke eines Print-Titels durch eine schlechte journalistische Leistung geschädigt – z. B. ein frei erfundener Skandal über eine Person des öffentlichen Lebens –, so ist eine Quantifizierung des Schadens an der Print-Marke nur schwer möglich. Insofern ist hier auf das grundsätzliche Bewertungsproblem qualitativer Risiken zu verweisen. Gerade diese müssen jedoch eine entscheidende Rolle im Rahmen des Risikomanagements einnehmen, da das Zielsystem eines Verlages entsprechend vorheriger Darstellungen nicht nur auf eine Maximierung des Shareholder Value ausgerichtet sein sollte. Sowohl bei quantitativen als auch bei qualitativen Risiken möglich und anzustreben ist jedoch die Einordnung der Risiken in verschiedene Risikoklassen, die sich nach der unterschiedlichen quantitativen oder qualitativen Schadenshöhe und der Wahrscheinlichkeit richten sollten, mit der das Risiko auftritt. Dabei dient die Klassifizierung als erster Ansatzpunkt der Risikosteuerung, um entsprechend der Risikoklasse einen Katalog mit probaten Gegenmaßnahmen aufzustellen. Grundsätzlich wichtig bei der Risikosteuerung ist jedoch auch, die identifizierten und bewerteten Kernrisiken zu kommunizieren, da nur hierdurch die als zwingend notwendig zu erachtende Risikokultur auf der Mikro-Ebene der Organisation – ein Risikobewußtsein der Mitarbeiter durch proaktives Denken – langfristig erzielbar ist. So kann im Verlag durch kontinuierliche Kommunikation der hohen Bedeutung des Internet ein Bewußtsein für das neue Medium geschaffen werden. Das Risiko liegt also in diesem Fall darin, die großen wirtschaftlichen Potentiale des Internet nicht zu kommunizieren und dementsprechend die gesamte Organisation hierauf nur ungenügend zu sensibilisieren. Insofern wird gerade hier erneut deutlich, daß das Risikomanagement ein Teil des strategischen Managements respektive der Unternehmensführung ist. So sind Aufbau, Erhaltung und Nutzung strategischer Erfolgspotentiale nur dann möglich, wenn die damit zwangsläufig auftretenden Risiken umfassend analysiert werden.

Für die Messung und Überwachung des Risikomanagementerfolgs ist schließlich das *Risiko-Controlling* zuständig, das ex post Informationen über Abweichungen und Abweichungsursachen bei einzelnen und aggregierten Risikopositionen zur Verfügung stellt, so daß ggf. Anpassungsmaßnahmen eingeleitet werden können.[14] Allerdings ist für eine Abgrenzung von Risiko-Controlling und Risikomanagement auch in Betracht zu ziehen, daß natürlich im

---

12 Vgl. ZIEGENBEIN (1998), S. 40.

13 Vgl. BURGER/BUCHHART (2002), S. 154.

14 Vgl. BURGER/BUCHHART (2002), S. 156.

Rahmen der Planungsphase – d. h. der Risikoerfassung und -bewertung – Ex-post-Daten des Controlling genutzt werden, um z. B. auf Basis von Vergangenheitswerten die Eintrittswahrscheinlichkeit und das Schadenspotential eines zukünftigen Risikos festlegen zu können. Deshalb läßt sich als Fazit anführen, daß das Risikocontrolling eigentlich weit über die im Risikomanagement-Prozeß angeführte Kontrollphase hinausgeht und vielmehr eine notwendige Informationsbasis für die Risikosteuerung darstellt. Damit wird Controlling als ein Bestandteil und zugleich als notwendige Voraussetzung des Risikomanagements verstanden.

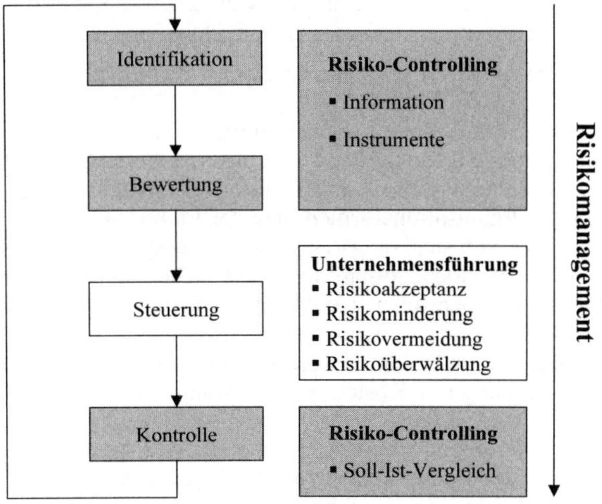

Abbildung 133: Einbindung des Risiko-Controlling in den Risikomanagement-Prozeß[15]

7.1.2 Grundlagen des Controlling

Abbildung 133 läßt bereits erkennen, daß Controlling ein Mittel zum Zweck der Unternehmensführung ist. Es übernimmt somit eine Berichterstattung an die Führungsinstanzen und stellt Planungshilfsmittel und Daten sowie die zielsetzungsgerechte Abstimmung von Prozessen (Planung, Implementierung, Kontrolle) in Organisationsstrukturen bereit. Entsprechend kann Controlling als Führungsunterstützung durch Informationsbeschaffung und Koordination angesehen werden.[16] In Abhängigkeit vom Zeitbezug der unterstützenden Führungsaufgabe wird allgemein das Controlling in *operatives* und *strategisches* Controlling unterschieden. Während das strategische Controlling auf das systematische Erkennen und Beachten zukünftiger Chancen und Risiken des in die dynamische Medienbranche eingebetteten Verlages abzielt, besteht die Orientierung des operativen Controlling auf einer gegenwartsbezogenen Führungsunterstützung. Dabei zeigt Tabelle 20 die wesentlichen Unterschiede zwischen strategischem und operativem Controlling auf.

---

15 In Anlehnung an *BURGER/BUCHHART* (2001), S. 58.

16 Vgl. *HERING* (2001), S. 1.

Operatives Controlling	**Strategisches Controlling**
gewinnorientierte Steuerung	nachhaltige Existenzsicherung durch Schaffung und Erweiterung von Erfolgspotentialen
überwiegend unternehmensinterne Ausrichtung	Einbeziehung der Unternehmensumwelt
kurz- bis mittelfristige Planung	offener zeitlicher Rahmen
quantitative Größen	überwiegend qualitative Größen
wohldefinierte Probleme	schlecht strukturierte Probleme

Tabelle 20: Abgrenzung des operativen und strategischen Controlling[17]

Anzuführen bleibt, daß das strategische Controlling meist auf die Gesamtunternehmensebene bezogen wird und hier operative Informationen der einzelnen Funktions- und Geschäftsbereiche in einem übergreifenden Planungs- und Kontrollsystem gebündelt werden. Allerdings ist mit den vermehrt dezentralen Organisationsformen, wie der Etablierung von Profit Centern, auch die Tendenz der Verlagerung von steuerungsrelevanten, strategischen Controlling-Aufgaben auf Geschäftsbereichsebene zu erkennen, so daß hier nicht mehr trennscharf zwischen der Zuordnung von strategischem und operativem Controlling auf die verschiedenen Unternehmensebenen unterschieden werden kann. Wichtig ist allerdings eine eindeutige Abgrenzung der Aufgaben des Controlling von denen der Bereiche Interne Revision, Kontrolle, Finanzdisposition (Treasuring), Buchhaltung und Kosten- und Leistungsrechnung.

So hat die *Interne Revision* vergangenheitsorientierte Überwachungsmaßnahmen unabhängig vom zu überwachenden Prozeß oder Verantwortungsbereich durchzuführen. Die Aufgabenbereiche reichen im wesentlichen von der technischen Revision über EDV-Prüfungen bei Hard- und Software bis hin zu Überprüfungen der ordnungsgemäßen Geschäftsabwicklung in allen Bereichen eines Unternehmens. Da letztere auch die Controlling-Abteilung betreffen, ergibt sich daraus eine weitere sachliche Unabhängigkeit der Internen Revision vom Controlling.

Der *Kontrolle* als Führungsteilsystem – im Amerikanischen als Internal Control bezeichnet – obliegt die Aufgabe der präventiven Überwachung der Unternehmensprozesse. Die dabei verfolgten Ziele sind die Sicherung des Vermögens, die Initiierung von Maßnahmen zur Vermeidung von ungenauen sowie unzuverlässigen Daten im betrieblichen Rechnungswesen sowie die Unterstützung der Unternehmensführung bei der Zielerreichung. Während bei der Kontrolle die unmittelbare Überwachung des Kontrollobjektes im Mittelpunkt steht, zielt das Controlling schwerpunktmäßig auf die Gewinnung von Kontrollinformationen und die Erarbeitung von Steuerungsmaßnahmen auf Basis der gewonnenen Kontrollinformationen ab.

Der *Finanzdisposition* fällt die Verantwortung für die liquiditätsbedingte Sicherung des Unternehmens zu. Demgegenüber steht für das Controlling der Erfolg des Unternehmens im Vordergrund. Die Aufgaben der Finanzdisposition umfassen das gesamte Spektrum der Kapitalbeschaffungsalternativen, die Anlage liquider Mittel und die Überwachung der finanztechnischen Vorgänge bis hin zum Zahlungsverkehr. Dabei wird auf die vom Controlling beschafften, aufbereiteten und ausgewerteten Informationen zurückgegriffen.

Die Aufgaben der *Buchhaltung* bestehen in der Erarbeitung und Erfassung von Informationen, der Abbildung wirtschaftlicher Vorgänge sowie der Rechnungslegung. Ergebnisse dessen sind die Bilanz sowie die Gewinn- und Verlustrechnung. Sie beruhen auf der Anwendung handels-

[17] Vgl. *BURCHERT* (2001), S. 9, in Anlehnug an *OSSADNIK* (1998), S. 38.

und steuerrechtlicher Vorschriften sowie den Prinzipien der ordnungsgemäßen Buchführung und geben Auskunft über die Vermögenslage und den Erfolg eines Unternehmens. Obwohl die Buchhaltung vergangenheitsorientiert arbeitet, bildet sie den Ausgangspunkt für die zukunftsorientierten Analysen des Controlling.

In der *Kosten- und Leistungsrechnung* wird auf Basis unternehmensinterner Festlegungen und unabhängig von handels- und steuerrechtlichen Vorschriften einerseits der (Perioden-)Erfolg des Unternehmens sowie andererseits der Stückerfolg der hergestellten Produkte oder erbrachten Dienstleistungen und somit deren Beitrag zum Erfolg des Unternehmens ermittelt. Dazu wird im Rahmen der Kostenrechnung der bewertete Güterverzehr erfaßt. In der Leistungs- oder Erlösrechnung sind die erbrachten und bewerteten Leistungen Gegenstand der Betrachtung. Beide Rechnungen fließen in die Erfolgsrechnung ein, in der die Kosten den Erlösen gegenübergestellt werden. Der Adressat dieser Rechnung ist die Unternehmensführung, die die Ergebnisse zur Entscheidungsunterstützung im Controlling aufbereiten läßt. Die Ergebnisse der Kosten- und Leistungsrechnung werden dort um Analysen der Unternehmensumwelt sowie die zukunftsgerichteten Festlegungen zur Unternehmensentwicklung ergänzt.

Insofern wird deutlich, daß das Controlling klar von weiteren administrativen Bereichen abgrenzbar ist, gleichwohl jedoch die verschiedenen Bereiche eng miteinander verwoben sind.

7.2 Ausgewählte qualitative Risikomanagement- und Controlling-Instrumente

Zunächst gilt es, im nachfolgenden Abschnitt qualitative Risikomanagement- und Controlling-Instrumente darzustellen, die vornehmlich auf Management-Ebene und damit in der Unternehmenssteuerung respektive im strategischen Controlling Anwendung finden. Dabei ist anzuführen, daß nicht eindeutig zwischen Risikomanagement- und Controlling-Instrumenten unterschieden werden kann, da entsprechend vorheriger Darstellungen das Controlling stets Bestandteil des Risikomanagements ist, so daß ein Controlling-Instrument auch immer als Risikomanagement-Instrument angesehen werden kann. Gleichzeitig sind die nachfolgend vorgestellten Instrumente auch schwerpunktmäßig im strategischen Planungsprozeß zu finden, wobei einige Aspekte bereits zuvor Erwähnung gefunden haben, an dieser Stelle jedoch noch einmal aufgegriffen werden, um so einen aggregierten Überblick über die wichtigsten qualitativen Ansätze zu vermitteln. Dabei wird deutlich, daß entsprechend dem Management-Regelkreis, der in die Schritte Planung, Durchführung sowie Steuerung und Kontrolle aufgeteilt werden kann, auch die strategische Planung und das Risikomanagement respektive Controlling nicht getrennt voneinander betrachtet werden dürfen. So basiert die strategische Planung stets auf der Auswertung vergangenheitsbezogener Informationen aus dem Controlling eines vorangegangenen Management-Zyklus, so daß sich z. B. Ist- und Soll-Zustände direkt hieraus ableiten lassen.

7.2.1 Konzept der schwachen Signale

Im Rahmen der Planung von Kernkompetenzen bzw. der Konfiguration des verlagseigenen Ressourcen-Portfolios wurde der Begriff des Branchenvorausblicks (Industry Foresight) eingeführt, mit dem die Methode umschrieben wird, wesentliche Entwicklungslinien und mögliche Diskontinuitäten in Technologie, Demographie, Gesetzgebung, Lebensgewohnheiten usw. zu evaluieren, um so eine Vorstellung über neue Wettbewerbsräume zu entwickeln.[18] Ein daran

[18] Vgl. Abschnitt 4.2.1.1.2, S. 101 f.

anknüpfendes geeignetes Früherkennungs- und Analyse-Instrument ist das *Konzept der schwachen Signale*, das auch häufig mit dem Anglizismus „Environmental Scanning" umschrieben wird. Im Kern greift das Konzept die Idee der laufenden Umfeldanalyse auf hoher aggregierter Ebene auf, um so noch unscharfe Anhaltspunkte für mögliche Veränderungen erfassen zu können.[19] Informationsbasis kann dabei z. B. die regelmäßige Zusammenstellung einer Pressemappe für die Mitarbeiter mit branchenrelevanten Berichten oder aber die Teilnahme von Fach- und Führungskräften an Messen und Kongressen sein. Wichtig ist allerdings, dieses dann oftmals implizite Wissen eines einzelnen Mitarbeiters in explizites, organisationales Wissen zu transformieren, was z. B. durch einen regelmäßig stattfindenden Workshop erreicht werden kann, bei dem ausgewählte Mitarbeiter unterschiedlicher Funktionen über Branchenveränderungen diskutieren. Um die Ergebnisse eines solchen Environmental-Scanning-Workshops für mögliche Entscheidungen aufzubereiten, können die schwachen Signale mit Hilfe einer Impact- bzw. Cross-Impact-Matrix bewertet werden. Diese zeichnet sich durch eine Gegenüberstellung von Umwelttrends und Umwelterwartungen mit den Strategien und dem Marktauftrag des Unternehmens aus. So wird durch eine positive oder negative Bewertungsziffer von –5 bis +5 angegeben, welche Auswirkungen der Umweltfaktoren auf Strategien und Marktauftrag des Unternehmens erwartet werden.[20]

			Selektionskriterien												
			Strategien								Marktauftrag			Impact	
			S1	S2	S3	S4	S5	S6	S7	S8	Wessen Bedürfnis	Welches Bedürfnis	Welche Bedeutung		
											M1	M2	M3	+	-
Externe Einflußgrößen	Trends	T1	0	0	0	5	-3	-5	3	0	1	0	0	9	-8
		T2	0	-5	-4	-4	1	0	0	0	0	5	0	6	-13
		T3	1	-2	-1	3	0	-2	2	0	0	5	-5	11	-10
		T4	1	-1	3	0	0	-1	4	0	0	0	-5	8	-7
		T5	0	0	2	0	3	0	1	0	2	0	-4	8	-4
		T6	0	0	0	3	0	1	0	0	0	5	0	9	0
		T7	4	0	0	2	2	-3	0	0	0	0	0	8	-3
		T8	0	0	0	0	2	0	0	5	-1	5	0	12	-1
	Erwartungen	E1	-5	1	-1	0	0	-5	-2	-2	0	0	-5	1	-20
		E2	-1	0	0	0	1	-5	-1	-3	0	0	-4	1	-14
		E3	-1	0	1	0	0	0	-2	0	-1	0	0	1	-4
		E4	0	2	-2	2	-3	0	0	0	0	0	1	5	-5
		E5	0	0	0	5	-2	1	1	0	2	-5	5	14	-7
		E6	1	0	2	-1	-3	-3	1	0	0	0	5	9	-7
		E7	0	0	0	0	0	0	0	0	-1	0	0	0	-1
		E8	-3	-1	0	2	1	-4	0	1	-2	1	0	5	-10
		E9	2	-3	0	0	0	0	-1	0	-1	5	-3	7	-8
Impact I2		+	9	3	8	22	10	2	12	6	5	26	11		
		-	-10	-12	-8	-5	-11	-28	-6	-5	-6	-5	-26		

Bedeutsame externe Einflußgrößen (-20; 14)

Bedeutsame Strategie (Chance) (22) — Bedeutsame Strategie (Risiko) (-28) — Bedeutsames Element des Marktauftrages (Chance) (26) — Bedeutsames Element des Marktauftrages (Risiko) (-26)

Abbildung 134: Beispiel einer Impact-Matrix[21]

---

[19] Vgl. KÜPPER (1995), S. 376.

[20] Vgl. HORVÁTH (1991), S. 402.

[21] Entnommen HORVÁTH (1991), S. 404, in Anlehnung an NEUBAUER/SOLOMON (1977), S. 17.

Die negativen und positiven Werte werden zeilen- und spaltenweise addiert, wobei die horizontalen Summen angeben, welche externen Einflüsse besonders große Chancen (positive Werte) oder Risiken (negative Werte) enthalten und daher näher verfolgt werden sollten. Demgegenüber skizzieren die vertikalen Additionen je Spalte, mit welchen Strategien und Marktaufträgen hohe Chancen oder Risiken verbunden sind.[22]

Deutlich wird, daß das Konzept der schwachen Signale einerseits auf subjektiven Einschätzungen beruht, andererseits natürlich viele Informationen auf hoher aggregierter Ebene abgebildet werden, so daß die Impact-Matrix allenfalls als erstes strategisches Planungshilfsmittel zur Konkretisierung eines Branchenvorausblicks, nicht aber als Entscheidungshilfsmittel für oder gegen eine Strategie bzw. einen Marktauftrag dienen sollte. Folglich sollten die in der Abbildung skizzierten Extremwerte als Ausgangspunkt für eine detaillierte strategische Planung genommen werden, aufgrundderer dann Maßnahmen eingeleitet werden können. Interessant dürfte auch der Vergleich verschiedener Impact-Matrizen im Zeitverlauf sein. So könnten z. B. zwei für einen Verlag in der Matrix stehende Trends die zunehmende Penetration mobiler, multimediafähiger Endgeräte sowie die vermehrte Verfügbarkeit mobiler Endgeräte speziell für Datendienste sein (Trend T1 und T6). Eine daran anknüpfende Erwartung der Kunden ist die Verfügbarkeit mobiler Informationsdienste (Erwartung E5). Dies veranlaßt den Verlag dazu, unternehmensstrategisch die Etablierung von Diensten in der Erlebniswelt M-Business zu forcieren (Strategie S4). Eine gegenüber einer vorherigen Impact-Matrix abzulesende positive Verschiebung könnte für einen Verlag nun Grund sein, weitere Geschäftsmöglichkeiten mit innovativen, mobilen Datendiensten frühzeitig zu eruieren. Damit wird offensichtlich, daß das Konzept der schwachen Signale als eine heuristische Methode verstanden wird, um oftmals in der Verlagsorganisation implizit vorhandenes Wissen einzelner Organisationsmitglieder zu explizieren. So läßt sich unterstellen, daß gerade durch die Institutionalisierung des Branchenvorausblicks in Form von Workshops und der Verwendung der vorgestellten Impact-Matrix im dynamischen Umfeld der konvergierenden Medienbranche viele Chancen und Risiken frühzeitig identifiziert und gewisse Entwicklungen vorhergesagt werden können. Damit ist das Konzept der schwachen Signale bei konsequenter Anwendung auch als Instrument eines Frühwarnsystems anzusehen.

7.2.2 Potentialanalyse

An das Konzept der schwachen Signale schließt der eigentliche strategische Planungsprozeß an, wobei hier zunächst eine Potentialanalyse vorzuschlagen ist, um eigene Stärken und Schwächen des Unternehmens im Vergleich zu den wichtigsten Wettbewerbern zu visualisieren. Insofern wird hier der vorgestellte Resource-based View respektive Kernkompetenzansatz wiederum aufgegriffen, in dessen Rahmen bereits das Ressourcenprofil eines Verlages im Vergleich zu einem Konkurrenten exemplarisch dargestellt wurde.[23] Dabei ähnelt die Potentialanalyse auf den ersten Blick dem Ressourcenprofil, geht aber bei der eigentlichen Bewertung der Stärken differenzierter vor. So werden die wichtigsten Stärken (d. h. Ressourcen bzw. Kernkompetenzen) auf einer Skala von –3 bis +3 bewertet, wobei der Wettbewerber in allen Faktoren die Benotung „0“ erhält. Faktoren, bei denen das eigene Unternehmen als besser eingestuft wird, werden den Skalenwerten von +1 bis +3 zugeordnet, wohingegen für schlechtere Positionen negative Werte zu verwenden sind.[24] Die Werte, die größer als null sind, zeigen nun die bereits genutzten Potentiale des Verlages bzw. die noch nutzbaren Potentiale im Vergleich zum wichtigsten Konkurrenten an. Negative Werte verdeutlichen demgegenüber auszugleichende

---

22 Vgl. *KÜPPER* (1995), S. 376.

23 Vgl. Abschnitt 4.2.1.1.2, S. 87.

24 Vgl. *HORVÁTH* (1991), S. 248.

Schwächen. Abbildung 135 zeigt hierzu beispielhaft eine Potentialanalyse für einen Verlag auf.

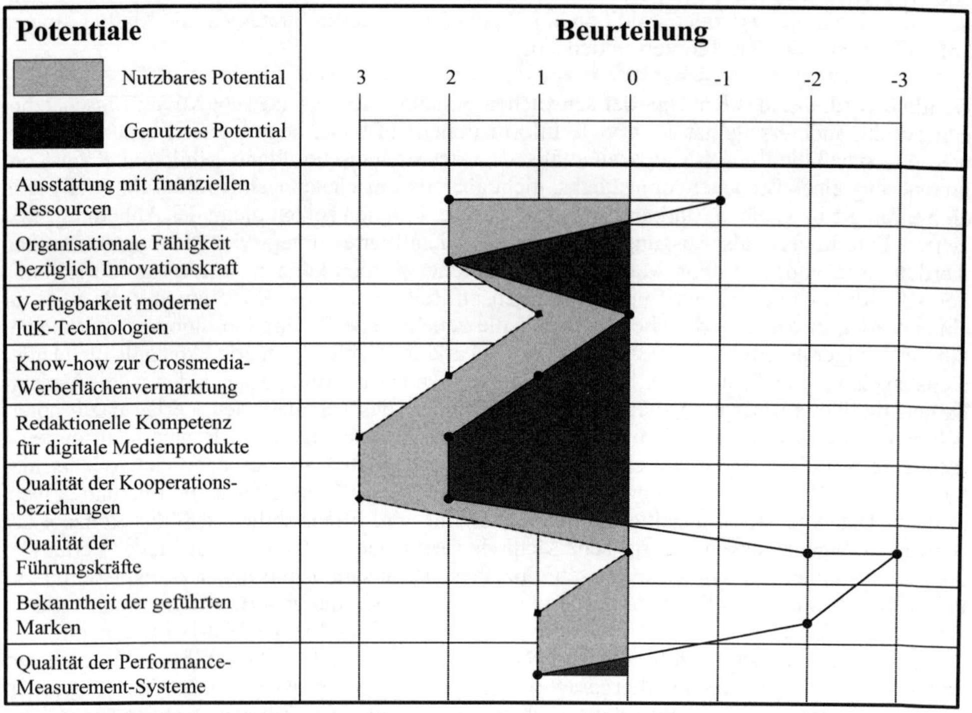

Abbildung 135: Beispiel einer Potentialanalyse eines Verlages

Der skizzierte Vergleich zum wichtigsten Konkurrenten wird teilweise auch als *Benchmarking* bezeichnet. Damit einhergehend besteht jedoch die Gefahr, daß sich der Verlag viel zu sehr am Leistungsstand des Branchenbesten orientiert und der organisationalen Kreativität künstliche Fesseln anlegt. Gerade die vorgestellte Kultivierung und Nutzbarmachung von Kernkompetenzen im noch sehr jungen Multimedia-Markt erlaubt es jedoch, Tore zu ganz neuen Märkten zu öffnen und diese als „Market Shaper" aktiv mitzubeeinflussen. Insofern ist die Potentialanalyse vor allem dazu geeignet, eigene Stärken und Schwächen in bereits existierenden Märkten darzustellen und im Falle identifizierter Schwächen eine Initialzündung für Verbesserungen zu geben. Dabei darf jedoch entsprechend der geforderten Pionierorientierung nicht der Blick auf neue Märkte verlorengehen, in denen eine Orientierung am stärksten Konkurrenten noch gar nicht möglich ist, da der Verlag sonst Gefahr läuft, generell eine passive Rolle als Marktverfolger der aktiven Rolle eines Marktgestalters vorzuziehen.

Ein weiterer Bestandteil des qualitativen Risikomanagements und Controlling ist die Visualisierung der tatsächlichen Erreichbarkeit definierter Ziele durch gegenwärtig eingesetzte Methoden, wobei insbesondere die Gap-Analyse Anwendung findet.

7.2.3 Gap-Analyse

Die Gap-Analyse gehört zu den klassischen, etablierten Analyse-Instrumenten der strategischen Planung. Sie basiert auf der grundlegenden Idee, daß zwischen den gesetzten Zielen der Planung und der Prognose der Zielerreichung unter Beibehaltung der bisherigen Aktivitäten aufgrund von Veränderungen bei Stärken und Schwächen bzw. Chancen und Risiken eine immer größer werdende Differenz (englisch: „Gap") entsteht.[25] Während quantifizierbare Zielvorgaben in Form einer Zielkurve festgehalten werden, wird dieser eine Prognosekurve gegenübergestellt, die sich aus der Annahme einer nicht geänderten Strategie ergibt.[26] Ist dann ein Abstand zwischen den beiden Kurven ersichtlich, so kann von einer strategischen Lücke gesprochen werden. Diese gilt es durch Modifikation bestehender bzw. durch Formulierung gänzlich neuer Strategien zu schließen. Dabei ist offensichtlich, daß die Dringlichkeit einer Strategieänderung bzw. einer neuen Strategie maßgeblich von der Höhe der identifizierten strategischen Lücke abhängig ist.

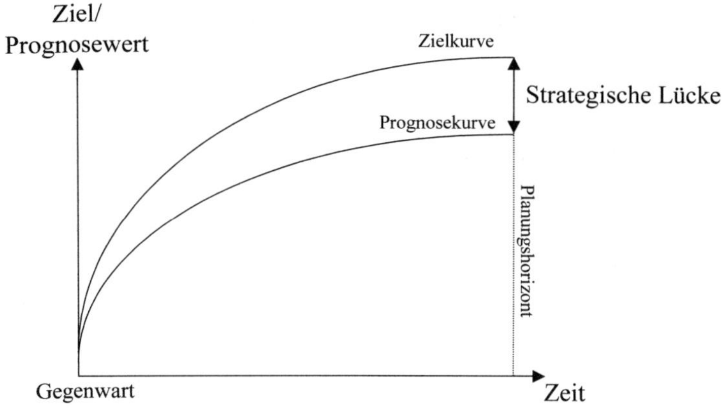

Abbildung 136: Gap-Analyse[27]

Eine Gap-Analyse ist im Verlagsbereich sicherlich sinnvoll, um grundsätzlichen Handlungsbedarf seitens der Unternehmensführung zu signalisieren. So wird eine Unternehmensstrategie, die weder Internet noch die crossmediale Integration vorsieht, in der Gap-Analyse eine strategische Lücke erkennen lassen, die eine strategische Kurskorrektur induzieren sollte. Aber auch auf Geschäftsfeldebene wurde z. B. im Rahmen der Darstellung der Online-Aktivitäten des Hamburger Abendblatts eine strategische Lücke identifiziert, da das Ziel der Erhaltung einer bedeutenden Stellung im Hamburger Rubrikenanzeigenmarkt mit der jetzigen Strategie gegenüber den Konkurrenten nicht erreicht werden kann.[28] Diese strategische Lücke wurde mittlerweile vom Axel Springer Verlag erkannt und soll mit dem dargestellten Geschäftsmodell Immonet sukzessive geschlossen werden.

Allerdings wird ersichtlich, daß die Gap-Analyse ein eher grobes, wenig differenziertes und exploratives Instrument ist, so daß sich vertiefende Methoden, wie die bereits in Abschnitt 5.2.2.6 beschriebenen Portfoliomethoden, anschließen sollten.[29] Hierdurch steht dem Verlagsmanagement dann ein integriertes Analyse-Instrument zur Verfügung, das die endogenen Stärken und Schwächen des Verlages mit den exogenen Chancen und Risiken der jeweiligen Geschäfts-

25 Vgl. *HORVÁTH* (1991), S. 248 f.

26 Vgl. *PREISSLER* (1998), S. 224.

27 Entnommen *PREISSLER* (1998), S. 235.

28 Vgl. Abschnitt 6.2, S. 246 ff.

29 Vgl. Abschnitt 5.2.2.6, S. 208 ff.

felder kombiniert. Jedoch ist nochmals hervorzuheben, daß die darauf basierenden Normstrategien gerade im Verlagsbereich zwingend situativ anzupassen sind.

7.3 Ausgewählte quantitative Risikomanagement- und Controlling-Instrumente

Im Gegensatz zu den vorangehend dargestellten Instrumenten zur Gewinnung qualitativer Informationen geht es nachfolgend darum, wichtige quantitative Risikomanagement- und Controlling-Instrumente in ihren Grundzügen zu erläutern. Diese sind überwiegend Bestandteil des operativen Controlling, wobei hier insbesondere ein Monitoring der Kosten mit Hilfe klassischer Kostenrechnungsverfahren im Vordergrund steht. Vor dem Hintergrund des sich in den letzten Jahren durchsetzenden Gedankens einer wertorientierten Unternehmensführung wird jedoch auch auf die Eignung von Wertsteigerungsanalysen für einen Verlag eingegangen. Klassische Kennzahlensysteme finden letztlich immer noch in jedem Unternehmen Anwendung, so daß die grundlegenden Ideen in diesem Zusammenhang kurz zu erwähnen, jedoch gleichzeitig die damit einhergehenden Defizite aufzuzeigen sind.

7.3.1 Strategisches Kostenmanagement

Ein kontinuierliches Kostenmanagement stellt einen permanent fortschreitenden Verbesserungsprozeß zur Kostenbeeinflussung dar.[30] Dies ist gerade für ein Medienunternehmen wie einen Verlag entscheidend, da traditionell der Fixkostenanteil aufgrund der spezifischen Besonderheiten bei der Produktion eines Medienproduktes sehr hoch ist und bei Geschäftsmodellen in den digitalen Erlebniswelten eher noch weiter ansteigt, was vor allem auf die überdurchschnittlich hohen Anteile von Marketingkosten an den Umsätzen zurückzuführen ist.[31] Insofern sind im Verlag spezifische Instrumente anzuwenden, die einerseits frühzeitig im Leistungserstellungsprozeß eine Kostenplanung, -steuerung und -überwachung ermöglichen, andererseits die angefallenen Fixkosten verursachungsgerecht zuordnen. Weiterhin ist die genaue Meßbarkeit genutzter Anwendungen ein Vorteil digitaler Medien, so daß daran anknüpfend Überlegungen zur Wirtschaftlichkeit einzelner Online-Rubriken bzw. -Dienste angeschlossen werden können. Letztlich sind auf der Seite der End- und Werbekunden im Zuge des anzustrebenden Customer Relationship Management Berechnungen zur ökonomischen Vorteilhaftigkeit einer Anbieter-Kunden-Beziehung sowie zur Planung und Kontrolle bestehender und zukünftiger Kundenbeziehungen einschließlich der Gestaltung von Marketing-Maßnahmen anzustellen.[32]

7.3.1.1 Target Costing

Target Costing und Zielkostenmanagement sind weitgehend synonyme Begriffe für ein ursprünglich aus Japan stammendes Verfahren zur Planung und Einführung neuer Produkte, das auch in Deutschland – und hier vor allem in der Automobilindustrie – seit den neunziger Jahren zunehmend Anwendung findet.[33] Die Besonderheit des Verfahrens liegt insbesondere darin, daß die zentrale Fragestellung im Produktentwicklungsprozeß nicht mehr daran ausgerichtet ist, was das Produkt später aufgrund des Einsatzes der Ressourcen kosten wird, sondern vielmehr, wieviel das Produkt höchstens am Markt kosten darf. Hierdurch wird eine bewußte Kunden-

---

30 Vgl. *MUSSNIG* (2001), S. 27.

31 Vgl. *BÖNING-SPOHR/HESS* (2001), S. 44.

32 Vgl. *BÖNING-SPOHR/HESS* (2001), S. 48.

33 Vgl. *JOOS-SACHSE* (2001), S. 234.

bzw. Marktorientierung bereits im Frühstadium des Produktes ermöglicht, so daß Target Costing auch als Instrument zur Kostenplanung zu interpretieren ist. Für einen Verlag in der konvergierenden Medienbranche dürfte hierbei besonders ein zwischenbetriebliches Target Costing interessant sein, da das sich aus mehreren Teilleistungen zusammensetzende digitale Systemprodukt eine zwischenbetriebliche Abstimmung der Kooperationspartner erfordert, die schon im Produktentwicklungsprozeß beginnen sollte. Dementsprechend sollte der fokale Akteur im Multimedia-Wertschöpfungsnetzwerk gemeinsam mit den Kooperationspartnern die produktbezogenen Zielkosten festlegen und im Anschluß bedarfsgerecht auf die Teilleistungen aufspalten. Somit könnte ein Verlag einen genauen Kostenrahmen z. B. für die Entwicklung eines innovativen digitalen Inhalte-Angebotes bekommen, der letztlich zu einem marktfähigen Systemprodukt beiträgt.

Während ein solches zwischenbetriebliches Zielkostenmanagement jedoch noch weitestgehend Zukunftsmusik ist, ist die Methode natürlich auch intrabetrieblich anzuwenden. Als problematisch kann hier bei Verlagen die Zielkostenfindung und -aufspaltung angesehen werden, da mit den Medienprodukten sowohl Rezipienten- als auch Werbemarkt bedient werden und somit der Quersubventionierungsmechanismus zu beachten ist. Dabei ist es sinnvoll, die Höhe der Zielkosten vom Werbemarkt beeinflussen zu lassen, die eigentliche Zielkostenspaltung jedoch an den Bedürfnissen des Rezipientenmarktes auszurichten,[34] da gerade digitale Medienprodukte noch weitestgehend werbefinanziert sind. Ausgehend von der Nachfrage der Werbekunden nach einer spezifischen Zielgruppe und ihrer Zahlungsbereitschaft, z. B. gemessen am Tausender-Kontakt-Preis, können marktorientiert die erlaubten Zielkosten für einen Print-Titel oder ein Content-Angebot in einer digitalen Erlebniswelt bestimmt werden, wobei sich die Zielkosten wie folgt ermitteln lassen:[35]

Am Markt erzielbarer Preis – Gewinnerwartung = definierte Zielkosten

Die auf diesem Weg nach dem sogenannten Market-into-Company-Verfahren festgelegten Gesamtzielkosten für das Content-Angebot repräsentieren nunmehr die vom Werbemarkt erlaubten Kosten (Allowable Costs oder kurz Allowables). Die Allowables werden daraus folgend in bezug auf den Rezipientenmarkt operationalisiert und beispielsweise so auf verschiedene digitale Content-Rubriken eines Internet-Angebotes aufgespalten, daß die anvisierte Zielgruppe hierdurch eine größtmögliche Bedürfnisbefriedigung erfährt.[36] Dies hat den wesentlichen Vorteil, daß in jedem redaktionellen Bereich kostenorientiert agiert und somit ein Overengineering einzelner Rubriken vermieden wird.[37] Kommt es dann auf Grundlage bestehender Strukturen, Ressourcen, Technologien etc. zu Kostenabweichungen (Drifting Costs), so entsteht eine Ziellücke, die durch entsprechende Reengineering-Maßnahmen zu verkleinern ist. Ein vollkommenes Schließen der Ziellücke ist jedoch aus klassischem Strategieverständnis nur bei einer Preisführerschaftsstrategie zwingend, wohingegen bei einer Differenzierungsstrategie die Drifting Costs in der Regel höher als die Zielkosten sind und ausfallen dürfen, da häufig nur durch die Inkaufnahme höherer Kosten eine Differenzierung möglich ist. Dies untermauert nochmals den Vorteil der Mass Customization als Hybridstrategie, da durch die kundenindividuelle Massenproduktion sowohl eine Kostenführerschaft als auch eine gleichzeitige Differenzierung des Produktes möglich ist und so im Sinne des Target Costing die Ziellücke theoretisch gänzlich geschlossen werden kann.

---

34 Vgl. *KÖCHER* (2000), S. 235.

35 Vgl. *FREIDANK* (1997), S. 370.

36 Vgl. *KÖCHER* (2000), S. 236.

37 Vgl. *PREISSLER* (1998), S. 181 f.

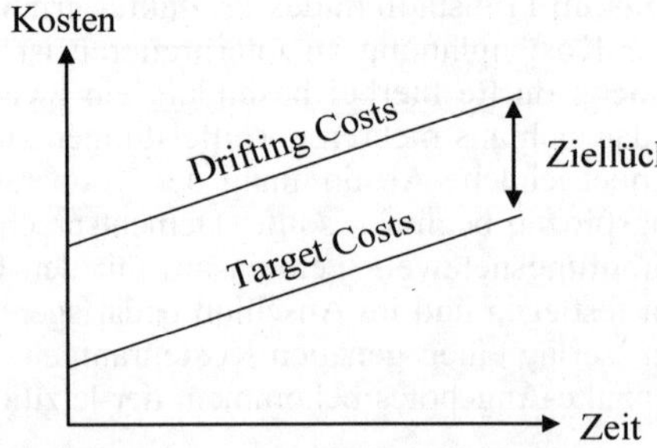

Abbildung 137: Drifting Costs und daraus resultierende Ziellücke[38]

Es fällt auf, daß der Anwendung des Target Costing im Verlag durch die Spezifika des Produktes klare Grenzen gesetzt sind, da im Rahmen der Kostenspaltung die Immaterialität und nur schwere verbale Erfaßbarkeit der medialen Bedürfnisbefriedigung als problematisch anzusehen ist. Dennoch eignet sich zumindest die retrograde Kostenermittlung als wesentliches Charakteristikum des Instrumentes aus mehreren Gründen für die Verlagsbranche:[39]

- Durch bewußte Kunden- und Marktorientierung führt das Target Costing zu einer Verbesserung der Wettbewerbsfähigkeit, da nur Produkte, die den Kundenbedürfnissen entsprechen, entwickelt und produziert werden und Produkte z. B. nicht unter dem Gesichtspunkt der bloßen technologischen Machbarkeit in die Entwicklungsphase gelangen. Damit unterstützt das Target Costing die grundsätzlich einzufordernde *Kunden-* und *Wertschöpfungsorientierung*.
- Die Vorgabe von Zielkosten deckt frühzeitig Reengineering-Potentiale auf und beseitigt durch Einbeziehung aller Stellen evtl. Bereichsegoismen. Andererseits zeigt sie auch Outsourcing-Potentiale auf, sollten die Target Costs auch unter Berücksichtigung von Reengineering-Potentialen intern nicht erreichbar sein, wohingegen dies durch den Bezug von Teilleistungen über den Markt bzw. mittels eines Kooperationspartners möglich erscheint. Insofern unterstützt das Target Costing auch die notwendige *Komplexitäts-* und *Prozeßorientierung*.
- Durch frühzeitige Kostenbeeinflussung wird das Risiko, mit einem Content-Produkt nach Entwicklung und Fertigung nur Verluste zu erwirtschaften, erheblich reduziert. Somit wird auch der geforderten *Pionierorientierung* des Verlages entsprochen.

Das Target Costing ist letztlich speziell für Unternehmen auf wettbewerbsintensiven Märkten entwickelt worden, wo eine frühzeitige Kostenorientierung überlebenswichtig ist.[40] Ein Instrument, das wegen seiner prozessualen Durchdringung in die gleiche Richtung wie das Target Costing zielt, ist die Prozeßkostenrechnung, bei der es insbesondere darum geht, daß auch die indirekten und gemeinkostenverursachenden Unternehmensbereiche den Marktbedürfnissen entsprechen.

---

38 Vgl. *PREISSLER* (1998), S. 183.

39 Vgl. *PREISSLER* (1998), S. 180.

40 Vgl. *FREIDANK* (1997), S. 373.

7.3.1.2 Prozeßkostenrechnung

Zeitungs- und Zeitschriftenverlage haben aufgrund der Spezifika der Leistungserstellung hohe Fixkosten, die sich gerade durch zunehmende Technisierung noch tendenziell erhöhen. Ein Großteil dieser fixen Kosten sind dabei Gemeinkosten, die nicht als Einzelkosten erfaßbar sind und deshalb den Kostenträgern nicht unmittelbar angelastet werden können.[41] Insofern stellt sich insbesondere in der Verlagsbranche die Frage, wie die vielen Gemeinkostenbereiche effektiv und effizient zu planen, zu steuern und zu verrechnen sind. Dabei besteht die grundsätzliche Notwendigkeit eines kontinuierlichen Gemeinkosten-Monitoring, so daß Instrumente wie die von der Unternehmensberatung McKinsey entwickelte Gemeinkostenwertanalyse oder das Zero-Base Budgeting, die lediglich zeitpunktbezogene Analysen der Gemeinkosten ermöglichen, unzureichend sind.[42] Stattdessen bietet sich insbesondere vor dem Hintergrund der anzustrebenden Prozeßorientierung die Einführung einer *Prozeßkostenrechnung* in geeigneten Teilbereichen eines Verlages an. Das Konzept weist dabei den Charakter eines Vollkostenrechnungsverfahrens auf und rechnet die Gemeinkosten indirekter Leistungsbereiche nach Maßgabe kostenstellenübergreifender Aktivitäten zu.[43] Die wesentlichen Vorteile einer Prozeßkostenrechnung sind in folgenden Aspekten zu sehen:[44]

- Mittels der Prozeßkostenrechnung werden die Leistungen bzw. Aktivitäten indirekter Bereiche definiert und deren Ressourceninanspruchnahme bewertet. Damit entsteht Transparenz hinsichtlich der Kostenhöhe und Kostenanteile der Prozesse eines Verlages.
- Über Kostentreiber (Cost Driver) sollen die mittel- und langfristigen Einflußgrößen auf die Kosten- bzw. Ressourcenveränderungen visualisiert werden. Entsprechend zeigt die Prozeßkostenrechnung die Kosten- und Kapazitätsauswirkung veränderter Ablaufstrukturen, einer veränderten Anzahl der Prozeßdurchführungen und einer rationellen Prozeßdurchführung auf.
- Bestehen Ursache-Wirkungs-Zusammenhänge, sind die Prozeßkosten auf Produkte, Kunden oder Marktsegmente zurechenbar, um deren Inanspruchnahme von Ressourcen aus dem indirekten Bereich aufzuzeigen. Damit kann die Prozeßkostenrechnung ein Bestandteil der Produktkalkulation werden.

Aus Gründen der Praktikabilität und Wirtschaftlichkeit ist die Prozeßkostenrechnung vor allem für repetitive Tätigkeiten geeignet, die gleichzeitig einen relativ geringen Entscheidungsspielraum aufweisen.[45] Dies ist im Gegensatz zum kreativen Bereich in den Redaktionen gerade im kaufmännischen Teil des Verlages gegeben.

---

41 Zur Erinnerung: Gemeinkosten und Fixkosten sind keine deckungsgleichen Begriffe, da es durchaus auch variable Gemeinkosten gibt. Allerdings ist der fixe Anteil von Gemeinkosten allgemein sehr hoch.

42 Zur Gemeinkostenwertanalyse und Zero-Base Budgeting vgl. z. B. *Horváth* (1991), S. 275 ff., *Küpper* (1995), S. 307 ff., *Joos-Sachse* (2001), S. 201 ff.

43 Vgl. *Freidank* (1997), S. 355.

44 Vgl. *Mayer* (1998), S. 5.

45 Vgl. *Preissler* (1998), S. 164.

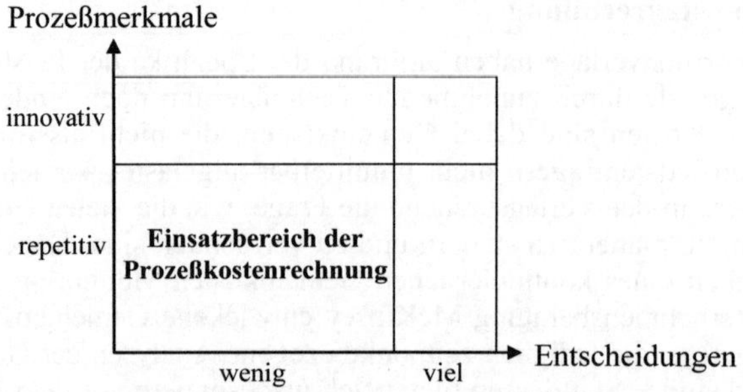

Abbildung 138: Einsatzbereich der Prozeßkostenrechnung[46]

Beispielsweise könnten bei einem integrierten, d. h. für mehrere Titel zuständigen Call-Center, das für den Hauptprozeß „Customer Service“ zuständig ist, die Volumina der bedienten Anrufe für jeden Titel einzeln erfaßt, mit den Kosten pro Leistungseinheit bewertet und schließlich den einzelnen Geschäftsbereichen (Titeln) zugeschlagen werden. Dadurch ergibt sich eine wesentlich verursachungsgerechtere Zuordnung, als dies z. B. beim Einsatz eines Zuschlagssystems mit festgelegten Verteilungsschlüsseln der Fall wäre. Insofern werden – kostenrechnungstechnisch gesehen – die Gemeinkosten des Call-Centers zu Einzelkosten des jeweiligen Titels.

Die Implementierung einer Prozeßkostenrechnung hat stets unternehmensindividuell zu erfolgen, wobei sich hierzu ein schrittweises Vorgehen bewährt hat, das nachfolgend in seinen wesentlichen Grundzügen dargestellt wird. Zunächst ist eine Hauptprozeßvorstrukturierung vorzunehmen, wobei darunter eine Kette homogener Aktivitäten zu verstehen ist, die demselben Kosteneinflußfaktor unterliegen.[47] Hat der Verlag im Rahmen des Prozeßmanagements bereits eine Transparenz der Prozeßstrukturen erreicht, so ist diese Strukturierung mit Sicherheit relativ schnell erreichbar. Darauf aufbauend sind in den einbezogenen Unternehmensbereichen die einzelnen Tätigkeiten zu analysieren und in Teilprozesse zu strukturieren, wobei dies kostenstellenbezogen erfolgt.[48] Einen Teilprozeß des Kundenservice im Verlag könnten so beispielsweise das Beschwerdemanagement oder die Abonnentenrückgewinnung darstellen, wobei noch eine weitere Untergliederung dieser Teilprozesse in einzelne Aktivitäten zur genaueren Aufschlüsselung möglich ist. Durch Identifikation der hinter den Teilprozessen stehenden Kostentreiber wird nun eine kostenstellenübergreifende Zusammenfassung von mehreren sachlich zusammenhängenden Teilprozessen erleichtert. Dabei stellen die Kostentreiber die eigentlichen Bezugsgrößen für die Verrechnung der angefallenen Gemeinkosten dar.[49] So ist aus Sicht der Prozeßkostenrechnung die Höhe der Personalgemeinkosten im Call-Center eines Verlages nicht etwa von der Höhe der ausbezahlten Gehälter, sondern von der Anzahl und der Länge der getätigten Anrufe der eingesetzten Call-Center-Agenten abhängig. Insofern sind die Cost Driver als Maßgrößen für die Beanspruchung von Ressourcen durch Aktivitäten zu sehen und somit Bestimmungsgröße für die Kostenverursachung. Entsprechend ist die Auswahl der Kostenantriebskräfte eine wesentliche Aufgabe im Rahmen der Implementierung einer Prozeßkostenrechnung, wobei

46 Entnommen *COENENBERG* (1999), S. 226.

47 Vgl. *MAYER* (1998), S. 7.

48 Vgl. *MAYER* (1998), S. 12.

49 Vgl. *PREISSLER* (1998), S. 169.

diese aus den verfügbaren Informationsquellen einfach ableitbar, zur Beanspruchung der Ressourcen proportional sowie durchschaubar und verständlich sein sollte.[50]

Deutlich wird, daß es sich im beschriebenen Fall um leistungsmengeninduzierte Prozesse handelt, für die ein Prozeßkostensatz ermittelt wird, sobald die Prozeßkosten und Prozeßmengen feststehen:

$$\text{Prozeßkostensatz} = \frac{\text{Prozeßkosten}}{\text{Prozeßmenge}}$$

Beispielsweise könnte ein solcher Prozeßkostensatz für ein zentrales Verlags-Call-Center, das durchschnittlich 20 Call-Center-Agenten für den Teilprozeß „Anzeigenannahme" beschäftigt, ermittelt werden. Wenn hierbei jeder Call-Center-Agent pro Stunde 15 Anrufe abwickelt, ergibt sich als Gesamtprozeßmenge: 20 Mitarbeiter * (15 Anrufe pro Stunde * 8 Stunden tägliche Arbeitszeit * 20 monatliche Arbeitstage * 12 Monate) = 576.000 Anrufe pro Jahr.

Die leistungsmengeninduzierten Kosten bestehen in diesem Fall der Vereinfachung halber ausschließlich aus Personalkosten, wobei zur Ermittlung der Prozeßkosten ein monatliches Gehalt (inklusive Lohnnebenkosten) von 2.500 EUR bei 13 Gehältern angesetzt wird. Die Prozeßkosten ergeben sich nun wie folgt: 20 Mitarbeiter * (2.500 EUR * 13 Monate) = 650.000 EUR.

Daran anschließend läßt sich der Prozeßkostensatz lmi_{CC} ermitteln:

$$lmi_{CC} = \frac{650.000}{576.000} = 1{,}13$$

Werden dann für die Zeitung A vom zentralen Call-Center im Jahr 150.000 Anrufe im Rahmen der Anzeigenannahme durchgeführt, so werden dem Titel hierfür 150.000 * 1,13 = 169.500 EUR Prozeßkosten zugerechnet.

Allerdings sind auch leistungsmengenneutrale Teilprozesse, wie z. B. „Leitung des Call-Centers" zu berücksichtigen, die natürlich nicht mit Prozeßkostensätzen abgebildet werden können und somit entweder den leistungsmengenabhängigen Kosten proportional zugeschlüsselt oder aber kostenstellenübergreifend gesammelt und wie bei der Zuschlagskalkulation mittels eines pauschalen Zuschlagssatzes verrechnet werden.[51] In einem letzten Schritt werden schließlich die kostenstellenbezogenen Teilprozeßkostensätze zu einem Hauptprozeßkostensatz aggregiert, wobei hier wiederum die Hauptprozeßvorstrukturierung hilfreich ist.

---

50 Vgl. *Coenenberg* (1999), S. 228.

51 Vgl. *Joos-Sachse* (2001), S. 265.

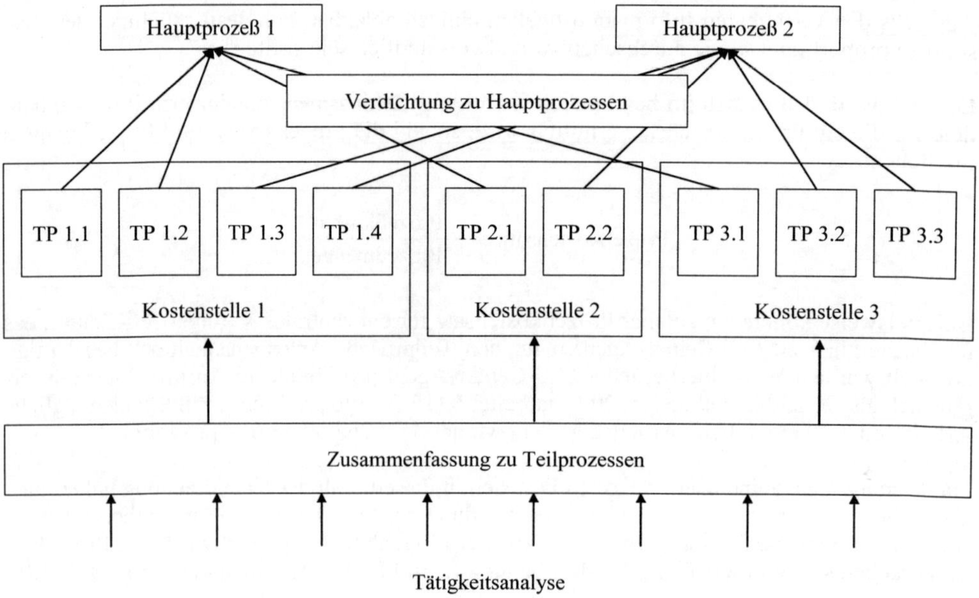

Abbildung 139: Verdichtung von Teilprozessen zu Hauptprozessen im Rahmen der Prozeßkostenrechnung[52]

Durch das beschriebene Verfahren wird im Verlag der Forderung nach einem verursachungsgerechten Gemeinkosten-Controlling entsprochen. Insofern sind aussagekräftige Soll-Ist-Vergleiche möglich, die z. B. eine Analyse der Frage zulassen, warum in einem Geschäftsbereich die Ist-Prozeßkosten der Beanspruchung des Call-Center wesentlich höher sind als die im Plan festgesetzten Soll-Prozeßkosten. Dadurch kann beispielsweise herausgefunden werden, daß ein Bereich eines Online-Angebotes zu service-intensiv ist und deshalb die Profitabilität des gesamten Angebotes schmälert. Andererseits kann die Prozeßkostenrechnung auch als Instrument zur Preiskalkulation eines Verlagsangebotes einbezogen werden.

Nichtsdestotrotz erfordert der Aufbau einer Prozeßkostenrechnung einen enormen Aufwand, der viele Unternehmen davon abhält, das theoretisch äußerst sinnvolle Verfahren in praxi einzusetzen. Dabei wird häufig gerade die Prozeßdefinition bzw. -abgrenzung hinsichtlich des dazu notwendigen Zeit- und Abstimmungsaufwands unterschätzt. Hinzu kommt, daß in der betrachteten konvergierenden Medienbranche die Prozesse dynamisch anzupassen sind und diese Modifikationen dann auch innerhalb der Prozeßkostenrechnung berücksichtigt werden müssen. Da gerade auf administrativer Seite oftmals eine gewisse Lethargie bei Änderungswünschen bestehender Controlling-Systeme zu beobachten ist, wirft dies ein nicht zu unterschätzendes Konfliktpotential auf. Insofern wird hier nochmals deutlich, daß sich die Prozeßkostenrechnung im Verlag überwiegend als Controlling-Instrument für einige administrative Teilbereiche eignet, nicht aber zweckmäßig in der Gesamtorganisation eingesetzt werden kann.

52 Vgl. HORVÁTH (1991), S. 509.

7.3.1.3 Customer-Lifecycle-Rechnung

Die Kundenorientierung im Verlag impliziert eine geschäftsbeziehungsorientierte Betrachtungsweise, so daß sämtliche Austauschprozesse in deren Verlauf zum zentralen Analysegegenstand werden.[53] Dies wird idealerweise unterstützt von den zuvor beschriebenen Customer-Relationship-Management-Systemen, die sowohl operative als auch analytische Bestandteile aufweisen.[54] Im Rahmen des Risikomanagements und Controlling ist dabei eine Kundenlebenszyklusrechnung (Customer-Lifecycle-Rechnung) besonders interessant, da hierdurch kostenstellen- und periodenübergreifend über den gesamten Lebenszyklus – vom Aufbau über den Erhalt bis zur Beendigung der Geschäftsbeziehung – kundenspezifische Einzahlungen/Auszahlungen bzw. Erlöse/Kosten in die Betrachtung einbezogen werden.[55] Dadurch ist beispielsweise im Verlag eine Analyse dazu möglich, ob anvisierte Werbekunden oder auf Rezipientenseite spezifische Zielgruppen tatsächlich ökonomisch vorteilhaft sind. Deutlich wird, daß eine Kundenlebenszyklusrechnung theoretisch sowohl für Werbe- als auch für Endkunden möglich ist. Allerdings ist in praxi kurz- bis mittelfristig eigentlich nur die Anwendung des Verfahrens auf Werbekunden denkbar, da sich die Zurechenbarkeit von Erlösen und Kosten auf Endkundenebene weitaus schwieriger gestaltet und somit von vornherein komplexere Berechnungsverfahren erfordert. Beispielsweise stellt sich die Frage, wie zu Beginn eines Endkunden-Lifecycle Akquisitionskosten, wie die Kosten für die Schaltung von Werbung, oder während der Lebensdauer die Service-Kosten zugerechnet werden.[56] Entsprechend wird nachfolgend exemplarisch die Customer-Lifecycle-Rechnung für Werbekunden dargestellt, wobei das Konzept natürlich auch auf Endkundenebene langfristig Anwendung finden sollte.

In seinem Grundkonzept kann der aus der Kundenlebenszyklusrechnung resultierende Customer Lifetime Value (CLV) als der Kapitalwert einer Geschäftsbeziehung vom ersten Kontakt zwischen Verlag und Werbekunden bis zur vollständigen Abwicklung des letzten Austausches definiert werden.[57] Insofern ist zunächst die Dauer der Kundenbeziehung festzulegen, so daß darauf aufbauend die direkt zurechenbaren Kampagnenerlöse in den einzelnen Phasen des werbekundenindividuellen Lebenszyklus geschätzt und zugeschlagen werden können. Beide Schritte erfordern jedoch eine Ex-post-Analyse der bestehenden Werbekundenbeziehungen, im Rahmen derer beispielsweise eine Strukturanalyse des Werbeumsatzes vorgenommen wird und eine darauf basierende Kundensegmentierung möglich ist. Dies könnte ein erster Anhaltspunkt für die realistische Schätzung des zukünftigen Werbeaufkommens eines betrachteten Werbekundens sein, wobei hier natürlich auch die Erfahrungswerte der involvierten Mitarbeiter eine ganz entscheidende Rolle spielen.

---

53 Vgl. *Weiber/Weber* (2000), S. 481.

54 Vgl. Abschnitt 5.3.1.3, S. 227 ff.

55 Vgl. *Böning-Spohr/Hess* (2001), S. 48.

56 Vgl. *Böning-Spohr/Hess* (2001), S. 48.

57 Vgl. *Weiber/Weber* (2000), S. 485.

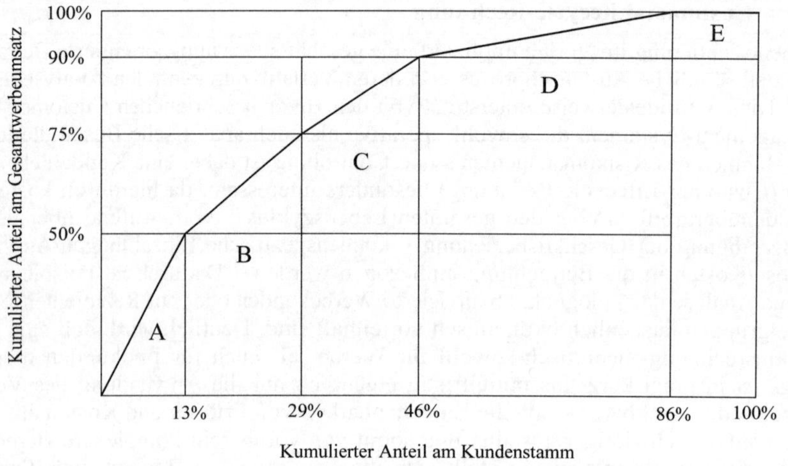

Abbildung 140: Beispielhafte Strukturanalyse des Werbeumsatzes eines Verlages

Als weitere mögliche, dem Werbekunden zurechenbare Erlöse sind bei Angeboten in den digitalen Erlebniswelten evtl. aus der Kampagne resultierende Kommissionserlöse infolge direkt von den Rezipienten getätigter E-Commerce-Transaktionen zu berücksichtigen.

Viel schwieriger gestaltet sich allerdings die Zurechenbarkeit der Kosten auf die einzelnen Werbekunden. Während direkte Kosten, wie z. B. Akquisitionskosten des Kundenbetreuers, evtl. Preisnachlässe oder Herstellkosten der Werbekampagne, dem Werbekunden problemlos zugerechnet werden können, was meistens ohnehin mittels einer Deckungsbeitragsrechnung erfolgt, stellt sich die Frage der sachadäquaten Schlüsselung der nicht direkt zurechenbaren Gemeinkosten. In diesem Zusammenhang ist wiederum auf die Vorteilhaftigkeit einer Prozeßkostenrechnung zu verweisen, wobei im Falle der Customer-Lifecycle-Rechnung die angefallenen Gemeinkosten auf den Kunden und nicht etwa auf eine Organisationseinheit verrechnet werden. Insgesamt ergibt sich durch die beschriebene Vorgehensweise ein aussagefähiger Customer Lifetime Value, der sich, mathematisch dargestellt, wie folgt berechnet:[58]

$$CLV_c = \sum_{t=1}^{T} \frac{\left(\sum_{u=1}^{U} E_{cut} - K_{cut}\right) - K_{ct}}{(1+r)^{t-1}}$$

mit

CLV_c: Customer Lifetime Value des Werbekunden c
E_{cut}: Der Transaktion u mit Werbekunde c in Periode t zurechenbare Erlöse
K_{cut}: Der Transaktion u mit Werbekunde c in Periode t zurechenbare Kosten
K_{ct}: Nicht transaktionsbezogene, der Periode t zurechenbare Kosten der Geschäftsbeziehung c
T: Dauer der Geschäftsbeziehung in Perioden
U: Anzahl der Transaktionen in einer Periode t
r: Kalkulationszinsfuß

---

58 Vgl. WEIBER/WEBER (2000), S. 486.

Darüber hinaus ist jedoch zu beachten, daß der Wert eines Werbekunden sich nicht nur aus monetären Größen bestimmt. So weisen einige Kunden beispielsweise eine höhere Bereitschaft zur Buchung innovativer Werbekonzepte auf, die aufgrund ihres oftmals noch vorhandenen Experimentiercharakters wichtig für den Verlag in Form von daraus generierbaren Erfahrungswerten sind, welche wiederum zur Verbesserung der Produktkonfiguration beitragen können. Andererseits haben einige Werbekunden auch eindeutigen Referenzcharakter, der eine Signalwirkung für andere Werbekunden induziert. Bucht beispielsweise ein DAX-notiertes Unternehmen wie DaimlerChrysler oder die Deutsche Telekom verstärkt crossmediale Werbepakete, so kann dies auch kleinere Unternehmen zur Änderung des eigenen Media Mix veranlassen. Insofern sind auch derartige Bestimmungsgrößen des Customer Lifetime Value zu erfassen, wobei hier Scoring-Modelle für eine heuristische Vorgehensweise hilfreich sein können.[59]

7.3.1.4 Logfile-basierte Leistungsrechnung

Im Rahmen eines verlagseigenen Online-Angebotes stellt sich die Frage, welche Instrumente zur effektiven und effizienten Planung, Dokumentation und Kontrolle der digitalen Inhalte eingesetzt werden können. Hierzu bietet sich eine auf Protokolldateien (sogenannten Logfiles) basierende Leistungsrechnung an, die die Nutzung eines Online-Angebotes in Mengengrößen umfassend aufzeichnet. Beispielsweise visualisieren Logfiles die Zugriffshäufigkeiten und Nutzungspfade eines Online-Angebotes.[60] Dadurch können bestimmte, im Verhältnis selten genutzte und damit unwirtschaftliche Rubriken modifiziert bzw. aus dem gesamten Programm genommen oder aber besonders häufig genutzte Angebote entsprechend ausgeweitet werden. Die logfile-basierte Leistungsrechnung stellt jedoch gerade deshalb ein besonders wichtiges Instrument für einen modernen Verlag dar, weil die erfaßten Zugriffsinformationen als wesentliche Informationsgrundlage für die Geschäftsbeziehungen zu Werbekunden, E-Commerce-Unternehmen und sonstigen Kooperationspartnern dienen.[61] So orientiert sich ein Unternehmen beim Schalten digitaler Online-Werbung in Analogie zur Auflage einer Zeitung oder Zeitschrift an den Page Impressions, die eine Zusammenfassung aus den in den Logfiles dokumentierten Hits darstellen.[62] Darüber hinaus dienen die Informationen über Online-Rezipientenkontakte auch als Informationsgrundlage für die Erlös- und Kostenrechnung, wobei sie in der Erlösrechnung das Mengengerüst outputabhängiger Erlöse darstellen und in der Kostenrechnung das Kalkulationsobjekt sind.[63] Letztlich hat das Erfassen von Logfiles auch motivatorische Wirkung für die Mitarbeiter.[64] So ist es beispielsweise das proklamierte Ziel von bild.t-online.de, der Online-Markführer im General-Interest-Bereich zu werden und hier den lange Zeit unangefochtenen Spitzenreiter rtl.de zu verdrängen, wobei die Marktführerschaft durch die Anzahl der Page Impressions visualisiert wird.

Bei der Einführung einer logfile-basierten Leistungsrechnung gilt es zunächst geeignete Leistungskennzahlen zu definieren, über die allerdings in den meisten Fällen – wie im angesprochenen Beispiel in Form von Page Impressions – schon Klarheit besteht. Der zweite Schritt sieht eine Festlegung von Plan-Werten vor, die aus den Erfahrungen und Vergangenheitswerten

---

59 Vgl. *Weiber/Weber* (2000), S. 491 ff.

60 Vgl. *Böning-Spohr/Hess* (2000a), S. 35.

61 Vgl. *Böning-Spohr/Hess* (2000b), S. 14.

62 Allerdings stellen gerade die Meßverfahren noch eine offene Flanke im Online-Bereich dar, was bislang als wesentlicher Grund für die Zurückhaltung von Werbekunden hinsichtlich der Online-Werbung zu sehen ist. Hier sind in jedem Fall Standardisierungsbestrebungen seitens der IVW und der betroffenen Akteure voranzutreiben. Vgl. Abschnitt 5.2.1.1.2, S. 141.

63 Vgl. *Böning-Spohr/Hess* (2000b), S. 14.

64 Vgl. *Böning-Spohr/Hess* (2001), S. 45.

und/oder aus Beobachtungen der Kundenbedürfnisse und des Verhaltens potentieller und tatsächlicher Konkurrenten gewonnen werden können.[65] Im nächsten Schritt werden die Ist-Werte abgebildet, was allerdings softwaregestützte und mit den derzeitigen IVW-Standards konforme Analysewerkzeuge zur Verdichtung der Informationen erfordert. Dabei können die Ist-Werte in unterschiedlichen Darstellungsformen, z. B. in bezug auf bestimmte Perioden (Tage, Wochen etc.) oder in bezug auf bestimmte Objekte (gesamtes Angebot, einzelne Rubriken etc.), ermittelt werden.[66] Letztlich werden die Plan- und Ist-Werte miteinander verglichen und entsprechende weiterführende Analysen im Falle von Abweichungen eingeleitet. Somit wird deutlich, daß die logfile-basierte Leistungsrechnung zwar auf den ersten Blick zunächst ein sehr operatives Instrument zur Erfassung der Nutzung eines Online-Angebotes ist, andererseits aber gerade aufgrund der enormen Bedeutung gegenüber den Werbekunden auch eine hohe strategische Relevanz aufweist. Das Verfahren stößt dabei jedoch noch auf erhebliche technische Probleme bei der Gewinnung der Logfiles, z. B. aufgrund von Proxy-Cacheservern oder dynamischen IP-Adressen, die eine exakte Messung der Logfiles erschweren.[67] Allerdings ist in Zukunft mit einer Beseitigung der noch vorhandenen „Kinderkrankheiten" und entsprechenden erheblichen Verfahrensverbesserungen zu rechnen.

Leistungsgrößen		Plan-Wert	Ist-Wert	Absolute Abweichung	Prozentuale Abweichung
Gesamte Page Impressions pro Periode (z. B. ein Monat)		980.000	680.000	-300.000	-31%
Page Impressions pro Tag	1. Tag im Monat	30.000	18.954	-11.046	-37%
	2. Tag im Monat	30.000	19.545	-10.455	-35%
	...	...	...	...	...
	30. Tag im Monat	36.000	36.550	550	1,5%
	durchschnittlich	32.667	22.667	-10.000	-31%
Page Impressions (einzelne Seiten)	Seite a	580.000	480.000	-100.000	-17%
	Seite b	400.000	200.000	-200.000	-50%
Gesamte Visits pro Periode (z. B. ein Monat)		250.000	200.150	-49.850	-20%

Abbildung 141: Beispiel für eine Leistungsübersicht im Rahmen der logfile-basierten Leistungsrechnung[68]

7.3.2 Kennzahlensysteme

Ein wesentliches Problem der Informationsaufbereitung im Verlag besteht in der sinnvollen und aussagekräftigen Verdichtung und Gegenüberstellung des vorhandenen Zahlenmaterials.[69] Zahlen, die in komprimierter Form über betriebswirtschaftliche Sachverhalte (ggf. in der analysierten Branche auch über publizistische Sachverhalte) informieren, werden hierbei als *Kennzahlen* bezeichnet. Die wohl bekannteste Systematisierung von Kennzahlen, auf der das traditionelle Rechnungswesen basiert, geht in ihrem Ursprung auf das Jahr 1919 zurück. Die Entwicklung eines algorithmisch verketteten Kennzahlensystems des amerikanischen Konzerns DuPont er-

---

65 Vgl. BÖNING-SPOHR/HESS (2000b), S. 16.

66 Vgl. BÖNING-SPOHR/HESS (2001), S. 45 f.

67 Vgl. BÖNING-SPOHR/HESS (2000b), S. 19 f.

68 Entnommen BÖNING-SPOHR/HESS (2000b), S. 18.

69 HORVÁTH (1991), S. 514.

langte als das sogenannte DuPont-Schema große Bedeutung und war der Grundstein für einen grundlegenden Wandel in der Welt des Controlling.[70] Ausgehend von dem Ziel der Gewinnmaximierung werden die unterschiedlichen (monetären) Meßgrößen in einem verästelten System zueinander in Beziehung gesetzt und zu einer Spitzen- oder Leitkennzahl – wie z. B. dem Return on Investment – verdichtet.

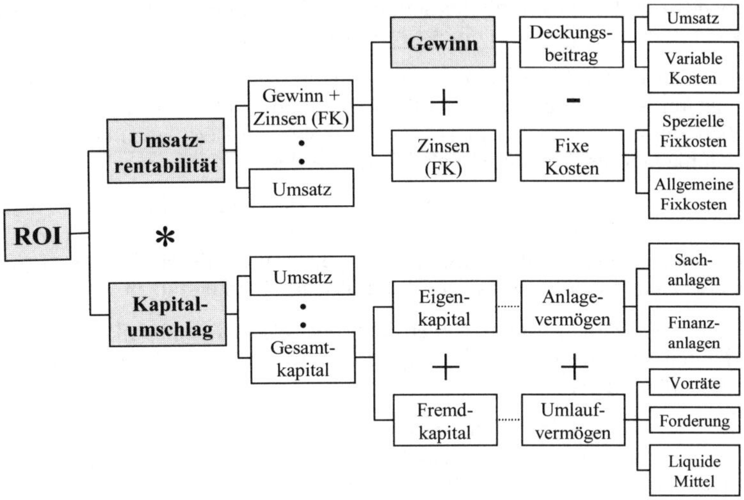

Abbildung 142: DuPont-Schema[71]

Auch über achtzig Jahre später sind die Grundprinzipien und die Ausgestaltung „herkömmlicher" Kennzahlensysteme noch immer auf den DuPont-Ansatz zurückzuführen, obwohl dieses Modell ursprünglich für kleine Transaktionen in unabhängigen Organisationen entwickelt wurde, nicht aber für komplexe Prozesse in vernetzten Unternehmen, wie dies bei einem Verlag mit seinen zahlreichen Wertschöpfungspartnern der Fall ist. Die auf der Grundlage dieses Ansatzes basierenden, traditionellen bilanz- und rechnungswesenorientierten Planungs- und Steuerungskonzepte sind im Hinblick auf das zuvor gekennzeichnete dynamische und turbulente Wettbewerbsumfeld der konvergierenden Medienbranche zunehmend starker Kritik ausgesetzt:[72]

- Traditionelle, ergebnisbasierte Steuerungssysteme betrachten ausschließlich den retrospektiven Erfolg des Unternehmens anhand finanzieller Kennzahlen – z. B. Rendite, Gewinn, Aufwendungen/Erträge, Kosten/Erlöse –[73], können aber keine Aussagen über die Potentiale, die in Zukunft noch wertschöpfend sind, bzw. über strategisch bedeutsame Veränderungen der Umwelt treffen (Timelag). Aufgrund dieser Finanz- und Vergangenheitsorientierung fördern sie ein „vergangenheitsbezogenes Denken und Entscheiden"[74] und unterstützen nur selten strategische, zukunftsorientierte Entscheidungsprozesse,[75] wie

---

70 Vgl. *GROOTHUIS* (1999), S. 235.

71 Vgl. *HORVÁTH* (1999), S. 29.

72 Vgl. *KEUPER* (2001a), S. 282 f.

73 Vgl. *MENSCH* (1998), S. 761.

74 Vgl. *GLEICH* (1998), S. 3.

75 Vgl. *BRUNNER/SPRICH* (1998), S. 30.

dies jedoch für ein Überleben in der konvergierenden Medienbranche als zwingend zu erachten ist.

- Die Informationen aus vor- und nachgelagerten Stufen des Wertschöpfungsprozesses, z. B. über Kooperationspartner, sind kein integrierter Bestandteil des Führungsinformationssystems.[76] Damit eignen sich traditionelle Kennzahlensysteme von vornherein nicht für einen anzustrebenden umfassenden interbetrieblichen Informationsaustausch zwischen den wichtigsten Wertschöpfungspartnern eines Multimedia-Wertschöpfungsnetzwerkes.
- In traditionellen Kennzahlensystemen erfolgt keine bzw. nur eine mangelhafte Einbindung nicht monetärer Kennzahlen, so daß von vornherein die verschiedenen nicht monetären Erfolgsgrößen eines Verlages, beispielsweise die kreativen Leistungen der Redaktionen oder das Markenmanagement, nicht berücksichtigt werden.
- In traditionellen Kennzahlensystemen fehlt die Betrachtung intra- und interbetrieblich orientierter Geschäftsprozesse. Gerade die intra- und interbetriebliche Prozeßorientierung – ein integraler Bestandteil des MSCM – ist jedoch auch mit Hilfe eines geeigneten Risikomanagement- und Controllingsystems umfassend zu unterstützen.
- Traditionelle Kennzahlensysteme stellen kein geeignetes Kommunikationsinstrument dar. Dies ist jedoch entscheidend für die Implementierung des MSCM respektive dessen Akzeptanz auf Mitarbeiterebene.
- Eine weitere Schwäche traditioneller Kennzahlensysteme besteht in der Gefahr, die ohnehin schon oftmals vorhandene starke Ausrichtung der Managementaktivitäten an kurzfristigen Ertragszielen durch die Überbetonung der kurzfristigen, finanzwirtschaftlichen Steuerungsgrößen noch weiter zu verstärken, da das Management primär an diesen Steuerungsgrößen gemessen wird. Diese Maßstäbe können das Verhalten des Management in dem Sinne maßgeblich beeinflussen, daß die langfristige Wertschöpfung vernachlässigt wird und z. B. Kapitalinvestitionen in innovative Multimedia-Dienste zugunsten kurzfristiger Quartalserträge versäumt werden.[77] Der Erfolg eines Medienunternehmens basiert jedoch auf einer langfristig ausgerichteten, dynamisch anpaßbaren Unternehmensstrategie, mit deren Hilfe ein Gleichgewicht zwischen den verschiedenen Anspruchsgruppen (Stakeholder Management) herzustellen ist. Ein rein kurzfristiges Agieren auf Basis von Finanzkennzahlen kommt zunächst vielleicht dem Shareholder entgegen, wird aber langfristig auch für diesen mehr Wert vernichten als schaffen.
- In der Praxis hat das traditionelle Rechnungswesen zur Entwicklung und Erhebung einer Vielzahl von unterschiedlichsten und oftmals einseitigen Kennzahlen geführt. So werden besonders in großen deutschen Unternehmen pro Monat z. T. bis zu 10.000 Steuerungsgrößen generiert, von denen oftmals aber nicht mehr als fünf Prozent vom Management genutzt werden.[78] Darüber hinaus bleibt der Nutzen auch von neueren Konzepten aufgrund der immensen Zahlenflut sowie der oftmals nicht rechtzeitigen und unvollständigen Berichtserstattung hinter den Anforderungen zurück.
- Traditionellen Kennzahlensystemen fehlt häufig eine adäquate Verknüpfung mit der Unternehmensstrategie. Dadurch wird jedoch im Verlag ein anzustrebendes effektives und effizientes Ressourcenmanagement von vornherein unterminiert.

Einen weitereren Grund für die Abkehr von klassischen Kennzahlenystemen und die Hinwendung zu modernen Performance-Measurement-Konzepten stellen die Erfahrungen dar, die mit

76 Vgl. *BRUNNER/SPRICH* (1998), S. 36.

77 Vgl. *ECCLES* (1991), S. 14 f.

78 Vgl. *BROWN* (1997), S. 18.

strategischen Managementkonzepten bzw. den sie häufig initialisierenden Business-Reengineering- bzw. Business-Process-Reengineering-Projekten gemacht wurden. Obwohl alle diese Konzepte integriert angelegt sind, wurden sie in der Praxis häufig nur fragmentarisch umgesetzt, weil eine eindeutige Verbindung mit der Unternehmensstrategie fehlte. Zudem mangelt es den Managementansätzen oft an einem klaren Bezug zur Ressourcenallokation sowie zu monetären Kennzahlen, wie z. B. dem Operating Profit (OP), dem Return on Capital Employed (ROCE) und dem Free Cashflow (FCF), und nicht monetären Kennzahlen, wie z. B. Kundenzufriedenheit, Mitarbeiterpotential oder Wettbewerbsfähigkeit.

Eine Erweiterung traditioneller Kennzahlenverfahren stellen Wertsteigerungsanalysen dar, die jedoch nach wie vor auf finanzwirtschaftliche Kennzahlen fokussieren und so nur teilweise die zuvor aufgezeigten Defizite beseitigen.

7.3.3 Wertsteigerungsanalysen

Eines der in den vergangenen Jahren meistdiskutierten Themen in der Unternehmenssteuerung ist mit zunehmendem Einfluß anglo-amerikanischer Management-Methoden die Ausrichtung des Unternehmens auf eine wertorientierte Unternehmensführung[79]. Deren Grundidee wird dabei häufig mit dem Shareholder-Value-Gedanken in Verbindung gebracht, der wiederum in seinem Ursprung auf den zuvor vorgestellten traditionellen Kennzahlensystemen basiert. Dabei wird im Rahmen des Shareholder-Value-Ansatzes der ökonomische Wert einer Investition durch Diskontierung von prognostizierten Cashflows mittels eines Kapitalkostensatzes ermittelt.[80] Während hieraus deutlich wird, daß der Shareholder Value auf Basis von mehrperiodigen monetären Zielgrößen ermittelt wird, steht der Begriff in praxi gerade für kurzfristige Erfolgsmaximierung und ein rein monetär orientiertes Denken US-amerikanischer Couleur. Natürlich läuft dies dem in Deutschland vorherrschenden Konsensprinzip in Unternehmen zuwider, wobei darüber hinaus in einem Verlag – wie zuvor oftmals erwähnt – auch noch der vor allem auf Kreativität beruhende publizistische Erfolg der Medienprodukte in Betracht zu ziehen ist. Insofern greift gerade bei einem Medienunternehmen die Ausrichtung nach dem Shareholder-Value-Prinzip viel zu kurz, wobei dies nicht die bewußte Abkehr von einer einzufordernden *wertorientierten Unternehmensführung* ist. Wertorientierte Unternehmensführung bedeutet nämlich *nicht* – im Gegensatz zur oftmals in der Praxis festzustellenden Annahme – die alleinige Ausrichtung auf die Ansprüche der Kapitalgeber, sondern vielmehr die *Steigerung der Ertragskraft* eines Unternehmens.[81] Dies ist natürlich aus Sicht aller Anspruchsgruppen des Verlages wünschenswert, was beispielsweise daran deutlich wird, daß ein ertragskräftiges Unternehmen für die Mitarbeiter eine relativ hohe Arbeitsplatzsicherheit garantiert. Andererseits kann jedoch auch nur durch einen ökonomisch gesunden Verlag die anzustrebende hohe journalistische Qualität der Medienprodukte langfristig gewährleistet werden, da übertriebene Kostenzwänge unwiderruflich zu Qualitätsverlusten führen, was sich z. B. in einem ausgedünnten Korrespondentennetz oder in einer schlechteren medienspezifischen Anpassung von Inhalten äußert. Dies legt ganz klar offen, daß auch das kreative Personal eines Verlages sich bei aller wünschenswerten kreativen Freiheit zumindest in gewissem Maße der ökonomischen Ratio unterwerfen muß. Druck zu einer wertorientierten Verlagsführung ist jedoch letztlich auch von den Kooperationspartnern aus der Telekommunikations- und Informationstechnologiebranche zu erwarten, da diese allein schon aufgrund ihrer meist vorliegenden Börsennotierung ihre

---

79 Zur wertorientierten Unternehmensführung vgl. insbesondere *HERING* (1999), zur Bewertung von Medienrechten vgl. *BRÖSEL* (2002).

80 Vgl. *RAPPAPORT* (1999), S. 39. Zur Problematik unscharfer zukunftsbezogener Daten in der Unternehmensbewertung vgl. *KEUPER* (2002e).

81 Vgl. *STELTER/XHONNEUX/RIEDL/GEHWEILER* (2001), S. 5.

unternehmerischen Aktivitäten traditionell wertorientiert führen müssen. So ist beispielsweise der ARPU[82] eine wesentliche Steuerungskennzahl in der Mobilfunkbranche. Mit zunehmender Verbreitung von Content-Diensten in der mobilen Welt könnte nun von einem Verlag als Kooperationspartner gefordert werden, den Content bezogenen ARPU zu steigern.[83] Dazu ist eine Erfassung der Content-Werttreiber hilfreich, die allesamt einen möglichen Ansatzpunkt für Wertsteigerungen liefern.

Content-Werttreiber	**Definition**	**Indikator**
Qualität	Journalistische Reife	Aktualität, Richtigkeit, Vollständigkeit, Usability
Exklusivität	Grad der Alleinstellung	Anzahl vergleichbarer Angebote, Substituierbarkeit
Service-Wert	Individueller praktischer Nutzen	Zeitersparnis, Grad der Problemlösung
Komplexität	Multimedialität	Darstellungsvielfalt, Informationsdichte, Menge
Brand	Markenwert	Recall, Recognition, Reputation
Commerce-Wert	Kaufmännisches Potential	Akzeptanz bei Werbekunden und Sponsoren, Kundenbindungspotential
Market Matching	Marktakzeptanz	Nachfrage-Intensität, Marktwerte für Konkurrenzprodukte, Referenzmärkte

Tabelle 21: Content-Werttreiber[84]

Deshalb ist es grundsätzlich im Sinne eines Stakeholder Management, im Verlag Wertsteigerungsanalysen zumindest in ihren Grundzügen anzuwenden. Das in diesem Zusammenhang wohl bekannteste Konzept, das nachfolgend kurz vorgestellt wird, ist das des Economic Value Added (EVA).

Allgemein kennzeichnet EVA ein von der Unternehmensberatung *STERN STEWART* entworfenes Konzept zur Wertsteigerung, das vor allem bei börsennotierten Unternehmen Anwendung findet, jedoch durchaus auch auf die überwiegend mittelständisch geprägte Verlagsbranche übertragen werden kann. Dabei handelt es sich im Gegensatz zu traditionellen Betrachtungen der Renditeentwicklungen um ein sogenanntes *Übergewinnverfahren*, das neben der erwirtschafteten Rendite auch die Kapitalkosten sowie das investierte Kapital berücksichtigt.[85] Entsprechend werden beim Übergewinn nicht nur die Fremdkapitalkosten in Form von Zinsen, sondern auch die Opportunitätskosten des eingesetzten Eigenkapitals und somit die Ansprüche der Unternehmenseigner berücksichtigt, wobei nur dann Wert geschaffen wird, wenn auch die Eigenkapitalkosten erwirtschaftet werden. Dabei kann der Übergewinn auf direktem oder indirektem Weg berechnet werden.

---

82 ARPU = Average Revenue per User.

83 Vgl. *MÜLLER-KALTHOFF* (2002), S. 29.

84 Entnommen *MÜLLER-KALTHOFF* (2002), S. 31.

85 Vgl. *STELTER/RIEDL/PLASCHKE* (2001), S. 5.

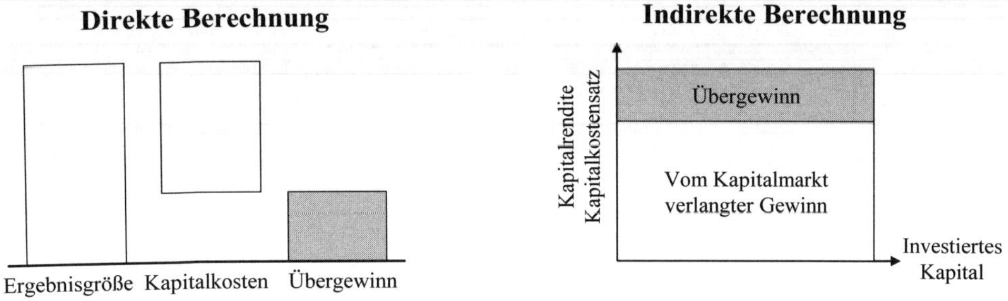

Ergebnisgröße
./. Kapitalkosten (Kapitalkostensatz * investiertes Kapital)

= Übergewinn

Kapitalrendite
./. Kapitalkostensatz } * Investiertes Kapital

= Übergewinn

Abbildung 143: Berechnung des Übergewinns[86]

Der Übergewinn ist zunächst eine statische Größe, die auf regelmäßiger Basis zu ermitteln ist. Interessant sind somit vielmehr die Veränderungen des Übergewinns, wobei hier Renditeverbesserungen und Wachstum die beiden wesentlichen Hebel zur Übergewinnsteigerung darstellen.[87] Die Bestimmung des EVA[88] erfolgt nun mit Hilfe des Rentabilitätsmaßes „Stewart's R“:

$$\text{Stewart's R} = \frac{\text{Net Operating Profit After Taxes (NOPAT)}}{\text{Investiertes Kapital}}$$

Der NOPAT stellt den operativen Gewinn nach Steuerabzug dar, so daß die Abschreibungen als Aufwand abgezogen werden und dementsprechend maßgeblich von der gewählten Abschreibungsmethode abhängig sind. Das investierte Kapital wird meistens als Nettoumlaufvermögen zuzüglich Anlagevermögen zu Buchwerten berechnet. Der EVA ergibt sich nun wie folgt:

EVA = (Stewart's R − Gesamtkapitalkostensatz) * Investiertes Kapital[89]

Die Krux liegt darin, den Gesamtkapitalkostensatz zu bestimmen, wobei dieser sich nach den Renditeerwartungen der Fremd- und Eigenkapitalgeber richtet.[90] Hilfreich für einen Verlag ist mit Sicherheit das Aufstellen eines EVA-Treiberbaums, der die wesentlichen finanzwirtschaftlichen Hebel zur Erzielung von Zahlungsüberschüssen aufschlüsselt.

86 Entnommen *STELTER/RIEDL/PLASCHKE* (2001), S. 6.

87 Vgl. *STELTER/RIEDL/PLASCHKE* (2001), S. 7.

88 Zu deutsch: wirtschaftliche Wertschöpfung, vgl. *EHRBAR* (1999), S. 27.

89 Vgl. *EHRBAR* (1999), S. 27.

90 Bei börsennotierten Unternehmen wird der Eigenkapitalkostensatz in der Regel mit Hilfe eines Capital Asset Pricing Model (CAPM) bestimmt. Insofern variiert der gewählte Risikozuschlag vom Beta-Faktor, wobei der Beta-Faktor eine Kennzahl über die Sensitivität eines Aktienkurses auf Veränderung eines Indexkurses darstellt. Vgl. hierzu kritisch *HERING* (1995) sowie *HERING* (1999).

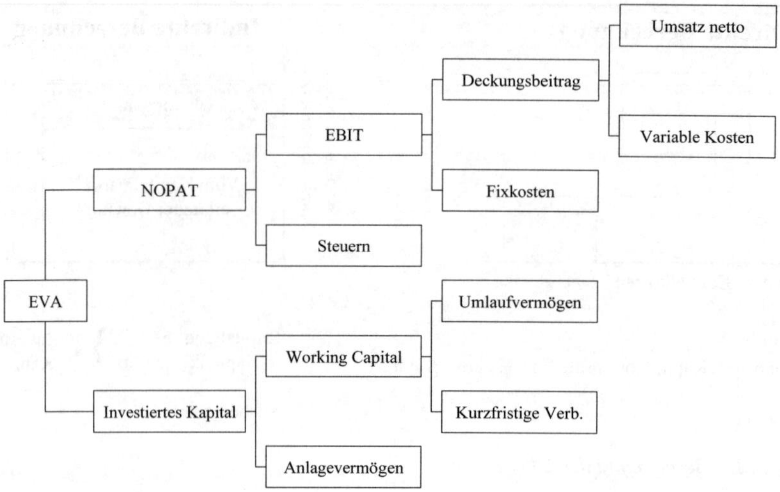

Abbildung 144: Exemplarischer EVA-Treiberbaum[91]

Wichtig ist allerdings, den Treiberbaum um geeignete Schlüsselkennzahlen zu ergänzen, so daß die Auswirkungen der eingeleiteten Maßnahmen zur Wertsteigerung meßbar sind. Ein nächster Schritt sollte die Verknüpfung der einzelnen Kennzahlen zu einem Kennzahlensystem sein.[92] Allerdings ist die rein finanzwirtschaftliche Betrachtung auf Dauer unzureichend, da beispielsweise der Umsatz eines Verlages auch maßgeblich von intangiblen Größen, z. B. der Bekanntheit der geführten Marken, abhängig ist (siehe Tabelle 21) oder aber Fixkosten gesenkt werden können, wenn geeignete Organisationsstrukturen im Verlag implementiert werden. Insofern gilt es nachfolgend, die finanzwirtschaftliche Perspektive, die stets den Kern eines Unternehmens und damit auch den eines Verlages bildet, um inhaltliche Aspekte zur Werterzeugung zu erweitern. Durch ein solches integriertes, multidimensionales Risikomanagement- und Controlling-Instrument ist letztlich eine ganzheitliche Steuerung des Verlages möglich. Dementsprechend avanciert eine wertorientierte Unternehmensführung zur umfassenden *werte*orientierten Unternehmensführung.

7.4 Balanced Scorecard als integriertes Risikomanagement- und Controlling-Instrument

Unter dem Themenbereich *Performance Measurement* werden in der englischsprachigen Controlling- und Managementliteratur seit Mitte der achtziger Jahre die Bemühungen subsumiert, integrierte Kennzahlensysteme zur Unternehmenssteuerung aufzubauen und in der Praxis einzusetzen. Diese haben das Ziel, die erbrachten Leistungen umfassend, d. h. multikriteriell (z. B. in den Dimensionen Kosten, Zeit, Qualität, Innovationsfähigkeit), zu beurteilen, so daß es zu einer Erweiterung der klassischen, vorwiegend bereichsbezogenen Sach- und Formalzielplanung in der Hinsicht kommt, daß die Sach- und Formalziele verstärkt objektorientiert formuliert und die Strategien stärker operationalisiert, quantifiziert und komplementär verknüpft werden. Neben Konzepten wie der *Data Envelopment Analysis* und dem *Quantum-Performance-Konzept* von *HRONEC* stößt vor allem das Balanced-Scorecard-Konzept auf großes

[91] Vgl. *STEINHARDT* (2002), S. 366.

[92] Vgl. *STEINHARDT* (2002), S. 367.

Interesse, was sich in seinem hohen Bekanntheitsgrad widerspiegelt. Allerdings wird das Konzept bisher nur in großen Medienhäusern eingesetzt und hat gerade in der überwiegend mittelständisch geprägten Verlagslandschaft erst wenig Verbreitung gefunden. So setzen lediglich 29 Prozent der 150 umsatzstärksten deutschen Medienunternehmen derzeit die Balanced Scorecard ein, während der Branchendurchschnitt in anderen Wirtschaftszweigen bei 46 Prozent liegt.[93] Gleichwohl verdeutlichen die nachfolgend erläuterten Charakteristika des Konzeptes, daß es sich hierbei um ein hervorragendes Instrument für die Verlagsbranche handelt, um die verschiedenen Spannungsfelder des Verlagsgeschäftes effektiv und effizient zu managen.

7.4.1 Theoretische Grundlagen

Das Konzept der BSC ist das Ergebnis eines Forschungsprojektes, das Anfang der neunziger Jahre unter der Leitung von *ROBERT S. KAPLAN* (Harvard Business School) und *DAVID P. NORTON* (CEO des Kaplan Norton Institutes, einem Forschungsinstitut der Unternehmensberatung KPMG) durchgeführt wurde. Als treffende (jedoch wenig glückliche) deutsche Übersetzung von „Balanced Scorecard“ eignet sich der Terminus „*ausgewogener*“ oder auch „*multikriterieller Berichtsbogen*“. Die angestrebte Ausgewogenheit der BSC bezieht sich dabei auf die ganzheitliche Betrachtung des Unternehmens, d. h.

- es werden monetäre (quantitative) und nicht monetäre (qualitative) Größen,
- interne und externe Perspektiven (z. B. Interessengruppen, wie Kapitalgeber oder Mitarbeiter, oder auch organisationsinterne Aspekte, wie die Lern- und Entwicklungsfähigkeit und interne Geschäftsprozesse),
- aber auch vorlaufende (Leistungstreiber) und nachlaufende Größen (Ergebnisse)

berücksichtigt. Insofern unterstützt die BSC eine ausgewogene, an der Strategie ausgerichtete Unternehmenssteuerung, indem die Unternehmensleistung anhand quantitativer und qualitativer sowie gegenwarts- und zukunftsorientierter Meßgrößen aus verschiedenen Perspektiven beleuchtet wird.[94]

Für den Aufbau einer wirkungsvollen BSC bedarf es zunächst der Konkretisierung von Visionen in Strategien sowie deren Operationalisierung in definierte Leistungsziele bis auf die unterste Ebene, d. h. der Verbindung von strategischer Zielsetzung und operativer Leistungssteuerung.[95] Neben der Ausgewogenheit und der Operationalisierung von Strategien durch die Quantifizierung von Qualitäten[96] ist die komplementäre Verknüpfung von Strategieelementen mit den jeweiligen Meßgrößen eine weitere Eigenschaft der BSC.[97] Die Verknüpfung der BSC-Kennzahlen mit der Unternehmensstrategie erfolgt nach folgenden Prinzipien:

- Ermittlung der Beziehungen zwischen Ursache und Wirkung,
- Erarbeitung von Leistungstreibern (am besten Frühindikatoren) und
- Verknüpfung mit finanzwirtschaftlichen Aspekten (häufig jedoch nur Spätindikatoren).[98]

---

93 Vgl. *MÜLLER-KALTHOFF* (2002), S. 28.

94 Vgl. *HORSTMANN* (1999), S. 193.

95 Vgl. *LORINO* (1997), S. 25.

96 Vgl. *PRESSMAR* (1989), Sp. 1679 f.

97 Vgl. *KAUFMANN* (1997), S. 424.

98 Vgl. *FRIEDAG* (1998), S. 293.

Zunächst sind ausgehend von der Strategie geschäftsspezifische *Ursache-Wirkungs-Beziehungen* abzuleiten, wobei die *Beziehungsstärke möglichst exakt zu quantifizieren* und auch die *Reaktionszeiten zwischen Veränderungen* miteinander verknüpfter Größen abzuschätzen sind. Einhergehend mit periodischen Zielerreichungsbesprechungen ergibt sich so die Möglichkeit eines fortgesetzten Hypothesentests und damit eines besseren Geschäfts- und Unternehmensverständnisses.[99] Zudem erleichtert der Rahmen der Ursache-Wirkungs-Beziehungen die Auswahl der Leistungstreiber und Ergebniskennzahlen sowie die Abstimmung der Meßgrößen der unteren Ebenen mit denen der höheren Ebenen. Eine Transformation der Strategie in meßbare Ziele und abgestimmte, quantifizierbare Leistungsmeßgrößen (Key Performance Indicator), die zur Steuerung und Kommunikation der Unternehmensergebnisse dienen, orientiert sich dabei an den strategischen Erfolgsfaktoren des Unternehmens und den daraus abgeleiteten Kernkompetenzen bzw. -potentialen.

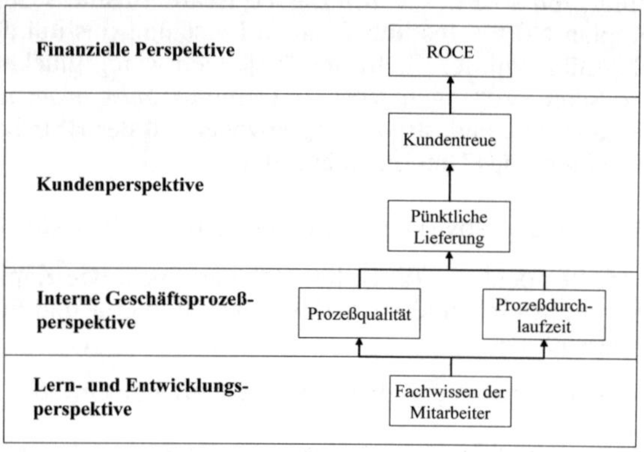

Abbildung 145: Strategische Ursache-Wirkungs-Beziehung als Basis der BSC[100]

Um die Ausgewogenheit des Systems Balanced Scorecard zu erreichen, bedarf es einer Balance von Leading- und Lagging-Indikatoren.

Leading-Indikatoren, gleichermaßen als *Frühindikatoren* oder *Leistungstreiber* charakterisiert, tragen wesentlich zur Erklärung des Umstandes bei, wie die Ergebnisse der Leistungserstellung erbracht wurden, basieren dabei jedoch primär auf subjektiven und urteilsabhängigen Faktoren.[101] Sie spiegeln die Besonderheiten der Strategie für bestimmte Geschäftsfelder wider und zeigen als wettbewerbsentscheidende Größen, sogenannte Differentiators,[102] gegenüber den *Lagging Indicators* dem Unternehmen mögliche Zieldiskrepanzen in einem zeitlichen Vorlauf auf. Durch eine Analyse der Leading-Indikatoren ist es möglich, die Reaktionszeit der Unternehmen im Hinblick auf sich anbahnende Krisen erheblich zu verkürzen, so daß die Entscheidungsträger im Sinne des beschriebenen Risikomanagements in die Lage versetzt werden, mögliche Gegensteuerungsmaßnahmen vorzeitig einleiten zu können. Dem gegenüber stehen die objektiven und quantifizierbaren *Ergebniskennzahlen* (sogenannte *Lag Indicators*), die in der Regel aufgrund ihrer Struktur generische, unternehmens- bzw. branchenneutrale Ergebniskenngrößen repräsentieren.[103]

---

99 Vgl. *KAUFMANN* (1997), S. 424.

100 Vgl. *KAPLAN/NORTON* (1997), S. 29.

101 Vgl. *KAPLAN/NORTON* (1997), S. 10.

102 Vgl. *KAUFMANN* (1997), S. 424.

103 Vgl. *KEUPER* (2001a), S. 296 f.

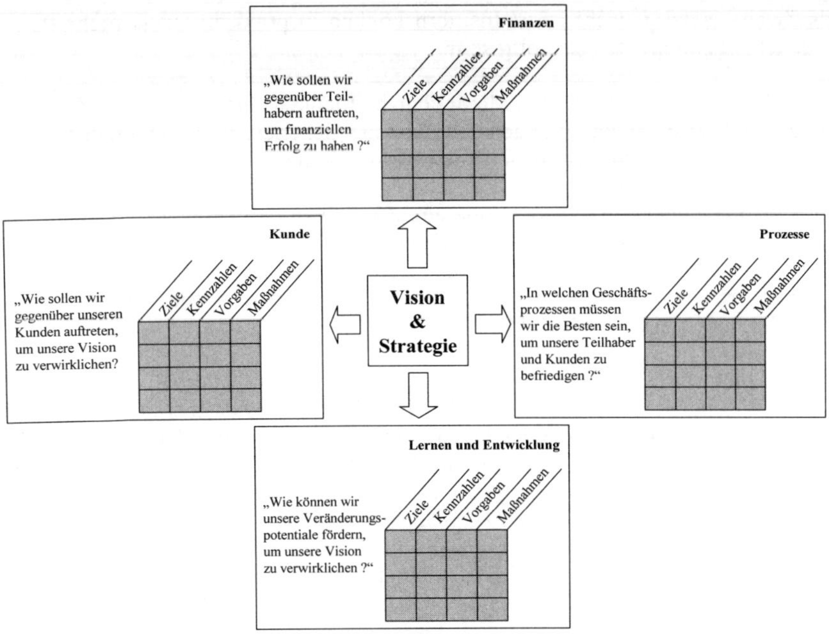

Abbildung 146: Die vier Perspektiven der BSC [104]

Die Intention der BSC ist jedoch nicht die vollständige Substitution von Lagging Indicators, sie liegt vielmehr in einer äquivalenten Ergänzung und weist darauf hin, daß Leistungen in der Vergangenheit nicht zwangsläufig einen Wegweiser für die Zukunft verkörpern, wie dies gerade in der konvergierenden Medienbranche deutlich wird. Während die traditionellen Ergebniskennzahlen nicht bzw. nur unzureichend beantworten, wie die Ergebnisse zustande gekommen sind, und darüber hinaus auch keine frühzeitige Auskunft über den Umsetzungsstand der Unternehmensstrategie liefern, veranschaulichen Leading Indicators „zwar die Erreichung kurzfristiger operativer Verbesserungen für die Geschäftseinheit, lassen aber nicht erkennen, ob die operativen Verbesserungen auch zu einem größeren Geschäftsvolumen (...) und gegebenenfalls zu einer verbesserten Finanzleistung geführt haben.“[105]

Jedoch deckt eine rein *finanzorientierte Sicht* die Forderung nach einer Beurteilung des Fortschritts hinsichtlich der Strategieimplementierung und ihrer Auswirkungen auf die Zielerreichung – wie bereits deutlich wurde – nicht hinreichend ab, womit sie folglich kontinuierlich an Aussagekraft verliert. Charakteristisch für den Anspruch einer ganzheitlichen Unternehmensanalyse ist im BSC-Ansatz die Berücksichtigung unterschiedlicher *Perspektiven*. Durch die konkrete Auseinandersetzung mit den einzelnen Perspektiven bei der Ableitung strategischer Ziele, Meßgrößen und strategischer Aktionen wird eine ganzheitliche multidimensionale Sichtweise unterstützt.[106] In der Grundkonzeption der BSC werden daher vier Perspektiven unterschieden, wobei zu bedenken ist, daß die BSC von *KAPLAN* und *NORTON* als Schablone und

104 Vgl. *KAPLAN/NORTON* (1997), S. 33.

105 *KAPLAN/NORTON* (1997), S. 144 f.

106 Vgl. *HORVÁTH & PARTNER* (2000), S. 24.

nicht als Zwangsjacke gedacht ist.[107] Insofern können in praxi durchaus mehr Perspektiven für eine ganzheitliche Sichtweise nötig sein.

Die *finanzielle Perspektive* bildet bei allem Ganzheitlichkeitsanspruch der BSC nach wie vor die zentrale Sichtweise, da ein Unternehmen ohne die Generierung nachhaltiger Gewinne nicht dauerhaft existieren kann. Sie legt daher offen, ob die Strategie eines Unternehmens sowie ihre Implementierung und Umsetzung das Betriebsergebnis verbessern.[108] Die Kennzahlen dieser Perspektive nehmen dabei eine Doppelrolle ein. Zum einen definieren sie die finanziellen Leistungen, die von einer Strategie erwartet werden. Zum anderen fungieren sie als Endziel für die anderen Perspektiven der BSC.[109] Typische Kennzahlen dieser Perspektive sind u. a. Rentabilitäts- und Umsatzkennzahlen, aber auch stärker liquiditätsbezogene Größen, wie z. B. der Cashflow oder der Cash-to-Cash-Zyklus.[110]

Aus der impliziten strategischen Ursache-Wirkungs-Beziehung innerhalb der BSC wird deutlich, daß der Weg zur Realisierung finanzwirtschaftlicher Ziele nur über den Kunden führt, der die Produkte und Dienstleistungen des Unternehmens abnimmt und damit dem Unternehmen die Finanzmittel zuführt.[111] Entsprechend hilft die BSC durch die Aufnahme einer Kundenperspektive in die strategische Betrachtung u. a. dabei, die richtigen Fragen im Vorfeld einer *Kundenakquisition* zu stellen, d. h. welche *Produktgruppen*, *Leistungen* und *Lösungen* für die Kunden benötigt werden, welche *Kundensegmente* und *Absatzkanäle* abgedeckt werden müssen und welche *Zukunftsprojekte* in Angriff zu nehmen sind. Demzufolge ist die Kundenperspektive durch zwei Kategorien von Kennzahlen gekennzeichnet. Die erste Gruppe sind die sogenannten *Kernkennzahlen*, die sich aus den „klassischen“ Meßgrößen, wie z. B. Marktanteile, Kundenakquisition, Kundenzufriedenheit, Kundentreue und Kundenrentabilität, zusammensetzen. Diese generische (d. h. branchenüblich gültige) Kennzahlenart der Kundenperspektive dient primär dem Zweck, die identifizierten Kunden- und Marktsegmente abzubilden, in denen das Unternehmen konkurrenzfähig sein soll, und gelten für alle Organisationseinheiten gleichermaßen. Die zweite Gruppe sind die *Leistungstreiber*; sie beschreiben Aspekte, die für die Kunden besondere Relevanz besitzen und zu Kundenbindung und -zufriedenheit im Zielmarkt führen. Als spezifische (unternehmensindividuell ausgeprägte) Meßgrößen fungieren hierbei u. a. Produkt- und Serviceeigenschaften (Funktionalität, Qualität, Preis und Zeit), Kundenbeziehungen (Kompetenz, Erreichbarkeit, Reaktionsgeschwindigkeit, Service, Transparenz), aber auch Image und Reputation.

Während die Kundenperspektive überwiegend exogen ausgerichtet ist, versucht die *interne Prozeßperspektive* die für die Zielerreichung der finanziellen und der Kundenperspektive wichtigen Prozesse zu identifizieren,[112] da die Effektivität und Effizienz der internen Prozesse maßgeblichen Einfluß auf den Markterfolg eines Unternehmens hat. Voraussetzung zum Ableiten der entsprechenden Meßgrößen ist, daß die Führungskräfte die erfolgskritischen Prozesse im Unternehmen, die sogenannten *Kernprozesse*, identifiziert haben. Da bei der BSC die Anforderungen an interne Prozesse streng strategiegeleitet aus den Ansprüchen externer Gruppen – wie Kunden und Kooperationspartner – herunterzubrechen sind, erweitert der Einsatz der BSC den Blickwinkel der Führungskräfte auf die Unternehmensprozesse. Entsprechend beschränkt sich die Identifikation nicht mehr – wie in praxi oft der Fall – auf existierende Prozesse, son-

---

[107] Vgl. *KAPLAN/NORTON* (1997), S. 33.

[108] Vgl. *KEUPER* (2001a), S. 304.

[109] Vgl. *WEBER/SCHÄFFER* (1999), S. 153.

[110] Vgl. *FRIEDAG/SCHMIDT* (1999), S. 185 f.

[111] Vgl. *KRAHE* (1998), S. 117.

[112] Vgl. *WEBER/SCHÄFFER* (1999), S. 4.

dern die BSC zwingt dazu, alle strategisch erforderlichen Prozesse zu identifizieren, auch wenn diese so bisher noch gar nicht existierten oder nicht als zusammenhängende, wettbewerbsentscheidende Prozeßkette gesehen wurden.[113] Bei dieser auf die Effektivität und Effizienz der Geschäftsprozesse ausgerichteten Betrachtung sind die *Kernkompetenzen* und die *kritischen Technologien* von zentraler Bedeutung. Meßgrößen können hier z. B. die Breakeven Time (BET), die Reaktionszeit auf Reklamationen, die Bearbeitung von Zahlungen, die Geschwindigkeit der Reaktion auf (Produktions-, Service- oder Dienstleistungs-)Fehler, die Kosten je akquiriertem Kunden oder der Gemeinkostenanteil an einem bestimmten Prozeß sein.

Der Schwerpunkt der Prozeßperspektive liegt demzufolge auf

- der Messung und Überwachung von Prozessen, die den größten Einfluß auf die Kundenzufriedenheit und die Unternehmenszielerreichung haben bzw. in Zukunft haben werden, und
- auf der Berücksichtigung und Integration von Innovationsprozessen, die maßgeblich die zukünftige Wertschöpfung und den Unternehmenserfolg beeinflussen.[114]

Basis der internen Prozeßperspektive sowie der auf ihr aufbauenden Kunden- und Finanzperspektive ist die *Lern- und Entwicklungsperspektive*, da diese die Schaffung der hierfür notwendigen Infrastruktur in den Fokus der Betrachtung stellt.[115] Entsprechend ist der Lern- und Entwicklungsperspektive eine besondere Bedeutung beizumessen, da sie wesentlichen Einfluß auf die Zielerreichung der drei anderen Perspektiven hat. Zwar identifizieren die Kundenperspektive und die interne Geschäftsprozeßperspektive die kritischen Faktoren für den laufenden und zukünftigen Erfolg, es ist jedoch unwahrscheinlich, daß die Geschäftseinheiten mit ihren heutigen Technologien und Fähigkeiten die strategischen Ziele in bezug auf Kunden und interne Geschäftsprozesse erreichen können. Als Faktoren zur Etablierung einer solchermaßen „lernenden Organisation" werden in der BSC drei Hauptkategorien differenziert: *Qualifizierung der Mitarbeiter*, *Leistungsfähigkeit des Informationssystems* und der *organisatorischen Abläufe* sowie *Motivation* und *Zielausrichtung von Mitarbeitern*.[116] Letztlich zielt die Innovationsperspektive im BSC-Ansatz insbesondere darauf ab, Leistungsklarheit zu schaffen, bestehende Informationssysteme zu optimieren (bzw. diese entsprechend zu entwickeln), die Kompetenzentwicklung der Mitarbeiter zu fördern und diese gleichzeitig zu motivieren. Strategisches Ziel ist somit die Generierung immaterieller Vermögenswerte als Grundlage für künftiges Unternehmenswachstum.

7.4.2 Konzeptualisierung einer Verlags-Scorecard

Die Konzeption einer Balanced Scorecard ist stets unternehmensindividuell vorzunehmen, so daß die nachfolgend vorgestellte Verlags-Scorecard allenfalls als erste Ausgangsbasis eines Performance-Measurement-Systems eines Zeitungs- und Zeitschriftenverlages anzusehen ist, das im Anwendungsfall zwingend situativ angepaßt werden muß. Dabei ist anzuführen, daß die Auswahl adäquater Perspektiven, Ziele und Meßgrößen sowie die Herstellung sinnvoller Ursache-Wirkungs-Beziehungen ein derart leistungsfähiges Steuerungssystem konstituieren kann, daß dieses einen Wettbewerbsvorteil gegenüber der Konkurrenz darstellt. Entsprechend

---

113 Vgl. KAUFMANN (1997), S. 425 f.

114 Vgl. KAPLAN/NORTON (1997), S. 25 f.

115 Vgl. FROM (2000), S. 242, MÜLLER (2000), S. 89.

116 Vgl. FRATSCHNER (1999), S. 15.

verwundert es kaum, daß Balanced Scorecards oftmals wohlbehütete Geschäftsgeheimnisse eines Unternehmens darstellen.

Generelles Ziel bei der Konzeption einer Verlags-Scorecard sollte eine daraus mögliche ganzheitliche Steuerung des Verlages sein, so daß bewußt an dieser Stelle von einem Einsatz in lediglich einzelnen Geschäftsbereichen abstrahiert wird. Geschäftsbereichsspezifische Balanced Scorecards sollten zwar generell Anwendung finden, allerdings werden deren Potentiale nur dann voll ausgeschöpft, wenn sie mit einer übergeordneten Corporate Scorecard verknüpft werden. Eine solche Corporate Scorecard hat entsprechend dem Convergence-based View die Aufgabe, die Implementierung der ausgewählten Unternehmensstrategie, d. h. das effektive und effiziente Management verlagseigener Ressourcen sowie die Entwicklung des Metakompetenzenmanagements, zu unterstützen. Insofern ist naheliegend, daß die Perspektiven der Verlags-Scorecard auf den vorgestellten Grundsätzen des an den Convergence-based View anschließenden Multimedia Supply Chain Management basieren. Dabei sind in einem ersten Schritt die wesentlichen strategischen Ziele und evtl. Subziele, die zuvor in den Orientierungen konkretisiert wurden, aufzugreifen. Daraufhin können dann geeignete Meßgrößen für die Scorecard ausgewählt werden.

Die *Wertschöpfungsperspektive* stellt im Rahmen der Verlags-Scorecard die klassische finanzwirtschaftliche Perspektive dar, die – wie im theoretischen Teil bereits angeführt – als wichtigste Perspektive angesehen werden kann, da hier ablesbar ist, ob die gewählte Unternehmensstrategie des Verlages Wert generiert bzw. ob dessen langfristige Überlebensfähigkeit sichergestellt ist. Die strategischen Ziele können dabei einerseits auf die Erlösseite fokussieren, wobei der Verlag in diesem Zusammhang typischerweise auf eine Steigerung der Werbe-, Abo-, Pay-per-Content-, E-Commerce- und Syndication-Erlöse abzielt. Andererseits sollten auch Kosten minimiert werden, so daß hier das strategische Ziel „Verringerung der Prozeß- und Komplexitätskosten" im Vordergrund stehen sollte. Da sowohl Erlöse als auch Kosten direkt gemessen werden können, bietet sich eine Verdichtung auf die Spitzenkennzahl Umsatzrentabilität an.

Die *Kundenperspektive* verfolgt die drei strategischen Ziele End-, Werbe- und Rechtekundenorientierung, die nachfolgend noch in Subziele zu unterscheiden sind. So wurde im Rahmen der Endkundenorientierung deutlich, daß mit einem crossmedialen Inhalte-Angebot Lock-in-Effekte ausgelöst werden sollen, die die Rezipienten von einem Wechsel zu einem Konkurrenzangebot dauerhaft abhalten. Dabei bietet es sich verlagsintern an, einen Standard für eindeutige Kundenprofile zu definieren, der eine Messung der Anzahl solcher Profile ermöglicht. Dies läßt dann einen Rückschluß auf Lock-in-Effekte zu, denn eindeutige Kundenprofile können nur durch häufige Inanspruchnahme von Multimedia-Angeboten sowie durch eine kontinuierliche Kommunikation mit dem Rezipienten an sämtlichen Kundenkontaktpunkten generiert werden. Ein weiteres strategisches Ziel auf Endkundenseite ist die Neukundengewinnung bzw. die Erschließung ganz neuer Zielgruppen. Insbesondere für einen Tageszeitungsverlag könnte hier eine Messung des Anteils der jüngeren Rezipienten interessant sein, da diese Gruppe bei Zeitungslesern zunehmend unterrepräsentiert ist. Dadurch ist z. B. auch eine Analyse der Effektivität von Online-Angeboten denkbar, die möglicherweise eine Verjüngung der Print-Marken angestoßen haben. Die Werbekundenorientierung zielt darauf ab, Mehrwert für den Werbekunden zu schaffen. Da sich hier die Tendenz zu integrierten und plattformübergreifenden Alles-aus-einer-Hand-Werbekonzepten zunehmend durchsetzt, könnte die Verhältniszahl „Anteil des Umsatzes mit crossmedialen Werbepaketen zum Gesamtwerbeumsatz" eine hilfreiche Steuerungsgröße sein. Darüber hinaus bieten sich natürlich klassische Kennzahlen, wie die Entwicklung der Tausender-Kontakt-Preise oder – in bezug auf Multimedia-Angebote – die Entwicklung der Visits und Page Impressions an. Auch für den Rechtekunden gilt es, effektiv und effizient Mehrwert zu schaffen. Dieser kann auf dem Content-Markt genau dann erzielt werden, wenn die angebotenen Content-Module Akzeptanz beim Rechtekunden finden. Dies läßt sich beispielsweise an der Anzahl der Änderungswünsche für die Content-Module bemessen. Steigt die Anzahl kostenaufwendiger, kundenspezifischer Änderungen, so ist dies möglicherweise ein Signal für eine notwendige Modifikation der Module.

Die *Komplexitätsperspektive* zielt insbesondere auf eine Markt-Unternehmens-Komplexitätskongruenz, also eine angemessene Systemkomplexität des Verlages, ab. Dabei könnte sich die Messung der Anpassungshäufigkeit des Leistungsprogramms als sinnvoll erweisen. Dies läßt Rückschlüsse auf die im Verlag vorhandene Fähigkeit zur Anpassung an dynamische Marktverhältnisse zu. Andererseits könnte eine zu häufige und stets mit Kosten verbundene Anpassung des Leistungsprogramms jedoch auch ein erstes Signal für eine grundsätzlich notwendige Strategiemodifikation sein. Des weiteren ist in diesem Zusammenhang eine Messung der Zeit bis zur Anpassung des Leistungsprogramms relevant. Erweisen sich beispielsweise spezielle mobile Endgeräte und darauf basierende Content-Dienste als besonders erfolgreich, so sind möglichst schnell vom Verlag passende Inhalte-Angebote zu initiieren. Dauert die Entwicklung und Bereitstellung solcher Dienste zu lange, so visualisiert dies u. U. Schwächen im Organisationssystem oder hinsichtlich der eingesetzten Content-Management-Systeme etc. Die Komplexitätsperspektive zielt weiterhin auf ein Thinking in Complexity der Verlagsführung ab, was gleichbedeutend mit einer grundsätzlichen Entscheidungsfähigkeit von Führungskräften in komplexen Systemen ist. Dabei könnte eine Erfassung des crossfunktionalen Ausbildungsstandes der Führungskräfte hilfreich sein, was sich u. a. an der Anzahl der Mitarbeiter mit Mehrfachqualifikation bemessen läßt.

Das primäre intrabetriebliche Ziel der *Konvergenzperspektive* ist die Stärkung der Print-Marken bzw. eine Erhöhung der Markenwerte. Hierbei ist eine klassiche Messung der Veränderungen des Werbe- und Auflagen- bzw. Nutzervolumens (Print und Online) sinnvoll, denn gerade ein hohes Werbe- und Auflagenvolumen ist ein klares Indiz für eine starke Print-Marke. Mit diesem Umweg wird gleichzeitig auch das Problem der monetären Bewertung von Marken umgangen, das sowohl in Theorie als auch in praxi noch ungelöst ist. Auf interbetrieblicher Ebene ist die Fähigkeit zum Metakompetenzenmanagement als wesentliches Ziel der Konvergenzorientierung anzusehen. Die Effektivität und Effizienz des Partnermanagements läßt sich in diesem Zusammenhang durch regelmäßige Feststellung der Partnerzufriedenheit visualisieren. Eine solche Kennzahl kann dabei jedoch nur durch intra- *und* interbetriebliche Evaluierungen der Partnerzufriedenheit und eine entsprechende Verdichtung des generierten Datenmaterials aussagekräftig sein. Liegt diese unter einem vorher festgelegten Soll-Niveau, so sollte eine genaue Revision der Kooperationspartner bzw. der Partnerstrategie vorgenommen werden.

Im Rahmen der *Prozeßperspektive* ist die Etablierung eines effektiven und effizienten Crossmedia-Publishing als wesentliches Oberziel im Verlag anzusehen. Eine wesentliche Determinante ist hierbei die Herbeiführung von „Content-Management-Excellence“, die sich z. B. durch die Messung der erforderlichen Zeit für die medienspezifische Anpassung von Inhalten an eine Plattform feststellen läßt. Noch aussagekräftiger ist jedoch die Darstellung von Kostengrößen, wobei hier die Prozeßkosten für die medienspezifische Anpassung besonders interessant sind. Verringern sich diese, so kann hierdurch zunehmende Content-Management-Kompetenz verdeutlicht werden. Letztlich kommt als weitere – allerdings etwas technologieorientiertere – Kennzahl die Messung des Aufwands für die verlagsweite Systemintegration im Bereich Content Management in Frage. Im Zeitverlauf abnehmende Kosten stellen dabei möglicherweise ein Signal für den Fortschritt bei der Vereinheitlichung der redaktionellen IT-Strukturen dar.

Ein wesentliches Ziel der *Zeit-* und *Pionierperspektive* sollte die Herstellung interbetrieblicher Kundenzufriedenheit sein, was insbesondere durch die Erfassung der Anzahl der Beschwerden von Wertschöpfungspartnern und daran evtl. anknüpfende Gegenmaßnahmen erreicht werden kann. Eine wünschenswerte Steigerung der Innovationskraft, u. a. ausgedrückt durch eine Verkürzung der Time-to-Market, bedingt eine Messung der Zeit von der gezielten Ideengenerierung einer Projektgruppe bis zur letztlichen Etablierung des neuen Produktes auf dem Markt. So wurde deutlich, daß die Produktinnovationen im Multimedia-Bereich wesentlich schneller einzuführen sind als bei traditionellen Print-Produkten, deren Entwicklung bis zu drei Jahren betragen kann. Insofern kann eine Verkürzung der durchschnittlichen Time-to-Market auch auf eine dynamischere und somit pionierorientiertere Gesamtorganisation hindeuten. Pionierorientierung bedeutet aber auch die Möglichkeit der kurzfristigen Etablierung von Projektgruppen, wobei hier ein effektives und effizientes Projektmanagement anzustreben ist. Dies läßt sich z. B. daran bemessen, wie viele Projektgruppen das zuvor festgelegte Kosten- und Zeitbudget eingehalten haben. Darüber hinaus ist auch eine Qualitätsgröße denkbar, wobei hier mittels eines Punktwertes zu evaluieren ist, wieviel Prozent der aufgesetzten Projekte die tatsächlichen qualitativen Ziele erreicht haben.

Letztlich ist in der *Mitarbeiterperspektive* das Ziel der Förderung der crossmedialen Journalismus-Kompetenz von hoher Bedeutung. Dabei kann die Anzahl der Journalisten mit Crossmedia-Kompetenz im Verhältnis zur Anzahl der spezialisierten Journalisten eine aussagekräftige Kennzahl für den diesbezüglichen Ausbildungsstand der Journalisten sein. Analog dazu ist im kaufmännischen Bereich bei der Werbe-Vermarktung crossmediale Vermarktungskompetenz zu stärken, so daß auch hier eine Verhältniszahl – Anzahl der Mitarbeiter mit Crossmedia-Vermarktungskompetenz im Verhältnis zur Anzahl der spezialisierten Mitarbeiter – zu bilden ist. Darüber hinaus sollten auf regelmäßiger Basis Mitarbeiterbefragungen durchgeführt werden, um den Status quo der Mitarbeiterzufriedenheit kontinuierlich zu verfolgen. Dies läßt sich letztlich aber auch vereinfacht durch die Messung der Fluktuation visualisieren.

Im Anschluß an die Zieldefinition und Ableitung von Meßgrößen gilt es sinnvolle Ursache-Wirkungs-Beziehungen zwischen den Ebenen herzustellen. So stehen beispielsweise die anzustrebenden geringen Prozeßkosten, die der Wertschöpfungsebene untergeordnet sind, in direkter Abhängigkeit zur in der Prozeßebene zu findenden Content Management Excellence, da eine mangelnde Fähigkeit zum Crossmedia Publishing zwangsläufig höhere Prozeßkosten bei der Inhalte-Erstellung (z. B. bei der medienspezifischen Anpassung) mit sich bringt. Andererseits beeeinflußt auch der Grad der Markt-Unternehmens-Komplexitätskongruenz (Komplexitätsperspektive) maßgeblich die Prozeßkosten, da häufige Anpassungen des Leistungsprogramms stets auch einen Einsatz von Ressourcen und somit die Inkaufnahme zusätzlicher Kosten erfordern. Darüber hinaus kann auch eine mangelnde Fähigkeit zum Metakompetenzenmanagement (Konvergenzperspektive) die Prozeßkosten erhöhen, indem z. B. dauerhaft Qualitätsprüfungskosten aufgrund eines unzuverlässigen Wertschöpfungspartners entstehen. Letztlich ist auch der Bildungsstand der Mitarbeiter (Mitarbeiterperspektive) ein Prozeßkostentreiber, da beispielsweise ein Journalist mit zu geringer Crossmedia-Kompetenz mehr Zeit für die crossmediale Inhalte-Erstellung benötigt und somit die Effizienz seiner Arbeitskraft sinkt.

Sind sinnvolle Ursache-Wirkungs-Beziehungen zwischen den Zielen hergestellt, so ergibt sich eine Verlags-Scorecard mit sieben interdependenten Ebenen. Hierdurch steht dann ein umfassendes, der hohen strukturellen Komplexität sowie der hohen Marktkomplexität Rechnung tragendes Planungs-, Steuerungs- und Kontrollinstrument zur Verfügung, das

- Transparenz über das aktuelle Geschäftsgeschehen, d. h. insbesondere den Stand der Strategieimplementierung, erzeugt,
- komplexe Sachverhalte durch die Formulierung von Ursache-Wirkungs-Beziehungen nachvollziehbar macht,
- Umweltfaktoren und deren Auswirkungen auf das Geschäftsgeschehen darstellt,

- Risiken visualisiert sowie
- Prognosen über das zukünftige Geschäftsgeschehen ermöglicht.

Letztlich wird deutlich, daß durch die Formulierung von strategischen Zielen und daran anknüpfenden Meßgrößen in der Verlags-Scorecard auch gleichzeitig ein Management-Unterstützungssystem für eine wertorientierte Verlagsführung zur Verfügung steht, da die ausgewählten Meßgrößen zugleich die wesentlichen Werttreiber eines Verlages darstellen. Insofern wird die Balanced Scorecard immer mehr zu einem unverzichtbaren Instrument für einen modernen Zeitungs- und Zeitschriftenverlag im digitalen Informationszeitalter.

Abbildung 147: Die sieben Ebenen einer Verlags-Scorecard[117]

---

117 Die Abbildung stellt nur eine vereinfachte Visualisierung der vielfältigen Interdependenzen zwischen den Ebenen dar.

8 Schlußfolgerungen und Perspektiven

„Wenn wir wollen, daß alles so bleibt, wie es ist, müssen wir zulassen, daß sich alles verändert.“

GIUSEPPE TOMASI DI LAMPEDUSA, italienischer Schriftsteller (1896–1957)

Während der Erstellung dieses Lehrbuches ist die noch Ende der neunziger Jahre vorhandene Euphorie hinsichtlich eines nahezu unbegrenzten Wachstums der TIME-Branche ins genaue Gegenteil umgeschlagen. Beeinflußt durch die derzeitige schlechte gesamtwirtschaftliche Stimmung hat sich auch bei Zeitungs- und Zeitschriftenverlagen eine umfassende Katerstimmung verbreitet, was vor allem auf das bei den meisten Titeln dramatisch eingebrochene Werbevolumen zurückzuführen ist. Dies darf jedoch nicht über die gleichzeitig aufgetretene strukturelle Krise der Verlagsbranche hinwegtäuschen. Den Verlagsmanagern muß hierbei schon jetzt klar sein, daß auch in einer erneuten Boom-Phase die Bedeutung der neuen Medien nicht zurückgehen, sondern eher noch zunehmen wird. Insofern ist *natürlich* auf Seiten der Konsumenten eine Nachfrage nach Inhalten in den digitalen Erlebniswelten vorhanden. Die Frage für einen Verlag ist nur, wie auf Basis dieser Nachfrage bestandsfähige Geschäftsmodelle konstruiert werden können. Eigenständige Internet-Geschäftsmodelle, die teilweise als Schnellschuß von Verlagen in der Hoffnung kreiert wurden, daß hiermit eine „Lizenz zum Gelddrucken“ erschlossen wurde, waren ebenso falsch wie der Glaube, daß Print und Online dauerhaft getrennt voneinander betrachtet werden können. Crossmedia – das Informationsangebot über verschiedene Medien und die damit verbundene Nutzung medienspezifischer Vorteile sowie die Verzahnung der Medien sowohl gegenüber dem Rezipienten als auch gegenüber dem Werbekunden – wird für Verlage das Erfolgsrezept der nächsten Jahre sein. Dies kann aber nur auf effektivem und effizientem Wege erreicht werden, wenn der Verlag als Gesamtorganisation grundsätzliche Veränderungsbereitschaft aufweist. Werden die zuvor theoretisch dargestellten organisatorischen, technologischen und personellen Veränderungen entsprechend des Multimedia Supply Chain Management jetzt entschlossen umgesetzt, so wird hiermit ein Weg aus der Krise beschritten und gleichzeitig ein Meilenstein für den langfristigen Unternehmenserfolg des Verlages gesetzt. Die praxisinduzierten Beispiele zeigen deutlich, daß in dieser Hinsicht schon viele Verlage den richtigen Weg eingeschlagen haben und bereits sowohl tangible als auch intangible Erlöse mit ihren Multimedia-Aktivitäten generieren. Damit einhergehend schreitet auch die Konvergenz in der TIME-Branche kontinuierlich voran. Dies geschieht insbesondere auf Basis von Kooperationen und Joint Ventures. Das Geschäftsmodell der Formierung großer Medienkonglomerate zur Beherrschung der Konvergenz, wie dies an den Beispielen AOL Time Warner und Vivendi Universal deutlich wurde, scheint indes vorerst gescheitert zu sein, da derartige Kolosse einfach zu schwer im dynamischen Umfeld des Multimedia-Marktes steuerbar sind. Entsprechend überrascht es nicht, daß Vivendi Universal derzeit viele Unternehmensteile wieder verkaufen will, um sich so stärker auf das Kerngeschäft, das im Bereich Entertainment gesehen wird, konzentrieren zu können. Insofern wird für einen Verlag das Thema Kooperationsmanagement zukünftig bestimmend sein, um mit Hilfe verläßlicher Partner kooperativ Wettbewerbsvorteile generieren zu können. Dabei kann prognostiziert werden, daß ähnlich wie in der Automobilbranche durch die Formation von Wertschöpfungsnetzwerken auch in der TIME-Branche zukünftig nicht mehr einzelne Unternehmen miteinander konkurrieren werden, sondern vielmehr verschiedene Multimedia-Wertschöpfungsnetzwerke. Ein weiterer Brennpunkt für den Verlag wird mit Sicherheit in den nächsten Jahren die Etablierung leistungsfähiger und standardisierter Content-Management-Systeme sein, was gerade in Großverlagen mit zahlreichen Redaktionen und entsprechend unterschiedlichen IT-Strukturen eine hochkomplexe Aufgabe darstellt. Die eigentlich größte

Herausforderung liegt aber beim Faktor Mensch, da die Erstellung von Zeitungen, Zeitschriften und multimedialen Inhalten stets auf Kreativität beruht und keine Massenware ist. Deshalb gilt es bei allen ökonomisch fundierten und sicherlich sinnvollen Management-Konzepten genug kreative Freiräume für die Mitarbeiter zu schaffen, denn bei allen Veränderungen in der Verlagslandschaft gibt es stets eine Konstante: die Notwendigkeit der Produktion eines qualitativ hochwertigen Produktes. Ist diese Qualität nicht gegeben, wird sich langfristig weder ein End- noch ein Werbekunde für das Medienprodukt finden. Dabei versteht sich von selbst, daß nunmehr eine Determinante eines qualitativ hochwertigen Medienproduktes auch dessen Verfügbarkeit auf unterschiedlichen Medien ist. Ein Engagement im Bereich der digitalen Erlebniswelten kann somit für einen Verlag eine herausragende Chance zur Stärkung der eigenen Wettbewerbsfähigkeit sein.

Abbildung 148: Die digitalen Erlebniswelten als herausragende Chance zur Stärkung der Wettbewerbsfähigkeit eines Verlages

Literaturverzeichnis

Aaker, D. (1989): Strategisches Markt-Management – Wettbewerbsvorteile erkennen, Märkte erschließen, Strategien entwickeln, Wiesbaden 1989.

Aaker, J. L. (1999): Dimensionen der Markenpersönlichkeit, in: *Esch, F.-R.* (Hrsg.), Moderne Markenführung: Grundlagen – innovative Ansätze – praktische Umsetzungen, Wiesbaden 1999, S. 91–102.

Abel, B. (1977): Problemorientiertes Informationsverhalten, Darmstadt 1977.

Adam, D. (1998): Produktionsmanagement, 9. Auflage, Wiesbaden 1998.

Ahrens, V. (1998): Dezentrale Produktionsplanung und -steuerung – systemtheoretische Grundlagen und Anwendungspotentiale, Düsseldorf 1998.

Altobelli, F. (2000): Electronic Commerce im interaktiven Fernsehen, in: *Bliemel, F. / Fassott, G. / Theobald, A.* (Hrsg.), Electronic Commerce: Herausforderungen – Anwendungen – Perspektiven, 3. Auflage, Wiesbaden 2000, S. 171–188.

Altrogge, G. (1996): Netzplantechnik, 3. Auflage, München 1996.

Ammann, R. (2002): Europa in Zahlen, in: Brand Eins, 2002, Nr. 7, S. 16.

Antweiler, J. (1995): Wirtschaftlichkeitsanalyse von Informations- und Kommunikationssystemen (IKS) – Wirtschaftlichkeitsprofile als Entscheidungsgrundlage, Köln 1995.

AOL Time Warner (Hrsg.) (2001): Company Fact Book 2001, New York 2001.

Arrow, K. J. (1974): Essays in the Theory of Risk-bearing, Amsterdam/London/New York 1974.

Arrow, K. J. (1984): Information and Economic Behavior, in: Collected Papers, Band 4: The Economies of Information, Cambridge 1984, S. 136–152.

Ashby, W. R. (1956): Introduction to Cybernetics, Whiley/New York 1956.

Augustin, S. (1990): Information als Wettbewerbsfaktor: Informationslogistik – Herausforderung an das Management, Zürich 1990.

Axel Springer Verlag (Hrsg.) (1999): Media – Planung für Märkte, Hamburg 1999.

Axel Springer Verlag (Hrsg.) (2000): Axel Springer Verlag: Kostenlose Verteilung von Zeitungen unzulässig – Aufhebung der einstweiligen Verfügung – Höchstrichterliche Klärung – Abwehrmaßnahmen, Pressemitteilung, online: http://www.asv.de/inhalte/pressese/inhalte/presse/unternehmen/164.html, Stand: 11.02.2000, Abruf: 03.03.2002.

Axel Springer Verlag (Hrsg.) (2001a): Geschäftsbericht 2000, Hamburg 2001.

Axel Springer Verlag (Hrsg.) (2001b): Bild.de startet mit neuer Community-Welt: Chat-2-Phone, E-Cards, Newsletter und ab Januar 2002 der große Promi-Chat, Pressemitteilung vom 20.12.2001, online: http://www.asv.de/inhalte/pressese/inhalte/presse/elektr.medien/290. html, Stand: 20.12.2001, Abruf: 09.09.2002.

Axel Springer Verlag (Hrsg.) (2002): Das Unternehmen auf einen Blick, online: http://www.asv.de/inhalte/unterneh/inhalte/mainpage/mainpage.htm, Stand: 2002, Abruf: 11.02.2002.

Baecker, D. (1992): Fehldiagnose „Überkomplexität“ – Komplexität ist die Lösung, nicht das Problem, in: GDI-Impuls, 1992, Nr. 4, S. 55–62.

Baetge, J. (1983): Thesen zur Wirtschaftskybernetik, in: *Baetge, J.* (Hrsg.), Kybernetische Methoden und Lösungen in der Unternehmenspraxis, Berlin 1983, S. 13–24.

BAIN, J. S. (1956): Barriers to New Competition, Cambridge 1956.

BARNEY, J. B. (1991): Firm Resources and Sustained Competitive Advantage, in: Journal of Management, 1991, Nr. 1, S. 99–120.

BAUER MEDIA KG (Hrsg.) (2002): Objektpräsentation Bravo.de, online: http://www.bauermedia.com/pdf/online/bauermedia/objekt_bravode.pdf, Stand: Mai 2002, Abruf: 25.09.2002.

BAUER, S. / STICKEL, E. (1998): Auswirkungen der Informationstechnologie auf die Entstehung kooperativer Netzwerkorganisationen, in: Wirtschaftsinformatik, 1998, S. 434–442.

BAUSTERT, S. A. (2002): Vortrag „Mobiles Multimedia mit i-mode" von Stefan A. Baustert, Mitglied der Geschäftsführung von E-Plus, anläßlich des 4. HFM-Symposiums der Universität der Bundeswehr am 23.05.2002, Hamburg 2002.

BDZV (Hrsg.) (2001): Zeitungen 2001, Berlin 2001.

BECKER, A. (1996): Rationalität strategischer Entscheidungsprozesse – ein strukturationstheoretisches Konzept, Wiesbaden 1996.

BECKER, O. / KÖHN, T. (2002): Vortrag „Verlängerung der Kernmarke in die mobile Welt" von Olaf Becker und Thomas Köhn, beide Leiter der AS Interactive, anläßlich des 4. HFM-Symposiums der Universität der Bundeswehr am 24.05.2002, Hamburg 2002.

BELLMANN, K. (1999): Produktion im Netzwerkverbund – strategischer Faktor im globalen Wettbewerb, in: *NAGEL, K. / ERBIN, R. F. / PILLER, F. T.* (1999), Produktionswirtschaft 2000, Wiesbaden 1999, S. 195–215.

BELLMANN, K. (2001): Heterarchische Produktionsnetzwerke – ein konstruktivistischer Ansatz, in: *BELLMANN, K.* (Hrsg.), Kooperations- und Netzwerkmanagement, Festgabe für Gert v. Kortzfleisch zum 80. Geburtstag, Berlin 2001, S. 31–54.

BELLMANN, K. / MACK, O. (1997): Virtuelle Unternehmen und Database Marketing, in: *LINK, J. / BRÄNDLI, D. / SCHLEUNING, C. / KEHL, R. E.* (Hrsg.), Handbuch Database Marketing, Ettlingen 1997, S. 570–581.

BERLINER MORGENPOST (Hrsg.) (2001): Anzeigenpreisliste 2001, Berlin 2001.

BERTALANFFY, L. VON (1932): Theoretische Biologie – Band I: Allgemeine Theorie, Physiochemie, Aufbau und Entwicklung des Organismus, Berlin 1932.

BICKMANN, R. / ROHDE, C. (2001): Die Cultural Due Diligence (6.8.2), in: *ACHLEITNER, A-K. / THOMA, G. F.* (Hrsg.), Handbuch Corporate Finance – Konzepte, Strategien und Praxiswissen, Loseblattausgabe, 2. Auflage, Köln 2001, Stand: Juni 2002, 3. Ergänzungslieferung, S. 1–34.

BIENERT, P. (2000): Das Mediengerät der Zukunft – Fernsehcomputer oder Computerfernseher?, in: HMD Praxis der Wirtschaftsinformatik, 2000, Heft 211, S. 43–52.

BILD.T-ONLINE.DE (2002): Startseite des Online-Angebotes, online: http://www.bild.t-online.de, Stand: 09.09.2002, Abruf: 09.09.2002.

BLAIR, R. D. / ROMANO, R. E. (1993): Pricing Decisions of the Newspaper Monopolist, in: Southern Economic Journal, 1993, Nr. 4, S. 721–732.

BLECKER, T. (1999): Unternehmung ohne Grenzen – Konzepte, Strategien und Gestaltungsempfehlungen für das strategische Management, Wiesbaden 1999.

BLEICHER, K. (1999): Das Konzept integriertes Management: Visionen – Missionen – Programme, 5. Auflage, Frankfurt (Main) 1999.

BLISS, C. (1998a): Integriertes Komplexitätsmanagement – Ansätze und Lösungsmöglichkeiten, Arbeitspapier Nr. 115 der wissenschaftlichen Gesellschaft für Marketing und Unternehmensführung e. V., herausgegeben von *MEFFERT, H. / WAGNER, K. / BACKHAUS, K.*, Münster 1998.

BLISS, C. (1998b): Komplexitätsreduktion und Komplexitätsbeherrschung bei der Schmitz-Anhänger Fahrzeugbau-Gesellschaft mbH, in: *ADAM, D.* (Hrsg.), Komplexitätsmanagement, Schriften zur Unternehmensführung, Band 61, Wiesbaden 1998, S. 145–168.

BLISS, C. (2000): Management von Komplexität – ein integrierter, systemtheoretischer Ansatz zur Komplexitätsreduktion, Wiesbaden 2000.

BLOHM, P. (2000): Strategische Planung von Kernkompetenzen? Möglichkeiten und Grenzen, Wiesbaden 2000.

BODE, J. (1993a): Information, in: Die Betriebswirtschaft, 1993, S. 275–277.

BODE, J. (1993b): Betriebliche Produktion von Information, Wiesbaden 1993.

BODE, J. (1997): Der Informationsbegriff in der Betriebswirtschaftslehre, in: Zeitschrift für betriebswirtschaftliche Forschung, 1997, S. 449–468.

BÖCK BACHFISCHER, N. M. (1996): Interaktive Medien im elektronischen Medienmarkt, München 1996.

BÖNING-SPOHR, P. / HESS, T. (2000a): Grundfragen eines Controllingsystems für Online-Inhalteanbieter, Arbeitsbericht Nr. 6 der Abteilung Wirtschaftsinformatik II der Universität Göttingen, Göttingen 2000.

BÖNING-SPOHR, P. / HESS, T. (2000b): Logfilebasierte Leistungsrechnung für Online-Inhalteanbieter, Arbeitsbericht Nr. 9 der Abteilung Wirtschaftsinformatik II der Universität Göttingen, Göttingen 2000.

BÖNING-SPOHR, P. / HESS, T. (2001): Zum Veränderungsbedarf im Verlagscontrolling, in: krp-Sonderheft, 2001, Nr. 2, S. 40–51.

BÖNING-SPOHR, P. / HESS, T. (2002): Analyse der Wechselwirkungen zwischen Print- und Online-Angeboten mittels Wirkungsketten, in: *FANTAPIÉ ALTOBELLI, C.* (Hrsg.), Print contra Online? Verlage im Internetzeitalter, München 2002, S. 103–112.

BÖRNER, C. J. (2000a): Strategisches Bankmanagement – ressourcen- und marktorientierte Strategien von Universalbanken, München/Wien 2000.

BÖRNER, C. J. (2000b): Die Integration marktorientierter und ressourcenorientierter Strategien, in: Das Wirtschaftsstudium, 2000, S. 817–820.

BOGASCHEWSKY, R. / ROLLBERG, R. (1998): Prozeßorientiertes Management, Berlin et al. 1998.

BOOZ, ALLEN & HAMILTON (Hrsg.) (1997): Regionale Telekommunikation – Nutzen, Konzepte, Perspektiven, Frankfurt (Main) 1997.

BRAVO.DE (2002): Startseite des Online-Angebotes, online: http://www.bravo.de, Stand: 25.09. 2002, Abruf: 25.09.2002.

BRENNER, S. (2002): Mit Breitbandtechnik soll endlich die Kasse klingeln, online: http:// www.ftd.de/tm/tk/FTDA3FKX8XC.html, Stand: 04.02.2002, Abruf: 04.02.2002.

BRÖSEL, G. (2002): Medienrechtsbewertung – der Wert audiovisueller Medienrechte im dualen Rundfunksystem, Wiesbaden 2002.

BROWN, M. G. (1997): Kennzahlen – harte und weiche Faktoren erkennen, messen und bewerten, München/Wien 1997.

BRÜGGEMANN, W. (1995): Ausgewählte Probleme der Produktionsplanung – Modellierung, Komplexität und neuere Lösungsmöglichkeiten, Heidelberg 1995.

BRUNNER, F. J. / SPRICH, O. (1998): Performance Measurement und Balanced Scorecard, in: io Management Zeitschrift, 1998, Nr. 6, S. 30–36.

BÜCHNER ET AL. (2001): Web Content Management – Websites professionell betreiben, Bonn 2001.

BÜLLINGEN, F. / STAMM, P. (2000): Das Internet als Labor für Konvergenzprozesse – Strategie und Experiment in den TIME-Branchen, in: *KUBICEK, H. ET AL.* (Hrsg.), Global Home – Informations- und Dienstleistungsstrukturen der Zukunft, Heidelberg 2000, S. 106–112.

BÜLLINGEN, F. / STAMM, P. (2001): Entwicklungstrends im Telekommunikationssektor 2010 – Studie im Auftrag des Bundesministeriums für Wirtschaft und Technologie – Endbericht, Bad Honnef 2001.

BÜRKI, D. M. (1996): Der „resource-based view“-Ansatz als neues Denkmodell des strategischen Managements, Dissertation der Universität St. Gallen, St. Gallen 1996.

BÜTTGEN, M. (2000): Marktorientiertes Informationsmanagement in Dienstleistungsunternehmen, Wiesbaden 2000.

BUNDESKARTELLAMT (Hrsg.) (2002): Beschluß Nr. B6-144/01, online: http://www.bundeskartell amt.de/B6-144-01.pdf., Stand: 07.03.2002, Abruf: 09.09.2002.

BURCHERT, H. (2001): Controlling – Aufgaben und Abgrenzungen, in: *BURCHERT, H. / HERING, T. / KEUPER, F.* (Hrsg.) Controlling – Aufgaben und Lösungen, München 2001, S. 5– 10.

BURDA, M. C. / WYPLOSZ, C. (1994): Makroökonomik – eine europäische Perspektive, München 1994.

BURGER, A. / BUCHHART, A. (2001): Risiko-Controlling, München/Wien 2001.

BURGER, A. / BUCHHART, A. (2002): Risiko-Management und Risiko-Controlling in einer wertorientierten Unternehmensführung, in: Controller Magazin, 2002, S. 152–157.

CASE, S. (2001): Rede von Stephen Case anläßlich der UBS Warburg Annual Media Week Conference in New York am 4. Dezember 2001, online: http://www.aoltimewarner.com/press/speeches/case/cas120401.html, Stand: Dezember 2001, Abruf: 05.01.02.

CHRIST, O. / BACH, V. (2002): Eine XML-basierte Architektur für das Content-Management, in: Das Wirtschaftsstudium, 2002, S. 95–101.

CLEMENT, M. (2000): Interaktives Fernsehen – Analyse und Prognose seiner Nutzung, Wiesbaden 2000.

CLEMONS, E. K. / REDDI, S. / ROW, M. (1993): The Impact of Information Technology on the Organization of Production – the ‘Move to the Middle’ Hypothesis, in: Journal of Management Information Systems, 1993, Nr. 2, S. 9–35.

COENENBERG, A. G. (1999): Kostenrechnung und Kostenanalyse, 4. Auflage, Landsberg/Lech 1999.

CORSTEN, H. (1995): Wettbewerbsstrategien – Möglichkeiten einer simultanen Strategieverfolgung, in: *CORSTEN, H. / REISS, M.* (Hrsg.), Handbuch Unternehmensführung: Konzepte – Instrumente – Schnittstellen, Wiesbaden 1995, S. 341–353.

CORSTEN, H. / GÖSSINGER, R. (2002): E-Business in Produktionsnetzwerken, in: *KEUPER, F.* (Hrsg.), Electronic Commerce und Mobile Commerce – Ansätze, Konzepte, Geschäftsmodelle, Wiesbaden 2002, S. 203–248.

DANNENBERG, M. (2001): Strategisches Bankmanagement – die Bewältigung der Komplexität, Dynamik und Unsicherheit im Kreditgewerbe, Wiesbaden 2001.

DAYAL, S. / LANDESBERG, H. / ZEISSER, M. (2000): Building Digital Brands, in: The McKinsey Quarterly, 2000, Nr. 2, S. 42–51.

DEMMELHUBER, S. (2001): Feuer am Mast, in: Funkschau, 2001, Nr. 2, S. 16–21.

DEPREZ, F. / ROSENGREN, J. / SOMAN, V. (2002): Portals for all Platforms, in: The McKinsey Quarterly, 2002, Nr. 1, S. 92–101.

DETERS, J. (2000): Medienmanagement als Personal- und Organisationsmanagement, in: *KARMASIN, M. / WINTER, C.* (Hrsg.), Grundlagen des Medienmanagements, München 2000, S. 93–113.

DETTKI, A. / FERRARI, T. / RESCH, B. (2001): Die Technologie – Breitband beschleunigt die Inhalte, in: *VIZJAK, A. / RINGLSTETTER, M.* (Hrsg.), Medienmanagement – Content gewinnbringend nutzen – Trends, Business-Modelle, Erfolgsfaktoren, Wiesbaden 2001, S. 26–36.

DIEBOLD (Hrsg.) (1999): Visionen für die Publishing-Landschaft im neuen Millenium, Studie, Eschborn 1999.

DIEBOLD (Hrsg.) (2000): Winning in Mobile E-markets, Studie, Eschborn 2000.

DIEBOLD (Hrsg.) (2002): Partnering – wird schon schief gehen, Studie, Eschborn 2002.

DIERKS, S. (2002): Online versus Print – macht der Internet-Auftritt von Zeitschriften dem gedruckten Medium Konkurrenz?, in: *FANTAPIÉ ALTOBELLI, C.* (Hrsg.), Print contra Online? Verlage im Internetzeitalter, München 2002, S. 119–124.

DILLER, H. / LUECKING, J. (1993): Die Resonanz der Erfolgsfaktorenforschung beim Management von Großunternehmen, in: Zeitschrift für Betriebswirtschaft, 1993, S. 1229–1249.

DÖPFNER, M. (2001): Rede des Zeitungs- und Multimedia-Vorstands anläßlich einer Pressekonferenz mit dem Axel Springer Verlag, online: http://ueber.t-online.de/uebe/pres/arch/deut/q012/ar/ar010404-rede-doepfner.html, Stand: 04.04.2001, Abruf: 05.09.2002.

DÖRRER, T. (1999): Wissensbasierte Evaluierung zukünftiger Produktionsstrategien, Aachen 2000.

DRUCKER, P. (1974): Management – Tasks, Responsibilities, Practices, New York et al. 1974.

DUSCHEK, S. (2001): Kooperative Kernkompetenzen – zum Management einzigartiger Ressourcen, in: *ORTMANN, G. / SYDOW, J.* (Hrsg.), Strategie und Strukturation. Strategisches Management von Unternehmen, Netzwerken und Konzernen, Wiesbaden 2001, S. 173–189.

ECCLES, R. C. (1991): Wider das Primat der Zahlen – die neuen Steuerungsgrößen, in: Harvard Business Manager, 1991, Nr. 4, S. 14–22.

EHRBAR, A. (1999): EVA – der Schlüssel zur wertsteigernden Unternehmensführung, Wiesbaden 1999.

ENGLÄNDER, J. (2001): Der Werbemarkt 2000, in: Media Perspektiven, 2001, S. 290–297.

ERDENBERGER, C. (2001): Risikomanagement – Möglichkeiten einer pragmatischen Umsetzung in mittelständischen Unternehmen, in: Controller Magazin, 2001, S. 13–17.

EUROPÄISCHE KOMMISSION (1997): Grünbuch zur Konvergenz der Branchen Telekommunikation, Medien und Informationstechnologie und ihren ordnungspolitischen Auswirkungen, Brüssel 1997.

FIGGE, D. (2000): Die Konvergenz als Chance für kreative konsumentenorientierte Services, in: *BLIEMEL, F. / FASSOTT, G. / THEOBALD, A.* (Hrsg.), Electronic Commerce: Herausforderungen – Anwendungen – Perspektiven, 3. Auflage, Wiesbaden 2000, S. 159–170.

FINANCIAL TIMES DEUTSCHLAND (Hrsg.) (2002): Startseite des Online-Angebotes, online: http://www.ftd.de, Stand: 24.08.2002, Abruf: 24.08.2002.

FISCHER, D. (1994): Gestaltung wissensbasierter Systeme auf der Grundlage betrieblicher Entscheidungssituationen, Göttingen 1994.

FORRESTER RESEARCH (2000a): X-Box Spells Quicksand for Microsoft, Cambridge/Massachussetts 2000.

FORRESTER RESEARCH (2000b): Many Devices, One Consumer, Cambridge/Massachussetts 2000.

FORRESTER RESEARCH (2000c): Bezahlen im Internet – Revolution auf Raten, online: http://de.forrster.com/forit/home.nsf/cdff7103cbb2a72cc125689a00500c96/3cc417880c1a205780 25691f0052c40b?OpenDocumen, Stand: unbekannt, Abruf: 10.01.2001.

FORRESTER RESEARCH (2001a): Bluetooth and W-Lan will Coexist, Cambridge/Massachussetts 2001.

FORRESTER RESEARCH (2001b): Werbung richtig vermarkten, Frankfurt (Main) 2001.

FORRESTER RESEARCH (2002): Europe's Future Online Consumers – Consumer Technographics Europe, Amsterdam 2002.

FRANZMANN, B. (2001): Lesezapping und Portionslektüre, in: Media Perspektiven, 2001, S. 90–98.

FRATSCHNER, F. A. (1999): Balanced Scorecard, in: Controller Magazin, 1999, S. 13–17.

FREIDANK, C.-C. (1997): Kostenrechnung – Einführung in die begrifflichen, theoretischen, verrechnungstechnischen sowie planungs- und kontrollorientierten Grundlagen des innerbetrieblichen Rechnungswesens und einen Überblick über neuere Konzepte des Kostenmanagements, 6. Auflage, München/Wien 1997.

FRESE, E. (1992): Organisationstheorie, 2. Auflage, Wiesbaden 1992.

FRIEDAG, H. (1998): Die Balanced Scorecard – alter Wein in neuen Schläuchen?, in: Controller Magazin, 1998, S. 13–17.

FRIEDAG, H. / SCHMIDT, W. (1999): Balanced Scorecard – mehr als ein Kennzahlensystem, Freiburg 1999.

FRIES, C. (1997): Nutzerkompetenz als Determinante der Diffusion multimedialer Dienste, Diskussionsbeitrag Nr. 181 des Wissenschaftlichen Instituts für Kommunikationsdienste (WIK), Bad Honnef 1997.

FRITZ, W. (1994): Die Produktqualität – ein Schlüssel des Unternehmenserfolgs?, in: Zeitschrift für Betriebswirtschaft, 1994, S. 1045–1062.

FROM, S. (2000): Möglichkeiten IT-gestützter Steuerung strategischer Erfolgs- und Risikofaktoren, in: Tagungsband 15. Deutscher Controlling Congress – Controlling 2000, Berlin 2000, S. 241–258.

FUCHS, H. (1973): Systemtheorie und Organisation, Wiesbaden 1973.

FUCHS-WEGNER, G. (1976): Systemanalyse im Betrieb, in: *GROCHLA, E.* (Hrsg.), Handwörterbuch der Betriebswirtschaft, 4. Auflage, Stuttgart 1976, Sp. 3810–3820.

GÄLWEILER, A. (1987): Strategische Unternehmensführung, zusammengestellt, bearbeitet und ergänzt von *SCHWANINGER, M.*, Frankfurt (Main)/New York 1987.

GAITANIDES, M. / SCHOLZ, R. / VROHLINGS, A. (1994): Prozeßmanagement – Grundlagen und Zielsetzungen, in: *GAITANIDES, M. ET AL.* (Hrsg.), Prozeßmanagement – Konzepte, Umsetzungen und Erfahrungen des Reengineering, München/Wien 1994, S. 1–19.

GATES, B. (1996): Content is king, Website-Kolumne, online: http://www.microsoft.com/BillGates/columns/1996essay/essay960103.asp, Stand: 01.03.1996, Abruf: 08.11.2001.

GEHRMANN, W. / HAMANN, G. / LITTGER, P. (2002): Sparen, Schließen, Schassen, in: Die Zeit, 2002, Nr. 27, S. 11–14.

GELLERSEN, H.-W. (o. J.): Ubiquitäre Informationstechnologien, online: http://www.inf.ethz.ch/vs/publ/papers/UbiqGell.pdf, Stand: unbekannt, Abruf: 30.11.2001.

GEMMEL, H.-W. (2002): Vom Service Provider zum Enhanced Service Provider – wie debitel in der UMTS-Welt seine Wertschöpfung vertieft, Vortrag von Dr. Dietrich-Wilhelm Gemmel, Mitglied des Vorstands Operations, debitel AG, anläßlich des 4. HFM-Symposiums der Universität der Bundeswehr am 23.05.2002, Hamburg 2002.

GILBERT, X. / STREBEL, P. J. (1987): Strategies to Outpace the Competition, in: Journal of Business Strategy, 1987, Nr. 1, S. 28–36.

GLEICH, R. (1997): Balanced Scorecard, in: Die Betriebswirtschaft, 1997, S. 432–436.

GLEICH, R. (1998): Das System des Performance Measurement – theoretisches Grundkonzept, Entwicklungs- und Anwendungsstand, Controlling-Forschungsbericht Nr. 53, Betriebswirtschaftliches Institut der Universität Stuttgart, Lehrstuhl für Controlling, Stuttgart 1998.

GLÖCKNER, P.-M. (2001): Durch totale Informations- und Kommunikationstechnologie zur totalen Kommunikationslosigkeit? Künstlerische Abbildung, in: *KEUPER, F.* (2001a), Strategisches Management, München 2001.

GLYNN, W. J. (1997): Building Future Relationships, in: Marketing Management, 1997, Nr. 3, S. 34–36.

GÖTZ, A. / WALDENMAIER, S. (2002): UMTS-Netzaufbau in vollem Gange, in: Funkschau, 2002, Nr. 6, S. 36–39.

GOMEZ, P. / MALIK, F. / OELLER, K.-H. (1975): Systemmethodik – Grundlagen einer Methodik zur Erforschung komplexer soziotechnischer Systeme, Bern 1975.

GOMEZ, P. / ZIMMERMANN, T. (1992): Unternehmensorganisation – Profile, Dynamik, Methodik, Frankfurt (Main)/New York 1992.

GOWERS, A. (2000): Mission Statement von Andrew Gowers, Gründungsredakteur der Financial Times Deutschland, online: http://www.ftd.de/pa/sa/1071150.html, Stand: 02.08.2000, Abruf: 24.08.2002.

GRÄF, H. (1998): Verlagsgruppe Milchstrasse – erfolgreich auf umkämpften Märkten, in: *TOMCZAK, T. / REINECKE, S.* (Hrsg.), Best Practice in Marketing – Erfolgsbeispiele zu den vier Kernaufgaben im Marketing, St. Gallen/Wien 1998, S. 163–171.

GREGG, S. (2001): Die Konvergenz – Telekommunikationsanbieter und Medienunternehmen – Wettbewerber oder Partner, in: *VIZJAK, A. / RINGLSTETTER, M.* (Hrsg.), Medienmanagement: Content gewinnbringend nutzen – Trends, Business-Modelle, Erfolgsfaktoren, Wiesbaden 2001, S. 37–44.

GRIBITZ, R. (2001): T-Online verlangt für bisher kostenfreie Dienste künftig Geld, online: http://www.ftd.de/tm/me/FTD9SRT66VC.html, Stand: 13.12.2001, Abruf: 06.01.2002.

GROOTHUIS, U. (1999): Die Balanced Scorecard – eine vereinfachte Kennzahlenanalyse wird auch in deutschen Unternehmen zunehmend als strategisches Führungsinstrument eingesetzt, in: Wirtschaftswoche, 1999, Nr. 42, S. 234–240.

GROSSMANN, C. (1992): Komplexitätsbewältigung im Management – Anleitungen, integrierte Methodik und Anwendungsbeispiele, Dissertation der Hochschule St. Gallen, St. Gallen 1992.

GROTHE, M. (1997): Ordnung als betriebswirtschaftliches Phänomen – die Bedeutung von Koordination und Komplexität, Wiesbaden 1997.

GRUNER & JAHR (Hrsg.) (2000): Geschäftsbericht 1999/2000, Hamburg 2000.

GRUNER & JAHR ELECTRONIC MEDIA SERVICE (2000): Chancen und Grenzen des E-Commerce – Qualitative Grundlagenstudie – OnScreen Band III, Hamburg 2000.

GRUNER & JAHR ELECTRONIC MEDIA SERVICE (2001): Online-Monitor Welle 7, Hamburg 2001.

GUTENBERG, E. (1979): Grundlagen der Betriebswirtschaftslehre, Band 1: Die Produktion, 23. Auflage, Berlin 1979.

HABANN, F. (1999): Kernressourcenmanagement in Medienunternehmen, Lohmar/Köln 1999.

HACKER, T. (1999): Vernetzung und Modularisierung – (Re-)Organisation von Medienunternehmen, in: *SCHUMANN, M. / HESS, T.* (Hrsg.), Medienunternehmen im digitalen Zeitalter, Wiesbaden 1999, S. 155–175.

HAERTSCH, P. (2000): Wettbewerbsstrategien für Electronic Commerce – eine kritische Überprüfung klassischer Strategiekonzepte, 2. Auflage, Lohmar/Köln 2000.

HAGEL, J. III / ARMSTRONG, A. G.(1997): Net Gain – Profit im Netz: Märkte erobern mit virtuellen Communities, Wiesbaden 1997.

HAHN, D. (2000): Problemfelder des Supply Chain Management, in: *WILDEMANN, H.* (Hrsg.), Supply Chain Management, München 2000, S. 9–19.

HALLER, A. (1997): Wertschöpfungsrechnung, Stuttgart 1997.

HAMEL, G. (1991): Competition for Competence and Interpartner Learning within International Strategic Alliances, in: Strategic Management Journal, 1991, Nr. 12 (Sonderheft), S. 83–103.

HAMEL, G. / PRAHALAD, C. K. (1994): Competing for the Future, in: Harvard Business Review, 1994, July–August, S. 122–128.

HAMBURGER ABENDBLATT (Hrsg.) (2001): Anzeigenpreisliste 2001, Hamburg 2001.

HAMBURGER ABENDBLATT (Hrsg.) (2002): Startseite des Online-Angebotes, online: http://www.abendblatt.de, Stand: 24.08.2002, Abruf: 24.08.2002.

HAMM, J. (1997): Data Warehouse – fundierte Datenbasis für effizientes Marketing, in: *LINK, J. / BRÄNDLI, D. / SCHLEUNING, C. / KEHL, R. E.* (Hrsg.), Handbuch Database Marketing, Ettlingen 1997, S. 103–114.

HANSMANN, K.-W. / VOIGT, K.-I. (1998): Umweltorientierte Betriebswirtschaftslehre – Einführung und Überblick, in: *HANSMANN, K.-W.* (Hrsg.), Umweltorientierte Betriebswirtschaftslehre, Wiesbaden 1998, S. 5–18.

HARDT, M. (1999): Nachrichtenagenturen schon lange „digital" und „online" – von der Brieftaube zum Web, in: *SCHUMANN, M. / HESS, T.* (Hrsg.), Medienunternehmen im digitalen Zeitalter, Wiesbaden 1999, S. 267–276.

HARRER, H. (2001): Due-Diligence-Prüfung (6.2.2), in: *ACHLEITNER, A-K. / THOMA, G. F.* (Hrsg.), Handbuch Corporate Finance – Konzepte, Strategien und Praxiswissen, Loseblattausgabe, 2. Auflage, Köln 2001, S. 1–16.

HARTLIEB, C. (1997): Konzeption eines unternehmensübergreifenden Schnittstellen-Controlling zur Realisierung einer Just-in-Time-Wertschöpfungspartnerschaft, Lohfelden 1997.

HAUBOLD, V. (1995): Umstrukturierungsprozesse in der zwischenbetrieblichen Arbeitsteilung der Industrie – eine theoretische und empirische Analyse unter Berücksichtigung logistischer Aspekte, in: *EWERS, H.-J.* (Hrsg.), Beiträge aus dem Institut für Verkehrswissenschaft der Universität Münster, Münster 1995.

HAUSCHILDT, J. (1990): Komplexität, Zielbildung und Effizienz von Entscheidungen in Organisationen, in: *FISCH, R. / BOOS, M.* (Hrsg.), Vom Umgang mit Komplexität in Organisationen: Konzepte – Fallbeispiele – Strategien, Konstanzer Beiträge zur sozialwissenschaftlichen Forschung, Band 5, Konstanz 1990, S. 131–147.

HAUSER, C. (1996): Marktorientierte Bewertung von Unternehmensprozessen, St. Gallen 1996.

HEIL, B. (1999): Online-Dienste, Portal Sites und elektronische Einkaufszentren – Wettbewerbsstrategien auf elektronischen Massenmärkten, Wiesbaden 1999.

HEINEN, E. / DILL, P. (1986): Unternehmenskultur, in: Zeitschrift für Betriebswirtschaft, 1986, S. 202–218.

HEINRICH, J. (1996): Qualitätswettbewerb und/oder Kostenwettbewerb im Mediensektor, in: Rundfunk und Fernsehen, 1996, S. 165–184.

HEINRICH, J. (2001): Medienökonomie, Band 1: Mediensystem, Zeitung, Zeitschrift, Anzeigenblatt, 2. Auflage, Wiesbaden 2001.

HEINRICH BAUER VERLAG (Hrsg.) (2000): Lagebericht zur wirtschaftlichen Situation der Bauer Verlagsgruppe, Hamburg 2000.

HELM, S. (2000): Viral Marketing, in: Das Wirtschaftsstudium, 2000, S. 313.

HENKEL, C. (2000): Das Internet als Herausforderung für Verlage – Online-Produkte im Zeitungs- und Zeitschriftenmarkt, Wiesbaden 2000.

HENKEL, J. (2001a): Anforderungen an Zahlungsverfahren im E-Commerce, in: *TEICHMANN, R. / NONNENMACHER, M. / HENKEL, J.* (Hrsg.), E-Commerce und E-Payment – Rahmenbedingungen, Infrastruktur, Perspektiven, Wiesbaden 2001, S. 103–135.

HENKEL, J. (2001b): Bezahlen auf Draht, in: ct – Magazin für Computertechnik, 2001, Nr. 6, S. 270–281.

HERING, T. (1995): Investitionstheorie aus der Sicht des Zinses, Wiesbaden 1995.

HERING, T. (1999): Finanzwirtschaftliche Unternehmensbewertung, Wiesbaden 1999.

HERING, T. (2001): Zum Begriff „Controlling", in: *BURCHERT, H. / HERING, T. / KEUPER, F.* (Hrsg.): Controlling – Aufgaben und Lösungen, München 2001, S. 3–4.

HESS, T. (2001): Content Syndication, in: Wirtschaftsinformatik, 2001, Nr. 1, S. 83–85.

HESS, T. (2002): Implikationen des Internet für die Medienbranche – eine strukturelle Analyse, in: *KEUPER, F.* (Hrsg.), Electronic Commerce und Mobile Commerce – Ansätze, Konzepte, Geschäftsmodelle, Wiesbaden 2002, S. 569–602.

HESS, T. / ANDING, M. (2001): Content Syndication – Konzept und erste praktische Erfahrungen, in: *SCHMIDT, R.* (Hrsg.), Information Research & Content Management: Orientierung, Ordnung und Organisation im Wissensmarkt; Tagungsband zur 53. Jahrestagung der Deutschen Gesellschaft für Informationswissenschaft und Informationspraxis e.V. (DGI), Frankfurt (Main) 2001, S. 41–53.

HESS, T. / BÖNING-SPOHR, P. (1999): Betriebswirtschaftliche Rahmenbedingungen für Medienunternehmen, Arbeitspapier Nr. 2 der Abteilung Wirtschaftsinformatik II der Universität Göttingen, Göttingen 1999.

HESS, T. / RAWOLLE, J. (2000): Redaktionssysteme für klassische und digitale Medien, in: HMD Praxis der Wirtschaftsinformatik, 2000, Heft 211, S. 53–65.

HESS, T. / RAWOLLE, J. (2001): Mobile Commerce in der Medienindustrie – eine erste Bestandsaufnahme, in: *EGGERS, B. / HOPPEN, G.* (Hrsg.), Strategisches E-Commerce-Management, Wiesbaden 2001, S. 643–670.

HEUER, S. (2002): Falsch verbunden, in: Brand Eins, 2002, Nr. 5, S. 24–31.

HINTERHUBER, H. H. (1980): Strategische Unternehmensführung, 2. Auflage, Berlin/New York 1980.

HOCH, D. J. (1997): Wettbewerbsvorteile durch Information (?), in: *PICOT, A.* (Hrsg.), Information als Wettbewerbsfaktor – Kongreß-Dokumentation, 50. Deutscher Betriebswirtschafter-Tag, Stuttgart 1997, S. 7–35.

HOFFMANN, A. / WOLF, K. (2000): Portal-basierte Geschäftsmodelle – Chancen und Risiken, in: Information Management & Consulting, 2000, Nr. 15, S. 25–32.

HOFFMANN, T. (2001): Krise des E-Business trifft die Verlage hart, in: Horizont, 2001, Nr. 32, S. 38.

HOMMEL, U. / PRITSCH, G. (2001): Bausteine des Risikomanagementprozesses (8.1.1), in: *ACHLEITNER, A-K. / THOMA, G. F.* (Hrsg.), Handbuch Corporate Finance – Konzepte, Strategien und Praxiswissen, Loseblattausgabe, 2. Auflage, Köln 2001, S. 1–31.

HOPF, M. (1983): Informationen für Märkte und Märkte für Informationen, Frankfurt (Main) 1983.

HORSTMANN, W. (1999): Der Balanced-Scorecard-Ansatz als Instrument der Umsetzung von Unternehmensstrategien, in: Controlling, 1999, S. 193–199.

HORVÁTH, P. (1991): Controlling, 4. Auflage, München 1991.

HORVÁTH, P. (1999): Richtig verstanden ist die Balanced Scorecard das künftige Managementsystem, in: Frankfurter Allgemeine Zeitung vom 30.08.1999, S. 29.

HORVÁTH, P. & PARTNER (Hrsg.) (2000): Balanced Scorecard umsetzen, Stuttgart 2000.

HÜBNER, H. (1996): Informationsmanagement und strategische Unternehmensführung, München/Wien 1996.

HÜNING, C. / KEUPER, F. (2002): Cross-digitale Multi-Channel-Strategien, in: Diebold Management Report, 2002, Nr. 6–7, S. 27–31.

Hüning, C. / Morath, J. (2001): T-Commerce – wie durch interactive TV neue Geschäftsmodelle in den TIME-Märkten entstehen, in: *Keuper, F.* (Hrsg.), Strategic E-Business – Strategien, strategische Konzepte und Instrumente aus Sicht von Beratungsgesellschaften, Wiesbaden 2001, S. 191–237.

Immobilienscout24.de (Hrsg.) (2002): Online-Präsentation der Standard-Produkte von Immobilienscout24.de, online: http://www7.immobilienscout24.de/de/anbieter, Stand: 05.07.02, Abruf: 05.07.02.

IT-Forum Berlin (Hrsg.) (2002): Abrechnungsvarianten im Internet, online: http://www.it-forum-berlin/abrechnungsvarianten.pdf, Stand: 01.02.2002, Abruf: 14.08.2002.

ITG-Fachgruppe (Hrsg.) (2000): FMC-Konvergenz von Fest- und Mobilnetz, Tutorial zur Fixed Mobile Convergence, online: http://www.imst.de/mobile/itg/fmcbuch.pdf, Stand: 2000, Abruf: 20.12.2001.

IVW (Hrsg.) (2002): Online-Nutzungsdaten von Bravo.de, online: http://ausweisung.ivw.de/angebot.php3?id=7247, Stand: September 2002, Abruf: 29.10.2002.

Jahns, C. (1999): Integriertes strategisches Management – neue Perspektiven zur Theorie und Praxis des strategischen Managements, Sternenfels 1999.

Jahns, C. (2001): Komplexität und Wettbewerb – Herausforderung für das Management, in: Das Wirtschaftsstudium, 2001, S. 690–694.

Jenner, T. (2000): Hybride Wettbewerbsstrategien in der deutschen Industrie – Bedeutung, Determinanten und Konsequenzen für die Marktbearbeitung, in: Die Betriebswirtschaft, 2000, S. 7–22.

Jones, C. / Hesterly, W. S. / Borgatti, S. P. (1997): A General Theory of Network Governance – Exchange Conditions and Social Mechanisms, in: Academy of Management Review, 1997, S. 911–945.

Joos-Sachse, T. (2001): Controlling, Kostenrechnung und Kostenmanagement – Grundlagen, Instrumente, neue Ansätze, Wiesbaden 2001.

Jupiter MMXI (Hrsg.) (2002): Mobiltelefone bei Bezahlinhalten erfolgversprechender, Pressemeldung des Research-Instituts Jupiter MMXI vom 17.01.2002, online: http://de.jupiter mmxi.com/xp/de/press/releases/pr_011702.xml, Stand: 17.01.2002, Abruf: 18.02.2002.

Kahn, B. E. (1998): Dynamic Relationships with Customers – High-variety Strategies, in: Journal of the Academy of Marketing Science, 1998, S. 45–53.

Kaluza, B. (1995): Zeitmanagement, in: *Corsten, H.* (Hrsg.), Lexikon der Betriebswirtschaftslehre, 3. Auflage, München/Wien 1995, S. 1064–1071.

Kaluza, B. / Blecker, T. (1999): Integration von Unternehmung ohne Grenzen und Supply Chain Management, Diskussionsbeitrag Nr. 9904 des Instituts für Wirtschaftswissenschaften der Universität Klagenfurt, Klagenfurt 1999.

Kantzenbach, E. / Greiffenberg, H. (1980): Die Übertragbarkeit des Modells des „funktionsfähigen Wettbewerbs" auf die Presse, in: *Klaue, S. / Knoche, M. / Zerdick, A.* (Hrsg.), Probleme der Pressekonzentrationsforschung, Schriftenreihe Materialien zur interdisziplinären Medienforschung, Baden-Baden 1980, S. 189–202.

Kaplan, R. S. / Norton, D. P. (1997): Balanced Scorecard – Strategien erfolgreich umsetzen, Stuttgart 1997.

Karmasin, M. (2000): Medienmanagement als Stakeholder Management, in: *Karmasin, M. / Winter, C.* (Hrsg.), Grundlagen des Medienmanagements, München 2000, S. 279–302.

KARMASIN, M. / WINTER, C. (2000): Kontexte und Aufgabenfelder von Medienmanagement, in: *KARMASIN, M. / WINTER, C.* (Hrsg.), Grundlagen des Medienmanagements, München 2000, S. 15–39.

KARTES, C. (2001): Internet aus der Steckdose, in: Funkschau, 2001, Nr. 8, S. 58–61.

KAUFMANN, L. (1997): ZP-Stichwort Balanced Scorecard, in: Zeitschrift für Planung, 1997, S. 421–428.

KEUPER, F. (1999): Fuzzy-PPS-Systeme – Einsatzmöglichkeiten und Erfolgspotentiale der Theorie unscharfer Mengen, Wiesbaden 1999.

KEUPER, F. (2000a): Multidimensionale Quantifizierung und Verarbeitung von Imponderabilien in der strategischen Produktionsprogrammplanung, in: *BURCHERT, H. / HERING, T. / ROLLBERG, R.*: Produktionswirtschaft – Aufgaben und Lösungen, München/Wien 2000, S. 193–208.

KEUPER, F. (2000b): Finanzmanagement – Aufgaben und Lösungen, München 2000.

KEUPER, F. (2001a): Strategisches Management, München 2001.

KEUPER, F. (2001b): Multimedia Supply Chain Management am Beispiel von Zeitungs- und Publikumszeitschriftenverlagen, in: Betriebswirtschaftliche Forschung und Praxis, 2001, S. 392–410.

KEUPER, F. (2001c): eSig – Lust oder Frust?, in: *KEUPER, F.* (Hrsg.), Strategic E-Business – Strategien, strategische Konzepte und Instrumente aus Sicht von Beratungsgesellschaften, Wiesbaden 2001, S. 443–475.

KEUPER, F. (2002a): Wettbewerbsstrategische Positionierung mit Hilfe der integriert-hybriden Produktionsstrategie – Konzeptualisierung und Operationalisierung, Habilitationsschrift für das Fach Betriebswirtschaftslehre am Fachbereich Wirtschaftswissenschaften der Universität Hamburg, Hamburg 2002 (in der Begutachtung).

KEUPER, F. (2002b): Ökonomische Bedeutung der Information in der Informationsgesellschaft, in: *KEUPER, F.* (Hrsg.), Electronic Commerce und Mobile Commerce – Ansätze, Konzepte, Geschäftsmodelle, Wiesbaden 2002, S. 119–141.

KEUPER, F. (2002c): Convergence-based View – ein strategie-strukturationstheoretischer Ansatz zum Management der Konvergenz digitaler Erlebniswelten, in: *KEUPER, F.* (Hrsg.), Electronic Commerce und Mobile Commerce – Ansätze, Konzepte, Geschäftsmodelle, Wiesbaden 2002, S. 603–654.

KEUPER, F. (2002d): Vorwort des Herausgebers, in: *KEUPER, F.* (Hrsg.), Electronic Commerce und Mobile Commerce – Ansätze, Konzepte, Geschäftsmodelle, Wiesbaden 2002, S. V–VII.

KEUPER, F. (2002e): Unscharfe, kapitalwertbasierte Verfahren zur Unternehmensbewertung, in: Zeitschrift für Betriebswirtschaft, 2002, S. 457–476.

KEUPER, F. / NIEMOJEWSKI, C. / PLEHN, M. (2002): Breitbandige Dienste im Rahmen der Lehre an virtuellen Universitäten, in: *KEUPER, F.* (Hrsg.), Produktion und Controlling – Planungsprobleme und Lösungsansätze, Festschrift zum 65. Geburtstag von Manfred Layer, Wiesbaden 2002, S. 185–221.

KIEFER, M. L. (2001): Medienökonomik – Einführung in eine ökonomische Theorie der Medien, München/Wien 2001.

KIESER, A. / KUBICEK, H. (1992): Organisation, 3. Auflage, Berlin/New York 1992.

KILLIUS, N. / MUELLER-OERLINGHAUSEN, J. (1999): Innovative Geschäftsmodelle in digitalen Medien, in: *SCHUMANN, M. / HESS, T.* (Hrsg.), Medienunternehmen im digitalen Zeitalter, Wiesbaden 1999, S. 139–153.

KIPPHAN, H. (2000): Handbuch der Printmedien – Technologien und Produktionsverfahren, Heidelberg et al. 2000.

KIRSCH, W. (1971): Entscheidungsprozesse – Band 2: Informationsverarbeitungstheorie des Entscheidungsverhaltens, Wiesbaden 1971.

KLEINGARN, H. (1997): Change Management – Instrumentarium zur Gestaltung und Lenkung einer lernenden Organisation, Wiesbaden 1997.

KLING, H. (1998): Call Center – Kundenservice und aktiver Verkauf, in: *SCHAEFER-DIETERLE, S.* (Hrsg.), Zeitungen – Erfolg mit Kundenbindung, Bonn 1998, S. 40–50.

KLINGLER, W. ET AL. (1998): Mediennutzung der Zukunft, in: Media Perspektiven, 1998, S. 490–497.

KLINK, J. / SIHN, W. (Hrsg.) (2000): Veränderungsmanagement im Verlagswesen – Bestandsaufnahme der Entwicklungstendenzen in der Verlagsbranche, Düsseldorf 2000.

KLOTZ, M. / STRAUCH, P. (1990): Strategieorientierte Planung betrieblicher Informations- und Kommunikationssysteme, Berlin et al. 1990.

KLUTMANN, L. (1992): Integration eines strategischen Informations- und Kommunikationsmanagements in alternativen Organisationsformen, Frankfurt (Main) et al. 1992.

KNAESE, B. (1996): Kernkompetenzen im strategischen Management von Banken – der Resource-based view in Kreditinstituten, Wiesbaden 1996.

KNAUTH, M. (2001): Zugang zu Internet und digitalem Fernsehen – technische Grundlagen, Wettbewerbsstrategien und Regulierungsansätze, Wiesbaden 2001.

KNIGHT, D. (1999): Broadband Signalling Explained, Chichester 1999.

KÖCHER, A. (2000): Medienmanagement als Kostenmanagement und Controlling, in: *KARMASIN, M. / WINTER, C.* (Hrsg.), Grundlagen des Medienmanagements, München 2000, S. 219–243.

KÖRNER, V. (2000): Markenmanagement als Instrument zur Gestaltung der Kundenbeziehung, Arbeitspapier des Doktorandenseminars des mcm Instituts der Universität St. Gallen, St. Gallen 2000.

KÖSTER, O. (1998): Strategische Disposition – Konzept zur Bewältigung des Spannungsfeldes Kundennähe, Komplexität und Effizienz in Leistungserstellungsprozessen, Schesslitz 1998.

KOLATEK, C. (1994): Die Wirtschaftswelt am Draht – informationelle Vernetzung und regionales Wirtschaftspotential am Beispiel Japans, Berlin 1994.

KOPPEL, M. (1987): Complexity – Depth, and Sophistication, in: Complex Systems, 1987, S. 1087–1091.

KORB, J. C. (2000): Kaufprozesse im Electronic Commerce – Einflüsse veränderter Kundenbedürfnisse auf die Gestaltung, Wiesbaden 2000.

KORNFELD, H. (2002): Zimmer zu vermieten, in: kress report, 2002, Nr. 19, S. 22–24.

KOSIOL, E. (1972): Die Unternehmung als wirtschaftliches Aktionszentrum – Einführung in die Betriebswirtschaftslehre, 2. Auflage, Reinbek 1972.

KOTLER, P. / BLIEMEL, F. (1999): Marketing-Management – Analyse, Planung, Umsetzung und Steuerung, 9. Auflage, Stuttgart 1999.

KRAHE, A. (1998): Unterstützung des Prozeßmanagements mit modernen Informationstechnologien, Wiesbaden 1998.

KRIEB, M. (2000): Medienkonvergenz und Unternehmensstrategie – Optionen zur branchenübergreifenden Bündelung von Medien- und Kommunikationsdiensten, Frankfurt (Main) et al. 2001.

KRIEG, W. (1971): Kybernetische Grundlagen der Unternehmensführung, Bern et al. 1971.

KRÖGER, C. (2002): Kommerzielle Nutzung des Internets in Medienunternehmen, in: *KEUPER, F.* (Hrsg.), Electronic Commerce und Mobile Commerce – Ansätze, Konzepte, Geschäftsmodelle, Wiesbaden 2002, S. 501–545.

KROMSCHRÖDER, B. / LÜCK, W. (1998): Grundsätze risikoorientierter Unternehmensüberwachung, in: Die Betriebswirtschaft, 1998, S. 1573–1576.

KROSTA, A. (2002): Klamauk am Krankenbett des Sorgenkindes UMTS, online: http://www.ftd.de/tm/tk/1014398834147.html, Stand: 27.02.02, Abruf: 27.02.02.

KÜPPERSBUSCH, F. (o. J.): Zitat zum Internet, online: http://www.sclnet.de/db/rb/index.php?stichwort=Internet, Stand: unbekannt, Abruf: 22.05.2002.

KUNKEL, P. (2000): News Flash, online: http://www.wirednews.com/wired/archive/8.08/epapers_pr.html, Stand: August 2000, Abruf: 04.06.2002.

KÜPPER, H.-U. (1995): Controlling – Konzeption, Aufgaben und Instrumente, Stuttgart 1995.

LEHMANN, H. (1975): Kybernetik, in: *GROCHLA, E. ET AL.* (Hrsg.), Handwörterbuch der Betriebswirtschaft, 4. Auflage, Stuttgart 1975, Sp. 2411–2424.

LEHNER, F. (1993): Informatik-Strategien – Entwicklung, Einsatz und Erfahrungen, München/Wien 1993.

LEHNER, F. ET AL. (1995): Wirtschaftsinformatik – theoretische Grundlagen, München/Wien 1995.

LEHR, T. (1999): Tageszeitungen und Online-Medien – elektronisches Publizieren als produktpolitisches Instrument der Verlage, Wiesbaden 1999.

LEWIN, R. (1995): Complexity – Life in the Edge of Chaos, London 1995.

LINK, J. / TIEDTKE, D. (2000): Personalisierung und Electronic Commerce – Databased-Online-Marketing, in: *WAMSER, C.* (Hrsg.), Electronic Commerce – Grundlagen und Perspektiven, München 2000, S. 97–116.

LITTLE, A. D. (1988): Innovation als Führungsaufgabe, Frankfurt (Main)/New York 1988.

LORINO, P. (1997): Leistungssteuerungssysteme in Frankreich – Entwicklung und Wandel, in: Controlling, 1997, S. 24–28.

LUDWIG, J. (1996): Zur Betriebswirtschaft von Medienunternehmen – das Beispiel Der Spiegel, in: *ALTMEPPEN, K.-D.* (Hrsg.), Ökonomie der Medien und des Mediensystems – Grundlagen, Ergebnisse und Perspektiven medienökonomischer Forschung, Opladen 1996, S. 81–99.

LUDWIG, J. (1998): Zur Ökonomie der Medien – zwischen Marktversagen und Querfinanzierung, Opladen/Wiesbaden 1998.

Ludwig, J. (2002): Redaktion + Shopping – ein innovatives Konzept für die Zukunft?, in: *Fantapié Altobelli, C.* (Hrsg.), Print contra Online? Verlage im Internetzeitalter, München 2002, S. 127–151.

Lufthansa (Hrsg.) (2000): Revolution des Reisens – Lufthansa und Siemens Business Services beschließen engere Zusammenarbeit, Pressemitteilung vom 06.09.2000, online: http://www.lufthansa.com/dlh/de/htm/presse/p_meldungen/ns_press_2000_09_article24.html, Stand: 06.09.00, Abruf: 10.06.02.

Luhmann, N. (1968): Zweckbegriff und Systemrationalität, Tübingen 1968.

Luhmann, N. (1975): Komplexität, in: *Luhmann, N.* (Hrsg.), Soziologische Aufklärung – Aufsätze zur Theorie der Gesellschaft, Band 2, Opladen 1975, S. 204–220.

Luhmann, N. (1980): Komplexität, in: *Grochla, E.* (Hrsg.) (1980): Handwörterbuch der Organisation, 2. Auflage, Stuttgart 1980, Sp. 1064–1070.

Luhmann, N. (1987): Soziale Systeme – Grundriß einer allgemeinen Theorie, Frankfurt (Main) 1987.

Luhmann, N. (1996): Soziale Systeme – Grundriß einer allgemeinen Theorie, 6. Auflage, Frankfurt (Main) 1996.

Malik, F. (1997): Strategie des Managements komplexer Systeme, 5. Auflage, Bern/Stuttgart/Wien 1997.

Manhart (2000): xDSL – Highspeed für jeden Bedarf, in: Funkschau, 2000, Nr. 8, S. 26–29.

Maroni, D. (2001): Produktionsplanung und -steuerung bei Variantenfertigung, Frankfurt (Main) et al. 2001.

Maslow, A. H. (1943): A Theory of Human Motivation, in: Psychological Review, 1943, S. 370–396.

Matschke, M. J. (1991): Finanzierung der Unternehmung, Herne/Berlin 1991.

Matschke, M. J. / Hering, T. / Klingelhöfer, H. E. (2002): Finanzanalyse und Finanzplanung, München/Wien 2002.

Mattern, F. (2001): Ubiquitous Computing, in: *Kubicek, H. / Klumpp, D. / Fuchs, G. / Rossnagel, A.*(Hrsg.), Internet @ Future – Technik, Anwendungen und Dienste der Zukunft – Jahrbuch Telekommunikation und Gesellschaft, Heidelberg 2001, S. 52–61.

Mayer, R. (1998): Prozeßkostenrechnung – State of the Art, in: *IFUA Horváth & Partner* (Hrsg.), Prozeßkostenmanagement – Methodik und Anwendungsfelder, 2. Auflage, München 1998, S. 3–27.

Meffert, H. / Burmann, C. (1996): Identitätsorientierte Markenführung – Grundlagen für das Management von Markenportfolios, Arbeitspapier Nr. 100 der Wissenschaftlichen Gesellschaft für Marketing und Unternehmensführung e. V., Münster 1996.

Meffert, H. (1998): Marketing – Grundlagen marktorientierter Unternehmensführung: Konzepte – Instrumente – Praxisbeispiele, 8. Auflage, Wiesbaden 1998.

Meffert, H. (2000): Neue Herausforderungen für das Marketing durch interaktive elektronische Medien – auf dem Weg zur Internet-Ökonomie, Arbeitspapier Nr. 6 des Instituts für Wirtschaftswissenschaften der Universität Klagenfurt, Klagenfurt 2000.

MEHL, R. / HANS, R. (2001): Organisation im Internet-Zeitalter – „When Elephants Begin to Dance“, in: *KEUPER, F.* (Hrsg.), Strategic E-Business – Strategien, strategische Konzepte und Instrumente aus Sicht von Beratungsgesellschaften, Wiesbaden 2001, S. 274–305.

MEHL, R. / HANS, R. (2002): Auto-Erlebniswelten und Bits im Tank – multimediales Multichannel-CRM in der Automobilbranche, in: Keuper, F. (2003): E-Business, M-Business und T-Business, Wiesbaden 2003, o. S. (in Vorbereitung).

MEIER, L. (2002): Kartellamt genehmigt Ehe zwischen T-Online und Bild.de, online: http://www.ftd.de/tm/me/1014398877572.html, Stand: 08.03.2002, Abruf: 15.08.2002.

MEIER, L. / SCHWARZER, D. / LIEBERT, N. (2002): Medienunternehmen – Galerie der Gestrandeten, online: http://www.ftd.de/tm/me/1027868053169.html, Stand: 31.07.2002, Abruf: 13.08.2002.

MENSCH, G. (1998): Rechnungswesen – Aufsätze; Balanced Scorecard – ein neues Instrument zur Unternehmensführung, in: Betrieb und Wirtschaft, 1998, S. 761–763.

MIDDELHOFF, T. (1999): Multimedia – The Future of Marketing, Vortrag von Thomas Middelhoff anläßlich des 5. Münsteraner Marketing-Symposium vom 16.10.1999, Münster 1999.

MIDDELHOFF, T. (2000): Technologie als Voraussetzung für Medien im 21. Jahrhundert, Rede von Thomas Middelhoff anläßlich der Technology Days der Bertelsmann University am MIT in Boston, 09.03.2000, Boston 2000.

MIDDELHOFF, T. (2002): Profil der Bertelsmann AG, online: http://www.bertelsmann.de/bag/profile/profile_content.cfm?, Stand: unbekannt, Abruf: 10.02.2002.

MILLEG, D. / WAGNER, B. (2001): Effizientes Content Management – ein strategischer Hebel für das Medienhaus der Zukunft, in: Information Management & Consulting, 2001, Nr. 3, S. 36–41.

MMM/HAMBURG (Hrsg.) (2000): Media Digest 2000 – Zeitschriften/Basics, Hamburg 2000.

MMM/HAMBURG (Hrsg.) (2001): Titelregister auf einen Blick, online: http://www.mediafacts.de/zeitschriften/titelregister/titelreg_auf_einen_blick.pdf, Stand: 2001, Abruf: 30.01.2002.

MOHREN, H. (1996): Entwicklungsfähigkeit diversifizierter Unternehmen, Wiesbaden 1996.

MOLES, A. A. (1960): Über konstruktionelle und instrumentelle Komplexität, in: Grundlagenstudien aus der Kybernetik und Geisteswissenschaft, 1960, Nr. 2, S. 33–36.

MOORE, G. E. (1965): Cramming More Components onto Integrated Circuits, online: http://www.intel.com/research/silicon/moorespaper.pdf, Stand: unbekannt, Abruf: 19.12.2001.

MÜLLER, A. (2000): Strategisches Management mit der Balanced Scorecard, Stuttgart 2000.

MÜLLER, W. (1987): Zur informationstheoretischen Erweiterung der Betriebswirtschaftslehre – ein Modell der Informationsproduktion, in: *ADAM, D.* (Hrsg.), Neuere Entwicklungen in der Produktions- und Investitionspolitik, Wiesbaden 1987, S. 119–135.

MÜLLER-KALTHOFF, B. (2002): Cross-Media als integrierte Management-Aufgabe, in: *MÜLLER-KALTHOFF, B.* (Hrsg.), Cross-Media Management – Content-Strategien erfolgreich umsetzen, Berlin et al. 2002, S. 19–40.

MÜLLER-MERBACH, H. (1997): Auf dem Weg in die Informations-Dienstleistungsgesellschaft, in: Technologie & Management, 1997, Nr. 3, S. 1–8.

MUSSNIG, W. (2001): Dynamisches Target Costing – von der statischen Betrachtung zum strategischen Management der Kosten, Wiesbaden 2001.

Nalebuff, B. J. / Brandenburger, A. M. (1996): Coopetition – kooperativ konkurrieren. Mit der Spieltheorie zum Unternehmenserfolg, Frankfurt (Main)/New York 1996.

Nausner, P. (2000): Medienmanagement als Entwicklungs- und Innovationsmanagement, in: *Karmasin, M. / Winter, C.* (Hrsg.), Grundlagen des Medienmanagements, München 2000, S. 115–147.

Negroponte, N. (2000): From Being Digital to Digital Beings, in: IBM Systems Journal, 2000, S. 417–418.

Neubauer, F. F. / Solomon, N. B. (1977): A Managerial Approach to Environmental Assessment, in: Long Range Planning, 1977, Nr. 10, S. 13–20.

Neuberger, C. (2002): Das Engagement deutscher Tageszeitungen im Internet – zwischen „Crossmedia"-Strategien und Zweitverwertung. Ergebnisse einer Befragung von Online-Redaktionsleitern, in: *Fantapié Altobelli, C.* (Hrsg.), Print contra Online? Verlage im Internetzeitalter, München 2002, S. 113–118.

Neumann, J. von / Morgenstern, O. (1947): Theory of Games and Economic Behavior, Princeton 1947.

Neus, A. (2001): Privacy and Trust – What Money can't Buy. Die strategische Bedeutung persönlicher Information, in: *Keuper, F.* (Hrsg.), Strategic E-Business – Strategien, strategische Konzepte und Instrumente aus Sicht von Beratungsgesellschaften, Wiesbaden 2001, S. 337–362.

NFO Infratest (Hrsg.) (2002): Monitoring Informationswirtschaft, 4. Faktenbericht 2002, Sekundärstudie im Auftrag des Bundesministeriums für Wirtschaft und Technologie, München 2002.

Nicolay, K.-P. (1998): Ganzheitliche Zeitungsproduktion, in: Desktop Dialog, 1998, Nr. 11, S. 26–30.

Niewiarra, M. (2001): Der Rahmen – Content Management in der dritten Generation der Telekommunikation, in: *Vizjak, A. / Ringlstetter, M.* (Hrsg.), Medienmanagement: Content gewinnbringend nutzen – Trends, Business-Modelle, Erfolgsfaktoren, Wiesbaden 2001, S. 45–59.

Odlyzko, A. (2001): Content is not King, online: http://www.firstmonday.de/issues/issues/issue6_2/odlyzko, Stand: 08.01.2001, Abruf: 19.10.2001.

Ollmert, C. (2000): Extensible Markup Language, in: *Thome, R. / Schinzer, H.* (Hrsg.).: Electronic Commerce – Anwendungsbereiche und Potentiale der digitalen Geschäftsabwicklung, 2. Auflage, München 2001, S. 209–228.

Ossadnik, W. (1998): Controlling, 2. Auflage, München/Wien 1998.

o. V. (2000a): Daten aus der Studie Massenkommunikation 2000, in: Media Perspektiven, 2001, S. 155–158.

o. V. (2000b): Financial Times Deutschland – Gewinnschwelle in vier bis fünf Jahren angepeilt, Pressemitteilung vom 14.02.2000, online: http://www.ftd.de/pa/pa1058779.html, Stand: 14.02.2000, Abruf: 27.08.2002.

o. V. (2001a): Online Sponsoring, online: http://www.promotionwelt.de/referenz/online_sponsoring.html, Stand: 2001, Abruf: 26.02.2002.

o. V. (2001b): Financial Times Deutschland auf dem Weg zum Multimedia Messaging Service, Pressemitteilung vom 12.12.2001, online: http://www.ftd.de/pa/pa/4143899.html, Stand: 12.12.2001, Abruf: 24.08.2002.

o. V. (2001c): Interview mit Peter Würtenberger, dem neuen Geschäftsführer von Bild.de, online http://www.handelsblatt.com/hbiwwwangebot/fn/relhbi/sfn/buildhbnw/cn/bp_artikel_nw/docid/446492, Stand: 03.08.2001, Abruf: 05.09.2002.

o. V. (2002a): Schürfen nach dem Jungbrunnen, in: Horizont, 2002, Nr. 32, S. 33.

o. V. (2002b): Financial Times Deutschland baut Paid-Content-Strategie weiter aus, Pressemitteilung vom 12.03.2002, online: http://www.ftd.de/pa/pa1014398887707.html, Stand: 12. 03.2002, Abruf: 24.08.2002.

o. V. (2002c): Bild.T-Online.de löst RTL.de an der Spitze ab, in: Horizont, 2002, Nr. 28, S. 41.

o. V. (2002d): Online-Abrufzahlen von Financial Times Deutschland im Juli mit Jahreshoch, Pressemitteilung vom 09.08.2002, online: http://www.ftd.de/pa/pa/1028883879562.html, Stand: 09.08.2002, Abruf: 24.08.2002.

o. V. (2002e): Springer tanzt auf zwei Hochzeiten, in: Horizont, 2002, Nr. 19, S. 42.

PASKERT, A. (1997): Zukunftsfähige Wirtschaftskreisläufe, Hamburg 1997.

PAUL, C. / RUNTE, M. (1998): Virtuelle Communities, in: *ALBERS, S. / CLEMENT, M. / PETERS, K.* (Hrsg.), Marketing mit Interaktiven Medien, Frankfurt (Main) 1998, S. 151–164.

PEISER, W. (1999): Folgen der Digitalisierung aus kommunikationswissenschaftlicher Sicht, in: *SCHUMANN, M. / HESS, T.* (Hrsg.), Medienunternehmen im digitalen Zeitalter, Wiesbaden 1999, S. 123–136.

PHILIPS (Hrsg.) (2000a): Towards Ultimate Mobility – Wearable Electronics, in: Philips Research Password, 2000, Nr. 3, S. 4–7.

PHILIPS (Hrsg.) (2000b): Philips and Levi's Create First Wearable Electronics Garment, online: http://www.research.philips.com/pressmedia/releases/000801.html, Stand: 15.08.2001, Abruf: 20.12.2000.

PICARD, R. (2000): Changing Business Models of Online Content Services, in: Journal of Media Management, 2000, S. 59–68.

PICOT, A. / FRANCK, E. (1988): Die Planung der Unternehmensressource Information (I), in: Das Wirtschaftsstudium, 1988, 544–549.

PICOT, A. (1989): Zur Bedeutung allgemeiner Theorieansätze für die betriebswirtschaftliche Information und Kommunikation – der Beitrag der Transaktionskosten- und Principal-Agent-Theorie, in: *KIRSCH, W. / PICOT, A.* (Hrsg.), Die Betriebswirtschaftslehre im Spannungsfeld zwischen Generalisierung und Spezialisierung, Wiesbaden 1989, S. 361–379.

PICOT, A. (1990): Der Produktionsfaktor Information in der Unternehmensführung, in: Information Management, 1990, Nr. 1, S. 6–14.

PICOT, A. (1991): Ökonomische Theorien der Organisation – ein Überblick über neue Ansätze und deren betriebswirtschaftliches Anwendungspotential, in: *ORDELHEIDE, D. / RUDOLPH, B. / BÜSSELMANN, E.* (Hrsg.), Betriebswirtschaftslehre und ökonomische Theorien, Stuttgart 1991, S. 143–170.

PICOT, A. / NEUBURGER, R. (2000): Informationsbasierte (Re-)Organisation von Unternehmen, in: *WEIBER, R.* (Hrsg.), Handbuch Electronic Business, Wiesbaden 2000, S. 383–401.

PICOT, A. / NEUBURGER, R. (2001): Grundsätze und Leitlinien der Internet-Ökonomie, in: *EGGERS, B. / HOPPEN, G.* (Hrsg.), Strategisches E-Commerce-Management, Wiesbaden 2001, S. 23–44.

Picot, A. / Reichwald, R. / Wigand, R. (2001): Die grenzenlose Unternehmung – Information, Organisation und Management, 4. Auflage, Wiesbaden 1998.

Piller, F. T. (2000): Mass Customization – ein wettbewerbsstrategisches Konzept im Informationszeitalter, Wiesbaden 2000.

Porter, M. E. (1997): Wettbewerbsstrategie (Competitive Strategy) – Methoden zur Analyse von Branchen und Konkurrenten, 9. Auflage, Frankfurt (Main)/New York 1997.

Porter, M. E. (2000): Wettbewerbsvorteile (Competitive Advantage) – Spitzenleistungen erreichen und behaupten, 6. Auflage, Frankfurt (Main)/New York 2000.

Prahalad, C. K. / Hamel, G. (1990): The Core Competence of the Corporation, in: Harvard Business Review, 1990, May–June, S. 79–91.

Prahalad, C. K. / Ramaswamy, V. (2000): Wenn Kundenkompetenz das Geschäftsmodell mitbestimmt, in: Harvard Business Manager, 2000, Nr. 4, S. 64–75.

Preissler, P. R. (1998): Controlling – Lehrbuch und Intensivkurs, 10. Auflage, München/Wien 1998.

Pressmar, D. B. (1989): Quantifizierung und Bewertung, in: *Szyperski, N. et al.* (Hrsg.), Handwörterbuch der Planung, Stuttgart 1989, Sp. 1679–1688.

PricewaterhouseCoopers (2000): Der Breitbandkabel-Markt Deutschland – vom Kabel-TV-Netz zum Full-Service-Network, Frankfurt (Main) 2000.

PricewaterhouseCoopers (2001): Content Syndication – wie das Internet die Wertschöpfung der Medien verändert – 28 Hypothesen, Frankfurt (Main) 2001.

Prillmann, M. (1996): Management der Variantenvielfalt, Frankfurt (Main) 1996.

Prüfer, B. (2001): Web-Kritik – zahlen bitte! Online: http://www.ftd.de/tm/it/FTDUUFJC3VC.html, Stand: 12.12.01, Abruf: 06.01.2002.

Rada, H. (1999): Von der Druckerpresse zum Web-Server – Zeitungen und Magazine im Internet, Berlin 1999.

Raffler, H. (2001): Folie „Preisentwicklung der Mikroelektronik" im Rahmen des Vortrags „Methoden der Unternehmensführung – der Wandel der Industriestrukturen – Technologietrends", online: http://www.eda.ei.tum.de/lehre/MUF/unterlagen/pdf/technologietrends.pdf, Stand: Oktober 2001, Abruf: 28.12.01.

Rappaport, A. (1999): Shareholder Value – ein Handbuch für Manager und Investoren, Stuttgart 1999.

Rathnow, P. (1993): Integriertes Variantenmanagement – Bestimmung, Realisierung und Sicherung der optimalen Produktvielfalt, Göttingen 1993.

Rawolle, J. / Hess, T. (2000): XML als Basis für einen zwischenbetrieblichen Inhalteaustausch in der Medienindustrie, in: *Turowski, K. / Fellner, K. J.* (Hrsg.), XML meets Business, 1. Deutsche Tagung XML 2000, Kongreßunterlagen, Heidelberg 2000, S. 25–33.

Rawolle, J. / Hess, T. (2001): Content Management in der Medienindustrie – Grundlagen, Organisation und DV-Unterstützung, Arbeitsbericht Nr. 6 der Abteilung Wirtschaftsinformatik II der Universität Göttingen, Göttingen 2001.

RegTP (2001): Tätigkeitsbericht der Regulierungsbehörde für Telekommunikation und Post (RegTP) 2000/2001, Bonn 2001.

REGTP (2002): T-DSL-Verfahren wird eingestellt, Pressemitteilung der Regulierungsbehörde für Telekommunikation und Post vom 22.01.2002, online: http://www.regtp.de/aktuelles/pm/02410/index.html, Stand: 22.01.2002, Abruf: 14.04.2002.

REICHHELD, F. F. / SHEFTER, P. (2000): E-Loyalty – Your Secret Weapon on the Web, in: Harvard Business Review, 2000, July–August, S. 105–113.

REISS, M. / BECK, T. C. (1995): Mass Customization – kostenverträglichen Service anbieten, in: Gablers Magazin, 1995, Nr. 1, S. 24–27.

REY, M. (1999): Informations- und Kommunikationssysteme in Kooperationen, Lohmar/Köln 1999.

RIDDER, C.-M. / ENGEL, B. (2001): Massenkommunikation 2000 – Images und Funktionen der Massenmedien im Vergleich, in: Media Perspektiven, 2001, S. 102–125.

RIESTER, W. F. (1972): Organisation und Kybernetik, in: *BLEICHER, K.* (Hrsg.), Organisation als System, Wiesbaden 1972, S. 153–171.

ROBBEN, M. (2000): Micropayment – wer den Pfennig nicht ehrt ... , online: http://www.ecin.de/zahlungssysteme/micropayment/print.html, Stand: 24.08.2000, Abruf: 14.08.2002.

ROCKENHÄUSER, J. (1999): Digitale Konvergenz und Kompetenzenmanagement, Wiesbaden 1999.

RÖDER, H. (2000): Electronic Commerce und One-to-One-Marketing, in: *BLIEMEL, F. / FASSOTT, G. / THEOBALD, A.* (Hrsg.), Electronic Commerce – Herausforderungen, Anwendungen, Perspektiven, 3. Auflage, Wiesbaden 2000, S. 145–158.

RÖPER, H. (2000): Zeitungsmarkt 2000 – Konsolidierungsphase beendet?, in: Media Perspektiven, 2000, S. 297–309.

ROLLBERG, R. (1996): Lean Management und CIM aus Sicht der strategischen Unternehmensführung, Wiesbaden 1996.

ROLLBERG, R. (2001): Integrierte Unternehmensplanung, Wiesbaden 2001.

RÜDELL, N. (2002): Kostenspirale gewinnt an Fahrt, in: Horizont, 2002, Nr. 41, S. 41.

RÜTTLER, M. (1991): Information als strategischer Erfolgsfaktor – Konzepte und Leitlinien für eine informationsorientierte Unternehmensführung, Berlin 1991.

RUNTE, M. (2000): Personalisierung im Internet – individualisierte Angebote mit Collaborative Filtering, Wiesbaden 2000.

RYAN, E. (1999): Leaned on, in: Cable and Satellite Europe, 1999, Nr. 12, S. 50–52.

SAAL, M. (2002a): Madsack-Vorstoß bleibt Alleingang, in: Horizont, 2002, Nr. 29, S. 45.

SAAL, M. (2002b): Wir streben die Marktführerschaft an – Interview mit Peter Würtenberger, in: Horizont, 2002, Nr. 20, S. 42.

SAAL, M. (2002c): Volks-PC soll Bild-Leser ködern, in: Horizont, 2002, Nr. 39, S. 70.

SATYANARAYANAN, M. (2001): Pervasive Computing – Vision and Challenges, online: http://www.stanford.edu/class/cs444n/handouts/pcs01.pdf, Stand: 2001, Abruf: 04.12.2001.

SCHAD, H. (2000): Interorganisatorisches Business Process Redesign vor dem Hintergrund der Entwicklungen im Bereich Electronic Commerce, Bamberg 2000.

Scheer, A.-W. (1996): ARIS-House of Business Engineering – von der Geschäftsprozeßmodellierung zur Workflow-gesteuerten Anwendung; vom Business Process Reengineering zum Continuous Process Improvement, Heft 133 des Instituts für Wirtschaftsinformatik an der Universität des Saarlandes, Saarbrücken 1996.

Scheer, A.-W. (1998): ARIS – Modellierungsmethoden, Metamodelle, Anwendungen, 3. Auflage, Berlin et al. 1998.

Schein, E. H. (1984): Coming to a New Awareness of Organizational Culture, in: Strategic Management Journal, 1984, Nr. 2, S. 3–16.

Scherer, A. G. (1999): Kritik der Organisation oder Organisation der Kritik? Wissenschaftstheoretische Bemerkungen zum kritischen Umgang mit Organisationstheorien, in: *Kieser, A.* (Hrsg.), Organisationstheorien, 3. Auflage, Stuttgart/Berlin/Köln 1999, S. 1–37.

Schinzer, H. / Thome, R. (1999): Aktive Informationsgewinnung mit einem Data Warehouse, in: Das Wirtschaftsstudium, 1999, Nr. 4, WISU-Studienblatt.

Schlosser, S. (2002): Verlage greifen erneut zum Rotstift, in: Horizont, 2002, Nr. 26, S. 29.

Schmitt, A. (2001): Firstgate Click & Buy, in: *Teichmann, R. / Nonnenmacher, M. / Henkel, J.* (Hrsg.), E-Commerce und E-Payment – Rahmenbedingungen, Infrastruktur, Perspektiven, Wiesbaden 2001, S. 226–230.

Schniedermann, C. (2001): Auf der Suche nach dem fairen Preis, online: http://www2.tagesspiegel.de/archiv/2001/05/10/ak-in-4415293.html, Stand: 11.05.2001, Abruf: 23.01.2002.

Schönborn, F. (2000): UMTS – der Weg zur ultimativen Kommunikationsfreiheit, in: telekom praxis, 2000, Nr. 6, S. 24–34.

Scholz, R. / Vrohlings, A. (1994): Realisierung von Prozeßmanagement, in: *Gaitanides, M. et al.* (Hrsg.): Prozeßmanagement – Konzepte, Umsetzungen und Erfahrungen des Reengineering, München/Wien 1994, S. 21–36.

Schreiber, G. A. (1998): Electronic-Commerce-Business in digitalen Medien – Geschäftsmodelle, Strategien, Umsetzung, Neuwied/Kriftel 1998.

Schreiber, G. A. (1999): New Media im Süddeutschen Verlag, in: *Schumann, M. / Hess, T.* (Hrsg.), Medienunternehmen im digitalen Zeitalter, Wiesbaden 1999, S. 234–247.

Schreiber, H. (1994): „Der unermüdliche Versuch, sehr gut zu sein" – Qualitätssicherung durch dialogische Führung, in: *Reiter, S. / Russ-Mohl, S.* (Hrsg.), Zukunft oder Ende des Journalismus, Grundfragen – Ansätze – Näherungsversuche, Gütersloh 1994, S. 29–44.

Schröder, H. (2000): Wettbewerbsvorteile durch Standardsoftware – die Relevanz des Einsatzes betriebswirtschaftlicher Standardsoftware für die Unterstützung von Strategien, Hamburg 2000.

Schubert, P. (1999): Virtuelle Transaktionsgemeinschaften im Electronic Commerce – Management, Marketing und soziale Umwelt, Lohmar/Köln 1999.

Schütz, W. (2000): Deutsche Tagespresse 1999, Ergebnisse der fünften gesamtdeutschen Zeitungsstatistik, in: Media Perspektiven, 2000, S. 8–29.

Schuh, G. / Schwenk, U. (2001): Produktionskomplexität managen – Strategien, Methoden, Tools, München/Wien 2001.

SCHULTE-HILLEN, G. (1994): Sicherung publizistischer Unabhängigkeit – Führungskonzepte für Medienunternehmen, in: *REITER, S. / RUSS-MOHL, S.* (Hrsg.), Zukunft oder Ende des Journalismus, Grundfragen – Ansätze – Näherungsversuche, Gütersloh 1994, S. 78–88.

SCHULTE-HILLEN, G. / GLANZ, A. / ALTHANS, J. (2001): Strategien im internationalen Verlagsmarketing, in: Die Betriebswirtschaft, 2001, S. 478–492.

SCHULZ, R. (2001): Zapper, Hopper, Zeitungsleser – Allensbacher Erkenntnisse im Langzeitvergleich, in: *BDZV* (Hrsg.), Zeitungen 2001, Berlin 2001, S. 118–134.

SCHUMANN, M. / HESS, T. (2000): Grundfragen der Medienwirtschaft, Berlin et al. 2000.

SCHWARZ, T. (2002): Permission Marketing im Mobile Commerce, in: *SILBERER, G. / WOHLFAHRT, J. / WILHELM, T.* (Hrsg.), Mobile Commerce – Grundlagen, Geschäftsmodelle, Erfolgsfaktoren, Wiesbaden 2002, S. 289–308.

SCHWARZER, D. / GRIBNITZ, R. (2002): Mobilcom droht Bankrott, online: http://www.ftd.de/tm/tk/1014399184257.html, Stand: 12.06.2002, Abruf: 14.07.2002.

SCHWEDE, S. (2000): Vision und Wirklichkeit von CRM, in: Information Management & Consulting, 2000, Nr. 15, S. 7–11.

SCHWENK-WILLI, U. (2001): Integriertes Komplexitätsmanagement – Anleitung und Methodiken für die produzierende Industrie auf Basis einer typologischen Untersuchung, Bamberg 2001.

SENNEWALD, N. (1998): Massenmedien und Internet – zur Marktentwicklung in der Pressebranche, Wiesbaden 1998.

SEUFERT, W. (1999): Auswirkungen der Digitalisierung auf die Entwicklung der Medienmärkte, in: *SCHUMANN, M. / HESS, T.* (Hrsg.), Medienunternehmen im digitalen Zeitalter, Wiesbaden 1999, S. 109–122.

SEVENONE MEDIA (Hrsg.) (2001): Kurz-, Mittel- und Langfrist-Prognose „Werbemarkt 2011“, Pressemitteilung der Sevenone Media GmbH vom 26.07.2001, online: http://www.sevenonemedia.de/mgm_main/presse/ShowPres.cfm?pr_id=642, Stand: 26.07.2001, Abruf: 20.11.2001.

SHANNON, C. E. / WEAVER, W. (1949): The Mathematical Theory of Communication, Urbana/Illinois 1949.

SHAPIRO, C. / VARIAN, H. R. (1999): Information Rules – a Strategic Guide to the Network Economy, Boston 1999.

SHEPHERD, W. G. (1985): The Economics of Industrial Organization, 2. Auflage, Englewood Cliffs 1985.

SIEGERT, G. (2000): Medienmanagement als Marketingmanagement, in: *KARMASIN, M. / WINTER, C.* (Hrsg.), Grundlagen des Medienmanagements, München 2000, S. 173–195.

SILBERER, G. (2001): Medien als Marken, in: *KÖHLER, R. / MAJER, W. / WIEZOREK, H.* (Hrsg.), Erfolgsfaktor Marke – neue Strategien des Markenmanagements, München 2001, S. 237–252.

SIMON, H. (1987): Schwächen bei der Umsetzung strategischer Wettbewerbsvorteile, in: *DICHTL, E. / GERKE, W. / KIESER, A.* (Hrsg.), Innovation und Wettbewerbsfähigkeit, Wiesbaden 1987.

SIMON, R. (2000): CRM – nein danke! Studie stellt geringen Einsatzgrad von Software-Lösungen für Customer Relationship Management fest, in: CYbiz, 2000, Nr. 6, S. 18–24.

Siron, R. (2000): Wise up to Web TV, in: Cable and Satellite International, 2000, Nr. 3, S. 40.

Sjurts, I. (2000a): Chancen und Risiken im globalen Medienmarkt – die Strategien der größten Medien-, Telekommunikations- und Informationstechnologiekonzerne, in: *Hans-Bredow-Institut* (Hrsg.), Internationales Handbuch für Hörfunk und Fernsehen 2000/2001, Baden-Baden/Hamburg, S. 31–45.

Sjurts, I. (2000b): Die Fusion AOL-Time Warner – eine strategietheoretische Erklärung, in: Zeitschrift für Führung und Organisation, 2000, S. 128–138.

Skiera, B. (2000): Preispolitik und Electronic Commerce – Preisdifferenzierung im Internet, in: *Wamser, C.* (Hrsg.), Electronic Commerce – Grundlagen und Perspektiven, München 2000, S. 117–130.

Sprenger, R. K. (2002): Wer viel mißt, mißt viel Mist, in: Brand Eins, 2002, Nr. 8, S. 116–117.

Stähler, P. (2001): Geschäftsmodelle in der digitalen Ökonomie – Merkmale, Strategien und Auswirkungen, Lohmar/Köln 2001.

Staffeldt, K. / Hans, R. (2002): Web Goes Company – von elektronischer Post zum intelligenten Unternehmensportal, unveröffentlichter Artikel, Hamburg 2002.

Stahlknecht, P. / Hasenkamp, U. (1997): Einführung in die Wirtschaftsinformatik, 8. Auflage, Berlin et al. 1997.

Staiger, P. / Kernler, H. (2000): Partnerschaftliche Logistikprozesse – Faktoren für den erfolgreichen Wandel, in: io Management Zeitschrift, 2000, Nr. 1–2, S. 58–62.

Stalk, G. / Hout, T. M. (1990): Zeitwettbewerb – Schnelligkeit entscheidet auf den Märkten der Zukunft, Frankfurt (Main)/New York 1990.

Statistisches Bundesamt (Hrsg.) (1998): Laufende Wirtschaftsrechnungen Ost und West, zusätzliche Aufgliederung der Einnahmen und Ausgaben ausgewählter privater Haushalte 1997, Ergebnis der laufenden Wirtschaftsrechnungen, Neue Länder, Berlin-Ost und früheres Bundesgebiet, Berlin 1998.

Steffen, M. (2001): Strategische Netzwerke für komplexe Konsumgüter am Beispiel der industriellen Maßkonfektion, Frankfurt (Main) et al. 2001.

Steimer, F. L. (2000): Mit eCommerce zum Markterfolg, München 2000.

Steimer, F. L. / Maier, I. / Spinner, M. (2001): mCommerce – Einsatz und Anwendung von portablen Geräten für mobilen eCommerce, München 2001.

Stein, T. (2000): Intranet-Organisation – durch Content Management die Potentiale des unternehmensinternen Netzwerkzusammenschlusses nutzen, in: Wirtschaftsinformatik, 2000, S. 310–317.

Steinbach, R. F. (1997): Integratives Qualitäts-, Zeit- und Kostenmanagement – Entwicklung und Implementierung eines ganzheitlichen Management-Konzepts, Frankfurt (Main) et al. 1997.

Steinbock, D. (2000): Building Dynamic Capabilities – the Wall Street Journal Interactive Edition: a Successful Online Subscription Model (1993–2000), in: The International Journal of Media Management, 2000, S. 178–194.

Steinhardt, T. (2002): EVA – ein Konzept für den Mittelstand?, in: Controller Magazin, 2002, S. 365–368.

Steinmann, H. / Schreyögg, G. (2000): Management – Grundlagen der Unternehmensführung, Wiesbaden 2000.

Stelter, D. / Riedl, J. B. / Plaschke, F. J. (2001): Wertschaffungskennzahlen und Bewertungsverfahren (1.4.3), in: *Achleitner, A-K. / Thoma, G. F.* (Hrsg.), Handbuch Corporate Finance – Konzepte, Strategien und Praxiswissen, Loseblattausgabe, 2. Auflage, Köln 2001, S. 1–39.

Stelter, D. / Xhonneux, P. / Riedl, J. B. / Gehweiler, S. (2001): Grundzüge und Ziele wertorientierter Unternehmensführung (1.4.1), in: *Achleitner, A-K. / Thoma, G. F.* (Hrsg.), Handbuch Corporate Finance – Konzepte, Strategien und Praxiswissen, Loseblattausgabe, 2. Auflage, Köln 2001, S. 1–33.

Stojek, M. / Simon, R. (2000): Mehr Profit durch Nähe zum Kunden, in: CYbiz, 2000, Nr. 6, S. 8–15.

Sydow, J. (2000): Vertrauen und Electronic Commerce – Vertrauen nicht nur in elektronische Netzwerke, in: *Wamser, C.* (Hrsg.), Electronic Commerce – Grundlagen und Perspektiven, München 2000, S. 259–270.

Sydow, J. / Wirth, C. (2000): Produktionsformen von Mediendienstleistungen im Wandel – von einer Variante der Netzwerkorganisation zur anderen, in: *Kaluza, B. / Blecker, T.* (Hrsg.), Produktions- und Logistikmanagement in virtuellen Unternehmen und Unternehmensnetzwerken, Berlin et al. 2000, S. 147–174.

T-Online (Hrsg.) (2001): Axel Springer Verlag und T-Online International AG gründen gemeinsame Tochtergesellschaft Bild.de, Pressemitteilung vom 04.04.2001, online: http://ueber.t-online.de/uebe/pres/arch/deut/q012/ar/ar-010404.html, Stand: 04.04.2001, Abruf: 10.09.2002.

Täubrich, K. (2002): Mobile Business @ AOL – wie stellt sich die Wireless World aus Sicht eines Onlinedienstes/Medienkonzerns dar, Vortrag von Klaus Täubrich, Geschäftsführer AOL Deutschland anläßlich des 4. HFM-Symposiums der Universität der Bundeswehr am 23.05.2002, Hamburg 2002.

Theobald, A. (2001): Controller und Kreative im Clinch, in: Horizontmagazin, 2001, Nr. 3, S. 28–33.

Thielmann, B. (2000): Strategisches Innovations-Management in konvergierenden Märkten – Medien und Telekommunikationsunternehmen in Online-Diensten und im digitalen Fernsehen, Wiesbaden 2000.

Thommes, J. (2001): Der König ist tot – es lebe der König, in: Horizont, 2001, Nr. 39, S. 94.

Tinbergen, M. (1999): Winning Broadband Strategies, in: Cable and Satellite Europe, 1999, Nr. 9, S. 74–76.

Tischler, T. (1999): Strategie und Change – ein integrativer Ansatz zur Strategiegenerierung im Unternehmen, Wiesbaden 1999.

Trott, A. / Entwistle, P. (2000): Creating the networked home, online: http://www.pace.co.uk/documents/IBCpaper.doc, Stand 13.09.2000, Abruf 08.12.2001.

Ulrich, H. (1970): Die Unternehmung als produktives soziales System, 2. Auflage, Bern/Stuttgart 1970.

Vallone, C. (1990): Informationsmanagement wird zur Führungsbasis, 1. Teil, in: io Management Zeitschrift, 1990, Nr. 1, S. 80–83.

VDZ (2001): Auflagenentwicklung der Publikumszeitschriften, online: http://www.vdz.de, Stand: 4. Quartal 2000, Abruf: 05.02.2002.

VOGEL, A. (2000): Leichtes Wachstum der Großverlage, in: Media Perspektiven, 2000, S. 464–478.

VOGEL, A. (2001): Onlinestrategien der Pressewirtschaft, in: Media Perspektiven, 2001, S. 590–601.

VOIGT, K.-I. (1997): Kulturbewußtes Management – Wandel von Unternehmensstrategie und Unternehmenskultur, in: *HANSMANN, K.-W.* (Hrsg.), Management des Wandels, Wiesbaden 1997, S. 55–78.

VOIGT, K.-I. (1998): Strategien im Zeitwettbewerb – Optionen für Technologiemanagement und Marketing, Wiesbaden 1998.

WAMSER, C. (2000): Electronic Commerce – theoretische Grundlagen und praktische Relevanz, in: *WAMSER, C.* (Hrsg.), Electronic Commerce – Grundlagen und Perspektiven, München 2000, S. 3–27.

WEBER, J. / SCHÄFFER, U. (1999): Balanced Scorecard & Controlling – Implementierung, Nutzen für Manager und Controller, Erfahrungen in deutschen Unternehmen, Wiesbaden 1999.

WEGNER, R. (2002): Neue Hoffnung auf bessere Zeiten, Statistik „Internet überholt Print“ (Sekundärquelle), in: Horizont, 2002, Nr. 38, S. 41.

WEGNER, R. / ICKSTADT, C. (2000): Der Lotse wechselt die Kommando-Brücke – Gerd Schulte-Hillen im Interview, in: Horizont, 2000, Nr. 34, S. 64–65.

WEHRLI, H. P. / WIRTZ, B. (1997): Mass Customization und Kundenbeziehungsmanagement, in: Jahrbuch der Absatz- und Verbrauchsforschung, 1997, Nr. 2, S. 116–138.

WEIBER, R. / KOLLMANN, T. (1999): Wertschöpfungsprozesse und Wettbewerbsvorteile im Marketspace, in: *BLIEMEL, F. / FASSOTT, G. / THEOBALD, A.* (Hrsg.), Electronic Commerce: Herausforderungen – Anwendungen – Perspektiven, 2. Auflage, Wiesbaden 1999, S. 47–62.

WEIBER, R. / KRÄMER, T. (2000): Paradoxien des Electronic Business, in: *WEIBER, R.* (Hrsg.), Handbuch Electronic Business, Wiesbaden 2000, S. 149–177.

WEIBER, R. / WEBER, M. R. (2000): Customer Lifetime Value als Entscheidungsgröße im Customer Relationship Marketing, in: *WEIBER, R.* (Hrsg.), Handbuch Electronic Business, Wiesbaden 2000, S. 473–503.

WEIDENMANN, B. (1995): Multicodierung und Multimodalität im Lernprozeß, in: *ISSING, L. J. / KLIMSA, P.* (Hrsg.), Information und Lernen mit Multimedia, Weinheim 1995, S. 65–84.

WEIGELT, M. (1997): Agent, in: *MERTENS, P. ET AL.* (Hrsg.), Lexikon der Wirtschaftsinformatik, 3. Auflage, Berlin et al. 1997, S. 6–7.

WEINHOLD-STÜNZI, H. (1994): Kundennähe, in: *TOMCZAK, T. / BELZ, C.* (Hrsg.), Kundennähe realisieren, St. Gallen 1994, S. 31–51.

WEISCHENBERG, S. (2002): Selbstmord aus Angst vor dem Tod, in: Die Zeit, 2002, Nr. 27, S. 14.

WELCH, J. (2001): Was zählt – die Autobiografie des besten Managers der Welt, München 2001.

WELGE, M. K. (1999): Strategisches Management – Grundlagen, Prozeß, Implementierung, Wiesbaden 1999.

WELTER, H. (2000): Am Anfang war das Wort ... , in: e-commerce Magazin, 2000, Nr. 3, S. 54–56.

Werbach, K. (2000): Syndication – the Emerging Model for Business in the Internet Era, in: Harvard Business Review, 2000, May–June, S. 85–93.

Wernerfelt, B. (1984): A Resource-based View of the Firm, in: Strategic Management Journal, 1984, S. 171–180.

Westphal, J. R. (2001): Komplexitätsmanagement in der Produktionslogistik – Entwicklung eines Ansatzes zur flußorientierten Gestaltung und Lenkung von heterogenen Produktionssystemen, Dissertation an der Universität Dresden, Dresden 2001.

Wiedmann, K.-P. / Frenzel, T. / Buxel, H. (2001): Strategisches E-Commerce-Marketing, in: *Eggers, B. / Hoppen, G.* (Hrsg.), Strategisches E-Commerce-Management, Wiesbaden 2001, S. 417–443.

Wiehndahl, H.-P. (1989): Betriebsorganisation für Ingenieure, 3. Auflage, München/Wien 1989.

Wiener, N. (1948): Cybernetics – or Control and Communication in the Animal and the Machine, New York 1948.

Wild, J. (1970): Input-, Output- und Prozeßanalyse von Informationssystemen, in: Zeitschrift für betriebswirtschaftliche Forschung, 1970, S. 50–72.

Wildemann, H. (1992): Zeitmanagement – Strategien zur Steigerung der Wettbewerbsfähigkeit, Frankfurt (Main) 1992.

Winkler, N. (2001): Beliebig und blitzschnell nach Videoinhalten suchen, in: Computerwoche, 2001, Nr. 3, S. 44.

Wirtz, B. W. (1999): Convergence Processes, Value Constellations and Integration Strategies in the Multimedia Business, in: The International Journal of Media Management, 1999, S. 14–22.

Wirtz , B. W. (2000a): Electronic Business, Wiesbaden 2000.

Wirtz, B. W. (2000b): Rekonfigurationsstrategien und multiple Kundenbindung in multimedialen Informations- und Kommunikationsmärkten, in: Zeitschrift für betriebswirtschaftliche Forschung, 2000, S. 290–306.

Wirtz, B. W. (2001a): Medien- und Internetmanagement, 2. Auflage, Wiesbaden 2001.

Wirtz, B. W. (2001b): Electronic Business, 2. Auflage, Wiesbaden 2002.

Wittmann, W. (1959): Unternehmen und unvollkommene Information, Köln/Opladen 1959.

Wittmann, W. (1979): Wissen in der Produktion, in: *Kern, W.* (Hrsg.), Handwörterbuch der Produktion, Stuttgart 1979, Sp. 2261–2272.

Wittmann, W. (1980): Information, in: *Grochlar, E.* (Hrsg.), Handwörterbuch der Organisation, Stuttgart 1980, Sp. 894–904.

Wöhe, G. (1996): Einführung in die allgemeine Betriebswirtschaftslehre, 19. Auflage, München 1996.

Wössner, M. (1999): Begleitmaterial zur Vorlesung Medienwirtschaft am Fachbereich Wirtschaftswissenschaften der Universität St. Gallen, St. Gallen 1999.

Wohlgemuth, O. / Hess, T. (2001): Die strategische Lücke im Supply Chain Management, in: *Sebastian, H.-J. / Grünert, T.* (Hrsg.), Logistik Management – Supply Chain Management und e-Business, Stuttgart/Leipzig/Wiesbaden 2001, S. 69–82.

WOLF, K. / RUNZHEIMER, B. (2000): Risikomanagement und KonTraG – Konzeption und Implementierung, 2. Auflage, Wiesbaden 2000.

WYSS, V. (2000): Medienmanagement als Qualitätsmanagement, in: *KARMASIN, M. / WINTER, C.* (Hrsg.), Grundlagen des Medienmanagements, München 2000, S. 149–171.

ZÄPFEL, G. (1989): Produktionswirtschaft – operatives Produktionsmanagement, Berlin/New York 1989.

ZAHN, E. (1994): Produktion als Wettbewerbsfaktor, in: *CORSTEN, H.* (Hrsg.), Handbuch Produktionsmanagement – Strategie, Führung, Technologie, Schnittstellen, Wiesbaden 1994, S. 241–258.

ZAHN, E. / SCHMID, U. (1997): Produktionswirtschaft im Wandel, in: Wirtschaftswissenschaftliches Studium, 1997, S. 455–460.

ZERDICK, A. ET AL. (2001): Die Internet-Ökonomie – Strategien für die digitale Wirtschaft, 3. Auflage, Berlin et al. 2001.

ZEROKNOWLEDGE (2002): Produktpräsentation des Services Freedom, online: http://www.zeroknowledge.com, Stand: unbekannt, Abruf: 02.04.2002.

ZIEGENBEIN, K. (1998): Controlling, 6. Auflage, Kiehl 1998.

ZIMMER, J. / ICKSTADT, C. (2002): Die Kernkompetenz im Focus haben, Hubert Burda im Interview mit Horizontmagazin, in: Horizontmagazin, 2002, Nr. 3, S. 6–12.

Stichwortverzeichnis